플래그십 정치학

[제2판]

신 희 섭

法 文 社

서 문

『플래그십 정치학』은 정치학의 수험에서 '기함(Flagship)' 역할을 하고자 기획한 책이다. 수험적으로 정치학은 범위가 넓고, 다양한 이론과 논리가 필요한데 공부할 수 있는 시간이 많지 않다는 조건을 가진 과목이다. 수험생들이 정치학을 어려워하는 가장 큰 이유는 한마디로 "정리가 안 된다."는 점이다. 이 문제를 해결하고자 이 책은 정치학 전체를 '넓게' 다루면서 '핵심요약'을 통해 '정리'하고자 하는 책이다. 즉 넓고 안전하게 공부하는 것이다.

이런 취지에서 『플래그십 정치학』은 '기함' 역할을 할 수험서로서 기존 수험서와는 세 가지 점에서 차별화하고자 했다.

첫째, 정치학의 '모든 범위'를 '쟁점화'하였다. 기존 수험서들은 특정 분야를 중점적으로 다루면서 교과서 서술 방식으로 만들어졌다. 『플래그십 정치학』은 시험 범위에 해당하는 모든 주제를 다루었다. 특히 '쟁점' 위주로 하여 분야별로 이슈에 집중할 수 있게 하였다. 시험에서 어떤 문제를 만나든 문제를 해결할 수 있게 해줄 것이다.

둘째, 쟁점마다 각각의 '문제의식'과 '결론'을 달았고, 이를 해결하는 도구를 중심으로 구성했다. 교과서편제는 이해에 도움이 되지만, 응용문제 대처에는 취약하다. 이 책은 수험생이 주제마다 어떤 부분에 집중해서 볼 것인지 알려줌으로써 실제 시험문제에 적응력을 높이고자 한다. 실전에서 어떤 문제를 만나든 서론의 문제 제기와 결론을 정확히 서술하게 해줄 것이다.

셋째, 주제별로 '번호'를 달았다. 쟁점마다 순번을 달아서 『정치학강의 2권: 주제별 기출문제편』과 『정치학강의 4권: 연습문제편』과 연결하고자 한다. 정치학을 수험적으로 정리하기 위해서는 기출문제도 풀어보아야 하고, 새로운 응용문제도 풀어보아야 한다. 또한, 필독서와 같은 책들로 내용도 보완해야 한다. 이 과정에서 범위가 넓은 정치학은 더욱 정리가 안 된다. 이런 약점을 보완하기 위해 이 책은 '플래그십'이라는 이름으로 주제별로 다른 책과 연결할 수 있는 역할을 하고자 한다. 시험장에서 어떤 문제를 만나도 읽었던 책들의 중요내용을 답안에 현출할 수 있게 단권화해 줄 것이다.

넷째, 합격생의 tip을 달았다. 2023년 5급공채 시험에 합격한 김상범 (예비)사무관이 주제별로 공부하면서 고민했던 공부방법을 조언했다. 수험서가 자칫 모든 부분이 중요한 것처럼 보여 밋밋할 수 있다. 그런 점에서 실제 시험준비를 한 합격자의 경험을 토대로 한 조언은 공부방향을 정하고 구체적으로 어떤 부분을 공부할 것인지를 알려줄 수 있다. 그런 점에서 수험기간을 단축해줄 수 있을 것이다. 수험방향을 알려준 김상범 사무관에게 감사의 말을 전한다.

'넓은 범위'와 '부족한 시간'이 정치학의 수험적 조건이다. 이 책의 소임은 이런 조건에서도 최선을 다해 쟁점들을 정리하고, 실전에서 답안을 만들 수 있게 하는 것이다. 모쪼록 이 책으로 공부하는 수험생들이 정치학 정리를 잘해서 합격하기를 바란다.

2024년 5월 25일

정치학을 처음 공부하는 학생들을 위한 합격생의 Tip을 적으며

안녕하세요, 이번에 신희섭 박사님의 『플래그십 정치학』에 합격생의 Tip부분을 작성한 합격생입니다. 합격생의 Tip 부분은 다음과 같은 내용을 담고자 하였습니다.

1. 제가 정치학을 공부하면서 각 단원별로 특히 중요하게 고려했던 것들을 단원마다 맨 앞부분에 적어놓았습니다. 공부를 이미 많이 한 수험생들은 다 알고 있을 내용일 수도 있지만, 처음 공부하는 학생들은 방대한 정치학 수험내용 안에서 작게나마 공부하는 방향이 제시될 수 있을 것이라고 생각합니다.
2. 각 주제마다도 학습하면서 고려하면 좋은 Tip들을 적어놓았습니다. 특히 어떤 부분에서 사례를 보충학습 해야 하는지, 어떤 부분은 이론적인 글쓰기가 어려운지 등을 주관적으로 적어놓았습니다.
3. 제가 공부하면서 큰 도움을 받았던 신희섭 박사님의 『정치학강의 4』의 연습문제 제목을 다른 수험생들도 참고할 수 있도록 주제별로 달아놓았습니다. 무조건적으로 해당 연습문제들을 학습해야 한다기보다는, 『플래그십 정치학』으로 학습하다가 암기한 내용들을 글로 쓰기 막막할 때 『정치학강의 4』를 참고한다면 어느 정도의 분량으로, 어떤 논리적 흐름으로 글을 적어야 할지 참고할 수 있을 것입니다.

전체적인 정치학 공부과정에서 '이론'은 답안을 작성할 때 가장 중요한 도구가 됩니다. 정치학은 자칫하면 개인의 사견만을 주장하는 글쓰기가 되기 쉽다고 생각합니다. 그렇기 때문에 이론가, 이론을 활용하여 현상을 분석하는 글쓰기가 되어야 합니다. 특히 다양한 이론가들의 대립이 있는 국제정치 분야나 한국정치를 분석해야 하는 비교정치, 민주주의 파트에서는 자주 출제되는 개념, 이론, 이론가들의 암기가 필수적입니다.

이론이 가장 중요한 도구라면, 사례는 본인의 도구와 분석이 설득력을 얻기 위한 장식입니다. 행정학은 사례를 나열하기도 하고, 특정 사례를 구체적으로 설명하며 답안을 작성하기도 합니다. 그러나 정치학의 답안을 작성할 때 사례의 역할은 주장을 입증하는 것입니다. 따라서 특정 사례를 분석하는 글쓰기가 되지 않도록 주의해야 합니다. 사례는 주장을 입증하는 도구일 때 유의미함을 생각하며 공부하셨으면 좋겠습니다.

『플래그십 정치학』을 통해 이론과 사례, 두 마리 토끼를 다 잡는 공부가 되실 것이라고 생각합니다. 모든 수험생이 이 책을 통해 합격이라는 목표에 한걸음 다가가기를 기원합니다.

—2023 5급공채 일반행정 합격생 김상범—

차 례

PART I 총 론

PART Ⅱ 민주주의의 조건들

PART III 민주주의

P·A·R·T

I

총 론

방법론

인식론명	양적 접근	질적 접근
가정	자연과학=사회과학 경제학적 가정(도구적합리성) 행태주의(실증주의) 합리적 선택이론/ 게임이론	자연과학≠사회과학 사회적적 가정(성찰적 합리성). 해석학 전통주의 / 구성주의(탈실증주의) 심리적 접근. 문화적 접근
사용된 모델	합리적 선택 투표이론 신현실주의. 민주평화이론	사회학적 투표이론 신고전현실주의

환경변화

환경변화명	행위자변화 여부	가치(목적)과 수단 변화 여부
세계화	국가 vs. 비국가행위자	국가안보 vs. 인간안보(포괄안보) 군사력 vs. 경제력 군사력의 국가 독점 vs. 군사력의 민간화 정부에 의한 통제 가능성
지역주의	정부의 선택 vs. 민간의 요구	지역주의 vs. 다자주의 Mega FTA간 경쟁
정보통신혁명	국가 vs. 비국가 행위자	전자민주주의: 대의민주주의 vs. 직접민주주의 권력과 안보 변화: 4차 산업혁명과 패권변동
민주화	정부 vs. 민간의 영향력	불확실성의 제도화와 전환가능성 청중비용의 작동 여부

제 1 장 방 법 론

방법론 쟁점 1 : 정치학의 perspective 합리적 선택이론

주제의 문제의식

Q 정치현상을 분석하는 데 있어서 합리성에 기초하여 분석한다고 할 때 합리성에 기초한 분석은 타당성이 높은가?

A 합리성에 기초한 분석은 사회적 맥락이나 인간의 심리적 요인에 의한 간섭에 의해 영향을 받겠지만, 개인과 국가의 행동의 일관성을 설명하기 유용하다.

세부 쟁점과 핵심이론

sub 1 합리성의 의미와 합리적 선택이론에의 적용가능성

1. 합리성의 의미

(1) 의미: 이익에 따른 인간 행동의 가정.

(2) 입증: 개인 선호의 완결성과 전이성이 존재하면, 합리적인 선택이 가능.

① 선호의 완결성: A > B > C. 사안에서 정책별 선호가 정해진 것을 의미.

② 전이성: A > B이고, B > C이면 A > C가 되는 조건. 만약 C > A가 되면 사회내에서 A, B, C라는 정책에서 사회적선택인 더 사회지지를 받는 정책 선택이 불가능함.

2. 합리적 선택이론

(1) 내용: 합리성에 기초할 때 인간 행동은 기회비용을 계산하여 판단함. A 방안을 선택하면 B 방안을 포기하는 것임. 따라서 A의 선택은 B의 기회비용보다 편익이 커야 함.

(2) 방법론: 인식론에서 합리성을 전제함.

① 개인의 합리성 ⇨ 정치적 선택

② 반대 논리: 사회구조적 접근. 사회적 요인 ⇨ 개인의 결정에 영향 ⇨ 정치적 선택.

3. 합리적 선택이론 적용

(1) 투표행태: 다운스(A. Downs) 모델. R(reward) = P(probability) × B(benefit) − C(cost). 개인의 투표여부 결정요인. 투표를 통해 얻는 이익의 크기 > 비용이면 투표함. → P×B가 지나치게 작아져 R < 0이 되는

문제가 발생(합리적이라면 투표를 안해야한다는 결론)

① 보완 1: P를 수정 ⇨ 집합적 이해로 수정함. 즉, (1/전체 유권자)의 확률이 아니라, 특정 정당이나 후보의 지지율(ex, 지지율 30%후보인 경우 R=30/100×B−C로 계산)

② 보완 2: 라이커 & 오데슉(Riker & Ordeshook). D (시민적 의무/ 시민적 효용)을 첨가. R=P×B−C+D. 시민적 의무감(D)으로 투표.

(2) **정당선택**: 유권자의 지역투표. 지역정당 선택이 다른 정당 선택보다 효용이 큼. vs. 사회적 요인(정체성, 문화)보다 중요함.

① 무당파층은 합리적 선택 vs. 지지정당있는 유권자는 정당일체감에 기반한 투표.

② 합리적 선택과 정체성 선택이 동일하게 한 정당을 지지할 수 있음. 하지만 합리적 선택은 다음 선거에서 무조건 동일 정당을 선택하지는 않음. 정체성 투표는 자신에게 이익을 줄 수 있다는 믿음이나 정체성을 공유한다는 인식에 의해서 특정 정당을 지지하는 투표를 하게 됨. 투표는 정체성 확인 작업이 됨.

* 논쟁: 합리적 선택 vs. 사회적 선택(정파성이 중요함. 사회화가 중요).

ex) 한국에서 지역주의 정당선택 요인

(3) **국제정치**: 국가 지도자와 관료의 정책결정에서 합리성에 기초하여 더 높은 국가이익을 추구함. 다만, 자율성이 전제되어야 함.

* 논쟁: 합리적 선택 vs. 심리적 선택(cognition model)

① 심리모델에서 스키마(Schema): 정보를 수집하고 정보를 축적하는 방식이자. 정보를 이해하는 방식. 영화 inside out에서 화, 기쁨과 같이 정보를 처리하는 방식.

② 심리 모델: 정치학에서 유권자 선택에서도 사용되지만, 국제정치학에서 지도자의 선택이 합리성 보다 심리에 영향을 많이 받는다는 것을 설명할 때도 사용됨.

ex) 핵억지 가능성: 합리적 선택에 의한 억지가능(브로디와 셸링이 대표적 이론가) vs. misperception에 의한 억지불가능(저비스가 대표이론가).

* 논쟁: 합리적 선택 vs. 관료 정치/ 조직과정 모델(앨리슨 모델 논쟁)

ex) 앨리슨 모델의 적용

(4) **정치경제학**: 지역통합등에서 사용됨.

① 합리적 선택관점에서 지역통합(신현실주의의 구속가설이나 제도를 통한 비용축소) vs. 구성주의 (정체성을 통한 설명)

② 도구적 합리성(경제학적 합리성, 외생적 이익규정으로 외부에서 선호를 규정해 줌) vs. 성찰적 합리성. (사회학적 합리성, 사회구성원의 정체성에 따라 합리적 판단과 계산이 달라짐. 내생적 이익규정으로 선호가 행위자들 간의 관계와 정체성에 의해 결정됨)

(5) **한국 민주주의 분석**: 한국 유권자 구분

① rational / informed voter(잘 아는 유권자): 합리적 선택모델로 설명가능. 특정 정당지지 없는 무당파층.

② Uninformed Voter(잘 모르는 유권자): 정보가 부족하여 합리적 판단을 하기 어려운 유권자. 정파적 태도를 보여 특정지지 정당의 정보만을 흡수하는 유권자. 민중주의에 노출될 가능성이 높음.

③ Misinformed Voter(잘 못 아는 유권자): 편향성으로 인해 정보를 왜곡된 형태로 받아들인 유권자. 당파적 투표를 할 가능성이 높음. 가짜뉴스와 같이 뉴미디어에 의한 피해가 큰 유권자. 민중주의에 노출될 가능성이 높음.

④ 심의민주주의를 통해 두 번째와 세 번째 유권자를 첫 번째 유형의 유권자로 만들고자 함. 심의민주주의에서 심의성(열린 사고와 깊이 있는 숙고과정을 거쳐서 정확한 정보에 기반해 의사결정을 하는 유권자로

변화시키고자 함. 사례로는 2024년 연급개혁 공론조사와 500인 회의가 개최됨.

4. 합리적 선택에 대한 반박

(1) 합리성 거부: 심리모델

* 논쟁: 한국 유권자의 지역주의 선거행태의 원인. 합리적 선택 vs. 정치사회화요인.

(2) 합리성의 부분적 거부: 제한적 합리성 모델

* 논쟁: 유권자들의 투표행태에서 포괄적 합리성하에 선택하는지 여부. 포괄적 합리성 모델 적용 vs. 제한적 합리성 모델 적용.

(3) 다른 합리성을 적용: 도구적 합리성에서 성찰적 합리성

① 성찰성(reflexivity): 사회화됨을 인정함. 즉 사회화과정을 거치면서 자신의 판단을 수정할 수 있음. 반성적인 인식을 강조함. 경제학적 합리성에서 이익과 비용 계산 방식을 바꾸지 않으려고 하는 부분과 차이.

* 논쟁: 민주주의에서 개인 선택은 도구적 합리성에서 이익추구(대의민주주의 모델) vs. 개인선택은 심의과정을 거쳐서 이익을 추구(심의민주주의 모델)

* 논쟁: 국가의 대외정책 결정에서 도구적 합리성에 기초한 '국가 이익'추구(신현실주의, 신자유주의 모델) vs. 국가는 정체성에 기초하여 '국가이익'을 규정(구성주의)

5. 합리적 선택 이론 내용 보완

(1) 다운즈(A. Downs)의 의미: 개인이 지향하는 목표가 일단 주어지면 그 목표를 실현할 수 있도록 의도적인 선택행위를 한다는 '절차적인 합리성'을 의미. ⇨ 요약: 효용 극대화를 위해 더 나은 것을 선택한다는 가정. 다운즈는 정치경제학을 도입한 학자로서 합리적 선택의 대표적인 이론가임.

(2) 베버의 합리성: 인간 행위의 목표 자체가 사리에 맞는지 여부를 판단하는 '실질적 합리성'을 의미함. 수단적 합리성보다 포괄적인 의미를 가짐. 목적 합리성을 의미함.

(3) 다운즈의 '합리적 무지(rational ignorancism)': 중요성이 적거나 전혀 없는 선거 쟁점을 배우는 데 시간과 돈 지불을 하지 않는 것을 의미. 다른 대안을 선택하는 것. ⇨ 요약: 합리적 선택에 기초한 포괄적인 선거정책 탐구 포기. ⇨ 유권자들이 정책을 탐구하는 데 비용을 많이 사용하지 않음. 대신 정당이나 이념을 통해서 선택함. 즉 특정 이념이 탐구비용을 줄이면서 더 이익이 되는 선택을 가능하게 하는 것임. 이후 제한적 합리성과 연결됨.

(4) 메스퀴타 (B. De Mesquita): 도구적 합리성으로 가정. 최소한의 필요조건으로 완전성과 이행성을 강조함. 완전하다는 가정은 개인이 대안인 x와 y사이에서 "나는 y보다 x를 좋아해"라고 말할 수 있다는 의미다. 이행성은 어떤 사람에게 10억 달러의 사용처를 국방, 실업수당. 교육이라고 가정했을 때 국방 > 실업수당. 실업수당 > 교육이라면 국방 > 교육을 선택하는 조건을 의미함.

적용 가능 사례

1. 한국의 투표행태: 지역주의 선거 행위에서 이념 중심의 선거행태로의 전환
2. 합리적 행동으로서 집합행동과 공공재 저생산의 문제
3. 대외정책에서 국가지도자의 인식, 지역 정체성, 규범의 영향력

합격생 tip

- 합리성은 투표 행태를 설명하는 도구로 자주 사용. 특히 다운스 모델과 라이커 & 오데슉의 수정모델(합리적) vs. 심리모델(사회화모델)을 비교하면서 각 모델별로 투표율을 높이는 방안으로 어떤 것이 제시될 수 있을 것 같은지 준비하길 추천. 덧붙여 각 방안에 대한 우리나라 사례를 준비한다면 답안의 구체성이 높아질 것임.

방법론 쟁점 2 : 양적 접근과 질적 접근

주제의 문제의식

Q 정치학을 연구하고 분석하는 데 있어서, 양적 접근과 질적 접근은 어떤 점에서 타당성을 가지는가?

A 양적 접근은 자연과학과 유사하게 타당성을 확보할 수 있는 장점이 있지만, 사회적 맥락을 고려하지 못하는 단점이 있다. 반면 질적 접근은 사회적 맥락을 고려할 수 있게 해주지만, 일반화가 어려운 단점이 있다.

세부 쟁점과 핵심이론

sub 1 정치학의 과학적 방법(양적연구방법) 활용 가능성과 한계:
(1) 과학적 접근(사회과학 접근법 = 자연과학 접근법) = 양적 접근
(2) 과학적 접근거부 (사회현상 접근법 ≠ 자연과학 접근법) = 질적 접근

sub 2 양적 연구방법과 질적 연구방법 비교
(1) 양적 접근: 자연과학과 동일한 접근법 사용. 전제 조건은 사실과 가치 분리가능.
(2) 질적 접근: 사회현상분석은 자연과학도 다른 방법사용. 연구자의 사실과 가치 분리불가능.

sub 3 전통주의(질적 연구방법) vs. 행태주의(양적연구방법) vs. 후기행태주의 (양적연구방법 + 질적 연구방법의 부분적 수정)

sub 4 방법론의 주류인 행태주의와 행태주의 보완방안(질적 접근의 적용: 후기 행태주의, 구성주의의 적용)

1. 양적 접근과 질적 접근

(1) 자연과학 = 사회과학의 동일한 접근 가능한지의 논쟁

① 자연주의 접근 방법(양적 접근 법의 포괄적 명칭. 행태주의를 포함): 주체(자연과학에서 실험자)와 대상(실험대상)을 구분함. 이것은 이원론적 세계관을 가지는 것임. 주체와 대상이 따로 존재하는 것임. 주체는 대상과 별개이기 때문에, 주체는 대상분석에 있어서 사실관계와 가치를 구분할 수 있음. 물리학에서 분석할 때 가치관이 끼어들지 않음. 이를 다른 말로 방법론적 일원론이라고 함. 자연과학 방법과 사회과학 방법이 동일하다는 입장. 이것이 미국 학계의 주류입장임.

② 구성주의 접근 방법(질적 접근 법의 포괄적 명칭, 맥락주의와 해석학을 포함): 일원론적 세계관을 가지기 때문에 주체와 대상이 구분이 안 된다고 전제함. 즉 실험자인 사회과학자(주체)가 자신이 사는 세계(대상)와 분리되어 실험을 할 수 없음. 사회(대상)안의 주체가 포함됨. 즉 자연과학은 주체와 대상이 분리되지만 사회과학은 분리가 되지 않음. 사실관계와 가치가 분리가 되지 않음. 사회를 운영하는 원리로서 가치관이나 사상에 영향을 받을 수 밖에 없음. 보수적 성향의 사회과학자는 진보 정부의 정책을 비판적으로 볼 것임.

다른 말로 방법론적 이원론이라고 함. 즉 자연과학과 사회과학의 방법은 다름. 사회과학은 사회의 규범과 문화와 같은 맥락을 고려해야 함. 여기서 구성주의라는 용어는 국제정치학의 구성주의와 동일한 용어임. 사회적 맥락에 의해서 해석되고 사회적 맥락이 개체를 구성한다는 의미임.

(2) **전제:** 사실과 가치 분리 가능성.

① 양적 접근(자연주의): 사실과 가치 분리 가능

② 질적 접근(구성주의): 사실과 가치 분리 불가능

(3) **학문적 성향의 문제:** 양적 접근은 좀 더 과학화를 추구함. 보편타당성을 확보하고자 함.

2. 양적 접근과 질적 접근 비교

표를 통한 비교 **양적 연구방법과 질적 연구방법**

양적 연구방법	질적 연구방법
자연과학적 인식론은 사회과학에도 적용 가능	사회현상은 자연과학과 같이 정확한 설명 불가능
설명(explanation) 중심의 nomothetic한 입장	이해(understading) 중심의 idiographic한 입장
보편적인 이해가 가능하며 시·공간을 초월한 법칙 수립 및 적용 가능	내부의 의미와 맥락을 이해하는 것이 가능할 뿐, 일반화를 통한 법칙 정립 불가능
규칙성, 계량화와 계측화가 중요	비계량적 방법
실험, 통계, 비교, 사례연구	사례연구/ 비교연구도 수행함.
<장점> • 규칙성을 통한 일반화·보편화는 사회 현상에 대한 예측 도구로서 기능 • 사례연구를 늘림으로써 비교를 뛰어넘는 통계에 도달 • 주관적인 인식을 배제하고 명확한 제도의 효과를 살펴볼 수 있게 해줌	<장점> • 특정 사례의 내부 맥락을 파악함. 역사와 사례의 구체적인 내용을 통한 합의 도출 • 특정 사례들의 연구를 통해서 사례자체의 내용을 충실히 함. • 특정 사안들에서 가치판단을 통한 사회현상에 대한 평가
<단점> • 주관성을 버리고 과연 엄밀한 객관화가 가능한가 • 방법론상으로 독립변수와 종속변수 사이를 명확하게 구분하고 그 인과성을 측정·확인할 수 있는가 • '과소 사례와 과다 변인'의 문제: 변인이 두 개면 이를 검증하기 위해서는 사례가 최소한 3개여야 함. 즉 변수보다 사례가 하나는 더 많아야 비교를 통해서 검증할 수 있음.	<단점> • 일반화의 어려움과 타 사례에 적용이 곤란함 • 주관이 개입되기 때문에 객관적 인식의 곤란

3. 양적 접근의 구체적 방법: 행태주의와 대안 간 비교

표를 통한 비교 세 가지 접근법 비교

전통적 방법	행태주의적 방법	후기행태주의적 방법
사실과 가치의 상호관계: 사변적	사실과 가치의 분리(자연과학의 사회과학적용가능)	가치와 사실을 연관시킴. 행위와 적실성이 중요(가치개입)
처방적(현실 문제해결 강조), 규범적(당위분석), 질적연구	비처방적, 객관적(규범배제와 현상분석), 경험적, 계량적	인간적, 문제해결적, 규범적, 질적 계량적
불규칙적인 것과 규칙적인 것들에 모두 관심	획일적이고 규칙적인 것들에 관심(규칙을 통한 일반화)	규칙적인 것과 불규칙적인 것들에 모두 관심
모형적(단일국가로도 가능), 비(非)비교방법 개별국가에 초점	비교방법사용. 몇 개의 국가들에 초점	비교방법사용. 몇 개의 국가들에 초점
인종중심주의, 서구 민주주의 초점	인종중심주의, 영-미 모델에 관심	특히 제3세계 지향적
몽테스키외의 영국과 프랑스정치제도 비교	이스턴의 초기 시스템이론	이스턴(1969년 선언) 이후 정책학과 신행정학
기술적(descriptive: 묘사적), 정태적(변화지향성이 부족)	추상적(연역적 이론으로 사변적), 보수적, 정태적	이론적, 급진적, 변화지향적 (행동의 적실성이 중요)
공식적(정부, 헌법) 구조에 초점	공식적, 비공식적(집단)구조들과 기능들에 초점	계급과 집단관계, 그리고 갈등에 초점
역사적, 무역사적 포함	무역사적	총체적(holistic: 사회구조전체)

R. H. Chilcote, Theories of Comparative Politics: The Search for a Paradigm(Boulder, Colorado: Westview Press, 1981), p. 57.에서 다소 수정.

4. 행태주의에 대한 대안

(1) 후기 행태주의

① 가치의 대입을 통해 행태주의 극복

② 연구자의 가치 판단을 강조함. 사회현상에 대한 연구자의 책임 추궁.

③ 제 3세계 국가들의 저발전 문제나 경제성장에 따른 환경파괴 등에 문제 제기를 하게 함.

(2) 구성주의

① 가치의 선험적 규정을 거부함. 성찰을 통해 가치의 중요성이 결정됨.

② 성찰적 합리성 가정: 도구적 합리성인 경제적 합리성(외생적 이익규정)을 거부하고, 대화를 통해 타당성을 확보해가는 합리성을 강조

③ 구조와 개체 간 동시 구성: 인간이나 조직의 합리성을 부정하지 않으면서 구조의 영향력도 인정함.

④ 사회구조의 맥락을 중시함. 질적 연구방식과 같은 사회적 맥락을 강조함. 사회적 맥락은 사회화과정을 통해서 만들어짐. 각 행위자 간의 사회구조와 맥락은 차이가 있음. (ex, 동양에서 절하기와 서양에서 절하기의 맥락에는 차이가 있음)

(3) **과학적 실재론**: 관념들의 영향이 크다고 인정. 관념을 다룸. 자연주의와 구성주의 절충.

방법론 쟁점 3 : 일치법과 차이법

주제의 문제의식

Q 변수를 검증하고자 할 때 일치법(최대상이체계분석법)과 차이법(최대유사체계분석법)을 사용하는 이유는 무엇인가?

A 독립변수의 타당성을 검증하기 위해서 비교연구방법을 사용하는데, 이때 지역 차원에서 유사한 차이법(최대유사체계분석법)을 먼저 사용해 검증하고, 이후 단위 차원에서 설명이 가능한 일치법(최대상이체계분석법)을 사용한다.

세부 쟁점과 핵심이론

sub 1 일치법과 차이법의 구분

sub 2 최대유사체계분석법과 최대상이체계분석법의 차이

sub 3 혼합체계 분석법 활용의 의미와 장점

1. 독립변수 확인의 중요성

(1) 부족한 사례와 정량적 방법의 어려움.
(2) 비교방법 활용: 사례 간 비교를 통해 객관성을 검증함.

2. 일치법과 차이법

(1) 원리: 같은 것(원인)은 같은 것(결과)을 설명하고, 다른 것(원인)은 다른 것(결과)을 설명한다.
(2) 일치법: 같은 원인이 같은 결과를 만들어냄.
(3) 차이법: 다른 원인이 다른 결과를 만들어냄.

3. 실제 적용사례

일치법	국가 A	국가 B	차이법	국가 C	국가 D
정당	다당제	양당제	정당	다당제	다당제
정부형태	대통령제	내각제	정부형태	대통령제	내각제
정치문화	타협적	타협적	정치문화	타협적	타협적
결과	협치 성공	협치 성공	결과	복지정책 성공	복지정책 실패

(1) 일치법 국가 A와 국가 B의 사례: 동일한 변수(정치문화)가 동일한 결과(협치 성공)를 끌어냄.
(2) 차이법 국가 C와 국가 D의 사례: 다른 변수(정부형태)가 다른 결과(복지정책성공여부)를 결정.

4. 최대유사체계와 최대상이체계

(1) 최대유사체계: 차이법. 다른 독립변수를 통해 차이나는 결과를 설명함. 체계수준의 분석틀

(2) 최대상이체계: 일치법. 같은 독립변수를 통해 동일한 종속변수를 설명함. 개체수준의 분석틀

표를 통한 비교 **최대유사체계 실제 사용: 체제수준의 설명**

① 차이법: 유사성을 극대화시켜 차이가 나는 변수로 설명하는 방법

② 최대유사체계 실제 사용

- 가설: 기업의 지배구조 및 소유구조가 경제의 안정성을 좌우한다.
- 사례: 1997년 아시아 경제위기시 한국과 대만

	한 국	대 만
문화	유교문화	유교문화
경제발전의 정도	중	중
국제경제	단기자본	단기자본
기업의 소유 및 지배구조	재벌체제	중소기업단위의 가족소유제
종속변수(경제위기)	경제위기	경제안정

표를 통한 비교 **최대상이체계 분석디자인: 개체 수준의 설명**

① 일치법: 상이성을 극대화시켜 일치하는 변수를 가지고 동일한 현상을 설명

② 최대상이체계 실제 사용

- 가설: 부르주아의 동기(impulse)가 강한 국가는 민주적 자본주의로의 근대화로 나아간다.
- 사례: 영미와 프랑스의 근대화

	영국, 미국	프랑스
부르주아의 impulse	강	강
농업의 상업화 유형	시장	노동 통제
계급으로서의 농민	소멸	존재
농민의 혁명적 잠재력	낮음	높음
종속변수 (혁명의 유형과 근대정치체제)	부르주아 혁명 민주적 자본주의	부르주아 혁명 민주적 자본주의

5. 혼합체계 분석법

(1) 3개의 국가에 적용 가능

(2) 2021년 입법고시 기출문제에서 적용

① 일치법과 차이법을 혼용함. 같은 결과는 같은 원인에서 도출(일치법)+다른 결과는 다른 원인에서 도출 (차이법)

② 사례의 적실성을 확인하는 데 유용함.

표를 통한 비교

	A 국가	B 국가	C 국가
Y (사회복지 수준)	높음	낮음	낮음
X1 (정권의 성격)	보수정권	진보정권	보수정권
X2 (정부형태)	의원내각제	대통령제	의원내각제
X3 (노조 조직률)	높음	낮음	낮음
X4 (1인당 평균소득)	높음	높음	낮음
X5 (경제체제의 성격)	자유시장경제	자유시장경제	조정시장경제
X6 (권력 분포)	집중화	분산화	집중화

위의 사례 검토:

(1) A와 B는 차이법을 활용. 다른 결과(Y)는 다른 원인으로 규정. X4, X5는 배제.

(2) B와 C는 일치법을 활용. 같은 결과(Y)는 같은 원인으로 규정. X1, X2, X6는 배제.

(3) A와 C도 차이법으로 검증. 다른 결과는 다른 원인으로 규정. X1, X2, X6는 배제.

방법론 쟁점 4 : 분석 수준

주제의 문제의식

Q 특정 현상을 분석에서 왈츠의 분석수준을 활용할 경우 어떤 눈높이(분석수준)에서 중요한 독립변수가 있는가?

A 특정 현상을 분석할 때 사안에 따라서 개인, 국가, 국제체계 수준의 중요성이 다르다.

세부 쟁점과 핵심이론

sub 1 왈츠의 분석 수준의 3가지 활용(주로 시험문제 출제됨)

sub 2 내인론과 외인론 응용가능: 1970년대 경제발전의 원인규명
(1) 내인론: 박정희대통령의 리더십. 적시에 경공업산업에서 중화학 공업산업으로 전환.
(2) 외인론: 상품수명주기가설. 선진국에서 표준화되는 산업을 점차 해외로 이전하는 시기 한국이 철강과 조선 같은 산업을 맡게 됨. 국제자본주의의 분업구조로 인해 경제발전.

sub 3 분석영역은 응용가능
(1) 분석영역: 정치영역, 경제영역, 사회문화 영역
(2) 정보통신혁명의 영향분석 사례: 정치영역(정당과 시민사회)에의 영향, 경제영역(4차산업혁명과 AI 중심 경제)에의 영향, 사회문화영역(세대 간 정보격차 발생)에의 영향

1. 왈츠의 분석 수준

(1) 분석수준의 의미: 원인 분석의 눈높이

(2) 왈츠의 분석수준 3가지: 개인(제 1이미지. 개인의 특성), 국가(제 2이미지. 국가의 특성, 경제상황, 정치체제), 국제체계(제 3이미지. 극성과 상대적 국력 차이)

−국제정치를 분석할 때 각각의 수준의 원인변수로 동일한 사례를 분석.

2. 분석 수준 활용

(1) 국제정치 이슈에서 적용

(2) 개인, 국가, 체계가 순서나 중요도에 따라 응용이 가능함.

(3) 1차 대전 분석에서 중요도 분류: 체계 수준 > 국가 수준 > 개인 수준. 안보딜레마와 동맹정치가 가장 중요한 전쟁의 원인임.

(4) 2차 대전 분석에서 중요도 분류: 개인 수준 > 국가 수준 > 국제체계 수준. 히틀러가 없었다면 존재할 수 없는 전쟁임.

3. 분석수준 응용: 왈츠의 분석수준과 2022년 러시아의 우크라이나 침공원인 규명.

(1) 개인(푸틴의 오인, egoinflation(자아의 강화), 전망이론의 미래 예측의 어두움),

(2) 국가(비민주주의 특성, 과두체제 oligarchy의 팽창성, 러시아 민족주의와 애국주의, 러시아의 석유 통

한 국부 증대, 폐쇄체제로 인한 푸틴과 군부 간의 정보 공유 실패)

(3) 국제체제(러시아 성장에 따른 불균형적 다극 체제화. 이것은 미어샤이머 주장. 나토 확장에 대한 러시아 입장에서 지정학적인 완충지대 추구)

4. 분석영역 기법의 응용

(1) 2022년 푸틴의 우크라이나 침공은 분석 영역 기법으로도 설명가능.

① 정치적 측면의 원인: NATO 동진 저지. 러시아내 푸틴 견제 장치의 부재.

② 경제적 측면의 원인: 러시아 경제력의 강화. 유럽국가들의 러시아 천연가스 의존도 높음.

③ 사회문화적 측면의 원인: 러시아의 민족주의와 애국주의

적용 가능 사례

1. 미중 대결의 원인 분석
2. 북한 핵개발의 원인 분석
3. 한일관계 악화원인 분석(2014년 기출문제)
4. 러시아의 우크라이나 침공 원인 분석
5. 하마스의 이스라엘 침공 원인 분석

제 2 장 환경변화

환경변화 쟁점 1 : 세계화

주제의 문제의식

Q **하나의 세계공동체(globality)를 만든다고 전제하는 세계화(globalization)는 국가를 중심단위로 하고, 주권(평등)원칙에 근거한 근대 질서를 변화시키고 있는가?**

A 세계화는 국가를 중심단위로 하고, 주권(평등)원칙에 근거한 근대 질서를 변화시키지만, 국가의 적응력도 여전히 강하다.

세부 쟁점과 핵심이론

sub 1 세계화 현상 자체를 인정할 것인지 논쟁: 세계화 주장의 자유주의 vs. 국제화 주장의 현실주의 vs. 중도적 입장의 역사사회학파

sub 2 세계화라는 환경변화로 인한 국가의 통치능력변화 여부: 세계화 주장의 governance vs. 국제화 주장의 government vs. 역사사회학파의 government 조정

sub 3 세계화 3.0과 정치, 경제, 사회변화 속도와 정부의 통제 가능성: 빠른 변화속도로 인한 낮은 통제 가능성(세계화론) vs. 변화속도에 대한 높은 통제 가능성(국제화론) vs. 빠른 변화속도에 대한 부분적인 통제 가능성(역사사회학파)

sub 4 세계화와 상호의존의 증대로 인한 사회에 대한 충격 여부: 세계화의 강력한 경제적 충격과 사회적 변화(세계화론) vs. 국제화의 부분적인 경제적 충격과 사회적 변화(국제화론) vs. 세계화의 부분적인 경제적 충격과 사회적 변화(역사사회학파)

sub 5 세계화의 환경변화가 '정치체제'에 미치는 영향 논쟁: 세계화가 민주주의를 강화 vs. 세계화가 민주주의를 약화 vs. 세계화가 권위주의를 강화 vs. 세계화가 권위주의를 약화 vs. 불가지론 ⇨ 다양한 관계 가능

sub 6 '정치체제'의 세계화와 상호의존에 대한 대처방안 논쟁: 민주주의의 세계화와 상호의존 강화 vs. 민주주의의 세계화와 상호의존통제 vs. 권위주의의 세계화와 상호의존 강화 vs. 권위주의의 세계화와 상호의존 통제 ⇨ 다양한 관계 가능

sub 7 패권 국가 미국과 성장하는 국가 중국 간의 탈세계화 가능성 논쟁: 강력한 세계화와 상호의존으로 탈세계화와 탈동조화(Decoupling: 커플 관계를 청산함)는 불가능(자유주의자) vs. 국제화와 상호의존통제력에 기초하여 탈세계화와 탈동조화 가능(현실주의)

1. 세계화의 의미와 접근법

(1) 세계화의 의미: 하나의 지구촌 공동체(globality)로 가는 과정. 근대 국가 질서의 변화.

(2) 접근법: 분석이론

① 자유주의 이론: 세계화(국가의 통제를 넘어서는 관계) 지지. 국가 약화와 비국가 행위자의 강화. global governance를 실현함. 중세(교황, 황제, 왕의 복합통치인 governance의 복귀)의 복귀라는 점에서 신중세 주장도 있음. 중앙정부의 징세 능력과 처벌력 약화 + 비국가 행위자의 정치적 결정력 강화.

② 현실주의 이론: 국제화(국가 간 통제된 범위에서 관계 확대) 지지, 국가 역량 유지와 비국가 행위자에 대한 통제력 유지. 배타적 통치인 Government를 유지함. 중앙정부의 징세 능력과 처벌력 유지+비국가 행위자의 약한 정치적 결정력.

③ 역사사회학파: 조정론(부분적인 국가 능력 상실과 부분적인 국가 능력 유지 + 새로운 국가 능력). 중앙정부의 기능은 고정된 것이 아니라, 역사적 환경에서 적응하고 변용됨. 전쟁 수행 기능과 공용어와 공동화폐 같은 공공재 제공기능은 유지되나 복지정책, 계급투쟁의 장을 제공하는 기능은 사라짐.

(3) 세계화 3.0

① 세계화 1.0: 1400년대 대항해 시대 포르투갈과 스페인. 신대륙발견과 화폐 경제발전(은유입)

② 세계화 2.0: 1800년대 중반 이후 제국주의. 아시아-아프리카 식민지 구축. 중심부 국가(공산품 경제)와 주변부 국가(농산물 경제)의 역사적 관계 구축

③ 세계화 3.0: 1970년대 이후 상호의존 증대. 다국적 기업과 글로벌생산네트워크 출현.

④ 세계화 구분의 의미: 세계화의 속도가 빨라짐. ex) 2019년 코로나19의 전파속도(비행기 이용)와 1919년 스페인 독감(배를 이용) 전파속도 차이. 1880년대 러시아 독감(철도를 이용) 전파속도보다 빨라짐. ⇨ 중앙정부의 통제력 약화와 다국적 기업의 영향력 강화. ⇨ 중앙정부에 의한 불가역성(세계화는 되돌릴 수 없는 현상) 논쟁.

2. 세계화의 분야별 영향

(1) 정치경제: 세계화(상호의존 증대) ⇨ 국가 내 수혜자(자본가, 수출산업)와 피해자(노동자, 내수산업) 구분. ⇨ 정치적 지지세력변화(ex. 미국의 트럼프 대통령지지, 영국의 브렉시트 결정)

(2) 세계화 ⇨ 국내정치 갈등

① 갈등축: 리카르도-바이너 모델: 산업별 갈등 vs. 스톨퍼-사무엘슨 모델: 계급 간 갈등.

② 갈등축: 자유주의자의 개방성 강조 vs. 민족주의자의 폐쇄성 지향. ⇨ 민족주의와 연결가능

③ 갈등축: 시장주의자의 개방성 강조 vs. 민주주의의 영역한계. ⇨ 민주주의와 연결 가능

(3) **제도정치**: 세계화로 인한 사회변화 ⇨ 새로운 보호주의 요구 ⇨ 대의민주주의에 대한 대안 민주주의 요구+정당정치 변화(ex. 유럽에서 해적당과 녹색당의 지지율 증가)

(4) **세대정치**: 세계화의 경제와 사회변화 ⇨ 세대별 대처방안 차이 ⇨ 대의민주주의 해결책 선호(기성세대) vs. 참여민주주의 해결책 선호(젊은 세대) ⇨지지 정당 변화 ⇨ 정당의 분극화(정책 간 차이 강화)

(5) 세계화 ⇨ 민주주의 vs. 비민주주의

① 민주주의와 비민주주의에 주는 영향이 다름. 빈부격차 커짐. 민주주의는 이것이 복지정책으로 해결해야 함. 비민주주의는 경제실적으로 정치적 정당화가 가능함.

(6) 세계화 ⇨ 국가 간 힘의 관계

① 중국: 2001년 전세계 GDP 4%에서 2021년 17.7%로 성장.

② 러시아: 1992년 GDP 860억 불이고 1인당 GDP 575불. 2021년 GDP 1조 7,110억 달러(세계 11위)이고 1인당 GDP 1만 1654달러. (IMF 기준)

③ 미국: 2001년 전세계 GDP 40%대에서 2021년 24.1% 축소 ⇨ 상대적 국력 격차 축소됨 ⇨ 트럼프 정부에서 보호주의사용 대중국 관세 25% 인상조치취한 이유. 중국에 대해 환율조작국으로 공격함 ⇨ 2010년부터 미국 Pivot to Asia정책. 아시아에 관심을 가짐. 중국 견제가 중요함.

(5) **인권정치**: 세계화와 인권보편성 강조 ⇨ 인도적 개입(1990년대 개념)에서 보호책임(2005년 도입 개념)의 중요성 증대 ⇨ 인권을 이유로 다른 국가에 대한 군사적 개입 가능성 증대(피개입 국가의 국가 주권 부정 혹은 주권의 제한) vs. 현실주의의 거부(인도적 개입이 아니라 전략적 개입임)

* 논쟁: 미얀마 쿠데타와 신장위구르 지역의 인권침해에 대한 국제사회 개입 가능성

(6) **환경정치**: 생태계(ecology)의 중요성 ⇨ 한 국가에 의한 문제 해결 불가능 ⇨ 국가 간 협력+환경 관련 국제기구의 협력 필요 ⇨ 자유주의 global governance 옹호 근거 vs. 현실주의는 여전히 government 강조함.

* 논쟁: 기후변화체제인 파리체제의 성공 가능성 논쟁

(7) **질병과 위생정치**: 코로나19 등장과 확산 ⇨ 국제적 위기 ⇨ 국가 간 협력 가능(자유주의의 패권이론) vs. 협력의 어려움(현실주의 상대적 국력 가설)

* 논쟁: 코로나19문제를 해결하기 위한 공유재(백신과 치료제) 공유는 가능. 공유재(common goods)는 경합성과 비배제성을 보유함. 공공재(public goods)는 비경합성과 비배제성을 보유함.

3. 세계화와 정치체제

(1) 세계화(상호의존)와 민주주의

① 세계화에 따라 민주주의 강화 측면(시장의 개방성 강화)과 민주주의 약화 측면(다국적 기업 통제 곤란) ⇨ 정부의 세계화(상호의존) 조절능력과 사회의 대체 능력에 따른 차이.

② 민주주의의 세계화 수용 정도: 국가 내 복지 수준, 노동과 자본의 역량 차이, 정부의 산업정책(신성장산업 강화필요시)에 따라 세계화를 수용하는 정도의 차이가 큼. ⇨ 민주적 결정에 따름. (ex. 영국의 브렉시트)

(2) 세계화(상호의존)와 비민주주의

① 세계화에 따라 권위주의 강화 측면(경제적 실적에 의한 정치체제 유지)과 권위주의 약화 측면(외부행위자의 통제 곤란) ⇨ 정부의 경제적 취약성/ 정치적 취약성 차이 ⇨ 중국의 개방정책 vs. 북한의 폐쇄정책

② 권위주의의 세계화 수용 정도: 국내경제 상황과 해외투자와 통상의 필요성(중국과 베트남의 개방정

책), 정치적 반대세력 존재 여부, 지도자의 성향(ex. 덩샤오핑 vs. 김정일)에 따라 세계화를 수용하는 정도의 차이가 큼. ⇨ 비민주적 결정에 따름. (ex. 덩샤오핑의 개혁개방정책)

4. 탈세계화와 미 · 중 탈동조화(Decoupling) 가능성

(1) 탈세계화/탈동조화 논쟁 발생

① 미국: 특정 분야의 중국의존도가 높음. ex) 면봉과 마스크 부족 사태. ⇨ 중국에 대한 의존도 낮추고자 함. 중국을 일정 공급망에서 배제하고자 함.

② 미국과 중국 간 무역 불균형: 중국의 무역흑자와 미국 무역 적자 ⇨ 미국 내 불만 증대. ex) 트럼프 현상

③ 중국의 경제 스파이 현상: 2020년 미국은 중국 총영사관 폐쇄조치. 화웨이 부회장 구속.

④ 탈동조화에서 탈위기관리로 변화: 2023년 미국 재무부장관이 중국을 방문해서 Decoupling이 아니라 Derisking이라고 의미를 약화시키는 발언을 함. 하지만 미국의 정책 기조에는 큰 변동 없음.

(2) 탈동조화(탈위기관리) 논쟁

① 탈동조화 가능 이론

첫째, 길핀(R.Gilpin)의 패권변동이론. 미국의 패권 약화와 중국 성장에 따라 미국 견제 필요성 증대.

둘째, 조안나 고와(J.Gowa)의 안보 외부효과이론. 적대국에 대한 경제교류로 인한 부정적 안보 외부효과 증대. 동맹국 간 교류 증대로 전환 필요함.

셋째, 구성주의 이론. 미국인의 중국에 대한 비호감도가 70% 이상으로 증대. 적대적 정체성의 확대로 인해 미중관계 청산이 가능. (ex. 신장웨이우얼 문제, 티베트 문제, 홍콩시위 관련 문제, 대만 문제로 미국인의 대중 감정 악화)

② 탈동조화의 어려움

첫째, 상호의존이론. 미 · 중 상호의존의 증대와 회기 불가능성. 미국의 높은 취약성으로 인해 정책전환 불가능. (ex. 중국의 세계공장 역할, 미국 다국적 기업들 중국 철수 어려움, 브레턴우즈 Ⅱ체제에서 중국의 대미 투자가 중요)

둘째, 민주주의 정치체제 특성. 내부 반발이 강하면 정책 유지가 어려움.

③ 평가: 탈동조화가 가능

첫째, 미국의 낮은 무역의존도. 미국의 대외무역 의존도가 24%. (이 중 90%가 USMCA와의 무역). ex) 2021년 1월~ 5월 미 · 중 무역 규모는 3,000억 달러 수준. vs. 미국의 1년 GDP가 21조 달러.

둘째, 역사적 사례. 1차 대전 직전 높은 세계화에도 불구 전쟁 발생.

셋째, 민주주의 미국만 충격 받지 않음. 중국도 충격이 클 것.

④ 탈동조화와 비민주주의에 영향도 논쟁: 비민주주의 경제 충격으로 정당성 약화되면서, 체제 붕괴(비민주주의 체제가 붕괴함. 민주주의로 전환될 여지가 있음)가능성이 있음. 하지만 지도자가 내부에서 동원(rally effect)을 통해 위기를 벗어날 수 있음. 결과를 예측하기 어려움.

(3) 탈세계화 논쟁: 탈동조화보다 더 추상적이고 근본적인 논쟁. 세계화를 되돌린다는 논쟁.

① 자본, 기술, 인구 이동이 자유로워진 세계화를 되돌리려는 노력. 러시아 에너지와 원자재 시장+중국이 세계 공장 역할. 글로벌 가치사슬에 엮어줌.

② 이것을 되돌리려고 함. 2008년 경제 위기 이후 탈세계화 주장이 생김. COVID19로 탈세계화 강조. 우크라이나 사태로 정점. ⇨ 글로벌 가치사슬에서 도메스틱가치 사슬. (offshoring에서 reshoring으로. 이전된 해외제조업 공장을 국내로 복귀시킴. 혹은 nearshoring 즉 근처 국가로 이전시킴.) ⇨ 중국에서 제조업 이탈

함. 중국의 인건비 증대로 인해 기업 부담이 늘어남.

③ 전세계적 보호주의화 가능성이 예측됨. 미국과 중국 간 교류에서 미국과 유럽 국가 간 교류로 전환. 민주주의 간 교류 증대로 이어질 가능성이 높음. 비민주주의 중국과 러시아 견제.

④ 한국의 높은 무역 의존도와 부담: 66.08% 2018년 기준. 이정도로 높기 때문에 탈세계화가 부담이 됨.

⑤ 한국은 중국과 러시아에서 원자재 가져다가 가공하는 입장임. 또한 러시아와는 천연가스 사업이 있음. 한국의 우주 로켓 기술도 러시아에서 도입함. 상호의존이 강화된 상황에서 탈동조화는 한국에게 어려운 선택이 될 것임. ⇨ 현재 추세가 민주주의 진영 vs. 반민주주의 진영이 되는 상황에서는 한국도 편승을 해야 함. 속도 조절이 관건이 될 것임.

5. Global Value Chain

(1) **러시아**: 탈냉전후 원자재와 에너지 시장에 들어옴. 글로벌 가치 사스의 최하단에 위치함. 세계화의 효과임. 러시아는 1992년 GDP는 860억 불이고 1인당 GDP는 575불임. 2021년 러시아는 1조 7,110억 달러(20배 성장)고 1인당 GDP는 11,654달러임

(2) **중국**: 2001년 WTO가입함. 세계공장으로서 제조업을 담당함.

2001년 중국 세계 GDP 4%에서 2021년 17.8%. 미국은 2001년 31%에서 2021년 24.1%로 하락함.

CF. 미국 2022년 GDP는 25조 달러(9%성장함). 중국은 18조 달러(고정됨)

미국의 중국에 대한 Offshoring 정책사용.

(3) 미국의 Reshoring혹은 Nearshoring 정책 사용. 미국으로 다시 제조업체들 회귀하거나 인근 국가인 멕시코 캐나다로 회귀하는 정책을 사용함.

(4) **보호주의 강화**: 2018년 트럼프의 대중국 무역에 관세 25%부과함. 미국 바이든 정부에서도 대중국 견제정책을 사용함.

(5) **한국**: 무역의존도 66.08%임. 중국이 수출과 수입 모두에서 1위임. 안미경중(안보는 미국, 경제는 중국)에서 최근 안미경미로 전환중.

(6) **미국 대중국 견제 정책**: 탈동조화에서 탈위기관리(Derisking)로 용어는 바꿈. 하지만 내용은 크게 달라지지 않음. 미국의 IPEF(인도태평양경제프레임워크) 구성+반도체 동맹인 칩4동맹 구성. 인플레감축법(전기자동차와 태양광 분야 지원)

(7) 중국의 CIPS 구성. 미국의 스위프트라는 결제체제에서 이탈하고자 함. 또한 사우디아라비아와 원유를 위안화로 결제하기로 함. 탈달러화를 가속화함.

6. 세계화에 대한 비민주주의 국가별 대응 차이

6-1. 중국 사례

(1) **개방정책 사용**: 1978년 개혁개방정책 실시. 덩샤오핑의 정책

① 논리: 흑묘백묘론(쥐를 잘 잡는 고양이는 흑이든, 백이든이 중요하지 않다. 쥐만 잘 잡으면 됨).

② 성과: 중국 35년간 평균 경제성장율 9.8%.

(2) **덩샤오핑 생각**: 자본주의를 받아들이면 돈만 들어오는 것은 아니고 자본주의 생활방식과 문화 그리고 관념이 들어옴. 하지만, 1978년 중국의 낙후된 상황에서는 가난을 극복하는 것이 중요함. 다만 시간을 두고 순차적으로 자본주의의 영향을 받을 수 있음. 중국의 동부 연안부터 경제발전전략을 세움. 또한 '선부론(先富論, Getting Rich First. 1985년 덩샤오핑이 발표한 원칙. 능력 있는 사람부터 먼저 부자가 되어라. 그리고 낙오된 사람을 도와라)'을 제시함.

① 시진핑정부는 지역균형발전전략으로 도농 간 격차를 줄이고, 동부연안과 내륙지역 간 격차를 줄이고자 함.

② '선부론'에서 '공동부유론(2021년. 다 같이 부유하게 만들겠다)'으로 바꿈. 다시 사회주의의 평등원리를 강조. (중국의 3대 격차: 첫째, 도시 vs. 농촌. 둘째, 지역 간 격차. 광동, 상하이 vs. 중서부 내륙. 셋째, 소득격차)

(3) 과정

① 1978년 실시. 초반에 성과 없음. 1990년대 중국 시장을 보고 많은 외국 자본이 투자함. 이때 투자 실패 많이 함. 자본주의 국가들의 기본 원칙인 법치주의가 없음. 중국 법이 공산당 강령이 헌법 우위에 있음.

② 미국의 개입정책: 이렇게 실패하자 미국의 클린턴 정부가 중국의 법치주의 등을 수정하게 함. 이런 원리로 만들어 진 것이 미국의 Engagement(개입)과 Enlargement(확장)정책임.

③ 미국의 의도: 중국을 포용하고 개입(engagement)하여 국제질서를 따르는 국가로 만들면 장기적으로 민주주의 체제로도 변화해서 민주주의체제를 더 확장(enlargement)시킬 수 있다. ⇨ 결과: 부유한 비민주주의 국가가 됨.

④ 중국의 의도: 부유한 국가를 만들지만, 중국식 사회주의 권위주의 체제를 버리지는 않는다. 이것의 구체적 표현이 '소강사회'(小康社會)를 지나 대동(大同)사회로 가는 것이다. 공자가 <예기>에서 주장한 논리를 가져다 설명함. 사회주의가 실패했기 때문에 사회주의 평등론 대신 다른 논리가 필요함. 이를 공자를 이용해서 정당화하고자 함. 공자학원을 전 세계에 1,000개 이상 만들어서 홍보함.

⑤ 개념 구분: 온포(배부른 세상) vs. 소강(다소 안정된 사회) vs. 대동 (유토피아적 세상)

(4) 미국의 정책 변화

① 2010년대 이후 미국 내 중국 인식 분위기 바뀜. 2011년 오바마 정부는 아시아회귀 정책(pivot to Asia)을 펴게 됨. 특히 트럼프 정부에서 많이 바뀜. 2017년 NSS에서 중국을 수정주의 국가로 규정함. 2020년 폼페이오의 닉슨도서관 연설이 결정타임. 주장의 핵심 "중국은 전체주의 국가이며, 전체주의 국가 중국을 붕괴시킬 것이다"

② 바이든 정부에서도 중국에 대한 기조는 크게 안 바뀜. 2022년 NSS(국가안보보고서)에서 중국을 '유일한 경쟁국(the only Competitor)'이라고 묘사.

(5) 중국과 북한 차이

① 공산당 지배 vs. 개인 지배: 중국은 공산당이 지배하고, 공산당 내에 분파가 3개 있음. 태자당(부모가 고위관료 출신), 상하이방(상해중심 세력), 공천당(공산당 청년당 조직 계열). 현재는 시진핑이 권력을 독점하고 있는 중. 반면 북한은 독재지만 세습 독재 체제임. 내부의 반대파가 없음. 이는 같은 독재라도 내부적인 견제가 가능한지 여부에서 차이.

② 충격 흡수 가능: 중국은 영토가 넓기 때문에 자본주의를 순차적으로 흡수함. 북한은 이것이 안됨.

6-2. 베트남 사례

(1) 개혁개방정책: 도이모이(베트남어로 "변화한다"를 의미)정책.

(2) 성과: 1990~2010년 평균 7.4%성장.

(3) 실제 성장배경: 도이 모미 정책을 1986년 채택함. 그러나 이 정책 보다 1993년 미국이 국제금융기구의 대 베트남 융자 허용함. 1994년 베트남 경제제재 해제함. ⇨ 이 시기부터 국제사회의 ODA가 들어감.

(4) 문제점: 초반에 사회주의 관성과 부패가 심각함. 해외기업이 철수하겠다고 하고 투자 철회로 위협하

자 정부가 부패를 줄이고, 법치주의를 실천함. 중요한 것은 법치주의가 작동해야 투자의 안정성이 확보됨.

(5) **특징과 북한과의 차이:** 개혁파가 있음. 도이모이를 주장하는 당내 반대파가 있음. but, 북한은 일인지배이며 가족 지배 체제로 김정은의 반대파가 없음.

6-3. 북한 사례

(1) 1972년 김일성헌법을 만들고 주체사상을 주장함. 소련과 중국 갈등시기 등거리외교를 하기 위해 폐쇄정책 고수. 주체사상은 정치적 자주+경제적 자립+군사적 자위로 구성됨. 경제적 자립을 강조하면서 해외원조 없이 독립적인 경제운영을 강조함.

(2) 중국 베트남과 달리 개혁개방정책을 못 받아들임. 이는 정권의 관리가 어렵기 때문임.

(3) 1994년－1997년 고난의 행군기간. 80만에서 300만 명 아사함. 이것을 김정일은 선군정치(군을 중심으로 한 통치방식)로 헤쳐나감.

(4) **북한 체제의 특징:** 1인 독재 국가이기 때문에 정책 실패에 대한 반대자가 없음.

(5) **북한식 논리:** 1990년대 모기장 이론으로 대응. 자본은 받아들임. 하지만 자본주의 정신은 받아들이지 않음.

(6) **자발적 시장의 형성과 한계:**

① 1990년대 장마당 경제가 만들어짐. 장마당 경제를 기반으로 자체적인 경제발전을 이룸. 2016년 GDP 3.9% 성장함. (같은 해 대한민국은 2.9% 성장함)

② 하지만 2006년부터 핵실험으로 경제제재를 받음. 해외에서 물건이 유입되지 못함. 그리고 코로나19로 중국과의 교역이 끊김. 이로 인해 충격이 큼. 2017년부터 마이너스 성장을 지속하고 있음.

③ 고립된 가난한 나라를 유지함.

7. 체제 비교의 결론

(1) 비민주주의도 내부의 구조에 따라 개방경제를 채택하는 정도가 다름.

(2) 정치 체제 유형(민주주의 vs. 비민주주의 구분)도 중요하지만, 각 정치체제내에서도 권력운영방식이 중요함. 마치 민주주의 국가에서 대통령제인지 의원내각제인지의 세부적인 방식이 중요한 것과 유사함.

(3) 개방을 받아들이는 것과 해외원조나 투자가 있어야 함.

적용 가능 사례

1. 코로나19 이후 탈세계화 가능성 / 탈동조화 가능성
2. 기후변화협약의 환경협력 가능성
3. 세계화로 인한 한국 경제의 양극화와 정부의 개입 가능성

합격생 tip

환경변화 Part는 정치학적으로 중요한 최근 환경변화가 설명되어 있음. 뒷부분의 국제정치 / 민주주의 / 비교정치 Part를 공부하면서 보완적으로 활용하는 것을 추천. 또한 최근 일어나는 국내・외 이슈를 준비하면서도 이 부분의 개념, 이론적 논의를 활용. (ex. 세계화로 인한 국가의 역할 변화를 설명하려면 세계화의 개념 설명이 필요)

환경변화 쟁점 2 : 지역주의

주제의 문제의식

Q **동아시아는 RCEP라는 mega FTA에도 불구하고, 낮은 지역주의는 개선될 수 있는가?**

A 동아시아는 지역 라이벌 경쟁이 강하기 때문에 지역주의 수준을 개선하기 쉽지 않다.

세부 쟁점과 핵심이론

sub 1 지역주의의 선택원인 논쟁: 자유주의 민간 중심접근 vs. 현실주의 국가 중심접근 vs. 구성주의 정체성 접근

sub 2 지역주의(지역 국가 우선적 차별성. ex, 유럽연합)와 다자주의(보편적 자유무역 ex, 세계무역기구 WTO) 간의 관계: 디딤돌(지역주의 ⇨ 다자주의 강화) vs. 걸림돌(지역주의가 다자주의 약화). ⇨ 무역 창출효과와 무역 전환 효과를 통해 실증적으로 검증 가능.

sub 3 유럽의 지역주의(유럽연합은 경제통합단계) vs. 동아시아 지역주의(FTA 형태의 경제통합단계) 간 차이 구분: 동아시아의 높은 '지역화'와 낮은 '지역주의'

sub 4 RCEP의 Mega FTA가 결성된 원인과 다른 지역주의에 대한 영향 논쟁

1. 지역주의 개념

(1) 지역주의 대비 개념 1: 지역주의(국가의 의도된 정책 ex, FTA 체결) vs. 지역화(의도되거나 의도되지 않은 현상 ex, 동남아시아 관광 증대)

① 유럽과 동아시아 지역 통합 수준 비교: 유럽은 화폐공동체(euro 사용) vs. 동아시아 (RCEP－ Mega FTA 수준) ⇨ 유럽 '높은 지역화＋높은 지역주의' vs. 동아시아 '높은 지역화＋낮은 지역주의'

② 차이나는 이유: 공급 측의 차이로 정부의 적극성. 역사적 맥락 차이(폐허가 된 유럽의 경제복구 의지). 미국 패권에 의한 안보 제공이 유럽통합 가속화함.

(2) 지역주의 대비 개념 2: 지역주의(양자적이거나 다자적으로 차별적 특혜를 부여하는 자유무역 제도 ex, EU는 다자적이나 회원국에만 혜택 부여) vs. 다자주의(개방적인 자유무역 제도 ex, WTO는 일정 조건 충족 시 가입 가능. 모든 국가에 자유무역 혜택을 부여함. 최혜국대우＋내국민대우를 기반으로 함)

(3) 지역주의 발전 정도(지역통합 수준): 1단계 자유무역 지대(FTA). 2단계 공동관세. 3단계 공동시장(노동과 자본의 이동이 가능). 4단계 경제통합. 5단계 화폐통합.

2. 지역주의 이론

(1) 자유주의

① 미트라니(D.Mitrany): 기능주의 이론(민간의 통합수요 ⇨ 지역통합정책 공급):

－분기(Ramification)효과: 한 분야의 협력이 다른 분야로 연쇄적 협력반응을 일으킴.

② 어네스트 하스(Ernest B. Hass): 신기능주의이론(민간의 통합수요+정치적 결정자들(ex. 정치인, 관료들) ⇨ 지역통합정책 공급)

－파급효과(Spill－Over effect): 한 군데의 협력이 다른 분야에 영향을 미침

③ 자유주의 정부간주의(민간의 통합수요+정치인의 통합 선호+구성된 제도의 잠금장치(interlocking effect: 통합을 구성하면 회귀 불가능))

(2) 현실주의

① 중앙정부의 전략적 선택(중앙정부의 지역통합정책 선택. 산업정책전환)

② 신현실주의의 극성을 통한 설명(양극적 경쟁의 후퇴와 경제적 번영이 중요.)

③ 패권국가에 의한 지역통합 추진(패권국가 미국의 유럽통합용인)

④ 지역주의 안보 딜레마(특정 지역주의 강화 ⇨ 다른 지역의 지역주의 강화)

⑤ 조셉 그리코(J. Grieco)의 구속 명제(강대국이 자신을 구속하면서 타 국가도 구속함. 프랑스의 독일견제를 위한 균형 balancing 정책) ⇨ 중견국가 한국의 전략으로 유용.

⑥ 현실주의 정부간주의(정부의 협상 전략과 정책결정자의 지역주의 선호도가 중요)

(3) 구성주의: 정체성의 공유 여부 ⇨ 지역통합정책(유럽 정체성 vs. 아시아 정체성 부재)

3. 지역주의와 다자주의 관계

(1) 디딤돌: 무역 창출효과(더 효용이 높은 국가와 무역) > 무역 전환 효과(덜 효용이 높은 국가와 무역) ⇨ 무역창출효과가 지역주의내에서 발생(ex, 유럽 내에서 무역창출효과를 가질 수 있는 국가에 대해 개방함.) 이는 열린 지역주의가 됨. 지역주의의 차별성을 강조하지 않음. ⇨ 이런 경우 지역주의는 다자주의의 디딤돌이 될 수 있음.

(2) 걸림돌: 무역 전환 효과 > 무역 창출효과. ⇨ 지역주의가 무역창출효과를 가질 수 있는 국가와 다자주의를 통해서 개방을 함. (ex. 유럽 국가들이 미국에 대해 개방해서 더 저렴한 미국 물건이 들어옴) ⇨ 이런 경우 지역주의는 다자주의의 디딤돌이 될 수 있음.

표를 통한 비교 **무역 창출효과와 무역 전환 효과**

국가명	A 국가	B 국가	C 국가
제품의 원가격	110$	80$	100$
A 국의 관세 50% 가격	110$	80+40(관세)=120$	100+50(관세)=150$
무역 전환 효과 (A가 C와 자유무역)	110$	120$	100$
무역 창출효과 (A가 B와 C와 자유무역)	110$	80$	100$
효과 비교	무역 전환은 덜 효율적인 국가 C의 상품이 A 국에서 판매됨. 반면에 무역 창출은 가장 효율적인 국가 B의 상품이 A뿐 아니라 C에서도 판매됨. 효율적인 생산이 보장됨으로써 각국의 소비자들도 가장 효율적인 소비를 하게 됨.		

4. Mega FTA

(1) Mega FTA의 등장

① 3국 이상의 FTA+특정 분야(농업, 서비스, 투자, 정부조달 분야)의 개방을 목표로 함.

② 지역주의의 3번째 흐름: 2008년 TPP(미국 주도)에서 시작

③ 2019년 RCEP 서명. 2020년 발효: 투자, 서비스, 농업 등 특정분야의 시장을 더 개방하기 위한 초 대형 FTA 구축. 다만 인도는 중국에 대한 경제적 예속 강화를 우려해 참가하지 않음.

④ 미국은 TPP 탈퇴 이후 CPTPP(Comprehensive and progressive TPP)에 재가입하기 어려움. IPEF라는 새로운 경제프레임 워크를 구성함. 이는 행정명령에 의한 것으로 의회 비준이 필요 없는 경제공동체.

(2) Mega FTA 체결 원인과 영향

① 다자주의를 통한 개방화 정체: 농업, 서비스 분야 등 DDA(도하개발어젠다)에서 정체. 돌파구 마련 필요.

② 양자 지역주의보다 거대한 시장 필요: 다자주의에서는 무임승차 국가 발생. 양자 지역주의는 시장의 크기가 작음. 중간지점으로 Mega FTA 필요.

③ 주변 지역주의 강화 가능: 미국의 TPP 재가입과 중국견제 가능성

적용 가능 사례

1. RCEP와 미국의 TPP 가입 시 미·중 지역주의 경쟁
2. 중국 주도 지역주의(RCEP, AIIB) vs. 일본주도 지역주의(ADB, 치앙마이이니셔티브)

환경변화 쟁점 3 : 정보통신혁명

주제의 문제의식

Q 정보통신혁명은 국내적으로와 국제적으로 변화를 가져올 것인가?

A 정보통신혁명은 국내적으로 민주주의에 대한 새로운 접근 기회를 제공할 수 있으며, 국제적으로 새로운 권력을 중요하게 부각할 수 있다.

세부 쟁점과 핵심이론

sub 1 정보통신혁명의 국내정치효과 논쟁: 전자민주주의의 효과

sub 2 정보통신혁명의 국제정치효과 논쟁: 권력의 변화와 권력 보유 관계변화

sub 3 4차 산업혁명의 국내, 국제적 변화와 국가의 대처방안

1. 정보통신혁명

(1) 의미: 정보통신기술의 발전에 따른 실생활에서의 활용 가능성 증대

(2) 영향: 동시성(같은 시간에 활용), 쌍방향성(상호 영향력 증대) ⇨ 시공간적 제약 약화와 피권력자의 영향력 강화(긴꼬리 법칙 long tail effect: 민중에 의한 아랍의 민주화)

2. 정보통신혁명의 국내적 효과

(1) 민주주의에 영향: 대의민주주의에 미친 영향(의회, 정당) vs. 참여민주주의에 미친 영향(시민사회결집) vs. 심의민주주의에 미친 영향(공론조사위원회 구성) vs. 직접민주주의에 미친 영향(민중주의의 부상) ⇨ 거시적인 이슈보다는 미시적 이슈를 강조하는 정치, 관여적 시민 증대, 투표유동성(투표 할 것인지 여부)과 정당유동성(정당선택의 변화)이 높아짐.

(2) 권력구조의 변화

① 전통적 elite와 시민사회 간 권력 변화 여부

② 새로운 엘리트의 탄생: 제조업 중심 기업(기업가와 운영자) ⇨ IT 기업(기업가와 운영자). ex) 다음 카카오(계열사를 합칠 경우)가 시가총액 서열에서 삼성 다음임.

③ 엘리트 통제방식의 변화: 선거제도 ⇨ 새로운 제도 창출 가능성

(3) SNS의 영향

① 정당 선거운동방식: 오바마 선거전략, 박원순 선거전략.

② 유권자 결집: 끼리끼리 효과(결속형 사회자본과 폐쇄적 네트워크 강화) vs. 다름에의 노출(개방형 사회자본과 개방형 네트워크 강화)

– 퍼트남(Putnam) 사회자본: 규범, 신뢰, 네트워크에 따라 결속형 vs. 개방형(교량형)

③ 시민사회: 수동적 시민사회를 관여적 시민사회로 전환(ex. 촛불 집회, 태극기 집회)

④ 미디어 다원화: 문자성에 기초한 전통미디어(라디오와 TV) vs. 구술성에 기초한 뉴미디어(유튜브, 포

탈, SNS) ⇨ 심의성에 차이

3. 정보통신혁명의 국제적 효과

(1) **권력 변화**: 경성권력(현실주의 권력관) ⇨ 연성권력(자유주의 권력관)+지식권력(구성주의 권력관. 담론 구성과 논문 생산지표)

(2) 권력 분포 양태 변화: 미국 중심 단극체제 변화에 영향

(3) 사이버 안보와 hybrid 전쟁: 미국의 Stuxnet 통한 이란 공격

① 사이버 전쟁: Stuxnet 공격/우크라이나 '스타링크'

② 정보 전쟁: 메일 해킹

③ 경제 조치: 중국의 사드(THARD) 보복

(4) **최근 변화 사례들**

① 전자 의용군과 우크라이나 사태 －일론 머스크와 해커들이 러시아의 사이버 공격 막아줌.

② 우크라이나 사태에서 SNS를 통한 국제정치에서 자원확보. 국제적 지원호소.

③ 러시아의 hybrid 전쟁 수행: 민간인과 군대를 혼용해서 운용함. 사이버전쟁 병행함. 2008년 그루지야 공격에 활용함. 2014년 크림반도 합병에도 활용함. 2022년 도네스크 지역에서 친러시아인들의 분리운동을 빌미로 전쟁 개시함.

4. 4차 산업혁명과 정치적 변화

(1) 4차 산업혁명의 의미

① 4차 산업혁명: AI와 융합을 중심으로 한 산업혁명

② 학문적 개념보다는 정책 개념

(2) **산업혁명의 역사**

① 1차 산업혁명(1760~1840년대): 철도건설과 증기기관의 발전. 영국이 대표고 패권국가.

② 2차 산업혁명(1890년대~1900년대 초): 전기와 철도를 중심으로 한 발전. 미국과 독일이 대표. 1차 대전으로 미국이 패권이 됨.

③ 3차 산업혁명(1960년대 이후): 반도체 컴퓨터와 PC와 인터넷을 중심으로 발전. 미국 패권 유지.

④ 4차 산업혁명(2000년대 이후): 인공지능과 인터넷과 산업과 분야별 발전의 융합이 나타남. 대표국가가 패권국가가 될 것.

(3) **정치적 변화**

① 국내정치: AI에 의한 인간 직업 대체. 새로운 산업 구성하거나 분배 정책과 교육정책으로 인간의 역할과 직업 창출 필요.

② 국제정치: 국제권력 변동에서 자국의 위치 유지하거나 개선 노력 필요

적용 가능 사례

1. 정보통신혁명과 다양한 민주주의 제도들의 변화
2. 정보통신혁명과 국내 권력 분포의 변화와 통제 가능성
   * 논쟁: 엘리트의 다원화 가능성과 한국 power elite 구조의 변화 가능성
3. 정보통신혁명과 국제권력 구조의 변화 가능성

환경변화 쟁점 4 : 젠더

주제의 문제의식

Q **한국에서 저 대표된 여성의 대표성을 높이는 방안은 무엇인가?**

A 한국에서 여성 대표성을 높이는 방안은 비례의석수를 증대하고, 지역구에서 여성 후보자의 참여를 증진하는 방안이 필요하다.

세부 쟁점과 핵심이론

sub 1 대의민주주의에서 여성 저 대표성 문제를 해결하는 방안과 실효성 논의

sub 2 사회 차원에서 여성의 차별을 해소하려는 방안과 실효성 논의

sub 3 여성과 남성 혐오라는 젠더 갈등의 해결방안 논의

1. 분석 도구: 젠더와 접근법

(1) 젠더(gender: 사회적 차원의 성)와 생물학적 성(sex) 구분 ⇨ 사회적 부분의 차별과 인식변화를 강조함.

2. 젠더 문제의 쟁점 1. 대표성의 확보문제

(1) Microcosm (소우주론): 대표는 인민의 소우주. 대표는 인민 구성을 닮아야 함.

① 대표성의 문제를 제기함. 대표는 사회를 얼마나 반영하고 대표하는가? 여성 비율 50%면 의원비중도 50%임. 하지만 2024년 총선 여성의원은 전체 60명으로 20%에 해당함.

② 문제는 대표성만 기준이 아니고 유용성이 있는지에 있음. 여성의원이 여성에게 필요한 정책을 만드는지에 있음. 성별에서 여성의원이 아니라 젠더의식이 강한 여성의원이 필요함. 또한 여성문제가 사회적 갈등과 균열 중에서 첫 번째 갈등인지도 중요함(비례의원 선거에서 여성 순번 교호제는 젠더 문제가 가장 시급한 문제로 규정된 것임).

③ 대표성과 응답성이 모두 고려되어야 함.

3. 젠더 문제의 쟁점 2. 차별과 배제 문제

(1) 사회적 차별이 있는 경우 여성이 대표가 되고자 해도 될 수 없음. 유리천장 이론(사회에 보이지 않는 유리천장이 있어 여성이 불리함. 대기업임원중 여성 비율)과 기울어진 운동장 이론(경기를 진행하는 운동장이 공정하지 않음)

(2) 사회적 차별은 정치인이 되고자 하는 여성 비율을 줄임.

4. 자유의 문제

(1) 소극적 자유: 간섭의 부재. 국가로부터의 자유. 대표성확보하는 게임의 룰에 적용됨. 19세기 여성선거권 제한을 해결하기 위한 자유주의 페미니즘의 노력이 대표적임.

(2) 적극적 자유: 자기 지배 가능성 실현. 사회로부터의 자유+국가에 의한 자유. 아랍에서 여성에게 교육의 기회를 박탈하는 사회차별적 구조를 제거해야 여성 정치인이 될 수 있는 인재 육성함.

5. 젠더와 대표성 문제

(1) 여성이 대표가 되기 전: 적극적 자유가 필요함. 사회구조가 여성의 경력등을 방해함. 편견등이 문제임.

(2) 대표가 되기 위해서는 소극적 자유가 필요. 여성선거권을 제한하지 말 것을 요구함.

6. 이론

(1) 자유주의: 차이 인정함.

① 정치제도를 수정하고 차이를 인정함.

② 여성의 제도정치진입이 중요함.

③ 소극적 자유+형식적 평등(equality)가 결합.

(2) 마르크스 주의: 지배를 강조함.

① 사회 구조를 수정해야 함. 특히 사회경제적 조건을 수정해야 함. 여성육아 문제나 여성 출산문제가 궁극적으로 문제임.

② 적극적 자유+실질적 평등(equity)이 중요함.

(3) 세부적인 접근법

① 자유주의 페미니즘(법과 제도의 문제)

② 마르크스주의(계급관점의 접근)

③ 사회주의(가부장 제도의 변화 필요)

④ 급진적 페미니즘(여성의 생리적인 문제 해결 필요. 출산이 문제)

⑤ 포스트모던 페미니즘(여성에 대한 인식과 글쓰기의 변화)

(4) 페미니즘의 역사

표를 통한 비교 **페미니즘의 세대별 구분**

1세대 페미니즘	보통선거권획득 중심 자유주의 페미니즘. 울스턴크래프트의 『여성의 권리 옹호』에서 페미니즘 시작 1900년대 선거권획득 운동과 1922년 미국의 여성선거권획득
2세대 페미니즘	이론적 분화 시기. 자유주의, 급진주의 등의 다양한 이론화. 1960년대에서 1980년대 페미니즘 운동으로 참여민주주의의 영향 ⇨ 실질적 민주주의 강조, 실질적 평등+자기 결정권 강조.
3세대 페미니즘	진보 진영 내 여성운동의 분리. 여성주의만의 운동을 강조.
4세대 페미니즘	진보진영의 연계를 강조, 여성주의의 전략적 통합화. ⇨ 여성주의 내의 “함께 그리고 따로” 주장

7. 여성주의의 노력

(1) 정치적 차원: 여성 대표 증대 노력. 자유주의의 여성 대표를 통한 여성 문제 해결 주장. 비례대표제 50% 여성 후보 공천제도 도입. 20대 국회 여성의원 51명에서 21대 국회 여성의원 57명. (19%로 증대) 2024

년 선거에서는 60명으로 20%가 됨.

① 비교사례: 미국은 23.5%. 일본 10.2%. 중국(비민주주의국가) 24.2%. 르완다 68.3%(지역구에서도 여성 동수후보 배출)

(2) **사회적 차원**: 기울어진 운동장, 유리 천장 제거 노력

① 성 주류화: 여성의 주류화 주장. 여성의 권력화 필요. 여성을 위한 예산제도 필요. (성별 분리 통계와 성인지적 예산 정책)

② 동등 대우원칙: 독일 여성 정책으로 육아를 하나의 직업으로 인정함.

③ 적극적 시정조치: 특정 소수 집단에 대한 의도적인 특별조치. 한국의 적극적 시정조치로서 여성공천할당제와 공무원 양성 평등제

8. 사회적 혐오문제 ⇨ 사회학의 주된 쟁점.

(1) **사회적 혐오 증대**: 강남역 사건 이후 여성과 남성 간 혐오가 강해짐.

(2) 미투 운동의 전개

(3) **급진페미니즘과 혐오 조장 문제**: 사회적 합의와 해결책 모색이 필요

9. 현안 ⇨ 정치학의 주된 쟁점은 대표성확보

(1) 윤석열 정부의 여성가족부 폐지 공약

(2) 선거제도 개혁과 여성 저대표성 확보방안: 비례대표제 확대방안+의석수 증대

(3) 적극적 자유와 실질적 평등과 젠더 문제 해결 ⇨ 정치사상과 연결 가능.

적용 가능 사례

1. 의회와 기초단체에서 여성 대표성 증대방안
2. 여성차별 제거와 함께 젠더 간 혐오 축소방안

환경변화 쟁점 5 : 환경정치

주제의 문제의식

Q 기후변화협약으로 대표되는 환경 분야의 국제적 협력은 가능한가?

A 기후변화협약으로 대표되는 환경 분야는 협력의 필요성에도 불구하고, 개별 국가들의 국가이익 추구 때문에 협력이 제한적이다.

세부 쟁점과 핵심이론

sub 1 포괄적인 환경 분야의 협력 가능성: 남반구(성장) vs. 북반구(환경보호)

sub 2 공유재, 공공재 문제의 해결방안의 이론과 현실

sub 3 파리체제는 교토체제와 달리 작동할 수 있을 것인지 논쟁

1. 환경정치의 의미와 특징

(1) 환경정치의 의미와 특징

① 환경정치: 생태계인 환경의 보호 필요성과 경제발전의 필요성 간의 이익 조화 필요성

② 환경정치의 특징: 초국경성(한 국가의 문제로 끝나지 않음), 과학적 불확실성(문제의 원인과 해결책 모두 과학이 필요), 오염자와 피해자의 불일치에 따른 다양한 갈등(선진국 vs. 개도국/ 현재 세대 vs. 미래세대/ 환경주의자 vs. 성장주의자). 역사적 요인도 있음(유럽은 제조업중심 vs. 식민지였던 남반구는 농업중심의 불평등교환에서 개도국이 제조업으로 바꾸려고 함)

③ 개도국 중심의 온실가스 배출. 온실가스 배출순위 2017년 기준. 1위 중국－30%, 2위 미국－15%, 3위 EU－9%, 4위 인도－7%, 5위 러시아－5%, 6위 일본－4%. ⇨ 개도국의 온실가스 감축 필요한 이유를 잘 보여줌.

④ 전세계온실가스 누적 량 (1751년~2017년). 미국 25%＋EU 22%. 반면 중국은 12.7%, 러시아 6%, 인도는 3%에 불과함. ⇨ 개도국들이 선진국의 책임을 강조하는 이유. 이로 인해 성장주의(개도국)와 환경주의(선진국)의 타협안이 생김. '지속가능한 개발'이라는 개념이 도출됨.

2. 환경 관련 이론들

(1) 생태주의(환경 가치 중시) vs. 성장주의(성장가치 중시)

① 타협점으로 '지속가능한 개발': 개도국(개발과 성장가치 중시)과 선진국(환경과 지속가능성 가치 중시) 간 타협

② 차별적 공동책임 원칙도출: 선진국은 공동책임 강조 vs. 개도국은 차별성 강조

(2) 재화로서 환경문제의 성격

① 공유재로서 분석: 경합성을 가짐. 약탈적 소비가 가능. 무임승차 현상.

② 공공재로서 분석: 비경합성을 가짐. 무임승차 현상.

표를 통한 비교 환경 관련 경제학 이론: 환경이론 비교

이론 명	이론가	주요개념	논리
공유지 비극	하딘(G. Hardin)	공유재(common goods): 경합성+비배제성	공유재는 비배제성으로 인해 저생산
집단행동이론	올슨(M. Olson)	공공재(public goods): 비경합성+비배제성	공공재는 비배제성으로 인해 저생산

표를 통한 비교 정치학에서 사용되는 경제학 이론(분석 도구)

공유지 비극	환경 경제학. 공유재(경합성 + 비배제성)로서 목초지의 비극. 해결책 3가지: 시장의 소유권, 국가관리, 시민사회 거버넌스(오스트롬의 자율규제 방안)
집단행동이론	조직의 규모가 커질수록 공공재 산출은 어려움. 두 가지 변수: 유인(incentive)과 처벌(Punishment) 가능성. 조직의 규모가 커질수록 구성원의 집단행동을 유도할 선택적 유인이 없고 무임승차에 대한 처벌 가능성도 낮음.
허쉬만의 조직이론	알버트 허쉬만(A. Hirschman)은 조직을 '충성, 발언, 이탈'(loyalty, voice, exit)을 통해 조직쇠퇴를 설명함 국제정치의 동맹: 충성(동맹 유지), 발언(동맹 조정), 이탈(동맹 탈피) 투표 이론: 충성 유권자, 발언(다른 정당에 투표), 이탈(투표 거부)
역선택 문제	정보의 비대칭성으로 인해 생기는 문제(사전적인 문제) 유권자가 정치인에 대한 정보 부족으로 대표 잘 못 선택 대안: 낙천, 낙선운동, 매니페스토 운동
주인-대리인 문제	유권자가 대표를 선택 후 대표가 책임을 지지 않는 문제(사후적 문제) 대안으로 매니페스토 운동과 신생 정당 진입을 수월하게 하여 완전경쟁 시장을 구축함.

3. 국제정치이론을 통한 설명

(1) 현실주의

① 국가 간 협력의 어려움.

② 패권국가가 자국에 이익이 될 때 협력 강제가능

(2) 자유주의

① 국가 간 협력이 쉬움.

② 자유주의 패권국가의 자발적 공공재 제공 가능.

③ 자유주의의 K-group 이론에 의해 중요한 몇몇 국가에 의한 협력도 가능.

(3) 구성주의

① 국제지식공동체와 과학 공동체의 중요성

② 과학지식과 담론 구성이 중요

③ 사례로 IPCC(International Panel on Climate Change): 세계 환경연구자들이 모여 연구 논문들을 토대로 보고서를 발간함. 2015년 5차 보고서에서 1.5도 미만으로 낮추지 않으면 지구온난화로 빙하 녹아서 저

지대 침수 주장함. 이것이 파리체제의 근간이 됨.

④ IPCC 6차 보고서(2021년 8월 9일 발표)의 주요 내용: 2003년에서 2012년 사이 지구 기온이 산업화(1870년대 기준)이전 대비 0.78도 상승했으나, 2011년에서 2020년까지는 1.09도 상승함. 이것은 인간의 영향임. 2050년 탄소배출이 0이 되는 경우에도 2081년에서 2100년에는 산업화 때보다 1－1.8도 평균기온이 상승함. 반면 탄소배출을 가장 많이 할 경우 4도까지 상승시나리오 발표.

4. 기후변화 협약 이슈

(1) **1972년 UN인간환경회의**: 최초의 국제회의

(2) **1992년 UN환경개발회의**: 지속가능한 개발/ 공동의 그러나 차별적인 책임 원칙이 명시. 기후변화협약(골격협약: 구체적 의무는 없음)의 시작

(3) **1997년 교토의정서**: 온실가스 감축의 구체적인 약속. 그러나 2020년까지 실효적으로 작동하지 못함.

(4) **2021년 파리체제**: 새로운 제도의 시작.

(5) **제도화 논쟁**: 제도론자 vs. 패권이론가 vs. 구성주의 (IPCC의 노력)

(6) **교토 체제와 파리 체제의 차이**: 차별적 > 공동책임(교토). 차별적 < 공동책임(파리). 개도국들도 의무적으로 온실가스 감축해야 함.

표를 통한 비교 **교토체제 vs. 파리체제**

1. 교토체제

(1) 선진국과 개도국 구분: 차별성 〉 공동책임

① 의무이행대상국: 선진국. (오스트레일리아, 캐나다, 미국, 일본, 유럽연합(EU) 회원국) ② 개발도상국 예외

(2) 제도적 특징

① 온실가스 6개: 이산화탄소(CO_2), 메탄(CH_4), 아산화질소(N_2O), 불화탄소(PFC), 수소화불화탄소(HFC), 불화유황(SF6).

② 국가 간 온실가스 배출권거래(Emission Trading), 공동이행(Joint Implementation: 선진국 간 협력 시 배출권 인정), 청정개발체제(Clean Development Mechanism: 선진국의 개도국 협력 시 선진국의 배출권 인정)

2. 파리체제

(1) 선진국 개도국 간 차이 축소: 공동책임 〉 차별성

① 개도국도 온실가스 감축.

② 다만 Bottom -up 방식사용. 국가들이 자발적으로 이산화탄소 감축 분량을 정함.

(2) 기후변화의 목표 구체화: 1870년대를 기준으로 기후상승을 1.5도 이내로 합의

(3) 미·중 관계가 핵심

① 미국 오바마 대통령과 중국 시진핑 주석에 의한 합의: 선진국 중 교토체제거부의 대표적인 국가인 미국과 개도국 유예 입장의 대표인 중국이 합의

② 트럼프 정부에서 파리 협정 탈퇴함.

③ 바이든 정부는 재가입 입장. 향후 제도 성공 여부는 미국과 중국의 협력이 중요.

적용 가능 사례

1. 파리체제의 성공 가능성에 대한 이론적 예측
2. 국내정치에서 환경주의자 vs. 성장주의자(토목 국가론)

제 3 장 정치학의 분석도구

정치학의 분석도구 쟁점 1 : 권력 개념

주제의 문제의식

Q 한국의 민주주의 발전에서 권위는 왜 중요하고, 국제사회에서 한국의 연성권력 확대는 어떤 의미가 있는가?

A 한국의 민주주의 발전에서 권위를 확보하는 것은 제도적 신뢰와 정치에 대한 신뢰를 확보하게 할 것이고, 연성권력은 중견 국가 한국의 위상을 강화해 줄 것이다.

세부 쟁점과 핵심이론

sub 1 민주주의 정치체제에서 중요한 권력 유형: 어떤 권력이 민주주의 체제 유지와 발전에 필요한지 논쟁

sub 2 비민주주의 정치체제에서 중요한 권력 유형: 비민주주의를 유지하게 하는데 필요한 권력 유형

sub 3 민주주의 정치체제에서 권위가 필요한 이유와 중요한 권위 유형

sub 4 21세기 국제정치에서 현실주의가 강조하는 군사력의 유용성과 자유주의와 구성주의의 대안 권력(연성권력과 지식권력)과의 관계

sub 5 중견 국가 한국의 연성권력의 필요성과 강화방안: 공공외교의 중요성과 기여외교로서 공적 개발원조 활성화 방안

1. 권력의 유형과 정치체제별 차이

(1) 권력의 의미

① 권력의 의미: (의도하거나 의도하지 않거나) 결과를 만들어낼 수 있는 자원 ⇨ 의도적인 권력 사용(개체적 권력) vs. 의도하지 않은 권력 사용(구조적 권력)

② 권력의 구성: 권력(power) = 강제력(force) + 정당성(legitimacy)

③ 국내정치의 권력: 국가(중앙정부)가 보유. 강제력과 정당성(선거 등을 통해 확보) 모두를 보유하게 됨. 권력에 도전하는 경우(제도적인 방식의 선거, 비제도적 방식의 쿠데타나 민중혁명). 중앙정부의 권력 도전이 국가분열로 이어지면 내전(civil war)이 됨(종족분쟁과 종교분쟁의 경우).

④ 국제정치의 권력: 패권국가(power) = 강제력(force)을 보유함.

* 현실주의 해석: 정당성을 가지기 어렵지만, 강제력을 가지고 통치 가능.

* 자유주의 해석: 연성권력(매력)을 통해 정당성을 확보할 수 있음. 이 논리는 조셉 나이(J. Nye)의 smart power로 이어짐.

(2) 권력의 유형

① 권력 토대에 따른 분류: 물리력 강제력(폭력사용 가능성, 국내정치는 경찰, 검찰, 국세청, 국정원. 국제정치는 군사력), 경제력(보상과 처벌의 근거), 심리(연성권력, 권위, 영향력, 위신이 해당)

② 의도 여부: 구조적 권력(비인격적 권력으로 의도 없이 사용되는 권력. 국내자본집단의 권력) vs. 개체적 권력(의도를 가지고 사용되는 권력)

③ 개체권력의 유형: 1차원 권력(강제력, 결정적 권력, 사회 엘리트집단의 권력), 2차원 권력(비결정형권력, 관료집단의 권력), 3차원 권력(선호통제력, 정치인과 정부 외의 행위자도 보유 가능. 문화 권력을 포용)

④ 시대별 구분: 전통권력(강제력 중심) vs. 새로운 권력(구조적 권력, 지식권력, 저력 long tail effect, 미셸 푸코의 편재적 권력)

* 편재적 권력: 감시사회처럼 곳곳에 퍼져있는 권력. 벤담의 원형감옥(Panopticon)에서 출발한 권력관. 중국 CCTV를 통한 감시가 대표적 사례.

⑤ 주체별 구분: 국가권력 vs. 민간 권력

(3) 정치체제별 권력의 중요성

① 민주주의: 권력이 전환가능한 체제임. 체제에 대한 인정을 공유하고, 국가(정부)권력의 교체와 사회권력의 교체에 관심. 특히 국가권력(입법, 행정, 사법 권력)에 대한 통제가 중요함. 선거 등을 사용해 민간의 중앙정부에 대한 권력 통제방식을 제도화함. 또한, 중앙정부의 민간에 대한 통제력이 중요(사회질서 유지 차원)하고 민간의 권력 분포가 중요함.

② 비민주주의: 권력이 전환불가능한 체제임. 체제에 대해 인정을 하는 이들과 체제에 불만을 가진 이들로 구분됨. 체제전환을 꾀하는 경우(민주화 운동과 내전)가 발생. 또한, 정부 권력의 교체가 용인되지 않음. 이에 대한 불만을 제거하기 위한 권력이 중요해짐. 중앙정부에 대한 민간의 통제력이 부재함. 반대로 중앙정부의 민간에 대한 통제력이 중요(체제변동 방지)하고, 민간의 권력 분포가 덜 중요함.

③ 중앙정부 권력 통제와 권력 교체에서 차이: 민주주의(권력 통제 가능+권력 교체 가능 ⇨ 전환 가능성이 있는 체제) vs. 비민주주의(권력 통제 불가능+권력 교체 불가능) ⇨ 민주주의의 제도 경쟁(선거와 복수 정당) vs. 비민주주의의 비제도 경쟁(쿠데타나 민주화와 혁명)

2. 권위의 유형과 권위의 필요성

(1) 권위의 의미

① 권위의 의미: 자발적 동의를 끌어내는 힘.

② 권력과의 관계: 협의의 권력(폭력사용 가능성으로 규정. 권위와 구분됨) vs. 광의의 권력(자발적 동의를 포함. 권력은 권위를 포함) ⇨ 구분하는 것이 분석상 의미 있음. 권력자(대통령)≠권위자(교황).

(2) 권위의 이론화: 베버

① 전통적 권위: 전통적 질서에 부여. 가부장 제도가 대표

② 합리적-법적 권위: 정치체제의 합법성에 근거. 법치주의가 대표.

③ 카리스마적 권위: 지도자에게 부여된 개인적 능력

(3) 민주주의 체제와 권위

① 민주주의에서 권위 필요성: 권력에서 폭력사용 가능성을 줄여줌. ex) 지도자의 리더십이 작동할 때 사회균열이 시위 등으로 나타나지 않고, 정부와 타협할 것임.

② 탈권위의 문제: 노무현 정부에서 탈권위를 시도함. 사회적인 평등성을 강조함. ⇨ 불필요한 권위주의 문화나 권위의식 등이 사라짐+필요한 사회적 권위도 약화함(정부에 대한 신뢰도 약화).

③ 민주주의에서 필요한 권위: 제도적 권위가 중요+카리스마적 권위가 보강(리더십으로 보강할 수 있음).

대표적 사례) 메르켈 총리의 리더십으로 합의에 이르는 힘이자 포용의 리더십. 독일 100만 명의 시리아 난민을 수용함.

3. 국제정치에서 권력

(1) 이론별 권력 분류

① 현실주의: 1차원 권력(강제력 중시), 특히 군사력 중시. 논리는 무정부상태에서 국가는 self-help 해야 함. 즉 외부 국가의 무력 공격에 대항하기 위해서는 무력을 갖추어야 함. 세력균형이론으로 이어짐.

② 자유주의: 2차원 권력(meta power: 국제정치에서는 의제 결정력으로 레짐에서 의제를 넣거나 빼는 능력)과 상호의존 권력(민감성이 높을 때 취약성이 낮은 국가가 협상력이 높음)과 연성권력(선호통제력)

③ 구성주의: 지식권력(담론을 결정하는 권력)

(2) 개체별 권력 분류

권력 개념	핵심 의미	자원
1차원 권력: 강제형권력, 결정형 권력	(대상이) 원하는 것을 하지 못하게 하거나 원하지 않는 것을 (주체가)하게 하는 능력	군사력, 경제력
2차원 권력: 메타파워, 비결정형권력	의제를 넣거나 빼는 능력	국가의 지위, 협상력
3차원 권력: 연성권력, 포섭적 권력	선호를 통제, 변화하는 능력	문화, 이념과 가치관, 대외정책

(3) 경성권력 중 군사력

① 군사력의 유용성: 방어기능. 억지(deter. 위협을 통해 상대 도발을 저지하는 기능), 강제(compellence. 위협을 통해 상대방에게 양보를 얻어내는 기능), 과시(swaggering. 자국의 군사력을 자랑하는 기능이나 합리적인 전략은 아님).

② 군사력의 대체성(fungibility): 현실주의자들은 군사력이 다른 분야에서도 사용할 수 있다고 주장.
ex) 군사적 방어를 제공하면서 경제적 보상을 받음

③ 단기적인 위협에 대한 대항으로 중요

(4) 경성권력 중 경제력

① 경제력은 보상(무역 관계 개선)과 처벌(무역제재)로 기능.

② 경제제재 효과는 크지 않음. 성공한 제재도 3년 정도 시간이 걸림. 대부분은 7~8년 정도 시간이 소요되고 실패함.

표를 통한 비교 개념 비교

강대국	스스로 안보 확보 가능한 국가.
약소국	스스로 안보 확보 어려운 국가. 다른 국가의 지원필요(동맹이중요)
현상유지	안보(security)추구성향. 획득된 가치를 유지하려는 국가. 방어적인 국가.
현상타파	권력(power)추구성향. 미획득된 사치를 추구하는 국가. 공격적인 국가.

(5) 연성권력의 중요성

① 중견 국가 외교에서 필수적: 한국은 연성 중견 국가 모델임. 연성권력 강화를 통해 국제사회에서 발언권 확보 노력.

② 연성권력의 자원: 문화, 이데올로기, 대외정책.

③ 한국의 연성권력 강화 외교방안: 문화외교(K-pop과 한류 드라마 등을 활용. 2021년 넷플릭스의 오징어 게임 대유행)와 공공외교(한국의 이미지 개선)

④ 한국의 연성권력 논쟁: 2005년 노무현 정부의 '동북아 균형자론' 제기 ⇨ 균형자(balancer) 외교는 강대국 외교+동맹 부재 외교 ⇨ 동북아 균형자론 폐기하고 한국의 권력 재고. 결론은 한국의 연성권력이 약함 ⇨ 연성권력 강화방안 논의 시작 ⇨ 중견 국가 모델 논의 촉발 ⇨ 공공외교 중요성과 전략 논의 ⇨ 한국 ODA 외교 논의 ⇨ 결론: 연성권력, 중견 국가, 공공외교, 공적개발원조는 모두 중요한 한국 외교정책이고 같은 맥락에 있음.

(6) 연성권력과 스마트권력

① 조셉 나이의 권력 이론: 연성권력이론에서 스마트권력으로 이동.

② 스마트권력: 두 가지가 중요. 첫째, 권력 자원의 확보(경성권력과 연성권력). 둘째, 권력 자원의 활용(지도자의 리더십 중요. 필요한 경우에 경성권력과 연성권력을 활용함)

③ 한국에의 함의: 한국 스마트권력 필요. 경성권력 확보 노력 중임(2021년 Global Fire Power는 한국의 군사력을 세계 6위로 평가. 경제력은 11위에서 15위.) 또한 연성권력 확보 노력 중임. 이에 더해 리더십도 중요함.

(7) 한국의 중견 국가 외교 전략

문제의식	강대국 사이에서 한국의 경성권력 자원 부족+연성권력 자원 부족
목표: 중견국가외교	한국은 중견국가외교를 지향함. 중견국가외교는 일정한 경성권력을 바탕으로 연성권력을 보완하여 수행하는 규범 외교.
중견국가외교 수행조건	(1) 지원해줄 동료들 필요: like-mind state를 필요. (2) 국제제도를 활용. 발언권을 키우고자 함.

	(3) 규범 권력과 연성권력 자원 필요: 발언권을 위해서는 규범 권력과 연성권력이 필요
중견국가외교 유형	(1) 전통적 중견 국가: 캐나다, 노르웨이. 인간 안보와 평화연구소 등을 운영. (2) 신흥 경성중견국가: 브라질, 인도. 경성권력을 활용한 외교. (3) 신흥 연성중견국가: 한국의 지향점. 연성권력을 활용한 외교.

① 중견국가외교: 전쟁과 안보분야에서 보다는 규범과 정치경제 이슈에서 타당성이 높음.

② 상대적으로 자유주의 학자들이지지: 연성권력과 규범권력을 강조하는 외교임.

③ MIKTA 외교: Mexico, Indonesia, Korea, Turkey. Austrailia(세계 경제에서 G7, BRICS, 다음의 13위에서 17위 국가들 모임). 한국이 주도함. 규범외교를 강조함.

적용 가능 사례

1. 한국 사회갈등의 증대와 이를 해결하려는 방안으로 권력접근과 권위접근의 타당성
2. 민주주의 체제 발전을 위한 국가와 민간 사이에 필요한 권력 종류
3. 미·중 갈등 시기에 한국의 군사력 중요성 여부
4. 한국의 연성권력 확보방안과 기여외교전략 (공적 개발원조와 평화유지군 파병)

정치학의 분석도구 쟁점 2 : 권력의 분포

주제의 문제의식

Q 정보통신혁명과 시민사회발전으로 사회 내 권력 분포는 변화할 수 있는가?

A 정보통신혁명과 시민사회발전은 사회 내 권력 변화를 부분적으로 가능하게 만든다.

세부 쟁점과 핵심이론

sub 1 민주주의와 권위주의의 권력 분포상 차이: 다수의 지배 vs. 소수의 지배 ⇨ of the people (주권보유자 차이)과 by the people(국민에게 통치권이 부여되는지 여부 차이)에서 구분이 됨. 반면, for the people 차원에서는 명분상 구분하기 어려움.

sub 2 비민주주의에서 과두제 국가와 1인 독재국가의 차이: 과두제 국가(천황제 국가 일본)에서 무책임성 vs. 1인 독재국가(히틀러 치하 독일)에서 책임소재 명확
⇨ 대외팽창 가능성에서 차이(과두제 국가의 대외팽창 가능성 〉 1인 독재국가의 대외팽창 가능성)
⇨ 민주화 시기 위험성 차이(과두제 국가 내의 치열한 정치적 경쟁과 민주화 시기 외부 위협활용 가능성 〉 1인 독재국가에서 독재자 몰락 후 정치적 경쟁가능성)

sub 3 선출인단모형을 통한 민주주의와 비민주주의에서 지도자가 정치적 분배에서 고려할 대상 비교

sub 4 민주주의 체제에서 엘리트 지배와 다수 지배 간 관계: 실질적 권력 분포의 문제

sub 5 민주주의 체제에서 엘리트통치 근거: 능력, 지식, 도덕성, 부유함

sub 6 민주주의 체제에서 권력 분포에 변화를 가능하게 하는 정책: 재분배정책과 교육 정책이 중요

1. 권력 분포의 의미와 정치체제 구분

(1) 권력 분포

① 권력 분포 양태: 다수의 지배(민주주의) vs. 소수의 지배(비민주주의)

② 사회 내 권력이 어디서 나오는가: 국민주권(민주주의) vs. 신분제(전제주의) vs. 계획 합리성을 가진 군부(군부 권위주의) vs. 혁명을 위한 전위조직 공산당(사회주의) vs. 위대한 지도자(전체주의)

③ 민주주의 체제에서 권력은 누가 가지고 있는가: 엘리트주의(소수에게 권력 집중) vs. 다원주의(견제 가능한 소수 집단 간 경쟁) ⇨ 사회경제적 권력은 소수에 집중됨. 정치권력으로 이것을 수정할 수 있는지가 중요함.

④ 핵심 쟁점은 계층이동가능성에 있음. 정치적 권력(대통령 보유)과 사회적 권력(재벌이 보유)은 별개임.

(2) 정치체제 구분

① 민주주의: 지도자 선택권을 통해 정권교체 가능 ⇨ 전환 가능성 ⇨ 불확실성의 제도화

② 비민주주의: 지도자 선택과 책임추궁 불가 ⇨ 전환 불가능성 ⇨ 확실성의 제도화

2. 비민주주의 간 구분: 잭 스나이더(J. Snyder)

(1) 1인 독재체제 (현재 북한)

① 정책 실패에 대한 비제도적인 책임추궁 가능. by 쿠데타나 혁명

② 정책 실패 우려로 제국주의 정책이나 과잉팽창. 정책수행이 어려움. (히틀러의 독일은 예외)

③ 민주화는 대안세력이 부재해 어려움. 그러나 민주화 과정에서 세력 간 경쟁도 없음. (북한 사례)

(2) 과두 체제 (현재 중국: 태자당, 상하이방, 공청단)

① 정책 실패에 대한 책임추궁이 곤란. 세력별로 책임 전가가 가능.

② 과잉팽창(Over expansion)이 가능함. (군국주의 시기 일본 사례)

③ 민주화 시기 비민주주의 세력과 민주주의 세력 간 경쟁에서 외부 위협을 통해 지지 확보를 추구할 수 있음. 따라서 민주화는 주변 국가와 전쟁 가능성이 큼. Ex) 러시아 올리가키(oligarchy). 러시아는 석유재벌과 푸틴의 과두지배체제임.

3. 선출인단모형

(1) 부에노 드 메스키타(B.Mesquita)『독재자의 핸드북』

(2) 지도자에게 중요한 3그룹

첫째, 명목 선출인단(nominal selectorate) = 대체가능 집단(interchangeable). 유권자 전체

둘째, 실제 선출인단(real selectorate) = 유력집단(influential). 민주주의에서는 실제 지지자

셋째, 승리 연합(winning coalition) = 핵심집단(essentials). 지도자를 만든 핵심층

(3) 그룹별 중요도: 핵심집단(essentials) > 유력집단(influential) > 대체가능 집단(interchangeable)

(4) 체제별 승리 연합

① 독재: 대규모의 대체가능 집단에서 선발한 극소수의 핵심집단과 적은 수의 유력집단. 즉 분배정치를 할 때 핵심집단만 챙기면 됨. 행동여부를 결정할 때 핵심집단, 유력집단에게 이익이 되는지 만을 고려하게 됨.

② 민주주의: 지도자는 재선을 위해서는 핵심집단, 유력집단, 대체가능 집단을 모두 챙겨야 함.

4. 민주주의 체제 내 권력 분포

(1) 민주주의 다원주의 주장

① 민주주의에서도 권력은 한정됨. 그런데도 인민은 정책 결정을 통해 공동체를 통제할 수 있음.

② 계보: 고전적 민주주의 이론 ⇨ 고전적 다원주의(인민의 투표 통한 대표 교체 가능) ⇨ 달(R. Dahl)의 다원주의(엘리트 인정하나 엘리트 간 경쟁이 존재) ⇨ 달(R. Dahl)의 신다원주의(사회세력 간 경쟁 존재. but, 기업이 유리한 경쟁)

③ 다원주의의 함의(implication): 실질적인 권력은 소수에 있다고 해도, 인민들에게는 통제할 수 있는 정도의 권력을 유지. 민주주의의 다수지배가 명목상 실현됨.

(2) 엘리트이론 주장

① 민주주의라고 해도 실제 권력자는 능력 있는 엘리트에 국한.

② 계보: 마키아벨리식 엘리트통치(군주론에서 군주에 의한 통치) ⇨ 고전적 엘리트이론(모스카, 파레토, 미헬스) ⇨ 미국 사회학자들의 통치엘리트 이론(밀즈의 power elite 이론: 소수의 엘리트 간 결혼, 사적 유대를 통한 사회 모든 부문의 권력 집중) ⇨ 신통치 엘리트 이론(바크라크와 바라츠의 이론: 관료조직의 무결정적 non-decision 권력 활용) ⇨ 구조적 권력(헬드의 구조적권력이론. 거대 기업의 무행동 inaction이 하나의 권력 현상) ⇨ 신보수주의(neocon: 기업에 유리한 정책환경 필요)

(3) 엘리트통치 근거

① 통치의 근거: 능력, 지식, 도덕성, 부유함

② 능력주의(Meritocracy)와 엘리트 세습 비판: meritocracy는 지식과 능력을 통한 통치. 자유주의의 정당화 근거임. but. 지식과 능력도 결국 부유함 때문에 만들어짐. 그렇다고 하면 plutocracy 금권정치의 연장 선상임. 이 문제를 해결하는 것이 필요함. 미국에서 학벌주의에 대한 공정성 논쟁.

(4) 한국의 엘리트구조

① 1945년 해방 이후 엘리트 간 경쟁: 친일 엘리트 vs. 민족주의 엘리트

② 이승만 정부: 이승만 개인 리더십 vs. 민주당

③ 박정희 정부: 군부 엘리트에 의한 통치

④ 민주화 이후: 자본 세력 성장과 1990년대 이후 IT나 Bio 회사와 게임회사 성장으로 경제권 다원화, 야당의 권력 교체와 386세대 민주화 운동권 정치진입으로 정치권 다원화, 문화 분야도 다원화 진행 중.

5. 민주주의에서 권력 교체 가능 정책 (계층 이동 가능성이 중요)

(1) **교육정책**: 교육을 통한 사회계층 변화 ⇨ 과거보다 진입장벽이 높음. 계층이동의 사다리 존재 여부 논쟁.

(2) **성장정책**: 새로운 산업 분야 등을 육성 ⇨ 새로운 사회계층 구성 가능.

(3) **분배정책**: 분배적 정의실현을 통해 계층이동을 보장.

(4) **시민사회 지원정책**: 시민사회를 통한 엘리트 견제

6. 정치권력 vs. 사회적 권력

(1) **절차적 민주주의**: 정치권력에 집중. 자유주의 권력관.

(2) **실질적 민주주의**: 사회적 권력에 집중. 사회주의와 공화주의권력관.

(3) 민주주의의 범위

① 정치차원: 외국인 노동자 투표권 부여.

② 경제차원: 양극화와 최저임금문제

③ 사회차원: 동성결혼이나 낙태 문제(미국의 경우)

7. 능력주의(Meritocracy): 정치적 권력과 정치사상 주제

(1) **자유주의의 정의론**: 능력을 통한 정당화

① 자유주의는 무엇을 정의롭다고 주장할 수 있는 근거: '능력'을 정의롭다고 주장함. 능력은 자신의 노력에 의해서 만들어진 것임. 자유주의가 신흥상인인 부르주아들에 의해 만들어질 때 이들은 자신들의 능력을 강조함.

② 자신의 자유의지에 기초해 자신의 노력으로 부유해졌다면 그 부유함은 정당화될 수 있음.

③ 구체제를 거부하는 논리: 왕과 귀족 중심의 전제주의 체제는 세습이 됨. 즉 능력없는데 통치하고 지배함. ⇨ 자유주의는 사회권력과 부의 분배 기준을 '세습'에서 '능력'으로 대체함.

(2) 문제점

① 교육과 부모의 영향력의 관계가 강함. 다른 형태의 신분제적 세습제임. 소득은 교육기회에 달려 있는데 즉 고학력과 고스펙이 고소득을 만들게 됨. 교육에 있어서 부모의 수입이 영향을 미칠 경우가 많음. 자식 개인의 능력에도 부모가 영향력을 미치게 됨. 새로운 세습제도가 됨. ex) 부모 찬스.

② 능력에 재능이 포함됨. 능력=재능+노력임. 그런데 재능은 유전적인 면이 큼. 따라서 이것도 세습적인 면이 큼.

적용 가능 사례

1. 정보통신혁명과 민주주의 발전 가능성에 의한 사회적 권력 변화 가능성
2. Meritocracy 논쟁: 고학력과 고수입을 통한 계층이동 단절 문제. 교육과 권력의 세습에 의한 능력사회. 이는 부모의 재력과 관련됨. 따라서 부모의 능력이 자식의 교육능력을 결정하고 이것이 다시 소득을 결정하면서 양극화를 심화시킴.

합격생 tip

– 메스퀴타의 선출인단 모형은 비민주주의 국가를 설명·예측할 때 유용하게 쓰이는 개념
예를 들어 비민주주의 국가의 전쟁 여부 결정에 대하여 설명할 때에도 핵심집단의 입장에서 전쟁으로 인한 비용보다 편익이 많다는 식의 논리를 활용할 수도 있음. 단순히 비민주주의 체제 하에서는 비합리적인 의사결정이 이루어진다는 식의 논리보다는 왜 그런 결정이 이루어지는지를 설명해 줄 수 있는 모형이 될 수 있음.

정치학의 분석도구 쟁점 3 : 정치적 리더십

주제의 문제의식

Q 정치학에서 제도 정치가 주류인데도 불구하고 리더십을 고려하는 이유는 무엇인가? 그리고 어떤 리더십이 현대 민주주의에서 필요한가?

A 제도의 운영은 결국 정치리더가 운영하는 방식을 활용하는지에 있기 때문에 리더십이 중요하다. 현대 민주주의에서는 미래 비전을 제시하는 리더십이 필요하다.

세부 쟁점과 핵심이론

sub 1 민주주의에서 보스와 리더의 차이: 보스는 수직적 관계에서 권력사용 vs. 리더는 수평적 관계에서 권위를 사용(leader와 follower의 관계). 리더에게는 추종자가 중요함. 추종자가 따르게 만드는 것이 중요함.

sub 2 리더십의 기능: 문제상황의 진단(diagnosis), 문제해결을 위한 처방(prescription), 진단과 처방에 대한 국민적 지지의 동원(mobilization). 즉 정치적 문제의 원인을 파악하고 그에 대한 처방을 내리면 해결책을 사용할 수 있도록 국민을 설득하고 이끌 수 있어야 함. (Robert Tucker)

sub 3 한국 정치의 특성과 리더십의 관계: 한국 정치는 인치(人治)요소가 강함. 이는 유교문화적 요인과 대통령제 요인이 큼. 따라서 제도정치보다 인적으로 정치를 이해하는 측면이 강함. 대통령제도의 인지성(누구를 선택할지 알기 쉬운 특성)을 강조하는 이유도 됨. 장점은 리더십에 대한 이해와 동일화가 쉬움, 단점은 '열망과 실망'의 반복임. 즉 새로운 지도자에 대한 열망이 증대하지만, 제도정치에서 지도자가 실제 정치적 능력이 부족하면 바로 실망하게 됨.

sub 4 대의민주주의에서 강조되는 리더십: 대표성과 응답성 그리고 책임성이 중요 vs. 심의민주주의에서 강조되는 리더십: 공론조사를 통한 절차 확보하는 리더십.

1. 리더십의 의미와 접근방법

(1) 리더십의 의미

① 리더십: 지도자가 가진 자질이나 구성요소

② 제도정치에서 리더십: 비교정치에서 행태주의입장에서는 리더십 연구가 주목을 못 받음. 리더십은 개인 특성을 강조하기 때문에 일반화가 어렵기 때문임.

③ 리더십의 대상: 정치지도자를 의미함. 대통령제 국가에서는 대통령 리더십이 중요함. 내각제에서는 총리나 수상이 중요함.

(2) 리더십의 출처 혹은 근거

① 위인론: 개인의 탁월함을 강조함. 영국의 윈스턴 처칠이나 미국의 프랭클린 루즈벨트가 대표적.

② 상황론: 특정 상황이 리더를 만든다는 주장.

③ 상호작용론: 특정상황에서 특정 인물을 만나 리더가 완성된다는 논리. 한국에서 박정희 대통령의 경제발전전략 성공을 분석할 때 사용함. 경제적 위기+박정희의 리더십으로 설명.

2. 정치 리더십의 개인적 조건: 지도자의 능력1)

(1) 역사적 비전능력

① 국가의 장기적 운영방향을 제시하고 이를 국민에게 이해시키는 능력. 안보정책이나 신성장동력을 제시하는 것이 중요. 한국의 경우 저출산문제와 향후 신성장동력 발굴문제가 심각함.

(2) 정치적 분별능력

① 정치적 균형감각과 중용의 필요성. 한국의 경우 분점정부가 빈번하고 정당양극화가 심화되고 있기 때문에 지지하지 않은 유권자들에 대해서도 포용할 수 있는 리더십이 필요.

(3) 정서적 조절 능력

① 지도자의 공감능력이 필요함. 추종자들의 반응을 읽어낼 수 있어야 함. 소통의 시대기 때문에 공감을 할 수 있다는 것이 중요함.

(4) 도덕적 희생능력

① 지도자가 도덕적인 모범이 되어야 함. 지도자는 정치교육자로서 높은 수준의 도덕성이 필요함. 한국에서도 지도자의 도덕성이 지속적으로 문제가 되고 있음.

(5) 경영적 집중능력

① 국가 경영이 중요하게 부각되고 있음. 국가 통치 대신 경제적 관점에서 국가 운영을 중요하게 생각하는 것임. 한국에서 2007년 선거에서 이명박후보의 CEO 대통령론이 대표적임. 국가의 정치적 기능보다 경제적 기능을 강조하는 리더십의 요소지만, 한편 신자유주의의 추종이 될 수 있다는 단점도 있음.

3. 마키아벨리의 리더십 이론

(1) 마키아벨리의 서양리더십의 전통 구축

① 마키아벨리의 주장: 운명의 여신(fortuna)를 극복할 미덕(virtu)이 중요함. 이때 미덕은 용기, 용맹함이 강조됨.

② 서양 리더십은 공화국이 다른 국가와 싸울 때 자신의 공화국을 위해 헌신하면서 싸울 수 있는 용기를 중요하게 여김.

③ 동양의 유교가 강조한 리더십과 차이: 동양의 리더십이 대체로 농경국가에서 사회적 덕성과 예의를 강조한 부분과 차이가 남. 즉 지식과 예와 인의 실천을 강조함.

(2) 군주론의 리더십에서 로마사논고의 시민으로

① 마키아벨리에 대한 이론적 관심이 공화주의자인 마키아벨리로 이전됨.

② 시민들의 공화국을 위한 덕성이 강조됨. 비지배를 위한 법치주의를 강조하는 시민이 됨.

---

1) 고경민, 『현대정치과정의 동학』 (서울: 인간사랑, 2005), pp. 468-476.

4. 거래적 리더십과 변혁적 리더십

(1) 제임스 번스가 개념을 사용함: 자유방임적 리더십, 거래적 리더십, 변혁적 리더십구분.

(2) 버나드 바스에 의해 정립

(3) 거래적 리더십

① 단기적인 목적을 강조하고, 안정지향적임. 조직의 변화를 추구하기 보다 조직을 안정적으로 유지하기를 원함.

② 현실적인 이익을 통해 동기를 부여함. 즉 보상을 통해 성과를 만들게 함. 반대로 성과가 없을 때는 처벌도 가능함.

③ 변화하는 시대가 아닌 경우에 사용되는 리더십. 반면 사람들의 내면의 변화를 끌어내지는 못하는 약점이 있음.

(4) 변혁적 리더십

① 중장기적인 비전을 제시함. 변화를 이끌어내고자 함.

② 지도자가 변혁을 스스로 이루어내면서 추종자들을 변화시킴.

③ 비전과 가치를 강조하면서 현재 보다는 미래를 강조하게 함. 기존의 틀을 깨고 변화하는 상황에 맞게 새로운 미래를 이끌어 내게 함.

④ 도산 안창호 선생은 권력보다 교육에 스스로 헌신하면서 추종자들을 변화시킨 변혁적 리더.

⑤ 4차 산업혁명시대기 때문에 변화가 필요한 상황으로 변혁적 리더십이 필요함.

5. 피들러(Fres Fiedler)의 상황이론

(1) 상황과 리더십의 연계

① 리더십의 상황이론의 대표적인 이론: 프레드 피들러의 상황이론

② 리더의 고유한 성격과 리더가 처한 특정상황이 결합

③ 리더의 특별한 성향이나 특성을 강조하지 않음. 이보다는 그의 특성과 지도자가 처한 상황과 맥락이 일치하는지가 중요함. 예를 들어 독단적인 결정을 잘하는 지도자는 다자주의 제도에서 다양한 합의가 필요한 상황과 잘 어울리지 못함.

(2) 대표적인 설명요인

① 리더십 유형(독립변수): 두 가지로 구분됨. 관계지향 리더십유형(목표달성을 위해 직원들을 개별적으로 배려하는 행동유형) vs. 과업지향형 리더십유형(일 자체의 목표 달성을 중시하는 유형). 두 가지 유형이 상황에 따라 유용성이 달라짐. LPC(Least preferred coworker: 가장 일하기 싫은 동료)척도를 사용 리더의 유형을 분류하는 방법을 사용함.

② 상황변수(매개변수와 유사):

첫째, 리더와 구성원의 관계. 리더가 집단 구성원으로부터 지지와 신뢰를 얻게 될 때 리더십의 효과가 높아질 것임. 즉 집단구성원에게 리더가 수용되고 있는지를 측정하는 것임. 반대로 리더가 구성원에게 받아들여지지 않으면 리더십활용이 어려움.

둘째, 과업의 구조화. 리더가 수행해야 할 과업이 구체적으로 명시되어 있는지 정도를 의미함. 즉 과업이 구체화될수록 리더는 과업에 대해 영향력을 행사하기 수월해짐. 리더십활용에 유리함.

셋째, 리더의 직위권력. 조직이 부여한 리더가 사용할 수 있는 권력을 의미. 집단구성원을 통제할 수 있

는 힘으로 구성원을 순응하게 할 수 있음. 직위권력이 높을수록 리더에게 유리함.

③ 종속변수: 집단성과(결과변수)

(3) 연구의 한계와 의미

① LPC측정의 문제가 있을 수 있음. 즉 설문을 통해 측정해야 하지만 설문이 모호한 측면.

② 리더와 구성원의 관계가 변화할 수 있다는 문제. 초기에는 나쁜 관계에서 점차 좋은 관계로 개선될 수 있음.

③ 그럼에도 불구하고 상황과 리더십을 연결할 수 있게 하고 세부적인 조직화 정도(상황변수 3개)를 살펴볼 수 있게 한 점은 의미 있음.

적용 가능 사례

1. 대의민주주의 시대 리더의 역할과 기능 vs. 참여민주주의 시대 리더의 역할과 기능 vs. 심의민주주의 시대 리더의 역할과 기능.
2. 4차 산업혁명시대 변혁적 리더십의 필요성

정치학의 분석도구 쟁점 4 : 정치문화

주제의 문제의식

Q **정치학에서 제도 정치가 주류인데도 불구하고 정치문화를 고려하는 무엇인가? 그리고 어떤 문화이론을 활용해서 분석할 수 있는가?**

A 제도의 운영과 관련해 어떤 문화가 작동하는지에 따라 제도 선택이 달라질 수 있다. 즉 신뢰가 작동하는 사회와 그렇지 않은 사회에서 지도자 선택은 달라질 수 있다. 행태주의가 주류인 상황에서도 탈물질주의문화와 사회적자본론은 설명력이 있다.

세부 쟁점과 핵심이론

sub 1 탈물질주의 가치관 vs. 물질주의 가치관: 민주주의에 미치는 효과. 유권자의 정당선택에 미치는 효과.

sub 2 사회적 자본이론의 분류. 교량적 사회자본 vs. 폐쇄형 사회자본: 민주주의에 미친 영향. 유권자들의 SNS활용방식의 차이(끼리끼리 효과 vs. 다름에의 인정)

1. 정치문화의 의미와 초기 접근법

(1) 정치의식과 정치문화로의 연결

① 정치의식: 정치에 대한 개인들의 의식 즉 생각의 총합을 의미함. 정치에 대한 생각이나 감정. 정치사회화에 의해서 의식이 형성됨. 즉 가족이나 학교등에서 정치의식을 배움. 정치사회학의 주된 주제.

② 정치문화: 정치의식의 사회적 차원. 즉 사회구성원들이 가지는 정치에 대한 인식의 총합.

③ 가브리엘 알몬드와 시드니 버바가 초창기 정치문화이론 구축.

(2) 알먼드와 버바의 Civic Culture

① 인간의 정향을 3가지로 구분: 인지적 정향(알고 모르는 것. truth의 문제), 감정적 정향(좋아하는 것과 싫어하는 것. preference의 문제), 평가적 정향(가치관에 부합하는지의 문제. justice의 문제)

② 분석대상 4가지: 3가지 정향은 일반적 대상으로서 체계(system), 투입(input)대상, 산출(output)대상, 정치적 자아(self)라는 4가지 대상을 평가하게 됨.

③ 정치문화의 3가지 이상향이 도출됨: 첫째, 향리형(parochial). 4가지 대상에 대해 모두 0에 접근함. 둘째, 신민형(subjective). 투입과 정치적 자아는 0에 근접해 주체적이지는 못하지만, 산출과 정치체제가 돌아가는 것은 알고 있는 유형. 셋째, 참여형(participant). 4가지 정향에 대해 모두 높은 정향을 가지는 유형.

④ 시민문화: 참여형이 많고 신민형과 향리형이 부분적으로 존재하는 영국과 같은 국가의 문화.

(3) 이후 문화논쟁

① 환원론 vs. 전체론: 환원론(체제 차원의 문화를 개인차원으로 환원시켜서 파악하는 접근법) vs. 전체론(문화를 개인을 뛰어 넘는 사회전체로 보는 접근법)

② 구조 기능주의 vs. 마르크스 접근법: 구조기능주의(구조차원에서 문화가 독립변수가 될 수 있음) vs. 마르크스주의(유물론으로 물질적 관계가 문화라는 종속변수를 규정함)

③ 기능론 vs. 생성론: 기능론(정치문화가 민주주의 발전시킴) vs. 생성론(민주주의가 정치문화를 발전시킴)

④ 엘리트 문화 vs. 대중문화: 문화에서 주체를 엘리트로 볼 것인지 대중으로 볼 것인지의 문제.

2. 신정치문화2)

(1) 1970년대 이후 서구 정치의 변화

① 1968년 68혁명이후 서구 정치의 변화: 뉴레프트의 등장과 뉴라이트의 등장

② 정당유동성의 증대와 새로운 인물들의 등장과 전통적 정당의 변화(사회민주당이나 진보정당의 우파로의 부분적 이전).

(2) 잉글하트와 클락의 신정치문화 제시

① 탈물질주의와 개인주의의 증가라는 가치관의 변화 ⇨ 엘리트와 시민들의 태도, 행동양식에 변화를 가져옴.

② 신정치문화의 내용들

첫째, 탈물질주의의 가치관에 기초함. 기존 정치문화가 산업사회의 계급정치에 토대.

둘째, 중앙집권적인 조직의 확대반대. 분권화를 강조함. 기존 정치문화가 정당과 노동조합을 강조.

셋째, 시민개인에 의한 정치참가가 중요. 기존 정치문화는 직업(계급)에 의해 정치문화가 결정.

넷째, 정치적 쟁점에서 소비적인 것으로서 환경과 생활의 쾌적함이 중요. 기존 정치문화에서는 고용등 생산의 정치를 강조함.

3. 잉글하트의 탈물질주의론

(1) 1971년 『조용한 혁명』을 발간

① 서구 사회의 가치관 변화. 물질적 가치에서 자아실현, 자기 표현. 삶의 질을 강조하는 탈물질주의적 가치로 변화함.

② 세대교체가 탈물질주의를 초래함. 젊은 세대에 의한 환경 가치 중시.

③ 탈물질주의가 정치환경을 변화시킴. 기존 정당체계에 녹색당과 해적당 같은 신규정당이 등장함.

④ 계급 정치 보다 위험정치로의 변화. 위험사회의 도래와 연결됨.

⑤ 엘리트에 의해 동원되는 것에서 엘리트에 도전하는 참여가 증가함.

(2) 세계 가치조사를 진행

① 1981~1982년 시작해서 1991년과 1992년. 1995년, 2000년, 2005년을 주기로 세계가치조사를 여러 국가에서 실제 측정하고 있음.

② 물질가치와 탈물질가치를 측정함. 실제 측정하는 항목들(높은 경제성장유지와 방위력증강 vs. 직장에서의 참여증대와 환경개선. 사회질서유지와 정부정책과 물가인플레억제 vs. 국민참여확대와 언론자유보장. 경제안정와 각종 범죄소탕 vs. 좀더 안정적인 사회로의 발전. 돈보다 아이디어가 중요시되는 사회로의 발전.)

③ 자기 표현가치 vs. 생존가치를 한 축으로 함(X축 구성)

④ 전통적(종교적) 가치 vs. 세속적 합리적(비종교적) 가치를 한 축으로 함(Y축 구성)

⑤ 전세계적으로 물질주의적 가치관에서 탈물질주의 가치관으로 변화. ⇨ 민주주의 운영의 변화를 초래함.

⑥ 변화의 의미.

---

2) 고경민, ibid. pp. 402-419.

첫째, 정치참여의 유형이 변화함. 탈물질주의자들이 정부불신과 권위에의 도전이 나타남. ex, 한국 대통령탄핵 사태나 2008년 소고기 촛불집회.

둘째, 산업사회의 이념적 특성을 변화시킴. 전통적인 계급이 아닌 환경과 평화 여성과 반핵등이 나타남.

셋째. 정당지지 패턴에도 변화가 생김. 노동계급에 의한 좌파 구성과 다른 구성이 만들어짐. 유럽에서 해적당과 녹색당의 사례.

넷째, 범세계적인 민주화와 관련됨. 젊은 세대의 적극적인 정치참여가 나타남.

⑦ 한국은 연구조사대상 43개 국중에서 가장 탈물질주의적 가치변동이 급격하게 이루어짐. 하지만 실제조사에서 한국의 탈물질주의자는 4.5%에서 4.6%로 큰 변동이 없고 오히려 물질주의자가 좀 줄어들기는 했음(1990년 31.3%에서 2001년 23.4%로 축소됨) 이것은 한국 사회에서 전통적인 가치가 아직 남아있기 때문일 수 있음. 또한 탈물질주의가 젊은 세대에서 나타나지만 이들 인구의 분포가 50대와 60대에 비해 수가 적다는 문제도 있음.

4. 퍼트남의 사회적 자본이론

(1) 로버트 퍼트남의 이론으로 정치문화론의 한 가지

① 이탈리아 남부와 북부를 비교함. 이탈리아의 남부(마피아가 대표) vs. 이탈리아 북부(공업발전과 명품)

② 두 지역의 차이는 사회적 자본의 차이로 볼 수 있음. 국가구조, 정부형태, 정당 모두 한 나라니까 유사함. 하지만 경제발전 정도에서 지역 간 격차가 큼.

(2) 결속형 사회자본 vs. 교량형 사회자본: 퍼트남은 사회적 자본론을 '결속형(bonding) 사회자본'과 '교량형(bridging) 사회자본'으로 구분함. 결속형은 폐쇄된 사회자본으로 신뢰가 부족하고, 연고주의등을 활용하는 것임. 반면 교량형 사회자본은 타인과의 연결을 중시하며 신뢰를 강조하는 사회자본임.

(3) 19세기 사회학의 두 가지 기조

① 실재론적 접근(substantialist perspective): 실체가 존재한다고 보고 실체를 분석단위로 하는 것임. 개인, 집단, 사회 등을 분석함. ⇨ 실체의 속성(attribute)을 중심으로 하는 속성주의로 발전함. 대표이론으로 올슨의 집단행동이론을 들 수 있음.

② 관계론적 접근(relational perspective): 독립된 실체를 거부하고 행위자 간 관계 속에서 정체가 성립되고, 이해관계가 만들어짐. ⇨ 관계를 중심으로 하는 사회적 자본으로 발전. 대표이론으로 콜맨과 퍼트남의 사회적 자본이론.

(4) 선구적 연구로서 콜만(Coleman) 이론

① 사회적 자본 의미: 개인은 없지만, 그 개인이 참여하고 있는 사회적 관계를 통해 다른 사람들이 가지고 있는 자원을 동원할 수 있는 능력을 의미.

② 이는 '사회적 자원 동원이론'으로 불림. ⇨ 물리적 자본과 인적 자본(인간 개인의 자본. 개인의 능력향상이 중요)과 구분되는 새로운 유형의 자본인 사회적 자본(인간 관계에서 만들 수 있는 자본. 개인 간 관계가 중요)을 활용하는 것.

③ 세대별 자본 분류: 1세대 자본(물적 자본으로 하드 웨어에 기술체화). 2세대 자본(인적 자본으로 머리와 근육을 활용). 3세대 자본(사회적 자본으로 정직, 신뢰, 네트워크, 관계의 질이 중요)

④ 사회적 자본의 특징

첫째, 사회적 자본은 사회적임. 규범, 조직, 권위 관계, 권리와 의무 같은 사회구조의 측면을 강조함. 이는 사회적 관계 내에서 존재함. 자본 소유가 개인이 아닌 집단임(한 사람의 것이라 주장할 수 없음).

둘째, 관찰이 어려움. 물리적 자본은 관찰이 가능. 그러나 인적 자본에서 사회적 자본으로 갈수록 직접적인 관찰이 어려워짐.

셋째, 선별적 교환이 가능함. 한 분야에서 사용된 사회적 자본이 다른 분야에서 사용되지 못할 수도 있음.

넷째, 도덕적 자원임. 상호협동의 규범이 사용하면 사용할수록 계속 늘어남. 지속적인 노력이 중요함. ⇨ 시민사회의 문화론에서 중요.

⑤ 사회적 자본의 성격: 공공재(public goods). 구성원들이 만들고 특정개인의 소유나 양도가 되지 않는 특징이 있음. 또한 사회구성원 모두가 혜택을 볼 수 있음.

⑥ 사회적 자본 형성을 위한 중요 요소

첫째, 시민의 자발성. 둘째, 사회관계 형성. 셋째, 지역사회에 대한 관심. 넷째, 공동체 조직의 활성화

⇨ 이를 위해서는 네트워크와 커뮤니티를 형성해야 함.

⇨ 사회적 관계 지속적 형성과 활용/ 자원 동원이 필요함.

⑦ 콜만의 사회적 자본 형성을 위한 4가지 사회적 조건

첫째, 사회적 관계 사회구조의 완결성(closure). 도움을 제공했을 때 돌려받을 수 있다는 믿음인 신뢰성 필요.

둘째, 안정성. 사회구조가 안정되어야 더 많은 관계를 나눌 수 있음. 전쟁과 같은 불안정상황과 대비.

셋째, 이데올로기. 무임승차를 극복하기 위한 이데올로기 필요. 사적 이익만 탐닉하는 것을 거부하는 논리 필요.

넷째, 대체재. 사람들이 경제적으로 시장을 이용하거나. 국가가 공공재를 제공할 경우 사회적 관계는 불필요하고 사회적 자본이 형성되지 않음. 즉 시장과 국가의 불완전성을 대체해주는 역할이 필요.

⑧ 사회적 자본이론의 다른 분야로의 확장

첫째, 정치학분야. 퍼트남의 이탈리아 사례 연구. 사회적 자본 유무 ⇨ 공적 신뢰, 경제발전, 민주주의에 차이를 만들게 됨. 특히 신뢰가 중요함. ⇨ 신뢰의 효과: 창조적인 활동가능. 결사체 생활장려. 관용과 차이를 인정하게 함. 거래비용을 절감.

둘째. 사회운동. 사회연결망이 자원동원의 채널을 제공함. 이로 인해 사회적 자본과 사회운동이 연결됨.

셋째, 정보공간의 공동체성. 정보공간이 사회적 자본을 만들어내는지 연구. 그중 '끼리끼리 효과'(폐쇄적인 사회적 자본을 활용. 자신들만의 신뢰를 만들어내고 타인을 배제함) vs. '다름에의 노출'(다원성을 추구하는 사회적 자본을 활용.) ⇨ 세대효과로 연결됨. 즉 젊은 세대는 다름에의 노출 즉 다원성이 확대되지만 나이든 세대에서는 폐쇄성이 강화됨.

적용 가능 사례

1. 탈물질주의와 한국 정치에서 새대 간 갈등. 환경이슈와 젠더 문제의 부각.
2. 사회적 자본과 신뢰의 중요성: 의회와 정당에 대한 불신문제

정치학의 분석도구 쟁점 5 : 국가와 정부

주제의 문제의식

Q 특정 사안에서 정부는 국가목표인 '국가이익'을 어떻게 설정하는가?

A 특정 사안에서 정부는 합리성에 근거하여 정부 주도적인 결정과 이익집단들의 민주적 요구를 반영하는 결정을 혼합하여 '국가이익'을 설정한다.

세부 쟁점과 핵심이론

sub 1 국가와 정부의 기능은 어떻게 구분되는가?
국가: 영토, 인민, 주권(보유한 정부) vs. 정부: 국가운영의 실체

sub 2 정부는 정책결정에서 '국가이익'을 어떻게 결정하는가?: 국가이익규정의 이론적 논쟁.

sub 3 국가이익을 결정하는 데 있어서 도덕과 규범적 기준도 적용될 필요가 있는가?:
도덕성은 불필요(신현실주의) vs. 도덕성 필요(자유주의, 구성주의)

1. 개념 구분

(1) 국가: 영토, 인민, 주권(보유한 정부) vs. 정부: 국가운영의 실체

① 국가: 국가 간 관계의 기초. 추상적 실체. ex) 대한민국

② 정부: 국가를 운영하는 구체적 실체.

(2) 유형 분류 차이

① 국가의 정치체제: 민주주의 vs. 비민주주의

② 정부의 유형: 대통령제(준 대통령제: 이원집정부제) vs. 내각제 ⇨ 비민주주의 국가도 대통령제로 분류되는 경우 많음.

(3) 관료제도

① 제도적 영속성이 중요

② 통제방식에 대한 고민: 민주주의에서 효율성을 보장하면서도 통제 가능성 확보가 중요

2. 국가이익 규정

(1) 국가이익을 누가 규정: 정부(현실주의) vs. 민간이익집단(자유주의) vs. 자본가계급(마르크스주의)

(2) 국가이익의 주안점: 군사 이슈 vs. 경제 이슈

3. 국가 자율성

(1) 현실주의와 국가주의는 국가자율성을 강조함. 사회로부터 절연되는 정도를 자율성이라고 함. 즉 사회요구와 관계없이 정부가 국가이익을 규정하고 이를 정책으로 만들어내는 것을 의미함.

(2) 민주주의 국가에서 국가 자율성이 절대적이지 못함. 국가가 사회요구를 하나도 반영하지 않으면 다음

선거에서 정권이 교체됨. 다만 민주주의 국가중에서도 정부가 자율성이 높은 국가가 있음.

ex) 한국과 일본의 국가자율성 > 미국의 국가자율성.

(3) 합리성 논쟁과 연결

① 베버주의(국가주의, 현실주의): 관료의 합리성을 강조함. 계획합리성을 강조함.

② 자유주의(민주주의): 대중의 합리성을 강조함.

(4) 자율성이 반드시 능력이 높다는 것은 아님. 북한의 경우 자율성이 높지만 정부의 능력이 높다고 평가하지는 않음.

쟁점	현실주의	자유주의	마르크스주의	구성주의
결정	중앙 정부 주도(국가 자율성 근거: 네오 베버리안)	사회 이익집단요구(정부는 반응).	자본가계급의 요구(정부는 반응) 도구적 마르크스주의와 구조적 마르크스주의 구분.	국가(국가지도자의 정체성, 규범이나 사회 정체성)
이슈 중요도	군사 이슈 > 경제 이슈(안보 외부효과이론)	경제 이슈 > 군사 이슈 (일반 국민 관심)	경제 이슈가 중요	홉스식 정체성은 안보 이슈 중요. 칸트 정체성은 경제 이슈 중요
도덕 개입	신현실주의(도덕 불필요) 고전적 현실주의(신중성의 도덕 기준, but, 사후적 도덕으로 국가이익달성 여부 중요)	도덕 기준 중요(칸트의 이성에 따르는 행동 필요) 선험적 도덕(보편적이 성이 판단기준)존재	노동자 계급 이익 부합이라는 도덕 기준	담론에 의한 규범과 도덕이 중요

적용 가능 사례

1. FTA와 같은 경제적 이슈에서 정부의 정책 결정 과정과 민주주의 부합성
   * TPP 가입 요구 논쟁: RCEP와 TPP 가입 사안
2. THAAD 배치와 같은 안보 이슈에서 정부의 정책 결정 과정과 민주주의 부합성
   * 호르무즈 해협 파병 논쟁: 미국의 요구와 이란과의 관계
3. 보호책임에서 한국의 군사적 파병 이슈에서 정부의 개입 필요성 논쟁
4. 기후변화협약에서 정부의 정책 결정 과정과 민주주의 부합성

정치학의 분석도구 쟁점 6 : 주권과 거버넌스

주제의 문제의식

Q **현대 정치에서 국가는 주권의 배타성에 기초한 통치를 여전히 유지하고 있는가?**

A 현대 정치에서 국가는 주권을 가지고 통치하지만, 다른 행위자들에 영향력도 받으면서 통치한다.

세부 쟁점과 핵심이론

sub 1 국가의 배타적 통치(government)와 복합적 통치(governance) 간의 관계

sub 2 주권을 통한 통치의 근거와 거버넌스의 근거

sub 3 인권의 강화와 국가의 주권원칙 간 관계

1. 주권과 통치

(1) 주권: 근대정치의 논리적 구분 근거

① 역사적 전환: 신권(중세시대) ⇨ 주권(근대정치: 국가 이성론과 국가 주권론) ⇨ 인권(현대 정치: 보편적 인권의 중요성+인민 주권론). 근대정치(주권과 국가중심적 정치) ⇨ 탈근대 정치(국가 중심성 약화)

② 주권: 국가의 통치 근거. 대내적인 근거는 주권의 최고성, 대외적인 근거는 독립성(주권 평등의 원칙)

(2) 통치(government)의 의미

① 다양한 행위자 중에서 중앙정부만이 통치력을 행사함. 배타성을 근거로 함.

② 대내적 도전 불허: 다른 행위자가 징세하거나 폭력을 보유하지 못하게 함. ⇨ 근대 관료제도와 상비군제도가 폭력 독점을 가능하게 함.

③ 대외적 도전 불허: 국가의 국력이 뒷받침되어야 함. 침략받지 않기 위해서는 국력이 필요. (1800년대 외세에 의한 중국 개항과 조선 개항 사례)

2. 이론적 설명

(1) 국내정치: 국가주의(베버주의자. 배타적 통치강조) vs. 자유주의(인간의 자유 우선+시장 자유 강조. governance 강조) vs. 역사 사회학(주권도 역사적 개념으로 기능적 변화)

(2) 국제정치: 현실주의(국가주의의 국제정치적 표현. 국가 주권에 기반 배타적 통치를 강조) vs. 자유주의(국제기구와 비정부 기구 그리고 비국가 행위자에 의한 복합적 통치 혹은 global governance) vs. 구성주의(국가 간 정체성 유형에 따라 달라짐)

(3) 근대주의와 탈근대 주의

① 근대주의: 국가가 국민을 보호함. 국가안보확보가 인간안보확보로 이어짐.

② 탈근대주의: 국가가 국민 보호가 아니라 국민약탈로 이어질 수 있음.

ex) 대표적인 이론가 Ken Booth. “A Security Regime in Southern Africa”. 이 논문을 남부 아프리카에서 국가가 국민학살하는 사례를 보여줌, 서구식 국가 접근이 무너짐. 이런 관점은 인간안보와 국가안보가 상충

하게 만듦.

3. 주권과 인권 관계

(1) 인권의 중요성 부각

① 인권 규범의 강화: 세계인권선언, 국제인권법의 발전

② 인간안보의 강조: 국가 간 안보에서 인간 안보로 전환

③ 인도적 개입(Humanitarian Intervention)에서 보호책임(Responsibility to Protect)으로 발전: 1990년대 인도적 개입이 제도화되면서 2005년 보호책임 원칙이 성립

(2) 보호책임과 군사적 개입

① 보호책임에 준하는 인도적 참상 발생 시 국제사회의 군사적 개입. 경제적 개입이 아니라 군사적개입임.

② 군사적 개입을 당하는 국가(피개입국)의 주권이 무시됨.

③ 규범 간 충돌 발생: 인권 보호 규범 vs. 국가 주권 평등 규범 ⇨ 철학적 기준이 필요.

④ 비민주주의에서 인권유린 사태가 발생함. 따라서 민주주의는 인권문제로 주권 규범이 도전받는 경우가 별로 없음.

(3) COVID19 문제 해결에 있어서 주권과 글로벌거버넌스(국제기구인 WHO 무기력)간이 관계.

(4) 환경문제와 같은 Global Governance에서 정부 간 기구와 비정부기구의 역할과 한계: UN 경제사회이사회가 NGO의 역할과 기능을 규정함.

적용 가능 사례

1. 정책 결정에서 중앙정부의 결정력과 정부 외 행위자들의 영향력 조정: 결사체 민주주의, 이익대표체계
2. 2021년 미얀마사태와 신장위구르사태와 2019년 시작된 홍콩사태에서 인권침해와 국제사회의 보호책임 원용 가능성
3. 북한의 식량부족과 국제사회의 보호책임 원용 가능성
4. 중국 신장위구르에서 노동교화소를 만들고 위구르족을 감금함. 이곳에서 섬유제조를 하고 임금을 주지 않는 문제가 미국에 의해 제기됨. 인권침해 문제 + 공정무역 규범 위반.

정치학의 분석도구 쟁점 7 : 민족과 민족주의

주제의 문제의식

Q 동아시아의 시원적 민족주의에 따른 갈등은 완화될 수 있는가?

A 동아시아의 시원적 민족주의에 따른 갈등은 완화되기 어렵지만, 교육제도 개편과 사과(apology) 정책 등을 통해 점진적으로 개선될 수 있다.

세부 쟁점과 핵심이론

sub 1 민족주의의 유형별 특징과 역할: 시원론(객관론) vs. 근대화론(주관론)

sub 2 민족주의 유형과 다문화주의의 공존 가능성: 근대화론과 자유주의적 다문화주의 vs. 시원론과 차별배제 모형 또는 동화주의 모형

sub 3 민족주의 유형과 국제정치갈등 가능성과 완화방안: 시원론 민족주의와 국가 간 갈등 가능성의 증대

1. 민족과 민족주의와 유형

(1) 민족(nation)

① 정치적 공동체 의식을 가진 집단

② 족(ethnie): 문화적 공동체. ex) 조선족은 문화적 한민족, 정치공동체로는 중국 국민임.

(2) 민족주의

① 족 집단을 민족집단으로 구성하려는 운동. 민족을 하나의 정치 단위로 만들고자 하는 운동.

② 개념 정의: 한스 콘의 정의. '프랑스 혁명이래'로 점점 더 인류에게 '일상화된', '심리적 상태, 혹은 의식적 행위'

③ 유형 분류: 시원론(객관론: 시원론이란 민족의 뿌리를 오랜 역사에서 찾은 것 의미. 혈연, 역사, 언어 공유가 민족주의 구성) vs. 근대화론(주관론: 개인의 의사에 의한 민족구성)

④ 근대화론 민족주의 계보: 미국이 영국에서 독립 ⇨ 영국과 프랑스에서 민족주의 ⇨ 프랑스 혁명 후 민족주의의 유럽 수출. 국민국가와 상비군체제 정비.

⑤ 시원론 민족주의 계보: 프러시아의 민족주의 ⇨ 일본의 메이지유신 시기 민족주의 ⇨ 일본 제국 지배하에서 동아시아 민족주의(저항적 민족주의: 일본으로부터 독립하기 위해 민족구성)

2. 민족주의의 기능과 다문화주의와의 관계

(1) 긍정적 기능

① 국가 단위의 합법성의 원천

② 민주주의의 원칙 실현(인민＝민족＝국민)

③ 개인에게 소속감 제공

④ 예술적인 창조성의 심화(민족예술)

(2) 부정적 기능

① 전쟁의 원인과 갈등의 원인

② 국가와 사회의 갈등

③ 국가 분열 가능성

④ 전체주의나 독재 분위기 야기 가능

(3) 다문화주의와의 관계

① 시원론: 혈연, 역사, 언어를 강조. 다문화주의와 충돌 ⇨ 공동체 정체성 유지를 위해 동화주의(melting pot 정책)나 차별배제 모델 사용

② 근대화론: 자유의지를 강조. 다문화주의와 충돌이 적음 ⇨ 다문화주의(salad bowl 정책)

3. 민족주의의 국제정치 기능

(1) 민족단합을 위해 대외적 갈등 필요

① 관심 전환가설활용: 국내정치 갈등 봉합이나 민족단합을 위해 민족주의 활용. 중국정부의 대만 이용 국내정치불만 제거 가능성.

② 결집 효과 (rally effect): 정치지도자 지지율 상승을 위해 민족주의를 활용해 전쟁등 위기조성.

(2) 민족주의와 지정학 결합 용이

① 영토분쟁 시 민족주의와 결합 용이

② 해군력 팽창 등에서 민족주의와 결합 용이. 중국의 민족주의와 해군력 증강 사례.

(3) 민족주의 완화 노력

① 자유주의: 교류와 협력의 증대로 민족주의 사고를 줄일 수 있음.

② 구성주의: 지식과 담론구조를 변화하여 민족주의 사고를 줄일 수 있음.

③ 현실주의: 모겐소 지도자의 신중(Prudence)을 통해 민족주의 사고를 줄일 수 있음

표를 통한 비교 **민족주의 완화를 위한 구성주의 정책 방안**

① Campus Asia 정책	한·중·일 3국 대학생 교류 프로그램
② 사과 정책	지도자의 사과를 통한 과거 기억 완화. ex) 빌리 브란트의 사과 정책.
③ 역사 교과서 공동기술	독일과 프랑스처럼 역사교육을 같이 진행
④ 지식인의 역할	지식인들의 교류를 통한 담론의 구성. track Ⅱ활용 가능

적용 가능 사례

1. 한국 정부의 민족주의 정책과 다문화주의 간 갈등
2. 동북아시아 한, 중, 일 3국의 민족주의 갈등에 대한 완화방안

P·A·R·T

II

민주주의의 조건들

1. 정치사상

이론입장	이론가	핵심개념
시장 우선 자유주의 (자유지상주의자)	노직(R. Nozick)	소유권과 소유권 이전의 자유
	로쓰바드(M. Rothbard)	자유시장 경제의 우위, 국가의 개입은 강제행위로 착취적임.
	랜드(Ayn Rand)	개인의 재산권과 교환의 권리가 유일한 경제적 권리
	하이예크(F. Hayek)	자발적 조직(시장)과 인위적 조직(국가)
	뷰캐넌(James Buchanan)	공공선택학파 원류. 시장적 행위와 정치적 행위의 일치.
균형적 자유주의 (자유주의자들)	롤즈(John Rawls)	교정의 원칙과 차등의 원칙(정의관의 두 번째 원리) 정치적자유주의와 심의민주주의를 강조.
	하버마스 (Jürgen Habermas)	담론이론과 절차중심적 민주주의 제 3의 영역과 심의민주주의
	드워킨(Ronald Dworkin)	권리중심적 자유주의. 자유와 공적인 도덕원리로서 평등원칙
민주주의 우선적 자유주의 (민주주의자들)	벨라미(Richard Bellamy)	현실주의적 자유주의. 힘에 의한 자유 보장.
	참여민주주의자 페이트만 (Corole Pateman)	대의민주주의로는 부족. 개인의 참여지향적 태도와 심리적 자질 계발 필요.
	왈저 (M. Walzer)	공동체주의자로서 민주사회주의 제시.(아마추어 공무원, 제약된 시장, 독립된 공립학교중시)

출처: 『자유지상주의자들 자유주의자들 그리고 민주주의자들』 (김비환 저) 분류법

자유주의 분류	이론가	핵심개념
정치적 자유주의	존 로크(John,Locke)	소유권과 저항권 * 소유권보다 권력분립, 저항권등의 정치적 의미강조 해석함.
	존 스튜어트 밀(J.S.Mill)	대의민주주의, 보통선거권, 심의민주주의 대의민주주의를 통해 관료제 통제 주장.
	존 롤즈(John Rawls)	정의, 사회계약론.
	마이클 노직	소유권적 자유주의 * 정치적인 차원에서 최소국가론 부분을 강조 정치적 자유주의로 해석. 경제적 자유주의의 대표.
경제적 자유주의	애덤 스미스	보이지 않는 손으로서 시장
	리카도	비교우위에 따른 무역
	하이예크	자생적 질서와 인위적 질서
	코오스	코오즈 정리
	노스	신제도주의

출처: 『자유주의: 시장과 정치』 (김한원, 정진영 역) 분류법

공화주의 계보	
그리스 공화주의(계발 공화주의/ 강한공화주의)	로마 공화주의(보호공화주의/ 약한공화주의)
플라톤과 아리스토텔레스(목적론 정립) 공익강조	키케로(법적인 조국). 자유가 목적. 참여는 수단.
파도바의 마르실리우스	마키아벨리(공화주의를 통한 권력 견제)
루소(인민민주주의 창시)	몽테스키외(부분적 영향: 권력 견제)
울스턴 크래프트(페미니즘 창시)	매디슨(부분적 영향: 미국식 공화주의와 권력견제)
마르크스와 엘겔스(부분적 영향)	필립 페티트(신로마공화주의: 비지배 자유 부활)
맥킨타이어와 샌델(신아리스토텔레시언: 목적론 부활)	

출처: 『민주주의 모델들』에 내용 추가

1. 정치사상의 개요

(1) 국가와 개인의 관계: 공동체와 개인 사이에서 무엇이 더 강조될 것인가와 강조할 수 있는 근거는 무엇인가를 체계적으로 설명. ex) 공동체주의 vs. 자유지상주의. 자본주의 발전 이전에도 적용.

(2) 국가와 시장의 관계: 국가가 시장에 대해 간섭하고 규제하는 논리와 시장이 자유를 확보해야 하는 논리를 체계적으로 개발 설명함. ex) 자본주의 발전 이후 시장이 강화되면서 발생한 논쟁. 시장유선적 자유주의 vs. 민주주의에 의한 시장규율. ex) 경제학의 고전경제학과 케인즈주의

(3) 자유 강조된다면 어떤 자유가 중요

① 소극적 자유 vs. 적극적 자유: 1650년대 상인층(부르주아)이 발전하면서 국가에 대한 간섭이 없으면 자신들의 경제적이익 향유가 수월할 것을 주장함. 국가 간섭의 배제가 자유의 핵심. vs. 자본주의가 발전하면서 노동자와 사회적 약자들이 사회구조에 의해 차별받고 억압받는 상황이 되자 국가를 통해 사회모순을 해결하고자 함. 국가를 통한 자유이면서 인민의 자기 지배를 구현하는 것이 자유의 핵심.

② 경제적 자유 vs. 정치적 자유: 자유의 핵심은 근대에 들어와서 국가의 간섭으로부터 부르주아층의 자산을 보호하는 것이 됨. 소유권의 자유가 핵심. vs. 롤즈에 의해서 체계화된 자유 개념으로 공적공간에서 의사결정을 할 수 있는 자유. 자유로운 공론의 장이 핵심.

③ 전근대적 자유 vs. 근대적 자유: 로마 시절의 자유는 특정 계급이 특정 계급을 지배하는 것이 방지되는 것임. 공화주의적 관점에서의 자유, 모든 시민은 예속과 예종이 없어야 함. vs. 근대적 자유는 로크에 의해서 소유권을 지키고 이를 위해 인신의 자유가 보장되는 것.

(4) 평등이 강조된다면 어떤 평등이 중요

① 사회구성원은 타고 날 때 불평등하게 타고남. 유전적으로나 계급적으로 다르게 타고남. 하지만 한 사회 구성원으로서 특성과 차이에도 불구하고 의사결정에 있어서 동등하게 대우할 것인지를 두고 논쟁을 함.

② 절차적 평등(equility) vs. 실질적 평등(equity): 사회구성원으로서 모든 구성원은 동등한 기회를 보장받아야 한다는 의미에서 평등. 법앞의 평등과 기회의 평등을 강조. 자유주의의 평등관. vs. 사회구성원들의 사회경제적 조건이 상이하기 때문에 이 부분에 대한 평등을 만들지 않고서 정치적 기회를 등등하게 부여할 수 없음. 사회경제적 불공평을 해결하기 위한 평등. 결과적 평등. 공화주의와 사회주의에서의 평등.

③ 실질적 평등을 맞추기 위해서는 어떤 정도가 평등한지를 평가해야 하는 평가자가 필요함. 문제는 이 평가자가 다른 이들의 의견을 무시하고 스스로 결정하는 독재자가 될 수 있다는 점임.

④ 공정성(fairness) 등장: 롤즈는 자유주의에서 분배적 정의를 달성하고자 함. 이를 위해서는 자유주의를 깨지 않고도 절차적 평등을 뛰어넘는 평등의 원리를 도출하고자 함. 공정성은 1번 자유의 원칙을 지키면서 2번 차등적 배분을 실현하고자 함.

2. 정치사상의 수험적 주제별 분류

(1) 고대와 근대와 현대 사상가들의 이론

① 사상가들의 문제의식과 구체적인 이론적 자원들이 중요. 이론들이 모여서 자유주의와 공화주의와 민주주의를 구성함.

② 현대에도 중요한 이론을 구성한 사상가의 논리: 마키아벨리, 홉스, 로크의 개별적인 논리중요

(2) 사상 (이념)들 구체화와 비교

① 한국은 자유민주주의공화국: 자유주의＋민주주의＋공화주의로 구성됨. 대표적인 사상(이념)체계로 구

성됨,

② 각 이념들이 다른 이념과 어떻게 다른지 구분이 중요: 자유주의 vs. 공화주의 논쟁

③ 특정 사안에 대한 사상(이념)에 따른 해석: 다문화주의에 대한 자유주의와 민족주의의 해석.

④ 대표적인 사상(이념)들: 자유주의, 민주주의, 공화주의(공동체주의), 보수주의, 민족주의, 사회주의.

(3) 개별 이슈들

① 정치사상 자체의 개별 주제들도 중요: 젠더이슈, 환경과 성장이라는 가치에서 환경, 다문화주의, 자유와 평등의 관계.

② 개별 주제에서는 세부적인 쟁점이나 사실관계도 필요

3. 대표적인 정치 이념의 분류

(1) 자유주의: 정치적 자유주의 vs. 경제적 자유주의

(2) 민주주의: 절차적 민주주의 vs. 실질적 민주주의

(3) 공화주의: 강한 공화주의(공동체주의. 그리스 공화주의) vs. 약한 공화주의(신로마 공화주의)

합격생 tip 정치사상 Part

1. 정치사상 Part는 이해와 암기와는 별도로 답안으로 나타내기 어렵기 때문에, 많은 글쓰기 연습이 필요. 각 이론가들을 비교하거나 사상들을 비교하면서 정리하는 것이 도움이 됨.
2. 특히 홉스 vs. 로크 / 소극적자유 vs. 적극적자유 vs. 비지배자유 / 자유주의 vs. 공화주의 vs. 공동체주의 등 비교되는 내용은 꼭 기출문제의 배점을 참고로 하여 여러번 써보고 맥락을 익히는 것이 중요.
3. 마키아벨리 기출문제와 같이 특정 이론가에 대해 문제가 나와도 당황하지 않도록 이론가의 기본 가정(문제의식) → 이론의 특징 → 현재 한국에의 적용 순으로 공부.
4. 비지배자유, 시민적 덕성(Virtu), 아리스토텔레스의 목적(Telos) 등 생소한 개념들을 익숙하게 쓸 수 있도록 연습한다면 추상적일 수 있는 사상파트를 구체적으로 기술하는데 도움이 됨. 따라서 이 파트를 처음 공부할 때에는 정의, 개념 등을 이해했는가에 유의하면서 책을 읽는 것을 추천

제 1 장 정치사상 일반

정치사상 쟁점 1 : 플라톤과 아리스토텔레스

주제의 문제의식

Q 플라톤과 아리스토텔레스가 제시한 민주주의 공동체인 폴리스를 유지하기 위한 정치적 방안은 무엇인가?

A 플라톤은 폴리스의 유지를 위해 이상주의에 따라 철학자-왕(philoshoper-king)이 지배하는 방안을 제시하였고, 아리스토텔레스는 귀족정과 민주정이 합쳐진 혼합정체(polity-politeia)를 제시하였다.

세부 쟁점과 핵심이론

sub 1 세계를 구성하는 본질적 요인에 대한 논쟁: 플라톤(주체, 형상인, 질료인) vs. 아리스토텔레스(주체, 형상인, 질료인, 목적인) ⇨ 플라톤: 형상인(세상 구성의 틀)을 강조 vs. 아리스토텔레스: 진료인(세부적인 재료)과 목적인(telos)도 강조 ⇨ 플라톤: 이상적인 세상인 형상인의 파악이 중요 vs. 아리스토텔레스: 개체들의 차이도 인정하고 인간의 본질을 목적에서 추구함

■ 현대적 의미와 활용방안: 현대 철학의 기본 토대. 형상(보편)과 질료(특수)논쟁.

sub 2 계급 질서에 따른 정치질서 변화에 대한 논쟁: 플라톤 (정치질서의 변화를 거부. 이상적인 형태의 정치 질서가 있다고 파악) vs. 아리스토텔레스 (정치질서의 변화를 인정. 현실에서 계급 질서를 인정하고 이를 통제할 방안을 모색) ⇨ 이상적 질서 파악하는 지식인에 의한 통치 주장 vs. 귀족 계급과 평민계급의 계급적 타협에 의한 공화주의 주장.

■ 현대적 의미와 활용방안: 현대 정치적 변화인 이주, 난민, 성소수자 인정여부

sub 3 이상적 정치 질서에 대한 논쟁: 플라톤 공동체의 조화(harmony) 강조 vs. 아리스토텔레스는 조화(harmony)와 다양성(diversity) 강조 ⇨ 현실에서 정치적 갈등 존재 부정 vs. 현실 정치의 갈등을 인정하고 갈등의 해결을 지향함.

■ 현대적 의미와 활용방안: 정치적 갈등인정에 대한 이상주의와 '제한적'현실주의(마키아벨리나 홉스와 같은 권력정치의 현실주의는 아니지만, 있는 그대로의 현실 반영주장)

sub 4 방법론 논쟁: 플라톤은 관념론에 초점 (이데아라는 이상적인 세계의 인식이 중요. 존재론의 세부적인 개체들은 중요하지 않음. 따라서 경험주의가 불필요. 이상적으로 바람직한 정치체제를 직관적으로 떠올림.) vs. 아리스토텔레스는 경험주의에 초점 (인식도 중요 + 개별적인 존재도 중요. 따라서 존재들의 차이를 구분하는 경험주의가 중요함. 그리스의 정치체제들 비교를 시도함. 바람직한 정치체제를 발견함) ⇨ 지식 상기설(과거에 알고 있던 지식을 떠올림. 철학을 하면 빠르게 많이 떠올림.) vs. 지식 축적설(지식은 배워서 발전시켜가는 것임)

■ 현대적 의미와 활용방안: 연역 주의 방법론 vs. 경험주의 방법론의 토대구축

sub 5 바람직한 국가 형태: 플라톤(계급적 질서가 구현된 국가: 계급 질서는 지식인에 의해 만들어진 질서) vs. 아리스토텔레스(계급 타협을 이룬 국가: 현실 계급 간 타협이 중요)

■ 현대적 의미와 활용방안: 현대국가 공동체에서 계급 갈등에 대한 인식과 해결책

sub 6 공동체에서 필요한 정의: 플라톤(공동체에 필요한 조화. 영혼 3분설에 따른 각 계급의 역할을 유지) vs. 아리스토텔레스 (중용의 원리: 계급적 타협. 귀족과 평민의 성향을 반영하는 정의) ⇨ 현대 정의관의 기초가 된 아리스토텔레스의 정의관(교정 정의: 형법 체계에 도입되어 질서 유지를 위한 방안으로 사용 vs. 분배 정의: 사회적 가치를 구성한 데 대한 분배를 위한 기준으로 사용)

■ 현대적 의미와 활용방안: 현대 정치에서 분배적 정의실현 방안 논쟁(자유주의 vs. 사회주의 vs. 공리주의)

sub 7 바람직한 정치 형태: 플라톤(목적론적 정치. 조화를 달성하는 정치. 폴리스를 통해서 이루며, 철학자-왕이 통치) vs. 아리스토텔레스(수단적 의미의 정치. 인간 목적인 행복을 추구하기 위한 정치. 시민과 평민들이 원하는 목적을 이루게 하는 폴리스를 강조. 지식과 실천(시민적 덕성 확보 노력)이 필요한 정치.) 시민적 덕성으로서 friendship(인간의 유대성)을 강조함.

■ 현대적 의미와 활용방안: 정치(국가권력 활용)를 목적으로 볼 것인가 자유 확보를 위한 수단으로 볼 것인가 논쟁. 다만, 자유주의 논쟁은 아님.

sub 8 바람직한 미덕: 플라톤(지식확보) vs. 아리스토텔레스(시민적 덕성 확보. 다른 시민으로부터 인정을 받는 정치. friendship을 확보하는 실천이 중요)

■ 현대적 의미와 활용방안: 자유주의가 뿌리내린 현대 정치에서 시민적 덕성 확보방안

sub 9 인간은 정치적 동물(zoon politikon): 아리스토텔레스 공동체주의 정치학의 핵심. 인간은 정치적 행동을 할 때 인간 목적(telos 도달) ⇨ 정치적 행동은 사회적 결집이 된 것을 전제로 하고, 시민적 행동인 정치참여(의회, 관료, 배심원의 역할)가 필수적임. ⇨ 인간이 동물이 되지 않고, 신이 될 수 없기에 인간 자체의 본질구현을 위해서는 공동체를 위한 행동이 필요함. ⇨ 현대 정치사상에서 덕목 형성적 정치로 연결됨. 네오아리스토텔레시안들

(공동체주의자들)은 자유주의로 인해 사라진 인간의 목적을 복원하고자 함. 정치참여를 통한 공동체 구성을 강조함. ⇨ 자유주의와 공동체주의 간 논쟁에 대해 신로마공화주의가 중재를 하고자 하는 것이 최근 논쟁임.

■ 현대적 의미와 활용방안: 자유주의 vs. 공동체주의 vs. 공화주의

1. 플라톤의 정치

(1) 이상주의

① 본질을 발견하는 것이 중요: 형상인 > 진료인보다 중요. 본질론을 강조하여 개체의 특수성을 무시함. 과거 폴리스의 전통인 시민과 평민의 구분을 강조하고자 하는 정치적 의도.

② 동굴의 우화: 동굴에 매여 벽면만 바라보는 인간에게 실체가 태양이 Idea가 됨.

③ 지식정치의 중요: Idea를 발견하는 이가 지식을 제공함. 지식(knowledge: 객관적인 세상의 본질에 관한 정보) vs. 의견(opinion: 편견과 주관이 개입된 정보. 소피스트들이 주장하는 정보)

④ 지식 상기설: 과거에 알았던 지식이 점차 떠오름.

(2) 국가공동체와 민주주의

① 과거 바람직한 정치체제 vs. 민주주의(민중들의 욕심과 의견에 따른 타락한 정치)

② 민주주의 거부: 철학자 - 왕의 지배. 스승 소크라테스를 죽음으로 몰아넣은 민주주의의 평민들을 혐오함.

③ 사회적 갈등과 정치적 갈등 거부: 특수성을 부정하기 때문에 개인의 고유한 특성이나 계급 특성이 사라짐.

(3) 정의관

① 직분에 맞는 역할. 지식인(이성)이 통치, 군인(용기)이 국가 보호, 평민(욕정)이 일상생활.

② 조화로운 공동체 필요

2. 아리스토텔레스의 정치

(1) 목적론적 정치

① 목적론을 추가함: 목적(telos)이 있음. 모든 사물은 본래 창조될 때 그 쓰임새가 있음. ex) 인간은 행복(eudaimonia: happiness)을 추구하기 위해 태어남.

② 목적론 도입: 각자 목적에 부합하는 질서를 만들고자 함. 이것으로 계급 타협을 이루어내고자 함.

③ 공동체주의로 연결: 1970년대 이후 공동체주의(신그리스공화주의, 강한 공화주의)인 매킨타이어와 샌델로 연결. 현대 정치학의 윤리학 기능을 부활시킴. 목적에 부합하는 정치가 필요.

(2) 경험주의 정치

① 개체를 인정함+존재론을 발전시킴. ⇨ 자료 축적과 정부 간 비교가 가능.

② 좋은 정치체제(군주정(1인) 귀족정(소수), 법치적 민주정(polity. 다수))와 나쁜 정치체제(참주정(1인)), 과두정(소수), 중우정(민주정, 빈민정, 다수)로 구분.

③ 비교정치의 원조

(3) 정의론

① 교정적 정의: 잘못한 만큼 보상하면 됨.

② 분배적 정의: 행위자 A가 이바지한 것(재력)과 행위자 B가 이바지한 그것(노동) 간의 가치 배분이 문제임. 정치체제에서도 군인이 국가에 이바지한 것과 정치인이 이바지한 것 그리고 평민이 노동을 통해 이바지한 것이 다름. 계급투쟁의 논리가 있음. 이를 해결하는 것이 정치임. ⇨ 아리스토텔레스 해법: 자신의 직분에 부합하는 미덕(telos)이 있음.

③ 현대 사상의 가장 중요한 문제: 분배적 정의실현. 그러나 한 가지 압도적인 답이 없음. 자유주의와 사회주의 등 각 사회가 지향하는 이념에 따라 분배적 정의를 실현함.

ex) 미국 자유주의에 따른 분배적 정의실현 vs. 스웨덴 사회민주주의에 따른 분배적 정의실현. ⇨ 복지정책 차이로 나타남.

(4) 시민적 덕성: 정치적 동물 명제 (그리스 공화주의의 토대)

① 아리스토텔레스에게 시민 중요함.

② 정치는 행복이라는 목적 달성을 위한 수단.

③ 윤리적 행동이 필요함. 행복은 시민적 참여를 통해 다른 시민에게서 인정받아야 함. 우애(friendship)를 느껴야 함. 이것은 나와 유사한 자인 같은 시민으로부터 인정을 받는 것임. 이런 행동이 바람직한 행동임.

④ 사회적이고 윤리적 행동을 가능하게 해주는 공동체로서 국가 필요. 정치의 역할은 인간의 행복추구를 실현하게 해주는 것임.

⑤ 중용(mean)의 중요성: 어느 한 편으로 기울어지지 않는 것이 중요함.

⑥ 지식의 실천에 대한 중요성: 시민적 미덕의 실천이 되어야 함. 이론에서는 이론지와 실천지가 중요함. 아는 것만으로 부족함.

⑦ 정치적 동물 명제 완성: 시민의 정치참여 ⇨ 현대 자유주의자들에게 공격받음.

적용 가능 사례

1. 한국정치를 파악하는 이상주의 접근법과 경험주의 접근법의 차이와 장단점
2. 국제정치를 파악하는 이상주의 접근법의 장단점
3. 분배적 정의에 대한 단일한 기준을 찾아 한 사회에 적용할 수 있는지와 민주적 타협 가능성
4. 아리스토텔레스식 시민적 덕성 확보방안과 한국정치의 발전 가능성

필수 개념과 인용할 저서

1. 플라톤: 이데아, 형상과 질료, 철인군주(philosopher –king). 『국가론』(초기 이상주의입장), 『법률론』(후기 이상주의 입장 완화)
2. 아리스토텔레스: 목적론(telos), 시민적 덕성, 정치적 동물명제, 중용(mean). 『정치학 Politics』

정치사상 쟁점 2 : 마키아벨리 평가

주제의 문제의식

Q **마키아벨리는 군주주의자로 보아야 하는가 아니면 공화주의자로 보아야 하는가?**

A 과거 마키아벨리 해석은 주로 『군주론』을 중심으로 군주주의자로 보았으나, 최근에는 『로마사 논고』를 중심으로 공화주의자로 해석하고 있다.

세부 쟁점과 핵심이론

sub 1 마키아벨리가 진정으로 추구한 바람직한 정치체제: 군주정 vs. 공화정
⇨ 이탈리아통일까지는 남성적 미덕을 가진 강력한 군주(prince)를 추종함. 메디치가의 로렌초에게 헌정함. ⇨ 통일 이후 이탈리아는 키케로가 만든 공화국을 구성하고자 함.

sub 2 근대정치학의 시작점 논쟁: 마키아벨리가 근대의 시작(정치와 도덕(종교) 분리)설 vs. 홉스가 근대의 시작(국가에서 개인 분리)설. ⇨ 홉스 설이 더 지지를 받음.

sub 3 마키아벨리 사상의 핵심: 권력정치(권력 강조), 결과주의(목적 강조. 목적이 수단을 정당화한다.), 공화주의(시민강조). 명령은 정당성이 있음. 지배는 정당성이 없음. 따라서 시민은 다른 시민의 '지배'(부당한 간섭과 개입)받지 않고자 함.

1. 『군주론』

(1) 운명의 여신(Fortuna)과 비르투(Virtu)

① 분열된 이탈리아통일 필요. 통일 이전의 논리. 도덕 vs. 정치 구분. 정치가 더 중요.

② 약소국에 중요한 대외환경을 '운명의 여신'으로 묘사

③ 남성적 미덕의 중요성: 운명의 변화무쌍함을 이겨내야 함. 힘을 통해 극복.

④ 인민에 대한 강력한 대응이 필요: "인민에 대해 어중간한 조치는 결단코 피해야 한다." 다정하게 대하거나, 강력하게 대해야 한다. 특히 강력하게 대해야 하는데 그래야 복수를 상상도 하지 못한다.

⑤ '무장한 예언자'와 '무장하지 않은 예언자': 새로운 국가를 건국한 이들 중 모세, 로물루스(로마 건국자), 테세우스(아테네의 영웅)는 무장한 예언자로 이들은 성공함. 힘이 있어야 변덕스러운 인민을 통치할 수 있음.

(2) 시민적 군주국을 중시

① 동료 시민의 호의에 의해 군주가 되는 체제. 공화주의적 요소.

② 시민에 의해 옹립된 군주 > 귀족에 의해 옹립된 군주: 군주가 좀 더 자유로울 수 있음. 한편 군주는 인민의 환심을 사야 함.

(3) 현대적 의미

① 분단국가 극복을 위한 강력한 리더십에 응용

② 권력적 접근의 중요성은 현대에도 유용

2. 『로마사 논고』

(1) 시민적 덕성 중요

① 공화국은 '우리의 것'(res+public) ⇨ 특정 계급에 의한 지배를 거부함. 통일 이후의 논리. 키케로를 계승. '태생적 조국'과 '법률적 조국'을 구분하고 법률적 조국을 강조. 법앞의 평등을 강조하고 시민의 법제정을 강조함. 이를 통해 정당성을 확보.

② 키케로의 공화주의 계승: 법 앞의 평등. 즉 족적인 국가는 다를 수 있으나(태생적 조국), 법적 조국은 모두 로마임. ⇨ 법을 통한 제국 운영 기틀 마련.

③ 시민의 중요성. 시민은 다른 시민을 지배해서는 안 된다. 즉 어떤 계급이 다른 계급을 자의적으로 지배해서는 안 된다. 예속과 예종이 있으면 시민이 될 수 없음.

(2) 신로마공화주의로 연결

① 필립 페팃(P.Pettit): '비지배성', '비지배자유' 개념을 구성하여 기존 '소극적 자유'와 '적극적 자유'에 대해 논쟁을 진행. 공화국에서 '지배'는 거부하고 합법적인 위치에서의 '명령'은 가능함.

② 비지배자유의 의미: 예속과 예종을 피하고자 하는 자유. 소극적 자유는 지배자와 피지배자 관계 무시(간섭하지 않는 주인 문제. 즉 관대한 주인은 간섭하지 않음. 하지만 주인이라는 구조는 안 바뀜) . 적극적 자유는 적극적 자유를 관철해주는 독재자 양산 가능(Who guards the guardians?의 문제).

③ 비지배 자유와 다른 자유와의 관계: 소극적 자유와 달리 예속과 예종 관계를 개선할 수 있음. 반면 적극적 자유와 달리 시민들이 자발적으로 구성할 수 있음.

적용 가능 사례

1. '무장한 예언자'와 '무장하지 않은 예언자'(예수)와 남북한 통일과제
2. 로마사 논고에서의 시민적 덕성의 의미

필수 개념과 인용할 저서

1. 필수 개념: 정치와 도덕의 분리(정치의 독자성), 국가이익과 국가이성(개념을 창시), 운명의여신(Fortuna)와 덕성(남성다움, 용맹함, 단호함, 기민한 판단력), 본질(존재하는 것)과 외양(보이는 것으로 정치는 외양의 영역)의 구분. 시민적 덕성
2. 저서: 『군주론』(군주주의자입장), 『로마사 논고』 (공화주의자입장)

정치사상 쟁점 3 : 사회계약론자 홉스

주제의 문제의식

Q 왜 인민(people)은 강력한 중앙정부를 만드는가?

A 인민은 합리성에 기초하여 무정부상태(Anarchy)의 불안을 극복하고 중앙정부를 통해 안전을 보장받고자 한다.

세부 쟁점과 핵심이론

sub 1 국내적 무정부상태와 국제적 무정부상태 극복 가능성:
국내적 무정부상태는 극복 가능. vs. 국제적 무정부상태는 극복 불가능

sub 2 자연상태의 성격: 홉스의 자연상태(전쟁상태) vs. 로크의 자연상태(불편한 상태)
⇨ 국내정치: 절대권력인 중앙정부 vs. 권력분립을 통한 제한적 정부
⇨ 국제정치: 현실주의 국제정치 가정(self-help) vs. 자유주의 국제정치 가정(국가들이 기만은 당하지만, 생존에는 문제없음) ⇨ 신현실주의 무정부상태는 lack of protection이고 신자유주의 무정부상태는 lack of enforcement로 가정됨.

sub 3 홉스는 자유주의로 분류할 수 있는지 논쟁: 개인에 의한 국가 구성(자유주의적 요소가 있음) vs. 절대적인 권력 보유국가를 필요(자유주의보다는 현실주의) ⇨ 자유주의에 논리를 제공한 이론가로만 평가

sub 4 국가 구성의 목표와 국가에 대한 저항권 가능성 논쟁:
⇨ 홉스(인민들의 자신 생존을 보장하려는 조치, 저항권은 부분적으로 인정. 개인 자유를 강조하는 국가는 아님) vs. 로크(인민의 자유와 재산권을 보호하려는 조치. 국가가 너무 강력해지면 문제가 되기에 저항권 인정함. 개인의 자유를 보호하기 위한 국가임)
⇨ 홉스 (국가와 간접계약: 인민간사회계약 후 제삼자인 정부에게 권력위임) vs. 로크 (국가와 사회계약하고 국가 구성은 다수결주의에 의함: 인민이 국가와 직접 계약했기에 위반 시 저항권 발동 가능.)

1. 이론적 가정들

(1) **인간:** 복합적인 존재임. 이기심(권력추구적 인간 ⇨ 인간 간 갈등을 야기)+합리성(사회계약을 야기함)

(2) **자연상태:** 전쟁상태로 만인이 만인에 대해 투쟁하는 상태. (The war of all against all)(역사적인 실체는 아니고, 이론적 가정임), 보호의 부재 상태 (Lack of protection). 자연 상태는 생존의 위협이 존재하는 상태.

(3) **자연권:** 자연이 인간에게 날 때부터 부여한 권력. 자신의 목숨을 보전할 권리가 핵심.(Self－preservation)

(4) **자연법**: 자연이 인간에게 날 때부터 부여한 의무와 규범. 이것이 나중에 실정법으로 전환.
(5) **자연권과 자연법 충돌 시**: 자연권이 우선함. 이것이 인간 간 투쟁을 격화시킴.

2. 사회계약에 따른 국가 구성

(1) **사회계약론을 차용**: 인민에 의한 국가 구성
(2) 인민 간 사회계약이 우선+제삼자인 막강한 권력체인 국가(리바이어던:Leviathan)에 약속 지키는지를 위임.
(3) 국가의 사전적 기능(인민 간 폭력 사용금지 약속위반 시 처벌될 것이라는 기대가 작동)과 사후적 기능(실제 처벌됨)으로 질서와 안정유지
(4) **강력한 국가와 소극적인 저항권**: 청교도 혁명 시대의 내란을 피하고자 함.

3. 마키아벨리와 홉스의 비교

(1) 갈등
① 마키아벨리는 갈등관리가 중요함. 지배를 방지하고 시민적 덕성을 강조함.
② 홉스는 갈등을 사회악으로 규정함. 갈등을 제거하고 강력한 국가를 구성함.

(2) 지배 열망
① 마키아벨리는 지배 열망을 명예로 전환함. 용기를 가진 지도자와 시민을 강조함.
② 홉스는 지배 열망을 인정하지 않음.

(3) 주권자 개념 차이
① 마키아벨리는 귀족과 인민 사이에 중재자가 없음.
② 홉스는 인민은 주권자에게 권리를 양도함. 그리고 하나의 전체로 동화됨. 강력한 군주가 중요.

4. 현대적 의미

(1) 정치학
① 국가의 가장 주된 기능인 안전 보호 설명(ex, 세월호 사건, 인도적 개입의 근거)
② 권력추구적 인간관(인간 갈등의 원인)
③ 소말리아, 시리아, 카자흐스탄은 무정부상태에 가까움.

(2) 국제정치학
① 권력추구적 인간관 ⇨ 국가지도자에 적용. 국가지도자가 되었다는 것은 실제 권력추구적임.
② 무정부상태로서 국제정치 ⇨ 국내정치와 다른 국제정치 질서가 만들어짐.

적용 가능 사례

1. 국가(중앙정부)가 자국 내 인민의 안전을 보장하지 못할 때 왜 정부는 책임을 지는가? 국내적 책임 추궁 장치작동+국제적 보호책임(인도적 개입의 업그레이드 버전)
2. 소말리아와 같이 국내적 무정부상태를 극복하거나, 수단과 같은 국가들에서 내전을 종식해야 하는 이유는 무엇인가?

필수 개념과 인용할 저서

1. 필수 개념: 자연상태(anarchy), 자연권, 자연법, 권력추구적 인간, 리바이어던(중장정부의 구성)
2. 인용저서: 『리바이어던』(1651년)

합격생 tip

- 정치사상 일반 Part에서는 홉스 / 로크의 비교가 중요. 두 이론가의 인간가정, 자연상태, 자연권, 자연법, 이론의 특징 들을 비교하며 공부하길 추천
- 홉스 / 로크에 대하여 서술할 때 기본 가정 → 사회계약의 특징 → 현대적 의미(입증) 순으로 연결시키기가 쉽지는 않으므로 연습해보길 추천
- 기본 가정에서 나타나는 차이로 인해 사회계약의 성격이 달라지는 것이므로, 설문에서 사회계약의 특징에 대하여만 묻더라도 자연상태에 대한 간략한 설명이 있어야 논리적으로 글을 서술하기 용이하다고 생각함.

정치사상 쟁점 4 : 사회계약론자 로크

주제의 문제의식

Q **인간의 자유(property)를 보호하기 위해 구성하는 중앙정부는 어떻게 압제자가 되지 않게 만들 수 있는가?**

A 중앙정부는 필요악으로 중앙정부가 없으면 개인들의 자유는 더 침해받을 수 있어 필요하나, 중앙정부가 강력해지면 압제자가 될 수 있으므로 권력분립과 최후의 저항권을 통해 견제해야만 한다.

세부 쟁점과 핵심이론

sub 1 개인의 자유(property)의 정당화 논리: 이론의 기본 가정임. 자유가 정당화되어야 국가를 구성하고, 국가를 제한할 필요가 생김. ⇨ 공유물(신의 소유) + 자신의 노동 때문에 소유권이 발생함. 노동에 의한 사유재산화가 정당화됨.

sub 2 구성된 중앙정부를 견제할 방안: 권력분립(의회주권을 통해 행정부의 권력을 견제함. ⇨ 2권 분립론 구성) + 저항권(인민이 중앙정부에 대해 계약위반을 문제 삼아 혁명 시도)

sub 3 로크의 진보적 특징과 보수적 특징: 저항권은 진보적 특징 vs. 소유권은 보수적 특징(부르주아가 사회주도세력이 되었을 때 이들이 보수파가 됨)

1. 이론적 가정

(1) **인간**: 이성적 인간. 하지만 오류 가능성 있음. ⇨ 이로 인해 갈등함.

(2) **자연상태**: 곧바로 전쟁상태는 아님. 전쟁상태가 되려면 인간이 선언함. 집행의 부재(Lack of enforcement). 생명의 위협이 아닌 소유권을 빼앗기거나 정당하게 소유권을 인정받을 수 없을 가능성이 있는 상태. 이 상태는 불편한 상태임. 약속위반에 대한 공정한 중재자가 없음.

(3) **자연권**: 자유가 중요. property에는 생명, 자유, 소유권이 포함됨. 소유권을 정당화함. 근대적 자유는 개인의 소유권강조. vs. 고대 자유는 공화주의에서 계급의 지배를 거부함.

(4) **자연법**: 자연권을 견제함.

2. 사회계약에 따른 국가 구성

(1) **인민의 소유권을 보호하기 위한 사회계약**: 국가는 경찰 역할 수행

(2) 인민들 간의 사회계약이 있음. 다수결에 의해 국가가 구성됨. 이때 합의가 중요함.

(3) **인민의 의사는 신탁됨**: 의회에 신탁됨. 의회주권 강조 ⇨ 의원내각제 기틀이 마련

(4) **국가 견제 필요**: 개인 자유의 가장 잠재적인 위협은 '거대한 국가' ⇨ 의회에 의한 행정부 견제 필요. 2권 분립이론

(5) 최종 보루 저항권 . 국가에 의하여 자연권이 침해될 때 저항권 발동. 행정부와 입법부가 대립시 중재자가 없음, 이때도 저항권이 사용가능함.

3. 현대적 의미

(1) 자유주의의 두 가지 속성 유지

① 진보성(자유를 위한 사회적 폐단 제거)과 보수성(소유권 유지를 위한 노력)을 모두 가짐.

② 한국의 자유주의도 권위주의와 투쟁을 하던 1970년대와 1980년대 진보적 입장이었음. 그러나 시장이 강화되면서 소유권 중심의 보수 세력화됨.

(2) 중간 계급의 통치

① 마키아벨리는 누가 지배할 것인지에서 시민덕성을 강조함.

② 누가 지배할 것인지에서 로크는 노동과 근면 노력으로 전환함. 자본주의의 중간계급 시대를 강조함.

(3) 자유주의 국가의 제한적 국가론

① 국가를 제한하여 개인의 자유 확보

② 자유주의의 자유 방임주의와 연결됨.

(4) 소유권적 자유주의와 연결

① 노직(R.Nozick)의 소유권적 자유주의로 연결됨. 소유권은 보유의 자유+이전(상속)의 자유.

② 신자유주의의 한 가지가 강력한 논거가 됨.

(5) 저항권

① 미국이 독립할 때 가장 먼저 사용함.

② 국가의 혁명과 민주화에 원용할 수 있음.

적용 가능 사례

1. 정부의 재분배정책으로서 양도세와 상속세율: 소유권은 어느 정도까지 사회적 권리로 용인하고, 이에 대해 국가가 세금을 통해 분배 정책을 집행할 수 있는가?
2. 한국 자유주의의 성향: 한국 자유주의는 보수적 성향과 진보적 성향을 모두 보유하고 있는가?
3. 2017년 대통령 탄핵은 저항권인가 국민 불복종인가?

필수 개념과 인용할 저서

1. 필수 개념: 자유(property: 인간본성으로서 자유강조), 이성적 존재로서 인간, 저항권, 권력분립(2권 분립)
2. 인용할 저서: 『통치론 Two Treatises of Government』(1690년)

합격생 tip

- 「정치학강의 4」 Part2-1 "로크의 이론" 참고.

처음 공부하는 수험생이라면 로크의 자연상태-소유권-권력분립과 법치주의-저항권으로 이어지는 논리를 파악하는 것이 우선되어야 하며, 이후에는 국가구성의 논리에 들어가기 앞서 자연상태에 대한 가정을 서술하며 연결하는 부분, 로크 이론의 양면성에 관한 부분을 학습한다면 로크에 대해 깔끔하게 서술할 수 있을 것이라고 생각함.

정치사상 쟁점 5 : 사회계약론자 루소

주제의 문제의식

Ⓠ 사회 불평등을 해소하기 위해서는 어떤 방식으로 국가가 구성되어야 하는가?

Ⓐ 사회 불평등해소를 위해 인민 주권론에 기초하여 공화국이 구성되어야 한다.

세부 쟁점과 핵심이론

sub 1 타락한 사회상태를 개선하는 방향으로 국가의 구성 방식: 일반의지에 기초한 국가 ⇨ '국가 = 인민' ⇨ 작은 규모의 공화국. ⇨ 현재로는 자치 공동체 정도. 공화주의와 인민 주권에 기초한 민주주의를 강조함.

1. 가정과 사회계약

(1) 인간: 동정심(pitie)과 자기에 대한 애정(amour de soi)를 가짐. 선한 존재에서 사회화를 거쳐 타락함. ⇨ 사회가 문제임.

(2) 자연상태=평화상태 vs. 사회상태=갈등상태

(3) 자연권=사회권(○), 천부인권(×). 즉 사회적 합의를 통해 수정 가능함.

(4) 자연법=자연이 아니라 사회적으로 규칙화된 법임.

(5) 사회계약 필요: 사회가 문제기 때문에 사회를 수정해야 함. 자연상태 회기는 불가능. 인민들이 사회 불평등 해소하기 위해 국가에 위임.

2. 인민 주권론

(1) 인민(피 권력자)에게 권력 부여

(2) 다만 인민 개인이 중요한 것이 아니라, 일반의지(General will)로서 인민이 중요함.

(3) '국가=일반의지=인민'이 됨.

(4) 이후 마르크스주의에 영향을 미침.

(5) 입법자의 등장: 일반의지를 파악해서 법을 제정하는 것이 필요함. 이를 입법자가 수행해줌. 플라톤식 철인 왕과 유사함.

(6) 일반의지구현을 위한 초인의 등장과 히틀러의 전체주의 국가: Who guards guardian?의 문제를 제기함. 과연 보호자의 의지와 선의를 믿을 수 있을 것인가와 견제되지 않을 때 보호자로 남을 수 있을 것인가의 문제를 남김.

3. 국제정치적 함의: 사슴사냥게임

① 루소는 홉스의 비관적인 측면을 계승함.

② 자유주의이론과 달리 국가 간의 상호의존은 국가 간의 관계를 불안하게 하고 의심을 증대시킴.

③ 자연상태에서 인간은 다른 인간에 대해 연민의 정을 느낌. 하지만 국가 간에는 연민의 정을 느끼지는 않음. 따라서 국제정치는 불안하게 됨.

④ 사슴사냥 우화: 무인도에 표류한 사슴 사냥꾼들은 모두 협력을 하면 사슴을 잡을 수 있지만 한 사람이

라도 배신하여 눈앞에 보이는 토끼를 잡으려고 하면 다른 사냥꾼들은 사슴을 잡을 수 없게 됨. 이런 상황은 불신이라는 무정부상태의 조건에 기반.

⑤ 왈츠의 사슴사냥 우화의 계승: 케네스 왈츠는 무정부상태의 조건이 국제정치를 결정한다고 보면서 루소의 사슴사냥 우화를 계승함. 이것은 무정부상태가 국가들을 배신하게 만들어 안보경쟁을 하게 만드는 상황에 비유될 수 있음. 자유주의자들에 따르면 이런 상황에서 제도를 구축하여 국가들은 상호 간 협력을 유도해볼 수 있음.

적용 가능 사례

1. 인민 주권론에 기초한 직접민주주의가 민중주의와 연결되는 현상들. 트럼피즘과 두테르테 정치와 차베스 정치.

정치사상 쟁점 6 : 자유주의자 칸트

주제의 문제의식

Q 자기 지배를 구현하는 방법은 무엇이며, 국가 간 평화를 만드는 방안은 무엇인가?

A 이성을 따르는 것이 자기 지배 즉 자율(self-rule)이며, 세가지 확정조항에 의해 평화를 창출할 수 있는데 이 역시 이성에 근거한다.

세부 쟁점과 핵심이론

sub 1 인간이 자기 지배를 구현하는 방안: 이성에 따르고 감성과 미신을 배제할 때 가능. 이성의 보편성을 강조함. 이성을 따르는 모든 이들은 존중받을 권리를 가짐.

sub 1 3가지 확정조항의 현대적 의미: 공화주의(민주주의로서 의미) + 국제연맹에 기반한 국제법(국제제도의 중요성) + 자유교역에 기초한 세계시민법(상호의존의 중요성) ⇨ 3각 평화론으로 연결됨. 민주주의 + 국제제도 + 상호의존에 의한 평화

1. 칸트의 사상

(1) 인간관: 이성을 갖춘 인간. 이성을 가장 강조함.

① 이성을 따르는 것이 자율(self-rule). 즉 자기가 자신을 지배하는 것임. 감성과 미신을 배제해야 함. 계몽과 비판을 위해 이성이 중요함.

② 이성 자체도 비판적 자기 반성이 가능함. 비판적 이성을 통해 자기 계몽을 가능하게 함.

③ 다만 교조주의적 이성이나 단일 이성의 독재는 아님. 순수이성(진리의 영역), 실천이성(선(善)으로서 도덕의 영역), 미학적 판단력(미(美)로서 취향과 감성의 영역)이 따로 존재함.

④ 계몽의 수단으로서 공론장이 중요함. 언어행위를 통해 인간이 깨우침. 언론의 자유와 자유공론을 자연법적 천부인권으로 규정함.

⑤ 자유주의 국제주의에서 인도적 간섭이나 보호책임을 가능하게 하는 논리는 인간의 이성적 존재에 있음. 즉 보편적이성을 가진 이들에게 대한 폭압에 저항하고 이들을 보호해야 함.

(2) 자연상태: 불완전한 상태로서 극복되어야 할 상태. 국제정치학적으로 의미.

(3) 법률의 필요성

① 인간 자신의 내면은 도덕과 윤리를 통해서 발전시킬 수 있지만, 인간과 인간 사이에는 법률이 필요. 도덕은 개인을 통제할 수 있음. 다만 개인과 개인의 문제는 법이 필요함.

② 인간 간의 관계를 조정할 경우 공정한 법에 따라서 조정되어야 함.

③ 마찬가지로 국가와 국가 간에도 법률이 필요

④ 칸트는 영구평화론에서 국가 간 법률을 통한 평화달성 가능성을 제시함.

(4) 국가관

① 공화주의적 국가는 덜 폭력적으로 됨. 귀족세력과 평민세력 간 견제 때문에 폭력행사가 제한됨.

② 이런 설명은 현대적으로 볼 때 민주주의가 덜 폭력적으로 된다는 주장과 일치함.

③ 이것이 민주평화이론의 이론적 시초임.

2. 영구평화론

(1) 칸트의 영구평화론의 예비조항

① 진실에 토대를 둔 평화조약, 민족자결권의 존중, 반식민주의, 상비군의 폐지, 내정간섭금지, 상호신뢰를 해칠 '전쟁 중 적대행위의 금지'로 구성되어 있다.

② 이들 예비조항들은 평화를 위해서 금기시되어야 할 것들로 비밀스러운 평화조약, 내정간섭의 금지, 상호신뢰를 해칠 전쟁 중 적대행위의 금지조항은 즉시 철폐되어야 할 항목이며 나머지 항목들은 상황에 따라서 주관적으로 확대 적용하거나 집행을 연기할 수 있다고 보았다.

(2) 3가지 확정조항

① 공화주의 헌법

② 국제연맹에 기반한 국제법

③ 자유 교역에 기반한 세계시민법. 이것은 환대권(hospitality)에 기초함. 어느 지역을 여행하거나 그 지역에서 체류 숙박할 수 있는 권한이다. 모든 사람이 이 원칙을 상호적으로 사용하기만 하면 어떤 이도 자국을 떠날 수 있다.

(3) 인간 이성과 이익추구성향 중요

① 이중 인간의 자연적 성향은 이익을 추구하는 것이기 때문에 최종보루는 이익을 확장하기 위한 자유교역과 그에 따른 인간의 이익추구성향이다.

② 개인들은 자신의 이익을 위해서는 국가에 충성도 포기할 것이기 때문에 전쟁에 시민들이 참여를 안할 수 있다고 주장

3. 국제정치적 함의

(1) 이상주의와 자유주의의 이론적 스승

(2) 이후 신 칸트학파(민주주의, 국제기구, 상호의존의 중요성 주장 이를 '삼각평화 triangular peace'라고 함)에 영향

(3) 국가 간의 관계는 국내정치의 '공화주의 헌법'과 국제연맹에 기반을 둔 '국제법' 그리고 자유로운 교역을 가능하게 하는 '세계시민법'을 통해서 평화유지 가능함.

정치사상 쟁점 7 : 권력분립이론

주제의 문제의식

Q 권력분립을 통해서 확보할 수 있는 가치는 무엇인가?

A 개인의 자유 확보가 가능하다.

세부 쟁점과 핵심이론

sub 1 이론적 차원의 권력분립론과 현실적 차원의 행정부를 중심으로 한 권력 융합 현상 간 대립: 현실에서 행정부의 기능이 과도하게 커짐.

sub 2 사법부의 권력 강화와 민주주의에 대한 도전: 대의기관이 아닌 사법부가 사법심사를 통해 입법과 행정영역으로 확장함. 이는 대의민주주의의 운영방식에 대한 강력한 문제 제기임.

sub 3 2권 분립론과 3권 분립론이 정부형태에 미친 영향: 2권 분립론은 영국의 내각제에 영향 vs. 3권 분립론은 미국의 대통령제에 영향

1. 권력분립과 권력 융합

(1) 권력분립

① 자유주의의 근본적 제도 방안: 국가권력의 크기(⇩) ⇨ 개인 자유의 크기(⇧)

– 공적 영역과 사적 영역의 엄밀한 구분을 통해 개인의 사적 영역과 소유권(Property)을 보호해야함. 그러려면 공적 영역이 무한정 확대되는 것을 지양하며 국가권력이 커지면 줄여야 함.

② 국가의 권력을 행정과 입법으로 구분함.

③ 견제와 균형(check and balance)으로 보완: 권력을 나누더라도 권력 간 크기 차이가 있으면 곤란. 따라서 각 권력체가 상대 권력체를 견제할 수 있어야 함. 그래야 기능적으로 권력분립의 의미인 자유 확보가 가능.

(2) **권력 융합**: 1차 대전 이후 행정부 중심으로 권력이 집중됨. 행정 입법+행정사법 기능 강화

(3) 자유주의 등장 시기 권력에 대한 견제가 중요. 현재는 권력 활용이 중요.

(4) **사법부의 권력 강화**: 대통령제 국가에서 기관 간 권한 쟁의 발생 시 사법부가 중재 역할을 수행함. 또한, 사법부의 사법심사를 통해 입법과 사법 영역에 개입함. 문제는 법관이 대의제도가 아니라는 점임. ⇨ 원수단인 대의민주주의의 약함을 반영함. '다른 수단에 의한 정치'가 대표적임.

2. 2권 분립론과 3권 분립론

(1) 영국의 2권 분립론:

① 로크의 이론.

② 의회주권론에 기초해 의회가 막강함. 의회가 내각 해산 가능함. 의회는 법률로 사법부 판결 번복 가능. 영국의 역사적 측면이 강함.

③ 왕에 의한 행정부 통제가 차츰 수상에게 넘어가면서 의회가 내각을 통해 행정부도 구성하게 됨.

(2) 미국의 3권 분립론

① 몽테스키외의 이론.

② 권력을 분화하면 자유를 확보할 수 있음. 국가권력을 분립함으로서 개인들이 자유를 확보하게 해줌. 자유를 위해서는 국가의 권력을 제한하는 제도가 필요함. 이때 자유는 소극적 의미의 자유고, 다른 의미로 안전을 의미함. 즉 생명과 재산을 보장하는 것임.

③ 전제(despotism: 전제주의)를 피하는 것이 중요함. 전제의 핵심은 '자의성(자기 마음대로 하는 것을 의미)'을 통제하는 데 있음. 전제주의를 견제하기 위해서는 첫째, 집단이나 세력을 통한 방안(과거에는 귀족을 통해 견제하는 방안. 현대에는 민주주의를 통한 방안) 둘째, 제도적으로 권력 분립방안이 있음.

④ 권력분립은 제도적 차원에서 과거 귀족정을 대체하려는 노력임. 권력을 나눔으로서 권력 행사의 예측 가능성을 높이고자 함. 즉 어떤 지도자가 권력을 어디까지 사용할 수 있는지를 국민들이 예상할 수 있음.

⑤ 3권 분립: 2권 분립에서 행정부와 입법부 이외에도 사법부를 개입시킴. 사법부가 자유의 최종적 보루가 됨. 인권과 헌법심사를 통해 개인의 자유를 최종적으로 수호해줌.

⑥ 법치주의를 강조함. 법을 통한 예측 가능성을 강조함. 프랑스 혁명이후 역사적 측면이 많이 반영됨. 법구성의 정당성이 중요(입법부), 법집행의 공정성(행정부), 법판단의 중립성과 공정성(사법부)

⑦ 정치체제의 특정 구분: 공화국은 덕성이 중요함. 즉 시민적 열정이 중요함. 하지만 시민을 양극화할 수 있는 부를 거부해야 하기 때문에 자본주의에 적합한 체제는 아님. 군주정은 명예를 중시함. 다만 군주가 가진 명예는 위선적이지만 사회적으로 유용함. 즉 귀족들을 부의 축적을 위해 노력하고 더 높은 관직을 얻기 위해서 노력하게 만들기 때문에 유용함. 전제정은 공포심을 근거로 함. 군주정에서 명예를 추구하는 귀족이 군주를 절제시키지 못하는 경우에 전제정으로 바뀌게 됨. 프랑스의 절대군주제가 대표적인 사례임. 다만 몽테스키외는 군주정이나 공화정 어떤 것이 반드시 최선의 정치체제라고 생각하지는 않았음. 다만 온건한 제한정부가 좋은 정치체제라고 보았음.

⑧ 3권 분립이론은 미국에서 최초로 실험됨. 3권 분립 국가인 대통령제를 발명해서 사용함.

(3) 법치주의와 권력분립은 자유주의의 기본 논리임

적용 가능 사례

1. 행정부의 권력 융합에 대한 대의민주주의 수단인 의회의 통제 가능성과 방안
2. '사법부의 정치화'에 대한 의회와 정당의 대응방안

정치사상 쟁점 8 : 자유주의 공동체주의 논쟁

주제의 문제의식

Q 공동체주의의 자유주의 공격에 대해 자유주의는 어떤 방식으로 정당화를 꾀했는가?

A 자유주의는 '공적 이성' 논리와 '한정 중립성' 논리와 '자유 단일가치만 중시하는 것이 아니다'라는 논리로 정당화했다.

세부 쟁점과 핵심이론

sub 1 자유 vs. 공공선 논쟁 ⇨ 자유주의 롤즈 vs. 공동체주의 논쟁: 윤리, 도덕성 논쟁.

sub 2 이성의 공적 측면 가능: 공동체가 학습 vs. 선험적 이성(무연고적 자아)에서 공적 이성으로 전환

sub 3 자유주의를 거부하는 이론을 자유주의가 포용할 수 있는가: 한정 중립성(자유주의를 공격하지 않는 이론에 대해서만 중립을 지킴) ⇨ 방어적 민주주의로 나감(독일, 터키, 한국에서 정당 해산의 근거로 사용됨) / 다른 이름으로 전투적 민주주의.

1. 자유주의와 공동체주의의 3가지 논쟁

(1) 인간과 사회의 관계: 인간과 사회 분리(자유주의) vs. 사회의 인간 구성(공동체주의) ⇨ 사회적 규범의 개입 가능성 유무. 도덕성의 개입 여부 논쟁. ⇨ 공적 이성을 통한 수정. 공적 이성(공동체를 고려하는 이성) vs. 사적 이성(자신의 효용을 계산하는 이성)

(2) 가치에서 자유주의가 상대주의 인지 여부: 자유주의가 한정중립성으로 발전. 한정중립성이란 자유주의를 거부하는 이론에 대해서까지 중립성을 띄지는 않겠다는 것을 의미. 한정중립성에 기초해 자유주의를 거부하는 이론과 세력(ex, 바이마르 공화국의 히틀러)에 대해 전투적 민주주의가 만들어짐. 이것은 정당해산의 근거로 사용됨. (ex, 독일의 공산당 사례와 한국의 통합진보당 사례를 들 수 있음). 한정중립성의 대비되는 개념이 완전중립성(모든 주장에 대해 자유주의가 중립을 지킴)

(3) 자유라는 단일가치만을 받아들인 이론인지 여부: 자유주의도 평등관 등이 있음. 즉 자유 자체만의 가치를 강조하는 것이 아님. 자유주의도 평등, 다원성, 정의 등을 다룸.

2. 자유주의와 공동체주의: 윤리문제

(1) 자유주의: 인식론이 목적론에 선행. 데카르트의 주장 "나는 생각한다. 고로 존재한다." (cogito, ergo sum). 자유로운 사고가 중요. (진보주의 입장)

(2) 공동체주의: 목적론이 중요. 인간의 목적 즉 윤리를 강조함. (보수주의입장)

(3) 인간을 제약하는 본질이 있는가?:

① 내적 제약: 스스로 제한함. 자기와 관련된 것에는 제약 없음. 타인과 관련된 것에는 제약 있음.

② 외적 규제: 특정 조건으로 제한함.

3. 신로마 공화주의의 개입: 논쟁의 중재 주장

(1) 자유주의 vs. 공화주의 vs. 공동체주의 논쟁 진행 중임.

(2) 자유와 공공선 간 관계를 규정하고자 함. 비지배 자유를 통해 자유를 강조하면서도 공공선을 구성할 수 있음.

적용 가능 사례

1. 한국에서 자유주의 vs. 공동체주의(유교주의) 간 논쟁
2. 한국에서 자유주의를 견제하려는 공화주의 간 논쟁
3. '한국 = 자유민주주의 공화국'에서 공화국의 의미 구체화 논쟁

합격생 tip

- 자유주의에 대한 공동체주의의 각각의 비판을 이해하기 위해서는 자유주의의 기본 가정이 이해되어야 함. 이어지는 제2장 자유주의 이론 Part에서 자유주의의 인간가정 / 가치 / 평등관 등을 학습한 후 다시 돌아와서 이 논쟁을 확인해보는 것을 추천.
- 자유주의의 가정 – 공동체주의 비판 – 자유주의의 수정(발전)의 과정이 중요 전체 내용을 통으로 암기하는 것보다도 자유주의의 각각의 가정들에 대한 비판을 대응시키면서 이해하기를 추천.

제 2 장 자유주의이론

정치사상 쟁점 9 : 자유주의와 공동체주의와 공화주의 관계

주제의 문제의식

Q 공익과 사익(자유)은 조화를 이룰 수 있는가?

A 자유를 강조하는 자유주의와 공익을 강조하는 공동체주의 사이에서 신로마공화주의는 자유와 공익 사이에서 접점을 찾으려 한다.

세부 쟁점과 핵심이론

sub 1 존재론: 공동체와 개인 사이의 관계를 어떻게 규정할 것인가?
자유주의(인간이 사회를 만든다. 인간의 자유의지가 중요) vs. 공동체주의(사회가 인간을 만든다. 정치사회화가 중요) vs. 공화주의 (인간과 공동체 간 상호구성. 인간이 공동체를 만들고, 공동체는 인간을 구성)

sub 2 중요 가치: 각 이론은 어떤 가치를 기반으로 이론을 구성하는가?:
자유주의(소극적 자유를 강조. 국가 간섭으로부터 자유) vs. 공동체주의(시민적 덕성. 목적론적 미덕(telos)극대화) vs. 공화주의(시민적 덕성. 비지배자유 강조)

sub 3 공익과 사익 간 관계: 각 이론은 공동체의 이익과 개인의 이익(자유)간에 무엇을 더 중시하는가?
자유주의(개인 자유의 절대적으로 중요. 천부인권이론이 대표) vs. 공동체주의(공동체의 공공선이 절대적으로 중요) vs. 공화주의(공동체의 이익이 중요. 개인들의 심의를 통해 공동체 이익에 대해 합의)

sub 4 법에 의한 통치: 각 이론은 법치주의를 어떻게 보는가?
자유주의(법을 통해서 개인 자유를 보호함. 법치주의는 사적 공간 보호를 위한 공적개입의 제한근거) vs. 공동체주의(법을 통해 공공선을 구체화함) vs. 공화주의(법에 의해서 '비지배 자유'를 구현함)

1. 자유주의와 공동체주의와 공화주의 논쟁

(1) 공동체와 개인 간 우선순위 논쟁

① 자유주의: 개인이 공동체를 구성. 개인의 존재론적 우선성이 있다는 논리. 인간 이성이 이를 가능하게 함. 개인 이성 > 공동체 규범. 데카르트 Cogito, ergo sum.(생각이 존재를 만든다) 즉 인식론이 존재론에 선행하는 것을 의미함. 합리성이 있는 사람만이 존재를 인정받음. 법에서 한정치산자(부분적 합리성을 가진 자)나 금치산자(완전한 심신미약인 자)에게 의사능력을 부정하는 원칙도 이런 합리성이 전제될 때 개인의 존재의미가 인정되는 것임.

② 공동체주의: 공공선의 선험적 규정(외생적 규정: 다른 누군가가 선호의 중요도를 결정해 줌). 사회와 공동체가 개인을 구성(교육하고 사회화를 함)한다는 논리. 사회화를 통해 사회규범과 역사적 관습 등이 개인 생각을 규정.

③ 신로마 공화주의: 공공선의 심의적 규정(내생적 규정: 선호는 내가 다른 이와의 관계에서 구성해가는 것임). 공동체 속에 인간이 있지만, 인간의 자유와 인간들의 합의도 중요함.

(2) 공공선의 중요성과 국가의 개입 가능성

① 정치학의 전제: 사회를 구성하고, 국가가 질서를 유지해야 함. 이때 국가는 사회질서를 위해 개인들의 권리를 침해하고 의무를 부과하게 됨. 이러한 국가 개입은 공익과 공공선을 위한 것이라는 논리로 정당화됨.

② 국가 개입의 정도 문제: 국가 개입을 절대적으로 부정할 수(무정부주의)도 없고, 국가가 무조건 개입하여 개인의 자유를 부정할 수(전체주의)도 없음. 따라서 개인의 자유를 더 보장하는지 국가의 개입을 더 인정하는지를 두고 벌이는 논쟁임.

③ 자유주의: 개인 자유 강조 > 공공선과 국가 개입 축소. 이를 위해서는 사적인 공간을 최대한 확대하고 국가권력이 개입할 수 있는 경우의 수를 극단적으로 줄임. 법치주의는 법에 의해서만 개입이 가능하게 만들어줌. 또한, 헌정주의의 사법심사를 통해 헌법의 기본권 보호 원칙을 통해 국가 개입을 위한 입법을 위헌법률 심사해버릴 수 있음.

④ 공동체주의: 공공선과 국가 개입 가능성 > 개인의 자유. 이를 위해서 공공선이 중요하다고 주장. 공익이 '선험적'으로 중요함. 아리스토텔레스는 telos를 통해 이를 관철함. 공동체주의자들은 공공선을 위해 법을 제정하자고 함. 개인의 자유와 재산권도 침해받을 수 있음. 이들 권리는 천부인권이 아니라 사회적으로 합의된 권리에 불과함. ex) 토지 공개념과 토지 몰수를 통한 공공주택개발 정책은 개인 소유권 박탈함.

⑤ 공화주의: 공공선과 국가 개입 가능성 > 개인의 자유. 다만 공익은 선험적으로 중요한 것이 아니라, 사회구성원들의 심의(깊이 있는 토의를 통한 정당화 과정)를 거쳐서 중요하게 됨. 즉 개인의 자유를 전적으로 무시하지 않음. 국가가 시민적 덕성을 발휘할 수 있도록 개입이 필요함. 이때 비지배성이 중요함. 즉 어떤 계급이 다른 계급을 지배해서는 안 됨. 법치주의는 이러한 공익을 구체적으로 실현하는 장치임.

(3) 개체성: 자유주의에서 개체가 중요하다는 근거

① 독립성: 사회로부터 독립. (cf. 의존성이 대비되는 개념)

② 자율성: 자신의 판단과 스스로 통치를 의미. (cf. 타율성이 대비개념)

③ 주체성: 객체가 아님. 주도성을 가짐. (cf. 객체성이 대비개념)

(4) 무엇을 공공선으로 볼 것인가의 문제

① 자유주의: 안보, 무상교육, 동성결혼, 개인 자살의 4가지 층위의 문제에서 어떤 것을 공공선으로 볼 것인지 합의가 필요함. 합의를 통해서 결정되지 않으면 다수결로 결정함. ⇨ 공익과정설. (공익이 실체가 아니

라 인민들의 의사결정을 통해서 도출됨)

② 공동체주의 (대표적으로 루소): 공익은 이미 정해져 있음. 실체로 정해져 있는 공익을 발견하는 것이 중요함. ⇨ 공익실체설.

적용 가능 사례

1. 한국 무상교육제도 확대 논쟁: 공교육을 어느 수준까지 공공선으로 보고, 어느 선에서 개인 자유로 볼 것인지의 문제.
2. 한국에서 애국심과 군복무 제도

합격생 tip

– 자유주의의 기본원리들을 개인에 대한 가정에서부터 소유권, 법의 지배, 대의제도, 사적 공간과 공적 공간의 구분 등 주요 특징들까지 연결하여 설명해보는 것도 유용.
– 「정치학강의 4」 Part2–1 "자유주의 이론과 한국사회의 문제점" 참고.
처음 공부하는 수험생이라면 일단 자유주의의 기본원리들(개인주의, 인권의 중요성, 법의지배, 권력분립, 대의제도, 국가와 사회의 분리, 국가의 중립성)을 암기하는 것이 우선시 되어야 하며, 암기가 된 이후에는 설문에 맞추어 해당 원리들을 연결성 있게 서술해 가야 함. 예를 들어 인권이나 소유권의 중요성으로 인해 국가의 간섭영역을 확립하는 법의 지배, 법의 지배를 유지할 수 있도록 하는 권력분립과 견제와 균형의 원리(Check & Balance)가 중요하다는 것은 논리적으로 연결되나, 역순으로 설명하려 하면 논리가 끊어지게 됨.

정치사상 쟁점 10 : 자유주의와 민주주의 간 관계

주제의 문제의식

Q **민주주의는 자유주의와 사회주의(공화주의로부터 파생)와 어떤 관계를 가지는가?**

A 자유주의에 기초한 민주주의는 절차적 차원의 자유민주주의로 사회주의에 기초한 민주주의는 실질적 차원의 사회민주주의로 구성된다.

세부 쟁점과 핵심이론

sub 1 자유주의와 공화주의와 사회주의가 민주주의의 내용에 미친 영향:
(1) 자유주의 + 민주주의 ⇨ 개인 자유를 보호하는 민주주의(보호protective 민주주의) ⇨ 개인의 인격완성을 위한 민주주의(발전developmental 민주주의) ⇨ 법치 민주주의(신우파 민주주의)
(2) 공화주의 + 민주주의 ⇨ 심의민주주의(신좌파와 신우파 중간의 민주주의)와 참여민주주의(신좌파민주주의)
(3) 마르크스주의 + 민주주의 ⇨ 참여민주주의

sub 2 자유주의와 민주주의의 역사 경로: 자유주의 발생(1600년대 후반 로크) vs. 민주주의 발생(그리스의 아테네 기원전 400년). ⇨ 자유주의가 근대 민주주의 부활시킴. (민주주의는 자유주의의 제도와 절차를 근간으로 함) ⇨ 18세기 부르주아 중심의 민주주의 ⇨ 재산권/소유권 보호와 납세자 중심의 '인민'에 의한 통치 vs. 노동자 중심의 민주주의 확대에 저항함. ⇨ 1920년대 대중민주주의의 도래. 보통선거권과 함께 정치적 자유 확대.

1. 자유주의와 민주주의

(1) 과거 논쟁: 자유주의 vs. 민주주의

① 자유주의는 개인 자유 강조

② 민주주의는 공동체의 의사결정. 인민에 의한 통치를 강조.

③ 자유주의가 민주주의를 보완: 개인의 자유 확보가 인민(개인)의 자기 결정 가능성을 증대. 다수의 지배라는 민주주의 안에서 법치주의와 기본권의 논리를 통해 소수자들의 보호 가능.

④ 민주주의가 자유주의를 보완: 인민의 지배원리가 인민인 개인들에게 자유와 권리를 보호. 민주적인 결정을 통해 개인들의 자유와 안전을 구체화함.

⑤ 자유주의와 민주주의의 충돌: 민주주의는 다수의 지배를 관철하기 위해 결정성을 높여야 함. 이 경우 개인의 자유는 무시될 수 있음. 민주주의는 현재 갈등과 미래 갈등을 대비하는 원리인데, 자유주의의 법치주의는 기존 구성원들이 만든 기준으로 기존 가치를 보호하고자 함 ⇨ 정치체제의 주인이 실제 누구인지를 두고 경쟁. 자유주의는 원자적 개인을 강조하는데 비해, 민주주의는 사회적 개인을 강조함 ⇨ 개인의 역할과 부담에 대한 이해가 차이.

⑥ 과거 논쟁의 재구성: 자유주의와 민주주의 중 절차적 민주주의(자유주의적 민주주의)는 보완 측면에 강함. 반면 자유주의와 민주주의 중 실질적 민주주의(사회주의적 민주주의)는 충돌 측면이 강함. ⇨ 민주주

의를 정치체제 구성원리로만 규정하면 민주주의는 자유주의와 독립적인 논쟁이 가능한 실체가 됨. 그러나 민주주의가 어떤 민주주의인지 내용과 민주적 발전(quality 향상)을 위한 가치를 담으면, 자유주의적 민주주의(절차적 민주주의로 국한)와 사회주의적 민주주의(실질적 민주주의로 확장)로 구분되기에 논쟁이 쉽지 않음.

⑦ 100명의 공동체에서 99명이 1명을 추방하는 경우: 그리스의 도편추방제를 이용해 1명을 내칠 수 있음. 자유주의는 인권보호와 소수자 보호 원리를 통해 1명을 보호함. ⇨ 다수의 지배가 다수의 전제가 되는 상황과 소수 보호의 중요성을 보여줌.

(2) 현재 논쟁

① 민주주의의 내용과 범위: 절차적 민주주의(최소강령적 민주주의)지지 vs. 실질적 민주주의(최대강령적 민주주의)지지

② 자유주의는 절차적 민주주의를 지지 ⇨ 대의민주주의 지지: 정치적 부담을 줄이고, 정치인과 유권자 사이의 분업을 완성. 선거를 통해 통제하는 정도에서의 민주주의 지지 ⇨ 다수결주의: 개인의 자유를 인정하고 개인 선호의 대등성을 인정한 상황에서 사회적 가치를 결정하는 방안. 특정 계층이나 계급에 특별한 선호 우위를 인정하지 않음 ⇨ 다수의 의사를 통한 민주주의가 작동하는 공간을 축소하고, 개인의 자유 공간을 확장함.

③ 민주주의의 질적 발전 측면에서 비판받음: 민주주의가 형식에 국한됨. 민주주의가 정치경제적 분배문제나 사회적 다원성의 문제를 다루지 않는다는 점에서 문제가 있음. 또한, 민주주의가 인민의 지배라고 하지만, 중산층 위주의 선거 민주주의로 축소됨.

④ 보완적 민주주의의 공격: 직접민주주의(인민민주주의), 심의민주주의(시민들의 심의를 강조하는 민주주의), 결사체민주주의(선호 강도가 강한 이익집단의 의사를 반영하는 민주주의), 참여민주주의(민주주의의 결정공간을 경제, 사회까지 확장하자는 민주주의)를 통해 자유주의적 민주주의를 보완하고자 함.

(3) 최근 논의: 자유주의의 두 개 기준

① 개인과 국가관계축+시장과 국가 개입축

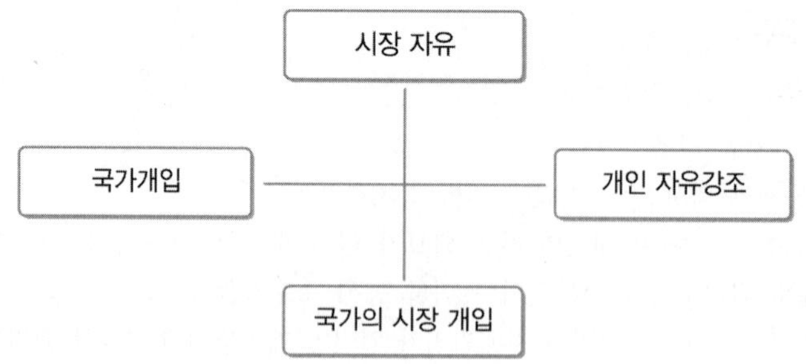

② 두 개의 축을 통해 자유주의의 관점에서 입체적 분석이 가능. 한국의 진보와 보수도 분석가능.

적용 가능 사례

1. 한국의 정치체제로 '자유주의민주주의(신우파)'와 '민주주의(신좌파)' 간 논쟁: 민주주의를 자유주의로 국한하지 않고 확장하자는 입장과 자유주의 민주주의가 한국 민주주의의 본질적 가치라는 입장 간 논쟁.

2. 한국의 진보세력과 보수 세력의 지향점 논쟁: 제1축 (개인의 자유와 국가의 개입)과 제2축(시장의 자유와 국가의 시장개입)을 통해 한국도 4개의 지향점을 만들 수 있음. ⇨ 과거 1차원 축인 '혁신–진보–중도–보수–수구' 기준을 넘어서 입체적인 분석이 가능.
3. 한국 민주주의의 질적 발전 논쟁: 한국 자유주의민주주의의 보수성을 개선하기 위한 새로운 민주주의의 보완책(민주주의 혁신방안) 논의.

합격생 tip

– 「정치학강의 4」 Part2 "자유주의와 민주주의의 관계", "자유주의, 민주주의, 법치주의의 관계 참고.
– 두 쟁점은 제가 수험 과정에서 제일 많이 들여다본 부분 중 하나임. 자유주의와 민주주의의 관계는 자유주의 → 민주주의, 민주주의 → 자유주의의 영향뿐만 아니라 각각의 장·단점도 있어서 논리적으로 서술하는 데 있어서 어려운 주제라고 생각함.
– 처음 공부하는 수험생이라면 자유주의와 민주주의의 기본원리의 핵심 키워드들을 확실하게 암기하고, 두 관계에 대해 정리가 필수적임. 이론적 정리가 되었다면 한국에서의 자유주의와 민주주의 간의 관계에 관하여 사례를 준비한다면 구체성을 높이는 데 유용함.

정치사상 쟁점 11 : 경제적 자유주의와 정치적 자유주의

주제의 문제의식

Q 한국에서 자유주의는 시장친화적인 경제적 자유주의로만 이해될 필요가 있는가?

A 한국에서 자유주의가 지나치게 경제적 자유주의로만 국한되어 이해되는 측면을 수정하기 위해서 정치적 자유주의의 확장이 필요하다.

세부 쟁점과 핵심이론

sub 1 롤즈(John Rawls)의 정치적 자유주의의 의미와 유용성논쟁

(1) 논리: 미국 사회의 불평등한 분배구조 문제를 해결하기 위해서는 사회적 합의를 통한 새로운 사회계약의 필요성 ⇨ 사회적 합의를 위한 전제조건과 원리 제시 ⇨ 자유주의의 기본전제인 개인의 자유 보호를 전제로 하고 사회적 합의를 만들어냄. '공정성(fairness)'의 논리가 이를 정당화함.

sub 2 한국의 자유주의(소유권 중심의 경제적 자유주의)에 기초한 민주주의의 정당성을 확보

(1) 방안: 정치적 자유주의를 통한 사회적 합의와 타협 필요 ⇨ 부동산문제와 계층갈등과 세대갈등의 강화 문제에 적용 가능＋출산율 저하 문제 해결을 위한 교육제도와 주거제도 개선 방안에 적용 가능

1. 경제적 자유주의와 정치적 자유주의

(1) 자유주의＝자본주의(소유권적 자유주의)만은 아님.

(2) 자유주의에는 개인의 자유로운 토론을 통해 사회적 규칙과 새로운 사회구성이 가능함.

(3) 심의(deliberation)를 통한 자유주의 질서 유지하면서도 자유주의 질서를 재구성할 수 있음.

(4) 경제적 자유주의와 구분되는 정치적 자유주의구성

(5) 롤즈의 정치적 자유주의논리 ⇨ 자유주의 내에서 자유주의 정당성을 추구함. 롤즈식 심의민주주의가 중요하게 됨. 포괄적 교의(사적인 영역으로 종교문제 등)를 제외하고 공적인 논의가능.

(6) 경제적 자유주의와 정치적 자유주의 비교

	경제적 자유주의	정치적 자유주의(롤즈의 이론)
주요가치	소극적 자유(국가 간섭의 배제)	공정성(fairness) ⇨ 국가의 개입 용인 공적 자율성의 확보 ⇨ 공적인 공간(법과 제도) 구성의 자율성 확보. (공동체의사 결정)
인간관과 이성	원자적 인간. ⇨ 소유권 중시 사적 이성 ⇨ 기본권강조	사회적 인간 ⇨ 사회 분배구조 재구성 공적 이성 ⇨ 사회적 합의 가능
출현배경	산업혁명(자본주의가 중요)	시민혁명 / 프랑스 혁명(부의 재분배 필요)
중요한 공간	시장: 생산과 분배장치	포럼: 토론을 통한 사회공정성 확보
중요한 전제조건	국가의 사적 공간보장	개인 간 합리적 대화와 평등한 존중

(7) 공적 자율성과 사적 자율성의 개념과 관계

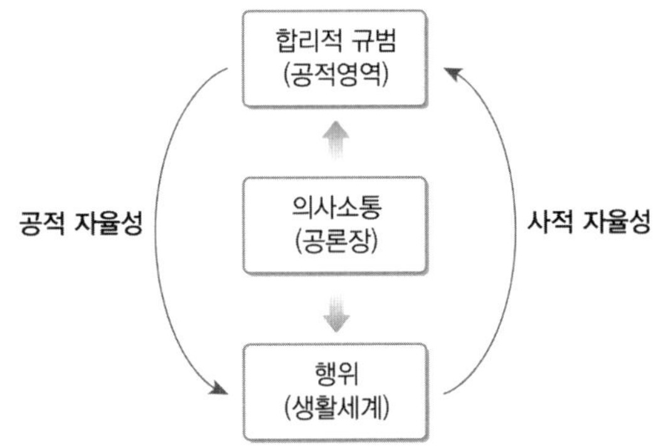

출처: 박선미, "합리적 의사소통공간으로서의 공론장과 '표현의 자유'의 제도적 보장: 역대 방송법 개정과정을 중심으로"에서 인용.

① 하버마스(J. Habermas)의 논리

② 개인들의 인권이 보호될 때 개인의 행위는 사적 자율성을 가질 수 있게 됨.

③ 자유로운 개인들의 의사소통을 통한 공론장의 논의가 가능해짐. 이 공간이 심의민주주의 공간임.

– 공론장은 완전한 사적영역도 아니고 완전한 공적영역(의회)도 아닌 사적인 개인들의 공적영역

④ 공론장을 거쳐서 합의되고 정당화된 이슈가 합리적 규범인 법과 제도의 공간이 됨. 이 과정에서 법과 제도의 공적 공간 역시 자율성을 가지게 됨. 이는 개인들에게 정당화의 기초가 되고 다시 개인들은 사적 자율성이 확보된 상황에서 자유로운 논의를 할 수 있음.

⑤ 하버마스의 이론은 아렌트(H.Arendt)의 이론의 '대화'와 '의사소통'과 유사한 부분이 많음. 이는 자유주의를 인정하면서도 공화주의적인 방식으로 공동체를 구성하려는 논리임.

⑥ 롤즈식 정치적 자유주의도 자유주의 내에서 이러한 정당화 과정을 거치고자 함.

(8) 롤즈의 정치적 자유주의 (정치사상 쟁점 12에서 구체적으로 설명)

적용 가능 사례

1. 한국에서 정치적 자유주의를 통한 사회분배구조 개선 방안
2. 전세계 신자유주의 강화와 한국의 경제적(소유권 우선적) 자유주의 우선에 따른 한국 사회갈등 강화와 해결방안

정치사상 쟁점 12 : 자유지상주의(libertarianism)

주제의 문제의식

Q 개인 자유에 대한 국가의 개입은 어떤 논리로 거부되는가?

A 소유권과 시장 우월성을 근거로 국가의 개입은 거부된다.

세부 쟁점과 핵심이론

sub 1 국가의 시장에 대한 개입은 어떤 정당화 논리를 통해 어느 정도 정당화되는지 논쟁
(1) 논쟁의 구도: 시장우선적 자유주의(자유지상주의: 국가의 개입 거부) vs. 균형적 자유주의(국가의 부분적 개입 용인) vs. 민주주의 우선적 자유주의(국가의 개입 용인)

1. 시장과 민주주의 간 관계

(1) **시장질서의 보편성**: 사회주의권 국가들도 시장질서를 받아들임. (ex, 중국, 베트남, 러시아 등)

(2) **민주주의는 보편성에 대한 저항이 있음**: 비민주주의 유지국가 또는 경쟁적 권위주의유지 국가들 존재(전세계 200개 국가 중 130개만 여전히 민주주의)

(3) 시장과 민주주의 간 관계 정리 중요

2. 시장과 민주주의의 관계 기존연구[1]: 시장 ⇔ 민주주의 (논의의 장, 공론장, 포럼)

(1) 시장과 민주주의가 서로 지지하되 시장이 일차적 중요성을 갖는다.
ex) 밀턴 프리드만과 하이예크와 노직의 주장.

(2) 시장경제는 민주주의의 물질적 토대인 경제성장을 위해 필수적이다.
ex) 립셋의 근대화이론. but, 반발이 많음.

(3) 시장은 민주주의에 대해 부정적 영향을 미친다.
ex) 시장의 무정부성(독립성)으로 사회 통제가 어려움.

(4) 자유시장적 경쟁은 경제적, 사회적 불평등을 심화시킨다.
ex) 네오 마르크스주의 입장.

① 특히 경제적 박탈과 사회적 소외는 시민적 · 정치적 권리의 효율적인 행사를 저해한다.

② 그 결과 국가의 감시체제와 억압기구가 확대될 수 있으며 포퓰리즘적인 정치 동원이 쉬워진다.

(5) 시장의 성향은 민주적 공적 영역의 고유성과 순수성을 왜곡시칸다.
ex) 맥퍼슨, 아렌트, 벤자민 바버와 같은 공화주의 혹은 참여 민주주의 입장.

(6) 시장과 민주주의는 서로 다른 가치를 반영하는 제도이므로 현실적으로는 균형을 이뤄야 한다.
ex) 롤즈와 드워킨같은 현대 복지 자유주의자들의 시각

(7) 시장보다는 민주주의적 자치의 원리가 우선적인 중요성을 갖는다.
ex) 상탈 무페와 같은 급진적 민주주의자나 온건한 민주주의로 벨라미(R. Bellamy)를 들 수 있음.

---

1) 김비환, 『자유지상주의자들, 자유주의자들 그리고 민주주의자들』 (성균관대학교 출판부)에서 발췌함.

3. 시장 우선적 자유주의: 자유지상주의

(1) 노직(Robert Nozick)과 호스퍼스(John Hospers): 정당한 획득과 이전(노직)

① 노직은 로크의 소유권(Property) 개념을 기본 전제로 함: 자기 자신의 몸과 노동에 대한 절대적인 권리임. 소유권이 다른 권리들의 근거가 됨. 자유로운 사용권과 기타 권리가 발생함.

② 노직의 자격이론: 정의의 근거는 자격(entitlement 또는 권리) 재산 소유와 관련해서 적절한 자격과 권리를 갖추었는지에 따라 정당성이 부여됨. 이때 두 가지가 중요 '정당한 획득'과 '정당한 이전' 국가의 재산에 대한 간섭과 재분배정책(ex 상속세)은 정당한 이전을 방해하는 강도의 강탈행위나 다름없음.

③ 노직의 최소국가론으로 이어짐: 국가의 개입은 최소화되어야 함.

④ 호스퍼스는 소유권을 생명에 대한 권리로 간주함. 재산권은 절대적으로 기본권임. 정부 역할은 개인의 권리를 타인 침해로부터 보호하는 것이지, 국가가 적극적으로 공격을 주도하면 안 됨. 최소임금제정이나 임대료 상한선 규정하는 것을 거부함.

⑤ 이들 논의에는 정치적 권리 논의는 빠짐. 민주적 과정에서 합의할 수 있는 시민들의 권리가 없음.

⑥ 좁은 민주주의: 개인의 재산권을 인정하는 범위에서만 민주주의.

(2) 로쓰바드(Murray N. Rothbard): 자발적 교환 vs. 강제적 교환

① 시장경제의 절대성을 강조.

② 주요 주장: 『인간, 경제 그리고 국가』(1962년): 시장은 자발적인 교환행위의 직접적이고 명백한 결과가 발생. 교환 당사자들에게 '상호'이익을 보장. 이를 통해 사회질서(경제학의 일반균형과 유사)를 만들어 냄. 반면 국가의 개입과 강제는 한 쪽의 희생을 근거로 다른 쪽에 이익을 만들어 냄. 강제적 교환은 인간에 의한 인간 착취를 초래함. 이는 심각한 무질서 상황을 창출함.

③ 자연법과 소유권의 정당화: 인간의 자유의지가 중요. 이는 자연법 윤리에서 도출함. 재산권은 노동의 자신에 대한 소유권과 노동을 통해 개발하여 생산에 투여한 토지가 기초를 이룸. 자유시장은 이렇게 생산된 재화가 교환되는 사회임.

④ 소유권과 국가 개입 간 관계: 소유권의 정당화, 재산권의 정당성은 국가의 법령과 상관없이 수립됨. ⇨ 국가의 조세부과는 비도덕적임. ⇨ 국가 개입 자체를 부정. 무정부주의로도 분류됨.

⑤ 민주주의 입장: 소유권을 제외하고 로쓰바드가 규정한 이상적 사회에서는 민주주의에 대한 주장이 없음.

(3) 하이예크(Friedrich August von Hayek): 인위적 조직 vs. 자연발생적 시장

① 개인적 자유에 대한 철저한 지지자. 개인 자유의 완전한 보장이 사회발전의 유일한 길임. 오스트리아 학파의 대표자

② 주요 개념으로서 자유로운 사회:

첫째, 자기발생적 혹은 자발적 질서는 조직(organization)과 다름. 즉 다른 종류의 규칙과 법칙이 작동.

둘째, 오늘날 일반적으로 '사회적 정의' 혹은 '분배적 정의'로 간주되는 것은 오직 조직(organization)내에서만 의미를 가질 뿐, 아담 스미스가 '위대한 사회'라고 불렀던 자발적인 질서(사회)와는 양립이 어렵다.

셋째, 오늘날 가장 유행하고 있는 자유민주주의의 한 가지 형태이면서 무제한적인 정부이기도 한 대의민주주의 하에서는 자발적 질서가 점차 전체주의 체제로 타락해간다. 대의민주주의가 소수로 구성된 대의체가 정의로운 행위에 관한 규칙들을 제정할 것이고 정치를 지도할 것이기 때문이다.

③ 합리주의 인간관을 수용. but, 사회발전은 계획적으로 행위하는 수많은 개인들 간의 상호 작용이 예측 불가능하고 의도하지 않았던 결과를 산출하기 때문이다. 즉 인위적인 개입을 거부하려는 논리.

④ 시장: 지식을 활용하는 공간임. 사회 내에 확산된 정보를 전달하고 동원하는 발견의 과정을 제공함. 따라서 시장은 인식론적 장치(이를 통해 배우기 때문에 다른 조직과 제도를 통해 지식발견을 거부함) ⇨ '보이지 않는 손'의 논리를 옹호함.

⑤ 시장의 '표현되지 않은 지식(tacit knowledge)'이 사회를 발전시킬 수 있음. 이것이 불완전한 인간 이성을 도와서 성공으로 이끔.

⑥ 정부의 간섭과 역할 최소화: 정부는 재화와 서비스 산출역할이 아니라, 재화와 서비스의 생산을 규제하는 메커니즘이 잘 작동하는지를 살펴보는 역할로 한정. ⇨ 국가의 시장 간섭은 배제될 필요가 있음. 관료적 비효율성이 빚어질 것.

⑦ 복지정책의 한계 명확: 복지정책 일부는 찬성하지만, 복지국가는 결국 부유한 이에게 더 많은 혜택을 줄 것이고, 관료주의적 비효율성과 억압성을 나타낼 것이고, 수혜자들을 복지의존적으로 만들 것.

⑧ 시장의 불평등성 vs. 국가의 불평등성: 시장 불평등성은 의도적인 것은 아님. vs. 국가의 불평등성은 의도적인 것. ⇨ 따라서 국가의 불평등성이 더 나쁨. 이를 통해 시장도 실패 하고 국가도 실패하나 국가 간섭은 부정됨.

(4) 뷰캐넌(James Mcgil Buchanan)과 털록(Gordon Tulluck): 순응비용 vs. 거래비용

① 미시경제학 분석을 활용+개인주의 방법론 원용 ⇨ 공무원과 공공제도의 행태 연구함.

② 자유 사회의 정치조직에 관심. 시카고 학파와 오스트리아 학파의 경제학 분석과 차이.

③ 주장의 핵심: 하나의 진리가 존재한다는 플라톤식의 발상 거부. 정치는 개인적이고 집단적 차이를 조정해가는 하나의 과정임. ⇨ 이상적인 무정부적 상황으로부터 개인들의 자발적인 상호 동의에 의해 재산권과 시장경제 그리고 자본주의 질서가 형성되는 과정이 정치임.

④ 사회계약의 과정과 국가도출(계약 이행을 위한 국가): 상호관용과 존중이 이상적인 세계에서 가장 중요한 행위 규범임. ⇨ 그러나 이것은 신기루에 가까움, 개인 재산의 동의가 없는 상황이기 때문에 분쟁의 소지가 많음 ⇨ 홉스 방법론을 이용 소유권을 도출. 자연상태의 투쟁에서 재산권이 발생. 무정부상태를 해결하기 위해 상호무장해제를 위한 협약을 체결하여 교역을 수행하면 상호적으로 이익을 볼 수 있음, ⇨ 정부는 개인방어에 소요되는 비용을 절감해주는 중립적인 정부형태를 구성함. (이 부분에서 홉스와 결별함. 홉스는 안전확보를 위해 더 막강한 중앙 정부를 필요로 했음) ⇨ 국가는 보호국가(protective state)가 되어 개인들의 계약에 의해 합의된 법률을 중립적으로 집행하는 것이 필요. 즉 국가가 개인에게 광범위하게 개입하는 것은 문제가 됨.

⑤ 시장의 합리적 선택을 정치에 적용: 정치적으로도 헌정구조계약(constitutional contract)단계와 헌정 테두리 내에서 사람들 사이의 교환과 거래가 발생하는 '그 이후의 계약(postconstitutional contract)'의 단계를 설명. 즉 개인들의 거래와 교환이 합의가 되는 것처럼 정치적 행위도 재산권과 계약행위의 보호와 강제 그리고 공공재의 창출과 교환 행위에 의해 완수됨.

⑥ 민주주의는 재산권과 자유로운 교환행위를 근간으로 하는 헌정 원리에 의해 철저하게 제약됨. 민주주의 정치과정은 '견제와 균형'에 의해 절제되어야 리바이어던 국가로의 전환을 막을 수 있음,

⑦ 시장적 행위와 정치적 행위의 차이점을 부인함. 그러나 정치는 다양한 이해관계를 가진 이들이 광범위한 영역을 두고 합의해가는 과정임. 이것을 무시함. 그런데 뷰캐넌의 정치와 민주주의는 경제적 관계의 보조수단으로 전락함.

4. 균형적 자유주의: 자유주의자들

(1) 롤즈(John Rawls): 심의를 강조함(심의민주주의가 중간 입장)

① 업적주의 거부. 재능의 차이에도 불평등이 내재함.

② 재분배 정치 합의 필요: 교정의 원칙(priciple of redress: 사회자원을 현명한 자들보다는 덜 현명한 자들에게 더 많이 사용 필요) 차등의 원칙(difference principle: 사회적 불평등은 1)사회의 가장 열악한 위치에 있는 자들에게 가장 큰 혜택이 돌아도록 조정되어야 하며, 2) 공정한 기회 평등의 조건 하에서 만인에게 개방되어 있는 공직과 지위에 결부되어야 한다. 1원칙으로 자유를 전제하고 2원칙으로 분배정의를 달성함. 이때 심의가 중요함. ⇨ 분배적 정의는 공동체에 정당성을 부여함. 또한 공동체 합의도 달성.

③ 상대적 평등에 관심

④ 민주사회(democratic society)의 정의관: 이때 민주주의는 3가지를 포함.

첫째, 민주체제라는 의미로서 정치적 참여와 선거 그리고 그것을 뒷받침하는 결사와 표현의 권리를 인정하는 정치제도

둘째, 민주사회를 의미하는 바 그것은 사회의 구성원들이 정치문화 속에서 자유롭고 평등한 개인으로 이해되고 있는 사회.

셋째, 심의민주주의를 의미. 자유롭고 평등한 개인들 사이의 협력관계에 적합한 이성에 호소될 뿐만 아니라, 집단적 권력을 행사할 권한을 그와 같은 합리적 논의로부터 부여받는 정치사회

⑤ 롤즈의 정의관이 구성된 의미

첫째, 개인들에게 평등한 참여의 권리를 부여해야 한다는 것과 기본적 정의의 문제로서 민주적인 체제를 요구한다는 것을 의미한다.

둘째, 그것은 평등한 개인들이 사회를 대상으로 하며, 정의 원칙들의 내용이 공적인 이해에 따라 구성된다는 것을 의미한다.

셋째, 민주사회의 구성원들이 '정치적 권리들'을 행사할 때 그들의 정치적 사유와 판단을 안내하기 위해 구성되었다는 것을 의미한다.

⑥ 정치적 권리의 의미: 민주주의에서 참여의 원리로 결과를 결정할 수 있는 평등한 권리들을 의미. 이 기본권들은 제 1원리에 의해 시민들에게 평등하게 부여되는 권리. 정치적 자유 및 언론과 결사의 자유, 양심과 사상의 자유, 사유재산권 및 인격의 자유, 법의 지배개념에 규정된 자의적인 체포와 구금으로부터의 자유를 의미

⑦ 심의의 중요성: 이성에 호소함. 헌정구조의 결정 과정, 입법과정과 정책결정 과정과 시민들의 대의원 판단과 평가과정에도 적용됨.

⑧ 민주주의관: 민주적 참여의 권리 = 경제적 권리(소유권) 정도로 중요.

(2) 하버마스: 심의를 통한 분배 정의 달성

① 자유주의 이론 지향. 특히 균형적 자유주의

② 담론이론을 법에 관한 담론이론을 발전시킴. 법치와 민주주의 관계 논의를 발전시킴. ⇨ 법과 정의, 법과 민주주의를 화해할 수 있는 방안을 제시함. ⇨ 심의민주주의.

③ 현대 사회는 종교와 윤리의 통합력 약화. 이를 법률이 대신함. ⇨ 이방인들 사이의 상호관계를 규정함.

④ 법과 처벌의 정당성: 민주시민들에 의해 부과됨으로 정당화함. 이 부분을 논리적으로 입증함.

⑤ 법의 불편부당성이 중요. 이것이 도출되는 과정: 전략적 행위 vs. 의사소통적 행위 구분 ⇨ 의사소통적 담론 이론에 입각해 '절차중심적 민주주의'를 전개함. 합의가 법의 규범적 타당성의 원천이 됨. 언어는 두

가지로 구분됨. 첫째, 일상적 언어, 둘째, 담론으로 공적 의사소통을 강조함.

⑥ 민주주의관: 사적 자유와 공적 자유가 서로 실현조건이 됨. 롤즈와 유사함. 내재적 연관성이 있음.

5. 민주주의 우선적 자유주의 (자유주의 〈 민주주의 강조)

(1) 벨라미: 민주주의에 의한 자유보장

① 민주적 자유주의를 주장함: 이것은 현실주의 자유주의로 힘의 의한 자유보완.

② 현대 자유주의의 문제점: 윤리적 자유주의 관점에서 정치 문제 해결시도. 이 때문에 억압성이 생김.

③ 막스 베버에 공감: 롤즈의 중첩합의도 비현실적임. 자유주의적 헌정 원리들과 제도적 장치들은 잠정협약으로 볼 필요가 있음. 개인과 집단의 자유는 타인의 침해를 방어할 수 있는 수단이 되는 '힘의 존재'에 의해 보호됨. 이러한 사회의 법률들은 숙의를 할 수 있는 제도적 장치로서 민주주의를 필요함. 이를 통해 분배를 결정하고, 제도화할 수 있음 ⇨ 이것이 자유를 보장함. ex) 소수 집단의 권리는 이러한 민주주의를 결정에 의해 달성될 수 있음.

④ 다원주의의 중요성: 사회의 다양한 가치와 이익을 반영해 줌과 동시에 이들을 조정해주는 민주주의 제도들이 필요함. 이를 통해 다원적인 사회에서 민주주의가 정당성을 확보할 수 있음,

(2) 참여민주주의자: 페이트만, 로버트 달. 작업장 민주주의 강화.

① 민주주의에 의해 제한된 자유주의 민주적으로 통제된 자유주의를 주장

② 페이트만(Carole Pateman): 대의제도만으로는 부족. 선결 조건으로 개인의 참여지향적 태도와 심리적 자질들이 미리 계발될 필요가 있음, 참여의 태도는 참여를 통해서만 달성됨. 즉 민주주의의 교육 기능이 중요함.

③ 참여의 권리를 확대하여 사회경제적 조건으로서의 평등을 지향함.

④ 로버트 달도 신다원주의 이후 '산업민주주의'를 지지함. 노동자에게 기업을 관리할 수 있는 권한 부여가 필요함. 소유권 부분에 손을 댐.

적용 가능 사례

1. 한국에서 국가의 시장에 대한 개입은 어떻게 정당화될 수 있는가?: 최저임금제, 아파트 분양가 상한제, 전세가 상한제 등
2. 한국의 다원주의 확대 가능성

필수 개념과 인용할 저서

1. 자유지상주의: 노직의 소유권적 자유('정당한 획득'과 '정당한 이전'), 하이예크의 자발적 질서 vs. 조직(인위적 질서)
2. 롤즈: 정의, 교정의 원칙과 차등의 원칙, 정치적 자유주의. 『정의론』(1971년), 『정치적자유주의』(1993년).

정치사상 쟁점 13 : 정치적 자유주의자 롤즈

주제의 문제의식

Q 사회적 정의를 달성하기 위해 어떤 원리로 사회계약을 재구성해야 하는가?

A 정치적 자유주의가 강조하는 제 1원칙과 제 2원칙으로 사회계약을 재구성할 수 있다.

세부 쟁점과 핵심이론

sub 1 자유주의를 용인한 상태에서 사회 재분배정책을 가능하게 하는 논리: 구성원들의 자유 보장+공정한 사회적 분배에 대한 사회적 합의가 필요

1. 롤즈의 정치적 자유주의 원칙

이론의 목적	(미국) 새로운 사회계약의 원리 제시 ⇨ 불평등성을 완화
전제조건	1. 공적 이성: 사회적 이익을 고려할 수 있는 이성 2. 공정성의 조건 ① 원초적 상태: 사회계약 이전 상태로 이론적 가정. 현재 상황을 개선하기 위한 사회계약론적 출발점. ② 무지의 베일: 자신과 다른 구성원의 선호를 모르는 상태에서 공정한 사회적 배분체제를 가능하게 하는 가정
사회적 합의의 2가지 원칙	제 1원칙 (자유원칙): 개인에게 자유를 보장(자유주의이론의 근간) 제 2원칙(기회균등의 원칙+차등원칙): 배분규칙을 세울 때 모든 구성원에게 기회를 균등하게 부여하며, 가장 약자에게 이익이 돌아가는 배분 규칙을 세운다. <합리적 구성원이라면 몇 %의 확률로 극단적으로 부유해지거나 나머지 가난해지는 사회분배체계와 대체로 공정하게 부가 분배된 사회분배체계에서 후자를 선택하게 될 것임 ⇨ 한 사람이 먼저 케이크를 자르고 다음 사람이 자른 케이크 중에서 먼저 케이크를 선택하게 하는 원리에 따르면 누구나 공정하게 케이크를 나누고자 할 것임>

1. 민주주의에서 불평등문제와 새로운 분배 게임의 필요성

(1) 토미 피케티의 불평등 사례: 미국의 상위 10%가 부의 25%를 차지함. 그러나 1%가 16%를 차지함. 0.1%가 13%를 차지함. 부의 편중 현상이 심각함. ⇨ 롤즈식의 새로운 사회계약 필요성.

(2) 한국 사례. 2016년 한국 소득 10%가 전체 소득의 43%를 차지함. 1976년 소득 10%는 전체 소득의 25.7%를 차지했음. 자산의 양극화는 더욱 심화됨. 자산상위 10%가 자산 65.7%를 차지함.

적용 가능 사례

1. 한국에서 차기 개헌에서 사회분배구조 개편에 대한 합의 가능성

정치사상 쟁점 14 : 자유주의에서 다수결주의

주제의 문제의식

Q 한국의 사회균열구조에서 사회적 합의는 다수결주의와 합의주의 중 어떤 제도를 사용해야 하는가?

A 한국의 사회균열구조는 이념, 지역, 세대, 젠더가 중요한데 이들은 분배 정책을 통해서 타협가능하므로 다수결주의를 사용할 수 있다.

세부 쟁점과 핵심이론

sub 1 현재 한국 사회균열에서 다수결주의 vs. 합의주의의 선택:

(1) 타협가능성이 없는 사회균열(언어, 종교, 혈연 등)과 사회균열의 중첩(overlapping) 혹은 교차(Cross-cutting)의 경우 합의주의를 사용함.

(2) 현재 한국의 사회균열(이념, 지역, 세대, 젠더)는 다수결주의 사용가능

sub 2 미래 통일 한국의 경우 연방주의 사용과 합의주의 사용가능성:

(1) 연방주의는 반드시 필요 + 합의주의도 고려할 수 있음(구성 비율에 따라 일정한 정치적 지분을 제공)

sub 3 민주주의에서 다수결주의와 합의주의 선택에 따라 정치제도 선택:

(1) 다수주의 민주주의 ⇨ 단순다수제 선거제도 ⇨ 듀베르제 법칙에 따라 양당제의 정당체계 ⇨ 대통령제 혹은 내각제 모두 선택 가능(정부형태)

(2) 합의제 민주주의 ⇨ 비례대표제 선거제도 ⇨ 다당제 ⇨ 내각제 정부형태

1. 다수결주의와 합의주의

(1) 합의주의(concensus model)은 협의민주주의(consociational democracy)라고도 함.

(2) 다수결주의 원리: 특정 개인의 선호에 우월성을 두지 않고, 평등선거에 기초하여 사회적 가치를 결정함.

① 개인 선호의 동등성을 인정. 따라서 더 많은 사람들이 선호하는 것이 더 좋은(올바른) 것

② 가치의 대등성을 인정. 가치의 우성성은 부정함.

③ 게마인샤프트: 동종의식집단.(가족과 친구관계) 게젤샤프트: 이익집단. 이중에서 자유주의는 이익집단 간의 선호결정이 중요함.

표를 통한 비교 **다수결주와 그 비판**

자유주의와 다수결주의	사회적 합의구조로서 다수결주의 필요성: 개인의 자유를 강조하면서도 사회적 가치결정필요
	장점 1: 결정성이 높음(반대로 만장일치 결정이 안됨) 장점 2: 공리주의이익을 반영(더 많은 이에게 이익부여)

	장점 3: 합리성의 극대화(더 많은 이들의 합리적 결정)	
다수결주의 비판들	1. 합의주의	사회적 균열 중 어떤 것은 다수결로 해결 안 됨.(ex, 인종, 종교, 언어)
	2. 심의주의	선호의 고정성은 문제. 도구적 합리성 대신 성찰성 필요
	3. 참여민주주의	선호강도 고려해야 함. 더 강한 선호들 가진 시민들 중심의 정치가 중요함.

적용 가능 사례

1. 한국 선거제도에서 비례대표제 확장과 그 정당화 근거

정치사상 쟁점 15 : 자유의 분화: 소극적 자유 vs. 적극적 자유

주제의 문제의식

Q 현재 개인의 자유는 소극적 자유와 적극적 자유에서 어떤 자유를 더 중시해야 하는가?

A 현재 개인의 자유에서는 이론가마다 지향하는 바가 다르지만, 민주주의를 확장하고자 할 경우 적극적 자유를 강조한다.
cf. 자유주의에서는 소극적 자유를 더 중요하게 다룬다.

세부 쟁점과 핵심이론

sub 1 한국 사회에 필요한 자유

sub 2 소극적 자유 vs. 적극적 자유 vs. 비지배 자유의 민주주의에 대한 장단점

1. 자유의 2가지 의미: 가치와 대상을 기준.

(1) 소극적 자유: 개인의 소유권, 신체, 자유보호가 목적. 국가로부터의 자유가 중요. 국가(왕과 귀족에 의한 자의적인 개입과 간섭)이 부르주아의 소유권과 신체의 자유를 침해함.

(2) 적극적 자유: 자기 지배와 자기 완성. 자신의 능력과 선호를 구현하는 것이 중요함. 사회구조(신분제와 자본주의의 경제적 구조)를 개선하는 것이 중요함. 공리주의에서 탄생함.

① 공리주의: 상층계급의 이익이 아니더라도 인민의 이익을 강조함, 사회주의 이전의 혁신적인 이론으로 기능함. 벤담의 최대 다수의 최대행복(귀족과 세금을 내는 이들에서 인민으로 관심전환).

② 질적 공리주의: 존 스튜어트 밀. 인간능력의 극대화. 이를 위해서 사회구조를 변화시킴.

③ 토마스 힐 그린의 개념: 적극적 자유 개념을 창시함.

④ 적극적 국가로 확대됨. 적극적 자유를 구현하기 위해서는 적극적인 역할을 하는 국가가 필요함.

⑤ Neoliberalism(신고전적자유주의)로 확대됨: 홉 하우스와 같은 이론가들에 의해서 산업사회의 문제점을 해결하기 위한 국가 개입을 강조함. 참고로 neoliberalism(소문자 n으로 시작하는 신자유주의)와 다름. 신자유주의는 시장을 강화하고 국가의 역할을 축소하고자 하는 이론임.

(3) 자유주의 계열과 절차적민주주의 계열의 소극적 자유 강조 vs. 공화주의 계열과 실질적 민주주의 계열의 적극적 자유강조

2. 자유의 역사

(1) 부르주아: 국가 간섭 배제. 기여한 만큼 정치지분을 받기 원함.

① 상인 층은 능력(merit)주의를 내세움.

② 로크 이론은 소유권을 강조함. 이 부분은 보수적임. 한편 저항권을 강조한 부분은 급진. 맹자의 천명사상에서 영향을 받음.

(2) 적극적 자유 : 자본주의가 발전하면서 그린(T. H. Green)이 구성함.

① 노동자 양산하고 노동조건이 가혹함. 이에 따라 노동법개정을 꾀함. 부르주아의 능력주의에 문제가 생김.

② 국가의 개입이 필요함. 6세 아동 노동 금지와 18시간 노동금지.

③ 노동자의 자기 지배를 구현하고자 함. 이는 공리주의에서 도출됨.

④ 기회를 제공함. 예를 들어 세종시대 장영실은 기회를 제공해서 해시계와 물시계를 발명함. 능력이 있는데 이 능력을 사용할 기회를 제공하지 않으면 이는 사회적으로도 손해임.

⑤ 결과를 보장하고자 함. 만약 능력이 부족하다고 해도 이것은 태생에 따른 '운'의 영향임. 결과를 만들기 위해서는 누군가가 그 결과가 바람직하다는 판단을 내려야 함. 또한 어느 정도 개입할 것인지도 판단을 내려야 함.

합격생 tip

- 「정치학강의 4」 Part2 "자유와 평등관점의 한국민주주의" 참고.
  각 개념을 소극적자유=간섭의 배제, 적극적 자유=자기지배 등의 식으로 키워드로만 암기한다면 결국 답안으로 현출하기 어려움. 처음에는 키워드로 감을 익히며 공부하다가도 꼭 글로 풀어 설명하는 것도 연습하길 추천함. 특히 공부가 된 수험생은 각 자유와 평등의 결합이 어떠한 민주주의를 구축하게 되는지도 이해한다면 민주주의 파트의 문제를 풀 때에도 기본 가정으로서의 자유와 평등에 대해 이해하고 글을 쓰게 되어 개념을 정확히 파악하는 데 도움이 된다고 생각함.

정치사상 쟁점 16 : 평등의 분화: 형식적 평등 vs. 실질적 평등

주제의 문제의식

Q 현재 한국 사회에서 절차적 평등과 실질적 평등 중에 어떤 평등이 더 필요한가?

A 이론가마다 지향점은 다르지만, 민주주의를 확장하고자 할 경우 '실질적 평등'이 더 강조된다.
cf. 자유주의에서는 절차적 평등을 더 중요하게 다룬다.

세부 쟁점과 핵심이론

sub 1 한국 사회에 필요한 평등

1. 자유 개념 구분/ 평등 개념 구분도 동시

표를 통한 비교 중요 가치 간의 비교

1. 자유	소극적 자유	'간섭의 배제'	(국가와 교회의)자의적인 간섭으로부터의 배제: 개인적 측면(개인의 자유 보호가 개인의 권리와 이익보호) 자유 확보(from 국가): 국가배제. 자유방임적 국가를 지향, ex) 영미 계열의 방임적 국가들
	적극적 자유	'자기 지배'	자신의 의지에 따라 자신의 삶을 결정. 국가와 사회구조의 차별철폐. 사회적 측면(개인의 자유보호가 사회효용을 극대화함). 자유 확보(to 국가): 국가통한 자유. 자아를 완성 시킴(존 스튜어트 밀) 또는 자기지배(칸드) 복지국가와 적극적 개입국가를 지향. ex) 스웨덴 복지국가
	비지배 자유	'예속의 부재'	시민 간 계급적 평등. 지배 관계속 자의적 권력배제. 국가를 통한 자유: 법제정의 평등성과 법 구속의 평등성. 공공선을 강조하는 국가. ex) 프랑스 이탈리아의 공화국(태생적 조국이 아닌 법적 조국이 동일함) – 쟁점 18 참고
2. 평등	절차적 (형식적) 평등	법 앞의 평등	Equality 보장. 기회를 제공하는 평등. 모든 개인은 합리성 보유하니 이들에게 동일한 선택의 기회제공. ex) 보통선거권의 부여
	실질적 (결과적) 평등	결과보장	Equity 보장. 기울어진 운동장을 고치는 평등 실질적으로 평등한 경쟁이 되기 위해서는 사회적 차별과

			같은 구조를 수정해야 특정 결과를 보장함. ex) 상속세와 양도세 강화를 통한 출발선의 동등화
	공정성 (fairness)	공정한 사회계약의 보장	정의를 달성하기 위한 절차를 보장. 첫째, 자유원칙 둘째, 기회균등과 차등원칙 합당성(reasonableness)에 따른 평등. ex) 새로운 사회계약으로 개헌
3. 공익 vs. 사익	공익결정	공익 과정설	공익(공공선)은 개인들 간의 합의에 의해서 결정되는 것임. 사익들의 합에 의해서 공익결정. ex) 자유주의, 심의민주주의
		공익 실체설	공익은 이미 사전에 존재하는 것으로 결정되는 것이 아니라 발견됨. 루소의 공동체주의.
	공익과 사익관계	사익 우선설	자유주의
		공익 우선설	공화주의

1. 평등의 두 가지 측면

(1) **equality (절차적 평등)**: 평등정책을 사용할 때 가치를 배제함. 도덕적 판단을 배제함. 이때 국가는 중립적인 존재임. 특정 집단에게 우선권을 배정하지 않고 모든 이들을 동등하게 대우함.

ex) 키가 차이가 있는 세 명의 아이가 있음. 이들이 담장 안의 야구경기를 보고 싶음. 키가 큰 아이 A는 담장 넘어가 보임. 중간 키의 아이 B는 담장높이에 딱 걸림. 키가 작은 아이 C는 담장보다 작음. 이때 정부가 모든 아이들에게 발받침대를 하나씩 나눠줌. A는 더 잘 보이고 B는 보이게 되었고 C는 담장높이가 되어 여전히 안 보이는 상황임.

(2) **equity (실질적 평등)**: 가치판단을 개입시킴. 결과를 동일하게 만들고자 함. 이때 특정 결과가 만들어지는 것이 바람직함. 이때 판단자의 문제가 생김. 즉 특정 결과가 바람직하다고 판단하고 이에 기초해 사회적 자원을 재분배하는 판단자 즉 지도자가 생김. 이런 경우 판단자 혹은 지도자는 "Who guards guardian?"의 문제가 생김. 즉 지도자가 마음을 나쁘게 먹을 수 있는데 이때 지도자는 누가 관리 통제를 할 것인지의 문제가 발생함.

ex) A, B, C 아이가 담장 너머 야구 경기를 보고 싶음. 이때 국가가 모든 아이의 키를 동일하게 만들기 위해서 A는 받침대를 주지 않고 B는 한 개를 주고 가장 작은 C에게 A것까지 두 개를 주는 것이다. 그러면 결과적인 평등이 달성됨.

(3) **2010년 보편복지 vs. 선별복지 논쟁**: 보수진영은 선별적 복지를 진보진영은 보편적 복지를 주장함. 이것은 절차적 평등에서 누구를 포함시킬 것인지의 논쟁임.

적용 가능 사례

1. 한국에서 진보주의와 보수주의 간 자유 논쟁
2. 한국에서 진보주의와 보수주의 간 평등 논쟁

합격생 tip

자유의 구별/ 평등의 구별을 답안에 적어보는 연습 꼭 필요. 각각의 개념+해당 개념의 이론가+해당 개념을 추구했을 때의 장단점을 연계하여 답안에 적어보는 연습 추천

– 처음 공부하는 수험생의 경우 소극적자유, 적극적자유, 비지배자유를 글로 표현하기 어렵다면 「정치학 강의 4」 Part2–1 "3가지 자유의 의미와 비지배자유와 한국" 참고하는 것을 추천. 특히 비지배자유와 한국정치의 변화가능성 논의에서 비지배자유를 향한 비판도 참고한다면 비지배자유라는 추상적인 개념을 이해하는 데 도움이 됨.

정치사상 쟁점 17 : 자유주의에 대한 대응: 보수주의

주제의 문제의식

Q 한국 보수주의의 보편성과 특수성은 무엇인가?

A 한국 보수주의는 역사적 자산을 강조한다는 점에서 보편적이지만, 국가를 중심으로 경제발전을 주도하였다는 점에서 특수하다.

세부 쟁점과 핵심이론

sub 1 유럽에서 자유주의와 프랑스 혁명 vs. 보수주의: 영국식 전통을 강조함. ⇨
그러나 자유주의가 사회의 주류세력이 되자 보수화됨. 자유주의의 보수적 측면이 강조됨.
⇨ 자유주의 (보수적 입장) vs. 사회주의 (혁신적 입장). 하지만 보수주의는 영국식 버크의 이론을 보수주의로 규정함.

1. 보수주의: conservatism 에드먼드 버크 이론을 중심.

(1) 의미: 지킬 것을 지킴. conserve는 '지키다'의 의미.

① 특정 가치를 강조함: 전통과 역사를 강조함.

② 프랑스 혁명의 합리주의자들과 연역이론에 기초한 혁명을 거부함. 자유주의자들에 대한 반발로 등장함. 이성을 통해 새로운 체제를 구상함. 그러나 프랑스 혁명은 로베스 피에르의 공포정치가 등장하고 나폴레옹에 의해 다시 황제체제로 복귀하게 됨.

③ 인간의 발전은 역사와 감정의 집합체인 편견(prejudice)을 통해서 발전: 편견은 관행, 전통, 경험으로 구성됨.

④ 인간에 대한 가정: 이성적인 존재가 아닌 감성적인 존재. 사회변화는 가능하지만 점진적으로 가능함.
cf. 수구적 관점과 반동(reactionary)적 관점과 차이. 반동적 관점은 변화 자체를 부정함.

(2) 영국의 역사적 상황을 반영: 청교도 혁명과 명예혁명을 거쳐 입헌군주제로 변화함. 이 부분에 대한 자신감을 반영함.

(3) 에드먼드 버크(Edmond Burke)의 이론: 관행(prejudice)이 중요함. 인류 역사에 축적된 경험이자 종교와 도덕과 관념이 이성을 구성.

2. 미국 보수주의: 신보수주의를 중심으로

(1) 신보수주의(Neoconservatism)가 미국 보수주의를 대표

① 미국식 자본주의와 미국식 청교도주의의 결합. 자유주의의 방종을 거부함.

② 전영역에 걸친 이론적 접근: 정치적으론 작은 정부, 경제적으로는 시장주의적인 신자유주의, 사회문화에서는 미국식 청교도주의, 안보에서는 강한 국가를 지향.

(2) 역사적이고 특수한 이론

① 신보수주의는 체계적인 이론은 아님. 만든 이들이 진보와 보수를 넘나들면서 구성.

② 미국의 역사성과 상대성을 반영: 미국의 예외주의와 미국식 청교도주의를 반영.

③ 미국의 패권을 반영: 미국의 세계 경찰 역할을 강조+1980년대 미국 기독교원리주의를 포괄함.

④ 미국외교에서 네오콘의 영향력을 강화함. 레이건 정부에서 소련을 '악의 제국'으로 규정. 부시행정부에서 '악의 축'(북한, 이란, 이라크를 규정)규정.

3. 한국 보수주의

(1) **보편성**: 기존 질서 유지와 전통과 가치관 유지. 유교적 전통과 한국적 가치 강조.

(2) **특수성**:

① 국가 개입을 거부하는 서구의 보수주의와 달리 한국 보수세력은 발전국가론을 구성.

② 정치적인 측면과 철학적인 측면에서 충돌. 즉 이론적인 논리가 부족하고 정치적 동원을 위해 사용.

③ 세계적 시간에서 볼 때 늦은 측면. 1948년~1950년 국가구성의 시점에서 보수주의가 등장했는데 이 시기 민족주의보다 반공주의와 냉전이 중요해지면서 보수주의의 논리적 근거를 놓치게 됨.

④ 반공주의라는 안티테제(Antithese)의 속성이 강하다는 점. 이념이 "무엇을 구성하겠고 무엇을 지향한다"라면 안티테제는 "무엇을 하면 안 된다"는 논리로 무장함. 즉 논리가 약함.

⑤ 한국적인 특별함도 약함. 영국과 미국의 경우는 자국 공동체에 대한 자부심이 보수주의를 구성. 그런데 한국의 보수는 특정하게 내세울 수 있는 가치를 체계화하지 못함. 이승만의 국가건설은 민족건설의 실패(한국전쟁)로 공격 받음. 박정희의 산업화는 민주화의 거부(독재유지)했다고 공격받음.

(3) **한국적 유산이 있음**: 산업화와 국가건설의 유산을 강조할 수 있음.

정치사상 쟁점 18 : 인권의 보편성과 인도적 개입

주제의 문제의식

Q 어떤 경우에 타국에 대한 인권침해를 주장하면서 군사적 개입을 할 수 있는가?

A 타국이 자신에게 부과된 국민을 보호할 1차적 책임을 지지 않았을 때 국제사회는 그 국가의 인도적 재난 사태를 해결하기 위해 군사적으로 개입할 수 있다.

세부 쟁점과 핵심이론

sub 1 보호책임의 조건과 미중 갈등 상황에서 적용될 수 있는지 논쟁

1. 인도적 개입에서 보호책임으로

(1) 인권 보호가 중요해짐

① 국가 간 전쟁이 줄어들고, 내전이 많아짐.

② 내전으로 인한 인권참상이 커짐. 수단, 소말리아. 이라크 등

③ 실패한 국가(무정부상태인 소말리아), 살인적 국가(르완다에서 후투족이 투치족 살해), 실패중인 국가(북한)들이 등장함.

(2) 인권을 통한 주권제한 가능해짐

① 군사적 개입이기 때문에, 보호책임에서 더 요건이 까다로워짐.

② 보호책임은 국제사회의 존재와 국제규범의 존재를 증명함.

③ 자유주의 이론이 중요해질 수 있는 주제임.

(3) 인권침해에 대한 군사적 개입

① 비난하기, 경제적 제재가하기, 군사적 개입하기중에서 군사적 개입의 사례임.

② 악한 행동에 대해 협상보다는 군사력이라는 악한 수단을 사용

③ 적절성의 논리가 필요함.

2. 정전론: 전쟁에도 정의(jusice)가 필요

(1) 목적의 정당성 혹은 정의(jus ad bellum). 전쟁원인의 정당성이 중요. 현대는 자위권을 제외하고 전쟁은 불가함. 이를 위반할 경우 정치지도자도 처벌 가능함.

(2) 수단의 정당성 혹은 정의(jus in bello). 전쟁수행상의 방식도 정당해야 함. 전쟁수행중에 특정 무기를 사용하거나 민간인 학살한 경우 전쟁 수행중인 군인도 처벌가능함.

(3) 종전 후의 정당성 혹은 정의(jus post bellum). 전쟁의 종결에서도 정의로워야 함. 재발방지와 전후 피해복구 등을 다룸.

(4) 2022년 러시아의 우크라이나 침공과 2023년 이스라엘과 하마스의 전쟁으로 인해 다시 주목을 받는 주제임.

표를 통한 비교 **보호책임**

도입년도	2005년 유엔 세계정상회의 '결의문'에서 보호책임을 명시
도입배경	현실적 배경: 인도적 개입의 자의적 적용. 사례) 1999년 NATO의 코소보 개입 학술적 배경: 2001년 '개입과 국가주권에 관한 국제위원회(ICISS)'에서 처음 개념 사용
군사조치 사용	인권침해가 심각한 국가에 대해 '인권 보호'라는 국가의 책임을 지지 않았다는 이유를 들어 군사적 공격을 가하는 행동 경제적 제재가 아닌 군사적 제재에 국가이익이 아닌 인권 보호를 명분으로 하는 것
중심 내용	3가지 기둥. 첫째, 국가의 1차적 책임 둘째, 국제공동체의 2차적 책임 셋째, 국제공동체의 시의적절하며 단호한 책임
4가지 요건	전쟁범죄, 집단학살, 인종청소, 반인륜적 범죄
보호책임결정주체	UN 안보리로 단일화
국제정치적의미	첫째, (인류최초로)국가에게 인권 보호의 의무를 지게 함. 둘째, 국제공동체의 인권 보호 의무를 지게 함
적용 사례	리비아사태(2011년)
한계	선별적인 사용. 2011년 시리아의 화학무기사용에는 적용 안됨.

적용 가능 사례

1. 미얀마 문제에 대한 개입가능성
2. 북한 문제에 적용가능성은 낮음. 반인륜적 범죄에는 해당하지만 이를 이유로 북한에 군사력 개입은 어려움.
3. 리비아에 개입해서 리비아가 상황이 더욱 나빠지는 문제가 발생.

정치사상 쟁점 19 : 법치주의와 다른 수단에 의한 정치

주제의 문제의식

Q 자유주의 법치주의의 발전은 사법부의 강화를 가져오는데, 민주주의 차원에서 이를 어떻게 해결할 것인가?

A 대의민주주의의 원수단을 활용해서 유권자가 대의민주주의를 통한 문제 해결을 모색할수 있게 해야 한다.

세부 쟁점과 핵심이론

sub 1 한국에서 다른 수단에 의한 정치와 사법부의 정치적 역할 강화가 가져오는 민주주의 관점의 문제와 해결방안

sub 2 사법부의 '권리신장'민주주의와 '정치화' 사이에서 사법부의 기능과 역할을 다른 대의기구와 어떻게 조정할 것인지 논의

1. 이론적 근거

(1) 자유주의: 법치주의는 제한의 원리. 즉 국가의 사적 공간 개입을 자제시키는 논리임.

(2) 공화주의: 법치주의는 정당성의 원리. 공화국에서 시민들에 의한 법의 제정이 중요함. 다만 자유주의보다는 국가가 개입할 수 있는 범위가 넓어짐.

(3) 자유주의: 자유 보호 수단으로서 사법부. 피오리나 "사법부는 자본가의 최종적 보호자"주장.

2. 사법부의 정치적 역할 강화문제

(1) 대의민주주의의 원수단 강화 필요

(2) 다른 수단에 의한 정치 (RIP)

① 폭로 (Revelation): 선거에서 어렵게 이긴 후 정당들은 미디어에 사건을 폭로함.

② 조사 (Investigation): 검찰이 조사함.

③ 기소 (Prosecution): 검찰이 기소함. 이 과정에서 정치적 경쟁이 사라지고 미디어와 사법부가 정치의 중심에 서게 됨.

적용 가능 사례

1. 한국의 사법부의 '제왕적' 사법부화 논쟁
2. 다른 수단에 의한 정치 강화(미디어 정치, 사법의 정치화)의 해결방안

합격생 tip

– 「정치학강의 4」 Part2－1 "사법부의 정치적 역할증대의 의미논쟁" 참고.

– 다른 수단에 의한 정치란 여당이 사정(司正)정국을 만드는 것뿐만 아니라 야당이 특검제도를 사용하는

것도 포함하는 개념. 민주적 결정수단이 아닌 사법부를 활용하는 정치를 일컫는 용어임.
- 이는 민주주의의 역할이 축소된다는 점에서 문제가 있음. 따라서 해결방안을 논의할 때에는 민주적 결정수단이 문제를 해결하기 위해서 어떤 제도적 수단이 필요한지에 대해 논의해야 함.

제 3 장 공화주의

정치사상 쟁점 20 : 공화주의의 분류: 강한 공화주의 vs. 약한 공화주의

주제의 문제의식

Q **개인 자유와 공동체의 공공선 사이에서 강한 공화주의(공동체주의)와 약한 공화주의(신로마 공화주의)는 어떤 차이를 보이는가?**

A 강한 공화주의(공동체주의)는 공공선이 선험적으로 중요하다고 보는 반면, 약한 공화주의는 개인의 비지배자유를 위해 공공선을 심의하고 구성해야 한다고 본다. ⇨ 약한 공화주의는 자유+공공선 조화추구

세부 쟁점과 핵심이론

sub 1 정치참여의 자연성: 인간은 정치적 동물 명제의 타당성 논쟁

(1) 강한 공화주의: 인간의 정치 참여는 필연적이고 자연적 ⇨ 인간의 공동체 구성과 정치참여가 필수적이고 본성을 따르는 것임 ⇨ 정치참여 안 하는 것이 본성에 반함. 정치참여 = 인간 목적(행복추구).

(2) 약한 공화주의: 인간의 정치참여는 필연적임. 그러나 자연적인 것은 아님. 정치참여는 노력을 필요로 함. 또한, 정치참여는 '비지배 자유'라는 목적 달성을 위한 수단.

sub 2 공공선의 도출 방식: 공공선을 법으로 구성하는 방식 논쟁

(1) 강한 공화주의. 공동체주의: 공공선의 선험적 규정. 공공선의 발견과 법제화

(2) 약한 공화주의: 공공선의 구성. 자유로운 시민들에 의한 심의를 통한 공공선 확인. 심의를 통한 법제화. 확장된 민주주의(심의민주주의)원리와 유사함.

sub 3 공화주의의 목표: 개인의 자유 보호 vs. 인간 행복을 통한 개발과 발전

(1) 강한 공화주의. 공동체주의: 계발공화주의(인간의 행복과 발전목표)

(2) 약한 공화주의: 보호공화주의. 인간의 자유 보장(비지배 자유확보)

1. 공화주의의 다양성

(1) 공화주의의 계보

① 아리스토텔레스 ⇨ 맥킨타이어, 샌델: 신그리스공화주의, 강한 공화주의, 공동체주의. 계발공화주의(공하주의를 통해 인간 개발).

② 아리스토텔레스 ⇨ 키케로 ⇨ 마키아벨리 ⇨ 필립 페팃 ⇨ 퀜틴 스키너: 신로마공화주의, 약한 공화주의, 보호 공화주의(공화주의를 통한 인간자유 보호).

(2) 공화주의의 다양성

① 시대와 국가 환경에 따라 다른 공화주의 주장. 공화주의가 보수와 진보적 성향등 다양.

② 프랑스 공화주의(루소)와 미국식 공화주의(매디슨)

표를 통한 비교 **다양한 공화주의 이론들 비교**

이론적 배경	(1) 자유주의-공동체주의 논쟁의 대안: 개인 중심의 자유주의는 공공선 구성이 안 되고 공동체주의는 선험적 공익을 주장하여 다른 가치를 선호하는 이들의 자유를 무시하므로 이를 조정 (2) 한국의 공화주의 이론 피상성: 한국은 자유주의와 민주주의 이론은 발전했으나 공화주의 이론에 대해서는 이론적 논의가 약함. 공화주의 이론을 강화하여 자유주의의 폐해를 극복하고 공공선에 대한 논의를 발전시킬 수 있음. 다만, 공화주의는 우파자유주의(보수주의)에 대한 대안 이론임. (진보주의적 입장)
그리스 공화주의	(1) 자발적인 정치참여 강조. "인간은 정치적 동물" 명제로 대표됨. (2) 계급 간 조화 주장. 현대 공동체주의로 계승됨. (3) 공공선 실체로 존재하며(실체설) 공공선을 발견하는 것이 중요. 루소로 이어짐.
로마 공화주의	(1) 키케로: 로마를 '공공의 것(res publica)'으로 파악. 도시국가 로마에서 제국 로마가 되었을 때 태생적 조국이 다른 이들을 로마 제국의 공동체 안으로 끌어들이는 역할을 수행. (2) 법 앞의 평등: 법률적 평등성 보장. 실정법을 구축하고 법에 의한 동의에 기반해 공동체 운영. 법을 통한 공공선을 구성함. 이때 심의(deliberation) 중요. 매디슨으로 이어짐.
루소식 공화주의	(1) 일반의지에 의한 인민의 강조: 일반의지를 통해 집단적 인민 강조. 인민주권론이 사회주의 사상에 영향을 미침, (2) 민중을 강조한 점에서 귀족적 공화주의와 대립: 아리스토텔레스의 시민적 공화주의와 대립
매디슨적 공화주의	(1) 매디슨의 미국 공화주의: 연방을 구성하여 외부의 적과 내부의 적(민중 독재)을 거부 (2) 파벌 간 경쟁 인정: 파벌을 인정하고 파벌 간 경쟁을 통해 자유 확보. 민주주의 관점에서는 최소한의 민주주의. (3) 연방(confederation) 구성의 필요성: 대외적 차원-외부의 적에 대한 공동체 보호+대내적 차원-특정 계급(무산자)에 의한 공동체 지배 방지. 파벌 간 경쟁으로 특정 계급의 독재를 방지함. 약자가 지배를 거부함=대중의 지배를 거부함.

2. 공화주의의 주된 논쟁

(1) 자유주의 vs. 공동체주의 논쟁에 신로마공화주의의 중재 주장

(2) 신로마공화주의: 개인의 자유를 보장하면서도 공동체의 공공선을 구성할 수 있음.

① 자유주의: 선험적 개인 자유 우선주의를 거부
② 공동체주의: 선험적 공익 우선주의를 거부

(3) **한국은 자유주의가 주류 이론**: 공화주의는 대안이론. 사회주의이론이 변혁을 꾀했지만 실패하자 공화주의를 통해서 사회변혁을 이루고자 하는 이데올로기적 특성이 있음.

표를 통한 비교 **신로마공화주의 이론적 주장**

존재론	(1) 개인 합의에 의한 사회 구성과 공공선 강조: 개인들에 의한 공동체 구성을 주장하면서도 공동체를 이룩하기 위한 개인들 간 노력을 강조한다는 점에서 사회와 개인을 동시에 고려. 공동체주의처럼 공동체가 선험적으로 우선한다고 주장하지는 않음. (2) 개인 중심의 자유주의와 공동체의 무조건적 우선 배제: 자유주의의 '보편적 합리성' 거부. 데카르트가 주장하듯 "cogito, ergo sum(생각한다, 고로 존재한다.)"의 합리성이 존재론적으로 개체 우월성을 보장한다는 주장 거부. 공동체주의가 주장하는 사회의 개인에 대한 우위와 사전적 공공선의 강조도 거부.
인간관	(1) 상호의존적 인간 강조: 개체의 중요성 인정. 인간과 사회의 관계에서 양자를 화합하고자 함. (2) 사회와 인간관계: 군집의 필연성은 인정하나 자연성은 거부. 인간의 개인적 가치에서 출발하므로 필연적으로 사회적일 필요는 없음. 개인의 욕망 실현을 위해서는 공동체 필요. ⇨ 개인의 자유와 특수성을 인정함. 공동체주의처럼 공공선을 위해 개인 자유 희생할 필요 없음. (3) 정치 참여: 자신의 목소리를 내는 것이 목적으로서 자유를 지키기 위한 수단.
비지배적 자유	(1) 의미: 법의 지배를 통한 '비지배성' 강조. 주인－노예 관계에서처럼 예종과 예속의 굴레가 없는 것. '비지배적 자유'를 확보하기 위해서는 누구나가 법의 지배를 받게 할 필요가 있음. 절차적으로 다수에 의한 통치 중요. 사회·경제적 측면에서 사회적 권리 보장. (이 부분은 마키아벨리 이론을 현대적으로 해석한 것임) (2) 다른 자유와의 관계: 비지배적 자유(타인의 의지로부터의 자유, 자의성 배제, 예속과 예종으로부터의 자유) vs. 소극적 자유(국가 간섭 배제) vs. 적극적 자유(자기 지배를 위한 사회적 조건으로부터 자유) ⇨ 비지배적 관계를 위해 국가는 개입이 필요함(계급적 차이를 극복하기 위한 국가의 개입정책 옹호). 자유를 위한 국가의 간섭이 가능. 반대로 간섭이 없는 부자유도 가능(국가의 비결정과 자유방임에 의한 시민의 부자유 발생) ⇨ 소극적 자유 극복. 한편 자유로운 심의를 통해 공공선을 구성하고 국가가 개입함(국가의 간섭을 위해 누가 입법자인지 모르는 적극적 자유를 극복함) 명령은 정당하지만 지배는 거부함. 법치주의에 기초한 통치강조. (3) 공화주의의 비지배적 자유의 두 가지 성격: 외부적 방해의 부재는 소극적 자유 의미. 시민적 권리의 실질적 행사 차원의 비지배적 자유는 적극적 자유 의미. 시민적 자유와 개인적 자유 동시에 고려. (4) 법에 의한 간섭 가능: 법의 지배 강조. 타인의 자의적 간섭이나 강제로부터의 자유이며 비지배 자유를 위한 국가 또는 공동체의 간섭 정당화가 핵심. (5) 자유와 공익 달성 동시에 추구: 공공선을 구성하면서도 자유 주장 (6) 헌정주의 강조: 전제적인 권력 사용 방지 중요. 자유주의와 차이점은 권력 제한이 목표가 아닌 권력 통제에 있음.
한국 자유주의의 문제점	(1) 정치적 영역: 자유주의와 정치적 참여의 빈곤, 투표율 저하 현상, 20·30대 유권자의 저참여

	(2) 경제적 영역: 경제적 양극화와 재벌의 시장 다각화 (3) 사회적 영역: 다문화주의에서 다문화 불인정, 고독사 증대, 층간소음으로 나타나는 공동체 간 갈등 증대
해법	(1) 정치적 문제에 대한 해법 ① 공공선 강조: 시민적 덕성을 향상시켜 정치운영에 관심을 늘리고 참여를 증대하게 함. 신로마공화주의에서 투표는 권리의 문제가 아니라 시민적 덕성이 갖춰야 할 의무의 문제. ② 권력 분립과 비지배적 조건 형성: 특정 권력이 한 집단으로 넘어가지 않아야 법을 통한 비지배성 확보 가능 ③ 통일 헌법에서의 연방주의 방안: 남한의 경제력과 인구수로 보았을 때 북한에 대한 지배를 막기 위해서는 통일 한국을 연방주의적으로 운영해야 북한(주민)의 예종 문제를 해소함 ④ 심의적 요소 강조: 공공선을 선험적으로 결정하지 않으려면 공공선에 대한 사회적 심의 필요. 법의 제정이 예속을 막으려면 사회적 심의를 통해 정치적 제도와 법을 구성해야 함. (2) 경제적 문제에 대한 해법: 경제적 양극화 문제를 해결할 수 있는 실마리 제공. 신로마공화주의에서 말하는 '비지배' 가치를 관철하고 공익을 창출하기 위해 국가의 시장영역에 대한 간섭과 법에 따른 규칙 필요. 국가가 공공선을 위해 사적 공간에 개입할 수 있는 여지 및 시장의 약자를 '비지배적 자유'를 통해 법적으로 해결할 수 있는 여지 제공. ex) 토지 공개념을 이용해 사유재산권을 제한할 수 있음. (3) 사회적 문제에 대한 해법: '비지배' 가치는 다문화가정과 탈북자 문제에 대해 접근하는 자유주의 방식 거부. 법을 통해 이들에 대한 비지배적 자유를 확보할 수 있는 공간을 만들어주는 것뿐 아니라 대한민국 내부의 배타적인 족적 공동체 의식을 약화시키기 위한 시민적 덕성에 대해 고려하게 함. 연대의식을 통한 사회의 연결을 통해 개인들 간의 원자적 사회 배제와 차별에 대한 폭력성을 약화할 수 있음. ex) 1등 국민과 2등 국민 분류를 거부함.
현실적 함의	(1) 이론적 의미: 민주적 리더십에 관한 이해 제공 필요. 심의민주주의적 요소를 어떻게 제도화 할 것인가에 대한 이론적 근거 제공. (2) 현실적 의미: 비지배적 자유가 적용될 수 있는 구체적・현실적 정책 방향 제시로 연결 필요 (3) 자유주의와 공동체주의의 가교 가능성: 최근 소개된 신로마공화주의는 자유주의와 공동체주의 논쟁에 대안을 제공해 줄 수 있을 것이라는 기대를 담고 있음. 좀 더 구체적인 제도 등의 논의가 결부되는 방향으로 이론 발전을 모색할 것으로 보임. 공화주의의 한 부류로 기억하는 것이 필요하며 아직 논의가 진행 중이므로 이론가들 사이에 의견 차이가 있을 수 있음.
신로마공화주의 비판	(1) 소극적 자유가 더 중요: 자유주의의 소극적 자유를 오해함. 자유주의의 소극적 자유도 특정 간섭을 거부하는 것임. 비지배라는 조건도 여기에 포함됨. (2) 롤즈 이론과 차이 없음: 롤즈의 합당성(reasonaableness: 동등한 이들이 동일한 행위를 할 것이라는 믿음. 다른 행위자들도 타당하다고 받아들이는 정도의 행동)과 차이가 없음. 합당성을 가지면 시민 간 동등성이 있음. 즉 시민은 대등한 존재가 되는 것임. (3) 지배개념의 과도한 확장: 키케로와 마키아벨리는 '자의적 폭군'을 거부함. 현대적 문제로 과도하게 해석하여 마르크스주의를 대체하는 진보 이념이 되고자 함.

적용 가능 사례

1. 한국 보수 세력의 경제적 자유주의 논리를 수정하는 데 있어서, 사회주의를 포기한 진보세력입장에서 공화주의를 활용해서 국가의 분배 정책을 정당화할 수 있는지 논의.
2. 한국의 공화국 논쟁: 어떤 공동체의 가치를 강조할 것이며, 자유주의를 근본적으로 부정하지 않으면서 공공선을 달성할 수 있는지 논쟁.

정치사상 쟁점 21 : 공동체주의의 의미

주제의 문제의식

Q 이론적으로 공동체주의는 현대 자유주의의 몰가치적이고, 규범중립적인 태도를 수정할 수 있는가?

A 공동체주의는 아리스토텔레스의 목적론(telos)을 부활시켜, 자유주의가 가진 가치 상대주의(특정 가치를 우선시 하지 않는 태도)를 수정할 수 있다.

세부 쟁점과 핵심이론

sub 1 공동체주의의 자유주의 정치학에 대한 몰가치적 태도와 탈윤리적 정책 공격.

(1) 논쟁 전개: 현대 정치에도 규범과 가치가 중요함. 특히 목적론을 부활시켜서 근본적으로 중요한 가치가 있음을 주장. ⇨ 선험적으로 중요한 공동체 가치 vs. 개인 자유 무시 ⇨ 개인 권리 성격논쟁: 개인 자유와 권리의 사회적 부여(사회적 기본권) vs. 천부인권(국가 개입 불가) ⇨ 국가의 개입 영역 논쟁: 완전주의 국가(국가＝신적 존재)의 사회 모든 영역에의 개입 vs. 불완전주의 국가(국가 실패 가능)의 사회질서 유지영역에만 개입. ex) 인간유전자 복제문제－윤리문제를 제기.

sub 2 국가의 중립성 논쟁.

(1) 논쟁: 자유주의의 중립적 국가(개인 자유와 개인의 선호 중시할 경우 국가는 특정 가치를 중시할 수 없음) vs. 공동체주의의 비중립적 국가 혹은 도덕적 국가(특정 가치가 중요하다고 국가가 판단하여, 정책을 수립해야 함) ⇨ 인간유전자 복제 논쟁(자유주의는 불개입 주장 vs. 공동체주의는 개입 주장)

1. 공동체주의의 주장

(1) 자유주의 비판

① 자유주의의 무연고적 자아관(부모나 가족없는 자아) 비판: 사회가 개인을 구성함. 정치사회화의 중요성.

② 자유주의의 무도덕성 비판: 사회적 질서와 규범의 부재. 개인들의 무가치적 태도 문제.

③ 자유주의의 이성중시적 태도 비판: 사회의 감성과 문화와 규범과 가치 중요. 자유주의의 인식론우위를 거부하고 목적론(telos)을 강조함.

④ 자유주의의 중립적 국가 비판: 국가의 적극적 역할 필요. 완전주의 국가이론 주장.

(2) 공동체주의의 주장: 보편적인 주장 정리

표를 통한 비교 공동체주의의 주장

자유주의 비판	(1) 미국 자유주의의 폐해 공격. 자유주의의 폐해로 인해 미국의 공동윤리 붕괴 걱정. 미국의 보수주의자들이 미국식 가치를 지키기 위한 노력. 미국식 공동체의 문화와 규범유지 중요. ㊞ 1970년대의 낙태, 혼전 성교, 이기주의화의 심화 등

	(2) 자유주의의 존재론과 자아 비판. 자유주의의 자아 개념에 대한 비판. 개체(Individual)는 'self'인데, 이것이 과연 원자론적으로 작용할 수 있는가 문제 제기 ⇨ 자유주의가 말하는 무연고적 자아는 불가능. 어떤 개인이든 도덕과 규범 측면에서 공동체(community)의 영향을 받음. 공동체를 강조하는 이론으로서 공동체주의. (3) 자유주의의 중립성 비판. 모든 가치는 공동체가 인간에게 부여한 것. 공동체 멤버가 됨으로써 개인은 도덕적 정체성을 지닐 수 있음 ⇨ 공동체는 도덕적 · 상대주의적 측면 양산. 자유주의는 도덕적 중립성을 주장하지만 공동체의 가치는 중립적이지 않음.
공동체 주의 주장	(1) 공동체의 우애적 감성과 정체성 중시. ⇨ 우애(friendship)강조. 행복을 위한 토대로서 강한 공동체 개념 우선시. 우애적 감성과 자아 정체성의 공동체적 이해 강조. 자유주의자(공동체는 개인 삶을 위한 도구이자 수단적 의미) vs. 공동체주의자(공동체는 개인을 위한 수단이 아니라 본질) (2) 통합주의적 공동체관: 원자론적 개인주의 극복을 위해 공동체적 가치의 복원과 재정립 필요. ⇨ 자유주의가 이성을 통해 보편성을 강조하는 데 비해 공동체주의는 사회적 속성(관념과 역사)을 강조함, (3) 참여주의적 공동체관: 직접민주주의의 제도적 기반 확충과 정치참여의 교육적 효과 중시 (4) 개인 권리와 공공선에 대한 인식: 자유주의가 말하는 개인 권리(Individual Rights)는 공공선(common good)과 대립. 공동체주의는 공공선이 선험적으로 개인의 자유보다 중요. (5) 규범의 사회성과 역사성: 윤리적 규범의 사회성과 역사성을 강조하면서 사회적으로 공유되는 의미의 해석 강조. 사회성과 역사성을 가진다는 것은 역사 흐름과 사회 구성원에 의해서 변화할 수 있다는 의미이자 보편적이지 않고 특수하다는 의미. (6) 전통 활성화 주장: 실천적 제안으로 전통의 재활성화와 공동체의 강화를 위한 제도적 기반 조성 촉구 ㊞ 과거 두레나 향약의 전통이나 반상회의 전통을 살리면 공동체의 상부상조 정신과 토의문화를 만들 수 있음.
문제점	(1) 낭만주의로 귀결 우려: 구체적 대안이 없음. 과거에 대한 동경에서 끝날 우려. (2) 공공선이 중요하다고 어떻게 확신, 정당화 방법이 부재
결론	(1) 자유주의의 보완으로서의 공동체주의: 자유주의가 제시하는 정의로운 사회라는 것이 공동체주의가 제시하는 선한 사회를 도외시 할 수 없기 때문 (2) 논의의 결론: 현실은 다원주의를 강조하고, 중립주의적 국가관이 부각되기에 공동체주의가 세계를 개편할 수는 없음. 공동체주의로의 전도 역시 비현실적. 자유주의 국가 내의 다원적 공동체 정도가 대안이 될 수 있음. 이런 점에서 노직(Nozick)의 유토피아(모든 개인은 각자의 유토피아를 가질 수 있음)와 접합 가능. ⇨ 끝내기 어려운 논쟁. 신로마공화주의의 가세로 논쟁은 확대됨.

(3) 이론가별 주장: 구체적인 주장을 통한 논리구성

표를 통한 비교 **맥킨타이어(MacIntyre)의 공동체주의(아리스토텔레스 복원)**

이론적 배경	(1) 현대 사회와 도덕 문제: 현대 사회의 도덕적 무질서 문제 심각. 오늘날 모든 도덕적 주장은 도덕적 가면 뒤에 욕망과 선호를 감추고 있음. 도덕은 사라지고 상호 적대적인 의지의 충돌만 남아 있으면서 이들이 마치 합리적인 도덕 논변인 것처럼 가장함. (2) 도덕 실패의 원인: 계몽주의의 실패.

	사물에는 그 사물의 목적이 있고 이는 불변해야 하는데 계몽주의는 인간의 지적 발전에 의해 사물과 지식이 달라진다고 보아 아리스토텔레스의 본질론을 극복하고자 함.(인식론으로 목적론을 초월하고자 함. 합리적인 사고 ⇨ 선호결정. (3) 아리스토텔레스의 목적론 부활 필요. 아리스토텔레스 도덕에서 가장 중요한 것은 목적(telos). 근대에는 목적론을 버리고 인간 존재(human nature)를 제시했지만 이것은 내재적 모순임. 근대이론은 무정부상태에서 개인이 어떠한가에서 출발함. 이는 당위의 근원을 존재에서 찾으려 하기 때문. ⇨ 사상(ideology)이 아닌 철학(philosophy: 본질 탐구)을 추구함. 철학은 과거, 현재, 미래에도 모든 사안이 동일함. 사상은 특정 시점에서 해석을 강조.
아리스토텔레스 이론과의 유사성	(1) 미덕의 중요성 개인의 선(good)은 기본적으로 미덕 혹은 덕성(virtue)을 통해 이끌어지며, 이것은 습관(habit)에 의해 쌓아지고, 교육(education)에 의해 만들어짐. 아리스토텔레스의 주장 "좋은 정치치제가 좋은 인간을 만든다"로 복귀 가능. (2) 실천의 중요성 아리스토텔레스의 주장 역시 인간의 선과 행복은 시민적 미덕을 통해서 만들어지고, 이는 사회생활에서 실천을 통해 향유됨. 지식의 파악뿐만 아니라 실천에 의해 가능. 개인의 윤리는 어떤 정치질서를 만드는가에 의해 결정됨. (3) 정치학의 윤리학 완성 좋은 공동체는 선과 덕에 대한 광범위한 합의를 바탕으로 하는 공동체이고, 이는 시민들 사이의 유대를 가능하게 함 ⇨ 정치에서 도덕을 강조함.
미덕 (Virtue) 형성의 3요소	(1) 관행(Convention): 사회적으로 확립된 협동적 인간 활동의 형식. 관행을 통해 외적인 선(명예와 지위)과 내적인 선(관행에 참여하는 경험자체)을 확보하고자 함. 뒷받침하는 제도 필요(예 교육·학교·의학·병원). 제도는 외적인 선만을 강조하여 사회를 경쟁하게 하고(홉스 '만인의 만인에 대한 투쟁 상태') 관행을 부패시키는 힘을 가지고 있으므로 방어기제로서 미덕 필요. (2) 서사구조(Narrative order). 인간의 역사는 이야기의 역사로 이야기는 둘 사이의 이해 가능성 의미. 인간은 이야기를 통해 정체성(identity) 획득. 이야기의 일부로서 나와 그들이 존재. (3) 도덕적 전통. 자신의 정체성이 필연적으로 공동체와 연결되어 있음. '나'는 과거의 전통(공동체의 역사)에 연결되어 있으나 전통이 계속 유지되는 것은 아니고 없어지거나 후퇴하기도 함. 전통의 유지·강화·약화·파괴 여부는 '덕'에 달림. 덕이 결여되면 전통은 부패·소멸함.
핵심 주장	(1) 좋은 공동체가 좋은 삶 구성: 좋은 삶은 가치를 공유한 공동체의 전통 속에서 완성됨. 사회가 정체성을 형성. (2) 사회적 역할과 의무: 사회적 역할을 다할 때 좋은 삶이 됨 예 그리스는 남성(도시방어), 여성(가사), 노예(생산 활동)를 각각 나눔. 자유주의는 권리가 존재하지 의무에 관심이 없음. (3) 실행의 미덕: 아리스토텔레스적 덕은 실행의 덕이 중요 (4) 도덕 영역의 의견 불일치 가능성: 사실 영역에서는 의견 불일치를 해결하고자 하나, 도덕 영역에서는 의견 불일치를 필연적으로 인식

표를 통한 비교 마이클 샌델(Sandal)의 공동체주의

롤즈 비판	(1) 롤즈의 인간관 비판: 롤즈의 원초적 입장은 원초적 무관심성에서 출발하고, 이는 개인주의적 편견에 기반을 둠. 롤즈의 이론은 간주관적 자아(자아를 생각할 때 상대방도 고려)의 이해 배제. 개인의 정체성을 고려하지 않음. (2) 롤즈의 도구적 공동체관 비판: 개인이 전적으로 사적인 목적에 의해서 공동체 이용. 사회계약론에 따르면 국가와 공동체는 개인의 안전과 자유 확보를 위한 도구에 불과.
주장	(1) 샌델의 대안: 구성적 공동체관 사회 구성원들이 자신의 identity를 공동체 일원으로서 찾는 것을 제시. 롤즈 이론에는 공동체주의와 개인주의가 불완전하게 섞여 있음. 롤즈의 목표는 자유주의에 기반하여 복지국가의 정당화를 시도했으나 불완전함. 개인주의에서 출발해 복지를 추구할 것이 아니라 공동체의 연대의식과 정체성에서 출발해야 함. (2) 샌델의 인간관: 특수한 공동체 일원으로서의 인간. 모든 인간은 특수한데 여러 공동체의 일원으로서의 인간이기 때문. 인간은 역사와 공동체 안에서 자신의 정체성(identity)을 찾음으로써 진정한 자아 성찰 가능. 특히 인간은 우정을 통해 자신의 실체 파악 가능. (3) 이론 도식화: history, community, friendship → commonality(공동성 = 공유된 자아 이해)
비판	(1) 다양한 가치관이 있는 사람들의 포용이 어려움. 서구 자유민주주의에서의 다원주의는 이미 삶의 한 양식. (2) 공동체의 공동성을 공동체 내 일부 집단이 거부할 때 공동체주의로는 해결이 어려우며 일부 시민을 억압할 가능성이 있음. 소외 집단에 대하여 공동체주의는 오히려 이들을 더욱 소외시킬 수 있음. 한국의 다문화주의도 같은 맥락.

표를 통한 비교 한나 아렌트(H.Arendt)의 공화주의

문제 의식	(1) 독재체제의 문제점: 자발적 독재체제 성립. 바이마르 공화국에서 히틀러는 선거를 통해 등장. 대중적 지지 속에서 권력 장악함. ⇨ 정치 과잉(동원체제)라고 하지만, 개인들의 정치관여 부족으로 인한 정치 부재의 문제임. (2) 공동체 문제에 대한 사사화: 개인 문제로 인식하고, 개인들이 독립적으로 문제를 해결하려고 하나, 현실에서는 불가능함. ⇨ 개인들은 공포심으로 체념과 포기함. (3) 『예루살렘의 아이히만』: 악의 평범성, 악당이 따로 있지 않음. 개인이 자아가 없을 때 그저 시키는 대로 함. 유대인 학살한 아이히만이 대표적인 사례임. (4) 논쟁의 핵심: 히틀러만 문제가 있는 것이 아니라, 개인들도 문제임.
주장	(1) 사사화의 극복필요. 개인을 '사회화'해야 함. 대화가 그 시작임. 개인 간 대화 속에서 공동체 의식을 찾고, 자아도 발견함. (2) 인간의 사회성을 정치성으로 전환. 정치 참여(공동체의 운영에 대한 논의 참여)를 통해 인간성의 회복. ⇨ 이 과정에서 '고유성(자신만의 특성)' 발견.

	(3) 아리스토텔레스 복원. 인간은 정치적 동물 명제 복원. 인간의 사회성과 정치성 회복목표. ⇨ 노동(labor: 생존활동) vs. 작업(work: 재미를 위한 활동) vs. 행위(action: 공동체를 위한 활동) ⇨ action의 필요성.
의미	(1) 개인 자아의 중요성 부각: 이는 사회 속에서 만들어짐. 공동체 중요. (2) 담론의 중요성: 사회적 대화를 통해 법을 구성하여, 국가에 공적 자율성(정당성)을 부여함. 이것은 하버마스식 심의민주주의 이론에 영향. (3) 정보통신혁명의 폐해: 개인의 원자화. 사사화가 진행됨 ⇨ 공동체성 반영으로 극복 ⇨ 대화에서 시작함.

표를 통한 비교 **다문화주의와 인정의 정치(테일러)와 민주주의 결사체와 정치문화(토크빌)**

토크빌: 결사체와 문화	테일러: 인정의 정치
(1) 민주적 전제 가능성: 프랑스혁명기 자코뱅 독재가 대표적. 인간의 평등에 대한 욕구가 전제주의로 가는 것을 감내하게 함. 자유와 평등 사이에서 인간은 평등 선호. ⇨ 민주적 전제주의가 가능함. ⇨ 정치참여를 통한 해결가능. (2) 정치의 사사화 회피 필요 ⇨ 공적인 대화의 중요성. 중간단위의 조직(결사체 중요) (3) 결사체가 중요: 공동체의 참여를 통한 전제정 방지 (4) 마음의 습속(정치문화): 인간의 지적인 상태의 총체. 미국과 영국은 안정된 정치체제임에도 프랑스가 전제와 보수 반동을 오간 이유는 마음의 습속 즉 정치문화에 기인함. 교육이 중요. (5) 사례: 미국 트럼프 당선, 필리핀 두테르테 당선	(1) 상호인정의 정치: 개인의 집단적 문화정체성 인정 중요. 정체성은 특정 집단의 소속물. (2) 존엄성: 보편적인 인간으로서 받아야 하는 인정 (3) 진정성: 자아의 특수성과 독특성에 기인 (4) 대화 과정에서 보편적인 인간으로서의 인정(존엄성)과 함께 다른 사람과는 다른 자아의 특별(진정성)함을 인정. 대화 과정에서의 정체성 구성 중요. ⇨ 인간의 보편성과 개인의 특수성을 동시에 인정 받음.(과거 노예 해방, 현대 여성 이슈나 다문화주의) (5) 낸시 프레이저의 비판: 다문화주의 인정하면서 분배적 정의를 소홀히 함.

적용 가능 사례

1. 한국의 자유주의의 무도덕성 개선을 교육제도와 교육 프로그램
2. 한국에서 토크빌식 결사체 민주주의 중요성
3. COVID 19와 공적 공간 축소에 따른 한나 아렌트의 사사화 극복방안의 중요성
4. 노블레스 오블리주. 현대적 공화주의에서 귀족적 요소.

합격생 tip

– 자유주의와 공동체주의, 공화주의를 비교하는 연습이 필요. 특히 자유주의를 주류로 하여 자유주의의 단점. 폐해를 공화주의 각 이론으로 보완. 타협할 수 있는지를 정리하는 것을 추천. 따라서 자유주의의 장·단점을 정리하고 각 단점이나 비판을 보완할 수 있는 이론들을 대응시켜서 정리해 놓는 것이 많은 이론들 중에서 설문에 맞는 이론을 고를 때 유용함.

정치사상 쟁점 22 : 토크빌의 자유와 평등 간 관계

주제의 문제의식

Q 자유와 평등사이에서 평등이 강조될 때 나타날 수 있는 '민주적 전제'를 해결하는 방안은 무엇인가?

A '민주적 전제'를 해결하기 위해서는 정치참여와 결사체 조직과 정치참여 문화를 통해 개인들의 자유를 보완해야 한다.

세부 쟁점과 핵심이론

sub 1 자유와 평등 간 긴장. 자유주의 질서는 민주주의의 열정에 의해 어떻게 붕괴하는가?: 지나친 평등주의가 개인 자유를 붕괴시킨다.

sub 2 결사체의 중요성. 결사체는 어떻게 민주적 전제를 막을 수 있는가?: 개인의 능력은 유한하지만, 결사체는 이러한 개인의 능력을 보완하여, 과도해진 국가 개입을 막을 수 있다.

sub 3 문화의 중요성. 정치참여 문화는 어떻게 민주적 전제를 막을 수 있는가?: 마음의 습속이라는 문화를 통해 지나친 평등주의를 견제해야 한다.

sub 4 토크빌식 공화주의적 자유주의 시민사회 이론의 한국에서 장점과 단점 논쟁.
(1) 논쟁: 제한적 정치 개입과 공익중심의 결사체라는 장점 vs. 중산층 위주의 시민사회가 가지는 보수성의 단점.

1. 민주주의의 자유주의 공격: 민주적 전제정치(추가 내용은 쟁점 19참고)

(1) 원인: 4가지 원인

① 자유와 평등의 갈등에서 평등지지. 국가가 개입함.
② 자유와 질서의 갈등에서 질서지지. 국가가 개입함.
③ 개인주의와 다수의 횡포에서 다수의 횡포 심화.
④ 정치의 사사화. 공동체 문제를 개인화함.

(2) 해결책

① 정치 참여의 증대: 참여 증대 ⇨ 관심 증대 ⇨ 인식전환 ⇨ 참여증대. 선순환구조가능.
② 중간 매개 단체구성(제도적 해법): 가족, 시민단체, 종교단체, 길드 등을 통해 민주적 전제를 방어함. ⇨ 결사체 민주주의론의 핵심을 이룸.
③ 사적 이익의 약화를 위한 계몽된 이익(장단기 이익의 구분을 통해 사적이익을 부분적으로 양보)의 필요
④ 참여 문화(문화적 해법): 습속의 변화가 필요함. ⇨ 참여 문화론으로 연결됨.

정치사상 쟁점 23 : 한나 아렌트의 공화주의

주제의 문제의식

Q 개인의 사라진 자아를 회복하여 '사사화(privatization)'를 극복할 방안은 무엇인가?

A 개인들 간 대화를 통해서 자아를 극복함으로써 공화국의 구성원을 만들 수 있다.

세부 쟁점과 핵심이론

sub 1 전체주의의 구성원리(자유주의의 극단적 폐해)와 개인 간 관계

sub 2 자유주의 국가에서 '사사화' 극복을 위한 공화주의를 위한 사회적 담론의 중요성

1. 중요 개념(추가 내용은 쟁점 19참고)

(1) 사사화의 문제: 공적 문제의 개인화

(2) 행위(action): 공적인 행동으로 태안 기름유출 해결을 위한 봉사활동이 사례.

(3) 언행과 대화: 대화를 통해 개인 간 관계 복원이 중요. 여기서 자아를 발견함.

(4) 악의 평범성. 아이히만에게서 발견, 전체주의의 문제점은 자아의 상실에 있음.

적용 가능 사례

1. 한국에서 논쟁 지향적인 사람을 거부하는 자유주의 풍토를 해결하고, 공적인 가치 합의를 위한 토론의 활성화 필요: 정당 정책에 대한 책임 추궁, 정부 정책에 대한 정당성 부여(공적 자율성을 부여하여 정부의 권위확보가 필요함)
2. 특정 사건에서 민족주의, 성적 혐오 등에서 지나친 전체주의화 경향과 이를 극복한 담론화 필요성: 공화국으로서 공공이 합의한 공동체가 중요함.

정치사상 쟁점 24 : 신로마 공화주의

주제의 문제의식

Q 비지배자유는 어떤 방식으로 구성되며, 어느 영역까지 적용될 수 있는가?

A 개인 간 합의에 의해서 비지배적 자유를 구체화하는 법을 구성할 수 있으며, 이는 경제적 영역과 사회적 영역까지 적용할 수 있다.

세부 쟁점과 핵심이론

sub 1 비지배자유가 소극적 자유와 적극적 자유를 뛰어넘어 새로운 자유로 받아들여질 수 있는지 논쟁: 자유주의의 소극적 자유관이 강력하기 때문에 소극적 자유와 여전히 논쟁중임.

sub 2 비지배자유의 경제영역과 사회영역 적용가능 논쟁.
(1) 논쟁: 비지배자유가 진보와 혁신주의자들의 새로운 이론적 자원이 되어 경제적 분배와 다문화사회 문제를 해결하기 위해서는 이론적 엄정함이 중요한데 이것이 가능한지 논쟁.

1. 신로마공화주의 (정치사상 쟁점 2와 쟁점 18 내용 참고)

적용 가능 사례

1. 비지배자유는 계급 불평등문제나 계층 간 이동성 문제를 해결하는 논쟁의 자원으로 활용가능(진보세력의 소유권적 자유주의에 대한 문제제기 vs. 보수적 자유주의의 거센 반발)
2. 비지배자유는 다문화 문제, 탈북자 문제, 소수자 문제 등에서 법의 지배와 함께, 분배 문제를 동시에 고려할 수 있게 함.(진보 세력의 문화적 다양성에 대한 심의와 법제화 과정을 거치며, 이 과정에서 경제적 차별과 사회적 차별문제도 해법 모색을 위한 논의 가능 vs. 보수적 자유주의의 거센 반발)

정치사상 쟁점 25 : 동양의 정치이론

주제의 문제의식

Q 동양 정치이론은 한국 자유주의 우선적 사회문제를 해결하는 데 유용한 이론적 자원이 될 수 있는가?

A 동양 정치이론도 서구 공화주의나 공동체주의 요소를 가지고 있기 때문에, 이를 활용해서 한국의 개인중심적 자유주의 사회가 가진 문제를 수정해볼 수 있다.

세부 쟁점과 핵심이론

sub 1 유교의 이념에서 현대적으로 활용할 수 있는 이론적 자원 논의

(1) 쟁점: 유교는 공화주의적 요소 vs. 지나친 공동체주의 요소(선험적 가치 규정이 강함) ⇨ 공화주의 자원으로 활용해볼 필요가 있음. 지나친 서구 이론 의존적 현상 탈피.

sub 2 한국의 정치이론은 현대 정치현상과 가치 규범 설명에 있어 유용한지 논의

(1) 쟁점: 재해석을 했을 때 유용함 vs. 시대가 달라 유용성이 떨어짐. ⇨ 유용성 해석의 여지를 가질 필요가 있음. 지나친 서구 이론 의존적 현상 탈피.

sub 3 서구 이론과 동양 이론(한국 이론 포함)의 비교: 인식론과 존재론 차원의 비교

(1) 인식론: 서구 이론(대표이론 자유주의: 합리성 명제) vs. 동양 이론(대표이론 유교: 사회 규범의 존재) ⇨ 입증 방식: 서구 이론(논증적임) vs. 동양이론(직관적임 ex. "산은 산이고, 물은 물이다." 주장) ⇨ 과학발전의 차이를 가져옴. 또한 토의와 토론가능성에도 차이를 가져옴.

(2) 존재론: 서구 이론(자유주의: 개인이 국가를 구성) vs. 동양이론 (사회가 개인을 구성)

(3) 중요 가치: 서구 이론(자유) vs. 동양이론 (유교의 경우 인의예지신) ⇨ 세계관: 서구 이론(자유중심적이고 개방적이고 확장적임. 이후 제국주의로 변질) vs. 동양(문화를 공유하는 이들만의 세계관, 이질적인 것에 대한 폐쇄성. 쇄국정책으로 19세기 서양에 권력이 역전됨)

sub 4 서구의 대표 이론인 자유주의와 동양의 유교주의의 민주주의에 대한 영향 논쟁:

(1) 자유주의: 개인 자유 보호와 자본가를 중심으로 민주주의 확대 but, 자유주의가 보수화되면서 민주주의 확대에 거부하기 시작함.

(2) 유교: 사회적 인간을 상정하고, 사회적 가치를 강조함으로써 민주주의에 기여할 수 있음. vs. 공동체주의식 특정 가치의 선험적 주장은 개인 자유 침해를 가져와 민주주의에 부정적으로 영향. ⇨ 유교 민주주의자들은 긍정적으로 해석을 원함.

1. 전통이론의 의미

(1) 유교의 경제발전: 아시아적 문화. 하버드 대학 뚜 웨이밍의 주장.

① 아시아 문화(근면, 성실, 가족애)가 아시아 4마리 용의 경제발전을 추동함.
② 아시아만의 가치를 중시하고 발전시켜야 함. ⇨ 서구 자유주의의 무비판적 수용을 거부.
(2) 유교와 민주주의: 유교는 유교만의 제한적 민주주의 필요
① 리콴유(싱가포르 전총리) 주장: 아시아 국민은 온건한(soft) 권위주의를 선호함.
② 민주주의의 보편성 거부: 김대중 전 대통령이 반박 기고문을 제기함. 『Foreign Affairs』 논쟁.

동양정치사상의 논의 배경	(1) 서구 이론 중심의 한국 정치에 대한 문제 제기 (2) 동양과 한국의 역사적·이론적 유산에서 현대적 해법 모색 (3) 한국의 지향 가치에 대한 복합적 파악
유가사상과 덕치	(1) 서경과 정치의 의미: 서경 이후 정치는 '올바른 몸가짐으로 잘 다스린다'의 의미가 됨. 농업국가에서의 윤리로 중요. (2) 공자의 인정과 덕치: 공자의 협의의 정치(현실정치)와 광의의 정치(덕성을 통한 도덕질서 구현정치). 덕치의 중요성과 인정(仁政)의 정치가 중요. 덕과 예와 인의 정치. (3) 맹자의 왕정과 순자의 예치: 군주를 변화시켜 왕도정치를 구현하자는 입장(맹자) vs. 신분 등급에 맞추어 예의에 기반을 둔 정치(순자) (4) 유가의 사상: 유가는 정치를 도덕과 윤리의 문제로 치환시킨 측면이 강함. 정치에 윤리적 의식 부여.
법가사상과 법치	(1) 법가사상: 법(최고 통치 규범), 술(군주의 신하 통제기제), 세(군주의 권위·세력)의 효과적 운용을 통한 부국강병 건설. 법과 제도가 핵심. (2) 상앙과 한비의 법치: 이익 중심과 죽음에 대한 공포 이용. 상벌로서 통치(상앙). 법·술·세 이용(한비). (3) 명분은 유가에서 실제 정치는 법가에서: 법가는 서구의 현실주의 모습을 보이면서 실제 정치에서 권력의 중요성 부각.
외유내법의 중국 정치 전통	(1) 진나라의 통일 이후 법가의 유가화: 유가는 덕치를 중요하게 여기면서 법가의 창을 휘두름. 중국사상은 법가와 유가가 하나로 흡수되는 모습을 보임. (2) 외유내법: 덕치를 정치적 이상으로 삼고 예치의 실현을 위해 노력하면서 법치 보완.
한국 정치사상사	(1) 역사순환론: 왕조가 바뀔 때마다 (국가) 창업, 수성(유지), 경장(개선) 논리가 순환됨 (2) 도통과 정치: 도학 역시 정치에 영향을 줌 (3) 중화질서 인식: '중화(중심문화)'와 '이적(주변의 문화적 미개)'의 대외인식은 존주양이론과 소중화사상으로 나타남. 문화의 중심을 따르자는 논리와 청나라의 등장을 문화적 미개로 규정하고 우리가 문화의 중심이 되자는 논리 강조. (4) 한국에서 정치와 도덕의 관계: 한국 정치사상에서는 도덕과 정치의 관계가 과거에서부터 현재까지 영향을 미치고 있음. 조선시대 예의 문제로 정치화되어 붕당정치의 중요한 쟁점이 되기도 함. 정치를 도덕적으로 만드는 것과 도덕을 정치적 무기로 삼는 것은 구분해야 함에도 도덕은 정치의 도구가 되기도 함. (5) 실학에 대한 재해석: 최근에는 조선의 실학적 요소가 근대를 얼마나 이해하고 있는가의 주제에 관심을 가지면서 조선의 근대적 요소를 해석하고자 하는 경향도 있음
동양 정치사상의 의미	(1) 서양이론과의 차이에 초점: 동양 사상과 한국 사상에서 민주의 '부재'에 초점을 두기보다 '차이'를 중시해야 할 것. 과거 환경이 다른 시대의 정치이론에서 재해석할 수 있는 부분을 추려내야 함. (2) 이론적 자원 뿐 아니라 현실 제도 장치에도 관심: 과거 제도 장치의 현대적 변용 가능. 언론을 강조했던 삼사제도나 경연제도 등은 심의장치로서 현대적으로 의미 있음.

적용 가능 사례

1. 유교를 민주주의 옹호적으로 해석할 수 있는지와 가능하다면 과거 전통을 정치적 가치로 삼을 수 있는지 논쟁
2. 중국의 공자학원이 서구에서 받아들여지지 않는 이유: 유교논리 자체 vs. 사회주의 사상 접목 ⇨ 대체로 거부감이 큼.

정치사상 쟁점 26 : 다문화주의의 방향

주제의 문제의식

Q **한국의 동화주의적 다문화주의는 다양한 문화를 받아들이는데 있어 유용한가?**

A 한국의 동화주의적 다문화주의는 문화적 특수성 인정에는 취약하지만, 한국 민족의 정체성을 유지하는 데는 유용하다.

세부 쟁점과 핵심이론

sub 1 전세계적으로 실패한 다문화정책들 중 한국에서 유용한 다문화주의 정책: 어떤 정체성을 보유하고 지킬 것인지의 정책 판단 문제

sub 2 대내적 다문화정책과 대외적 민족주의 활용의 논리적 모순 가능성

1. 다문화주의의 주요 이슈

논의 배경	• 세계화 현상: 결혼 이주와 노동 이주로 보편적 현상 • 다문화주의의 정치적 측면: 과거 정치적 결정에서 주변적 위치에 있었던 소수 문화 집단들의 동등한 정치적 권리에 대한 요구 발생
문제 제기	• 정치 권력의 정당성 문제: 국가 권력의 행사가 다양한 문화 집단들에게 정당한 것으로 인정받아야 한다는 문제가 제기됨 • 단일 합리성에 대한 비판: 근대 서구의 정치 경제 원리에 바탕이 되어 왔던 단일 합리성 개념에 대한 회의·도전 야기. 다양한 가치가 강조될 수 있음. • 다문화주의가 비판하는 근대의 관점: 하나의 단일한 사회 강조, 정치이론의 이성·진보를 강조하면서 전통(=미신으로 인식)은 불합리나 억압·타파의 대상이 됨. 이성과 과학은 단일한 것이고, 진보 단계와 방향, 방법은 하나라는 생각이 강함. 바람직한 정치 사회는 하나라고 주장. 보편적 이성과 보편적 정치질서의 문제. 근대 자유주의의 제국적 성격(meta-cultural principle)이 여기서 나옴. 다른 문화를 무시하거나 제거하고자 함. • 다문화주의 탈근대적 관점: ① 자유주의의 보편 논리가 작용하는 사회 내에 존재하는 다양한 소수 문화의 독자성 강조, ② 자유주의 배후에 있는 계몽주의 비판
개념	• 광의의 정의: "상이한 국적, 체류자격, 인종, 문화적 배경, 성, 연령, 계층적 귀속감 등에 관계없이, 모든 인간이 인간으로서의 보편적 권리를 향유하고, 각각의 특수한 삶의 방식을 존중하며 공존할 수 있는, 다원주의적인 사회, 문화, 제도, 정서적 인프라를 만들어 내기 위한 집합적인 노력" by 사단법인 국경없는마을 • 협의: "자유민주주의에 대한 광범위한 합의와 지지가 선결된 조건에서 다양한 문화적 주체들의 특수한 삶의 권리(politics of difference)에 대한 제도적 보장" by 킴리카(W. Kymlicka) • 3가지 유형의 정책 ① 차별 배제 정책: 문화공동체에서 다문화를 배제하고자 함. 일본의 귀화하지 않은 한인 정책. ② 동화정책 (melting pot): 하나의 문화로 흡수하고자 함. 언어 동화정책이 대표.

	③ 다문화정책(salad bowl): 다양한 문화를 존중하고 공존하고자 함. 서구 국가들의 정책.
킴리카	• 자유주의(Liberal) 전제＋공동체주의(Communitarianism) 수용 • 자유 관점에서 다양성 보호: 자유주의 사회 내의 문화적 다양성 중요. 소수 문화집단의 권리 보호 강조. 개인의 자유에 대한 자유주의의 강조가 결코 공동체 결속력을 침해하지 않음. • 다양성 속에서 가치관 선택: 자유주의 사회가 최선의 가치를 선택할 수 있게 해주므로 자유주의는 정당함. 개인들이 최상의 가치관을 선택할 수 있는 조건으로서 문화적 다양성을 보장해 주어야 함. 자유는 진공 속에서 발휘될 수 없기에 선택이 가능한 사회 · 문화적 조건 필요. • 킴리카에 대한 비판: 자유주의에서 시작해 자유주의로 돌아가는, 자유주의자로서의 한계. 공동체의 다양함을 보장하면 자유주의에 맞는 공동체 문화만 살아남아, 결국 보편적 자유주의 문화가 만들어질 것. 공동체주의가 자유의 도구화에 그치는 문제.
자유주의 다원주의와의 관계	• 조화적 측면: 자유주의는 개인 자유 인정과 집단 문화의 다양성 인정 • 갈등적 측면: 다문화주의는 존재론상 공동체 중심이지만 자유주의는 개인 중심으로 상충. 특정 공동체의 개인 자유 무시(예 프랑스에서 아랍 여성들의 부르카 착용 금지). 자유주의의 보편성 · 합리주의와 다문화주의의 특수주의 · 정체성 접근의 충돌. ⇨ 이런 경우, 서유럽 문화를 기반으로 한 다문화주의는 문화 제국주의 가능. ⇨ 다양한 층위의 정체성 중 무엇을 선택할 것인지의 문제임.
민족주의와의 문제	• 배타적 민족주의와 다문화주의의 충돌: 객관주의적 · 배타적 민족주의와 다문화주의는 충돌. 민족주의를 역사 · 문화 · 혈연 공동체로 이해하는 시원주의 관점과 보수주의 관점에서 다문화주의는 다른 조건이기 때문에 충돌. 예 백호주의, 유럽과 미국 내 이민자들의 총기 난사 사건 • 자유주의적 민족주의와 다문화주의의 조화: 민족주의 입장을 자유주의적 관점에서 이해할 경우 상충하지 않을 수 있음 예 미국 시민권을 받기 위한 국가에 대한 선서
정체성의 정치	• 정체성의 범위: 민족주의와 다문화주의의 관계는 정치적 공동체에 있어서 가장 중요한 문제인 정체성의 정치, 특히 정체성의 크기를 고려하게 함 ⇨ 하나의 국가 정체성 vs. 다문화주의의 특수한 사회 정체성 • 정체성의 재구성 중요: 정체성의 정치는 구성원의 탄생으로 결정 · 유지되는 것이 아니라 끊임없는 정체성의 재창출 과정을 거침. 다문화 구성원으로 남을 것인지 국가 구성원으로 남을 것인지 문제. 예 다문화인의 범죄와 소외
국가의 중립성 문제	• 다문화에 대한 국가 개입: 다문화주의를 받아들이고 사회경제적 차별을 제거하는 것은 정의로움의 문제를 가져옴. 완전주의 국가관과 불완전주의 국가관이 충돌하는 도덕적 문제. 국가의 불평등을 개선하기 위한 개입은 도덕과 연결됨. • 국가 개입에 대한 찬반 논쟁: 개입을 통한 정의구현 주장 vs. 개입 시 원주민들에 대한 역차별 문제가 있으며 사회적 문제를 정치적으로 개입할 필요가 없다는 주장 • 한국의 다문화가정 지원프로그램: 다문화가정 전액 보육료 면제, 다문화가정 영유아 국공립어린이집 1순위 입소, 결혼이민자 고용업소 사업주에 1인 결혼이민자 고용당 640만원 지원, 결혼이민자 제빵자격증과 미용자격증 시험 베트남어와 중국어 실시 정책, 결혼이민자 지자체 특별공무원 채용 정책(예 대구시 공무원 5% 특별 다문화가정 채용) 등. 국가가 도덕문제에 개입하여 분배적 정의를 실현하지만 한편으로 시장 질서를 왜곡하여 경제적 자유 축소 가능.
분배 문제	• 사회적 차별에 집중하게 하여 실질적 문제인 분배문제를 등한시 할 수 있게 함

2. 다문화주의 정책 유형 비교

	차별적 배제 모형	동화 모형	다문화주의 모형
개념	• 다문화주의 거부 정책	• 주류 문화로 소수문화 흡수 • 언어동화 · 인종동화 정책 • Melting pot 모델	• 문화적 다양성 인정 모델 • Salad bowl 모델
특징	• 노동력 유입국 사회가 외국인 노동자 · 이민자를 3D 직종의 노동시장과 같은 특정 경제적 영역에만 받아들임 • 복지 혜택, 국적 또는 시민권 · 선거권 · 피선거권 부여 등 사회적 · 정치적 영역에는 절대 받아들이지 않음 • 특정 종족집단 정치적 배제 ㉮ 이라크의 쿠르드족 문제	• 외국인 노동자나 이민자가 출신국의 언어 · 문화 · 사회적 특성을 완전히 포기하여 주류 사회의 성원들과 차이가 없게 되도록 함 • 외국인 노동자를 일방적으로 유입국 사회에 통합시키는 정책	• 이민자가 그들만의 문화를 지켜가는 것을 인정하고 장려하며, 정책 목표를 소수민족의 주류 사회와의 공존(symbiosis)에 두는 모형 • 다양한 문화를 가진 이민자 집단을 사회 속에 급속히 통합시킬 수 있음
외국인에 대한 태도	가장 배타적	중간	가장 우호적
국적 부여 원칙의 관련성	• 혈통주의(jus sanguinis, 부모가 그 나라 국민이면 국적 부여)와 친화력 강함	• 거주지주의(jus domicili, 일정 기간 이상 거주하면 국적 부여)와 친화력 강함	• 출생지주의(jus soli, 태어난 곳을 기준으로 국적 부여)와 친화력 강함
사례	• 독일 · 오스트리아(1950~60년대): 외국인 노동자 수입 시 국민으로 받아들일 가능성 사전에 차단 • 한국 · 일본: '산업연수제도', '연수취업제도' 실시. 노동조합 가입 불가, 사업체 이동 불가. 차별배제의 극치.	• 소련의 인종동화주의 정책, 한국의 다문화주의정책에서의 한국어 습득 프로그램 • 프랑스 유형: 공화주의적 동화 모형으로서 혈통에 기반을 둔 독일의 시민권 모형과 다름	• 미국 유형: 문화적 차이와 민족공동체의 존재를 용인하는 자유방임주의적 접근 • 캐나다 · 오스트레일리아 · 스웨덴 유형: 국가가 소수민족 집단의 동등한 권리 확보를 위하여 조치를 취함

적용 가능 사례

1. 한국 다문화정책의 개선필요성과 개선 방향

정치사상 쟁점 27 : 복지정책의 필요성

주제의 문제의식

Q **현재 한국 사회에서 복지정책을 강화 혹은 개편하기 위해서는 어떤 제도적인 뒷받침이 있어야 하는가?**

A 한국 복지정책 강화 혹은 개편을 위해서는 복지정책을 추진할 강력한 정당과 강한 노조와 정부의 장기 집권가능성과 유권자 지지가 필요하다.

세부 쟁점과 핵심이론

sub 1 한국 사회에 필요한 복지정책과 복지 규모 논의 ⇨ 2010년 복지 논쟁 시작. 현재는 복지할 것인지의 논의는 없음. 다만 복지 규모와 회기 불가능성의 문제나 복지 정책 조정이 가능한지가 논쟁임.

sub 2 한국에서 복지동맹 구성가능성 조건: 사민당(정당) + 정부의 장기집권(정책유지 가능성) + 노조(강력한 복지 요구) + 유권자(합의) ⇨ 한국에는 이 조건이 약함

1. 복지 정책 조정 가능 조건

(1) 프랑스 연금개혁 정책: 정년을 62세에서 64세로 2년 연장. 인구 감소로 불가피함. 국민들은 강력한 저항.

(2) 2024년 한국도 국민연금 개혁 공론조사를 실시함. 복지정책 조정이 필요함.

(3) 현직 정부는 국민의 지지 철회 가능성 때문에 조정이 어려움.

(4) 복지정책 변화를 위해서도 복지동맹과 유권자 합의가 중요함.

2. 복지논쟁(2010년부터 진행)의 주요 논의와 이론적 도구

논의 배경	• 복지 수요 증대(예 잠실 세모녀 사건), 정치권의 복지 이슈와 선거정치(예 2009년 김상곤 경기도 교육감의 무상급식 추진, 2010년 6월 지방선거 무상급식 논쟁), 1997년 외환위기와 2008년 금융위기에도 불구하고 사회적 안전망 취약, 2010년 정의론 열풍과 정의에 대한 관심 증대
현황	• OECD 최하위 복지수준: 2008년 기준으로 한국의 사회복지 지출 수준[1)]은 국내총생산(GDP)의 10.95%. 복지 주체의 분담 비율은 공공복지가 75%, 법정 민간복지가 5%, 자발적 민간복지가 20%. OECD 국가 중 멕시코(7.6%)를 제외하면 가장 낮음. OECD 평균이 23.7%이며 스웨덴이나 벨기에 프랑스는 30%를 넘음. 한국의 공공복지 지출수준은 국내총생산 대비 8.3%로 경제협력개발기구 평균인 20.6%의 절반도 못 미침. 공공 복지재정에서 조세 비율은 0.45%로 경제협력개발기구 평균인 2.9%와 큰 차이가 남.
개념	• 윌렌스키(Harold L. Wilensky): 국가가 정치적 권리를 지닌 모든 국민에게 최소한의 수입·영양·건강·주택·교육을 보장하는 것 • 미쉬라(Ramesh Mishra): 국민들의 삶과 관련된 최소한의 전국적 기준을 유지하기 위해 국가의 책임을 제도화하는 것

	• 아사 브리그스(Asa Briggs): 복지국가는 시장의 역할을 조절하기 위해 조직된 권력이 최소한 세 가지 방향으로 신중하게 사용되는 국가. ① 개인과 가족들에게 그들의 노동이나 재산의 시장가치에 상관없이 최소한의 소득 보장. ② 그렇지 않을 경우 개인과 가족들의 위험으로 이어지는 '사회적 우연성(예를 들어 질병, 노령, 실업) 최소화. ③ 지위나 계급에 상관없이 모든 시민들에게 합의된 사회적 서비스 범위에 따른 이용 가능한 최선 수준의 제공 보장. • 개념 정리: 복지란 사회적 시민권의 하나로 전체 국민들에게 일정 수준 이상 삶의 질을 보장해주는 것. 사회보장제도를 구축·운영하여 사회적 연대의 기능을 수행하는 것으로 국가를 상정.
유형	• 에스팡안데르센(Gosta Esping−Andersen)의 복지유형론: '권력자원론'을 통해 복지유형 설명. '탈상품화'와 '계층화' 유형을 통해 복지국가 구분. 노동의 상품화 배제. 노동이 자본주의적 시장경쟁 법칙에 의존하지 않고 생계를 유지하는 것이 중요. 사회적 행위자들의 운의 요소를 배제하고 사회구성원으로서의 기본권 구축이 필요하다는 인식하에 어떻게 국가, 계급관계 등을 결정할 것인지 중요.
미국식 잔여적 선별적 복지모델	• 운영 원리: 로빈훗 모형. 부자에게서 돈을 거두어 빈자에게 나누어 주는 방식. 잔여적·선별적 모델의 특징은 부자와 빈자를 나누어 모든 이들에게 복지혜택이 돌아가지 않는다는 점. • 문제점: 낙인효과(부자와 빈자를 나누며 시혜자와 수혜자를 구분하기에 복지 수혜층이 가난한자로 낙인됨). 복지예산 수혜를 받기 위한 엄격한 재산조사. 가장 낮은 단계의 복지제도.
영국식 기본보장 모델	• 운영 원리: 기초적인 보장을 모든 사람들에게 제공한다는 점에서 미국모델과 다름. 전 국민 의료제도를 시행하여 이 부분에서는 보편성 확보. • 문제점: 복지수준이 낮다는 점에서 복지를 통한 재분배효과는 크지 않음. 사회적 위험으로부터 국민을 충분히 보호하지 못함.
유럽식 조합주의 복지 모델	• 운영 원리: 직업 집단을 중심으로 독립적인 복지 프로그램을 가짐. 조합주의에 기초하여 조합을 이룬 이들에게 국가가 복지혜택 제공. • 문제점: 조합에 가입되지 못한 이들의 복지수준이 낮음. 일반적으로 국가가 제공하는 복지수준은 높지만 직업 활동 시의 불평등이 퇴직 이후에도 그대로 유지됨.
북유럽식 보편주의 복지모델	• 운영 원리: 중산층을 포함한 모든 국민들이 조세를 통한 복지 재정 조달에 기여하고 동시에 복지 혜택을 받으므로 복지는 국민의 권리가 됨. 스웨덴과 덴마크를 포함한 스칸디나비아국가들이 대표적. 국민을 위험으로부터 보호한다는 연대주의 정신에 기초. • 문제점: 세금 조달 문제와 국민적 합의 문제. 50% 대의 높은 수준의 소득세와 같이 비용부담을 받아들여야 하는 문제가 있음.
복지 폐해론	• 논리: 복지가 노동 동기를 약화시키고 저축과 투자를 감소시키며 생산위축을 초래하여 경제·사회적 문제 초래 • 근거: 1970년대 서유럽의 경기침체는 과도한 복지국가 혹은 복지병에 기인한 것이며, 최근 그리스 위기를 사례로 하여 복지강화가 국가위기를 가져왔다고 봄. • 문제점: ① 1970년대의 오일쇼크라는 외부요인을 의도적으로 배제. ② 복지가 노동동기 약화, 저축투자 감소, 생산위축 초래의 이유라는 주장에 대해 학자들 간 합의가 없음. ③ 그리스 위기 역시 복지 문제보다는 그리스에 만연한 부정부패와 탈세, 정부의 관리 부실에 근거함.
성장	• 논리: 복지를 통한 재분배가 성장 저해. 분배가 불평등할수록 저축·투자가 높아지고 성장

1) 사회복지 지출은 빈곤층지원, 국민건강보장, 노령·실업문제 등을 정부재정과 사회보험, 퇴직금과 기업연금을 포함한 법정민간 복지, 성금모금 등 자발적 민간복지로 조장하는 비용을 말한다.

저해론	이 빠르다고 전제. • 문제점: 복지국가가 성장을 저해한다는 주장의 실증적 근거 없음. 오히려 분배가 잘 된 나라일수록 성장이 빠르다는 실증연구가 많음. • 대안 주장: 불평등이 성장에 유해함(1990년대 논리)의 3가지 논리적 기초 ① 조세-재분배 경로: 소득 분배가 불평등할수록 다수의 가난한 사람들이 있고 이들은 정부에 대해 소득 재분배 정책을 위해 세금을 많이 거둘 것을 요구하고 이는 성장을 막음 ② 어떤 나라의 소득 분배가 지나치게 불평등할 경우 사회적·정치적 불안정이 커져서 투자가 활발히 일어날 수 없고 그 결과 성장 저해 ③ 신용시장이 정보의 비대칭성 문제를 갖고 있을 때 지나친 불평등은 가난한 사람들로 하여금 교육투자를 위한 융자를 어렵게 하고, 빈민들의 교육 투자를 낮춤으로써 경제 성장 저해
복지 포퓰리즘	• 논리: '복지정책=포퓰리즘'이므로 민주주의 악화. 복지는 인기영합주의에 불과. • 문제점: 민주주의에는 기본적으로 포퓰리즘적 요소가 있음. 힘 없는 자들을 반영하는 것이 포퓰리즘이라면 복지는 힘 없는 이들이자 민주주의에서 대표되지 못한 이들을 대표하는 과정으로 이해할 수 있음.
국가 안보론	• 논리: 한국은 국가안보가 중요하므로 복지예산 증대는 국가안보를 위한 예산 축소를 가져와 국가안보를 취약하게 만듦 • 문제점: 안보의 개념을 확장할 때 오히려 안보증진으로 해석 가능. '포괄안보(경제·사회·환경·에너지 등의 안보)', '인간안보(공포와 기아 등으로부터 인간 자체의 안보 확보)'로 확대되면서 복지 확대는 기아·질병·실업·범죄와 같은 인간안보를 확대하는 효과가 있음.
한국 복지의 방향	• 낮은 복지 수준: 한국의 복지 지출은 OECD 평균의 1/3~1/6에 불과. 복지과잉론을 문제삼기 어려움. 예산문제를 이유로 드는 것은 4대강 사업과 감세정책을 감안할 때 설득력이 떨어짐. • 분배 정책의 형평성과 성장의 선순환 관계: 실증적으로 볼 때 복지 확대가 성장을 강화하는 선순환 관계가 있음. 복지는 실질임금상승을 통해 가처분 소득을 늘리며 경제성장 견인 가능. • 이론적 자원으로서 공화주의의 연대의식 필요: 복지를 자유주의 관점에서 다룰 경우 전적으로 개인 문제로 치부되나 공화주의의 연대의식을 통해 복지를 공동체 문제로 파악할 수 있음. 실제 교육과 육아는 국가의 미래와 관련된 문제로 연대주의에 기반할 수 있음. • 공화주의: 보편복지를 주장. vs. 자유주의: 선별복지를 주장.
CoVID 19와 복지	• 판데믹상황과 경제 침체: 경기 순환이 필요함. • 판데민과 복지 수요 급증: 경제적 취약층에게 가장 고통을 줌. 복지 수요가 늘어남. • 전국민 재난지원금의 지급: 전국민으로 할 것인지 (보편복지) vs. 특정 계층으로 할 것인지(선별복지) 논의 • 복지예산과 재정 부담의 증대: 위기 상황 탈출필요 vs. 향후 국가의 재정 부담 증대 주장 ⇨ 현재는 조정하면서 위기 극복을 위한 복지증대 쪽임.

적용 가능 사례

1. COVID 19이후(판데믹 이후) 한국에서 재정안정성과 복지관 조정 가능성
2. 한국의 현재 대의민주주의 운용상 복지정책 개편의 가능성: 사회적 타협+제도정치

정치사상 쟁점 28 : 사법의 정치화

주제의 문제의식

Q **사법부의 정치영역의 개입은 민주주의에 긍정적인가 부정적인가?**

A 사법의 정치화에서 사법입법, 정책결정, 권리 신장의 사법화는 민주주의에 기여하는 측면이 있지만, 다른 수단에 의한 정치는 대의민주주의를 더욱 약화시킨다.

세부 쟁점과 핵심이론

sub 1 사법부의 정치적 역할 강화와 대의민주주의 제도의 유용성 논쟁

1. 개념 구분

(1) 사법의 정치화: 사법부가 정치적 결정을 내림으로써 정치적 영향력 증대

(2) 정치의 사법화: 정치권 혹은 정치인이 사법부를 끌어들여서 정적을 제거함. 다른 수단에 의한 정치가 대표적임.

2. 이론: 자유주의의 법치주의와 민주주의 간 관계

상호독립·조화 관계(절차적 민주주의)	• 원리상 독립성: 법치주의와 민주주의는 상호 독립적일 수 있음. 원리의 차이에 기인. • 민주주의 원리: 어떤 방식으로 인민의 의사를 묻고 다수의 의사에 도달할 것인가를 정함. 정치체제로서 인민의 다수지배를 보장. 소수가 절대적 소수가 되지 않는 규칙의 형성 의미. • 법치주의 원리: 법을 통한 지배를 통해 국가 권력의 자의적인 영역을 배제하고 개입 범위와 근거 제시. 인치가 아닌 법치를 통한 통치의 안정성 확보. • 민주주의 → 법치주의 보강: 민주주의 결정을 법제화. 법에 의한 통치의 구체화. 민주주의의 법에 의한 정당성 보장. • 법치주의 → 민주주의 보강: 법에 의한 자유 보장이 민주주의의 자기 결정권을 보장
상호충돌 관계(실질적 민주주의)	• 민주주의와 법치주의는 추구하는 가치와 운영기제의 차이로 인해 충돌 가능 • 법치주의 → 민주주의 공격 ① 법치주의의 극단화는 사법부 강화를 넘어 자칫 법 만능주의로 연결 가능 ② 엘리트주의로의 귀결: 법률 전문가들로 구성된 사법부의 통치로 인한 소수 지배 혹은 소수 독재 가능성 제시. 사법부 보호 기제의 부재. “Who guards guardian?”의 문제 제기. • 민주주의 → 법치주의 공격 ① 민중주의 강화와 다수 독재 가능성: 다수결에 의해 법률을 무한정 고칠 수 있다고 하면 민중주의가 기존 제도를 붕괴시킬 것 ② 소수의 기본권 배제 문제: 민주주의로 기본적 권한을 배제할 경우 전체주의 위험 증대
평가	• 일반적으로 법치주의는 민주주의에 보완적. 경우에 따라 법치주의 강화가 보수주의로 귀결되어 진보적 입장의 민주주의와 충돌하거나 역의 관계가 성립. 사안에 따라서 살펴볼 수 있음.

3. 사법의 정치화 관련 4가지 유형

(1) 사법부 입법 (입법영역)

– 사법부의 실제적 법률 제정: 위헌판결의 경우. ex, 2014년 인구편차관련 선거법

(2) 사법부 정책결정 (행정영역)

– 사법부가 판결을 통해 정부의 중요정책을 결정하는 것. ex, 행정수도 이전 특별법

(3) 다른 수단에 의한 정치 (RIP모델)

– 원 수단인 대표들이 사법부를 활용하여 정치적 경쟁을 우회함.

(4) 권리신장의 사법화

– 헌법소원을 통해 사법부가 시민들의 기본권을 보호하는 것. ex, 권리구제형 헌법소원

4. 대의민주주의에서 문제점

(1) 대의민주주의 공간 축소

(2) 결정자(법관)에 대한 책임 추궁곤란

(3) 법의 지배와 민주주의 동시에 위협

(4) 정치를 범죄시하고 정치혐오가 극대화됨.

(5) who guards guardians?: 사법부는 민주주의 선출하는 권력기관이 아님. 사법부를 견제하는 역할이 필요함.

적용 가능 사례

1. 정당 해산과 민주적 결정을 통한 정당 도태 사이에서의 선택

P·A·R·T

II

민주주의의 조건들

2. 국제정치

현실주의

1세대 현실주의 (고전적 현실주의)	2세대 현실주의 (신현실주의)	3세대 현실주의 (신고전현실주의)
고전적 현실주의자 모겐소 (권력추구 인간성, 국가이익)	* 신현실주의자 왈츠(자동적 세력균형이론) * 위협균형이론(threat perception) * 상대적 국력가설 * 패권이론 * 방어적 현실주의 * 공격적 현실주의	랜덜 스웰러 (이익균형이론)

자유주의

외교정책 결정론	통합이론	상호의존이론	신자유주의	민주평화이론
앨리슨 모델 양면게임모델 groupthink 모델	기능주의(민간의 요구) 신기능주의(민간 요구+정치린)	민감성과 취약성의 비대칭적 상호의존	제도의 효과 상호주의의 효과	민주주의 제도효과 민주주의 규범효과 이익집단 효과

구성주의

정체성(홉스식 정체성, 로크식 정체성, 칸트식 정체성) ⇨ 국가이익 결정

시험의 유형

1. 패러다임 수준에서의 질문. ex) 현실주의, 자유주의, 구성주의에서 전쟁과 평화
2. 이론 차원의 질문. ex) 상호의존이론과 한미관계, 상호주의와 남북관계
3. 개념과 정책 차원의 질문. ex) 연성권력이론과 공공외교
4. issue 차원의 질문. ex) 지정학, 환경, 동북아시아의 안정성

합격생 tip 국제정치 Part

1. 국제정치는 매 해 1문제 정도가 출제되는 부분임. 처음 공부한다면 각 이론들을 구별하며 암기하는 것이 필요하고, 이론에 대한 암기가 되었다면 사례도 꼼꼼히 챙기는 것을 추천.
2. 국제정치 파트는 다양한 이론·이론가로 인해 혼돈이 있을 수 있는 부분이므로 각 이론의 가정, 핵심이론, 세부 논리를 구별하면서 학습하는 것이 중요, 이론가 및 이론을 혼용하지 않도록 주의해야 함. 현실주의 이론인지, 자유주의 이론인지 등 해당 이론이 어느 부분에서 소개되고 있는지를 항상 생각하면서 공부하기를 추천.
3. 현실주의 vs. 자유주의 (vs. 구성주의) 뿐만 아니라 각 이론 간의 차이점 및 공통점을 잘 정리해가며 공부하길 추천.
4. 해당 이론을 설명할 수 있는 국제정치 사례 준비하기. – 답안의 차별화, 고득점을 위한 전략으로 필요
5. 최근 국제정치의 이슈 (미중갈등, 우크라이나 전쟁, 미 대선 등) 는 꼭 관심 있게 지켜보기 – 우크라이나 전쟁 초기 일론 머스크의 '스타링크' 제공 사례 – 전쟁에서의 기존 경성권력이 아닌 민간영역의 역할 확대– 등 유용하게 사용할 수 있는 본인만의 다양한 사례 발굴 가능.

제 1 장 현실주의

국제정치 쟁점 1 : 왈츠의 분석수준

주제의 문제의식

Q 특정 사건에서 가장 중요한 원인을 왈츠의 분석수준을 이용해서 어떤 방법으로 규명할 수 있는가?

A 왈츠의 분석수준에 따르면 개인수준, 국가 수준, 국제체제수준(무정부상태라는 조건에서 극성)에 의해서 규명할 수 있다.

세부 쟁점과 핵심이론

sub 1 분석수준의 적용을 통해서 개별 사건의 중요 원인들을 체계적으로 규명: 사안마다 분석수준 고정시키면 안되고 사건을 결정한 요인의 중요도에 따라 1순위 요인, 2순위 요인, 3순위 요인을 규정함.

sub 2 분석의 우위: 설명 요인의 우선순위가 중요 ⇨ 1번 목차, 2번 목차, 3번 목차로 규정.
ex) 1차 세계대전: 체계수준 〉 국가 수준 〉 개인수준.
ex) 기출문제 한일 관계 악화원인: 체계수준 〉 국가 수준 〉 개인수준으로 설명가능.

1. 왈츠의 분석수준

(1) 1959년 책『Man, the State and War』

① 전쟁의 원인을 3개 분석수준(당시 표현 이미지)로 설명. 전쟁 원인의 눈높이

② 개인 수준: 왈츠는 인간본성 수준 주장. 그러나 현상 분석에서는 개인의 특성이 더 유용함. 학문이 발전하면서 최근에는 개인 특성이나 심리를 사용해서 분석함.

③ 국가 수준: 한 국가 내의 경제적 여건, 정치적 여건, 민족주의등으로 설명.

④ 체계 수준: 극성으로 설명. 강대국 1개(단극), 강대국 2개(양극), 강대국 3개 이상(다극)의 특징으로 설명.

(2) 1979년 책『Theory of International Politics』는 국제체계로만 설명.

① 3가지 분석수준 적용은 1959년 책으로만 가능.

② 1979년 책에서부터 구조적현실주의 즉 신현실주의가 등장함.

2. 분석수준과 다른 분석틀

(1) 외교: 최근 공공외교의 부상으로 외교유형 분류 필요

(2) 양면게임의 협상시 정부 간 게임(level I)과 정부와 민간 간 게임(level II)

(3) 외교전략으로 제도유형과 협상 방안. track I. track II.

3. 2022년 러시아의 우크라이나 침공 대입

(1) 개인차원: ego inflation(푸틴의 자아가 강화되고 자신감이 증가한 원인), 알프레드 아들러의 Complex (열등감과 우월감이 동시에 작동함. 특히 열등감이 중요한 요인), 전망이론(러시아 미래가 부정적임. 지금이 가장 도발에 유리한 상황)

(2) 국가차원: 러시아 경제력 강화(천연가스 사업으로 경제력 상승), 민족주의(유라시아 중심 민족주의), 국력성장(군사력과 경제력의 강화)

(3) 체계수준: 불균형다극체제(미어샤이머의 개념. 다극체제에서 한 국가가 빠르게 성장함)

4. 분석영역 기법의 활용: 미중관계의 악화와 미국의 대중국보호주의 정책의 영향

(1) 정치적 영역

① 미국과 중국의 정치적 대립: 민주주의 국가군 vs. 비민주주의 국가군 대립.

② 안보에서의 대립: 미국과 중국의 안보경쟁심화와 군사력 증강대결. 안보딜레마 설명가능.

③ 동맹의 강화: 미국의 동맹국활용전략이 강화됨. 동맹안보딜레마 설명가능.

④ 제도들 간 경쟁: 미국은 IPEF(인도태평양 경제프레임워크) 강화. 중국은 일대일로를 강화함. 이 과정에서 AIIB(아시아인프라투자 은행) 강화함.

(2) 경제적 영역

① 무역영역: 보호주의의 강화로 미국의 대중국 수출통제와 반도체 공급망 통제 vs. 중국도 미국에 대한 수출규제와 희토류 통제.

② 환율과 금융: 미국의 페트로 달러 체제 강화노력(1974년 미국이 사우디와 안보보장해주면서 원유 결제를 달러로 하기로 약속함)과 세일혁명에 기초해 석유 공급망통제가 수월해짐. vs. 중국 위완화의 국제화 (일대일로 사업을 하는 국가에게 위완화 결제를 요구함. 중동국가와 BP회사와 석유 대금을 위완화로 결제할 것을 요구함)

③ 투자: 미국의 다국적 기업 투자와 이에 대한 보호정책이 중요 vs. 중국은 투자 유치가 중요

④ 개발원조: 미국의 마샬플랜이 개발원조의 첫 번째 사례. 미국은 국민소득의 0.3%정도를 투자하는 전세계에서 가장 큰 투자 국가 vs. 중국은 OECD의 DAC(개발원조위원회)에 속하지 않고 개발원조를 하는 국가임. 일대일로 사업이 대표적인 개발원조사업임. 하지만 2013년 시작한 일대일로는 수혜국에게 높은 이율의 차관으로 인해 개도국을 지불불능상황을 만들고 있음.

(3) 사회 문화적 영역

① 중국에 대한 비호감의 증대: 하버드 대학의 퓨리서치 센터에 따르면 전세계의 민주주의 국가들에서 중국에 대한 비호감이 높아짐. 한국, 미국, 일본은 80%이상이 중국에 대한 비호감 증대함.

② 연성권력 경쟁 강화: 미국은 문화, 이데올로기. 대외정책 차원에서 연성권력을 강화함. 반면 중국은 문화, 이데올로기 차원에서는 연성권력 강화가 어려움. 대외정책에 초점을 둠.

③ 지식 권력 강화: 미국은 전세계 10대 싱크탱크 중에서 4개를 가지고 있음. 중국은 한 개를 가지고 있음. 또한 미국은 SCI급 논문을 가장 많이 제출하고 가장 많이 인용함. 중국은 세계 2위 수준으로 제출은 하지만 인용은 적음.

표를 통한 비교 **분석수준, 외교, level, track**

개념	의미와 내용	
분석수준(level of analysis)	원인의 눈높이. 개인, 국가, 국제체계가 대표적인 눈높이	
분석영역(field of analysis)	특정 사건이 미치는 영향의 범위. 정치적 영역, 경제적 영역, 문화적 영역.	
외교의 구분	전통외교	A 국가의 정부 ⇨ B 국가의 정부
	공공외교	A 국가의 정부 ⇨ B 국가의 민간
	민간외교	A 국가의 민간 ⇨ B 국가의 정부 또는 B 국가의 민간
양면게임의 two level	level Ⅰ	A 국가의 정부 ⇔ B 국가의 정부 (협상)
	level Ⅱ	A 국가의 정부 ⇔ A 국가(자국)의 민간 (협상)
국제기구(협상)의 구분	track Ⅰ	정부 간 기구
	track Ⅱ	비정부 기구
	track 1.5	비정부 기구로 실제 track Ⅱ이지만 구성원이 정부부서구성원이라 구분하는 개념

적용 가능 사례

1. 북한의 핵보유 동기: 개인 수준(김일성, 김정일, 김정은 개인 특성이나 권력욕), 국가 수준(북한의 낮은 경제력으로 재래식 무장 어려움), 국제체계 수준(중국과 러시아의 지원 곤란)
2. 미중 대립의 원인: 개인수준(미중 지도자), 국가(미국의 국내정치, 중국의 국내정치), 국제체제수준(미국 국력을 중국이 추격)

필수 개념과 인용할 저서

1. 3가지 분석수준, 인간 개인 수준, 국가수준, 체제수준(극성).
2. 『Man, the State and War』(1959년)

국제정치 쟁점 2 : 투키디데스의 함정

주제의 문제의식

Q **패권국가 미국과 도전국 중국 사이에 '투키디데스의 함정'에 따른 전쟁이 가능한가?**

A 패권국 미국과 도전국 중국 사이에 '힘의 변동으로 인한 두려움'이 전쟁을 가능하게 하지만, 몇 가지 조건으로 이를 피할 수 있다.

세부 쟁점과 핵심이론

sub 1 바이든 정부도 중국에 대한 공세적 정책유지로 미중 대립 강화와 전쟁가능성으로 인한 투키디데스 함정 논의와 회피 가능방안 논의

sub 2 유사한 개념으로 '킨들버거의 함정'과 정책적 함의: 킨들버거의 함정은 신생 패권국가가 공공재 공급에 나서지 않을 가능성 논쟁.
(1) 1930년대 대공황: 영국은 공공재 공급(자유무역)의지는 있으나 능력 없음. 미국은 능력은 있으나 의지가 없음.
(2) 중국 성장으로 패권 전환시: 미국은 공공재 공급의지는 있으나 능력 없음. 중국은 능력은 있으나 의지가 없음.

1. 투키디데스의 함정

(1) 쇠퇴하는 패권국가의 성장하는 도전국가에 대한 예방전쟁

(2) 그리스의 역사학자이자 장군인 투키디데스의 묘사. 스파르타의 아테네에 대한 예방전쟁은 "힘의 변동에 따른 두려움"이 전쟁의 원인

(3) **그래함 앨리슨의 연구:** 16개의 사례에서 12번 전쟁, 4번 전쟁 회피. 앨리슨 연구는 패권국가와 도전국가 간 전쟁이지 패권국가의 쇠퇴에 따른 예방전쟁만을 다룬 것은 아님.

(4) **투키디데스 주장:** 패권국가가 쇠퇴하고 도전국가가 성장할 때 힘의 축소로 패권국가가 두려움을 느껴서 전쟁을 시도한다. "펠레폰네소스전쟁은 힘의 변동에 따르는 두려움이 전쟁의 원인"

2. 패권국가 vs. 도전국의 두 가지 입장

(1) **패권국가가 전쟁주도:** 투키디데스와 로버트 길핀의 패권변동론의 주장. 패권국가가 상대적 국력이 약화되기 때문에 이런 국력축소로 인해 나중에 도전국과 권력역전을 피하기 위해 전쟁 시도.

(2) **도전국가가 전쟁주도:** 올간스키의 세력전이론의 주장. 성장하는 도전국가가 야심이나 현상타파적 성향에 의해서 먼저 전쟁을 주도함.

(3) **미·중 간 패권경쟁에의 함의:** 미국 위험설(로버트 길핀 주장) vs. 중국 위험설(올간스키 주장)

표를 통한 비교 **투키디데스의 함정 vs. 킨들버거의 함정**

명칭	의미	미·중 관계에의 함의
투키디데스의 함정(안보)	패권국가가 성장하는 도전국가에 전쟁수행. 스파르타의 아테네에 대한 전쟁	중국 강화에 대한 미국의 두려움과 선제전쟁 가능성
킨들버거의 함정(정치경제)	패권국가가 약화하고 성장하는 신흥국가가 국제공공재를 제공하지 않는 상황. 1930년 대공황의 발생과 지속은 영국과 미국의 공공재 제공 실패	중국패권부상 시 중국과 미국 모두 공공재(자유무역) 제공을 안 하는 상황

표를 통한 비교 **투키디데스의 함정을 피한 사례**

사례	피할 수 있었던 전략/ 요인
15세기 포르투갈과 스페인	스페인의 도전이 있었지만, 교황이 개입하여 중재함
19세기 영국과 미국	미국의 성장에도 불구하고 영국 지도자들이 미국 잠재력을 알아봄(지도자의 리더십). english speaking people이라는 점도 중요
냉전기 미국과 소련	소련이 도전했지만, 미국과 안정적인 관리를 함(절제정책: 제복입은 병사 간 무력사용자제). 핵무기의 억지력과 양국의 절제(ex, 쿠바 미사일 위기)
1990년 동서독통일	동서독통일에 대해 영국과 프랑스의 두려움에도 불구하고 서독의 기존 제도들(EU, NATO) 가입으로 두려움 해소

적용 가능 사례

1. 미국의 아시아회귀 전략이후 인도-태평양전략과 대중국 견제 vs. 중국의 해군력 증강과 대미 지역거부전략(A2AD전략)으로 미중 무력 분쟁 가능성
2. 중국의 남중국해 영유권 주장 vs. 미국의 항행의 자유로 미중 무력 분쟁 가능성
3. 중국의 하나의 중국 원칙 vs. 미국의 대만관계법(국내법)에 따른 무력 분쟁 가능성

필수 개념과 인용할 저서

1. 투키디데스의 함정, 킨들버거의 함정
2. 그라함 앨리슨의 『예정된 전쟁』

국제정치 쟁점 3 : 지정학 경쟁

주제의 문제의식

Q 대륙국가 중국의 '말라카 딜레마'를 해결하기 위한 해양력증강(해양실크로드전략)과 대륙 실크로드 전략은 해양패권국가 미국과 갈등을 강화할 것인가?

A 중국이 '말라카 딜레마'를 해결하기 위해 해양과 대륙으로 확장정책을 사용하면서 패권국가 미국과 갈등이 강화되고 있다.

세부 쟁점과 핵심이론

sub 1 중국의 성장과 '말라카 딜레마' 간 관계

(1) 논리: 경제성장과 에너지자원과 식량자원의 수입 증가 ⇨ 자원 수입의 80%이상이 말라카 해협을 거침 ⇨ 미국에 의해 통제되는 말라카 해협 봉쇄를 우려 ⇨ 말라카해협 봉쇄우려를 줄이는 정책 사용 ⇨ 일대(육상실크로드)일로(해상실크로드)정책사용 + 진주목걸이 정책(해군력확장에 따른 항만과 공항 조차정책) + 파키스탄과 미얀마를 통한 파이프라인 건설 + 크라 운하계획 + 남중국해 구단선 설정과 영유권 주장 ⇨ 1차 세계대전 이전 독일산업화를 위해 에너지와 식량 수입 의존 vs. 영국의 해상 봉쇄 우려

sub 2 세계 공장 중국이 에너지와 식량 자원확보와 수송로 확보를 위한 해군력 증강 정책과 이로 인한 주변 국가들과의 안보경쟁

(1) 논리: 중국의 해군력 증강정책(3번째, 4번째 항공모함 도입중) ⇨ 미국 – 호주 – 일본 – 인도의 QUAD 구성과 강화 + AUKUS구축 (미국, 영국, 호주의 외교안보 3자 협의체. 호주의 핵잠수함도입지원 동맹) + 베트남과 필리핀의 미국과 군사협조 강화

sub 3 중앙아시아를 둘러싼 미·중 간 경쟁인 New great game의 의미와 양상

(1) 논리: 중국의 자원확보를 위한 중앙아시아로의 접근과 미국의 견제 ⇨ 1907년 영국과 러시아 간 동맹 이전까지 영국과 러시아의 중앙아시아에서의 경쟁

sub 4 자원의 중요성 증대와 수송로(SLOC확보의 중요성)으로 인한 해군력확장이 동중국해와 남중국해에서 영토분쟁가능성과 해결방안

(1) 논리: 중국의 해군력증대 ⇨ 양토분쟁 가능성 증대 ⇨ 해결책: 민족주의 완화와 다자안보협의체를 통한 분쟁가능성과 위기관리 체제 필요

1. 지정학의 중요성 재부상

(1) 이론

① 마한(A. Mahan)의 해양력(sea power) 중시 이론: 1900년대 초 해양력 강화(해군력 + 해운력)가 세계 패권유지를 가능하게 함. 대양해군을 위해 항구가 필요하고, 해협관리가 중요. ⇨ 현재 미국, 중국, 일본, 한국 모두 해군력 증강정책 활용.

② 맥킨더(H. Mackinder)의 심장지역이론(Heartland theory): 유라시아 대륙에서 동유럽과 우크라이나와 러시아가 중요. 철도 기술 발전이 대륙의 자원을 활용하게 함. 따라서 러시아가 이 지역 지배를 못하게 해야 함.

③ 스파이크만의 주변지역 이론(rimland theory): 중심 지역을 둘러싼 주변지역을 해군력으로 연결하여 중심 지역의 소련 팽창을 봉쇄함. 해군력을 중심으로 한 동맹 강화전략. ⇨ 중국의 일대일로 정책은 주변 봉쇄에 대한 예방조치.

④ 전략적 요충지(ex, 불침항모로서 대만), 지경학적 요충지(ex, 말라카 위협)와 같은 지역의 특성이나 전략적 자원(ex, 석유자원)을 통해서도 설명 가능함.

(2) 지정학 부활

① 이념에서 지리로 이동: 냉전기 갈등은 이념을 중심으로 펼쳐짐. 탈냉전기 갈등은 지리를 둘러싸고, 인구, 자원에 대한 접근이 중요해진 갈등 양상을 보임. 이에 따라 냉전기에는 주목을 덜 받았던 지정학이 새로 관심을 받음.

② 해양력의 중요성 유지: 자원확보와 시장 접근에 있어서 해양의 중요성이 여전함.

③ 해양력의 유용성: 해양력은 군사력과 경제력 두 부분에 장점을 부여함. 첫째, 군사력에 있어서 해군력은 함포 외교와 같은 공격능력을 보유하게 함. 또한, 해군은 기술우위의 군대로 다른 분야로의 기술이전이 쉬움. 1차 대전에서 13척의 유보트가 연합국을 괴롭힌 사례가 대표적임. 둘째, 경제력에 있어서 해군력은 해양수로(SLOC)를 확보하게 함. 또한, 식민지 건설에 유리함. 이것은 국가의 국력을 증강함. 15세기 포르투갈과 스페인, 17세기 네덜란드, 19세기 영국, 20세기 미국이 대표적인 사례임.

④ 중국의 해양력 강화 노력과 그에 따른 갈등의 확대: 1980년대 류화칭 제독은 제1도련선과 제 2 도련선을 제시하여 중국 해군의 대양해군화(연안해군의 반대)를 주창함. 이것은 중국이 치욕의 100년을 경험한 것이 국력 부족 그중에서도 해군력 부족에 기인한다는 중국식 사고에 기초함. 또한, 중국은 주변국들에 포위되어 있기에 항상 안보가 불안하다고 생각하는 사고방식과도 연관됨. 중국의 해군력 증강은 우선 국내적으로 민족주의의 지지를 받을 수 있거나 민족주의를 활용해서 국내정치를 통제할 수 있세 함. '민족주의+해군력 증강'정책은 동중국해와 남중국해에서의 영토분쟁과 자원분쟁을 가져오고, 해군력 증강에 따른 안보경쟁과 함께 수송로 확보 경쟁(중국에는 말라카 해협의 딜레마)을 가져옴.

(3) 최근 지정학의 주요 이슈: 중국 지정학적 확장

① 중국의 해양대국화: 중국은 대륙국가인데 해양팽창을 시도함. 대양해군화와 항공모함의 확대.

② 일대일로(一帶一路)정책: '일대' 전략은 육상 실크로드 전략으로 중국에서 중앙아시아를 거쳐 유럽으로 확장하는 정책이고 '일로' 전략은 해상 실크로드 전략으로 방글라데시 치타공, 스리랑카의 콜롬보, 파키스탄 과다르, 지부티의 오보크, 수단의 포트수단, 탄자니아의 바가모요까지 확장해가는 정책이다.

표를 통한 비교 **지정학 전략들 비교**

일대일로 전략	중국의 유럽과 아프리카까지의 확장정책
AIIB	아시아인프라투자은행. 일대일로전략을 구현하기 위한 재원 마련용 은행
진주목걸이 전략	중국의 해군력 증강을 위한 항구나 공항을 조차하거나 임차하는 전략. 인도는 배제됨. 미얀마, 방글라데시. 스리랑카, 파키스탄, 지부티가 대상 국가임
다이아몬드 전략	미국의 중국 견제책. 미국, 일본, 호주, 인도가 연결됨. 트럼프행정부의 인도-태평양 시대의 근간.

③ 해양분쟁: 남중국해에서 시사(파라셀)군도(중국과 베트남이 분쟁 중) 중사군도(중국과 필리핀이 분쟁 중. 국제중재재판소에서 2016년 승소함. 중국이 전통적권리라고 구단선을 주장하였으나 중재재판소는 이를 부정함)와 난사(스프래틀리)군도(중국, 대만, 베트남, 필리핀, 브루나이가 분쟁 중). 동중국해에서 댜오위다오(일본명 센카쿠열도)에서 분쟁 중. 한국과는 이어도 분쟁.

표를 통한 비교 **동아시아 영토분쟁들**

시사군도(파라셀)	중국, 대만, 베트남이 분쟁 중
난사군도(스프래틀리)	중국, 대만, 베트남, 필리핀, 브루나이, 말레이시아
중사군도(스카보러 섬)	중국과 필리핀 간의 구단선 분쟁. 상설중재재판소에서 필리핀 승소.
댜오위다오(센카쿠)	중국과 일본의 분쟁
이어도	한국과 중국의 분쟁
독도	일본이 한국에 대해 영유권 주장. 샌프란시스코회의를 근거(독도가 명문으로 빠져있음)로 함.
북방 4개도	일본과 러시아 간 분쟁. 홋카이도 위의 4개 섬(쿠마시르, 하보마이, 시코탄, 이푸루프)

④ 운하건설: 태국과 크라운하(말라카해협우회 가능)건설논의, 니카라과 운하 건설에 참여(파나마운하 우회 가능. 사업 자체가 불발됨)

⑤ 국경분쟁경험 국가: 러시아, 인도, 베트남, 한국

⑥ 도련선: 류화칭 제독에 의해 1980년대 구성된 도련선 전략. '제1도련선'은 한반도–일본 규슈–대만–필리핀–말레이시아–베트남을 잇는 선임. '제2 도련선'은 사이판–괌–인도네시아를 잇는 선임.

⑦ QUAD구성으로 중국에 대한 대응: 다이아몬드 전략을 강화함. 미국–일본–인도–호주가 연결. 전통적인 동맹은 아님. 중국 견제를 위한 정치안보 협력체.

⑧ 미국의 동아시아 정책: 오바마 정부는 '아시아 회귀 정책(pivot to Asia)'을 표명하여 중국을 견제하고자 함. 트럼프 정부는 오바마정부의 정책을 거부하기에 아시아회귀라는 용어대신 '인도–태평양'시대를 언명함. 이것은 일본의 입장을 반영하여 인도를 끌어들여서 중국을 견제하고자 하는 것임. 2021년 당선된 바이든 정부에서도 중국에 대한 견제정책을 유지할 것임.

⑨ 신장위구르 지역 문제: 신장위구르 자치구에 대한 중국 정부의 정치적 탄압이 강화되고 있음. 신장위구르 지역에 있는 석유와 자원의 확보뿐 아니라 신장위구르 지역에 중앙아시아 국가에서 오는 천연가스와 송유관이 설치되는 전략적 지역이기 때문임.

⑩ 티베트 지역 문제: 티베트 지역도 독립을 원함. 중국은 한국전쟁에 참전하기 전에 티베트를 점령함. 티베트는 황하강과 양쯔강 등 중국의 중요 강의 원류를 이루는 지역임. 물 부족 국가인 중국 입장에서 티베트를 계속 지배하는 것이 중요함. 또한, 이 지역은 인도의 침략을 막고 인도를 압박하기에 중요한 지역임.

⑪ 미얀마 문제: 미얀마의 군사 쿠테타에도 불구하고, 중국은 미얀마에 2015년 송유관을 건설함. 중국은 미얀마 군부–권위주의 정부가 안전하게 송유관 유지를 원함. 이에 따라 미얀마에 대한 보호책임(인도적 개입의 업그레이드 버전)을 거부함.

(4) 미국과 중국의 지정학 차이

① 미국의 지정학적 우월성: 식량의 자유(세계 3대 곡창지대보유), 안보의 자유(태평양과 대서양이 보호), 에너지의 자유(셰일 가스와 오일 확보)+인구 감소 없고, 생산가능인구 증가함(출생자와 이민자로 가능)

② 중국의 지정학적 불리함: 식량의 해외의존도 높음. 에너지 2003년부터 최대 수입 국가임. 주변에 14개 국가와 국경을 마주하고 이들 국가들과 국경분쟁 경험이 있음. 중국의 출산율 저하로 인구 감소세. ⇨ 이에 더해 과도한 국가 보조금 정책과 5억 이상의 농민공(실업)문제+양극화 문제(최근 공동부유 정책으로 돌아섬) + 미국 시장에 대한 의존도가 높음.

③ 말라카 딜레마: 중국은 물자, 식량을 의존함. 주로 말라카 해협을 통해 수송됨. 중국 석유의 84%, 천연가스의 50%가 이용. 동아시아 국가들 석유공급의 90%를 차지함. 세계 물동량으로는 20~25%를 차지함.

(5) 미국의 대중국 견제 정책

① IPEF(인도 태평양 경제프레임워크): 미국이 메가 FTA인 TPP를 대체하기 위한 행정명령차원의 경제협력 장치. 공급망을 재편하고 중국을 견제하기 위해 미국이 유리한 분야를 강화함.

② chip 4동맹: 미국, 한국, 일본, 대만의 반도체 공급망을 강화함. 미국은 이들 국가들이 중국에 대해 신규 투자를 제한하고 있음.

③ IRA(인프라 감축법): 미국이 전기차 분야의 보조금을 통해 미국 자동차 시장을 강화하고자 함. 또한 신재생에너지 분야도 육성하고자 함.

(6) 한국의 지정학

① 한국도 식량과 에너지를 말라카 해협에 의존: 장기적으로 대양해군화를 통해 SLOC 안전 확보 필요함. 한국 물동량 99.7%가 해로를 이용함.

② 중국의 남중국해 영유권 주장과 해군력 증강 대응 필요: 장기적으로 중국 의존도 축소와 민주주의 국가 간 연합에 동참 필요. 단기적으로 중국의존도 높아서 중국과 협력 지속 필요.

③ 신북방정책: 중국과 러시아와 연결하는 철도 사업과 러시아 천연가스 송유관 연결 사업 구상. 이를 위해 북한과의 관계 개선이 필요함.

④ 신남방정책: 동남아시아 국가들과의 관계 필요. 동남아시아 국가들을 통해 중국의 생산기지와 소비지 역할 대체가 필요.

합격생의 주관적 tip

지정학 Part는 평소 관심을 가지고 있던 경우가 아니라면 답안으로 현출하기 어려운 부분임. 공부가 많이 되어 있는 수험생은 챙겨가면 불의타 대비에 좋겠지만 그렇지 않은 경우라면 3순환 기간에 이 부분을 너무 깊게 공부하기보다는 지정학의 이론부분+최근 지정학적 이슈만 챙겨가는 것이 현실적임.

국제정치 쟁점 4 : 세력균형이론

주제의 문제의식

Q 중국의 국력 성장에도 불구하고, 왜 한국은 중국에 대해 세력균형정책을 펴지 않는가?

A 중국의 국력이 성장하고 있지만, 한국은 패권국가 미국과 동맹을 유지하고 있기 때문에 아직은 세력균형정책이 불필요하다.

세부 쟁점과 핵심이론

sub 1 국제관계에서 세력균형 체제가 일반적인 행태인지 패권체제가 일반적 행태인지 논쟁.
(1) 쟁점: 힘의 집중 상태에서 전쟁가능성이 높은지 힘의 균형 상태에서 전쟁 가능성이 높은지 논쟁 ⇨ 실제 국가들의 관계에서는 힘이 집중될 때 전쟁가능성이 낮음.

sub 2 세력균형을 만들 때 자동적 세력균형이론과 의지적(지도자의 의지에 의한) 세력균형이론 중 어떤 것이 더 현실적인지 논쟁
(1) 쟁점: 모겐소는 지도자의 판단 강조 vs. 왈츠는 자동적 세력균형 강조.

sub 3 국가들이 다른 국가를 견제할 때 견제하는 판단 기준 논쟁
(1) 이론별 차이: 세력균형이론(객관적 국력에 균형) vs. 위협균형이론(상대방이 위협인지 여부에 균형) vs. 이익균형이론(국가의 성향에 따른 균형)

1. 세력균형이론 비교

(1) 고전적 현실주의: 의지주의적 세력균형

독립변수와 종속변수: 모겐소의 고전적 현실주의	
설명변수	독립변수: 인간의 권력 욕구, 지도자의 국가이익 계산, 지도자의 신중성 ⇨ 종속변수: 국가의 외교정책
안정화 장치	세력균형정책(자주국방+동맹) but, 불확실성, 비현실성, 부적합성의 내재적 결함.
적용 사례	동북아국가들의 지도자 변경(미국, 일본)과 세력균형활용방식 변화 가능성 strong man(시진핑, 푸틴, 김정은)과 지역 질서의 대립강화
정책방안	세력균형정책(지도자의 신중성 prudence)

① 인간중심적 현실주의이론: 국가의 운영에 있어서 정치 지도자의 판단이 중요. 정치지도자의 권력 추구 성향이 중요. ⇨ 국가도 권력 추구적이 됨 ⇨ 권력 추구적인 국가 간 권력경쟁이 국제정치의 본질

② 권력으로서 국가이익: 국가외교의 목표는 국가이익 확보임. 국가이익은 권력 증강 여부에 의해서 판단됨. 따라서 국가 정책은 권력 추구를 목표로 해야 함.

③ 세력균형의 중요성: 힘의 불균형은 분쟁과 전쟁을 야기함. 힘이 우세한 국가가 더 많은 요구를 하고 열세의 국가를 괴롭힘. 이것을 막고 안정과 평화를 위해서는 세력균형이 필요함.

④ 지도자 판단의 중요성: 세력균형상황인지, 어떤 방식으로 균형화를 할 것인지를 지도자가 판단함. ex) 이승만 대통령의 한미동맹체결 노력과 제 2의 한국 전쟁 방지

⑤ 국가지도자의 국정운영(statecraft)이 중요함. 이때 지도자는 신중성(prudence)이 리더십의 중요 덕목임. ex) 처칠에 의해서 영국이 2차 대전 승전국가가 된 점. 트루만 대통령의 원자폭탄 공격과 태평양전쟁의 종결.

2. 왈츠의 세력균형이론: 자동적 세력균형이론

독립변수와 종속변수: 왈츠의 신현실주의	
설명변수	독립변수: 무정부상태(Anarchy)(조건) 극성(독립변수) ⇨ 종속변수: 전쟁 가능성, 안정성 무정부상태(조건: condition)는 국가들의 자력구제(self－help)에 영향. 극성(양극/ 다극/ 단극) ⇨ 동맹 형성, 전쟁 가능성, 억지, 지역통합과 자유무역 여부.
안정화 장치	세력균형(내적 균형: 군비증강정책＋외적 균형: 동맹정책)정책. 자동적 세력균형. 동질화 가정＋균형화 과정. (국가 대외정책) 편승 대신 균형 선택.
적용 사례	중국의 성장과 미－중 양극화 가능성 극성과 동맹정책: 양극일 때 안정적 vs. 다극일 때 불안정적 vs. 단극일 때 불안정적 북한의 핵 보유 동기에 대한 방어적 현실주의 해석(무정부상태로 인한 생존 가능성 확보)
정책 방안	자동적 세력균형정책(국가는 내적균형이나 외적균형을 추구하게 됨)

(1) 구조적 현실주의에 기초한 자동적 세력균형이론

① 논리 차이: 모겐소는 지도자 판단과 결정에 의한 BOP(세력균형) vs. 왈츠는 지도자 판단 중요하지 않고 구조에 의해 강제되는 BOP(세력균형)

(2) 구조를 국제정치 도입

① 구조 중심으로 현실주의를 재구성. 신현실주의이론을 개발함.

② 구조의 3가지 요소

- 질서 구성원리(Ordering principles): 국제정치는 무정부성(중앙정부가 부재하여, 단위 간 협력을 강제하거나 분쟁 중재가 불가능함)
- 단위 특성(the character of units): 단위(국가)의 유사성(생존을 위해 단위는 안보,경제,사회활동을 유사하게 수행)
- 능력의 배분 상태(the distribution of capabilities): 강대국의 분포상태(극성, 강대국의 수가 중요)
- 'anarchy'와 '능력의 분포상태: 극성'의 중요: 'anarchy' ⇨ self－help 압력/ 극성 ⇨ 국가행동결정변수. ex) 양극일 때 전쟁가능성이 낮음. 다극일 때 전쟁가능성이 높음.

(3) 자동적 세력균형

① 가정

- 제 1 가정. 무정부상태(Anarchy) 가정
  – 이때 무정부상태는 홉스식 무정부상태(Lack of protection)
- 제 2 가정. 국가의 생존추구 가정: 국가의 최대목적은 지배이고 최소목적은 생존인데 이 중 국가는 최소목적인 생존을 추구 (Self－Help)
- 국가의 안보극대화경향: 국가는 생존을 위해 안보극대화(Security Maximizing)에 나서게 됨. 방어적

입장(현상유지적 입장)의 국가성향

② 자동적 세력균형의 논리

- 무정부상태에서 국가는 자조체계(self-help rule)에 빠지게 됨.
- 이런 과정에서 국가는 생존을 위해 '모방화 혹은 동질화'(다른 국가를 모방하게 됨) 하게 된다.
- 이후 국가들은 균형화 추구: 편승정책 대신에 균형정책을 추구함. (1단계: 모방화 ⇨ 2단계: 균형화)
- 편승과 균형의 구분: 편승(bandwagoning)은 제1 강대국편이 되는 것(within hegemon) vs. 균형(balancing)은 제1 강대국에 대항하는 것(against hegemon) ⇨ 국가들은 일반적으로 균형정책 택함. (편승을 하여 단극화 된다면 그 패권국이 자신을 언제 공격할지 모름. 따라서 양극 상태가 생존가능성이 높음)
- 자동적 세력균형의 도달: 세력균형은 무정부상태에서 국가가 생존을 추구하면 자연적으로 달성된다. 이를 자동적 세력균형론이라고 한다.

표를 통한 비교 **안보극대화와 권력극대화 구분**

안보(security) 극대화	현상유지적 국가가정	기존 보유한 이익과 가치를 유지하고자 하는 성향	방어적 현실주의
권력(power) 극대화	현상타파적 국가가정	미보유한 이익과 가치를 확보하고자 하는 성향	공격적 현실주의 / 고전적현실주의

(4) 양극안정론 주장

① 양극의 전쟁가능성 < 다극의 전쟁 가능성: 안정성(stability)은 체제변동 가능성을 의미함. 보통 강대국 간 전쟁으로 체제 전환. 다른 이론가들은 전쟁가능성으로 안정성 평가함. 왈츠는 극성의 변화가능성을 안정성을 규정함.

② 양극안정성의 근거: 강대국 간 양자적 관계(dyad)가 하나에 불과함. 이 둘 사이에서만 전쟁이 없으면 전쟁하지 않음. 4개의 세부적 근거가 있음.

- 계산 착오 miscalculation 감소. 국가 간 양자적 관계(dyad)가 한 개로 단순화되어 계산 착오의 여지가 적음.
- even distribution 힘의 균등한 분포. 양자 간에 힘의 균형을 맞추기 좋음.
- opportunity for war의 감소. 양자적 관계(dyad)의 감소로 전쟁의 기회감소. 강대국이 두 개밖에 없으므로 이 두 개의 국가만 전쟁을 안 하면 전쟁의 기회가 감소함.
- 상호의존의 감소로 인해 chainganging의 위험성이 낮음(K. Waltz). 강대국이 두 개이기 때문에 다른 강대국의 동맹에 대한 의존도가 낮고 동맹에 연루되어 전쟁으로 갈 확률이 낮음.

③ 다극 안정론 (칼 도이치 K. Deutsch): 상호작용의 기회증가가 안정을 가져옴(국가 간 상호작용이 복잡해지고 이것이 전쟁 결정을 어렵게 함). 동맹의 유연성(양극은 강대국 간 동맹이 불가한데 다극은 동맹을 통해 상대방 견제함. 자국의 안보경쟁압력이 적음). 복수적 교차압력(다른 국가와 함께 현상변경국가를 압박할 수 있음), 주의의 완화(양극은 상대국가에 주의 집중이 필요함. 주의집중이 과도한 견제로 이어질 수 있는데 다극은 이런 우려가 적음)

④ 미래 시나리오로 양극안정론: 중국 성장으로 미국과 대등한 국력 보유시 양극체제가 될 것임.

(5) 국가 간 협력의 어려움: 동맹 유지 등 협력은 하지만 쉽지는 않음.

① 왈츠 주장: 협력이 곤란하다고 주장함. “협력은 가능하나 달성하기 어렵고 유지하기는 더욱 어렵고 협력 여부는 국가들의 권력에 달림” 불가능(impossible ×, difficult ○)

② 협력이 곤란한 이유: 첫째 이유, 기만의 가능성(안보 분야에서 한번 속으면 국가 생존이 불가능할 수 있음). 둘째 이유, 상대적 이득(협력시 누가 더 많이 가져가는지 분배문제 – 국가들은 위치적 존재임을 가정하며, All against all 인 홉스식 무정부상태에서 협력으로 인한 상대 국가의 이득이 자국의 이득보다 크면 서로의 위치가 변화함, 이는 자국의 생존에 부담. 따라서 협력이 양국에 득이 되더라도 이루어지기 어려움.)

(6) 핵확산(nuclear proliferation) 안정론 주장

① 핵확산이 안정을 창출함.

② 핵무기의 2차 공격력 확보 시, 억지가 가능해지며 전쟁의 고비용성을 이루어냄. 이로 인해 전쟁가능성을 축소함.

3. 균형의 기준: 국가들은 무엇을 기준으로 균형화

세력균형	고전적현실주의 신현실주의	power를 기준으로 동맹체결. 의지적 세력균형. 모겐소는 객관적 국력에 균형주장함.
위협균형	위협균형이론	Threat perception(위협인식)을 기준으로 동맹체결. power = threat일 경우는 세력균형과 동일 power ≠ threat일 경우는 세력균형과 차이 상대국의 국력이 약해도 균형화 필요할 수 있음.
이익균형	신고전현실주의	interest (현상유지/ 현상타파)에 따라 동맹체결. 제 1 기준. 성향(현상유지와 현상타파) + 제 2 기준. 국력의 크기. ⇨ 제 1기준 고전적 현실주의 계승. 제 2기준 신현실주의 계승 power ≠ threat ≠ interest일 수도 있음. ㉠ 강대국인데 위협이 적고 현상유지국가도 가능.
공포의 균형	핵억지이론	balance of terror. 2차 공격력인 핵무기의 파괴력에 의한 공포심(terror)으로 균형화 도시 하나라도 공격받을 것이 우려되면 전쟁 포기
정치체제의 균형	민주평화이론	민주주의라는 정치체제에 의한 균형 민주주의와 민주주의 간 동맹 ㉠ 최근 미국이 대중국 견제 동맹 강화(AUKUS)
정체성 균형	구성주의	정체성을 공유하는 국가 간 동맹 칸트식 정체성공유 + 적대국에 대한 홉스식 정체성 공유 ⇨ 동맹 구성 자유민주주의와 자유민주주의 간 동맹

4. 세력균형이론 vs. 위협균형이론

(1) 객관적 국력이 아닌 주관적 위협인식이 동맹 구성: 1945년 이후 유럽과 일본은 미국(패권국가)과 동맹체결하여 소련(2위 국가) 견제

(2) 왈츠 제자 왈트(S. Walt)의 논리

표를 통한 비교 **왈트의 위협균형이론 (대북한. 대중국 견제 논리)**

균형의 기준	국력(세력균형이론)	상대 국가의 능력(권력)에 대응
	위협(위협균형이론)	상대 국가의 의도와 위협에 대응
위협에 대한 대응방식	편승 (within threat)	위협에 대한 유화정책 사용
	균형 (against threat)	위협에 대한 군사적 대응책 사용
위협평가 지표	지리적 인접성(Proximity)	가까울수록 위협인식 높음
	공격능력(Capability)	공격 능력(무기)이 많을수록 위협인식 높음
	공격의도(Intention)	공격의도가 높을수록 위협인식 높음
	총체적 국력(Aggregate power)	잠재적 국력이 높을수록 위협인식 높음

① 한미 동맹의 대북한 견제 이유 설명: 국력은 약하나 위협임.

② 중국에 대한 한미동맹의 견제 가능성 증대 설명: 중국의 국력성장에 따라 위협 증대하면 한미동맹도 중국견제 기능을 수행할 수 있음.

적용 가능 사례

1. 현재 단극 체제의 양극화 가능성(중국에 의한) 혹은 다극화 가능성(중국과 유럽연합에 의한)논쟁: 이 주제는 여전히 논쟁중.
2. 중국의 국력 성장은 미국을 견제하는 세력균형에서 멈출 것인지, 미국을 넘어 새로운 패권이 되는 세력전이론까지 갈 것인 논쟁: 중국의 성장가능성+중국의 국가성향(현상타파 성향여부)가 결정.
3. 중국 성장에 대해 한국과 일본이 대중국견제를 위한 세력균형 가능성 논쟁: 패권 국가 미국이 있어서 쉽지는 않음. 한미동맹과 미일동맹이 중국견제 가능.
4. 동북아시아에 한국과 일본의 핵무장이 지역질서에 안정을 가져올지 논쟁: 왈츠 주장은 안정성을 가져옴.

필수 개념과 인용할 저서

1. 모겐소(H. Morgenthau): 권력으로 정의되는 국가이익, 세력균형, 지도자의 신중성. 『Politics among Nations』(1948년)
2. 왈츠 (K. Waltz): 구조, 무정부상태, 극성, 양극안정론, 자동적 세력균형. 『Theory of International Politics』(1979년)
3. 왈트 (S. Walt): 위협인식, 위협균형이론, 위협구성요소 4가지(지리적인접성, 공격능력, 공격의도, 총체적 국력). 『The Origins of Alliance』 (1987년)

합격생 tip

1. 왈츠의 기본 가정, 논리를 명확하게 정리하여 답안에 현출할 수 있도록 준비해두는 것이 유용하며, 현실주의 vs. 자유주의, 양극안정론 vs. 패권안정론, 세력균형이론 vs. 위협균형이론 등 다양한 이론들과 비교할 준비를 해두는 것이 중요.
2. 왈트의 위협균형이론의 경우 위협평가지표들을 대입하여 한미동맹 등의 사례 해석 가능.
   예를 들어, 절대적인 군사력은 미국이 높으나 북한의 경우 지리적 인접성이 가깝고 공격능력이 높아 우리나라 입장에서 위협이 되고, 따라서 미국과 동맹을 유지하고 북한을 견제하게 된다는 식의 주장을 할 수 있음. 이 주장을 하면서 북한의 ICBM기술 등 공격능력을 설명하거나 북한의 공격적 발언을 사례로 공격의도가 높아지고 있다는 주장을 뒷받침할 수 있음. 해당 사례들을 찾아서 정리해 놓는다면 답안의 구체성이 높아실 것이라고 생각함.
3. 「정치학강의 4」 Part2－2 "동맹이론을 동한 한미동맹의 역할분석" 참고.
   － 해당 연습문제는 처음 공부하는 수험생이 각 균형이론의 요소들은 암기했는데 글로 표현하기 어려운 경우, 예시가 될 수 있음. 중요한 것은 요소의 용어를 설명하고, 각각의 요소에 맞는 사례를 대입하는 것.

국제정치 쟁점 5 : 안보딜레마와 전쟁 가능성

주제의 문제의식

Q 동북아시아 국가 간 안보딜레마로 인한 무력 충돌가능성을 완화할 수 있는 방안은 무엇이 있는가?

A 동북아시아 국가 간 안보딜레마를 완화할 수 있는 방안은 방어적 현실주의에 따르면 공격방어 균형에서 방어위주의 전략구성과 공수구분 가능성을 높이는 것이다.

세부 쟁점과 핵심이론

sub 1 안보딜레마와 안보경쟁의 구분과 의미차이

(1) 논리: 협의의 안보딜레마는 '의도없이' 자신의 군사력증강이 상대를 불안하게 만드는 것이고 협의의 안보경쟁은 '의도가 있게' 자신의 군사력증강이 상대를 불안하게 만드는 것임. ⇨ 북한과 중국의 군사력증강이 의도적인가 의도적이지 않은가를 구분하는데 유용. ⇨ 이들은 의도적이라고 파악. 현상타파성향을 가진 국가들이기 때문임. (성향을 고정시켜 판단)

sub 2 안보딜레마가 군비증강을 만들고 이것이 필연적으로 전쟁으로 이어지는지 논쟁

(1) 쟁점: 안보딜레마 ⇨ 군비경쟁 ⇨ 전쟁 가능성 증대 (군비경쟁 이론) vs. 안보딜레마 ⇨ 군비경쟁 ⇨ 억지무기로 핵무기강화 ⇨ 전쟁 가능성 감소(핵억지 이론)

sub 3 이론별 안보딜레마를 해결하는 방안 간 논쟁:

(1) 방어적 현실주의: 군사전략변화(방어전략)와 공수구분가능성(상대 공격탐지능력)강화
(2) 신자유주의: 제도를 통한 불확실성 축소와 군비축소 전략과 군비통제전략
(3) 구성주의: 홉스식 정체성의 칸트식 정체성으로의 전환

1. 안보딜레마 이론

(1) 안보딜레마의 정의와 원인

① 존 헐츠(J. Herz)가 개념 창시했으나 체계화는 하지 못하였다.

② 안보딜레마의 정의: "한 국가의 안보증진 노력이 다른 국가의 안보 불안을 가져오는 현상

③ 안보딜레마의 원인: 안보딜레마는 ① '무정부 상태'와 ② 상대방에 대한 '불신'과 ③ 군사력의 '공수 양면적 속성'로 인해 발생

표를 통한 비교 안보딜레마와 안보경쟁구분

안보딜레마	광의 – 한 국가의 안보증진 노력이 타국가의 안보를 불안하게 하는 현상 협의 – 한 국가의 안보증진 노력이 '의도하지 않게' 타국가의 안보를 불안하게 하는 현상

안보경쟁	한 국가의 의도된 안보증진 노력으로 타국가를 불안하게 하고 타 국가 역시 안보를 증진하려는 현상

(2) 무정부 상태와 안보딜레마

① 무정부 상태의 안보딜레마 논리

- 무정부 상태는 국가를 생존에 몰두하게 만듦. ⇨ 자조 체계(self-help) 속에서 빠지게 됨 ⇨ 자조 체계 속에서 한 국가의 힘의 증대는 상대방 국가의 안보 위협이 되게 되고, 이는 다시 상대방의 안보증진 조치를 가져오게 함 ⇨ 군비경쟁으로 이어짐. (사슴 사냥게임과도 유사한 상황)
- 사슴사냥 게임(분석도구): 한 행위자의 배신으로 장기적으로 더 높은 효용이 있는 사슴(군비축소와 복지예산 확대)을 놓치게 되고 눈앞에 보이는 단기적 이익인 토끼(군비경쟁)를 잡게 되는 상황.

② 군비경쟁으로 확대

- spiral (나선형 경쟁): 이러한 악순환은 결국 국가들을 필요 이상의 군비를 증대하게 함으로써 안보경쟁 이전 상태보다 나빠진 상태로 몰고 감.
- 군비경쟁(arms race)의 Escalation(군비경쟁)으로 인해서 국가는 자원의 효율적 산출이나 분배보다 소비재 산업인 군수산업(승수효과가 적음)을 더욱 육성하게 됨으로서 국가 내의 분배 문제에도 악화를 가져옴.

(3) 방어적 현실주의의 안보딜레마 완화방안

① 안보딜레마는 방어적 현실주의 특히 로버트 저비스(R. Jervis)에 의해서 완화될 수 있다고 주장된다.

② 방어전략/공격전략(offense-defense balance) 사이에서 어떤 전략과 무기를 선택할지에 의해 결정: 한 국가가 공격전략이 방어전략보다 유리한 경우, 그 국가는 공격전략을 선택하게 됨. 상대 국가도 공격전략을 선택하게 되면 두 국가는 '공격전략 vs. 공격전략'으로 만나게 됨. 반대로 두 국가가 모두 방어전략이 유리하다고 선택하게 되면 '방어전략과 방어전략'으로 만나게 됨. 공격전략은 높은 기동성을 중심으로 하여 상대 진영에 공격해 들어가서 상대를 정복하거나 항복하게 하는 전략임. 반면 방어전략은 화력을 중심으로 자신의 땅에서 공격해 들어온 국가를 막는 전략임. 이렇게 공격전략과 방어전략이 결정되면 '속도'를 강조하는 공격무기와 '화력'을 강조하는 방어무기를 구비하게 됨. 공격전략과 공격전략으로 대립한 상황에서는 약간의 분쟁에도 기습공격을 통한 공격의 우위를 확보하기 위한 군사전략을 사용할 수 있기 때문에 안보딜레마를 크게 느끼게 됨.

③ 공격/방어구분가능성(offense-defense differentiation)에 의해서 상대방의 의도와 자신의 의도를 알릴 수 있는지에 의해 결정: 공격과 방어를 구분할 수 있다는 것은 상대방이 공격할 것이라는 의도를 알아낼 수 있다는 것임. 이는 안보딜레마를 덜 느끼게 함

표를 통한 비교 **이론별 안보딜레마 완화방안**

이론명칭	완화기제	결과
방어적 현실주의	첫째, 공격방어균형에서 '공격-공격'전략 대신 '방어-방어'전략으로 변경 둘째, 공수구분가능성의 증대	안보딜레마의 완화
공격적현실주의	강대국 간 필연적 안보경쟁	안보경쟁의 지속

신자유주의	제도를 통한 불신감소(미래의 그림자 확대로 협력 가능성 증대) ⇨ 무정부상태가 정보 제공자의 부재임. ⇨ 정보 부족으로 신뢰부족함. ⇨ 제도를 통해 신뢰구축. 협력유도함.	안보딜레마 완화
구성주의	정체성의 변화로 무정부상태 변경(홉스식 무정부상태에서 칸트식 무정부상태로 변경)	안보딜레마의 궁극적 해결

적용 가능 사례

1. 미·중 간 안보딜레마와 의도하지 않는 전쟁 가능성
2. 북한 핵문제와 주변 국가들의 안보딜레마에 따른 무력충돌 가능성
3. 미국의 Stuxnet 공격(바이러스)에 따른 사이버 분야에서 안보딜레마 증대

필수 개념과 인용할 저서

1. 저비스(R. Jervis)의 공수균형, 공수구분 가능성. "Cooperation Under Security"(1978년)
   cf. "○○○"는 논문. 『○○○』 저서.

합격생 tip

안보딜레마의 원인, 완화방안을 논리적으로 연결해야함. 안보딜레마의 원인이 상대방에 대한 불신이기 때문에 신자유주의는 제도를 통해 불신을 감소시키자고 주장하며, 공수 양면적 속성이 원인이기 때문에 방어적 현실주의는 공격-방어 전략과 공수구별을 통한 완화를 주장하는것. 단순히 원인 세 가지, 해결 가능하다는 이론 세 가지를 병렬적으로 나열하기보다는 출제된 문제의 의도에 맞게 원인을 부각하고 그 원인을 해결할 수 있다고 주장하는 이론을 대입하는 것이 필요함. 각각의 이론에 관한 현실 사례 준비도 필요함.

국제정치 쟁점 6 : 동맹안보딜레마와 전쟁가능성

주제의 문제의식

Q 미·중 간 무력충돌가능성은 한미동맹을 통해 한국에 연루와 방기에 어떤 부담을 줄 것인가?

A 미·중 간 무력 충돌가능성이 증대하면 한국은 미국의 요청으로 대중국 견제에 동참하는 '연루'의 위험이 증대할 것이고, 이를 거부하면 한국은 미국에 의해 '방기'될 가능성이 크다.

세부 쟁점과 핵심이론

sub 1 동맹안보딜레마에도 불구하고 내적균형정책(군비증강정책)이 아닌 외적 균형정책(동맹정책)을 선택하는 이유.

(1) 논리: 내적 균형(internal balancing)은 국방비라는 '경제적 비용'과 유권자들의 불만 증대라는 '정치적 비용'과 '시간 확보'의 어려움과 주변국가에 대한 '안보딜레마 유발'이라는 단점이 있어서 외적 균형(external balancing)정책을 선택한다.

sub 2 동맹에서 동맹안보딜레마가 발생하는 원인

(1) 동맹국가 A의 공격전략 선택 ⇨ 전쟁가능성 증대 ⇨ 동맹 공약과 신뢰성으로 동맹국가 B의 개입 가능성 증대 (연루: 원치 않는 전쟁에 개입)

(2) 동맹국가 A의 방어전략 선택 ⇨ 전쟁가능성 하락 ⇨ 동맹국가 B의 도움 요청에 거부할 가능성 증대 (방기: 전쟁시 지원받지 못하는 현상)

sub 3 동맹안보딜레마의 존재 여부 논쟁

(1) 방어적 현실주의: 동맹안보딜레마 존재. (극성과 연관: 다극에서는 강대국 간 동맹안보딜레마 존재. 양극에서는 강대국 간 동맹안보딜레마 부재 ⇨ 양극의 두 강대국은 라이벌이라 상호 동맹 체결 안함 ⇨ 대신 강대국과 약소국 간 동맹안보딜레마는 존재할 수 있음)

(2) 공격적 현실주의: 동맹안보딜레마 부재 (국가들은 매 순간 전략적 선택을 함. 불필요한 경우에는 동맹 폐기 가능)

1. 동맹안보딜레마

(1) 의미

① 한 동맹국가의 전략 변화로 타방 동맹국가의 안보불안으로 이어지는 현상. 글렌 스나이더(G. Snyder)의 개념으로 방기(abandonment)의 위험과 연루(entrapment)의 위험을 설명.

② 동맹국가의 공격전략 선택: 전쟁 수행 의지가 강해지는 것임. 이는 타방 동맹국의 연루를 가능하게 함.

③ 동맹국가의 방어전략 선택: 전쟁 수행 의지가 약해지는 것임. 이는 타방 동맹국의 방기 가능성을 높임.

④ 위험회피 전략 간에는 교환(tradeoff) 관계: 방기의 위험을 낮추려면 연루의 위험이 증대하고, 연루의 위험을 낮추려면 방기의 위험이 증대함.

(2) 극성이론과 결합

① 다극일 때 발생: 다극은 강대국 간 동맹이 중요하고 합종연횡이 가능함.

② 양극일 때 강대국 간에는 부재: 양극의 두 국가는 경쟁함.

③ 단극: 원래 1980년대 논쟁에는 없었음. 그러나 단극도 패권국가만 있고, 강대국이 중요하지 않게 되기에 동맹안보딜레마가 논리적으로 발생하기 어려움.

(3) 설명할 용어 선택과 사용

① '동맹국 일방'과 '동맹국 타방'으로 설명 가능

② '강대국'과 '상대적으로 힘이 부족한 국가' 간 사용시: senior partner와 junior partner. ex) 미국과 영국

2. 동맹 중에서 비대칭동맹(강대국과 상대적 약소국 간 동맹)

(1) 제임스 모로우의 비대칭동맹 모델

① 모로우의 두 가지 모형 대비: 대칭적 모델과 비대칭적 모델

② 대칭적 모델: 강대국 간 동맹. 국력결집모델로 불림. 강대국은 자국의 안보를 지키고 타국인 동맹국에도 일정부분 군사력 지원이 가능함. 이런 강대국 간의 국력을 결집하면 전쟁의 승패에 영향.

③ 비대칭모델: 강대국과 약소국 간 동맹. 자치-안보교환모델로 불림. 강대국은 약소국에 안보를 제공함. 약소국은 강대국에 자치권을 제공함. 즉 강대국에 특정 지역을 활용하거나 전시작전통제권을 이양하게 만들어줌.

④ 한미동맹은 자치-안보 교환 모델의 대표적인 사례: 한국의 전시작전권이 여전히 환수논의 중.

(2) 크리스토퍼 슈메이커(C. Shoemaker)의 partron-client 모델

① 강대국이 patron (후원자)로 약소국인 client에게 안보를 제공함. 이에 대한 대가로 약소국은 강대국에게 두 가지를 제공함. 첫째, 국제적 유대(international solidarity) 혹은 이념(ideology)제공. 둘째, 전략적 이점(strategic advantage)을 제공함. 해석하면 약소국은 후원국가의 국제체제 운영의 정당성을 인정하거나 강화하고, 강대국이 전략적으로 자국을 활용할 수 있게 해줌.

② 자치-안보 교환 모델은 자치권을 확보하기 어려움. 한국 입장에서 자율성확보가 어렵고 협상을 설명하기 힘듦.

③ 후원자-피후원자 모델의 경우는 강대국을 상대로 상대적 약소국이 정당성과 전략적 이점을 가지고 협상을 시도할 수 있음. 그런 점에서 좀 더 주체적인 모델로 설명이 가능함.

(3) 폴 쉬로더(P. Schroder)

① 동맹은 동맹의 대적 기능(적대국가에 대한 역할과 기능)과 대내 기능(동맹정치: 동맹파트너 간의 관계)

② 동맹을 대적기능과 대내기능으로 입체적 분석을 가능하게 함.

3. 복합 안보딜레마

(1) 글렌 스나이더의 논리

① 동맹 국가 A의 공약강화: 적대국가와의 안보경쟁을 강화함. 반면 동맹국가 B에게는 연루의 위험 증대시킴. 이런 경우 동맹국가 B의 협상력은 약화됨. 즉 자율성이 약화되면서 동맹자체는 강화됨.

② 동맹 국가 A의 공약 약화: 적대국가와의 안보경쟁은 완화됨. 반면 동맹국가 B에게는 방기의 위험이 증대됨. 이런 경우 동맹국가 B의 협상력은 강화됨. 자율성이 높아지지만 동매은 약화됨.

③ 동맹 공약강화는 전쟁참전의지의 강화를 의미. 동맹 공약약화는 전쟁참전의지의 약화를 의미함.

④ 동맹국가의 공약 변화(독립변수) ⇨ 안보딜레마(대적기능)+동맹안보딜레마(대내기능 혹은 동맹국 간 기능)에 영향: 동맹공약의 강화 의미 설명 필요. 이로 인해 대적기능+대내기능 변화 설명필요.

4. 안보딜레마와 동맹안보딜레마

(1) 미국의 대중국 견제 강화

① 미국의 군사력 증강 정책으로 인해 안보딜레마에서 안보경쟁 강화. 미국과 중국 군사력 경쟁으로 항공모함 경쟁으로 상징.

② 동맹안보딜레마 강화가능. 한미동맹은 대북한 동맹임. 오직 북한만이 주적임. 미국과 중국은 1979년 수교함. 한국과 중국도 1992년 수교함. 남북한과 북미 간에만 수교가 없음. 그런데 한미동맹에서 대중국견제가 강화되면 한미동맹도 연루가능성이 높아짐. 즉 미국의 공격적 전략에 한국도 개입할 수 있음.

③ 대표적인 사례가 대만 문제임. 미국은 대만관계법(국내법)으로 대만보호함. 중국은 반국가분열법으로 대만에 외세 개입할 경우 무력 사용 가능하다고 명시함. 미국의 대만 개입상황에서 한반도의 평택 주한미군 기지가 해공군을 활용할 여지가 있다고 추정됨.

④ 안미경중(안보는 미국 경제는 중국)에서 안미경미(안보는 미국 경제도 미국)로 변화중임.

표를 통한 비교 동맹안보딜레마의 논리

의미	동맹국의 안보증진 ⇨ 동맹파트너의 안보불안	• 동맹국의 공세적전략(↑) → 타방 동맹국의 연루가능성(↑) • 동맹국의 방어적전략(↑) → 타방 동맹국의방기가능성(↑)
다른 경로	적대국의 안보증진 ⇨ 동맹국의 안보전략변화 ⇨ 동맹파트너의 안보불안	• 적대국의 공세적전략(↑) → 동맹국의 공세적전략(↑) → 타방 동맹국 연루가능성(↑) • 적대국의 방어적전략(↑) → 동맹국의 방어적전략(↑) → 타방동맹국 방기가능성(↑)
극성과의 관계	극성(독립변수) ⇨ 동맹 안보딜레마 변동(종속변수)	• 다극 ⇨ 강대국 간의 동맹안보딜레마 • 양극 ⇨ 두 라이벌 간 관계 중요. 동맹안보딜레마 덜 중요 • 단극 ⇨ 패권국가에 의해 방기와 연루가 결정

적용 가능 사례

1. 한국의 베트남 전쟁 시기 닉슨 독트린(아시아인의 방어는 아시아인의 힘으로)와 주한미군 철수는 방기 사례. 반면 2004년 한국의 이라크 전쟁 추가 파병은 연루사례.
2. 미국과 중국의 대립 상황에서 한국의 연루 가능성

합격생 tip

–「정치학강의 4」 Part2–2 "방어적 현실주의와 공격적 현실주의의 동맹논쟁", "동맹안보딜레마와 한미동맹" 참고. 방어적 현실주의의 기본 논리와 세력균형이라는 특징으로 인해 동맹안보 딜레마가 생기는

것이므로, 동맹안보 딜레마를 서술할 때에는 개념을 설명하면서 방어적 현실주의의 가정을 먼저 설명하고 논리적으로 연결시켜 서술하는것도 좋은 방법이라고 생각함.
연루와 방기에 대한 개념이 암기되었다면, 이후 공부를 하면서 답안을 쓸 때에는 연루/방기의 사례도 써야 함.

국제정치 쟁점 7 : 극성과 국제정치 안정성 간 관계

주제의 문제의식

Q 극성(polarity)의 특징은 전쟁가능성에 어떤 영향을 미치는가?

A 강대국 간 경우의 수가 하나이고, 힘의 견제가 손쉬운 양극체제가 전쟁가능성이 다극 체제보다 낮다. 반면에 단극은 사례가 많지 않아 논쟁중이다.

세부 쟁점과 핵심이론

sub 1 현재 단극체제는 안정성을 가지는지와 지속성이 높은지 논쟁.

(1) 쟁점: 패권이론가들은 안정성이 높고 지속성도 높다고 주장 vs. 세력균형이론가들은 안정성이 낮고 지속성도 낮다고 주장.

sub 2 현재 패권국가 미국이 운영하는 단극체제가 다른 단극체제와 차이가 있는지 논쟁. (1) 쟁점: 미국의 자유주의적 패권체제로 인해 체제 안정성이 높다는 자유주의입장 vs. 미국의 단극도 큰 차이가 없다는 현실주의입장.

1. 과거 극성과 안정성 논쟁

(1) 양극안정론: 왈츠와 미어샤이머가 대표

① 계산 착오 miscalculation 감소: 국가 간 양자적 관계(dyad)가 한 개로 단순화되어 계산 착오의 여지가 적음. 상대 국가와 힘이 비슷하다는 계산을 비교적 정확하게 하게 되어 전쟁을 시도하지 않음.

② even distribution 힘의 균등한 분포: 양자 간에 세력균형이 용이.

③ opportunity for war의 감소: 양자적 관계(dyad)의 감소로 전쟁의 가능성 축소.

④ 동맹안보딜레마 가능성 낮음: 상호의존의 감소로 인해 chainganging의 위험성이 낮음

⑤ 기타 설명요인들: 신중함, 게임의 단순성과 확실성, 국가 간의 국력 대등함, 규칙형성의 단순성, 동맹에 대한 낮은 의존도, 진영 내 리더십으로 인한 갈등 증폭의 사전 억제 등이 근거가 된다.

(2) 다극안정론: 칼 도이취가 대표

① 상호작용의 기회(interaction opportunity) 증대. 국가 간 관계(dyad)가 여러 개로 증가. 전쟁에서 이길지 질지를 모르는 '불확실성(uncertainty)'의 증대로 국가들 전쟁 계산이 어려움.

② 행위자가 증대 시 복수적 교차압력 가능: 반드시 한 국가가 군사력을 확장하여 다른 국가의 군사력증대에 나설 필요가 없음.

③ attention의 약화로 긴장 감소: 행위자가 많아지고 양자적 관계도 많아지므로 적대 국가에 대한 긴장과 관심이 감소함.

④ 기타 설명 요인: 군비경쟁의 완화, 동맹의 유연성, 예측 곤란에 따른 모험의 회피를 들 수 있다.

(3) 극성무관론: 존 루이스 개디스(J. L. Gaddis)

① 극성과 안정성 간의 무관함 주장

② 극성보다는 핵과 정찰기술과 이념적 온건성이 중요

③ 특히 핵의 영향력이 냉전을 '긴 평화(long peace)'를 만들었다고 주장

2. 1991년 이후 극성논의

(1) 단극체제 안정론/패권안정론

① 힘의 집중에 의한 안정성: 강력한 패권국가의 존재는 도전을 불허함. 도전자에 의한 전쟁 불가능하게 함.

② 힘의 집중이 공공재를 제공: 패권국가는 '준(quasi)정부적 존재'를 구성. 마치 국내정치에서 중앙정부처럼 공공재를 제공하여 국제질서를 관리하고 안정을 유지함. 또한, 개방무역구조를 강제할 수 있음.

③ 단극의 특징: 힘의 한 국가로의 집중과 견제 부재.

(2) 단극체제 불안정론/세력균형이론

① 힘의 집중에 의한 불안정성: 강력한 패권국가가 선의(benign)의 국가라는 보장이 없음. 인간 본성 때문에 권력 추구하거나 무정부상태 불안 극복하고자 권력 추구할 것임. 따라서 패권국가는 악의적(malign)일 것임. ⇨ 패군국가의 성향 논쟁으로 이어짐.

② 자연적인 세력균형 도달: 패권국가의 국력은 쇠퇴하게 됨. 다른 국가들이 성장하여 패권국가를 견제하게 될 것임.

(3) 자유주의 반론: 극성부재론, 자유주의 패권이론, 민주평화이론

① 자유주의 극성 부재론: 극성논의(강대국의 수)보다는 게임규칙이나 제도와 같은 과정이 중요. 자유주의자 리차드 하스(R. Haas)는 강대국보다 비국가 행위자가 중요하다고 보면서 향후 질서에서 극성 부재를 주장

② 자유주의 패권이론: 자유주의 패권은 상대적으로 견제를 덜 받음.

③ 민주평화이론: 무정부상태가 민주주의끼리는 중요하지 않다고 생각함.

(4) 미국 패권의 예외성: 극성부재론, 자유주의 패권이론, 민주평화이론

① 미국 패권은 이례적으로 오래간다는 주장

② 세력균형과 위협균형을 동시 고려: 마이클 머스탄두노(Michael Mastanduno)는 미국에 대해 세력차이도 고려하나, 위협여부를 고려하기에 미국을 균형화하지 않음.

③ 힘의 집중에 의한 견제 부재: 윌리엄 월포스(William Wohlforth)는 미국의 국력이 너무 커서 다른 국가들이 동질화 자체가 안됨. 1단계의 동질화가 안 되니 2단계의 균형화는 시도가 안됨.

④ 동맹 정책: 요셉 요페(J. Joffe)는 미국은 동맹정책을 잘 수행하여 다른 국가들이 견제를 하지 못함.

⑤ 자유주의 패권: 존 아이켄베리(J. Ikenberry)는 미국이 개방적인 패권체제를 만들고, 다른 국가들과 이익을 나누고, 다원적으로 지배하기 때문에 불만이 적어서 도전하지 않는다고 보았다.

(5) 미국의 외교정책으로 패권 체제 약화

① 미국의 외교정책 실책: 다른 국가들의 불만 증대. 단극에 대한 도전 증가. 미국의 2003년 이라크 전쟁이 대표적.

② 미국의 연성권력 부족: 죠셉 나이는 미국 외교가 연성권력을 적게 사용한다고 비판.

(6) 미국 예외론(미국 패권의 예외적 측면) vs. 역외균형론 (강대국 중 1국으로 균형정책 필요)

① 미국예외론: 아이켄베리의 논리. 미국 패권은 다른 패권과 달리 자유주의적 패권에 기초한 liberal hegemon임. 제도를 다자주의에 기초해서 운영함. 이런 점에서 미국 패권은 여전히 강함. 신흥국가들을 제

도가 절제시킴. 또한 신흥국의 경우 새로운 제도를 만들기보다 현재 미국이 만든 제도를 활용해서 경쟁하거나 경쟁의 우위를 누리기 원함.

② 역외균형론: 미어샤이머의 논리. 미국이 전략적으로 역외균형자 역할 수행하는 것이 바람직함. 미국의 국력을 약화시키지 않으면서 중국과 같은 신흥국을 관리하고 견제할 수 있음.

(7) P5 국가와 G5 국가 분류

① P5 국가: UN 안전보장이사회 상임이사국 5개. 미국, 영국, 프랑스, 러시아, 중국. 이들은 핵무기 보유 국가로 군사강국을 지칭함.

② G5 국가: 미국이 변동환율제로 바꿀 때 세계 경제에서 통화가 가장 많이 교역되는 경제 선진국 5개/ 미국, 영국, 프랑스, 독일, 일본. 이들은 경제강국임.

③ G5 국가는 모두 미국의 동맹. 하지만 P5에는 러시아와 중국이 있음. 이들을 합치면 7개 강대국이 됨. 7개 강대국 중에서 미국에 도전하는 현상타파 국가는 러시아와 중국이 있음.

④ 미국에 대한 세력균형 가능성 논쟁: 미국을 제외한 7개 국가 중에서 동맹 국가들은 미국에 편승(bandwagoning: 최고 강대국 편에 서는 것)중임. 따라서 이들은 미국에 균형(balancing: 최고 강대국의 반대편에 서는 것)정책을 추구하지 않음. 러시아와 중국만 미국에 균형화를 시도할 수 있음.

(8) 개념의 구분: 불확실성(Uncertainty) vs. 불안정성(Instability)

① 불확실성: 전쟁이 발생했을 때 승패를 알기 어려운 상황. 누가 이길지 질지 알 수 없는 상황. 힘(군사력과 경제력)의 대등성(parity)은 누가 이길지 질지 모르게 만들 수 있음.

② 불안정성: 전쟁이 벌어질 가능성이 높은 상황.

③ 불확실성과 불안정성의 관계: 불확실성이 불안정성을 만든다는 입장(패권이론. 힘이 대등해지면 전쟁 가능성이 높아짐. 이는 싸웠을 때 이길지 질지 모르는 상황에서 현상타파적인 국가는 '싸워도 진다는 보장이 없다'로 해석하기 때문임. 패권이론 중 길핀(R.Gilpin)은 패권국으로 인한 전쟁, 올간스키(Organski)는 도전국에 의한 전쟁을 설명함) vs. 불확실성이 안정성을 만든다는 입장(세력균형이론. 힘이 대등해지면 전쟁가능성은 낮아짐. 현상유지적 국가를 가정함. '싸워도 이긴다는 보장이 없다'로 해석하기 때문임)

적용 가능 사례

1. 중국몽(2050년까지 패권구축)과 미국 단극체제 유지 간 갈등

합격생 tip

미중갈등이 심화된다면 잘 준비해야 할 주제라고 생각함. 미국 패권인 현 체제가 안정적인지, 중국의 부상으로 인한 양극 체제가 더 안정적일지에 대하여 왈츠의 세력균형, 패권안정론 등 다양한 이론으로 접근해 보는 연습 필요, 해당 글쓰기를 위해서는 '안정성'에 대한 개념 암기가 필수.

국제정치 쟁점 8 : 세력균형의 대안으로 위협균형과 이익균형

주제의 문제의식

Q 북한의 군사력 부족에도 불구하고 한국이 패권국가 미국과 동맹을 유지하는 이유는 무엇인가?

A 북한의 군사력은 부족하지만, 위협이 강하고 현상타파성향이 강하기 때문에 한국은 미국과 동맹을 통해 북한을 억지하고 견제하고 있다.

세부 쟁점과 핵심이론

sub 1 동맹을 구성할 때 객관적 국력보다 위협을 더 고려하는 조건논쟁
(1) 논리: 국력에 비해 위협이 더 강할 때 위협을 고려함. 냉전기 소련의 사례.

sub 2 동맹을 구성할 때 객관적 국력과 함께 이익(국가성향)을 더 고려할 때 장단점.
(1) 논리: 국력과 함께 국가의 성향을 고려하는 것이 안정성 확보에 장점을 주지만, 국가의 성향을 판단하는 것이 쉽지 않음. 1938년 영국 채임벌린이 히틀러에 대해 유화정책 수행.

1. 위협균형이론(쟁점 4 참고): 세력 대신 위협인식(Threat Perception)이 중요.
(1) 인접성, 공격능력, 공격의도, 총체적 국력의 4가지 요인이 위협인식을 구성함.
인접성: 가까울수록 적대국의 위협인식이 강화됨.
공격능력: 속도가 빠른 무기인 공격무기를 구비할수록 적대국의 위협인식이 강화됨.
공격의도: 상대국가에 대한 공격의도가 강하게 드러낼수록 적대국의 위협인식이 강화됨.
총체적국력: 전쟁을 오랫동안 수행할 수 있는 능력인 총제적 국력의(적대국가의) 강화는 적대국의 위협인식이 강화됨.
(2) **위협에 대한 대응:** 위협에 대한 balancing(저항정책)과 위협편승(생존 위해 위협국가와 동맹)

2. 이익균형이론(쟁점 14 참고): 세력 대신 이익(국가의 성향이(현상타파/현상유지) 정확한 표현)이 중요
(1) 국력변수+현상유지/현상타파 성향 변수 ⇨ 3극에서 현상타파 국가 2개가 동맹일 때 위험.

적용 가능 사례

1. 현상타파 국가들 간의 협조(북한–중국–러시아)에 대한 현상유지국가들의 협조 필요성(한국–미국–일본)에도 불구하고 한일관계 갈등.

국제정치 쟁점 9 : 상대적 국력과 안보외부효과 이론

주제의 문제의식

Q **미국과 중국 간 무역협력과 투자 협력이 양국에 유리한데도 불구하고 현재 탈동조화 (Decoupling)를 논의하고 시행하는 이유는 무엇인가?**

A 미국은 중국에 대해 상대적 국력을 절대적 국력보다 더 고려하고, 안보외부효과를 고려하기 때문이다.

세부 쟁점과 핵심이론

sub 1 미·중 간 절대적 이익과 상대적 이익의 존재에서 탈동조화 선택한 원인 논쟁
(1) 신현실주의는 상대적 이익과 안보외부효과이론 중시
(2) 신자유주의는 절대적이익과 긍정적 안보외부효과를 중시

sub 2 남북한 간에 상대적이익 고려를 줄일 수 있는 방안 논의.
(1) 쟁점: 절대적이익의 크기 증대(신자유주의 정책), 다자주의를 활용 국가 수 증대(신현실주의와 신자유주의 정책), 이면보상(신현실주의 정책: 협상외의 이슈에서 양보), 정체성의 변화(구성주의)

1. 상대적이익가설(신현실주의내 방어적 현실주의 분파)

독립변수와 종속변수: 그리코의 상대적 국력가설	
설명변수	설명요인(가정): 무정부상태 (lack of protection)가정+국가(위치적 존재) 가정 ⇨ 결과: 국가들의 협력 가능성
안정화 장치	상대적 국력 고려 정도
적용 사례	1990년 이후 미·중 관계에서 미국의 무역적자 증대 남북한 관계에서 절대적이익과 상대적이익
정책방안	상대적 이익 고려 축소 방안: 다자적 협력, 이면보상방안.

(1) 신자유주의의 논리를 거부: 신자유주의는 로크식의 무정부상태(lack of enforcement) 가정과 국가(원자적 존재)가정을 가지고 있음.

(2) 신현실주의의 주장: 홉스식 무정부상태(lack of protection)가정과 국가(위치적 존재) 가정을 가짐. 협력이 어려움. (협력을 하여 상대 국가가 이익을 더 많이 가져가면 자국과의 위치가 변동할 수 있고 이는 국가 생존에 위협이 될 수 있음)

(3) 국가들의 전략적 고려: 절대적 이익 보다 상대적 이익을 더 고려함. ⇨ 결과: 경제적 협력이나 군사적 협력이 체결되기 어렵거나 지속되기 어려움. 동맹이나 FTA가 빈번하게 만들어지기 때문에 협력 자체를 거부하는 것은 아님.

2. 안보외부효과이론: 상대적이익가설이 발전

(1) 안보외부효과이론: 조안나 고와(J. Gowa) 이론

① 경제적 교류를 할 때 경제적 결과가 안보에 미치는 효과를 고려함.

② 무역으로 상대 국가의 경제력 증대가 군사력증강으로 이어짐.

③ 외부효과(의도하지 않는 효과)중에서 부정적 효과가 발생함.

④ 무정부상태에서 국가들은 자신의 국력 지위가 중요. ⇨ 경제적 협력을 포기함.

(2) 안보외부효과와 동맹

① 동맹 국가 간: 안보외부효과를 덜 고려. 동맹국가 간 경제교류 ⇨ 부의 증대 ⇨ 동맹국의 군사력 증강 ⇨ 타방 동맹국의 안보비용에 부담 줄여줌.

② 적대 국가: 적대국가에 대해서는 부정적 안보외부효과가 작동함. ⇨ 경제교류 축소 전략

(3) 긍정적 안보외부효과 여부

① 자유주의 상호의존이론: 경제교류의 증대는 전쟁가능성을 감소시킴. 논리) 경제교류의 증대 ⇨ 다양한 행위자 간 관계 증대+국가의 정책결정력 약화 ⇨ 안보불안축소 ⇨ 전쟁가능성 축소

② 상호의존이론: 의도적으로 교류 증대하는 조치임. 외부효과라고 볼 수 없고, 정책효과임.

3. 미국과 중국의 무역에 따른 상대적 이익

(1) 2001년 중국 WTO 가입: 미국이 주도해서 세계 공장역할을 맡김.

① 중국이 이때부터 경제성장을 비약적으로 이룸.

② 중국이 전세계 GDP에서 차지하는 비중. 1978년 개혁개방 시기 1.8%에 불과. 2001년 4%에서 2021년 17.7%로 4배 이상 상승함. 대미 무역수지 흑자를 통해 성장.

③ 미국의 상대적 쇠퇴: 2001년 미국은 전세계 GDP의 31%에서 2021년 24%로 하락함. 미국 트럼프 정부와 바이든 정부에서 대중국 수출규제 정책의 이유.

적용 가능 사례

1. 미·중 간 상대적 국력고려가 강한 현 시점에서 절대적 이익 증대로 전환할 수 있는 방안
2. 한국과 일본 사이에 상대적 이익고려를 축소하고 절대적이익을 증대하는 방안
3. 남북한 상대적이익을 덜 고려하는 방안과 북한 경제제재 철회를 위한 핵무기 개발 포기

필수 개념과 인용할 저서

1. 그리코(Josheph Grieco): 보호부재의 무정부상태, 위치적 존재로서 국가, 상대적 이익이 절대적이익보다 중시, 협력의 어려움, 이면보상방안. “Anarchy and Limitx of Cooperation: A Realist critique of the Newest Liberal Institutionalism” (1988)
2. 조안나 고와(Joanne Gowa): 안보외부효과 이론, 동맹국 간 효과, 적대국 간 효과. 『Adversaries and International Trade』(1994)

합격생 **tip**

쟁점 9~10은 중요하지만 답안에 현출하기 어려운 주제라고 생각. 신현실주의와 신자유주의의 국가/국제체제의 기본 가정 차이 → 그런 가정으로 인한 각 국가의 행위 → 협력 가능여부 및 협력 가능성 증가 방안 순으로 논리를 만들어서 정리하기.

답안을 쓸 때에는 신현실주의를 쭉 설명하고 신자유주의와 비교할지, 각각 분야를 목차로 분류하여 비교할지 전략적으로 선택할 필요가 있음.

국제정치 쟁점 10 : 신현실주의와 신자유주의 협력가능성

주제의 문제의식

Q 신현실주의와 신자유주의 간 논쟁은 어떤 가정의 차이에 기반하는가?

A 신현실주의와 신자유주의는 무정부상태 가정과 국가 가정의 차이를 두고 논쟁한다.

세부 쟁점과 핵심이론

sub 1 국가 간 기만(chaeting / defection) 문제 해결가능성과 해결방안논쟁.
(1) 신현실주의는 기만 문제 해결 어려움. 상호기만 전략을 사용. 안보관심.
(2) 신자유주의는 기만 문제 해결 용이함. 제도와 상호주의를 사용. 경제관심.

sub 2 국가 간 상대적 이익고려 해결 가능성과 해결방안논쟁.
(1) 신현실주의: 상대적 이익고려 〉 절대적 이익고려. 이면 보상이나 행위자 수를 증대.
(2) 신자유주의: 절대적 이익고려 〉 상대적 이익고려. 행위자 수 증대와 절대적이익증대.

sub 3 국가 간 관계에서 제도의 중요성 논쟁.
(1) 신현실주의도 제도 고려: 다만 제도는 독립변수인 권력에 의한 결과물임.
(2) 신자유주의도 제도 고려: 제도는 매개변수로 기능함. 독립적인 기능있음.

sub 4 국가 간 관계에서 협력 가능성 논쟁.
(1) 신현실주의도 협력은 가능: 동맹, FTA 있음. 그러나 예외적임.
(2) 신자유주의도 협력은 가능: 제도와 상호주의를 통해서 충분히 가능.

1. 신현실주의 vs. 신자유주의 논쟁

신현실주의와 신자유주의의 주된 논쟁 3가지 (협력가능성 / 기만과 상대적이익 / 제도의 역할)	신현실주의: 협력 곤란/ 기만과 상대적이익으로 협력 어려움/ 제도의 부차적 역할
	신자유주의: 협력용이/ 기만 해결 가능과 절대적이익을 강조/ 제도에 의한 협력 가능성
신현실주의와 신자유주의의 중요가정 2가지	신현실주의의 상대적이익 강조 전제조건: 보호부재의 무정부상태(홉스)+위치적 존재로서 국가 ⇨ 결과: 상대적이익 > 절대적이익
	신자유주의의 절대적이익 강조 전제조건: 집행력부재의 무정부상태(로크)+원자적 존재로서 국가 ⇨ 결과: 절대적이익 > 상대적이익
신현실주의와 신자유주의의 상대적이익과	신현실주의 논리: 전쟁상태의 무정부상태 ⇨ 국가안보위협 ⇨ 상대 국가의 국력과 자국 국력 비교 ⇨ 교역을 통한 경제적 이익의 차이 ⇨ 국력 변화 ⇨ 절대적이익보다 상대적 이익 중시(zero–sum 논리)

<table>
<tr><td>절대적이익 논리 비교</td><td colspan="3">신자유주의 논리: 전쟁상태가 아닌 무정부상태(집행력 부재의 상태) ⇨ 국가들은 안보보다 경제 중시 ⇨ 국가 간 협력 통한 절대적 이익의 크기 중요 ⇨ 상대적이익보다 절대적이익 중시(positive －sum 논리)</td></tr>
<tr><td rowspan="2">무정부상태 입장차이</td><td colspan="3">신현실주의 ＝전쟁상태(홉스 가정).
보호의 부재(lack of protection) 상태</td></tr>
<tr><td colspan="3">신자유주의 ≠전쟁상태(로크 가정)
집행력 부재(lack of enforcement) 상태</td></tr>
<tr><td rowspan="2">기만에 대한 입장 차이</td><td colspan="3">신현실주의: 기만은 생존과 직결됨.</td></tr>
<tr><td colspan="3">신자유주의: 기만은 일시적인 협력의 중단. 게임의 지속성 강조</td></tr>
<tr><td rowspan="2">국가에 대한 입장차이</td><td colspan="3">신현실주의: 국가는 위치적 존재로 권력의 서열을 중요하게 여김. 자신은 좀 더 높은 권력 서열로 올라가고자 함.</td></tr>
<tr><td colspan="3">신자유주의: 국가는 원자적 존재로 수평적이고 대등한 상태로 가정</td></tr>
<tr><td rowspan="2">제도에 대한 입장차이</td><td colspan="3">신현실주의: 제도는 권력의 반영물. 강대국 이익에 따라 제도 운영. 제도는 종속변수</td></tr>
<tr><td colspan="3">신자유주의: 제도는 한번 만들어지면 독립적인 영향력을 가짐. 경로의존성과 규범의 효과. 제도는 독립변수거나 매개변수</td></tr>
<tr><td rowspan="2">국가의 목적과 고려요인</td><td colspan="3">신현실주의: 안보를 강조함. 상대 국가의 능력이 중요고려요인</td></tr>
<tr><td colspan="3">신자유주의: 경제를 강조함. 상대 국가의 의도가 중요고려요인</td></tr>
<tr><td rowspan="2">역사와 상대 국가에 대한 인식의 고려 기준</td><td colspan="3">신현실주의: 과거의 그림자</td></tr>
<tr><td colspan="3">신자유주의: 미래의 그림자</td></tr>
<tr><td rowspan="2">협력에 대한 입장차이</td><td colspan="3">신현실주의: 협력은 달성하기 어렵고 유지하기는 더욱 어렵다.</td></tr>
<tr><td colspan="3">신자유주의: 국가 간 협력의 가능성이 크다.</td></tr>
<tr><td rowspan="3">방법론 차이(구성주의 포함)</td><td>신현실주의</td><td rowspan="2">경제학 토대</td><td rowspan="2">합리주의, 외생적 이익규정, 고정된 무정부상태, 고정된 국가이익</td></tr>
<tr><td>신자유주의</td></tr>
<tr><td>구성주의</td><td>사회학 토대</td><td>성찰주의, 내생적 이익규정, 변화 가능한 무정부상태, 변화 가능한 국가이익</td></tr>
</table>

적용 가능 사례

1. 북한 핵 문제에서 협력 가능성
2. COVID 19 문제 해결을 위한 협력 가능성
3. 기후변화협약에서 국가 간 협력 가능성

국제정치 쟁점 11 : 저비스의 안보딜레마 완화 정책

주제의 문제의식

Q 왈츠의 방어적 현실주의와 달리 저비스의 방어적 현실주의는 안보딜레마를 완화할 수 있는 방안이 가능한 이유는 무엇인가?

A 왈츠는 국력을 군사력, 경제력, 인구와 같이 구조적 차원에서 다루지만 저비스는 군사력만을 다루기 때문에 안보딜레마를 완화할 수 있다.

세부 쟁점과 핵심이론

sub 1 안보딜레마 완화 방안:
(1) 군사전략의 변화(공격전략에서 방어전략으로) ⇨ 공격적 군사력(속도 위주 무기) 배치에서 방어적 군사력(화력 위주 무기) 배치로 전환.
(2) 공수구분 가능성 강화방안 ⇨ 상대 국가의 공격의도 탐지 가능성 증대.

1. 저비스(R. Jervis) 이론

독립변수와 종속변수: 저비스의 방어적 현실주의	
설명변수	독립변수: 공수균형(offense - defense balance)+공수구분가능성 혹은 공수차별화(offense - defense distinction 혹은 differentiation). (부차적으로) 지리적 변수+믿음(belief) ⇨ 종속변수: 안보딜레마. 국가의 안보정책.
안정화 장치	수비우위 전략 보유+공수구분가능성(상대방의 행동 탐지능력) 증대
적용 사례	미국과 중국의 군사력증대와 안보경쟁. 중국과 일본의 해군력 증대와 안보경쟁. 한반도 군비통제방안.
정책방안	군사전략 변경(공수균형변화), 신뢰 구축 장치(군비통제장치), 첨단 감시 장비(공수구분가능성 증대)

(1) 안보딜레마와 그 약화

① 안보딜레마에 영향을 미치는 요인: 지리적 요소, 개별 국가의 믿음(belief), 공격방어균형(offense-defense balance), 공격방어(수비)구분가능성(offense-defense differentiation)

② 공격방어(수비)균형: 공격–방어균형은 자국의 영토를 지키는 것과 상대국의 영토를 빼앗는 것 사이의 용이성 비교하는 것. 공격이 상대적으로 유리할 때(선제 공격으로 인한 승리가능성 높은경우) 공격적인 정책을 유도하고 전쟁 발발 가능성이 커진다는 것이고 방어가 상대적으로 유리할 경우는 방어정책을 유도하여 전쟁이 자제된다는 논리임.

③ 공격방어(수비)차별화: '공격–방어차별화'란 공격무기와 방어무기를 구별할 수 있는가의 문제. 공격과 방어의 구분가능성(차별화)은 군사력을 어떻게 준비하고 배치하는가 또한 어떤 무기를 갖추고 미사일을 보유 혹은 축소할 것인가를 가능하게 해줌. 이를 통해 상대방의 의도를 파악할 수 있다.

④ 안보딜레마가 안전한 상황과 심각한 상황

• 방어우위+공수구분 가능 상황(이중안정상황)이 가장 안보딜레마가 낮은 상황.
• 공격우위+공수구분 불가능 상황(이중위험 상황)

⑤ 냉전설명: 냉전은 각각의 안보증진 노력에 의한 안보딜레마 상황에 의해 발생함. 군사기술 특히 핵기술로 인해 공격무기와 방어무기의 구분 가능성이 생기게 되는 상황의 변화로 현상유지적인 데탕트를 받아들이게 된 것이다.

(2) 힘보다 군사적 능력의 중시

① 군사적 능력의 중시: 저비스는 왈츠의 구조적 현실주의의 입장을 따르면서도 구조에 있어서 힘(power)보다도 이것을 군사적 능력으로 특히 군사적 임무를 수행하는 능력으로 전환하여 그 힘이 운용될 수 있는 능력이 전쟁과 전쟁의 범위 등에 영향을 미치는 것을 보임.

(3) 국가 간 협력 가능성

① 국가들의 협력 가능성이 있음. 특히 안보딜레마를 해결할 수 있는 제도적 장치들을 만들 수 있다고 주장한다. ㉑ 핵확산방지, WMD 제한 분야 등의 제도적 협력

② 안보 딜레마 해결: 공격에서 방어로 전환. 공수구분 가능성 증대.

③ 신자유주의 거부: 신자유주의는 무정부상태(lack of enforcement)와 국가(원자적 존재)가정을 가지고 있음.

④ 신현실주의의 주장: 무정부상태(lack of protection)가정과 국가(위치적 존재) 가정을 가짐. 협력이 어려움.

표를 통한 비교 **방어적 현실주의 간 비교: 왈츠와 저비스/ 에버라**

왈츠 이론	국제체계를 다루는 이론	무정부상태 중요	현상유지적 국가가정
저비스/ 에버라 이론	개별 국가의 안보정책을 다루는 이론 (개별 국가에서 국가 간 관계)	무정부상태는 중요하지 않음. 국가들의 안보정책이 중요	현상유지적 국가(방어적)/ 현상타파적국가(공격적)간 구분

2. 에버라 이론 보완

독립변수와 종속변수: 에버라(Stephen Van Evera)의 방어적 현실주의	
설명변수	독립변수: 낙관주의로 인한 오인, 선제공격 가능성 평가, 국력 변동, 자원확보 가능성, 쉬운 정복에 대한 오인 ⇨ 종속변수: 군사력 증대전략. 전쟁 선택
안정화 장치	인식(perception)과 신념(belief)
적용 사례	1차 세계대전과 공격전략의 선택(독일의 슐리펜계획) 미·중 간 안보딜레마에 따른 전쟁 가능성 북한 문제에서 북한의 전략적 오판 가능성
정책방안	방어 위주의 특정 군사력의 배치. 투명성 증대 조치.

1. 잘못된 낙관주의(False optimism) – 결과에 대한 낙관주의. 낙관주의 강화가 전쟁원인.
2. 선제 공격 전략(Jumping the gun) – 선제공격이 유리하다는 판단이 전쟁원인.
3. 힘의 변화(Power shift) – 상대적인 국력의 변동. 기회의창을 확대하는 전쟁원인.

4. 축적된 자원(Cumulative Resource) – 자원의 축적 정도. 도시화가 대표. 전쟁원인.
→ 5. 쉬운 정복(Easy conquest) – 오인(Miscalculation) 으로 인한 전쟁가능성 증가.

적용 가능 사례

1. 미중안보경쟁에서 현재 기술 수준(스텔스기, 초음속 미사일 개발)에서 방어위주의 전략 수정가능성 논쟁
2. 동북아시아 안보경쟁 완화를 위한 방안 논쟁: 군비통제 장치 구축 필요성

국제정치 쟁점 12 : 미중 패권경쟁과 세력전이 가능성

주제의 문제의식

Q **중국은 미국에 대해 세력전이가 가능한가? 그리고 세력전이가 가능하다면 평화적인 세력전이가 가능한가?**

A 중국은 미국에 대해 세력전이가 용이하지 않으며, 평화적 세력전이는 중국의 현상타파적 성향에 따른 '불만족도'로 인해 쉽지 않다.

세부 쟁점과 핵심이론

sub 1 세력균형이론과 세력전이론의 이론적 가정 차이 논쟁:
(1) 세력균형이론은 정태적 이론 vs. 세력전이론은 동태적 이론
(2) 세력균형이론은 국가들이 균형화추구 vs. 세력전이론에서는 패권에 대한 편승추구

sub 2 중국의 세력전이가능성과 평화적 세력전이 가능성 논쟁:
(1) 세력전이가능성 변수: (양국의) '힘의 크기'. (도전국) '성장속도', (도전국) '불만족도'
(2) 평화적 세력전이 변수: 도전국의 만족도 높음. 패권국의 유연성(자리를 내주는 성향) 높음. 역사 문화적 동질성을 보유. 도전국이 패권국가의 다른 전쟁지원 사례.

1. 패권이론(패권과 전쟁 설명)

(1) 세력전이론: 전쟁만 설명

독립변수와 종속변수: 올간스키의 세력전이론	
설명변수	독립변수: 국력 격차, 성장 속도 차이, 체제만족도(도전 국가 요인) ⇨ 종속변수: 세력전이와 전쟁
안정화 장치	힘의 집중(산업화에서 우위 확보를 통한 군사력 격차 유지)
적용 사례	미국과 중국의 세계적 패권 전이, 중국과 일본 간 세력전이, 남북한 간 세력전이(1975년 남한이 북한보다 우위에 서면서 세력전이 됨) 평화적 세력전이 사례: 세계패권 교체기의 미국과 영국.
정책방안	군사력과 경제력 증대, 불만족도 축소 방안. 편승정책(약소국)

① 올간스키(Organski)의 이론

② "왜 패권국가가 바뀌는가?"가 핵심적 질문임.

③ 가정: 첫째, 위계체제－지배국, 강대국, 중견국, 약소국 / 둘째, 산업화 시기로 국한. 산업화로 성장 속도의 차이 발생 (산업화 초기인 도전국은 성장속도가 빠름)

④ 설명 요소 혹은 변수

• 도전국 측면: 국가 간 국력 차이(amount of power) / 산업화에 따른 국가의 성장 속도(speed) 차이 / 만족과 불만족도(dissatisfaction)(국가 간 국력차이가 작고, 도전국의 성장속도가 빠르고, 도전국이

체제에 불만족할수록 전쟁위험이 높아짐)

• 지배국 측면: 유연성(패권국가가 패권체제를 넘겨줄 뜻이 높음)여부=평화적 세력전이 vs. 전쟁으로 인한 세력전이를 결정하는 요소

⑤ 추가적 설명 요소: 첫째, 동맹세력전이이론과 동맹 결성 여부. 동맹을 통해서 세력전이를 빠르게 만들 수 있음. 또한, 산업화 이전 시기에도 적용 가능. 둘째, 지역 체제에의 적용 가능. 렘키에 따르면 지역에서 지역 패권과 지역강대국에도 적용 가능함.

⑥ 전쟁 없이 패권 변동한 사례: 영국과 미국의 패권변동(1930년대)

⑦ 평화적 세력전이 조건: 현 체제에 대한 만족도가 높은 도전국, 패권국가의 유연성, 패권국가가 다른 전쟁으로 도전 국가의 도움을 받는 경우, 역사적 문화적 동질성을 가진 경우.

(2) 패권변동론: 정치경제와 전쟁을 모두 설명

독립변수와 종속변수: 길핀의 패권변동론	
설명변수	독립변수: (패권국가와 도전국가 간) 힘의 격차 ⇨ 종속변수: 전쟁과 패권변동 ① 가정 3가지: 위계적 무정부상태, 합리성과 합리적 선택, 국가의 팽창적 속성 ② 패권국가의 쇠퇴 요인: 패권국가의 내적인 부분에서는 기술혁신 유인 감소, 투자 감소, 생산 공동화(미국의 전형적 사안). 패권국가의 외적인 부분에서는 타국의 안보비용 무임승차와 타국의 모방화 전략.
안정화 장치	패권국가의 국력 격차, 공공재 제공 능력
적용 사례	미·중 간 패권 교체 가능성
정책방안	(패권국가) 내부요인과 외부요인 통제를 통한 힘의 집중유지, (패권국가의) 공공재 제공

① 길핀(R. Gilpin)의 이론

② 문제 제기: 중요한 질문은 "패권변동은 무엇 때문에 일어날까?"

③ 3가지 가정: 구조화된 무정부상태, 합리적 행위자로서 국가, 팽창적 속성

• 위계가 구조화된 무정부상태(ordered anarchy): 힘의 관계에서는 위계적인 상태
• 합리적 행위자 모형: 국가의 행위는 이익과 합리성에 기초함.
• 국가의 기본적 속성이 팽창: 국가는 현상타파적임.

④ 패권의 쇠퇴(체계변동)의 요인 ⇨ 경제를 통해 안보와 전쟁을 설명함.

• 내적 요인: 기술혁신의 유인책 떨어짐. 투자 감소. 생산 공동화(패권국은 인건비/자본비가 상승하여 투자/생산이 줄어들고 도전국에게로 집중됨. 이는 패권국이 쇠퇴하는 패권국 측면의 요인)
• 외적 요인: 안보비용의 무임승차, 낙후의 이점(낙후된 국가는 모방하기 쉬움)(도전국은 선진국의 기술을 모방할 수 있기 때문에 상대적으로 저렴한 비용으로 현재 선진국 수준으로까지 성장하기 쉬움. 이는 패권국이 쇠퇴하는 도전국 측면의 요인)

⑤ 설명 요소 혹은 변수: 체제변동의 이익과 비용의 계산과 이에 따른 현상타파 여부 결정

⑥ 안정을 가져오는 3요소: 패권국의 존재, 이데올로기의 동의, 공동의 이익

⑦ 악의적 패권(malign hegemony): 패권국의 이익 시에 공공재 제공. 약소국에 대한 강제 착취가능.

표를 통한 비교 **패권안정론과 세력전이론의 비교**

	세력전이론(올간스키)	패권변동론(길핀)
적용영역	적용영역이 유연(세계체제 및 지역 체제에도 적용)	세계체제 내의 문제
적용대상	패권국가와 도전국 사이의 관계	국제패권의 존재와 변동 여부
순환성	주기적이지 않다.	단계가 반복적으로 순환(패권단계에서 패권국가는 도전을 받고 도전 국가와 패권전쟁 이후 다시 새로운 패권체제 등장)
유사점	국제체제의 변화는 국가의 권력 증대의 속도의 차이에서 발생. 지배 국가 또는 헤게모니 국가가 쇠퇴하고 도전국가가 급성장시 두 세력 간에 세력전이가 발생하며 이 시기에 전쟁 가능성이 크다.	

2. 패권이론: 패권과 정치경제의 개방성만 설명

(1) 찰스 킨들버거의 leadership-stability theory: 정치경제만 설명

표를 통한 비교 **패권의 자유주의와 현실주의 이론 비교**

	킨들버거	크라스너
패러다임	자유주의(경제학자)	신현실주의
공공재 제공근거	능력과 의지를 갖춘 유일한 패권국가	힘의 집중도(단극)가 공공재 제공
특이 사안	자비로운 패권국가	제도적 관성

	독립변수와 종속변수: 킨들버거의 지도자 안정모델: 자유주의 정치경제이론
설명변수	독립변수: '능력'과 '의지'를 갖춘 패권국가 ⇨ 종속변수: 공공재(자유무역) 제공
안정화 장치	선의의 패권국가 존재. 능력과 의지를 갖춘 단일한 국가 존재. 복수일 경우 책임 전가 가능.
적용 사례	1930년대 대공황 유지: 미국은 능력은 있으나 의지 부족. 영국은 의지는 있으나 능력 부족. 중국 성장에 따른 킨들버거의 함정 가능성: 신흥패권국가 중국의 의지 부족과 전통패권국가 미국의 능력 부족
정책방안	패권국가의 공공재 제공 능력과 의지.
패권국 제공할 공공재	① 항주기적(counter-wave) 관리: 경제순환을 반대방향으로 관리 조정함 ② 국내시장개방: 경제소비처의 기능 ③ 최종대부자 역할: 경제위기 시 대부자로서 경제의 순환을 책임져야 함 ④ 안정적 환율제도: 환율 안정이 자유무역에 유리함. ⑤ 장기융자 제공: 구조적으로 가난한 국가를 지원할 장기융자가 필요함.

① 배경 : 60년대 미국의 패권쇠퇴와 보호주의화 되는 경제 관계. 핵심주장: 하나의 패권국이 중요. 지도국가는 의지와 능력을 구비해야 함. 지도국은 자유주의 개념임. 수평적 관계를 가정.

② 1930년대 대공황의 '지속성'연구: 왜 다른 공황들과 달리 오래 가게되었을까?를 다룸, 패권국가의 공공

재 제공이 필요했으나 당시 미국과 영국이 이 역할 수행을 하지 못함. 영국은 의지는 있으나 능력이 없음. 미국은 능력은 있으나 의지가 없음. ⇨ 결론: 단일한 패권국가가 필요(의지+능력)

③ 경제학자. 자유주의 성향을 가졌다고 해석가능. 사회과학에서 최초로 패권을 통한 분석을 함.

④ 공공재적 패권이론. 패권국가가 공공재를 제공함. 패권국가의 이익이 있어서 공공재(자유무역)을 지지함. 이를 특전의 집단(올슨의 개념)이라고 함. 다만 특전의 집단은 복수도 가능함. ⇨ 자유무역의 이익을 확보할 수 있는 국가 수가 증대하면 k-group 이론이 됨. 즉 k 지점까지 강대국을 과두적으로 확대가능함. (다만 이 논리를 패권 없이도 개방성을 늘리는 이론으로 패권과 경합하는 이론임)

⑤ 자비로운 패권(benign hegemon)상정 : 공공재 제공에 대한 물질적인 보상 대신에 패권국의 평판이나 위신과 명예 등으로 보상받고자 하는 윤리적 존재로 패권국가를 상정. 즉 공공재 제공의 비용이 많이 들어도 평판을 고려해서 공공재 제공을 유지함. vs. 길핀(Gilpin)의 악의적 패권(malign hegemon : 자신의 이익에 부합하지 않으면 공공재 제공을 철회.

(2) 패권안정이론(S. Krasner): 정치경제만 설명

	독립변수와 종속변수: 크라스너의 패권안정이론
설명변수	독립변수: 극성 ⇨ 종속변수: 국제무역과 제도 개방도
안정화 장치	패권국의 힘 집중 정도
적용 사례	1930년대 대공황. 미국 패권 쇠퇴와 DDA 진전 부족.
정책방안	힘의 집중 정도와 개방화 증대

① 이론의 문제 제기: 어떤 국제구조가 경제 안정을 가져올 것인가?

② 주장: 신현실주의 관점의 이론(극성 ⇨ 국제무역의 개방성)

- 국가의 이익과 힘이 국제무역 구조를 결정한다. 즉, 정치가 경제를 결정한다.
- 잠재적 경제력의 특정분포와 국제무역구조 간의 연관연구
- 실제는 패권과 안정성보다는 패권과 개방성 사이의 관계를 설명한다.

③ 유형: 국가군이 개방성을 결정함.

- 작고 발전된 국가군 → 개방적 체계
- 불균등한 발전 국가군 → 폐쇄적 체계
- 패권체제 → 개방구조(개방비용과 혜택이 다름. 패권국가가 이를 이용 체제변동으로 다른 국가를 위협 개방을 강요)

④ 패권과 무역의 개방성 간 관계

- 패권상승(↑) → 국제무역의 개방성 상승(↑)
- 하지만 패권하강(↓) ≠ 국제무역의 개방성하강(↓). 국제무역의 개방성 유지. 따라서 인과관계는 아님. 1970년대 GATT체제는 유지됨.

⑤ 계몽된 패권(enlightened hegemon) – 장기적 이익과 단기적 이익을 구분할 수 있는 계몽적인 존재로 패권 국가를 상정. 즉 장기적 이익을 고려해 개방성을 유지함.

⑥ 불일치 사례

- 이론의 사례에 있어서 불일치(anomaly) 존재. 즉, 1970년대 미국 국력이 쇠퇴해도 국제레짐 유지. 대표적인 예가 GATT체제.

- 왜 이런 불일치 있는가를 제도의 '관성(inertia)'으로 설명함. 제도를 유지하고자 하는 제도의 속성이 관성임.
- 제도를 유지하고자 하는 제도의 관성이 존재하므로 제도는 유지됨. 따라서 제도의 큰 변화는 대격변에 의해서나 가능함.

적용 가능 사례

1. 미국과 중국 간 관계: 패권변동 가능성과 패권변동시 필연적 전쟁가능성
2. 유럽연합의 패권에 대한 도전 가능성: 단일행위자가 아니라서 어려움.

필수 개념과 인용할 저서

1. 올간스키(A.F.K. Organski): 세력전이, 힘의 크기, 속도, 만족도, 유연성. 『World Politics』(1958년). 『The War Ledger』(1980). 이 책이 더 발전된 논리.
2. 로버트 길핀 (R. Gilpin): 패권변동, 가정 3가지, 패권국가의 국력약화요인, 도전국가의 무임성장조건. 『War and Change in International Politics』(1981)

합격생 tip

- 패권이론은 각각의 이론가들의 주장이 섞이기 쉬운 파트라고 생각함. 처음 공부를 할 때에는 길핀/올간스키/크라스너/킨들버거 등 이론을 잘 구분해서 정리하는 것이 필요함.
- 세력전이론을 답안에 현출하는 과정에서 국력차이, 만족도 등을 뒷받침할 수 있는 사례를 준비해 놓는 것을 추천(Ex, GFP 수치의 변화, 미·중 간의 외교적 발언 등), 그러한 사례가 뒷받침된다면 평화적인 세력전이의 가능 여부에 관한 주장의 설득력 높을 것이라고 생각.

국제정치 쟁점 13 : 방어적 현실주의와 공격적 현실주의 안보정책

주제의 문제의식

Q 방어적 현실주의와 공격적 현실주의의 안보정책 차이는 무엇에 기인하는가?

A 방어적 현실주의와 공격적 현실주의는 무정부상태와 국가성향 차이에 기인한다.

세부 쟁점과 핵심이론

sub 1 미중 안보경쟁을 완화할 수 있는지 논쟁.
(1) 방어적 현실주의: 안보경쟁완화
(2) 공격적 현실주의: 안보경쟁완화 어려움

sub 2 공격적 현실주의를 따른다면 현재 미국이 중국을 상대로 펼쳐야 하는 전략논쟁.
(1) 공격적 현실주의는 역외균형자 미국이 중국을 상대로 봉쇄정책 수행요구. 중국의 국력 견제가 필요.
(2) 방어적 현실주의는 군비통제 장치 등을 만들 것을 권함.

1. 공격적 현실주의

독립변수와 종속변수: 미어샤이머의 공격적 현실주의	
설명변수	• 설명요인(가정들): 홉스식 무정부상태(Lack of pretection), 불신, 일정한 군사력 보유 ⇨ 중간고리: 공포심(fear) ⇨ 결과: 국가의 권력증대 정책과 전략, (지역 패권화를 위한) 상대적 권력증대 • 세부논리(5가지 가정): ① 국제체제는 무정부 상태(질서의 원칙), ② 강대국은 필연적으로 어느 정도의 군사력 보유, ③ 상대방 의도의 불확실성, 상대방에 대한 불신, ④ 강대국의 가장 중요한 목표는 생존, ⑤ 국가들은 합리적 행위자 (이 중 3가지가 설명요인) ⇨ 현상타파적 국가(권력추구적 국가)를 구성.
안정화 장치	양극 구조에 의한 견제. 핵억지, 불균형다극체제에 대해서는 봉쇄정책.
적용 사례	• 중국의 현상타파정책과 미 · 중대립 • 북한의 군사력증대와 핵력 증대(미어샤이머 이론은 강대국에 적용되는 이론임에도 가정 완화하여 분석할 수 있음)
정책방안	(현상타파국가에 대한) 봉쇄+억지 전략(다극질서를 안정화시키는 장치)

2. 방어적 현실주의와 공격적 현실주의 비교

	방어적 현실주의	공격적 현실주의
무정부상태와 중요성	무정부상태는 완화될 수 있다.	무정부상태가 중요. 무정부상태에 의해 국가들 행동 결정
국가의 가정	현상유지적 국가 가정	현상타파적 국가 가정

국가의 목표	생존추구를 위한 안보극대화	생존추구를 위한 권력극대화
설명요인	공수균형/ 공수구분가능성(by Jervis) 정복에 대한 낙관주의(by Evera)	무정부상태/ 일정한 공격력 보유/ 상대 의도 불확실 (by Mearsheimer)
안보딜레마	완화 가능	필연적 안보딜레마. 안보경쟁이 필연
세력균형	균형이 가능	국가의 확장정책으로 균형 곤란
정책	정책 중요. 구체적인 군사력변화정책으로 협력 가능	정책 중요. 팽창주의 국가에 대한 봉쇄정책 중요 ⇨ 전쟁정책, 피흘리기 정책, 책임전가정책도 가능.
제도	제도의 중요성. 상대방에 대한 의도 전달에 있어 중요	제도는 권력의 부산물임.
협력 가능성	협력 가능.	협력 불가(x), 협력 곤란. 국가들이 상대적이익을 중시함.

3. 공격적 현실주의의 세부적 내용

(1) 극성

① 세계패권국가는 불가능. 첫째, 핵무기에서 자유로워야 함. 둘째, 바다가 권력확장억제. 따라서 지역패권국가만 가능함. 미국이 지역패권국가임.

② 유럽은 균형적 다극(다극의 국가들이 유사하게 성장함) ⇨ 최근 러시아의 성장으로 불균형다극체제가 됨.

③ 동아시아는 불균형다극(다극중 중국이 강력하게 성장함)

④ 1치 세계대전(독일의 불균형 다극), 2차 세계 대전(히틀러 독일의 불균형다극) ⇨ 지역패권국가 미국 개입으로 전쟁 종결됨.

⑤ 중국에 의한 다음 전쟁 가능성 ⇨ 미국에 의한 개입으로 이를 저지할 필요.

적용 가능 사례

1. 미국의 대중국 견제정책에 대한 설명
2. 중국의 대외팽창정책에 대한 설명
3. 강대국은 아니지만 북한의 안보정책 배경: 방어적 입장 vs. 공격적 입장 해석 가능.

필수 개념과 인용할 저서

1. 미어샤이머(John Mearsheimer): 무정부상태, 일정한 무장을 한 국가, 불신, 두려움, 국력극대화, 지역패권국가 목표. 『The Tragedy of great Power Politics』(2001)

국제정치 쟁점 14 : 신고전현실주의와 안보정책

주제의 문제의식

Q 왜 신고전현실주의는 실패했거나 무모한 외교정책을 설명하는 데 유용한가?

A 신고전현실주의는 국내정치를 들여다 보기 때문에 실패한 외교정책과 무모한 외교정책 설명에 유용하다.

세부 쟁점과 핵심이론

sub 1 무정부상태와 극성이란 구조와 국내정치의 고려 여부
(1) 신현실주의: 구조만 고려. 국가의 합리적 행동을 설명.
(2) 신고전현실주의: 구조+국내정치. 국가의 비합리적 행동을 설명.

1. 신고전현실주의의 일반적 논리

독립변수와 종속변수: 신고전현실주의	
설명변수	독립변수: 국제체제(무정부상태는 조건, 국가의 상대적인 물질적 능력) ⇨ 매개변수: 국내정치(의사 결정자들의 힘의 분배에 대한 인식, 국내 국가구조로 인한 국가와 사회의 관계와 자율성, 국가들의 이익과 선호) ⇨ 종속변수: 대외정책(국가의 대전략, 군사 독트린, 대외경제정책, 동맹 선호, 위기 시 행동) 매개변수의 세부사항: ① 지도자의 인식(perception), ② 국내정치에서 국가의 자율성 / 세수 확보 능력 / 동원 가능성 ③ 강대국-약소국 구분 / 현상타파와 현상유지 사이의 차이. 정리하면 구조와 조건, 위협에 대한 인식에 따른 정책 선택 및 국내적 지지 동원 여부가 중요
안정화 장치	이익균형(현상유지 세력의 수와 힘의 크기 > 현상타파세력), 지도자의 인식
적용 사례	① 자카리아의 19세기 미국의 팽창정책 저지 원인은 상대적으로 약한 중앙정부의 동원 능력 ② 크리스텐센의 미국과 중국의 냉전 초기 적대적 정책은 국가안보를 위한 사회적 자원 동원을 목적으로 한 전략의 의도하지 않은 결과 ③ 랜달 쉬웰러의 2차대전 이전 영국과 프랑스의 독일 억제 실패 사례 분석(미국·소련·독일의 3극 구조와 과소 균형) ④ 민주화 과정에서 전쟁 가능성 증대. 잭 스나이더의 과두제 국가와 민주화 과정 국가의 민족주의 이용. 중국 및 북한에 적용 가능.
정책방안	이익균형화를 위한 동맹, 지도자의 인식변화

(1) 신고전현실주의 일반: 구조(극성)과 국내정치를 통해서 일반화해서 분석할 수 있음. 이때는 특정이론가를 인용하지 않고 설명함. 랜덜 스웰러가 적절히 들어맞지 않으면 신고전현실주의일반론으로 설명하는 것이 유용함.

(2) 신현실주의로 설명안되는 부분을 설명: 힘의 격차에도 불구하고 합리적 예측을 깨는 결과가 나올 때 설명이 가능함.

(3) 외교정책을 설명: 국내정치를 분석해서 국가 내부를 설명에 대입함.

2. 랜덜 스웰러의 이익균형이론

(1) 국가를 '힘의 크기'와 '현상유지/현상타파'로 구분하였다.

(2) 삼극체제의 중요성: 2차 대전시기 미국, 소련, 독일의 3극. 현상타파 국가 2개가 있는데 미국이 무관심해서 전쟁방지에 실패함.

(3) 과소 균형: 균형정책 실패의 경우분석. 적절할 때 균형정책을 수행 하지 못함. 히틀러

(4) 이익 = 국가의 성향(현상유지 성향, 현상타파 성향). 이를 국가의 일반적인 경제적이익과 안보이익으로 해석하면 안 됨.

[랜덜 스웰러의 2차 대전 분석][1)]

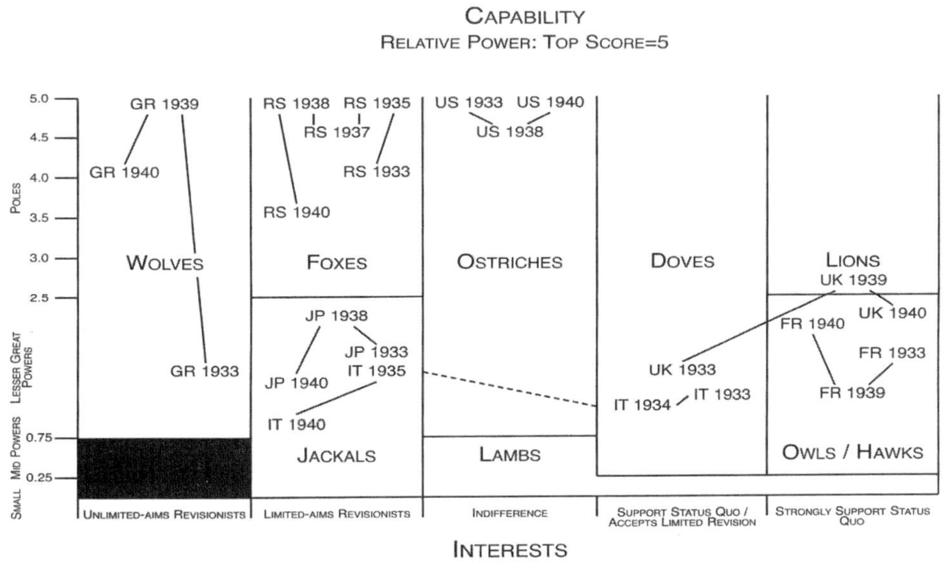

FIGURE 3.2

적용 가능 사례

1. 한국 전쟁에 중국군의 참전: 마오쩌둥의 개인적 야심+국내정치가 ⇨ 극성인 힘의 차이를 넘어섬.
2. 일본의 1941년 태평양전쟁 도발: 일본과 미국의 국력 격차가 큼. 그러나 일본의 국내정치(찬황과 군부의 과두제적인 독재체제)와 일본 지도자의 심리상태(전망이론)

필수 개념과 인용할 저서

1. 랜덜 스웰러: 이익균형이론, 상대적 국력, 현상유지여부. 『Deadly Imbalance』 (1998)

---

1) Randall L. Schweller, Ibid. p. 86.

국제정치 쟁점 15 : 민주화 과정의 위험성

주제의 문제의식

Q 잭 스나이더에 따르면 민주평화이론은 어떤 부분에서 문제가 되는가?

A 잭 스나이더에 따르면 비민주주의 국가가 민주주의로 공고화되면 전쟁가능성이 줄어 평화로워지지만, 민주화 과정에서는 정치적 경쟁으로 전쟁 가능성이 더 높아진다.

세부 쟁점과 핵심이론

sub 1 비민주주의 내부의 구분과 민주화 과정에서의 주변 국가와의 전쟁 가능성 논쟁
(1) 1인 독재 국가 ⇨ 경쟁 세력 부재로 민주화 과정에서 순탄한 민주화
(2) 과두제 독재 국가 ⇨ 기존 권위주의 세력+민주화 주도 세력 간 경쟁 ⇨ 민주화의 정초선거(founding election)에서 지지표 획득을 위해 민족주의 활용한 Diversionary Incentive(관심전환) 작동 ⇨ 대외 희생양 확보 ⇨ 희생양과의 전쟁 가능성 증대

sub 2 동아시아 민주화 과정 분석 시 지역 평화 가능성 논쟁
(1) 민주평화론: 동아시아 민주주의 국가 수 증대 ⇨ 지역 국가 간 전쟁가능성 축소
(2) 민주화과정 위험론: 동아시아 민주주의 국가 수 증대 ⇨ 민주화 과정에서는 국가 간 전쟁 가능성 증대 ⇨ 민주주의 공고화되면 국가 간 전쟁 가능성 축소

1. 잭 스나이더 이론

(1) **정치 체제와 대외팽창:** 정치체제에서 '책임 추궁성'이 대외팽창 정책을 추진하지 못하게 함.

(2) **과두 체제만이 과잉팽창 가능:** 일본의 대외팽창 1기(메이지 유신~1914년까지)와 대외팽창 2기(1931년 만주사변~1941년 태평양전쟁까지). 일본 천황과 일본 민간 정치인과 일본 군부가 권력을 공유함.

(3) 민주화 과정의 문제

① 『From Voting to Violence: Democratization and National Conflict』(2000)

② 국내정치의 지배구조와 민족주의: 국내요소의 두 가지 특징 중요. 첫째, 국내정치의 '과두적 지배(Oligarchy)구조.' 둘째, (민주화 과정에서 나타나는) 민족주의. 정치적 경쟁에서 우위에 서기 위해 민족주의를 이용. 예를 들어 독일 히틀러의 민족주의는 피의 순수성을 이용 민족주의를 신화화함.

적용 가능 사례

1. 과두제적인 중국의 민주화와 1인 독재체제인 북한 민주화과정의 위험성 비교

합격생 tip

2022 5급공채 정치학 기출 3문을 참고하여 공부하길 추천!+쟁점23

국제정치 쟁점 16 : 연성균형과 경성균형 비교

주제의 문제의식

Q 중국과 러시아 간 상해협력기구를 중심으로 한 군사협력은 패권국가 미국을 상대로 한 경성균형(hard balancing)으로 볼 수 있는가?

A 중국과 러시아 간 군사합동훈련이나 군사협력은 실제 미국을 견제하기 위한 경성균형(hard balancing)은 아니고, 미국에 신호를 보내기 위한 연성균형(soft balancing)으로 볼 수 있다.

세부 쟁점과 핵심이론

sub 1 패권 국가 미국에 대해 어떤 국가도 균형정책을 택하지 않는지 여부 논쟁

(1) 패권이론: 균형화 없음. 세력균형도 없고, 위협균형도 없고, 이익균형도 없음.

– 패권국가: 다른 강대국 간 동맹에도 균형을 이룰 수 없는 국가

(2) 세력균형의 연성균형이론가: 연성균형화는 있음. 미국의 정책에 더 불만이 생기면 강대국들은 경성균형화로 전환할 것임.

sub 2 연성균형 정책은 균형정책으로서 의미있는지 여부 논쟁

(1) 전통적 세력균형이론가: 연성균형은 지역무역협정 전략이나 협상 전략에 불과함. 세력균형의 개념을 호도함.

(2) 연성균형이론가: 패권체제에서는 특별한 균형정책으로 의미 있음. 패권국가 정책에 불만이 생기면, 경성균형을 할 수 있다는 신호보내기로 패권국가를 견제함.

1. 연성균형

표를 통한 비교 로버트 페이프의 패권국가 위계

명칭	내부적 구분	패권국가의 국력분포상황
세력균형 (balancing) 체제	단극 (unipolar)	패권국가는 집단적 세력견제(O) 개별 국가에 의한 견제(X)
	양극 (bipolar)	패권 부재. 라이벌 국가에 의해 상호견제
	다극 (multipolar)	패권 부재. 다양한 국가들에 의해 견제 가능
헤게모니 (hegemony) 체제	hegemonic system	패권국가는 개별 국가에 의한 견제(X). 집단적인 견제(X)
	empire system	패권국가는 강대국 국내정치를 주도(식민지국들이 됨)

표를 통한 비교 **T. V. Paul 3가지 균형화**

명칭	특징	방안
hard balancing	패권국가의 국력에 대응하여 견제를 위한 힘의 증대	내적 균형화(군사력증대) 외적 균형화(동맹 형성)
soft balancing	패권국가의 패권증대에 대응	경성균형을 할 수 있다는 신호를 보내는 것으로 제한적 군비증대, 경제교류, 국제기구에서의 협력, 영토적 거부
Asymmetric balancing	패권국가에 위협을 통한 균형화	테러와 대량살상무기로 위협균형을 시도

(1) **연성균형의 정의**: 패권국가에게 강대국이 패권국가를 견제할 수 있다는 일련의 신호.

(2) **연성균형의 목적**: 단극체제(unipolar)에서 패권(hegemon)으로 가는 것을 견제하는 데 사용하는 전략. 강대국들은 미국이 패권(hegemon)이 되려는 순간 연성균형을 경성균형으로 전환.

(3) **연성균형의 양태**: 국제기구를 통한 정책거부 혹은 비토(예 UN 안보리에서 프랑스와 독일의 이라크 문제 거부), 영토적 거부(예 이라크전쟁에서 터키의 미국 기지사용 거부), 외교를 통한 내부적 저항의 증대. 경제적 조치(예 무역제한조치), 동맹을 형성할 것이라는 위협

(4) **연성균형에서 경성균형으로의 전환**: 단극에서 패권으로 전환. 즉 힘의 집중이 증가시.

(5) **현재 미국의 국력**: 2003년 시기보다 하락. 2008년 금융위기를 경험함.

(6) **연성균형의 개념적 유용성 논쟁**: 의미 없다는 반론에도 불구하고, 중국과 러시아가 미국을 대상으로 모호한 형태의 전략을 사용하는 것을 분석하기 용이함.

(7) **최근 논의 개념인 '회색지대화'**[2]: 국가를 동맹(ally), 적(enemy), 중간 지대 국가(gray zone)으로 구분하고, 동맹이 회색지대처럼 되거나 구성하는 전략을 회색지대화전략이라고 명명.

① 회색지대 전략 목적: 전통적 동맹을 탈동조화(decoupling)함. 동맹이완 혹은 동맹 해체.

② 구체적인 전략: 전통적으로 적대국가가 협력적이고 유화적인 행동을 통해 동맹을 이완하고자 함.

③ 회색지대화 공세를 펴는 국가의 특징: 첫째, 우적 개념이나 판단이 모호함. 둘째, 동맹의 디커플링 공략을 점진주의를 통해 폄. 이때 중요한 전술이 살라미 전술(이슈를 세분화하여 지속적으로 시선을 회피하고 시간을 버는 전략)

④ 회색국: 회색지대화를 꾀하는 국가를 의미. 타겟국가의 군사동맹 해체 시도나 동맹해체를 요구하지 않고 점진적으로 그렇게 되도록 인식의 변화를 꾀함.

⑤ 한미동맹에 적용: 한미동맹의 이완은 한국과 미국이 아니라 회색국에 의해 만들어진 것임.

⑥ 회색국 북한과 중국의 회색국가화 전략: 유화정책이나 경제적 교류확대 전략과 교류를 이용한 제재전략. ex) 2015년 중국 전승절 70주년 기념식에 한국 대통령 방문이나 사드 배치 사건. 2018년 북한의 정상국가화 시도.

적용 가능 사례

1. 중국과 러시아의 상해협력기구를 통한 대미 견제: 적용 가능

2) 반길주, "동맹 결속변화의 비구조적 외생변수 추적: 중국-북한의 회색국가화 공세와 한미동맹의 디커플링" 『국제관계 연구』 25(2), 2020, pp. 107-128.

2. 중국의 비민주주의 국가 터키나 미얀마와의 협력과 미국의 민주주의 동맹 견제: 적용 가능
3. 중국의 북한 지원: 적용 불가. 북한과 중국은 동맹이기에 경성균형정책임.

제 2 장 자유주의

국제정치 쟁점 17 : 지역 통합 가능성

주제의 문제의식

Q FTA등의 지역통합은 어떠한 요인들에 의해서 설명될 수 있는가?

A 지역통합은 현실주의에서는 국력을 통해 설명하지만, 자유주의에서는 민간의 선호와 흥정을 통해서 설명할 수 있다.

세부 쟁점과 핵심이론

sub 1 지역통합 원동력에 대한 이론별 논쟁: 정부(현실주의) vs. 민간(자유주의)

sub 2 동아시아 지역통합에서 이론별 타당성 논쟁:
⇨ 동아시아 국가들(민주주의 + 비민주주의 혼재)의 특성상 동아시아 지역주의에서는 국가 주도적인 이론이 민간 주도적인 이론 보다 설득력 있음.

sub 3 북한 문제 해결을 위한 기능주의적 접근이 가진 장단점:
⇨ 정치적 갈등이 적은 경제문제를 통해 접근하는 점은 장점이나, 비민주주의 국가에서 경제협력은 정치에 의해 단절될 수 있다는 단점이 있음.

1. 지역통합 이론

(1) 자유주의 기능주의 이론

① 두 가지 핵심적 내용.

첫째, 초국가적 사회(초국가적 이익집단, 전문가 단체, 생산자 집단, 노동조합, 문화 및 과학자 조직)의 힘 중요.

둘째, 초국가적 제도의 역할 중요. 사회적 요구는 통합의 필요조건이나 충분조건은 못됨. 특히 정치적 측면이 신기능주의에서 강조됨. 실제 신기능주의자들은 유럽집행위원회의 의제 제시 능력, 지도력 제공능력, 사회적 요구를 정책으로 전환하는 능력을 중시함.

② 대표 이론 하스와 슈미터 연구(Haas and Schmitter 1964년): 4개의 배경변수(국력의 규모, 거래율, 다

원주의, 엘리트 보완성)+2개의 경제통합 시 조건(정부 목적과 통합력)+3개의 과정 조건(정책 결정 스타일, 거래율, 정부적응력) ⇨ 다변수의 문제점과 변수 간 상관성의 문제도 있음. 의도적 조치들을 간과함. 특히 경제, 사회적 조건이 미비함에도 통합을 추진하는 후진국들의 사례를 볼 때 정치적 결정이 중요함.

(2) 현실주의

① 고와(Joanne Gowa)의 안보외부효과이론.

양극이 무역 개방성을 증대시킴. 공통의 적이 있고 동맹으로부터의 이탈비용이 크기 때문임. 동맹국끼리 경제통합추진.

② 그리코의 구속가설

프랑스의 독일 견제+독일의 주변국 두려움 축소 전략+이탈리아, 벨기에, 네덜란드의 국내정치 개혁(ex, 연금개혁)

(3) 자유주의적 정부 간 주의: 모라프칙의 3단계 모델

① 3단계의 구성: 선호도 형성+정부 간 흥정+(흥정결과에 대한) 제도적 잠금.

② 1단계: 경제적, 사회적 이익은 현실적으로 동원될 필요. 이때 국내정치제도가 중요한 역할을 함. ⇨ 경제적 이익은 정치제도에 의해서 전환됨. 이익집단들은 자신의 이익극대화를 추구하거나 손실극소화(피해예상집단)를 추구함.

③ 2단계: 정부 간 흥정. 국내정치가 수용하거나 비준할 수 있는 정도에서 협상을 진행. 또한 국가 간 힘이 결과에 반영될 것임.

④ 3단계: 비준이 되면 이것을 잠그고, 통제하며, 집행하기 위한 제도가 고안됨. 이렇게 구성된 제도는 구성원들을 협력할 수 있게 하지만, 다른 한편으로 그들의 행동을 구속하기도 함. (ex, 유럽의 경제통합은 유럽 복지 국가들의 국내 경제개혁을 위한 시도로도 사용됨. 또한, 정책 담당자의 권력을 강화해줌.

(4) 구성주의

① 주요 논리: 선호의 내생적 구성. 사회화과정 ⇨ 새로운 규범이나 가치체계 학습과 체득 ⇨ 정체성(간주관적 인식: 나와 상대방 사이의 우리 의식 we-feelingness) 형성 ⇨ 국가이익과 선호 결정 ⇨ 대외정책 수립과 집행.

② 유럽통합에서 터키 배제 사례: 정체성 공유 안됨. 터키는 NATO회원국이나, EU 아님.

적용 가능 사례

1. 동북아시아 국가들의 동아시아 국가들과의 지역 통합 노력 사례: RCEP 사례
2. 동북아시아 지역의 높은 지역화(현상적 측면에서 교류 증대)와 낮은 지역주의(지역주의 정책 실현은 저조함): 민간의 요구는 강하지만 국가가 전략적으로 지역통합 수준을 규정.

국제정치 쟁점 18 : 앨리슨 모형

주제의 문제의식

Q **앨리슨에 따르면 국가의 특정 이슈에서 정책결정은 어떤 방식으로 결정되는가?**

A 국가는 특정이슈에 대한 정책결정을 할 때, 합리적 행위자모델과 관료정치모델과 조직과정모델을 다양하게 활용해서 정책을 결정한다.

세부 쟁점과 핵심이론

sub 1 사안별 앨리슨 모델의 대입과 평가 필요
기출문제) 북한의 무기 구입에 대한 앨리슨모델 적용과 가장 설득력있는 모델 혹은 모델 간 관계 설명

1. 앨리슨 모형

(1) 3가지 중요 모델 간 비교

	합리적 행위자모델	조직과정모델	관료정치모델	양면게임이론	그룹 사고 모델
핵심가정	합리성가정 / 완전정보가정	조직의 관성과 SOP (표준운영절차)	국가 내 관료들 간의 이익 차이와 분화	국내적 게임과 국가 간 게임의 병행	소수 그룹에 의한 정책 결정
주요논리	이익극대화 (interest maximize)	이익의 만족화 (satisficing)	흥정과 협상에 의한 이익결정	윈셋에 의한 비준결정	지도자와의 심리적 일체감 (만장일치) 중요
결정주체	국가지도자 + 참모	관료조직운영 원리	관료부처들 간 흥정	정부 + 타국정부 + 자국민간 + 타국민간	소규모의 동질성을 갖춘 집단

(2) 외교 정책 결정 모델 구분

① 과거 현실주의: 합리적 행위자모델로 설명한다고 간주함. 국가의 이익 극대화를 위한 행동. ⇨ 부에노드 메스키타의 기대효용 모델이 가장 대표적 모델.(합리적 결정을 설명)

② 신고전현실주의의 등장과 외교정책 결정 설명: 신고전현실주의는 구조(극성)와 국내정치와 지도자를 통해서 외교정책결정설명. (합리적이지 않은 결정을 설명)

③ 나머지는 자유주의 모델: 합리적이지 않은 결정을 설명함. ⇨ 인간 변수 설명모델(심리 모델이 대표)과 조직 변수 설명모델(조직과정이나 관료 정치모델)이 대표적임. ⇨ 최근에는 양면게임 모델도 발전함.

(3) 앨리슨 모델

① 쿠바 미사일 위기에 대한 3가지 단계적 설명: 합리적 행위자 모델 ⇨ 조직과정 모델 ⇨ 관료정치 모델 설명.

② 사안별로 모델 대비에 활용

③ 1단계의 합리적 정책결정모델 적용: 초기 쿠바에 소련 미사일 기지 설치 여부를 확인하는 단계. 이 단

계에서는 확실하게 소련이 미사일 기지를 설치하는지를 확인하고자 함. 이때는 최대한 많은 정보를 얻고자 함. 합리적 정책결정모델이 적용됨.

④ 2단계의 조직과정모델: 소련 미사일이 쿠바에 설치되고 있다는 것을 알고 나서 어떻게 대응할 것인가를 결정하는 단계. 이 단계에서는 기존에 짜인 정책 프로세스인 표준 운영절차(SOP)에 따라 정책이 결정됨.

⑤ 3단계의 관료정치모델: 최종적으로 소련에 어떤 대응을 할 것인지를 정할 때 육군과 공군 그리고 외교안보보좌그룹은 자신들의 이익을 조정하여 봉쇄정책을 선택함.

적용 가능 사례

1. 중국의 특정 정책 결정 사안 대입
2. 북한의 특정 정책 결정 사안 대입

필수 개념과 인용할 저서

1. 이익극대화, SOP에 따른 선택, 부처 간 흥정. 『Essence of Decision』(1971)

국제정치 쟁점 19 : 양면게임모형

주제의 문제의식

Q 양면게임에서 국가의 윈셋을 결정하는 요인은 무엇이며, 이 중 주로 무엇을 활용해서 자국의 이익을 극대화할 수 있는가?

A 양면게임에서 국가의 윈셋은 첫째, 국내집단의 이해 및 제휴관계 둘째, 국내제도 셋째, 협상 전략에 의해서 결정되며, 이 중 주로 협상전략을 활용해서 국가이익을 극대화할 수 있다.

세부 쟁점과 핵심이론

sub 1 두 국가가 협상에 들어갔을 때 각각의 정부가 설득해야 할 협상의 당사자와 전략 논쟁
(1) 정부 간 협상과 정부의 대 민간 협상에서 각각 전략이 다름.

sub 2 양면게임 전략이 장기게임으로 진행되면 두 개의 협상 참가자는 상대적 이익을 극대화할 수 있는지 논쟁
(1) 단기게임: 전략활용에 따라 한 국가가 상대적 이익극대화가능.
(2) 장기게임: 게임이 장기게임으로 진행시 상호주의를 사용하게 되고, 이는 한 국가의 상대적 이익 극대화 전략이 사용되기 어렵게 함.

sub 3 양면게임이 적용되기 어려운 조건들
(1) 강대국과 약소국 간 양면게임: 강대국에 의한 일방게임화
(2) 민주주의와 비민주주의 간 양면게임: 비민주주의 국가내 국내 세력 영향력 부재.
(3) 안보 이슈: 민간의 관심이 부족해서 양면게임 적용곤란

1. 양면게임

(1) 양면게임의 주요 분석도구

① 양면: 정부 간 협상(level I)과 정부와 민간의 협상(level Ⅱ)이 동시 진행
② 비준의 중요성: 민간은 국회의원을 통해 행정부를 견제. 행정부 협정을 거부할 수 있음.
③ 윈셋: 한 국가가 비준해줄 수 있는 모든 합의의 집합. 양보할 수 있는 마지노 선.
④ 합의 가능영역: 국가 간 윈셋과 윈셋이 겹치는 공간. 이 공간에서 협상을 함.
⑤ 윈셋 결정 요인 3가지:

첫째, 국내집단의 이해 및 제휴관계(동질성 vs 이질성): 국내 집단이 동질적이게 되면 해당 집단의 유일한 선호를 충족시켜야 하기 때문에 윈셋이 작음. 반면 이질적인 경우 특정 집단 입장에서 실패라고 느끼더라도 다른 많은 집단들에게 도움이 된다면 비준될 수 있음. 넓은 윈셋의 범위가 형성.

둘째, 국내제도(대통령제 vs. 내각제). –Veto Player가 있다면 윈셋이 작아짐

셋째, 협상 전략.

⑥ 국가의 이익극대화 전략: 자국의 윈셋 축소(양보 축소)와 타국 윈셋 확대(양보 확대)

(2) 양면게임 이론에서 주의할 점

① 협력이론+협상이론: 협상결렬시 협력 부재. 협력을 위한 방안도 필요.

② 단기 게임: 상대적 이익극대화 가능

③ 장기 게임: 상호주의 전략 사용 ⇨ 상대적 이익만 추구 불가능.

④ 양면게임이 적용안되는 경우도 많음: 국력 격차 큰 경우, 비민주주의 국가상대(상대국이 비준이 필요없는 경우), 안보이슈

표를 통한 비교 **양면게임의 협상 전략**[1]

행위주체	행위객체	전략의 종류	전략의 목표
정부	자국민 개인, 집단	발목잡히기	국내 강경파에 대한 공개적 약속을 통해 자국의 윈셋을 축소, 협상력의 제고를 노림.
		정치쟁점화	사안을 정치 쟁점화하여 비활성 국내집단을 활성화함으로써 윈셋을 축소하고 협상력의 제고를 노림.
		고삐늦추기	뒷거래를 통하거나 사안의 성격을 새로이 정의하여 윈셋을 확대함으로써 정책 자율성을 제고함.
	외국내 개인, 집단	표적 사안연계	사안을 연계시킴으로써 타국의 비활성 집단을 활성화하여 세력 간의 균형을 변경시킴으로써 타국의 윈셋을 확대, 상대적 협상력의 제고를 노림.
		메아리	사안의 일반적 이미지의 변화를 통하여 상대국의 윈셋을 확대. 상대적 협상력의 제고를 노림.
	외국정부	정부 간 담합	정치적 자산을 상호교환, 각자의 윈셋의 확대를 통하여 합의를 용이하게 함.
국내의 개인, 집단	외국정부	초국가적 로비	외국의 정책결정자의 정책 선호의 변경을 통하여 정책변경을 꾀함.
	외국내 개인, 집단	초국가적 제휴	비정부 간 차원에서의 제휴를 통해 상대국의 윈셋을 확대하고 나아가 국가 차원의 협상력 제고를 꾀함.

적용 가능 사례

1. (기출문제) 한일관계 개선 방안
2. (국립외교원 기출문제) 한미 FTA에서 장기게임으로서 양면게임

1) 김태현, "양면게임이론과 국제협상: 비교외교정책론의 관점에서" 김달중 편, 『외교정책의 이론과 이해』 (서울: 오름, 1998).

필수 개념과 인용할 저서

1. Two -level(제 1면과 제 2면 구분), 윈셋, 합의가능영역. 윈셋 결정 요인 3가지(이해관계, 국내정치제도, 협상전략). "Diplomacy and Domestic Politics: The Logic of Two Level Games" (1988년 논문)

합격생 tip

윈셋 결정요인 3가지에 대한 학습이 중요함. 동질성, 이질성이 윈셋에 어떤 영향을 미치는지에 대한 논리를 꼼꼼히 준비해야 양면게임으로 글을 쓸 때 매끄럽게 연결됨. 또한 대통령제의 경우 윈셋이 줄어드는지 늘어나는지 등도 비교정치 Part의 대통령제의 특징과 연계하여 이론적인 글쓰기가 필요함.

국제정치 쟁점 20 : 상호의존이론과 미중 디커플링 가능성

주제의 문제의식

Q 미중 간 상호의존이 강화된 상황에서 디커플링이 가능한가?

A 현실적으로 완전한 디커플링은 어려워도 상당한 충격을 주는 디커플링은 가능하다.

세부 쟁점과 핵심이론

sub 1 상호의존의 강화와 비국가 행위자에 의한 전쟁 가능성 완화가능성논쟁.

(1) '아시아 패러독스'에도 불구하고, 경제 교류가 아시아 지역에서 평화를 만들 수 있는지 논쟁: 상호의존이론 vs. 상대적 국력가설(현실주의)

sub 2 남북한 상호의존 강화를 통한 관계 개선 가능성과 회귀 불가능성(역행불가능성) 논쟁

(1) 북한에 대한 경제적 지원이 남한의 북한 통제력 강화 논쟁: 상호의존이론(영향력을 강화) vs. 신현실주의(전략적 통제력 강화)

sub 3 경제교류를 통한 상호의존권력이 군사력보다 유용한지 논쟁

(1) 군사력의 사용가능성과 대체가능성(fungibility) 논쟁: 상호의존이론(군사력의 유용성 하락 + 비대체성) vs. 신현실주의(군사력의 유용성 + 대체가능성)

1. 상호의존 이론

독립변수와 종속변수: 상호의존이론	
설명변수	독립변수: 비대칭적 상호의존(민감성・취약성 상호의존) ⇨ 종속변수: 평화와 협상력
안정화 장치	경제적・사회적 상호의존 증대, 내부세력화(bonding), 교류 임계점 통과 시 비가역성(되돌릴 수 없음), 내부 잠금장치(제도의 효과) 4가지 모델: 현실주의 모델, 국제기구와 제도 모델, 이슈 연계 모델, 경제교류 모델
적용 사례	유럽의 상호의존 증대와 분쟁 가능성 축소 vs. 동북아시아 국가들의 상호의존 증대에도 불구하고 분쟁 가능성은 증대(아시아 패러독스) 북한의 상호의존 부족과 낮은 경제제재 효과 대북정책에 있어서 상호의존 증대전략. 경제발전 선행 시 민주주의 구축 가능성 큼.
정책방안	교류 확대전략, 비국가 행위자의 확대전략, 내부 세력 만들기 전략

(1) 가정들

① 총체적 국력모델(현실주의) vs. 복합적 상호의존 모델(자유주의) ⇨ 자유주의를 통한 국제관계 설명을 시도한 첫 번째 이론. 군사력을 중심으로 설명 가능한 세상과 군사력으로 설명이 어려운 세상으로 구분. 후자를 설명하고자 함.

② 대칭적 상호의존 vs. 비대칭적 상호의존: 상호의존의 유형은 두 가지임. 이 중 비대칭적 상호의존에

권력이 작동함.

③ 민감성 상호의존 vs. 취약성 상호의존: 비대칭적 상호의존의 두 가지 유형. 관계증대가 민감성을 만듦. 반면 관계 청산에서 대책을 만들기 어려운 국가가 취약성이 높음.

상호의존의 핵심 개념	
* 민감성	관계증대로 인해 발생하는 의존효과. 정책변경시도 이전에 치르게 될 것으로 예상하는 비용. 사전적인 의미.
* 취약성	관계의 비대칭성으로 인해 생기는 의존효과. 정책변경 이후 치르게 되는 비용. 사후적인 의미.

(2) 주요 주장

① 군사력 보다 협상력 중요: 상호의존의 권력이 중요. 민감성이 높은 상황에서 취약성이 약한 국가가 강대국.

② 경제교류를 증대하여 정책효과를 만들고자 함. bonding 정책(자국 우호적인 세력을 심음)과 penetration 정책(타국의 국내정치로 진입하여 우호세력을 만드는 정책)

③ 원래 모델에서는 교류 증대, 국제기구 활용, 이슈 간 연계, 총체적 국력 모델이라는 4가지를 모두 사용함. ⇨ 이중 국제기구 활용과 이슈 간 연계는 신자유주의에서 사용. 총체적 국력은 현실주의 모델임.

표를 통한 비교 **자유주의 주요이론들의 정책방안 비교**

이론 이름	주요 변수	정책방안
상호의존이론	민감성 상호의존과 취약성 상호의존	경제교류의 증대 / bonding 정책 혹은 penetration 정책(국내 지지 세력확보)
신자유주의이론	제도(regime / institution)와 상호주의(reciprocity)전략	제도구축 / 상호주의 전략의 활용
민주평화이론	민주주의제도와 규범	민주화 지원

2. 미중 decoupling 가능성(최근 derisking으로 명칭전환)

(1) 미국과 중국의 커플 관계(동조화 관계)를 변환하는 것을 의미

(2) 긍정적 입장

① 상호의존 부정. 미국과 중국의 무역관계 강하지 않음. 미국 GDP 29조 달러 중에서 8천억에서 9천억 달러를 중국과 무역함.

② 안보외부효과이론. 미국은 동맹국가와 교류를 늘리고 중국과의 교류를 축소함.

③ 패권이론. 미국의 패권유지를 위해 중국 경제적 견제.

④ 구성주의. 미국인들의 대중국 적대감+미국 정부의 중국인식. 트럼프 정부의 2017년 NSS(국가안보 보고서)에서 "중국은 수정주의 국가"라고 규정. 바이든 정부의 2022년 NSS에서 중국은 "유일한 경쟁국가"로 규정.

(3) 부정적 입장

① 세계화 논리. 세계화는 불가역적인 현상임. 이를 거부하기 어려움.

② 상호의존이론. 중국과의 상호의존에서 미국이 상호의존이 더 심함. 취약성이 높음.

③ 민주평화이론. 민주주의 국가에서 유권자들의 불만이 강함. 중국의 저렴한 물건이 교역되지 않을 경우 물가상승의 압박. 이를 청중비용으로 전가함. 즉 다음 선거에서 떨어뜨릴 수 있음. ⇨ 여기에 대한 반론으로 민주당과 공화당의 초당적 합의가 작동. 대중국 정책으로는 정책차이가 적음.

(4) 평가

① 상호의존 정도가 낮음. 미국이 중국 영향 많이 안 받음.

② 미국의 대중국 견제에 대한 초당적 합의.

적용 가능 사례

1. 브레튼우즈 Ⅱ 체제 (중국은 무역 흑자를 보고, 이를 미국에 투자해줌)에서 미국과 중국의 디커플링 가능성
2. COVID 19 이후 탈세계화 정책의 가능성 논쟁
3. 아시아 패러독스의 원인 분석: 경제교류의 증대에도 불구하고, 안보갈등이 상존하는 현상의 원인. ⇨ 미중일러의 경쟁 + 지역 질서에서 국가들의 권력 중요 + 라이벌 관계들 많음 + 시원적 민족주의의 강화와 낮은 아시아 정체성

필수 개념과 인용할 저서

1. 비대칭적 상호의존, 민감성과 취약성. 『Power and Interdependence』(1977년)

국제정치 쟁점 21 : 상호주의와 남북관계 개선 가능성

주제의 문제의식

Q 상호주의를 '엄밀한 상호주의'와 '포괄적 상호주의'로 구분할 때 남북한의 협력을 이루기 위해서는 어떠한 상호주의가 필요한가?

A 남북한 협력을 위해서는 포괄적 상호주의를 사용하는 것이 남북한 간의 비대칭적인 경제상황에 타당하지만, 북한의 거듭된 약속 위반문제를 해결하기 위해서는 북한의 전향적 태도변화가 필요하다. (극단적인 경우 엄밀한 상호주의를 통해 북한 태도변화를 강요할 필요가 있다.)

세부 쟁점과 핵심이론

sub 1 신자유주의에서 상호주의 전략이 국가들의 협력을 가져올 수 있는 방안 논의:
(1) 번 전제조건: 무한반복 게임 (2)번 전제 조건: 첫 번째 게임에서는 무조건 협력 필요.
⇨ 현실정치의 어려움. (1)번 전제 조건은 정부의 임기 때문에 어려움. (2)번 전제조건은 상대방의 계속된 약속 불이행시 국민에게 설득하기 어려움.

sub 2 남북관계 개선에서 유용한 전략 논쟁:
(1) 힘에 의한 평화와 협력 강제(현실주의) vs. 상호주의 전략(자유주의)
(2) 상호주의 사용 시 어떤 상호주의: 포괄적 상호주의 vs. 엄밀한 상호주의
⇨ 김대중정부와 노무현정부에서 포괄적 상호주의 사용했던 전력이 있음. 북한 핵무기 개발 문제에서 큰 효과가 없었음.

1. 신자유주의의 분파: 상호주의 이론

(1) 신자유주의에서 상호주의 전략(reciprocity)이 중요. ⇨ 제도화 가능.

(2) 상호주의는 악셀로드(R. Axelrod)가 제시한 게임전략으로서 맞받아치기 전략(TFT전략)이 중요함. 상호주의 전략만 활용해도 됨. 다만 전제 조건이 중요

① 전제조건 1: 무한반복 게임이어야 함. 만약 게임의 횟수가 정해져 있으면 마지막 게임에서는 배신 전략을 수행함. 이는 바로 전 게임에서 배신의 유혹을 키움. 합리적 행위자들은 역으로 추산하여 배신 전략을 처음부터 구사할 수 있음.

② 전제조건 2: 첫 번째 게임에서는 무조건 협력이 되어야 함. 상호협력 간의 이익이 비교되어야 상호배신의 비용이 크게 계산됨.

③ 상호주의에서 중요한 특징: 행위의 연계성, 질적 상응성, 양적 상응성 세 가지가 중요. 상대행위를 연계시킬 만큼 시간적으로 근접(연계성)해야 하며 상대 호의에 호의로 대해야 하며 악의에는 악의로 대해야 하고(질적 상응성) 상대방의 행동에 맞추어 상대가 한 정도만큼 대응(양적 상응성)해야 한다.

(3) 상호주의 구분

① 포괄적 상호주의: 시간의 확대, 이슈 확대, 행위자 확대. 상대방에 대한 조치의 대응이 장기간이 될 수 있고 다른 이슈에서 보상받을 수 있고 다른 행위자들과 연계시킬 수 있음. ㉮ 대북포용정책에서 남한이 북한에 대해 사용한 전략

② 엄밀한 상호주의: 시간의 범위, 이슈의 범위, 행위자 범위가 좁음.
㉥ 이명박정부의 '비핵개방 3000'정책.

2. 게임이론을 통한 현상분석

표를 통한 비교 게임이론 간 비교

	죄수의 딜레마 게임	사슴사냥게임	치킨게임
선호도	DC > CC > DD > CD	CC > DC > DD > CD	DC > CC > CD > DD
게임의 안장점	DD	CC, DD	안장점 없음
취해야 할 전략	CC로 가기 위해 무한반복 게임	신뢰가 구축되면 CC로 갈 수 있음	평판 효과로 전략이용 상대방 항복 유도

※ C: 협력(cooperate) / D: 배덕(defection), 배신

(1) **죄수의 딜레마 게임**: 상대가 협력을 한다고 전제해도 자신은 배신전략이 우위. 상대가 배신을 한다고 전제해도 자신은 배신전략이 우위. 따라서 어떤 경우에도 배신전략이 우위임. 다만 신자유주의자들은 게임이 반복되는 경우(즉 1회성 게임이 아니라 장기게임이 되는 경우) 상호협력정책이 가능하다고 봄. 이를 가능하게 하는 것은 게임의 그림자가 길어지는 것. 상호주의 전략의 확장정책으로 가능함.

(2) **사슴사냥게임**: 상대가 배신하는 경우 자신도 배신전략이 우위. 다만 상대가 협력하는 경우 자신도 협력전략이 우위. 따라서 협력을 할 것이라는 신뢰구축이 중요.

(3) **치킨 게임**: 상대방이 배신전략을 사용하는 경우, 자신은 협력전략을 사용함. 자신이 배신전략을 먼저 선택하면 상대방은 협력전략을 선택함. 따라서 핵게임과 같은 상황에서는 무조건 선수를 쳐서 상대방이 협력하게 만드는 것이 중요함.

(4) **경우의 수**: 죄수의 딜레마 자체만으로 출제+죄수의 딜레마게임과 사슴사냥게임 비교로 출제+치킨게임 자체로 출제.

적용 가능 사례

1. 남북한 관계 개선을 위한 상호주의 전략
2. 한일 관계 개선을 위한 상호주의 전략

필수 개념과 인용할 저서

1. 악셀로드의 TFT 전략. 상호주의의 전제조건 2가지. 엄밀한 상호주의와 포괄적 상호주의. 악셀로드의 『Evolution of Cooperation』(1984년)

국제정치 쟁점 22 : 제도주의 이론과 동북아시아 다자협의체 가능성

주제의 문제의식

Q 동북아시아의 갈등과 분쟁을 해결하는 데 제도주의이론의 정책은 유용한가?

A 동북아시아의 갈등과 분쟁을 해결하는 데 제도는 유용한 해법이 될 수 있다.

세부 쟁점과 핵심이론

sub 1 제도가 국가 간 불확실성을 극복하여 협력 가능성을 증대할 수 있는지 논쟁

(1) 신자유주의 제도주의(제도의 매개변수로서 기능) vs. 신현실주의(제도의 효과 부족)

sub 2 제도를 만든다면 무엇이 제도를 구성하는지 논쟁.

(1) 국가들의 이익과 강제적 패권(신현실주의) vs. 국가들의 경제적 이익과 선의의 패권(신자유주의) vs. 과두제적 국가(K-group 이론)

sub 3 동북아시아에서 다자협의체가 부족한 이유와 구성가능성 논쟁.

(1) 배경: ARF(아시아 지역 포럼. 동남아시아 국가중심의 동아시아 다자안보협의체)의 존재에도 동북아시아만의 다자협의체는 없음.

(2) 논쟁: 신자유주의(구성 가능하고 효과가 있을 것임) vs. 신현실주의(상대적 이익과 안보외부효과로 어려움)

1. 신자유주의 분파: 제도주의 이론

독립변수와 종속변수: 신자유주의 제도주의	
설명변수	독립변수: 상호주의 전략(Tit－For －Tat 전략)과 제도(상호주의 제도화 가능) ⇨ 종속변수: 국가 간 협력. 제도를 매개변수로 보기도 함
안정화 장치	상호주의 전략(엄밀한 상호주의 전략 또는 포괄적 상호주의 전략)과 제도구축
적용 사례	냉전기 군비 통제와 군축회담의 성공 헬싱키 프로세스와 유럽 다자안보 대화체제 vs. 동북아시아의 다자안보 대화체제 부족 환경과 금융 분야의 글로벌 거버넌스 남북한 문제에 적용: 남북한의 군비통제 제도와 상호주의를 통한 협력 가능성
정책방안	제도 구축(행위자의 수 조정), TFT 전략의 구사(게임의 장기화, 효용구조 인식변화)

(1) 신자유주의의 국가 간 협력 설명 4가지 방식

① 게임이론: 죄수의 딜레마 게임에서 미래의 그림자(shadow of future: 게임이 지속할 것이라는 장기적인 기대를 늘림) 늘리기와 상호주의전략(TFT전략)을 통해서 협력에 도달

② 공공재 이론: 소수 강대국이 공공재창출을 가능하게 해서 협력에 도달함(예 K－group 이론: K라는 숫자만큼의 강대국에 의한 과두적인 지배가 패권을 대체할 수 있다는 주장)

③ 시장실패이론: 레짐 이론의 수요측면으로서 시장 실패를 치유하여 협력에 도달함(레짐이 국가의 의무 소재를 명확하게 함/ 행동 패턴과 징벌의 근거를 제시함/ 거래와 정보비용을 감소시킴/ 불확실성을 완화함 ⇨ 코즈 정리를 통해서 시장을 형성함.)

④ 인간 이성의 한계: 레짐을 통해서 지혜와 정보 능력의 한계를 극복하고 협력에 도달하게 됨. 예 집단 지성과 위키피디아를 들 수 있음.

2. 협력을 위한 게임구조 재구성(K. Oye)

(1) 게임구조의 구성과 효용: 인지 변화. 죄수의 딜레마를 사슴사냥으로 인식전환가능 ⇨ 이슈 간 연계를 통해 게임구조를 변화시킴.

(2) 게임의 그림자를 늘리는 것 ⇨ 이슈 간 분할을 통해 미래그림자를 늘림.

① 반복성의 확보: 게임을 지속시키는 것이 중요

② 이해관계의 일정성: 상대가 오해하지 않게 일관된 행동을 보임

③ 상대방 행동에 대한 정보의 신뢰성: 올바른 정보에 기반한 판단이 필요

④ 상대 행동에 대한 빠른 피드백: 나의 행동이 시간 지체로 인해 상대가 나의 의도를 해석하거나 유추할 수 없게 빠르게 대응할 것

(3) 행위자의 수와 제재 가능성: 행위자를 늘리되 무임승차전까지 늘림.

3. 제도(레짐)의 의미와 효과

(1) 제도의 정의와 효과

① 크라스너의 정의: 국제레짐을 '국제관계의 특정 영역에서 행위자의 기대하는 바가 수렴되는 명시적 혹은 묵시적 원칙, 규범, 규칙 그리고 정책결정절차

- 원칙: 다양한 쟁역에서 국가정책의 정향이 널리 받아들여지고 있는 믿음. ex) WTO에서 자유무역 원칙
- 규범: 일반적인 권리와 의무라는 관점에서 정의된 행위의 준거. ex) WTO에서 최혜국 대우, 내국민 대우원칙(명칭은 원칙이나 규범)
- 규칙: 무엇을 해야 하고 하지 말아야 한다는 구체적인 명령과 금지. ex) WTO에서 관세양허규칙.
- 정책결정절차: 집단적인 선택을 하고 이러한 선택을 이행하는 일반적인 관행. ex) WTO에서 의사 결정절차.

② 제도의 효과: 국가들의 거래비용 감소, 정보 제공, 국가들이 따라야 할 원칙과 규칙명시, 감시와 처벌의 틀 제공. 잠금효과(interlocking effect: 제도에 국가가 가입하고 나면 제도가 구속하는 힘을 가지게 됨)있음.

③ 제도의 지속성: 첫째, 경로의존성(제도의 관성)이 있음. 둘째, 네크워크 외부성 설명도 가능(제도를 사용하는 사람이 많을수록 그 제도가 더 사용됨). 셋째, 제도의 잠금장치(제도가 만들어지면 제도의 구속효과를 높임)

(2) 힘과 제도 간 관계: 패권안정론 vs. 과두안정론(K－group model)

(3) 커헤인 이론: 무정부상태는 불확실성의 상태. 제도를 통해 불확실성 극복함. 코우즈 정리를 이용.

① 협력이 어려운 이유: 무정부상태가 원인이 아니라 높은 정보비용과 정보의 비대칭성이 원인. 이때 제도가 중요함. 제도는 정보비용과 정보의 비대칭성을 완화함.

② 경제학 논리의 도입: 시장 실패이론의 도입. 코스정리를 이용하여 소유권이 불확실한 경우와 정보비용이 높은 경우 외부성 때문에 발생하는 것을 설명함. 국제정치에도 동일하게 소유권 귀속대상을 명확하게 하

고 정보비용과 비대칭성 문제를 해결.

③ 제도의 중요성: 첫째, 제도는 기대의 안정화를 통해 상당 정도의 정보를 획득하고 정보 비대칭성을 완화할 수 있음.

둘째, 제도는 대화의 기회를 제공하고 협상을 위한 장을 마련함. 이를 통해 장기적인 이익을 중요하게 만든다.

셋째, 소유권을 설정하여 국가의 관할권을 명확히 함.

넷째, 미래행동을 제한할 수 있다. 제도의 규정으로 인해 자신의 행동을 제약하는 것이고 상대 국가의 행동 역시 제한하는 것이다.

④ 제도 변경의 어려움: 첫째, 높은 초기 비용(처음 만들 때 비용이 많이 들기 때문에 못 바꿈). 둘째, 경로 의존성(한번 만들어지면 그 제도를 사용하게 됨.) 셋째, 개정조항의 어려움. (만든 사람들이 후대를 구속하기 위해 개정을 어렵게 함)

4. 다자주의 이론(다자협의체 분석에 필요)

(1) 1990년대 제도주의이론에서 다자주의 제도주의로 발전.

(2) **다자주의의 의미부각:** 자유주의 주장과 구성주의 주장이 공존함. 다자주의에 규범이 실재해야 함.

(3) **이론적 구분:** 다자적(multilateral)과 다자주의(multilateralism)의 구분

① 다자적 제도: 3개 이상의 국가들 제도.

② 다자주의의 제도: 3개 이상의 국가들 제도+일반화된 행위원칙.

③ 제도의 규범화 강조 방향: 구체적인 내용은 후술함.

(4) **글로벌 거버넌스에도 영향:** 글로벌 거버넌스도 국가와 비국가 행위자들에 의한 제도구축이라는 차원에서 제도론에 영향을 받음.

적용 가능 사례

1. 유럽 다자 안보대화제도의 발전(OSCE의 사례)과 대비해서 동아시아 다자안보대화제도 저발전의 원인 분석
2. 동북아시아 다자안보대화제도 구축가능성과 북한 핵문제에 적용가능성

필수 개념과 인용할 저서

1. 로버트 커헤인(R. Keohane): 정보비대칭성, 높은 정보비용해결, 소유권문제 해결, 제도의 효과. 『Hegemony: cooperation and Discord in the world Political Economy』(1984년)
2. 케네스 오이(K. Oye): 상황변수 3가지(이익갈등의 혼재, 미래의 그림자, 참여국가의 숫자). 협력조건(선호체계, 미래이익에 대한 기대(미래 그림자), 참여국가의 숫자). 『Cooperation under Anarchy』(1986년)

합격생 tip

– 쟁점10 신자유주의의 협력가능성에 대한 제도주의의 이론이므로 앞부분의 신현실주의 vs. 신자유주의의 협력가능성 논쟁, 그리코의 논리, 조안나 고와의 이론등과 비교해가면서 공부하길 추천.

국제정치 쟁점 23 : 민주평화이론과 동북아시아 안정성

주제의 문제의식

Q 동북아시아의 비민주주의 국가들이 민주주의로 전환시 동북아시아의 전쟁 가능성은 낮아질 수 있는가?

A 동북아시아의 비민주주의 국가들이 민주주의로 전환시 전쟁가능성은 떨어지지만, 민주화전환과정의 위험성은 남는다.

세부 쟁점과 핵심이론

sub 1 신현실주의(극성 논의)와 민주주의(정치체제 논의) 간의 이론적 적실성 논의

sub 2 2차 대전 이후 서유럽 민주주의 국가 간 전쟁 부재의 원인 논쟁
(1) 민주평화이론가: 민주주의의 효과
(2) 현실주의이론가: 공동의 적(소련), 공동의 위협(소련), 공동의 이익(국력 성장)이 더 중요함.

sub 3 동북아시아의 민주화와 평화 증진 가능성 논쟁
(1) 민주평화이론가 vs. 민주화과정 위험론자(민주화는 국가 간 전쟁가능성을 높임)

1. 민주평화이론

독립변수와 종속변수: 민주평화론	
설명변수	독립변수: 민주주의 제도(권력분립, 책임추궁 가능성, 투명성)+민주주의 규범(규범 외부화 효과, 인권존중)+(부차적으로) 이익집단 ⇨ 종속변수: 전쟁 가능성, 동맹, 자유무역조치, 환경협력, 내전 가능성, 테러리즘 활용 가능성.
안정화 장치	국내정치체제로 민주주의 구축(제도와 규범)
적용 사례	동북아시아의 중국과 북한의 민주화 가능성 (러시아 포함), 민주주의국가 간 경제협력 가능성 증대 (한일관계 악화사례) 민주주의국가 간 환경협력 가능성 유무 (교토체제의 협력 곤란 사례)
정책방안	방어적 차원에서 민주주의국가 간 협력 통한 민주주의 수호, 공세적 차원에서 민주화 지원과 민주화 이식 혹은 강제

(1) **민주평화이론:** 민주주의 간 전쟁 부재. 민주주의 vs. 비민주주의 전쟁.
(2) **민주평화이론의 전쟁 부재 원인:** 제도설과 규범설.
(3) **민주승리론:** 민주주의 국가가 비민주주의 국가 상대로 전쟁시 승리함.
(4) **민주평화이론의 부정 사례:** 첫째, 미국과 스페인의 1898년 전쟁. 이때 미국은 스페인을 민주주의 국가로 인식하고 전쟁함. 둘째, 미국이 1917년 독일을 상대로 한 전쟁. 미국은 독일이 민주주의국가로 인식함.
(5) **3각 평화론:** 민주주의+제도+상호의존 3가지가 전쟁을 방지함.

민주평화이론 구체화

(1) 전쟁 개시(war initiation) 설명: 왜 민주주의가 먼저 전쟁 안 하는지

① 규범 외부화(norm externalization)와 인권 규범으로 설명: 민주적인 분쟁해 결의 국내 규범이 외부화됨. 즉 규범적 설명. 분쟁을 평화적으로 해결하게 됨. 규범적 설명에는 민주주의국가의 인권 규범 강조도 포함됨. 인권 규범을 강조하면 전쟁을 거부함. 인권존중과 신뢰로도 설명.

② 책임성(responsibility)과 권력분립(separation of power)과 투명성(transparence)으로 설명: 제도가 책임 추궁하기 때문에 전쟁 곤란. 민주주의는 지도자의 지위 상실. 견제와 균형이 작동하여 지도자의 호전성을 통제함. 권력분립(separation of power)은 지도자의 전쟁 결정을 다른 권력 기관이 억지함. 투명성(transparence)은 민주주의 국가의 정책 결정이 투명하게 공개되기 때문에 상대 국가에 대한 불안을 주지 않고 선제공격을 유발하지 않게 함.

③ 책임성은 청중비용(audience cost)으로 연결됨: 민주주의 국가에서 지도자의 발언이나 정책결정은 청중(대중)들이 책임을 묻게 됨. 이로 인한 전쟁 회피나 국유화 회피를 설명함.

– 민주주의 국가에서의 청중비용: 지도자의 정책 철회로 인한 평판 하락, 야당이나 정치적 경쟁자로부터의 비판, 민주주의 국가에서의 높은 정보공개성
– 권위주의 국가에서의 청중비용: 쿠데타 or 숙청의 위험

(2) 전쟁의 결과(War outcomes) 설명: 왜 민주주의가 전쟁에서 승리하는지

① 선택 효과(selective effect): 승리할 것 같은 국가와의 전쟁만을 선택.
② 군사적 효율성(military effectiveness): 전쟁 결정에 동의 시 총력전 가능.
③ 동맹의 지원: 민주주의 국가들은 동맹을 체결하면 실제로 전쟁 시 지원함.

적용 가능 사례

1. 중국과 북한 민주화와 동북아시아 평화가능성

필수 개념과 인용할 저서

1. 브루스 러셋(B. Russett): 권력분립효과, 책임성효과, 투명성 효과, 규범외부화, 청중 비용. 『Grasping the democratic Peace: Principles for a Post-Cold War World』 (1993년)

합격생 tip

2022 5급공채 정치학 기출 3문을 참고하여 공부하길 추천. 또한 쟁점 15, 잭 스나이더의 과두체제의 과잉 팽창(Over expansion) 문제와도 함께 공부. 민주평화이론으로 글을 쓰려면 민주평화이론 구체화 부분의 암기 필요

국제정치 쟁점 24 : 청중 비용의 논리

주제의 문제의식

Q 민주주의와 비민주주의에서 청중비용(audience cost)은 어떤 차이가 날 것인가?

A 민주주의는 제도적 청중비용이 작동하고, 비민주주의는 비제도적 청중비용(쿠데타나 혁명발생)이 작동한다.

세부 쟁점과 핵심이론

sub 1 정치체제별 청중비용의 차이와 정치적 효과(억지정책의 신뢰성, 다국적 기업의 국유화 가능성)

1. 청중비용 논리

(1) 청중비용: 국가와 지도자의 행동에 대해 비용을 청구하는 것을 의미. 민주평화이론에서 책임추궁성 모델로 설명함.

(2) 민주주의: 선거를 통해 '제도적인 청중비용(재선 실패 방식)' 청구 가능.

(3) 비민주주의: 선거가 없거나, 있어도 유명무실하기 때문에 제도적인 청중비용은 곤란. 비제도적인 청중비용청구가 가능(쿠데타 by 군부. 또는 혁명 by 민중)

(4) 적용 분야

① 확장억지 정책(타국이 핵억지를 수행해줌)에서의 신뢰성: 민주주의 국가 지도자는 강경 발언하고 책임추궁 당하기 때문에 약속지킴. 청중비용이 신뢰성에 영향.

② 다국적 기업 국유화 가능성: 민주주의 국가 지도자는 국유화 조치로 다음에 선거에서 패배할 수 있기에 국유화가 곤란함.

적용 가능 사례

1. 미국 대통령의 중국에 대한 강경발언 후 정책 일관성과 청중비용 간 관계. 청중비용이 높을 경우(선거에서 책임추궁당할 가능성이 높을 경우) 정책일관성을 유지할 것임.

국제정치 쟁점 25 : 구성주의와 남북관계 변화 가능성

주제의 문제의식

Q 구성주의를 통해 남북관계를 변화시킬 수 있는가?

A 정책을 통한 정체성 변화는 가능하지만, 시간이 오래 걸리고, 원하는 방식으로 정책효과가 나올지 알기 어렵다.

세부 쟁점과 핵심이론

sub 1 구성주의를 통한 남북관계 변화 가능성 또는 구성주의를 통한 한일관계 개선 가능성 논쟁

1. 구성주의이론

독립변수와 종속변수: 구성주의	
설명변수	독립변수: 정체성 (간주관적 인식, 규범, 지식) ⇔ 종속변수: 국가들의 외교정책 cf) 구조와 개체의 동시적 규정을 다루지만 국가의 정책을 설명하기 위해서는 의도적으로 독립변수를 구분해야 함. 정책 분석을 위한 도식화의 예 독립변수: 정체성 · 간주관적 인식 ⇨ 매개변수: 국가이익 해석 ⇨ 종속변수: 국가의 외교정책
안정화 장치	지식과 규범의 분포. (홉스식 무정부성, 로크식 무정부성, 칸트식 무정부성) 국제정치와 지역정치가 상이할 수 있음. 즉 다양한 정체성이 가능. 상대방과의 관계(정체성: 간주관적 인식)를 어떻게 이해하는가의 문제.
적용 사례	① 미 · 중 간 상호 인식 차이와 대외정책변화. ② 독일의 대유럽 정책과 유럽통합 진전. ③ 유럽의 안보 공동대화체와 동아시아의 안보 대화체 부족 ④ 동북아 한 · 중 · 일 삼국의 민족주의와 정체성 정치 ⑤ 남북관계의 냉전 정체성의 변화와 남북관계 변화 가능성
정책방안	지식인 공동체(인식공동체)의 노력. (ex, IPCC와 기후변화협약) 국가들의 의도적인 정체성 전환 작업(ex, 독일의 사과정책과 역사 교과서 공동집필 정책)

2. 유사한 대안 이론: 국제사회학파 이론

독립변수와 종속변수: 국제사회확파	
설명변수	독립변수: 국가 간 사회적 요소(지도자의 해석과 의지 volition arrangement) ⇨ 종속변수: 세력균형, 강대국 간, 전쟁 가능성, 인도적 개입, 지역경제협력
안정화 장치	국제사회적 요소(국제법과 국가 간 규범과 관례)의 작동. 특수한 지역적 사회요소도 가능(지역마다 지역적인 국제사회 가능)

적용 사례	동남아시아의 지역적 특성에 따른 동남아시아 운영방식(ASEAN Way) vs. 동북아시아 지역 인도적 개입과 인권 문제에 대한 국가들의 책임과 규범 유럽의 지역 질서 vs. 동북아시아 지역 질서 차이 해석
정책방안	국제규범 구축, 국제제도 구축, 지도자들의 대화와 인식공유 노력(volition arrangement)

3. 미·중 관계 사례

(1) 한국전쟁: 미중은 홉스적 관계(적대적 정체성)

(2) 1972년 닉슨 중국 방문. 1979년 미·중 수교. 2001년 WTO 가입: 로크에서 칸트로 변화.

(3) 2020년 폼페이오 국무장관 연설 "전체주의 국가 중국 붕괴": 홉스적 정체성으로.

4. 미·일 관계 사례

(1) 1941년~1945년 태평양전쟁: 홉스식 적대적 정체성

(2) 1945년~1951년 민정이양: 로크식 경쟁자적 정체성

(3) 1951년 미일동맹 체결: 친구로의 정체성

적용 가능 사례

1. 인권과 환경 분야의 국제적 협력 가능성과 구성주의, 국제사회학파 적용

제 3 장 국제정치 현안

국제정치 쟁점 26 : 연성권력과 스마트권력의 한국적 의미

주제의 문제의식

Q 미·중 대결과 중·일 경쟁이라는 동북아시아의 권력 구도에서 한국에게 외교정책적으로 스마트권력은 어떤 의미인가?

A 스마트 권력은 군사력과 경제력이라는 경성권력 자원과 문화와 대외정책이라는 연성권력자원을 활용하고, 국제환경과 필요한 자원 간의 조합을 구성하는 리더십을 발휘할 것을 필요로 한다.

세부 쟁점과 핵심이론

sub 1 스마트권력 차원에서 한국이 필요한 권력 자원:

(1) 경성권력: 방어적인 군사력과 이를 지탱할 수 있는 경제력

(2) 연성권력: 문화, 이데올로기, 대외정책 ⇨ 이 중 한국은 국제질서를 이끌어 갈 이데올로기(세계질서를 구성할 이념자원)는 부족. 문화와 대외정책을 권력 자원으로 집중할 필요.

sub 2 연성권력과 지식권력의 관계

(1) 연성권력: 자유주의 권력 자원. 개별 국가의 의지(문화, 이데올로기. 대외정책을 활용)를 통해서 상대 국가의 선호도를 결정. ⇨ 조셉 나이의 '연성권력 = 구성주의적 권력' 주장. 개별 국가의 선호도 변화는 결국 정체성 변화와 연결됨.

(2) 지식권력: 구성주의 권력 자원. 개별 국가가 만들어낸 지식으로 상대 국가의 인식구조를 변화 혹은 결정.

1. 국제정치에서 권력 변화 (도구 쟁점 1. 권력 개념 보완)

(1) 18세기 – 20세기 경성권력 중요(군사력과 경제력): 국가 간 전쟁 시대. 군사력과 경제력 중심. 선진국이 되기 위한 경쟁. 인구가 경제력을 뒷받침 ⇨ 지리적 팽창 필요 ⇨ 19세기 아시아, 아프리카로의 제국주의 시대건설.

(2) 20세기 연성권력 중요(문화, 이데올로기, 대외정책): 전쟁을 통한 영토와 자원 확보가 어려움. 경제교류가 인적 자원(이민자)확보가 중요. 이를 위해서는 국가의 이미지 구성이 중요. 또한, 공공외교를 통한 상대 국가에 대한 설득력과 협상력이 중요.

(3) 21세기 기술과 정보력 중요(4차 산업혁명): 기술경쟁이 신성장동력이자 신성장산업을 구성, 지식 기술력이 중요. 또한, 네트워크를 통제하고 플랫폼을 구성하는 네트워크 권력이 중요한 시대.

2. 한국의 필요한 자원

(1) 동북아시아의 19세기 식 부국강병 질서: 중국의 영토분쟁과 지정학 팽창주의. 일본의 영토분쟁. 북한의 핵무장. ⇨ 이에 대응하기 위한 군사력과 경제력 필요.

(2) 20세기식 연성권력 경쟁: 미국과 중국의 연성권력 경쟁. 미, 중, 일의 아프리카에서의 경쟁. 한국의 중견국가 외교.

(3) 21세기식 지식정보 권력 경쟁: 4차산업혁명의 기술 경쟁. 미국의 중국 화웨이 제재사례.

3. 한국과 스마트 권력

(1) 권력 자원 확보: 경성권력+연성권력 자원

(2) 리더십 중요: 권력 운용방식이 중요

(3) 한국의 대미 편승외교를 회피 노력

적용 가능 사례

1. 한국의 스마트 권력 강화방안
2. 한국의 지식 기술권력 확보방안

합격생 tip

연성권력을 구성하는 문화, 이데올로기, 대외정책 분야의 우리나라의 현황 파악 필요.

Ex) 우리나라의 2022년 ODA/GNI 비율은 0.17%, 공여국 중 26위 / 29개국, 평균 0.36%

국제정치 쟁점 27 : 한국의 중견국가 외교

주제의 문제의식

Q 한국은 중견국가 외교는 어떤 영역을 중심으로 수행될 필요가 있는가?

A 한국의 중견국가 외교는 규범외교를 중심으로 수행될 필요가 있다.

세부 쟁점과 핵심이론

sub 1 한국의 중견국 외교 모델에 대한 이론적 설명 가능 논쟁
(1) 현실주의: 중견국가 외교 중요하지 않음. 극성(강대국)에 의한 외교 중시.
(2) 자유주의: 중견국가의 규범외교와 다자외교 의미 있음.

sub 2 한국의 중견국가로서 구체적 외교정책 방안: 자유주의 성향이 강함.
(1) G20 외교: 다자외교, 국제경제에서 중견국가외교
(2) 평화유지활동: 안보 분야에서의 중견국가 외교
(3) MIKTA외교: 규범외교

1. 한국의 중견국 정치[1)]

(1) 한국의 중견국 역할 지위 상승의 원인

① 중견국가 자체적인 국력 증대요인(국가의 전략적 행동)+국제구조적 위상 확보(구조적 요인) ⇨ 권력요인(소프트 파워+하드 파워)+국제연합전선(체제적 요인)

② 중견국 정치 > 중견국 외교: 중견국의 대외정책만이 아니라 중견국의 행동규칙(정치는 가치체계 포함)도 중요.

(2) 중견국 연구 부족을 극복할 필요

① 중견국 연구의 부족: 왈츠의 구조적 현실주의 요인이 큼. 강대국만을 중심으로 국제관계를 설명.
② 캐나다 호주의 중견국 반증 사례: 강대국은 아님. 연합하면 세력분배에도 영향을 줄 수 있음.
③ 중견국 '정치' 개념은 부족: 중견국 '외교'가 대체함. ⇨ 중견국의 가치와 행동방식의 일반화 필요.

2. 중견국 연구방법

(1) 중견국 연구 접근법: 지위, 행태, 정체성
① 지위 중심: 강대국과 약소국 사이의 위치적 속성과 물리적 힘의 위상에 초점
② 행태 중심: 중견국으로서 역할과 행동방식
③ 정체성: 중견국가의 사고 방식(구성주의)
(2) 중견국 속성은 독특한 위치에 주목
① 부국과 빈국의 가교 역할+문화적 촉진자
② 선한 행위자라는 중견국의 도덕적 우위를 통해 국제문제 해결에 유리

1) 반길주, "중견국 이론 정교화: 구조적 접근과 한국의 중견국 정치"의 내용을 부분적으로 재구성.

③ 국제체제의 질서 유지와 갈등 관리에 기여하는 행위. 즉 '객체'가 아닌 '주체' 역할.
④ 다자주의를 수단으로 선호함.

3. 구조적 접근: '보이지 않는 힘 모델' 가설

(1) 과거 국가 분류

① 근대: 강대국, 중간국, 약소국
② 1차 대전과 2차 대전 시기: 강대국, 비강대국
③ 냉전기: 전통적 중견국가가 인식됨.
④ 탈냉전기: 호주와 캐나다가 대표적 중견국가로 분류됨.

(2) 중견국 접근

① 중견 국가의 정의: 개별적 역량으로 국제체제의 극성에 영향을 미치지는 않지만, 경제력 등 신장하는 내부 역량을 자산으로 G7, G20 등 국제제도 혹은 국가기구 등에서 안보, 외교, 경제협력 등 다양한 분야에서 역할을 하는 국가(미국과 중국을 제외한 국가를 중견국가로 저자는 분류함. 그러나 일반적인 분류는 아님. 독일과 일본은 강대국 규정이 일반적)

② 하드 파워 중시 분석가능: 개별 국가로서는 의미가 적어도 연합체로서는 의미 있음.

(3) 구조적 접근(국제체계수준 접근)이 필요: 중견 국가 이론과 구조적 접근이 가능함.

① 중견국은 강대국 정치에 휘말리지 않는다.
② 중견국은 현상타파적 국가로 인식되지 않기 때문에 전략 수립의 유연성이 높다.
③ 중견국은 행동반경의 제약을 덜 받는다. 강대국은 '힘의 균형'이든 '패권적 위계' 등 국제질서 관리에 매진해야 한다.
④ 중견국은 혼자서는 힘의 균형이나 패권적 질서 변화에 영향을 미치지 못하지만, 중견국은 자신이 보유한 물질적, 가치적 자산을 활용해 다자적 협력으로 세력을 규합하면, 중견국의 '균형' 혹은 '편승' 행위는 구조적 수준에도 일부 영향을 미칠 수 있다. 예 유럽 국가는 개별적으로는 못하지만, 집합적으로 이를 가능하게 함.

(4) 비가시적이지만 체계 수준의 권력 가짐: 강대국처럼 보이는 힘이 아니기 때문임.

(저자의 명칭: '보이지 않는 힘' 모델. ⇨ 용어가 어려움. 풀어서 일반화하면 좋은 아이디어.)

① 근거: 중견 국가가 강대국을 배제한 채 그들 독자적으로 연합 형성하여 체제에 영향.
예 G20(강대국과 연합하는 중견국 외교), MIKTA 외교(독자적 중견국 외교)
② 미중 대립에 직접적으로는 중견국 역할 부족하나, 강대국 경쟁으로 인한 국제정치적 갈등을 중재하는 등에서는 외교가능.

4. 중견국가 한국의 국제 안보 기여

(1) 환경변화: 탈냉전과 내전과 분쟁 증대로 중견국가 외교 필요성 확대

(2) 한국의 평화유지 활동

① 1991년 걸프전에 의료 지원단과 공군 수송단 파병
② 1993년 최초로 UN PKO 파병(소말리아에 동명부대 파병)
③ 동티모르 파병으로 인프라 제공함.

(3) 한국의 중견국 인식도 변화: 2005년 노무현 정부 시절 처음 중견 국가 용어 사용. 이후 공식외교용어

로 등장.

① 역할 증대: 2010년~2018년까지 동명부대, 오쉬노 부대, 아크 부대 등 13,000명 병력 파병.

② 소프트 파워 활용: 한국의 자이툰 부대(이라크 파병)는 소프트파워를 활용.

5. 한국의 중견국 정치: 다자 협력 외교

(1) 한국은 다자적 연합전선을 통해 보이지 않는 힘으로써 체제에 영향을 줌. ex) G20외교. MIKTA외교. 신남방정책.

(2) 한국 2010년 G20 정상회의 개최: 아시아국가 중 최초. 2020년 이후 G20의 코로나19 문제에 대한 세계적 공조 주도. 강대국만으로 문제 해결이 어렵다는 점을 방증하는 사례.

(3) MIKTA 외교: 한국이 주도하는 외교. 2013년 시작. 외교장관급 회담에서 고위급회의, 국회의장회의, 국방대화 및 통상대화로 진화함. 또한, 2020년 코로나 19대응 협력을 위한 공동성명 채택. (한국이 의장국 자격)

(4) 신남방정책: 문화, 경제, 안보에서 중견국 정치를 구체화함. 인도와의 공조로 연결

(5) 중견국 정치활용: COVID 19상황을 활용할 수 있음.

적용 가능 사례

1. 한국의 평화유지활동과 공적개발원조인 기여외교와 연성권력 강화
2. 한국의 MIKTA외교와 환경분야 등의 규범외교 강화

국제정치 쟁점 28 : 핵확산과 안정성 평가

주제의 문제의식

Q **동북아시아에서 핵확산(nuclear proliferation)은 지역질서에 대한 안정성을 강화할 수 있는가?**

A 동북아시아에서 핵확산은 새로운 안보경쟁으로 이어질 가능성이 높고, 민족주의와 같은 정서로 인해 억지가능성이 낮아 지역질서의 안정성을 강화하기 어렵다.

세부 쟁점과 핵심이론

sub 1 핵무기가 억지를 가능하게 하는 4가지 조건이 탈냉전기에도 유용한지 논쟁

sub 2 강대국의 핵무기 확보에 따른 수평적 핵확산과 안정성 기여 여부
(1) 신현실주의 왈츠와 미어샤이머: 핵확산이 안정성 창출
(2) 스캇 세이건: 핵확산은 불안정성 창출

sub 3 북한과 같은 약소국의 핵무기 확보와 안정성 기여 여부
(1) 신낙관론: 작은 무기고의 안정성과 권위주의 국내 정치체제의 통제력이 안정 창출
(2) 신비관론: 핵무기의 무기화와 국내정치 약한 통제력으로 불안정 창출

1. 핵무기와 국제정치의 변화

(1) 핵무기와 전략적 사고로의 전환

① 무기 체계 구분: 방어무기(화력) vs. 공격무기(속도) ⇨ 핵무기는 최초 방어무기였다가 미사일 기술개발과 함께 공격무기로 사용.

② 군비경쟁의 군비통제 전환 가능성 증대: 군비 경쟁을 군비통제로 전환 가능. 즉 핵무기를 통한 억지력 확보시 전략적 균형 상태만 유지하면 됨. 이외의 군사력을 통제하거나 감축 가능.

③ 핵무기의 동맹에의 영향: 확장억지 정책과 그에 대한 신뢰성 문제 제기. ⇨ 미국은 런던을 지키기 위해서 워싱턴 포기할 수 있는지 논쟁.

④ 핵과 전쟁 가능성: 핵무기의 안정성 효과 논쟁. 핵무기는 전쟁 참혹성 증대로 전쟁 가능성 감소. ⇨ 핵보유 국가 간 전쟁을 불가능하게 함. but, 인도와 파키스탄의 핵보유 시기인 1999년 카르길 전쟁.

(2) 핵무기의 기능

① 억지(deterence): 핵무기를 통해 적대국 침략을 사전 방지.
② 강제(compellence): 핵무기를 통해 적대국에 양보를 구현. 벼랑끝 외교의 기초.
③ 협상(negotiation): 핵무기를 사용한 위협구사나 양보요구 등에 사용.

(3) 핵무기 억지 성공의 4가지 조건

① 합리성: 합리적 계산에 의해 이익대비 비용의 크기가 도발 방지
② 공격능력: 상대 공격을 당하고도 상대방에게 치명적인 피해를 줄 수 있는 2차 공격력 필요

③ 공격 의지와 신뢰성: 상대방에게 핵무기 사용할 것이라는 신뢰성이 작동해야 함.
④ 의사소통: 억지는 위협을 통해 무력 사용을 하지 않는 것임. 이를 위해서 의견전달 중요.

(4) 억지에 접근법 논쟁: 합리주의(게임이론 접근) vs. 인지모델(저비스가 대표적임)
① 합리주의: 억지 조건 4가지 충족시 전쟁 방지
② 인지모델: 저비스의 합리적 억지 이론에 대한 비판
- 합리적인 억지가 달성되지 않을 수도 있음.
- 오히려 오인(misperception)에 의해 억지가 실패할 수 있음.
- 정책결정자의 주관적 판단이나 신념 등에 의한 '동기 있는 편향(bias)'이나 환경적 요인 등에 의한 '동기없는 편향'에 의해 합리적으로 상대방의 신호를 못 읽을 수 있음.

표를 통한 비교 **일반적 벼랑 끝 외교(brinkmanship)와 북한 벼랑 끝 외교**

외교의 개념	강자가 약자를 위협하여 강제(compellence)하는 전략
외교의 취지	억지가 아니라 강요를 통해서 적극적으로 목적달성
성공 요건	목적의 비대칭성. 강제하려는 국가의 목적이 강제당하는 국가의 목적보다 강렬함.
북한식 벼랑 끝 외교	외교의 기동성(위협 구사 능력)이 핵심임.

2. 핵확산(핵무기 보유국가 확대)과 안정성

(1) 강대국 간 핵확산과 안정성
(2) 새로운 확산논쟁: 인도 vs. 파키스탄과 같은 경우

표를 통한 비교 **핵무기의 확대와 안정성 논쟁**[2)]

핵무기확대와 안정론: 왈츠와 세이건(Waltz & Sagan)	
안정론의 3가지 전제조건(이 조건이 가장 중요)	첫째, 한 국가가 핵무기를 개발하는 동안 어떤 형태의 예방공격(preventive attack) — 재래식 공격, 핵무기 공격을 불문하고 — 을 받지 않아야 한다.
	둘째, 국가는 2차 타격을 통해 보복할 수 있는 전력(second-strike capability)을 확보해야 한다. 2차 타격 전력은 위기 시에 선제공격(preemption)의 인센티브를 없애주기 때문이다.
	셋째, 핵무기 사고가 발생하거나 허가를 받지 않고 핵무기를 이용하는 일은 없어야 한다.
왈츠 안정론의 2가지 근거	첫째는 핵전쟁의 고비용성이다. 핵의 능력이 강력하기 때문에 정책결정자는 핵전쟁을 피하게 된다. 국가들은 확실한 억지를 위한 2차 공격력을 확보하고자 하며 예방공격의 유인은 적어질 것이고 핵무기 사고를 통제하고자 한다.
	둘째는 핵확산으로 인한 핵억지가 수월해지기 때문이다. 핵 능력의 구축이 쉬우며 2차 공격력을 확보하여 억지가 작동하게 된다.

2) 하경석 · 정성윤, "핵확산 논쟁과 북핵문제: 다차원적 분석", 『한국정치연구』 제24집 제1호(2015)를 요약.

세이건 불안정론의 2가지 근거	첫째는 국가들의 '동질성과 이질성'을 가지고 설명하는 것이다. 미국과 소련은 동질적이었으나 기타 지역은 이질적이라 핵억지가 작동하기 어렵다.
	둘째 이유는 핵무기의 작동실패와 사고 가능성을 통한 설명이다. 핵무기의 통제가 어렵다는 사례들이 있다. 미사일실험을 핵무기로 오인한 사례나 핵물질이 유출된 사례나 핵발전시설이 사고를 당한 쓰리 마일 아일랜드 사고나 체르노빌 사고를 들 수 있다. 이것외에 세 가지 전제 조건이 달성되지 않는다는 점에서 비관적임.
	신낙관론과 신비관론 대립: 기존 5개 국가 외의 다른 국가들의 확산 논쟁
신낙관론의 주장 (피터 피버 Peter Fever 1997) 5가지 근거	첫째, 새로운 핵국가는 적은 수의 핵탄두만 보유한다. 새로운 핵 국가들은 많은 수의 핵탄두가 필요하지 않다.
	둘째, 작은 무기고는 안전하다. 신생 핵보유국의 작은 무기고는 단순하므로 불법적 사용과 탈취로부터의 보호할 수 있다.
	셋째, 작은 무기고가 취약하지 않다. 적대국들이 예방공격을 하기 쉽지 않으며 무기고가 작을수록 파괴되지 않을 가능성은 더 커진다.
	넷째, 확산국의 불안정한 국내정치 상황은 위험요소이기보다는 핵무기 사용의 통제력을 높이는 계기가 된다. 새로운 핵보유국이 권위주의 국가일수록 핵무기를 통제할 가능성이 크다.
	다섯째, 지휘부의 불투명성이 오히려 핵무기 통제를 강화한다. 지휘 통제의 불투명성은 중앙 지도부가 강력한 통제권을 행사하게끔 하고 작은 무기고의 이점을 극대화한다.
신비관주의자들 (세이건)의 반박의 5가지 근거	첫째, 미사일 개발의 문제: 국가들이 핵무기를 보유하더라도 이의 운송체계(air delivery)의 안정성에 대한 우려가 있으므로 미사일을 개발할 것이다.
	둘째, 지휘통제체제의 불투명성: 핵무기 지휘 통제의 불투명성은 더 심한 병폐를 낳는다. 1990년의 인도－파키스탄 핵 위기를 사례로 들 수 있다.
	셋째, 지정학적 불안정성과 무기화의 유혹: 지속적인 지정학적 불안정성이 존재하는 지역에서는 작은 무기고라도 무기화하려는 움직임이 조직적 차원에서 진행될 수밖에 없다.
	넷째, 국내정치의 불안정성: 국내정치적 불안정성으로 인해 핵무기 장악력이 손실될 경우 더 심각한 국제적 위기 고조 상황이 발생한다.
	다섯째, 국내정치의 통제력의 문제: 핵무기가 미숙한 민간통제나 군 리더십에 의해 좌우될 경우 확고한 민간통제 국가보다 핵무기를 높은 수준의 전시대비태세에 놓을 가능성이 크다

적용 가능 사례

1. 일본의 핵확산 가능성과 안정성 논의
2. 한국의 핵확산 필요성과 정책적 유용성 논의
3. 북한 핵확산과 지역질서 불안정성 논의

국제정치 쟁점 29 : 직접억지와 확장억지

주제의 문제의식

Q 북한의 핵무기 보유와 중국의 위협 증대에 대해 한국은 미국의 확장억지의 신뢰성을 어떻게 확보할 것인가?

A 한미양국 간 2010년부터 확장억제정책위원회(EDPC: Deterrence Policy Committee)를 통해 확장억지(억제)의 신뢰성을 확보하고 있다.

세부 쟁점과 핵심이론

sub 1 직접억지와 확장억지의 신뢰성 비교와 확장억지의 신뢰성 확보방안논쟁

1. 직접억지와 확장억지

(1) 직접억지: 자국의 핵무기를 통해서 자국에 대한 공격위협을 무력화함.

(2) 확장억지: 자국의 핵무기를 통해서 동맹국에 대한 공격위협을 무력화함.

① 확장억지: 재래식 무기(재래식으로 방어). 생화학 무기사용+핵무기 사용에는 핵 보복을 제공함. 핵우산보다 넓은 개념.

② 핵우산: 오직 핵공격시만 핵보복을 감행함.

(3) 직접억지와 치킨 게임: 게임이론에서 치킨게임을 대입하여 억지정책을 설명.

(4) 미중 간 전쟁가능성에 직접억지 대입: 재래식전쟁에서 전쟁 제한 여부 논쟁

(5) 북미 간 무력대결 가능성과 직접억지 가능성 대입: 북한의 2차 공격력 확보여부 논쟁

2. 확장억지와 신뢰성문제

(1) 확장억지의 의미: 핵비보유국(동맹)에 대한 핵보유국의 억지보장정책. 핵우산 제공정책.

(2) 도발 국가가 핵무기를 보유한 경우 신뢰성 문제 제기: 동맹국 보호를 위해 자국 수도를 포기할 수 있는지 문제. 직접억지(핵무기 보유국의 자국 억지)보다 신뢰성 문제가 더 제기됨.

(3) 확장억지에서 신뢰성 확보방안: 피터 휴즈(P. Huth)는 『Extended Deterrence and the Prevention of War』에서 두 가지 조건을 제시.

① 핵보유국이 동원할 수 있는 군사력: 동원 군사력이 높으면 확장억지 국가의 억지정책 달성가능성이 증대하고, 이는 신뢰성을 증대시킴.

② 핵보유국과 동맹국의 이익공유: 동맹국과 이익을 공유할 때 개입할 가능성이 높음. 신뢰성 증대.

(4) 청중비용도 신뢰성 증대: 민주주의 국가 지도자 확장억지 발언의 신뢰성 증대.

(5) 이외에도 동맹의 제도화 수준 증대(즉각적 개입조항의 도입)이나 군사훈련의 정례화+지도자의 구속력있는 발언도 확장억지 신뢰성 높임.

3. 북한 핵문제

(1) 핵 보유 동기의 다양한 해석 가능

① 고전적 현실주의: 권력극대화(부족한 경제력 대비 빠른 군사력 증강)

② 방어적 현실주의: 안보극대화(동맹 부족과 군사력 약화를 만회)

③ 공격적 현실주의: 권력극대화(두려움극복을 위해 군사력 증강). 군사력 사용가능.

④ 부족한 전력난 해결에서 군사 무기로 전환 혹은 이중용도로 사용(원자력 발전과 무기)

⑤ 국내용: 국내정치 불만 제거나 위상 증대용

(2) 해결방안

① 리비아 방안: 보상과 핵폐기 연계. 2019년까지 미국의 방안. 우크라이나, 벨라루스, 카자흐스탄 사례도 보상방안.

② 국제제재를 통한 해결: 2003년 이라크 사례.

③ 자발적 폐기 사례: 남아프리카 공화국 사례. 백인정부에서 만델라 정부로 넘어갈 때 폐기.

④ 핵보유 묵인 사례: 파키스탄의 경우 이라크 전쟁에서 미국이 파키스탄 도움 필요.

⑤ 민주화로 포기 사례: 아르헨티나와 브라질의 경우 민주화로 개발 포기.

⑥ 우크라이나 사례: 1994년 부다페스트 협정에서 보상 받고 폐기 했으나, 러시아가 2014년 크림반도 점령함.

⑦ 북한에 경제 효과 적음: 북한의 내구성이 높고, 제3국(흑기사)인 중국과 러시아의 지원으로 제재 효과가 부족함.

적용 가능 사례

1. 북한 핵 문제에 대한 한미동맹에서의 확장억지력 강화방안
2. 한국의 직접억지 방안(핵무기 보유)과 미국에 의한 확장억지 방안 간 비용효과 비교: 확장억지의 유용성이 여전히 높음.

국제정치 쟁점 30 : 자치 안보교환모형과 한미동맹의 특성

주제의 문제의식

Q 한국의 국력 증대에도 불구하고, 한미동맹에서 한국이 미국에 의존하는 요인은 무엇때문인가?

A 자치안보교환모델의 특성상 한국의 국력증대에도 불구하고, 북한의 직접적 위협 강화나 중국의 위협강화가 나타나면 한국은 미국에게 안보지원이 필요하기 때문에 미국에 의존한다.

세부 쟁점과 핵심이론

sub 1 한미동맹의 비대칭성과 한국의 대미안보 의존도 변화 여부 논쟁.
(1) 현실주의자·보수주의자: 한국의 안보능력 아직 부족함. 따라서 자치권 양도 가능.
(2) 자유주의자·진보주의자: 한국의 안보능력 강화됨. 자치권 양보 필요없음.

sub 2 한미동맹의 동맹안보딜레마 작동 여부 논쟁: 자치안보교환모델 특성상 극성과 관계없이 작동.
(1) 1969년 닉슨 독트린과 1971년 주한미군 철수 (양극 시기) ⇨ 한미동맹에서 방기작동.
(2) 2003년~2004년 이라크전쟁 추가 파병 요구 (단극 시기) ⇨ 한미동맹에서 연루작동.

sub 3 한미동맹의 응집성과 신뢰성 평가 논쟁:
(1) 한미동맹의 응집성(동맹을 유지하려는 경향)은 정권별로 변화해옴. 보수정부는 응집성 강화 vs. 진보 정부는 응집성 약화.
(2) 한미동맹의 신뢰성(전쟁 발발 시 의무이행 가능성 혹은 참전 가능성)은 여전히 유지. 주한미군 유지와 주기적인 한미연합훈련으로 입증 가능.
(3) 한미동맹의 동질성(정치체제, 이데올로기, 경제체제 등의 유사성)은 과거 동맹체결 시기보다 높아짐.

1. 동맹이론

(1) 동맹의 정의: 왈트(S. Walt)의 정의 "자주국가들 간의 안보 협력을 위한 공식, 비공식적 노력"

(2) 동맹의 양태

① 힘의 결합방식: 제임스 모로우(James Morrow)의 분류

② 국력결집모형(capability–aggregate model): 힘이 유사한 국가 간 동맹

③ 자치 안보교환모형(Security–autonomy trade–off model): 강대국과 약소국 간 동맹으로 강대국은 안보제공하고 약소국은 자율성을 제공함. 한미동맹이 대표적인 사례임.

④ 크리스토퍼 슈메이커(C. Shoemaker) patron –client 모델. 강대국이 안보제공 vs. 약소국은 이념적 유대제공과 전략적이점 제공.

⑤ 동맹의 목적상 구분

• 균형동맹: 강자를 견제

- 편승 동맹: 강자 편에 섬. 공격적 목표(전리품 획득의 극대화)와 방어적 목표(위협으로부터 생존 도모)에 따라 가능

⑥ 동맹 기능: 대적 게임 vs. 대내 게임(by 폴 쉬로더 P. Schroeder: 동맹국을 관리하는 것)

⑦ 동맹에서 국가의 자율성 정도: 협상(전쟁이 발발 시 지원 여부 결정) > 중립 > 방위조약(지원의무)

(3) 동맹 형성의 원인

① 개별 국가의 합리적 선택: 국가가 다른 대안(자주 국방)과 비교

- 메스키타의 기대효용이론: 국가의 기대효용이 높은 쪽에 동맹 형성
- 라이커의 규모의 동맹: 동맹은 무제한적으로 커지지 않음. 승리할 수 있는 가장 작은 규모에서 동맹 형성됨. 전쟁 이후 배분의 문제를 고려하기 때문에 참가자가 확대되지 않음.

② 구조적 현실주의: 극성에 따른 동맹 형성. 다극은 강대국 간 동맹. 양극은 강대국과 약소국 간 동맹체결.

③ 구성주의－정체성과 문화의 공유가 동맹의 형성 설명

(4) 동맹 안보딜레마의 문제

① 연루와 방기의 문제.

② 한미동맹은 자치－안보교환 모델로 미국의 결정에 영향을 많이 받음.

③ 잉여통제력 이슈: 동맹유지와 관련해서는 잉여통제력 문제도 있음. 잉여 통제력은 동맹형성기에는 없었던 주제가 발생하는 것임. ex) 한미 동맹에서 방위비 분담금 문제.

심화 학습

동맹의 다양한 분석틀(동맹 주제 해결 틀)

〈동맹과 세력균형[3]〉

1. 동맹의 개념과 의의

(1) 동맹의 개념

① 동맹 개념의 다양성: 학자마다 강조점에 차이가 있음.

② 오스굿(R. E. Osgood): 참여한 국가들이 공동의 이익과 목표를 추구하기 위하여 모든 수단과 자원을 투입하는 협력적 노력을 기반으로 하는 잠재적 전쟁공동체(Latent war community).

③ 프리드먼(. R. Friedman): '실제적이든 잠재적이든 하나 또는 그 이상의 적대국 존재', '군사적 개입의 고려와 전쟁의 위험성', '영토, 인구, 전략자원 등에 대한 현상유지 또는 확대에 대한 상호관심'의 특징으로 규정함.

④ 왈츠(S. Walt): 둘 또는 그 이상의 주권 국가들 사이에 안보 협력을 위해 맺은 공식적 또는 비공식적 합의'라고 정의. (가장 많이 인용)

(2) 동맹의 의의(기능과 역할)

① 동맹의 중요성은 다른 안보 수단과 비교 가능

② 자주국방: 가장 신뢰할 수 있는 수단. 국가 재원 투자와 그에 따른 경제적, 사회적 비용의 부담. 타국의 무기와 장비 획득이 어려울 수 있음. 따라서 자주국방의 대체재로서 동맹이 고려됨.

③ 집단안보: 회원국의 힘을 합쳐 군사제재를 가함. 국제연맹이나 국제연합의 사례처럼 실질적으로 작동하지 못하는 경우가 많음. 작동가능성이 낮을수록 동맹이 중요.

④ 공동안보: 적대적인 국가들의 군사적 신뢰 구축을 통해 적대감을 완화함으로써 전쟁 가능성을 낮추고, 군비통제를 통하여 군사력 수준을 제한, 동결, 감축, 해제하는 등으로 군사위협을 완화하는 방법. 그렇지만 심각한 안보 위협 상황에서는 신뢰구축 또는 군비통제보다 국가들이 군사력 증강정책을 선택함. 따라서 여러 상황을 고려할 때 신뢰성이 높은 동맹을 공동안보 대신 추구함.

⑤ 협력안보: 적대국과 우호 국가를 포함 다자적인 국제회의나 국제기구에 참여하여, 다자주의적인 협력적 방법으로 군사적 분쟁의 원인이 될 수 있는 정치, 경제, 외교, 역사적 갈등의 요인 자체를 해결해가는 방식. 효과적이고 구속력 있는 합의를 끌어내기 어렵다는 한계가 있음. 또한, 합의를 이행하기 어려운 단점이 있음. 반면 동맹은 잠재적이거나 실제적인 위협에 대처한다는 점에서 참가국 간에 강력한 공동이익이 있음. 또한, 동맹은 효과적인 군사 행동을 위한 제도화(군사정보 교환, 공동훈련실시, 동맹군의 사전 파견배치, 연합지휘체계)를 구축할 수 있기에 현실적인 힘을 바탕으로 적에 공동 대처에 있어서 신뢰성이 높음.

2. 동맹 형성의 목적

(1) 힘의 균형

① 상대 국가의 군사력을 기준으로 동맹을 형성. 더 강한 힘을 가진 국가의 반대편에 섬(against strongest state). 고전적 현실주의와 신현실주의가 추구하는 안정화 장치.

② 방어적 차원과 공세적 차원(전쟁정책, 현상타파 정책 등)에서 사용 가능.

(2) 편승

① 더 강한 국가나 위협적인 국가와 동맹(within strongest state).

② 약자의 전략으로 강자와 후견-피후견 관계가 형성될 수 있음.

(3) 위협균형

① 힘이 아니라 '위협'에 기초하여 동맹을 체결함. 더 위협적인 국가에 대항하여 동맹을 체결.

② 공격능력, 공격의도, 지리적 인접성, 총체적 국력(왈트의 4가지 변수)에 의해 측정됨.

(4) 패권안정

① 패권국가에 대한 편승 차원의 동맹.

② 탈냉전기 미국의 NATO 동진 정책.

(5) 무임승차

① 동맹 유지 비용부담을 하지 않으면서 수혜만 보는 행동.

② 무임승차행위가 동맹의 자원할당 효율성을 떨어트린다는 단점과 무임승차에도 불구하고 동맹 전체 크기가 커져 안보 위협이 줄어드는 장점이 있다는 견해로 갈림.

(6) 군비증강의 대체(internal balancing substitute)

① 내적 균형인 군비증강에 한계가 있을 때 동맹 추구.

② 비군사 부문(경제성장, 사회복지, 교육 등)에 대한 지출 증대 필요성 증대 시 동맹 추구.

3. 동맹의 유형

(1) 양자 동맹, 다자 동맹: 참가국 수가 2개인지 vs. 3개 이상인지에 따른 구분

(2) 균등행위자 동맹, 불균등행위자 동맹: 국력 유사한 정도인지 여부.

① 제임스 모로우의 대칭 동맹(국력결집 모형) vs. 비대칭 동맹(자치-안보 교환모형)

---

3) 윤정원, "동맹과 세력균형", 함택영・박준영 편, 『안전보장의 국제정치학』 (서울: 사회평론사, 2010)을 요약정리함.

(3) 동종이익동맹, 이종이익동맹

① 동종이익동맹: 동맹 구성국의 이익이 동일. 냉전기 NATO는 소련 침공억지라는 이익공유,

② 이종이익동맹: 동맹 구성국이 추구하는 이익과 목표가 불일치. 2차 대전에서 3국 동맹인 독일, 이탈리아, 일본이 각자 추구한 목적이 다름.

4. 동맹의 발동조건과 절차

(1) 발동조건

① 동맹의 발동조건 일반화: 첫째, 외부세력으로부터 침략을 받아 전쟁을 치르는 경우. 둘째, 동맹참가국이 전쟁 수준은 아니지만 심각한 안보 위협을 받는 위기상황의 경우. 셋째, 전쟁 혹은 안보위기 상황과 무관하게 상대 동맹국이 요청하는 경우.

② 동맹 규정에 따른 발동: 외부위협의 침략이 아니더라도, 경제봉쇄를 당하거나, 군사적 무력시위 등 무력침공 위협을 당하거나, 반란 단체로 체제위협을 받을 때 동맹이 작동.

(2) 발동절차

① 발동조건과 군사지원이 결정되는 절차

② 다양한 경우의 수: 첫째, 조약에 근거하여 자동지원이 가능한 경우. (NATO와 바르샤바조약기구 사례) 둘째, 지원국의 국내적 절차(한미동맹의 사례), 즉 의회의 승인 또는 행정부 결의 등을 통과하여야 지원이 가능한 경우, 셋째, 동맹국 간의 협의 절차에 따라 지원이 결정된 경우, (OAS의 사례) 넷째, 지원국의 국내적 승인과 동맹국 간 합의가 함께 있어야 지원이 가능한 경우.

5. 동맹의 주요 활동

(1) 동맹국 간 군사 훈련 시행

① 군사 훈련을 통해 유사시 지원 연습. 위협에 대한 강한 억지 의지와 능력 과시.

② 정기적 훈련과 비정기적 훈련, 전면전 가상훈련과 국지전 가상훈련 등 다양한 훈련 가능.

(2) 효율적 동맹지휘체계의 모색

① 군사작전의 효율성을 위해 연합지휘체계(참가국이 하나의 지휘체계에 들어가 군사력 운용하는 것) 또는 공동지휘체계(참가국이 별도로 운영하지만, 상호협력의 틀을 갖추어 놓은 것) 구축.

(3) 동맹국의 군대 주둔 실시

① 군사배치를 통한 효율성 증대 취지

② 해외주둔군 지위협정(SOFA)을 통해 파견국가와 유치국가 간의 국가이익 조정.

(4) 동맹 유지를 위한 부담 감수

① 동맹주둔과 지원에 따른 주둔군 비용부담(cost sharing): 토지사용료나 세금 감면의 직접지원형태 +임대료, 인건비, 시설료, 사용료 등의 간접적인 형태.

② 자국 유지와 동맹국 지원을 위한 방위역할분담(defense burden sharing): 동맹의 군사력 부담공유.

③ 동맹국의 전쟁수행이나 국제위기 관리지원이나 동맹국에게 경제원조 실시하는 책임 부담(responsibility sharing)

(5) 전쟁 수행상의 협력

① 명시적, 묵시적이든 전쟁수행과 관련된 협력 전개 가능.

② 포괄적 의미에서 협력 가능성의 증대는 동맹의 안정성과 신뢰성을 증대시킴. ex, 한국의 다양한 PKO 활동은 한미 간 동맹 관계를 공고화함.

6. 동맹 특성의 다양한 차원

(1) 동맹의 응집성(alliance cohesion): 응집성이 높다고 신뢰성 높은 것은 아님.

① 동맹 응집성의 의미: 동맹참가국들이 동맹을 유지하려는 경향이 강함. 태도적 부분(attituditional: 동맹참가국들이 동맹목적과 대상 국가에 대해 합의하는 정도)과 행태적 부분(behavioral: 동맹참가국이 다른 동맹국과 협력하고 갈등을 억제하려는 실제 행동 정도)으로 구분됨.

② 동맹 응집성에 가장 중요한 요인: 적대국가의 안보 위협(⇧) ⇨ 동맹의 응집성(⇧)

③ 동맹 응집성에 영향을 미치는 요인: 동맹국의 이데올로기적 유사성, 동맹 내의 적절한 역할 분담, 동맹 관련 의사결정의 집중화 정도, 동맹국 간 정책조율의 효율성, 동맹의 성과에 대한 경험, 다른 동맹과 높은 대결상태, 동맹 리더 국가의 동맹국 간 협력 유도 능력, 동맹에 의한 공공재 제공수준, 동맹국들의 국내적인 정치·경제적 요인.

(2) 동맹참가국의 동질성

① 정치 이데올로기, 정치체제, 경제체제, 사회문화의 유사성이나 동질성이 동맹 지속성에 영향.

② 이질성이 강할수록 동맹국 간 상호교류와 협력 확대에 어려움.

(3) 동맹이익의 호혜성

① 의미: 동맹을 통해 얻을 수 있는 편익과 동맹 유지를 위해 부담해야 하는 비용의 차이를 의미.

② 호혜성이 높을수록 참가국들의 동맹 지속에 대한 만족도 증가.

③ 동맹 유지에서 무임승차는 중요한 문제임.

④ 호혜성 평가의 어려움. 안보위협수준의 평가, 동맹국별 국가 위상과 국력 수준 등의 차이로 인해 동맹에 있어서 호혜성의 일관된 기준을 제공하기 어려움.

(4) 동맹 의무이행의 신뢰성: 같이 싸울 의지로 동맹에서 가장 중요.

① 동맹 의무이행의 신뢰성 저하는 동맹의 효과에 대한 기대하락, 실제 실효성 저하로 이어짐.

② 조약상 내용의 명시성이 신뢰성을 높임. 구체적인 위협에 대한 지원 약속의 경우 의무이행의 신뢰성이 높음. 동맹 의무 불이행이나 동맹 탈퇴에 관한 제재조항이 있을 경우 신뢰성이 현저히 높아짐.

(5) 동맹 유지의 딜레마

① 약소국의 경우: 자치–안보교환의 딜레마

② 동맹안보딜레마 역시 동맹 유지의 딜레마임. 연루와 방기 사이의 역의 관계.

7. 동맹과 평화 그리고 전쟁

(1) 논쟁 사항: 동맹이 평화유도 혹은 전쟁 유도.

(2) 동맹의 평화 창출: 동맹으로 인한 긴장 완화, 일방적 군비증강보다 안정에 기여, 동맹국 간 상호의존의 증대와 상호정보교환으로 인해 군사력에 대한 오해 감소.

(3) 동맹의 전쟁 가능성 증대: 경쟁국과 불신과 긴장 조성 가능. 대항동맹의 출현. 동맹의 연루로 인한 전쟁의 확대 가능성.

(4) 동맹 자체의 전쟁에 대한 영향 불명확: 동맹으로 인한 상황이 유동적이고 이에 따라 전쟁 가능성이 변화함.

① 동맹의 현상유지 성격 혹은 전쟁 지향적 성격 보유 여부: 현상유지국가 성격의 동맹은 전쟁을 억지. 공세적 동맹은 전쟁을 유도. (ex, 2차 대전시 3국동맹) ⇨ 보완(이익균형이론에 의해 보완 가능)

② 극성에 의한 영향: '양극안정론 vs. 다극안정론'으로 발전. 여기에 더해 단극안정론도 있음.

8. 동맹의 변화요인

(1) 대외환경요인

① 세계적 차원: 극성(패권체제, 양극체제, 다극체제)요인.

② 지역적 차원: 지역 내 역사적 갈등요인, 지역 내 극성, 제약 내 이익균형(현상타파국가와 현상유지국가의 배열)

(2) 동맹국–적성국 관계 요인

① 동맹국 간 관계 요인: 안보위협인식, 목표와 이익의 공유 정도. (보완: 여기서는 이 부분보다 '동맹국–적대국' 관계가 중요. 예를 들어 적대국이 특정 정책을 사용하여 동맹 국가 간 내부를 이간질할 수 있음. ex) 북한의 대남정책변화와 한미동맹의 균열사례.)

② 동맹국–적성국 간의 상호관계: 적성국의 정책, 목표변화 등으로 동맹국–적성국 간 관계 변화 가능.

(3) 동맹국 간의 상호관계

① 동맹국 간 이데올로기와 정치체제 공유 정도가 영향을 미침.

② 보완: 동맹국 국내정치의 변화로 세대 간 차이, 좌우의 차이가 발생하면 동맹국 간의 관계에도 변화 발생.

(4) 동맹국 내부요인

① 정치적 요인: 해당 국가의 정치체제. 집권세력의 성향, 의회와 행정부 간 관계, 대외동맹정책 관련 부서의 상호관계, 주요 정책결정자나 관료의 정치적 신념, 국내정치의 불안정 정도(ex, 쿠데타 발생)가 동맹 지속과 변화에 영향,

② 정치적 요인의 한국 사례: 노무현 정부에서 한미동맹 재인식과 변경시도 사례. ex) 동북아 균형자론.

③ 경제적 요인: 자국의 경제 상황 등이 고려됨.

④ 군사적 요인: 한 국가의 군사전략이나 군사 무기 체계의 변화도 동맹 변화가져옴. 미국의 9.11테러 이후 선제공격독트린이나 미국의 RMA로 인한 미군 재배치 전략 사례를 들 수 있음.

적용 가능 사례

1. 한미 동맹의 속성 평가: 응집성, 신뢰성
2. 한미 동맹의 변화 요구와 변화 필요성
3. 한미동맹의 자치안보교환모델로서의 특성과 미중 대결에서 동맹안보딜레마 가능성

국제정치 쟁점 31 : 군비통제의 의미와 가능성

주제의 문제의식

Q **군비통제(arms control)와 군비축소(arms reduction)의 이론적 차이는 무엇인가?**

A 군비통제는 적당한 군사력이 전쟁을 억지할 수 있다는 '전략적 균형'이라는 현실주의적 고려에서 만들어졌지만, 군비축소는 군비를 줄이면 평화를 만들 수 있다는 이상주의와 자유주의에서 만들어졌다.

세부 쟁점과 핵심이론

sub 1 동북아시아의 군비축소와 군비통제 중 더 적실성 있는 전략 논쟁.
(1) 자유주의의 군비축소 vs. 현실주의 전략적 균형달성 ⇨ 전략적 균형달성 더 현실적임.

sub 2 국제적 군비 통제장치로써 비핵화를 노력의 성과 논쟁.
(1) 배경: 기존 비핵화(non-proliferation)를 위한 외교장치나 군비통제 장치의 효과가 부족
(2) 논쟁: 반확산(counter-proliferation: 군사적 조치)조치 필요 vs. 기존 장치의 수정 보완 주장

1. 군비축소와 군비통제 비교

(1) 군비축소: 인간은 선하나 무기를 가지기 때문에 싸움. 따라서 군사력 축소 필요. Gun & butter problem. 동일 예산에서 군비를 줄이면 복지 예산을 늘릴 수 있음.

(2) 군비통제: 전략적 균형을 맞추면 전쟁을 피할 수 있음. 따라서 적절한 군사력 보유필요.

2. 군비통제와 군비축소 사례

(1) 냉전기 군비통제와 군비축소 성공 사례: 미국과 소련 간 SALT(전략무기 제한 협정)나 START(전략무기감축협정)

(2) 2019년 미국의 INF(중거리탄도미사일 제한 협정)폐기: 미국의 중국에 대한 견제용. 군비 통제의 어려움을 보임.

(3) 극초음속 무기와 스텔스 전투기 개발: 군비경쟁이 군비 통제보다 강력하다는 증거

3. 대량파괴무기 제한 노력과 핵무기

(1) 핵확산 금지를 위한 노력: NPT(핵확산 금지조약: 기존 5개의 보유국인 미국, 러시아, 영국, 프랑스, 중국을 제외한 국가들의 핵무기 보유를 금지함)는 비핵보유국에게 평화적 핵기술(원자력 발전기술)이전 약속함.

(2) NPT의 어려움: 인도와 파키스탄의 핵 개발. 북한의 NPT 탈퇴와 핵 개발. 이란의 핵 개발 진행중.

(3) 반확산 논쟁: PSI 와 같은 영해와 영공에서의 핵물질 의심 선박과 항공기 차단을 위한 국제제도 구축과 군사력 사용 필요성 논의.

적용 가능 사례

1. 동북아시아 군비 통제 위한 다자안보협의체 구성 필요성과 미·중 대결에 따른 현실화 가능성

국제정치 쟁점 32 : 전통안보와 비전통안보

주제의 문제의식

Q **동북아시아에서 전통안보와 비전통안보 사이에서 어떤 안보관이 중요한가?**

A 동북아시아에서는 전통안보가 중요했고 중요하지만, 점차 비전통안보의 중요성도 증대하고 있다.

세부 쟁점과 핵심이론

sub 1 전통안보와 비전통안보에 대한 이론적 주장 비교
(1) 전통안보: 현실주의에 기반
(2) 비전통안보: 자유주의와 탈근대이론(구성주의가 포함)에 기반

sub 2 현재 동북아시아에서 전통안보의 중요성 논쟁
(1) 현실주의: 군사안보와 국가안보의 중요성, 패권경쟁과 군사력경쟁 중요.
(2) 자유주의: 군사안보와 국가안보의 중요성 감소. 환경과 에너지안보도 중요.

sub 3 현재 동북아시아에서 비전통안보의 중요성 논쟁
(1) 자유주의: 포괄안보, 인간안보와 같은 비전통안보 중요.
(2) 현실주의: 비전통안보 중요성은 지엽적임. 군사안보와 국가안보의 중요성.

1. 안보와 국제정치이론

(1) 패러다임별 안보관

① 현실주의와 국가중심 안보: 아놀드 울퍼스(A. Wolfers 당구공 모델의 창시자) 안보 정의 "한 국가의 획득된 가치에 대한 '위협(threat)'의 개연성이 낮은 상태. 위협은 의도적인 부분만을 다룸. 국가안보 중심(국가가 위협의 주체이며, 안보 해결의 주체), 군사안보(군사력을 통한 도발). 자국의 군사력과 동맹을 통해 안보문제 해결.

② 자유주의와 국제안보(국가 간 협력에 의한 안보): 데이비드 볼드윈(D. Baldwin)의 정의 "한 국가의 획득된 가치에 대한 '손상(damage)'의 개연성이 낮은 상태. 손상은 의도적이지 않은 부분도 다룸. 집단안보(전쟁은 한 국가의 문제가 아니며 국제공동체의 문제)와 포괄안보(정치, 경제, 환경 등 전 영역이 안보문제)와 인간안보(국가가 인간안보에 위협이 됨)을 강조. 집단안보(UN의 집단안보)나 다자안보대화체제를 통한 안보문제 해결. ex) 후쿠시마 원자력 발전소 사고는 의도가 없다는 점에서 손상의 문제임.

③ 이상주의(Idealist)와 급진주의(Marxist)의 지구안보: 안보관을 일국 차원에서 확장함. 환경안보와 같은 생태계 안보를 강조. 담론을 통한 안보문제해결(환경분야의 중요성 인식)

2. 국가안보의 개념[4)]

(1) 협의: 외부군사적 위협에 대한 국가안정보장(신현실주의 학파)

(2) 광의: 군사적 위협과 더불어 인간 및 환경위협에 대한 안보를 포괄하고, 국가발전의 의미(신자유주의 학파)

(3) 전통적 국가안보의 개념: 신현실주의(힘의 분배와 균형의 구조적 측면강조)와 신자유주의(경제협력과 상호의존성의 보편화) vs. 새로운 안보관으로서 구성주의(이념과 가치체계에 의해 영향. 안보의 의미해석이 중요)

3. 국가안보개념: 전개 양상과 변화

(1) Securitas: SE(분리하다 혹은 ~에서 자유롭다)와 curitas(불안, 근심, 걱정). 즉 불안, 근심, 걱정으로부터 자유, 안전, 위험의 부재 상태를 의미. 안보의 대상인 국민의 생명과 재산을 보호하고 영토와 국가 주권을 수호하는 의미로 사용.

(2) 개념의 구분: 국가안보(고차원적인 목적개념) vs. 전략(방법 지향적 개념) vs. 정책(목표 지향적 개념. 목적보다 하위 개념)

(3) 이론적 전통: 플라톤(인간은 국가를 통해서만 행복을 추구할 수 있다), 루소(국민의 힘은 국가의 힘), 홉스(국가는 문명사회의 상징이고 인간에게 평화와 안정을 가져다준다). 서양사상은 국가를 강조하는 전통을 가짐, 유교 사회의 인본주의적 전통과 구분.

(4) 무정부상태와 인간 본성에 대한 가정 차이에서 이론별 접근법이 다름.

(5) 1차 대전 이후 다양한 안보개념 사용: 국제안보, 국가안보, 사회안보.

(6) 현대의 국가안보 영역 확장(자유주의 경향): 군사적 안보(군비경쟁과 대량살상무기의 확산), 정치적 안보(국내안보 불감증 증가. 국민분열, 정치인의 부정부패), 경제적 안보(경제위기, 기업퇴출로 인한 실업 문제), 사회적 안보(사회구성원 간 갈등 심화, 도덕의식 약화), 환경적 안보(질병, 자연재해), 인간 안보(부족과 공포로부터 자유). 이는 안보 위협요인에 따른 구분임. 정리: 군사적 영역에서 비군사적 영역으로 확장.

(7) 냉전 이후 전쟁 빈도는 축소됨. 내전의 빈도는 높아짐. 전통적 접근에서 비전통적 접근으로.

4. 안보학 연구의 분석틀과 세대별 연구 경향

(1) 안보학의 1세대: 대량살상무기 출현과 더불어 등장. 1950년대와 1960년대 국제정치 및 비교정치의 실증주의자들 시대에 발전. 정치 및 군사전략을 분석. 하지만 국가 간 협력과 국내정치 부분을 덜 고려하는 약점. 축적된 사례와 증거도 부족. 이로 인해 1960년대 중반 이후 안보연구가 쇠퇴함. 1970년대 오일쇼크로 인해 경제문제를 연구하는 학자들이 증대함.

(2) 안보학의 2세대: 분석의 범위를 경제, 사회적 측면으로 확대, 이들은 다양한 이론적 견해의 종합을 추구, 동맹이론이나 게임이론과 국제정치경제 분야에서 연구가 확대. 인과관계 규명에 초점을 두고 분석. 하지만 국내요인이나 사회적인 변수들을 이차적인 요인으로 치부함.

(3) 안보학의 3세대: 탈냉전과 9·11 이후 안보연구. 실증적인 사례들과 함께 학제 간 연구가 늘어남. 문화심리학, 환경학, 인구학적 문제를 다루고, 국내와 국외로 구분하는 경향에서 벗어남. 정권형태, 국내 정치체제의 구조, 동맹형태 및 국가 간 무역 관계 등을 고려함.

---

4) 길병옥, "전통적 국가안보 개념의 형성과 전개: 연구 경향 및 과제", 함택영·박영준 편, 『안전보장의 국제정치학』 (서울: 사회평론, 2010)의 중요 부분을 요약.

(4) 국제체계 강조 입장(신현실주의와 신자유주의) vs. 국제체계 + 국내정치(신고전현실주의) vs. 국내 제도주의(정부 형태, 관료정치의 과정, 경제 사회적 발전 정도, 정치문화의 유형 등을 고려)

심화 학습

비전통 안보개념[5)]

1. 서 론

(1) 냉전 해체, 9.11테러라는 현상적 변화는 안보연구에도 변화를 가져옴,

(2) 분석 도구로서 안보개념의 다양성: 논란이 많음. 관점을 어떻게 설정하는지에 따라 차이.

(3) 전통안보: 무정부상태에서 국가 단위를 주로 연구, 국가안보가 핵심을 차지해왔음.

(4) 냉전기 안보와 현실주의의 지배: 군사안보에 치중 안보개념의 저발전을 이룸. 안보영역을 군사영역으로 최소화하고 다양한 안보 쟁점을 배제함. 하프텐도른(Haftendorn)의 개념으로 '국가안보 패러다임(national security paradigm)'

(5) 1970년대 국제경제와 상호의존 증대에 따른 변화와 20세기 후반의 변화: 새로운 안보연구의 지평을 놓음.

2. 비전통 안보개념과 연구 경향, 그리고 등장 배경

(1) 국제안보 패러다임(international security paradigm)의 부각: 국가안보 패러다임을 넘어섬.

(2) 다양한 안보관 등장: 협력안보, 공동안보, 포괄안보, 집단안보, 경제안보, 환경안보, 에너지ㆍ자원안보, 인간 안보, 사이버 안보가 부각.

(3) 비전통 안보의 특징: 국가와 비국가 행위자를 부각(전통안보는 국가에 집중), 안보영역도 군사, 비군사 영역을 강조(전통안보는 군사영역에 집중), 안보 가치를 상대성과 보편성으로 봄(전통안보는 절대성으로 파악), 안보 유형은 공동안보와 협력안보 등에 초점(전통안보는 군사안보에 집중)

(4) 비전통 안보개념의 등장 배경

① 환경변화: 탈냉전, 정보통신혁명, 세계화

② 비국가 행위자의 위상증대: 리처드 하스는 무극체제(nonpolarity)를 주장하며 비국가 행위자의 위상 강화를 예측함. 수많은 권력의 중심들이 있고 그 중 비국가행위자들이 중요. (ex, 다국적 기업). 권력의 다원화와 분산화 현상을 가져옴. 세계화로 인한 연계 현상, 정보혁명으로 인해 전통적인 위계질서를 가진 제도들(Hierarchial Institution)이 강화되면서 새로운 네트워크 조직들이 재구성됨.

③ 그로티우스적 관점 국제안보의 부상: 국가 제도를 행위자로 하면서 연합적인 국가체제들로 국제체제를 이루며 안보 가치의 상대성을 강조하고 지역안보공동체 구성을 실질적으로 추구함.

3. 비전통적 안보개념의 유형과 속성

(1) 행위 주체와 행위 양식

① 비전통적 안보의 특징: 행위 주체의 변화. '국가' 중심의 전통안보에서 '국가'와 '국제제도'가 강조. 행동 양식의 변화를 유발함. 제도를 통한 협력을 강조하면서 제도의 일반화된 행위원칙에 영향을 받게 되면서 안보는 '절대성(자국 안보의 절대적 속성)'보다는 '상대성(타 행위자와의 관계에서 안보를 이해)'이 중요해짐.

5) 이수형, "비전통적 안보개념: 등장배경, 유형 및 속성", 함택영ㆍ박영준 편, 『안전보장의 국제정치학』(서울: 사회평론, 2010)을 요약함.

② 안보 실체로는 집단안보, 공동안보, 협력안보가 있음.

③ 집단 안보 구체화: 집단안보(평화의 불가분성, 참여국 간의 공정한 의무 부담, 광범위한 신뢰, 충분한 군사력으로 구성)는 국제안보관에 따라 규제되고 제도화된 균형체제 창출을 통한 국제질서의 안정을 추구.

④ 공동안보 구체화: 공동안보는 팔메위원회 보고서에 기원을 둠. 팔메위원회의 공동안보 6가지 원칙(첫째, 모든 국가는 안보에 대한 정당한 권리를 가짐. 둘째, 군사력은 국가들 사이의 분쟁을 해결하는 데 정당한 수단이 아님. 셋째, 국가 정책을 표현하는 데 자제가 필요. 넷째, 안보는 군사적 우위를 통해서 획득될 수 없음. 다섯째, 공동안보를 위해서는 군비의 감축과 질적 제한이 필요. 여섯째, 군비 협상과 정치적 사건들을 연계시키는 것을 피해야 함)에 기초하여 비도발적, 비공세적 방위와 같은 접근 방법을 추구함. '적과의 동침'으로 표현됨. 궁극적으로는 집단안보로 연결됨.

⑤ 협력안보 구체화: 냉전 종식 이후 유럽이라는 특정 지역에서 등장. 지배 국가나 패권국가에 의해서 안보가 작동할 것이라고 가정하지 않음. 군사적 갈등과 폭력이 안보에 대한 유일한 도전이라고 가정하지 않음. 국가가 주된 행위자지만 제도나 초국가적 행위자 또는 비정부기구 등 비국가 행위자들이 안보를 관리하고 증진시키는데 있어서 핵심적 역할을 수행한다고 가정하며, 공식적 제도나 메카니즘의 창설을 명시적으로 요구하지 않음, 대화의 습관을 기르고 포괄적 참여를 향해 나아가면서 사회, 정부, 국가 사이의 장벽을 낮추는 것. 공동안보와 마찬가지로 집단안보체제와 관련되며 사전적으로 침략행위와 전쟁을 예방하기 위해 노력함.

(2) 안보영역

① 안보영역의 확장: 군사영역에서 비군사 영역으로 확장.

② 안보 실체로는 포괄안보, 경제안보, 환경안보, 인간 안보, 사이버 안보가 있음.

③ 포괄안보 구체화: 일본과 아세안(ASEAN)국가들의 안보정책에서 연유. 일본은 국제적 역할과 자신의 방위 노력을 합리화하기 위한 것임. 일본의 회복된 번영을 유지하는 어려움에 대한 실용주의적 대응을 반영. 국내, 양자, 지역, 세계 등 다양한 수준의 일본 안보정책을 정당화하기 위한 것임. 즉 일본의 외부지향성을 보여줌. 아세안국가들의 포괄안보는 자신들의 국내적 안보가 지역적 안정과 연계되어 있다는 인식을 반영하면서 내부지향적 성격을 보임. 군사영역을 넘어 정치안정, 경제 성공, 사회통합, 불법 이민, 마약거래 등 국가 안팎의 다양한 위협들을 안보영역으로 받아들임. 하지만 특정 국가들이 만든 정책이기 때문에 안보 주체에 있어서 국가행위자를 강조하며 협력안보 개념보다 안보영역에 있어서 협소함.

④ 경제안보와 환경안보 구체화: 경제안보는 복지와 국력의 적절한 수준을 유지하는 데 필요한 자원, 금융 및 시장의 접근에 관한 것이며, 환경안보는 모든 인간이 만든 기구들이 의존할 수 있는 기본적 지원체계로서 지역과 지구의 생태계 유지를 연구하는 것임. 다만 이들 안보는 안보 주체를 누구로 연결하는지에 따라 개인 안보, 사회안보, 국가안보로 재분류할 수 있음. 또한, 행위 양식에 따라 앞에서 설명한 공동안보와 협력안보와 상호 중첩될 수 있음.

⑤ 인간 안보의 구체화: 인권은 주권의 하위가 아니라 그 자체로서 보편성의 논리를 가진다는 명제에서 출발함. 개인과 사람을 안보의 대상으로 간주하면서 안보 가치의 보편성을 강조. 인간개발의 중요성, 실패한 국가들에서 국내 분쟁의 증가. 테러나 전염병 등 초국가적 위험의 확산, 인도적 개입상황과 결부되어 발전되어 왔음. '공포'와 '결핍'으로부터 자유를 강조. 인간 생활의 다양한 영역에 걸쳐 인간의 삶에 위협이 되는 모든 것을 안보의 관점에서 해석. 안보영역에서 가장 포괄적이며 정치, 군사, 경제, 사회, 환경안보를 모두 포함.

⑥ 사이버 안보의 구체화: 컴퓨터 매개 사이버 안보 개념은 정보혁명의 영향으로 인간들의 삶의 기본 양식이 기존의 산업사회에서 정보사회로 이행하는 과정에서 나타나는 문제점들을 안보관점에서 해석하는

것임. 사이버 안보연구자는 국가안보와 구분하는 입장(안보위협의 주체와 범위가 확대되고, 안보가치 중 정보의 가치를 크게 부각시키고 있고 그 정보는 국력을 평가하는 새로운 기준이 된다는 점을 내세움)이 있음.

4. 결론: 비전통적 안보연구에 대한 평가

(1) 백가쟁명식 비전통 안보. 지나친 분파화. 그럼에도 전통적 국가안보 개념의 수직적, 수평적 확장 시도.

(2) 비전통 안보의 질적 발전 도모

① 안보 가치의 절대성을 부인하면서 상대적 혹은 보편적 가치 확보하고자 하며, 미완의 가치 중 하나인 안보딜레마를 극복할 다양한 방법을 제시함.

② 안보 주체와 안보영역의 확장을 통해 다양한 비전통 안보영역 고유의 속성을 부각해 안보 개념의 발전화를 꾀함.

③ 탈국가화와 탈군사화를 지향하며 안보 현실에 대한 설명능력 강화를 통해 안보 개념의 적실성을 높임.

(3) 문제점도 노출

① 비전통 안보개념의 모호성과 추상성. 안보이론들이 지나치게 추상적이어서 분석력이 떨어짐. 정책에서도 적절한 정책 수립을 어렵게 함.

② 전통안보보다 적실성의 우위를 담보하지 못함. 탈냉전, 세계화, 정보혁명으로 인한 변화를 제대로 설명하지 못함. 게다가 지역마다 그리고 상호의존 이슈에서도 국가가 여전히 강력한 영향을 미치기도 함. 따라서 전통안보가 설명이 잘 되는 부분들이 다수 있음. 이는 전통안보의 '지속'과 비전통 안보의 '보완' 관계로 보는 것이 중요함.

적용 가능 사례

1. 동북아시아 국가들의 개별안보 접근의 국제안보 접근으로 전환가능성 논의.
   (1) 동아시아 국가의 국가안보, 군사안보(개별안보) 중심 접근 vs. 유럽의 협력안보(국제안보)
2. 지구온난화로 동북아시아 지역내 환경안보 중요성의 부각

국제정치 쟁점 33 : 인간안보

주제의 문제의식

Q COVID 19나 신장위구르에서의 종족분쟁은 동북아시아에서 국가안보와 인간안보 간에 어떤 영향을 미치는가?

A 판데믹질병과 종족분쟁은 국가안보와는 다른 인간안보에 관심을 가진다.

세부 쟁점과 핵심이론

sub 1 공적개발과 인간개발(human development)의 연관성과 인간안보(human security)로의 전환 논쟁

(1) 현실주의: 국가안보 자체의 중요성(전제: 국가 ⇨ 인간 보호)

(2) 자유주의: 국가의 실패나 억압적 국가의 경우 인간(국민의미) 개발이 불가능. (인간 개발 ⇨ 인간안보 차원 접근)

sub 2 인간안보의 구체적 실현방안 논쟁

(1) 현실주의: 인간안보를 실현한 방안이 구체적이지 않거나, 국내정책임.

(2) 자유주의: 인간안보를 실현하기 위해 경제발전전략과 사회차별 제거가 필요. ⇨ 구체적으로는 수명, 교육수준, 의료수준 증대를 위한 국제사회 지원 정책.

sub 3 인간안보와 국가안보의 관계 논쟁

(1) 현실주의: 국가안보가 인간안보를 도움. 인간안보 접근의 국가안보 약화가능(예 대인지뢰 금지 조약)

(2) 자유주의: 국가안보와 인간안보의 조화가능성. 인간안보와 국가안보 충돌의 경우는 대체로 비민주주의 국가. (예 북한의 정권안보 vs. 주민들의 인간안보)

1. 인간안보 이론

(1) 등장배경

① 내전의 빈도와 강도 > 국가 간 전쟁의 빈도와 강도

② 실패국가(failed state)의 등장과 살인적 국가(murderous state)의 등장: 중앙정부가 내전등에서 국민학살하거나 방치함. ex) 소말리아와 르완다가 대표.

③ 사회구조적 개발과 개혁의 필요성: 국제사회의 지원이 필요함. 개발원조 분야임.

(2) 인간개발보고서와 인간 안보

① UNDP(유엔개발 계획)의 1994년 인간개발보고서에서 구체적인 개념화가 처음 시도됨.

② UNDP에서의 7가지 인간 안보의 요인 구체화: 경제안보, 식량안보, 건강안보, 환경안보, 개인 안보, 공동체 안보, 정치 안보

③ 두 가지로 요약: 결핍으로부터 안전, 억압으로부터 안전확보.

④ 정책방안: 국제사회의 논의와 지원 필요

⑤ 문제점: 개념의 모호성이나 타국간섭의 수단으로 악용될 여지가 있음.

(3) 국가안보와 인간안보 간 관계

① 상호보완적 관계: 국가안보가 인간안보 보장. 인간안보 보장(정치적 갈등 축소)이 국가안보보장. 선진국과 민주주의 국가들.

② 상호충돌적 관계: 국가(비민주주의에서 정권안보)안보 강화가 인간안보 저해. 인간안보 강화가 국가안보 저해(대인지뢰협약의 경우 민주주의에서도 가능). 개도국과 비민주주의 국가들.

③ 탈근대 접근. 켄 부쓰 (Ken Booth) “A Security Regime in Southern Africa”. 국가가 약탈자가 되는 현상.

적용 가능 사례

1. 북한 주민들에 대한 인간안보 차원의 접근 가능성과 방안
   (1) 현실주의: 적용 어려움. 국가안보 차원에서 북한이 거부.
   (2) 자유주의: 적용 가능. 인권 보호 차원에서 국제기구를 통한 최소한의 식량과 의료품 지원.
2. 신장위구르와 티베트 주민에 대한 인간안보 차원의 접근 가능성과 방안
   (1) 현실주의: 적용 어려움. 중국이 하나의 중국원칙으로 거부. 국내문제 간섭으로 반발.
   (2) 자유주의: 적용 가능. 인권보고서 등을 통해 국제사회의 여론으로 중국 정부 압력.

국제정치 쟁점 34 : 국제기구와 글로벌 거버넌스(구조적 자유주의)

주제의 문제의식

Q 정부 간 국제기구와 비정부기구의 영향력은 동북아시아 지역에서도 증대하고 있는가?

A 환경과 인권문제에서 UN 역할과 정치경제에서 다국적 기업과 NGO 등의 영향력이 동북아시아 지역에서도 증대하고 있다.

세부 쟁점과 핵심이론

sub 1 국제기구(정부 간 기구와 비정부기구 포함)의 국제정치적 영향력(통치가능성 governability) 논쟁
(1) 현실주의: 국가의 배타적 통치력(government) 여전히 중요
(2) 자유주의: 국가와 다양한 행위자들 간 복합통치 혹은 거버넌스(global governance)

sub 2 제도로서 국제기구의 역할 논쟁
(1) 현실주의: 국가들의 이익 창출 수단에 불과. 전략적으로 제도를 이용.
(2) 자유주의(신자유주의 제도주의): 제도는 독립적인 역할이 있음. 주권을 가진 국가를 강제할 수 있음.

sub 3 구조적 자유주의를 통한 자유주의의 주요 가치 논쟁
(1) 아이켄베리의 정리 vs. 왈츠의 구조적 현실주의와 대비

1. 주권과 거버넌스 관계(분석도구 쟁점 4 참고)

2. 국제기구는 국제제도에 속함

(1) 제도와 레짐의 범위(비공식적인 합의등도 포함) > 국제기구(공식적이고 상설적인 조직만 의미)

(2) 국제기구: 정부 간 기구와 비정부기구(비교정치의 시민사회 국제적 확장. ex)국경없는 의사회나 그린피스같은 조직)를 포함.

(3) 비정부기구의 영향력 증대에 관심. 이는 정부 혹은 국가의 정책결정력 약화를 의미(현실주의 설명력 약화)

(4) 자유주의이론과 구성주의 이론가들이 국제기구는 주류세력.

(5) 글로벌 거버넌스 이론: 자유주의 국제기구론에서 등장. 정부 간 기구와 비정부기구의 영향력이 증대하면서 다양한 이슈에서 국가와의 공동통치 혹은 문제해결을 위한 행위자 간 기능적 조합을 의미.

3. 국력의 제도(거버넌스 포함)에 대한 관계

(1) 현실주의

① '국가이익 = 권력'이 제도를 구성, 유지함. by, 고전적 현실주의는 '국력 간 관계'로 파악

② 상대적 국력, 구속가설. 상대적 약자가 더 강자를 제도를 통해 견제함. by 신현실주의 그리코

③ 패권. 권력의 집중. by. 패권안정이론

(2) 자유주의

① 국가이익. 현실주의보다 경제적 이익을 강조. ⇨ 구체화를 위해 상호주의전략과 제도를 활용.

② 자유주의 패권. 공공재 제공을 하는 선의의 패권. by. 킨들버거의 시혜적 패권국가이론.

(3) 미국적 특성을 설명하는 자유주의 패권이론: 아이켄베리

① 지배 방식 기준: 1국 지배 vs. 다국 지배 ⇨ 미국은 '다국 지배방식'으로 제도구성

② 지배 방식의 강제성 여부: 강제성 vs. 동의에 기초 ⇨ 미국은 '동의 기초방식'으로 제도구성

③ 이익의 공유 여부: 배타적 이익 독점 vs. 이익공유 ⇨ 미국은 '이익공유 방식'으로 제도구성

4. 제도(거버넌스포함)의 권력에 대한 관계

(1) 현실주의: 제도는 종속변수. 현실주의도 '제도'를 다룸. 다만 제도 자체의 기능은 없음.

(2) 신자유주의: 제도의 관성. 경로 의존성이 작동. 네트워크 외부성(사용자가 많아질 때 그 효과가 배가 됨)

(3) 자유주의 패권국가 미국 제도의 특징[6)]

① '다차원적(multi-layered/ multi-faceted)인' 제도의 구축: 복잡한 네트워크를 가지고 있음.

② '자유주의적 헤게모니(liberal hegemonic)'에 따르는 제도 구축: 개방성이 특징. 마샬 플랜 사례.

③ '다자주의(multilateralism)'적인 제도구축: 다자 지배, 이익공유, 규범을 따름.

⇨ 미국의 특징으로 인해 다른 국가들은 제도를 거부하기 곤란함.

5. 구조적 자유주의: 아이켄베리 이론

(1) 3가지 핵심 가치: 절대적 이익의 경제체제, 내장된(embedded: 사회적으로 합의된) 다자주의, 예외적(다른 국가들과 차별화된) 민주주의. 자유주의 이론을 가장 체계화함.

(2) 5가지 특징: 첫째, 집단안보체제. 둘째, 상호호혜적 패권. 셋째, 반-주권 유사강대국(독일과 일본과 같은 군사력증강에 제한을 받는 국가. 이들은 2차 대전 전범 국가). 넷째, 개방경제. 다섯째, 시민정체성.

적용 가능 사례

1. 동북아시아의 지역환경 협력사례(산성비 방지 등)에 있어서 국제기구와 비정부기구 역할 증대

6) John Ikenberry, "Rising Powers and Global Institutions", Art & Jervis 『International Politics: Enduring Concepts and Contemporary Issuess』 (New York: Longman, 2011) pp. 546-547.

국제정치 쟁점 35 : 보호무역과 자유무역

주제의 문제의식

Q 이론적 우월성에도 불구하고 보호주의가 선택되는 이유는 무엇인가?

A 자유무역의 이론적 우월성에도 불구하고, 경제논리가 아닌 정치논리가 국내적, 국제적으로 작동하여 보호주의가 선택된다.

세부 쟁점과 핵심이론

sub 1 보호주의가 선택되는 원인 논의
(1) 외생적 원인(국제구조) vs. 내생적 원인(국내요인)

sub 2 보호주의를 해결하기 위한 방안으로 장기적 협력과 양면게임 전략의 유용성 논쟁
(1) 신현실주의: 구조가 중요. 국가의 전략적 선택에 큰 영향을 못 줌.
(2) 신자유주의: 상호주의를 통한 미래의 그림자 확대(장기적 협력)과 양면게임 전략유용.

1. 보호무역 선택의 정치적 측면

(1) 국내적 측면

① 이익집단 구성 논리: 올슨의 집합행동이론. 조직의 사이즈가 커지면 조직화 곤란. 보호주의 세력 조직화 용이함. 자유무역지지 세력 조직화 안됨.

② 선호의 강도: 올슨 논리와 유사. 지대(rent: 국가 개입으로 얻는 이익)가 큰 조직은 집중된 이익(concentration0f interest)을 가짐. 조직화하여 지대를 지킴. 보호주의자들이 여기에 해당. 자유무역 혜택의 소비자는 분산된 이익(diffused interest)를 가짐. 조직화 못함.

③ 요소(factor)의 분포와 세력: 노동과 자본 중 풍부한 요소가 자유무역 지지하나 세력화가 되어야 자유무역 구성. 희소한 요인이 보호주의를 지지함. ⇨ 요소 이동성에 따라서 모델이 다시 구분됨. 요소 이동성이 높은 경우 계급 대립이 나타남. 반면 요소 이동성이 낮은 경우 산업별 대립이 나타남. 수출산업은 수출중심의 자유무역정책으로 혜택을 봄. ex) 한국은 요소이동성이 낮은 국가임. 산업별로 갈등함.

④ 이익집단의 의회와 정치인에 대한 압력: 정치인은 자유무역 법안 철회하거나, 비준 거부함.

⑤ 정치인의 정부 관료에 대한 예산 압박: 자유무역 법안 구성에 영향을 미치고자 함.

(2) 정부 측면(국가 자체 차원): 전략적 무역(과점시장에서 특정 산업을 키움으로써 그 분야의 우위를 점하기 위해 국가가 보조금을 주는 정책), 유치산업보호정책(완전경쟁시장에서 특정 산업 분야를 키우기 위해 수입을 금지함으로써 일정 기간 산업을 보호하는 정책), 최적 관세이론(관세수입을 극대화하기 위해 관세율을 높이는 행동), 근린궁핍화정책(관세를 높여 타국의 경제를 어렵게 만드는 정책)

(3) 체제차원: 패권의 약화는 자유무역 개방성 약화와 보호무역 강화로 이어질 수 있음. 패권유지 또는 강화를 위해 노력.

① 길핀이론: 내적인 노력(4차산업혁명을 통한 성장동력 강화)+외적노력(무임승차를 방지함. 미국의 대중국 견제정책과 공급망통제정책)

② 구성주의: 국가 간 정체성이나 지도자들의 상호인식에 의해서 보호주의가 발생할 수 있음.

③ 상대적 국력 가설: 상대적 국력 유지와 상대적 위치 유지를 위한 노력 ⇨ 안보외부효과로 발전할 수 있음.

2. 해결방안

(1) 협상방안: 상호주의의 장기화

(2) 양면게임을 이용해서 국내 자유주의 세력을 집단화하고, 협상에 중요하게 활용.

적용 가능 사례

1. 미・중 간 무역 분쟁에서 보호주의화의 원인 규정

국제정치 쟁점 36 : 유럽과 동아시아 지역 통합 수준 비교

주제의 문제의식

Q 동아시아는 높은 지역화 수준에 비해 지역주의의 통합 정도가 낮은 이유는 무엇인가?

A 유럽과 비교할 때 권력 경쟁과 민족주의가 강하기 때문에 지역주의의 통합 정도가 낮다.

세부 쟁점과 핵심이론

sub 1 지역통합 수준 비교: 유럽(화폐통합) vs. 동아시아 (자유무역 협정정동)

1. 지역통합 비교 (환경변화 쟁점 2 / 국제정치 쟁점 17 참고)

2. 유럽과 동아시아 비교 (변수별 비교)

변수(이론별)	유럽	동아시아
극성(신현실주의)	균형적 다극	불균형적 다극 (성장 세력: 일본 ⇨ 중국)
공동위협	소련 존재	개별위협 인식차이. 중국, 일본위협.
공동이익	경제성장을 통한 위상 강화	공동이익 부재(개별적 이익)
패권국가전략	다자주의 선호(미국의 NATO 구성)	쌍무주의 선호(hub and spoke 구조. 개별동맹 간 관계)
공동정치체제 (민주평화론)	EU 가입시 민주주의 국가강제	민주주의+비민주주의 혼재
공동정체성	유럽 정체성 공유 최근 유럽도 민족주의 강화됨	동아시아 정체성 부재 민족주의 강함.
결과	EU (화폐 통합)	RCEP (자유무역협정)

(1) **지역통합의 단계:** 자유무역협정 < 공동관세 < 공동시장 < 경제통합(화폐 통합)

(2) **크리스토퍼 레인:** 유럽의 평화는 민주주의에 의한 것보다 다른 요인들에 영향을 많이 받음. 공동위협, 공동이익이 더 중요. 이 부분을 활용해서 논리 확대한 것임.

적용 가능 사례

1. RCEP와 동아시아의 지역통합 진전 가능성

국제정치 쟁점 37 : 삼중고(Trillemma)와 빈번한 금융위기

주제의 문제의식

Q **1980년대 라틴아메리카 금융위기, 1997년 동아시아 금융위기, 2008년 미국 금융위기, 2011년 유럽 재정위기 등 금융위기 혹은 금융위기에 따른 재정위기가 빈번해진 이유는 무엇인가?**

A 1944년 브레튼우즈 체제가 구축한 고정환율제도가 1973년 폐지되고 변동환율제도가 시행되면서 금융시장의 자유화가 그 원인이다.

세부 쟁점과 핵심이론

sub 1 hot money(국제금융시장의 자본)로 인한 금융위기와 그 해결책 논쟁
(1) 시장주의자·자유주의자: 토빈세 징수로 규제
(2) 거버넌스 주의자·자유주의자: 글로벌 거버넌스 시스템 강화
(3) 민주주의자: 글로벌 민주주의를 통해 해결(D. Held 주장)
(4) 국가주의자·현실주의자: 국가의 통제력 강화

1. 통화환율 분야의 정치

(1) 통화와 환율의 문제: 국가의 통화와 금융에 대한 개입 ⇨ 국가 간 갈등. ex) 환율 평가절하시 무역에 유리함. 타국은 무역에 불리함.

(2) 쟁점: 기축통화 중심 고정환율제도 vs. 변동환율제도의 효과논의

(3) 고정환율제와 무역의 안정성: 1944년 브레튼우즈는 고정환율제 선택.

(4) 신성치 못한 3위 일체: (Unholy Trinity) 또는 삼중고(Trillemma): 즉 국가들이 원하는 3가지 정책 중 하나는 포기해야 한다는 것이다. 3가지는 고정환율제도, 국내통화정책의 자율성, 자본의 완전이동이다.

(5) 브레턴우즈 체제에서 킹스턴 체제로 전환: 자본의 완전이동을 포기하고 고정환율제도(금 1온스에 35불)와 국내통화정책을 선택하였다. 그러나 1971년 금 태환 정지선언 이후 변동환율제도로 바꾼 뒤 고정환율제를 대신해서 자본의 완전이동을 받아들였다.

(6) 국제자본 시장 성장과 금융위기: 세계 1일 투자 금액(1조 5천억 달러) vs. 세계 1년 무역 금액(60조 달러)

표를 통한 비교 **브레턴우즈 체제 vs. 킹스턴체제**

브레턴우즈 체제	고정환율제 + 통화정책 + 자본시장폐쇄
킹스턴체제	변동환율제 + 통화정책 + 자본시장개방

적용 가능 사례

1. 금융위기의 빈번화와 해결방안논의: IMF 개편안 vs. 치앙마이 이니셔티브(동아시아 국가)

국제정치 쟁점 38 : 글로벌 불균형의 해결방안

주제의 문제의식

Q 미국에 대한 중국, 독일, 멕시코, 한국의 누적된 무역흑자 문제 해결은 가능한가?

A 미국에 대한 무역흑자문제 해결은 가능하지만, 1985년 플라자 합의의 역사적 경험상 쉽지 않다.

세부 쟁점과 핵심이론

sub 1 브레튼 우즈 II 체제와 글로벌 불균형 해결 방안 논의: 1985년 프라자 합의에서 일본이 불균형 수정 이행 후 일본 경제 무너진 전례 있음. ⇨ 다른 국가들이 불균형 이행을 꺼리게 함.

1. 글로벌 불균형

(1) 불균형의 의미: 특정 국가가 무역 흑자를 과하게 보는 것. 무역 적자를 보는 경우 고정환율제에서는 국가의 통화가 감소함. 물가가 낮아져서 자연스럽게 환율 조정이 이루어짐. 변동환율제에서는 그 효과가 없음.

(2) 과거 미국 vs. 독일과 일본: 플라자 합의로 조정. 미국의 달러를 평가절하함. 1990년대 일본 경제 붕괴.

(3) 최근 미·중 간 브레튼우즈 II 체제: 중국의 막대한 흑자와 이를 다시 미국 채권과 주식에 투자해줌.

(4) 미·중 간 환율조정 분쟁: 미국이 중국 환율조작국으로 규정.

(5) 현재 미국은 통화발행의 자유를 누림: 2008년 미국 경제위기 이후 '양적 완화(통화량 증대정책)'를 주장하면서 통화를 찍어냄.

(6) 글로벌 불균형 조정 어려움: 흑자 국가들이 적자로 돌아서야 함. 현재 코로나19로 내수 경제가 어려움. 수출경제로 성장 중인 국가들은 미국에 협력하기 어려움.

(7) 국부펀드의 중요성 부각: 국가가 무역 흑자를 통해 펀드를 만들어 운영함. 사우디아라비아가 대표적임. 이것이 미국 채권과 주식시장을 좌우하는 도구가 됨.

적용 가능 사례

1. 게임이론을 통한 글로벌 불균형 문제 해결: 죄수의 딜레마 상황. 각 국가는 평가절하해서 수출 경쟁력을 확보하고자 노력.

국제정치 쟁점 39 : 인권 문제

주제의 문제의식

Q 인권 분야의 성장과 국제사회의 중요성 공감은 국가 주권을 제한할 수 있는가?

A 보호책임(인도적 개입), 인간안보, 인권규범의 강화를 통해 국가 주권을 제한하고 있다.

세부 쟁점과 핵심이론

sub 1 인권의 국제정치로 보편적 논의 3가지: 보호책임, 인간안보, 인권규범의 발전(세계인권 선언과 인권 협약등의 발전) ⇨ 개별 사례에는 보호책임, 인간안보에 적용할 수 있음.

1. 인권의 국제정치 (분석도구 쟁점 4번/ 정치사상 쟁점 16번/ 국제정치 쟁점 33번 참고)

(1) 3가지 영역

① 보호책임/인간안보. 인권규범의 발전

② 자유주의와 구성주의: 국제사회의 발전을 보여주는 지표

③ 현실주의: 여전히 국가와 주권원칙은 중요

적용 가능 사례

1. 한국의 일본에 대한 위안부 할머니 문제나 강제 징용문제는 인권의 보편성 측면을 통해 일본의 사과와 보상요구 가능성 논의.

국제정치 쟁점 40 : 문화 관련 주제들

주제의 문제의식

Q 국제정치에서 문화는 중요한 영향을 미치는가?

A 국제정치에서 문화는 긍정적이거나 부정적으로 중요한 영향을 미친다.

세부 쟁점과 핵심이론

sub 1 문화의 외교정책효과 논쟁
(1) 긍정론: 공공외교 전략으로 기능 vs. 부정론: 문명충돌론

1. 문화 국제정치학

(1) 문화의 영향력 여부

① 신현실주의: 문화는 의미 없고, 객관적 국력이 중요

② 구성주의자 · 자유주의자: 문화는 의미 있음.

(2) 문화의 긍정적 / 부정적 영향 여부

① 긍정론: 연성권력이론, 구성주의(지식과 문화가 홉스식 정체성에서 로크와 칸트식 정체성으로 전환), 문명공존론 또는 문명 접변론(문화와 문화가 만나서 수렴됨)

② 부정론: 문명충돌론, 오리엔탈리즘(에드워드 사이드의 개념으로 서양이 동양을 이해하는 편견을 의미)

(3) 탈근대 주제로 관심 부상: 대외정책의 유용성과도 연관됨. 연성권력의 자원으로 문화외교 등.

적용 가능 사례

1. 한국의 전세계적 K-pop과 드라마를 문화적 자원으로 활용할 수 있는 방안 논의

국제정치 쟁점 41 : 코로나19 이후

주제의 문제의식

Q 코로나19 이후 탈세계화가 가능하며 바람직한가?

A 코로나19 이후 국가들은 통제를 강화하겠지만, 탈세계화는 어렵고 바람직하지 않다.

세부 쟁점과 핵심이론

sub 1 세계화에 대한 통제가능성 논의

1. 코로나19 이후(환경변화 쟁점 1 참고)

(1) 국내정치 변화

① 계급 양극화. 재택 근무 가능하고 접촉이 작은 직업과 계급 vs. 재택 근무 가능하지 않고 접촉이 빈번한 직업과 계급 ⇨ 복지정책의 재편 필요성 부각될 것임. ⇨ 정당정치도 이를 흡수하고 문제해결방안을 제시해야 함.

② 플랫폼 경제의 부상과 국가의 통제 여부 논의. 배달 앱 등의 횡포에 대한 국가의 개입 주장.

(2) 국제정치 변화

① 국가 간 탈동조화 논의 혹은 탈세계화 논의

② 백신과 치료제 등 공유재 협력 논의. 공유재로서 비배제성의 문제로 협력이 어려움.

③ 회복력: 국가별 제도 복귀 가능성에 차이가 있음. 한국은 회복력이 높은 편임. 중국은 코로나19의 영향이 여전히 강함. 회복력이 약함.

적용 가능 사례

1. 코로나19 종식 선언 이후 정당정치는 어떤 지형변화를 보일 것인지 논의
2. 정당 간 극화 현상으로 코로나19 이후 계층갈등과 계급갈등 해결을 위한 민주주의의 타협가능성은 약화됨.

P·A·R·T

II

민주주의의 조건들

3. 정치경제

정치경제학 계보

이론명	국가주의(중상주의)	자유주의	공화주의
중심주체	정부(추상적 국가)	시장	시민사회
정당화논리	계획합리성의 정부 시장실패 치유 필요 공익추구적 정부	인간이성에 의한 시장 국가실패의 문제점 자유확보적 시장	공익추구적 시민 시장과 국가 실패 치유 시민사회의 공공선확보
대표 모델	케인즈주의적 개입주의 발전주의 모델 네오 베버리언모형	고전경제학 근대화이론 자유주의다원주의	공동체 경제이론
실제 양태	국가의 자율성과 시장 개입 정도	시장 자율성과 국가에 대한 견제	사회적 기업과 협동조합

정치경제의 분류

(1) 이익 분배모델: 다원주의 vs. 코포라티즘 / 발전주의 국가 vs. 케인즈 주의 vs. 신자유주의 / 워싱턴 컨센서스 vs. 베이징 컨센서스 / 국가 실패 vs. 시장실패

(2) 정치경제의 주체 논쟁: 시장 vs. 국가 vs. 시민사회

(3) 경제발전 ⇨ 민주주의(긍정론. 부정론, 상관성만 인정). 근대화이론 vs. 권료적 권위주의 이론 vs. 신 근대화론

(4) 국제정치경제: 보호무역, 지역통합, 경제위기, 환율제도. 투자, 개발원조.

합격생 tip 정치·경제 Part

1. 정치경제 Part 는 공부하면서 크게 ① 정치사상 Part와 연계하여 시장에 대한 국가의 개입 정도 논쟁, ② 민주주의 Part와 연계하여 경제성장(쇠퇴)이 민주주의에 미치는 영향, ③ 국제정치 Part와 연계하여 국제정치에서의 경제(무역, 다국적 기업, ODA 등), ④ 시장의 역할 및 기타 이슈 와 같이 구분하여 공부하였음. 다른 부분들과 함께 연계하면서 공부하는 것을 추천.
2. ODA규모, 무역 의존도 등 최신 수치(통계)가 준비되면 입증이 꼼꼼하게 되어 답안이 눈에 띄게 된다고 생각.

제 1 장 정치경제학

정치경제 쟁점 1 : 국가이론과 자율성 차이

주제의 문제의식

Q 국가의 성장정책과 분배 정책은 시장에 어떤 영향을 미치며 이런 영향은 어떻게 정당화되는가?

A 국가의 성장정책과 분배 정책은 시장의 자원 배분을 변화시키는데, 이런 변화는 공공선의 확보(성장정책은 새로운 성장동력 창출과 분배 정책은 사회적 정의실현)를 통해 정당화된다.

세부 쟁점과 핵심이론

sub 1 정치경제에 있어서 시장과 국가의 중요성과 정당화논리

(1) 시장: 자유주의 이론으로 정당화. 시장에 대한 국가의 간섭 부재시 효율적 생산과 효율적 소비가 가능. ⇨ 시장 자율성 극대화＋국가 개입 최소화. ⇨ 시장의 '보이지 않는 손' 논리 ⇨ 고전경제학 (신고전경제학: 신자유주의)의 논리

(2) 국가: 중상주의(국가주의, 현실주의의 정치경제학적 표현)이론으로 정당화. 시장은 운에 영향(자본취득은 노력일 수 있으나 자본양도나 상속은 운의 영향)을 받거나, 자본과 노동 간 부의 분배격차가 큰 경우 수요 부족으로 인해 공급의 차질이 발생. ⇨ 시장실패 ⇨ 시장의 일반 균형을 위해 국가의 개입 ⇨ 경제학에서 케인즈주의의 논리

sub 2 정치와 경제 작동원리

(1) 정치: 가치로서 '정의' 강조 ⇨ 이론으로서 '민주주의' 강조 ⇨ 1인 1표 제도 ⇨ 주어진 가치를 구성원 간 배분 ⇨ 정치분배 영역 확장에 소극적 (이주민, 난민에게 투표권 부여하는 것이나 재외국민에게 투표권 배분 문제) ⇨ 폐쇄적이고 지엽적인 성격의 정치 ⇨ 정의 달성 기제로서 '국가(실체는 정부)' 강조 ⇨ 공공선을 위한 국가의 개입 인정 ⇨ 국가의 자율성 강조 ⇨ 국가의 유효수요 창출 ⇨ 수요 중심 경제(대표 이론: 케인즈주의)

(2) 경제: 가치로서 '자유' 강조 ⇨ 이론으로서 '자유주의' 강조 ⇨ 1$ 1표 제도(세금에 연동한 권리) ⇨ 시장확장을 통한 가치 창출 ⇨ 시장 확장에 적극적 ⇨ 초국가적이고 개방적 성격의 경제 (ex, 시장의 세계화 주장) ⇨ 효율적 생산과 소비 기제로서 '시장'

⇨ 시장의 자율성 보장 + 소극적 자유(국가의 시장 개입 거부) ⇨ 시장의 자율성 강조
⇨ 기업의 공급창출이 중요 ⇨ 공급 중심 경제(대표이론: 고전학파 경제학, 신자유주의)

1. 정치경제학의 역사

(1) 중상주의와 자유주의의 역사

① 중상주의: 국가의 시장 개입 강조. 국가가 시장을 창출하거나 보완.

② 1400년대 – 1500년대의 포르투갈과 스페인: 십자군 전쟁으로 인해 향신료 무역체계가 막히자, 이들 국가는 인도를 찾아 나섬. 대항해 시대를 만들고, 이 과정에서 아메리카 대륙 발견함. 금과 은의 유입을 통해 금속화폐 경제를 만들면서, 가벼운 화폐를 통해 경제발전 시킴. 최초의 중상주의 구성. "금과 은이 국가를 부강하게 함"의 논리를 구성. ⇨ 권력은 식민지를 장악한 왕과 귀족이 보유.

② 1500년대 후반: 자본주의 발전. 축적된 잉여나 재화를 통해 부를 확보하는 것이 가능. 신흥 자본가(부르주아)세력의 성장.

③ 1600년대 후반 자유주의 태동: 신흥자본가 세력은 국가에 세금을 내지만, 정치적 권리가 약함. 이를 해결하기 위해 자유주의 이론이 등장. 로크의 소유권 이론이 등장하고, 신흥자본가들이 정치적 목소리를 낼 수 있는 의회주의를 강조. ⇨ 권력이 자본가 세력으로도 이동 ⇨ 자본가 세력 vs. 국가(왕과 귀족세력) 대립 ⇨ 소극적 자유 강조 + 시장의 자유 강조 ⇨ 영미 계열은 자유주의를 강화하는 방향으로 발전함. ⇨ 미국의 영국으로부터의 독립과 영국의 명예혁명과 프랑스의 대혁명을 통해 제 3 신분의 강화. (1세대 자유주의의 등장)

④ 1차 산업혁명(1750년대)의 발생과 주도국 영국의 패권국가화

⑤ 1800년대 후발 주자 독일의 탄생(중상주의 정책발생)과 일본의 모방화: 350개의 분권화된 공국들이 하나의 국가를 구성. 독일 통일을 이룸, ⇨ 영국과 프랑스에 비해 뒤쳐진 상황 ⇨ 국가 주도적인 발전 필요 ⇨ 리스트의 '유치산업보호론'을 이론적 기초로 함. ⇨ 비스마르크에 의한 '철과 호밀 연합'의 발전 ⇨ 산업세력과 토지 귀족의 이익을 보호하기 위해서 국가가 세계 최초로 복지정책을 사용 ⇨ 국가의 지출을 통해 노동자의 실질임금을 상승시켜 토지 귀족들의 식량 가격을 높게 유지하면서도 산업계의 임금 상승 압박을 막음. ⇨ 일본 메이지 정부도 독일의 중상주의 모델을 계승.

⑥ 1870년대 이후 2차 산업혁명: 시장 주도적인 미국의 발전과 국가 주도적인 독일의 발전

⑦ 독일 성장과 영국의 상대적 쇠퇴에 따른 제국주의 정책: 영국은 1870년대 이후 제국주의 확장하여 아시아와 아프리카에 식민지 구축함. 독일도 성장 유지를 위해 에너지와 식량 필요함. ⇨ 영국의 3C 정책(이집트 Cairo, 남아공 Cape town, 인도 Calcutta)으로 연결 vs. 독일 3B 정책 (독일 Berlin, 터키의 Byzantium 현재 이스탄불, 이라크의 Baghdad로 연결하여 석유공급망 확보)이 충돌함. ⇨ 1차 세계 대전의 원인이 됨.

⑧ 1929년 미국 대공황 발생(시장 실패론)과 미국의 '스무트– 홀리 법' 제정: 대공황은 유효수요 부족에 따라 발생하였고 '시장 실패론'의 근거가 됨. 미국농업 보호를 위해 관세 400%를 책정하였으나 이후 2만 개 품목으로 확대됨. ⇨ 패권국가가 미국의 자유무역이라는 공공재 제공 의지 부재의 사례. (킨들버거의 대공황 원인 분석에서 능력은 있으나 의지가 없는 미국 분석에 해당)

⑨ 대공황의 유럽에서의 정치적 영향: 히틀러의 독일에서 인기 상승과 1933년 히틀러 집권과 독일의 전체주의에 기초한 팽창정책(오스트리아 합병과 체코 합병)과 폴란드 공격에 따른 2차 세계 대전 발생.

⑩ 대공황의 아시아에서의 정치적 영향: 1931년 일본 군부 주도로 만주사변 발생과 1937년 중일전쟁으로 확대되고 1940년 일본의 인도차이나와 인도네시아로의 남진 정책으로 연결. ⇨ 미국과의 갈등 강화에 따른

1941년 태평양전쟁 발생.

⑪ 2차 대전 종결 시기 미국의 브레튼우즈 체제 구축: 1944년 미국 전후 체제로 브레튼우즈 체제 구축. 무역관계는 ITO(국제무역기구) 구축 시도했으나 투자 협정으로 불발되자, 임시 협정인 GATT를 활용. 환율과 통화체제는 미국 달러 중심의 고정환율제도 사용하면서 IMF를 통해서 외환시장 관리. 개발과 원조는 국제부흥은행(IBRD)를 구축하여 유럽 부흥 시도하고 이후 개도국의 발전을 지원함. 투자 분야의 다자 협정 체결에 실패하였고 현재까지 투자 분야는 다자기구 없음.

⑫ 연계된 자유주의(Embedded Liberalism)의 원칙 합의: 자유주의의 이상적 조합(국내 자유방임주의+국제 자유무역)이나 국내 자유방임주의가 시장실패를 가져오자, 이를 해결하기 위해 국가의 개입정책을 옹호함(케인즈주의의 경제학적 논리가 영국에서는 받아들여짐. 미국도 수정 자본주의 논리가 받아들여짐) ⇨ 타협점 (국내 정부의 통화정책에 따른 개입정책+국제 자유무역)으로 Embedded Liberalism 타결. 자유무역을 위해 국가 내의 개입정책이 옹호됨. (2세대 자유주의의 등장)

⑬ 2차 대전 후 유럽 국가에 대한 마샬 플랜의 제공: 유럽 국가들의 부족한 소비력을 보완해줌. 개발원조의 시작이 됨. 이후 개도국에 대한 개발원조 정책의 근간을 이룸.

⑭ 독일과 일본의 미국에 대한 수출을 통한 성장: 일본은 한국전쟁을 계기로 농업 국가 정책에서 '역코스' 정책에 기초하여 공업 국가로 전환. 독일도 '모겐소 플랜'으로 농업 국가를 만들려고 하다 냉전과 함께 공업 국가 유지함.

⑮ 1960년대 중상주의를 사용한 후후발 국가들 부상: 신흥공업국가NICs(newly industrializing countries. 1988년부터는 홍콩과 대만 때문에 신흥 공업 경제 지역(newly industrializing economies: NIEs)라고 명명)의 부상. 한국, 홍콩, 대만, 싱가포르가 새롭게 성장하는 국가들이 됨. ⇨ 동아시아 발전 모델의 기초 ⇨ 이후 아시아적 가치와 경제발전론의 근거가 됨. ⇨ 새로운 중상주의 정책을 사용함. 유치산업보호론에 기초.

⑯ 1970년대 스태그플레이션과 신자유주의자들의 '국가 실패론': 실업률과 인플레이션의 동반이 발생. 국가의 유효 수요 창출 정책이 막힘. 시장주의들은 다시 고전경제학으로 돌아가자고 주장하면서 신자유주의 이론을 주창함. 국가의 개입과 실패가 시장실패보다 더 위험하다고 주장. 시장의 자유와 국가의 개입 자제를 강조함. 정치학에서는 자유지상주의가 경제학에서는 공급경제학이 부상함. 미국에서 레이거노믹스와 영국의 대처리즘이 정치적으로 지지를 받음. (3세대 자유주의이론)

⑰ 개혁개방정책을 사용한 중국과 베트남의 1990년대 이후 경제발전: 동아시아 발전모델을 답습함. 중상주의 정책을 통한 경제발전 전략. 수출 위주의 경제발전 전략을 사용함.

⑱ 2000년대 BRICS의 성장: 브라질, 러시아, 인도, 중국, 남아공이 성장함. 자원과 인구가 많다는 공통점을 가짐.

⑲ 개발경제학의 부상: 남반구 개도국들에 대한 원조가 중요하게 부각됨.

⑳ 4차 산업혁명론 부상: 2017년부터 새로운 산업혁명 논의

(2) 역사 속에서 정치경제 모델 도출

① 자유주의 모델: '보이지 않는 손'으로서 '시장'을 강조. 국가로부터의 자유(소극적 자유)강조. 시장에 의한 생산과 소비에 초점. 국가의 개입은 지대 추구로 인해 비효율성을 발생시킴. 버지니아 학파나 시카고학파의 국가 개입 부정론이 대표적임.

② 중상주의(국가주의・현실주의) 모델: '보이는 손'으로서 '국가'를 강조. 국가에 의한 유효 수요창출이 중요. 국가가 시장의 부족한 수요를 창출해주어야 안정적인 투자와 공급이 가능해지면서 경제의 일반균형이 만들어짐. 케인즈주의가 대표.

2. 정치경제학의 의미

(1) 경제학: 아담 스미스를 원류로 하는 자유주의의 경제운용 논리와 학문분야
(2) 정치경제학: 마르크스를 원류로 하는 국가의 시장에 대한 개입과 규제를 정당화하는 논리와 학문분야
(3) 비교 정치경제학: 국가개입정도와 시장자율성 간 관계를 국가 간 비교하는 학문
(4) 국제정치경제학: 국가가 대외무역과 환율과 투자와 개발원조에 의한 영향을 체계화한 학문

3. 정치경제학의 이론

(1) 자유주의: 시장 중심+국가의 개입 자제
(2) 중상주의: 국가 중심+시장의 자율성 자제
(3) 마르크스 주의: 국가 중심+시장 규제 (부르주아의 프로레타리아 지배를 혁신)
(4) 공화주의: 시민사회 중심(협동조합과 사회적 기업)
(5) 각 이론별 국가의 자율성 차이

4. 현대 국가론으로 연결

(1) 이론별 국가의 역할과 자율성에 차이 vs. 시장의 자율성과 역의 관계

대표적인 국가이론과 정책결정 요인 비교
1. 다원주의(자유주의) 국가이론: 개인, 이익집단 ⇨ 국가정책결정(국가 자율성 부족)
2. 네오 베버리안(중상주의): 정치리더+국가관료 ⇨ 국가정책결정(국가의 높은 자율성)
3. 도구적 마르크스주의: 자본가계급 ⇨ 국가정책결정(국가자율성 부재)
4. 구조적 마르크스주의: 자본가계급+국가관료 ⇨ 국가정책결정(국가의 상대적 자율성)

(2) 모델 1: 다원주의(자유주의 모델의 일부)국가이론

① 존재론: 개인 위주로 방법론적 개인주의를 사용함. 다원주의(이익 창출을 위해 개인에서 집단구성)로 확장.

② 시장과 정치에 있어서 균형과 조화: '보이지 않는 손'이 작동하여 정치영역에도 균형과 조화를 보장함.

③ 정책 결정 모델로서 다원주의 모델 자체: 미국식 예외주의의 소산임. 미국에서만 가능한 모델. 다른 나라들에서 이렇게 다원적 집단이 만들어지고 정부에 대해 압력행사가 가능하지 않음. ⇨ 코포라티즘과 발전주의모델과 케인즈 모델과 같이 자유주의를 대표하는 모델임. 즉 분석을 자유주의가 아니라 다원주의 모델로 함.

④ 자유주의의 대표적인 정치경제 모델: 다운즈의 공간경쟁모델. 이 모델은 미국식 다원주의모델이 아니라 자유주의에서 적용될 수 있는 모델. 시장 논리를 통해 정치를 분석함. 이 모델은 시장적인 수요와 공급 간 '균형'이 핵심에 있음. 유권자의 이념적 수요가 먼저고 정치인과 정당의 공급이 뒤 따름. 즉 이념기준에서 유권자들이 자신의 이념적 위치를 정하면, 정당은 유권자의 수가 정치권력 장악을 가능하게 해주기 때문에 그 이념 지점에서 정책을 구성해줌. (ex, 진보유권자가 국민의 30%정도 되면, 정당은 진보정책을 통해 이 유권자의 표를 확보하고자 함)

(3) 모델 2: 네오베버리언(국가주의, 중상주의, 현실주의)국가이론

① 존재론: 국가를 중심으로 설명. 국가는 자율성(국가가 부르주아 계급이나 여타 사회세력으로부터의 간

섭과 압력을 배제하는 독자적 정책관철능력)을 보유함. 국가의 시장과 사회에 대한 우위가정.

② 국가의 공공선, 국가이익창출을 명분으로 함. 국가가 시장에 개입하는 것이 타당하다는 논리(케인즈주의, 민주주의, 공화주의, 공동체주의 등에서 논리를 도출)

③ 강한 국가(strong state): 국가(실체는 정부)의 시장과 사회에 대한 개입가능성이 높음. 이는 국제정치에서 다른 국가보다 더 많은 경제력과 군사력을 보유한 강대국(Great Power)과는 다른 것임.

④ 강한 국가와 중상주의: 강한 국가는 중상주의 정책을 사용한 국가들에서 나타남. 시장을 구성하고나 시장을 보완함. 이들 후발 국가(1870년대 독일과 일본)나 후후발 국가(1960년대 한국, 대만, 싱가포르)는 시장이 없는 상태에서 국가가 출범함. 따라서 부족한 자본을 집약해서 경제발전을 이루어야 함. 유치산업보호론 등을 통해 국가가 자본을 축적함.

⑤ 발전국가론: 정부의 사회에 대한 자율성이 강한 국가를 모델로 만듬. 즉 일본과 동아시아 국가들을 기초로 모델화함. 특히 찰머스 존슨의 일본통상성(MITI)연구는 자율성이 높은 국가의 계획합리성과 이를 통한 경제발전을 설명함. 국가 전체를 비행기로 보면 중앙정부는 비행사에 해당함.

⑥ 발전국가론: 대체로 국가주의가 강하고 민주주의가 발전하지 않은 국가들에서 중상주의가 나타나지만, 민주주의 국가인 경우에도 국민의 합의에 의해 정부의 자율성이 높은 경우도 있음. 1945년 전후 일본이 여기에 해당함.

(4) 모델 3: 계급국가이론

① 마르크스주의: 마르크스는 세상을 하부구조(경제 토태)와 상부구조(정치와 문화)로 단순화함. 그리고 하부구조(경제)가 상부구조(정치와 관념) 지배를 주장함. 유물론을 토대로 함.

② 그람시의 헤게모니를 통한 국가이론: 헤게모니(관념을 지배하는 자본가와 지식인들이 가진 권력)와 동맹구조(자본가+지식인+시민사회)의 중요성을 강조함. 마르크스의 유물론적 관점으로만 접근하는 것을 거부하고 상부구조(관념영역)의 독자성을 설명함. "노동자가 노동자의식을 가지지 않게 만드는 힘= 헤게모니"를 중시함. 진지전(관념과 지식의 변화)과 기동전(노동자 등의 자본주의 공격)의 두 가지 전략이 중요.

③ 현대적 마르크시즘 중 도구적 마르크시즘: 부르주아의 집행위원회로서 국가. 따라서 국가의 자율성 부재. 국가는 자본가의 충성스러운 신하임.

④ 현대적 마르크시즘 중 구조적 마르크시즘: 상대적 자율성을 가진 국가. 국가는 자본가의 이익에 반하는 정책이 가능함. 그러나 구조적으로 국가는 운영할 세금으로 인해 자본에 종속됨.

(5) 모델 4: 신자유주의 국가

① 시장을 보호하는 국가로 시장에 대해서는 작지만, 노동에 대해서는 강한 국가를 표방함.

② 미국과 영국의 1980년대 이후 시장 강조 모델로 내부에는 다양한 이론을 포함함.

③ 포함 관계: 신자유주의 > 신보수주의, 공공선택학파, 자유지상주의.

④ 신보수주의: 경제적 자유주의+사회적 보수주의(윤리와 종교 강조)+강력한 안보. 미국 공화당에서 지지를 받았으나 트럼프 정부에서는 주요한 역할 하지 못함.

⑤ 공공선택학파: 시장 논리가 정치영역에서 배제된 것이 문제임. 국가는 예산 남용 등이 문제가 됨.

⑥ 자유지상주의: 소유권 중심의 사유재산을 강조하는 자유주의. 국가의 개입을 극단적으로 거부함.

(6) 모델 5: 조합주의 국가이론. 유기체적 국가이론 (국가론의 대표모델은 아님)

① 유럽의 직능조합등에서 기초한 모델. 실제 이탈리아에서 무솔리니가 조합국가 건설한 전례가 있음.

② 국가와 조합(사적 정부) 간 타협을 기반으로 정치경제를 운영함.

③ 대표 이론가 필립 슈미터의 국가조합주의 vs. 사회조합주의 구분: 조합을 국가가 만드는가 혹은 사회

가 스스로 구성하는가의 차이. 국가가 사적 정부를 만들고, 만들어진 어용조직과 협의를 통해 정치경제를 운용하는 경우는 국가 조합주의에 해당함. 무솔리니의 파시즘 국가가 대표적임. 이런 경우는 개인과 기업은 중요하지 않고 국가와 기업들의 연합인 조합이 중요해짐. 반면 민주주의 국가에서 기업들이나 자본을 중심으로 연합체를 구성하고 사적 정부를 자발적으로 선출하는 경우 정부와 협의가 가능함. 이런 경우를 사회조합주의로 규정함. ⇨ 1998년 한국은 새로운 정치경제운영방식으로 '노사정위원회'를 구성함. ⇨ 정리해고와 비정규직을 처음 만들게 됨. 이후 노사정위원회 작동 안 함.

(7) 모델 5: 제 3세계 국가이론 (국가론의 대표모델은 아님)

① 식민지 지배를 받다가 독립한 신생국가들의 특징을 설명하는 모델

② 관료적 권위주의 모델: 중남미 사례를 통해 만들어진 모델. 후발 국가에서 경제발전은 민주주의 가져오는 것이 아니라 권위주의를 가져옴. 중남미 경제가 더 나은 경제발전을 하려면 국가, 국내자본, 외국 자본의 3자 연합을 형성함. 산업구조를 수입대체산업에서 수출 산업으로 대체하려고 할 때 민중 등 저항이 강함. 이를 해결하려면 강력한 권위주의 국가 즉 독재국가가 필요함.

③ 과대성장 국가론: 파키스탄 정치학자 함자 알라비의 개념. 제국주의 국가가 만들어 놓은 유산으로서 행정과 경찰조직과 같은 국가기구가 국가의 하부조직인 경제보다 발달함. 이런 국가에서 민주화가 어렵고 이들 국가기구를 이용한 독재체제가 만들어지는 경향이 있음. 해방이후 한국 정치 분석에서 활용.

적용 가능 사례

1. 자유주의 역사를 가진 국가와 중상주의 역사를 가진 국가의 자율성 비교: 미국과 독일의 중앙정부의 시장 개입 정도 비교
2. 한국의 신성장동력(새로운 산업분야)발전에 있어서 타당한 국가론 접근법 비교: 국가주의 vs. 자유주의

정치경제 쟁점 2 : 한국의 대안 모델 탐색: 코포라티즘과 케인즈주의

주제의 문제의식

Q **1970년대 80년대의 발전주의 모델과 IMF 외환위기 시기 신자유주의를 사용한 한국에서 정치경제운영을 위한 새로운 모델로서 코포라티즘과 케인즈주의는 유용한가?**

A 한국의 자본과 노동의 구조상 코포라티즘의 타당성은 높지 않으나, 케인즈주의적 개입정책은 적실성이 높다.

세부 쟁점과 핵심이론

sub 1 발전모델(국가 높은 자율성: 생산 분야의 개입도 인정) vs. 신자유주의(시장의 높은 자율성)사이에서 한국의 대안 모델 탐색

(1) 코포라티즘: 노사정위원회 사용. 자본의 '사적정부화(private government)'는 되지만, 노동의 사적 정부 구성이 어려움(한국노총, 민주노총, 재벌의 단위 노총이 분리되어 통합안됨)

(2) 케인즈주의: 국가의 유효 수용 창출과 복지정책 수행. ⇨ 한국의 국가 자율성의 경로 의존성과도 맞고 복지 정책 확대 기조와도 맞음.

1. 코포라티즘 모델

(1) 민주주의 국가에서 코포라티즘: 필립 슈미터 사회코포라티즘(cf. 국가코포라티즘과 차이)

① 자본과 노동이 조합화+중앙정부와 협의 ⇨ 정치경제 정책에서 갈등 축소됨. 이해 당사자 간 타협을 이룸.

② 가능 조건: 자본과 노동의 사적 정부 구성. 즉 자본진영을 대표하는 대표그룹과 노동진영을 대표하는 대표그룹(private government)이 필요함. ⇨ 이들의 하부조직 장악력과 통제력이 중요.

③ 정부와 협상: 자본과 노동이 각각 약속한 것을 정부가 관철하고 통제함. 전체 노동의 임금 인상율 상승은 국가의 인플레이션에 영향. 인플레이션 상승률 > 임금 인상율인 경우 다시 임금 인상하지만, 인플레이션에 의해 정책 무력화됨. 반면 기업의 고용률과 해고에서 노동과 타협하고 정부가 이를 관철해야 함. 실업률은 디플레이션으로 이어질 뿐 아니라, 정부에 대한 반대로 이어짐. 따라서 기업과 노동과 정부 간 이해관계를 조율할 필요가 있음.

④ 장점: 경제문제에 대해 사회적 갈등을 최소화. 정부의 통제력과 규제 가능. 기업과 노동의 자율성을 인정.

⑤ 단점: 대의제 기구인 의회와 정당이 정치경제운영에서 배제됨. 조합을 이루지 못한 그룹이 정책결정에서 배제됨.

⑥ 성공조건: 사적 정부의 조직력이 중요. 즉 자본과 노동 상부조직이 하부단위 통제가능. 1998년 한국 노사정위원회의 사례는 '비정규직' 합의 후 작동하지 않음.

2. 케인즈주의 모델

(1) 마르크스 경제학에서 영향

① 수요와 공급 불일치: 수요는 노동에서 주로 나옴. 노동은 임금증가율에 영향을 받음. 따라서 사회적 수요는 임금증가율에 영향받음. 공급은 자본가의 투자에 의해서 만들어짐. 자본가의 투자가 고용을 창출함. 자본가의 투자는 투자된 자본이 가져오는 이윤증가율에 영향을 받음. 그런데 이윤증가율 > 임금증가율임. 즉 투자될 자본은 장기적으로 남지만, 소비를 이끌 수 있는 수요는 부족함.

② 유효수요 창출이 필요: 국가가 유효 수요를 창출해야 함. 국가는 공급 측에서 세금(누진세제)을 더 거두어 노동자 측에 복지정책을 펴야 함. 자원 재분배가 이루어짐. 노동은 명목임금이 동결된 상태에서 정부의 복지 지출 증가로 실질 임금이 올라감. 이를 통해 수요 즉 소비가 창출됨.

③ 정부의 일관된 수요 창출이 공급 창출로 이어짐: 안정적인 소비가 만들어지면 새로운 투자가 발생함. 공급이 증대하면서 수요와 공급이 다시 일반균형으로 가게 됨.

④ 자본진영의 누진세 제도 수용: 대공황과 같은 자본주의의 붕괴는 자본가에게도 이익이 아님. 또한, 극단적으로 자본주의의 불균형이 생기면 사회 혁명으로 이어짐. 이는 사회주의와 같은 급진적인 정치를 지지하게 만듦. 따라서 자유주의에 수정을 가하지만, 기본적으로 자유주의를 유지하면서도, 민주주의의 분배적 정의론을 수용하는 것이 타당하게 됨. ⇨ 이 논리가 유럽에서 사회민주주의로 이어짐. ⇨ 그런데 최근 신자유주의 정책으로 경제적 분배가 악화되면서 다시 국가의 개입을 강화하자는 주장들이 강해짐.

(2) 정치적 영향

① 분배적 정의를 실현: 복지정책을 통해 민주주의에 대한 불만족도를 줄임.

② 자본주의의 유지와 민주주의 간 타협: 자본주의를 수정하지만 유지함. 인민들의 자기 지배 가능성 차원에서 민주주의를 확대함.

③ 토미 피케티의 주장: 케인즈주의를 사용해서 분배적 정의를 달성하고자 할 때 자본수익률과 노동 수익률의 차이가 줄어들었음. 그러나 신자유주의가 강화되면서 자본수익률이 노동수익률 보다 압도적으로 높아짐. 즉 자본을 가진 사람은 계속 더 부자가 되지만, 노동을 통해서 부자가 될 확률이 낮아짐. 계층 이동성이 떨어짐. 이는 사회적 문제를 야기함. 다시 재분배 정책 강화가 필요함.

적용 가능 사례

1. 한국에서 자본과 노동의 타협을 위해 코포라티즘을 강화할 수 있는 방안 논의
2. 한국에서 케인즈주의를 통한 국가의 적극적 재분배 정책을 사용할 경우 이러한 국가 개입을 정당화할 수 있는 논리: 민주주의, 수정된 자유주의, 공화주의.

정치경제 쟁점 3 : 국가의 개입과 시장의 자율성관계 모델

주제의 문제의식

Q **COVID 19와 전세계적인 기술경쟁 심화시기 한국은 국가와 시장 사이에 어떤 관계 설정이 필요한가?**

A COVID 19로 인한 위험사회의 등장은 국가의 복지 강화를 필요로 하고, 기술경쟁 심화는 새로운 성장산업육성을 위한 국가의 지원정책을 필요로 하기에 국가의 시장에 대한 개입을 강화해야 한다.

세부 쟁점과 핵심이론

sub 1 정치경제 모델별 국가의 자율성과 시장 자율성 간 관계

1. 구체적인 정치경제 모델

(1) 국가와 시장 간 관계 별 모델: 생산과 소비 주체로 구분

[국가와 경제의 경계][1]

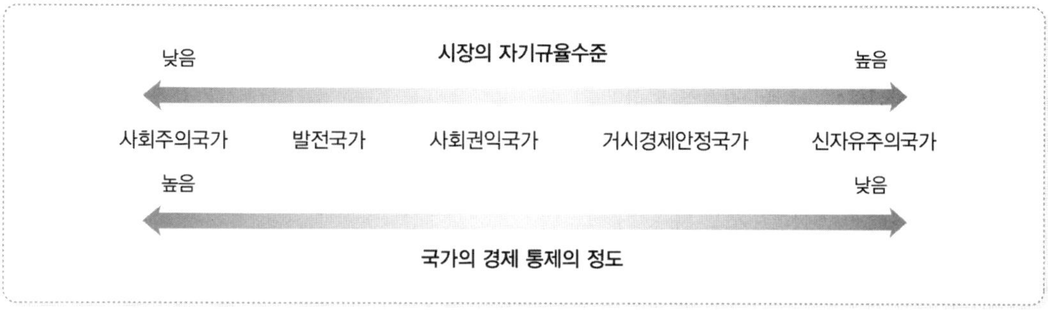

① 공공재 국가/신자유주의: 높은 시장의 자기 규율성과 낮은 국가의 경제 통제. 생산과 소비를 시장이 담당.

② 거시안정 국가: 케인즈주의에 기초하여 경기사이클의 충격 완화. 즉 국가가 소비 부분에 개입하여 유효 수요 창출.

③ 사회권익국가: 복지 국가의 대표적 모델. 마샬의 3가지 시민권 논리(첫째, 자유권으로 언론·출판·집회·결사의 자유. 둘째 정치적 권리로 선거권. 셋째, 사회적 권리로 최소한의 복지요구 권리), 노동의 탈상품화를 이룸으로써 복지정책 성공.

④ 발전국가: 국가가 생산도 관장, 내재적 자율성을 보유함. 복지 수준이 높은 것이 아님. 중상주의 모델로서 국가가 특정 분야에서 생산을 담당함. ex) 한국 포항제철.

⑤ 사회주의 국가: 국가의 시장 장악. 생산과 소비를 전체 담당.

---

1) Block, 1994, p. 692. 임석준, p.73에서 재인용.

표를 통한 비교 **국가와 시장 간 관계 모델 간 비교**

국가와 시장분리의 문제점	(1) 신고전파 경제학에서 국가와 시장 분리. 국가로부터 분리된 시장 중시. (2) 1950년대에는 역으로 정치 문제를 경제적 분석방법으로 설명. 신정치 경제이론(예 올슨, 다운스, 애로우), 공공선택이론과 합리적 선택이론이 대표적 모델 (3) 시장모델의 한계점: 균형에 대한 개념 문제 (몰역사성과 인간배제 문제), 실제 1870년대(대불황)와 1930년대(대공황)의 불균형적 현상
중상주의 국가모델	(1) 국가의 부를 축적해야 한다고 보고 국가의 개입 강조. 금과 은을 통한 화폐경제 구축. (2) 역사적으로 군주와 귀족들의 이해관계 공유
자유방임주의 국가모델	(1) 경제활동의 자유와 국가 간섭의 배제를 중심으로 하는 이론 (2) 스미스의 '보이지 않는 손'의 논리를 통한 균형점 도달 이론 (3) 역사적으로 보면 부르주아들의 정치경제모델(⇨ 로크의 소유권 이론으로 자유주의 등장)
케인즈 주의적 개입국가 모델	(1) 국가의 개입을 통한 시장의 파괴적 속성을 수정하기 위한 국가 우위 주장 (2) 1970년대 재정위기와 스태그플레이션 등으로 한계에 봉착하여 신자유주의의 공격받음 (3) 역사적으로 이 모델은 국제정치학적인 조건의 시대적 반영물임(자유무역을 통해 국내경제를 발전시킴) (4) 복지정책을 통해 노동의 실질임금을 향상시켜 노동자를 자본주의 안으로 들어오게 만들어준 것으로 자본주의 재생산을 위한 시대적 모델(자본 계급도 타협을 이룸)
(동아시아) 발전국가 모형	(1) 생산의 일부분을 국가가 담당한다고 주장하는 모형(역사적 산물) (2) 후발 자본주의 국가 일본을 필두로 후후발 자본주의 국가들은 경제성장의 절박성으로 인해 효과적인 자본투자 필요 (3) 국가가 주도적으로 소비와 생산 부문을 담당하여 계획·조정하는 모델. (일본의 통상성 ⇨한국 경제기획원이 벤치마킹)
사회주의 국가모델	(1) 시장에 대한 국가의 강력한 우위(생산·소비의 국가와 사회화)강조 (2) 사적 소유권 부정: 시장 통제, 사적 소유권의 국가소유권으로 전환, 개인의 자유보다는 사회적 평등 중시 (3) 자본주의 착취가 심하던 시절에 나온 시대적 반영물로써 노동자들의 저항에 이론적이고 실천적인 기반을 제공하고자 함 (4) 문제점: 노동가치설과 이윤율 저하 법칙의 타당성이 의심되고, 레닌의 전위정당이론은 국가와 당을 동일하게 보는 오류가 있으며, 인간의 생산적 경쟁성을 무시. 사회주의 국가들의 실험실패는 모델의 한계를 명확히 보여줌. ⇨공산당이 권력의 주체: 국가보다 당이 우위에 섬. ⇨ 당원 관료들이 권력자가 되고 이들 간 경쟁이 없음. ⇨ 부패로 인한 체제 위기(소련의 당귀족층인 노멘클라투라 세력이 대표. 현재 올리가르히 모델)
신자유주의 국가모델	(1) 시장의 우위 반영 모델. 시장을 위해 국가의 개입은 배제되어야 함. (2) 하이예크: 인간 이성의 시장질서 예측에는 한계가 있어 시장 질서를 예측하고 여기에 계획경제를 실시하는 사회주의 국가 모델은 잘못되었다고 주장 (3) 노직: 소유권의 절대성 강조. (4) 기업의 불만을 들어주는 것으로 공급중심 경제학으로 돌아섬
결론 (한국적 의미)	(1) 국가와 시장의 재결합. 자유방임주의나 신자유주의가 아니고, 발전모델도 아닌 중간 모델을 찾아야 함. (2) 핵심은 국가가 시장의 원활한 작동을 위해서 어디에 어떻게 개입할 것인가 하는 점 ⇨정치적 자유주의나 민주주의가 국가의 개입영역과 개입정도에 대한 합의를 만들어주어야 함. ⇨ 한국도 자본주의 발전에 따른 자본보유계층과 노동계층 간의 타협 필요

2. 국가와 시장에 대한 정치경제 이론가와 세부적 내용

(1) 하이예크: 국가에 대한 시장질서 강조.

① 자연발생적 질서로서 시장. 국가는 인위적인 질서임.

② 자연발생적 질서에 대한 개입을 거부(즉 시장에 대한 국가의 개입 거부. ⇨ 국가의 개입은 특정한 이익을 위한 개입임. ⇨ 국가의 역할은 시장 질서 교란을 방지하고 자유계약과 재산권보호에 초점을 두어야 함.

(2) 폴라니: 시장에 대한 자기방어와 국가의 개입.

① 시장과 국가의 조화를 강조함. 국가 법과 제도의 시장 규율이 중요.

② 시장의 자기 조절 능력 상실이 문제임. 시장이 '악마의 맷돌'이 되는 경우가 문제. 제어되지 않는 시장에 대해 사회가 '자기 방어'를 위해 개입할 필요가 있음.

③ 역사적 사례로 대공황 시기 독일(전체주의화), 소련(사회주의화), 미국(수정자본주의)에서 미국식 체제가 살아남음.

④ 핵심 주장 1: 시장은 자연발생적 조직이 아님. 국가의 간섭에 의해 만들어진 제도임. 1846년 곡물법 폐지로 설명함. 이것이 영국 경제구조에서 노동자를 대대적으로 양산함.

⑤ 핵심 주장 2: 자기조정적 시장의 기능이 사회를 파괴할 수 있음. 시장이 임금을 통해 인간생활을 통제하고, 지대를 통해 자연을 통제하며 화폐를 통해 생산조직을 통제함. ⇨ 자본 소유권 제한과 정부의 통화정책을 통해서 시장경제를 규제할 수 있음.

⑥ 핵심 주장 3: 국내질서와 국제질서는 상호연관된 복합체임. 4개의 기둥으로 국내적으로는 자기조정적 '시장'과 자유주의 '국가' 그리고 국제적으로는 '국제금본위제(포괄적으로 통화체제)'와 '세력균형체제(국가간 질서)'로 구성. ex) 1930년 미국의 스무트 홀리 법 제정 사례. 농업보호를 위해 보호주의.

(3) 그람시: 시민사회의 헤게모니

① 헤게모니의 중요성: 자본세력＋시민사회

② 국가는 계급 타협의 견인체로서 설득력과 강압기구로서 강제력을 가져야 함.

③ 대항 헤게모니 구축 필요: 노동의 목소리를 반영하려면 대항헤게모니 필요. 주류 시민사회의 이론에 대한 이론적 반박근거가 중요함.

3. 민주주의의 정치경제학의 이론가들 (정치경제 쟁점9 참고)

(1) 배링턴 무어(B. Moore): 자본주의에 의한 민주주의

① 부르주아 없이 민주주의 없다.

② 자본주의 발전과 시장 성장 ⇨ 부르주아 세력 등장 ⇨ 이들에 의만 민주주의 추동.

③ 독립변수: 상업의 발전 정도, 국가 구조, 농민의 혁명 잠재력.

④ 영국과 프랑스: 부르주아에 의한 민주화 vs. 독일과 일본: 위로부터의 혁명으로 전체주의화됨.(국가가 강하고 부르주아가 약함) vs. 러시아와 중국: 사회주의 체제로 전환(지주 계급이 강력하고 부르주아가 약한 상황에서 혁명가들이 농민을 동원하여 혁명)

(2) 슘페터(J. Schumpeter): 자본주의와 민주주의 관계 부정.

① 자본주의는 효율성의 영역. 거대 기업이 주도하는 '창조적인 파괴'(혁신)를 통해 효율성이 증대함.

② 민주주의는 유권자의 엘리트 선출로 국한.

③ 거대기업강화는 자본주의 붕괴와 사회주의로 연결될 것임. 그러나 자본주의나 사회주의 어떤 것도 민주주의와 직접 관계없음.

(3) 오도넬(G. O'donnell): 관료적 권위주의 (자본주의 발전→권위주의 강화)

(4) 아담 쉐보르스키(A. Przeworski): 신근대화론 (6,055$ 넘는 국가는 민주화 역행되지 않음)

(5) 다운즈(A. Downs): 선거 정치에 관한 경제학 이론

① 유권자의 투표이론: R(reward) = P(probability) × B(benefit) – C(cost)

② 유권자와 정당의 거래: 유권자는 투표를 통해 정당에 수요를 전달. 정당은 정책을 통해 공급전달. 선거가 이들 사이를 연결해줌. 합리적 유권자와 합리적 정당의 교환관계 ⇨ 정치학에 시장 모델 도입.

③ 다운즈의 공간 경쟁 모델: 정당이 단일한 이념 축에서 다른 정당과 경쟁함. 이때 유권자의 분포도에 따라 정당은 대응함. ⇨ 모델로만 보면, 정당은 유권자의 이념 반영자임. ⇨ 정당이론에서 '동원모델(정당이 사회균열창출)'보다 기능론(사회균열을 정당이 반영) 모델에 해당.

④ 공간경쟁 모델과 정당체계 분석 유용: 공간 내에 정당의 수와 정당의 이념 분포도를 통해 정당체계의 일반화가 가능. 예 분극화된 양당제 vs. 분극화된 다당제.

4. 발전의 정치경제학의 이론가들

(1) 알버트 허쉬만(A. Hirschman): 국가의 전략적 선택과 지원에 의한 발전

① 국가의 투자와 연계 효과: 첫째, 전방연계 효과를 가져옴. 투자를 통해 '생산품이 다른 분야에 공급'되는 것. 둘째, 후방연계 효과를 가져옴. 한 분야의 투자가 '다른 분야의 생산품에 대한 구입'을 증대시키는 것.

② 국가 투자가 다른 분야로 연결되면서 발전을 유도함.

③ 개도국에서 사회간접자본 투자 보다는 최종가공산업(소비재)투자가 더 유용. 후방연계 효과를 가져와서 발전을 야기함.

(2) 더글라스 노스(Douglas C. North): 신제도주의(제도를 통한 거래비용의 감소)

① 신제도주의 창시: 국가는 제도를 구성함.

② 거래를 위해서는 소유권확정, 거래당사자 간 만남, 소유물에 대한 가격흥정. ⇨ 이는 거래비용을 발생시킴. ⇨ 거래 비용 절감을 위해서는 국가의 제도구성이 중요함.

(3) 임마누엘 월러스타인(I. Wallerstein): 세계체제론

① 자본주의 세계체제의 작동으로 중심부와 반주변부와 주변부 간 교환 관계가 중요. 경제에서 '수요의 소득 탄력성'이 중요. (특정 재화가 소득이 올라갈수록 수요가 높아지는지가 중요. 중심부국가들의 공산품은 소득 증가에 따라 수요가 급증함. 반면 주변부국가의 농산품은 중심부 소비자들의 소득이 올라간다고 수요가 급증하지 않음. 따라서 중심부와 주변부의 불평등한 교환 관계가 만들어짐)

② 자본주의는 축적의 위기를 경험하는 데 전쟁을 통해서도 해결함. 전쟁 과정에서 패권이 등장함. 자본주의가 전쟁을 결정한다는 논리를 구성함.

적용 가능 사례

1. 신자유주의와 발전주의가 아닌 한국에서 필요한 정치경제모델
2. 한국에서 정부의 개입 강화를 위한 사회적 타협방안: 롤즈나 하버마스식 자유주의의 정당화
3. 국가와 시장 사이에서 국가실패론과 시장실패론에 대한 입장: 국가의 개입 필요성논쟁
4. 자본주의 발전이 민주주의를 추동하는지 논쟁: 중국의 경우에 대입 가능. 북한에 대한 정책적 의미.
5. 발전을 위한 국가 개입의 중요성 여부 논쟁

정치경제 쟁점 4 : 경로의존성과 자본주의 다양성 논쟁

주제의 문제의식

Q **과거 한국의 발전주의 국가 모델은 경로의존성을 가지고 현재 국가의 개입 정도에 영향을 미치는가?**

A 1960년대 구축된 한국의 발전주의 국가모델은 경로의존성(한국 경제가 어려울 때 국민의 국가 개입지지 요구)에 의해 개입 정도에 영향을 미친다.

세부 쟁점과 핵심이론

sub 1 국가의 시장 개입에 있어서 '경로의존성'은 신자유주의 '수렴명제'를 거부하게 하는지 논쟁
(1) 신자유주의: 수렴명제. 개별 국가들의 경제운영방식은 가장 효율적인 운영방식(미국식 경제운영방식)으로 수렴됨.
(2) 자본주의 다양성 논쟁: 개별 국가들마다 경제운영방식의 경로의존성(역사적 제도주의 입장)이 있어서 수렴되지 못함. (미국식 신자유주의 옹호론을 거부함)

1. 자본주의 운영방식의 다양성 (국가 제도적 특성이 중요)

논의 배경: 신자유주의의 수렴이론을 거부
주요 주장: 국가들의 역사적 경로를 유지. 국가마다 경제발전 방식의 다양화(경로 의존성으로 설명)

모델들	모델별 특징
영미식 앵글로색슨 모델 (미국, 영국이 대표)	노동시장(유연)과 상품시장(생산성 높음) 규제가 적음. 주주 중심 지배구조.
사회민주모델 (스웨덴이 대표)	복지에 기반한 유연한 노동시장
유럽대륙형 (독일, 프랑스가 대표)	노동은 보호되나 사회민주모델보다 낮은 복지 수준. 노동생산성이 낮음. 은행 중심 금융체제
지중해모델 (이태리, 스페인, 그리스가 대표)	낮은 노동생산성, 높은 규제의 상품시장, 저발전된 금융시장
아시아모델 (일본과 한국이 대표)	국가와 대기업 위주의 발전전략, 국가 위주의 금융구조. 노동시장이 취약함.

적용 가능 사례

1. 현재 한국이 분배적 정의 실현을 위해 시장에 대해 많이 개입할 때 이것은 정당화될 수 있는가?
⇨ 발전국가의 경로의존성이 있으면 국민의 저항이 적음.
2. 미국의 2008년 경제위기에도 불구하고 미국식 신자유주의체제 수정안하고 제도들 유지: 경로의존성의 사례

정치경제 쟁점 5 : 국가와 시장과 시민사회 간 역할

주제의 문제의식

Q 전통적 정치경제학의 주체인 국가와 시장에 시민사회라는 주체가 합류하는 것은 어떤 의미를 가지는가?

A 시민사회는 정치경제 분배게임에서 국가와 시장에 대한 '비판자' 역할과 사회적 정의달성의 '담론 구성'역할을 수행하면서도, 조합과 사회적 기업을 통해 정치경제의 한 '행위자'로서 기능할 수 있다.

세부 쟁점과 핵심이론

sub 1 시장과 국가의 각각 정당화 논리

(1) 시장 우선론자 vs. 국가 우선론자 ⇨ 정치사상에서 경제적 자유주의 vs. 정치적 자유주의(롤즈와 하버마스) ⇨ 사적 이성 vs. 공적 이성

sub 2 시민사회의 정치경제 분야의 기능

(1) 감시자와 비판자 기능: 소액주주운동 사례. 정부에 대한 매니페스토 운동 사례. 소고기 촛불 집회 사례.

(2) 담론 구성 역할: 토미 피케티의 자본주의 수정요구 사례. 월스트리트 점령 사례.

(3) 행위자 역할: 시민을 중심으로 한 협동조합구성(예 한살림 운동)이나 사회적 기업(공익 창출과 고용 강화 기업)

1. 정치경제의 3파전: 세계화와 지역주의 강화시대

(1) 국가의 역할

① 분권 국가: 중앙집중화를 약화시켜야 함. 사회적 가치가 다양해지고 풀뿌리 민주주의 중요하면 권한의 지방자치 단체로의 분산 필요.

② 촉매 국가: 행위자 간 이익 조정해주어야 함. 현실적인 모델로는 광의의 코포라티즘(노동과 자본 이익 조정)이나 협의의 코포라티즘(기업 간 정부와 연계)나 거버넌스(협치 이론: 경주가 원전폐기물처리장 유치)

③ 가상국가: 정보화를 활용한 경제발전이 필요함. 리차드 로즈크랜스(R. Rosecrance)의 개념으로 국가의 연구개발과 지식 분야 투자 중요. 4차 산업 혁명시대라 더욱 중요,

(2) 시장의 역할

① 시장 우월성의 신화에는 문제가 있음. 폴라니의 반박이 중요,

② 신자유주의의 블레이드 러너 사회(칼 날 위의 경쟁 사회) ⇨ 양극화의 심화. COVID 19 이후 더욱 강화될 것으로 예상됨.

③ '공유가치'를 통한 시장의 절제 필요. 4세대 자유주의의 핵심개념이 공유가치임. 기업이 이익만 창출하는 것이 아니라 가치를 창출하고, 중소기업이나 소비자와 함께 가치를 창출하자는 논리임. ⇨ 한국에서는 상생 경제(대기업과 중소기업 그리고 자영업자 간 상생)로 이어짐.

④ 시장 경제 대안 모델로 사이버 공동체(cyber woodstock) 모델 제시: 행위자별로 조합을 달리하는 모델. 시민과 가치를 공유하면서 경제 운영하자는 모델임. 정체성에 기초한 소비를 강조.

(3) 시민사회의 역할

① 감시자로서 시민사회 역할. (㉄ 소액주주운동)

② 담론 구성의 주체로서 시민사회

③ 협치의 주체로서 시민사회. 행위 주체로서 시민사회의 중요성 부각. ⇨ 결사체 민주주의와 참여 민주주의로도 확장됨.

④ 민주주의 공간 확장 사례: 미국의 직원지주제. 독일의 작업장 민주주의로서 공동결정제도(임원과 직원이 공동으로 회사 운영 결정)

⑤ 시민사회의 절대시화 주의: 시민사회는 공익을 추구하지만, 공익을 두고 해석이 가능함. 따라서 무엇을 공익으로 규정하는지 어떤 방식으로 공익을 창출할 것인지로 시민사회 간 갈등이 가능함. 또한, 사익 추구적인 구성원과 조직이 있을 수 있음. ⇨ 절대적 선한 존재로만 인식하는 것은 곤란.

(4) 3자 역할 정리: 권력 견제가 중요하고 시민사회가 하나의 주체가 됨.

적용 가능 사례

1. 한국에서 시민사회의 정치경제적 기능 사례들

정치경제 쟁점 6 : 사회적 기업의 역할

주제의 문제의식

Q 한국에서 사회적 기업의 역할을 어떻게 볼 것인가?

A 한국에서 사회적 기업의 역할은 과거보다 늘었지만, 아직은 미미하다.

세부 쟁점과 핵심이론

sub 1 사회적 경제의 의미와 구체적 양태로서 사회적 기업의 역할논쟁

1. 사회적 경제이론: 경제에 대한 사회 개입 근거[2)]

(1) 사회적 경제: 개인 위주의 경제를 사회적 차원에서 이해하고 사회화하고자 함.

(2) 로버트 달의 수정 다원주의 이론: 거대 기업의 과도한 영향력이 민주주의를 약화시킴. ⇨ 민주적 기업 이론과 공유자본주의론이 등장.

(3) 롤스의 '재산 소유 민주주의(property–owning democracy)': 롤즈는 이 모델을 이상적인 사회로 내세움. 스웨덴의 복지 국가도 자산소유의 양극화를 용인해서 정의의 원칙인 '기회평등의 원칙'과 '차등의 원칙'을 위반한다는 것임. ⇨ 자산과 자본의 재분배를 주장함.

(4) 협동조합을 포함한 사회적 기업의 중요성이 등장: 협동조합은 1불 1표가 아닌 1인 1표 방식으로 운영함.

(5) 폴라니의 경제 구분

① 시장경제: 인간은 이기성, 작동 메카니즘으로 경쟁을 강조, 효율성을 가치로 함. 그러나 불평등이 문제가 됨.

② 공공경제: 인간 본성은 공공성에 초점을 둠. 국가가 주도해 재분배를 함. 가치는 평등과 공정성을 둠. 그러나 국가가 리바이어던이 되어 너무 강력해질 수 있음.

③ 사회적 경제: 인간 본성은 상호성에 기초하고 협동을 메카니즘으로 하며 연대를 가치로 함. 그러나 단점으로는 가부장주의의 문화를 유지할 수 있고 특정 조합이 아닌 이들을 배제할 수 있다.

④ 시장 실패, 국가 실패, 자선실패(시민사회의 실패)가 가능: 즉 시장실패를 처리하기 위해 국가가 개입하지만 국가가 실패할 수 있음. 또한, 공유지의 비극에서처럼 시민사회의 공공성이 사라져서 자선의 실패도 가능함.

⑤ 시민사회의 사회적 경제가 대안으로 떠오르고 있음: 시장실패와 국가실패를 해결하고 정책의 공동수립과 공동생산을 가능하게 하기 때문임. 이는 민주주의의 참여 민주주의 즉 시민 중심의 민주주의로 연결됨. 또한, 협력적 거버넌스로도 연결됨.

---

2) 정태인, "사회혁신과 사회적 경제"『한국 민주주의의 미래와 과제』(서울: 한울아카데미, 2017)을 발췌정리함. 7장. 뉴 노멀 시대의 재벌개혁, 그 전략과 과제.

2. 한국의 사회적 경제: 역사와 현황

(1) 한국 사회적 경제의 역사

① 최근 협동조합 등 사회적 경제에 대한 관심 증대. 사회서비스에 초점을 두는 신사회적 경제(유럽의 사회적 협동조합 또는 연대협동조합의 개념이나 영미의 사회적 기업개념)가 발전하고 있음.

② 국가보다 공동체가 중요시되고 금융자본보다 사회적 자본이 중요시되면서 사회적 경제가 부상함. 유럽에서는 조합주의 모델과 사회민주주의 모델에서 주로 부각됨.

③ 한국의 사회적 경제는 국가주의 모델: 일제 시대 지역별 영역별 조합들이 만들어졌지만, 일제 탄압으로 숨을 죽임. 해방 이후 국가가 관리라는 형태가 된 경우들이 있음. 박정희 정부에서 농업협동조합의 경우는 국가 농업정책 수행 수단이 됨. 1960년대 신용협동조합도 1997년 구조조정을 경험함.

④ 최근 사회적 경제의 출현: 1997년 위기 이후. 주민운동(빈민운동, 철거반대 투쟁, 노동자 협동조합 운동이 합쳐짐) 이후 자활공동체로 제도화됨. ⇨ '2012년 국민기초생활보장법'의 개정과 함께 '자활기업'이 됨. (보완: 국가의 개입과 제도화가 중요)

⑤ 2006년 '사회적 기업법' 제정함: 자활기업이나 사회연대 금융, 시민사회단체 등이 활동함. 농어촌 공동체 회사 등이 만들어짐.

⑥ 2012년 12월 '협동조합 기본법'의 시행: 사회적 기업이 협동조합의 법적 지위를 가지게 됨.

⑦ 한국의 사회적경제 성장: 중앙정부의 입법＋지방자치단체의 조례＋정부의 재정지원의존

(2) 한국 사회적 경제의 현황과 성격

① 사회적 기업과 협동조합 증가: 사회적 경제 기업이 2012년부터 늘고 있음. 협동조합을 중심으로 늘고 있음. 사회적 기업은 2007년 55개에서 2015년 2,914개이고, 협동조합은 2012년 55개에서 2015년 8,522개가 됨. 그러나 전체 경제 차지 비중은 0.4%에 불과함.

② 특징: 정부와 민간이 연결되어 진행하는 경우가 많음. 대표적으로 서울시가 사례임. 서울시 사회적 기업과 마을기업 활성화 계획을 사례로 들 수 있음. 서울시 '사회적경제과'의 정책과 예산은 민관이 공동으로 수립할 정도임.

적용 가능 사례

1. 한국에서 공화주의를 강화하면서 정치경제모델을 제시한다면, 시민사회를 강조하는 사회적 경제와 사회적 기업과 협동조합이 중요

정치경제 쟁점 7 : 시장 실패론 vs. 국가 실패론

주제의 문제의식

Q 국가 실패와 시장 실패에서 무엇이 더 위험하다고 볼 것인가?

A 자유주의는 국가 실패를 위험하다고 볼 것이고, 중상주의는 시장 실패를 더 위험하다고 볼 것이다.

세부 쟁점과 핵심이론

sub 1 정치경제에서 국가 실패와 시장 실패 논쟁의 정치적 의미

(1) 두 제도 모두 실패할 수 있음: 두 제도를 통제하고 규율하는 것이 중요. 여기에 더해 시민사회의 개입도 중요한 변수가 됨.

1. 시장 실패 이론: 적극 정부론의 입장(국가주의 개입주의)

(1) 시장에 의한 공공재 제공 실패: 시장은 사용재만을 만들지 공공재를 창출하지 않음.

(2) 시장에서의 외부효과를 고려하지 못함.

(3) 규모수익 체증에 의한 독점 발생. 기술개발에 의한 자연적 독점 발생. 핸드폰이나 TV의 경우.

2. 국가 실패이론

(1) 경기 순환이론: 공공선택학파의 주장. 선거주기에 맞춰 정부는 예산 극대화함.

(2) 자중 손실이론: 시카고 학파의 주장. 국가 규제가 사회적 손실을 가져옴.

(3) 지대추구 사회이론: 버지니아 학파의 주장. 국가는 개입을 통한 불로소득인 지대를 창출 유권자는 지대를 추구함. 특정 이익집단의 보호(ex, 농업 보호주의)를 강조함.

적용 가능 사례

1. 동아시아 금융위기와 한국의 국가실패와 시장실패 동시 발생
2. 미국의 2008년 경제위기와 국가실패
3. 조지 소로스의 영국 시장 공격과 영국의 IMF 차관 공여: 시장에 의한 국가실패

정치경제 쟁점 8 : 워싱턴 컨센서스 vs. 베이징 컨센서스

주제의 문제의식

Q 중국의 베이징 컨센서스는 다른 선진국으로부터 지지를 받는가?

A 중국의 베이징 컨센서스는 다른 선진국으로부터는 지지를 못 받고, 개도국들로부터만 지지를 받고 있다.

세부 쟁점과 핵심이론

sub 1 미중 패권경쟁시기에 중국의 베이징 컨센서스를 기초로 한 국가주의적 경제발전 전략과 기업의 자율성을 강조하는 미국 워싱턴 컨센서스 간 기술우위 확보 가능성 논쟁.

(1) 자유주의: 기업의 자율성이 새로운 성장동력을 창출함. 미국의 패권 유지로 연결.

(2) 국가주의(중상주의): 국가의 개입에 의해 시장이 인센티브를 받을 수 있고, 이것이 새로운 성장동력으로 이어질 수 있음. 중국의 국력 성장 유지로 연결.

1. 워싱턴 컨센서스 vs. 베이징 컨센서스

(1) 워싱턴 컨센서스

① 신자유주의 논리: 시장 주도적인 자유주의와 국가 개입 축소 (공기업 민영화 방안)

② 개인의 자발성과 창의성을 강조함.

③ 사회구조적 개발과 개혁의 필요성: 국제사회의 지원이 필요함. 개발원조 분야임.

(2) 베이징 컨센서스

① 중상주의 논리: 국가의 개입과 시장 형성

② 국가 자율성을 강조

③ 독일 중상주의 모델의 21세기 버전.

적용 가능 사례

1. 중국의 '선부론(먼저 부유해진 사람이 경제발전을 이끈다는 덩샤오핑의 논리)'과 '공동 부유(같이 부유해진다는 시진핑의 논리)' 정책과 같은 국가 주도적인 경제발전 전략의 지속가능성

정치경제 쟁점 9 : 자본주의와 민주주의의 관계

주제의 문제의식

Q 자본주의가 발전하는 국가의 경제성장은 민주주의 발전에 긍정적으로 기여하는가?

A 경제성장이 민주주의를 필연적으로 발전시키는 것은 아니지만, 성장하는 경제가 민주주의 체제 유지에는 우호적인 조건을 제공한다.

세부 쟁점과 핵심이론

sub 1 자본주의와 민주주의의 관계
(1) 자본주의 ⇨ 민주주의에 대한 영향 (긍정, 부정, 무관계)
(2) 자본주의의 민주주의 선행론과 대북정책의미

sub 2 경제발전과 민주주의의 관계: 경제발전과 민주주의 간 인과성 여부 평가

1. 자본주의와 민주주의 간 관계 – 민주주의 쟁점27 참고

(1) 자본주의가 민주주의 발전 추동

① 자본주의 발전 ⇨ 부르주아(중산층) 탄생 ⇨ 민주화: 베링턴 무어

– 자본주의 발전으로 인해 1) 교육 수준이 높아져 민주주의의 요구가 높아짐. 2) 부르주아 계급의 결집이 용이해져 민주주의 실현가능성이 증가함 3) 도시화, 자본증가로 인해 자유주의 경향이 강화되어 민주주의에 긍정적 영향을 미침

② 자본주의 발전 ⇨ 노동계층 탄생 ⇨ 민주화: 골란 데르본(Goran Therbon)

③ 자본주의 발전 ⇨ 부르주아와 노동자의 합작 ⇨ 민주화

(2) 자본주의가 민주주의 발전 저해

① 자본주의 발전 목표 ⇨ 권위주의 통치 강화: 제 3세계의 민주주의는 불가능. 게센크론 모델.

② 자본주의 발전 ⇨ 권위주의 강화: 관료적 권위주의 모델. 오도넬 모델

③ 자원 저주 이론: 천연자원이 많은 중동에서 민주주의 포기.

(3) 자본주의와 민주주의 간 관계 없음: 요세프 슘페터.

(4) 자본주의의 우선성: 린드블롬. 자본주의가 선행해야 그 뒤에 민주주의가 될 수 있음.

2. 경제발전과 민주주의

(1) 경제발전과 민주주의 인과성: 근대화이론. 기술수준, 교육 수준, 도시화등으로 민주주의를 구성.

(2) 경제발전은 권위주의 발전: 게센크론

(3) 경제발전과 민주주의의 상관성: 1인당 국민소득 6.055$을 넘어선 국가에서 민주화 역행되지 않음. 경제발전이 민주주의 구축은 아니지만, 민주주의 유지에는 도움이 됨. (신근대화이론. 아담 쉐보르스키의 논리)

3. 경제성장과 경제후퇴와 민주주의 관계

(1) 민주주의

① 경제성장은 민주주의 유지에 긍정적: 자유무역을 통한 성장정책을 국민이 지지함. 다만 양극화는 발생할 수 있어서 민주주의 질적 향상에는 부정적이 될 수 도 있고, 정부의 재분배 정책으로 민주주의 질적 향상에 긍정적이 될 수도 있음.

② 경제 후퇴 혹은 불황은 민주주의 유지에 부담 적음: 경제실적이 악화되면 민주주의에서는 정권교체로 책임 추궁함. 체제위기로 이어지지는 않음. 혁명으로 전환 없음.

(2) 비민주주의

① 경제성장은 비민주주의 유지에 도움이 됨. 실적을 통한 정당화가 가능.

② 경제후퇴는 비민주주의 체제 유지에 부담이 됨. 정권 교체가 안되기 때문에 체제위기로 이어짐.

적용 가능 사례

1. 중국의 공동부유 정책과 중국 내 양극화 해결 가능성 여부
2. 미국의 중국 경제 견제 정책과 중국 정치체제의 내구성 논의
3. 린드블롬 논의에 따를 때 북한에 대한 민주주의 지원정책과 자본주의 확대정책 중 좀 더 타당한 방안 논의: 자본주의 ⇨ 민주주의 구성.

합격생 tip

- 정치경제 Part에서 이론의 정리가 필요한 쟁점. 특히 경제 성장이 민주주의에 미치는 영향과 권위주의에 미치는 긍정적/부정적 영향, 경제 쇠퇴가 민주주의에 미치는 영향과 권위주의에 미치는 긍정적/부정적 영향 등을 정리해보길 추천. 이와 더불어 앞서 살펴본 메스퀴타의 선출인단 모형이나 청중비용의 논리 등 다른 도구들과도 연계해 본다면 차별화된 답안이 될 것.
- 「정치학강의 4」 Part2-3 "시장경제와 민주주의", "한국의 시장과 국가의 문제", "경제발전과 신자유주의 강화의 민주주의에 대한 영향", "경제여건과 정치발전의 관계"를 참고한다면 각 변수들 간의 관계를 정리하는 데 도움이 된다고 생각함.
- 처음 공부할 때에서는 각 변수들 간의 관계에 대하여 암기하는 것이 선행되어야 하고, 이후에는 다양한 사례를 보면서 경제의 변화로 인한 앞으로의 정치영역의 변화가능성을 예측, 설명하는 연습이 필요함.

정치경제 쟁점 10 : 세계화와 민주주의

주제의 문제의식

Q 다국적 기업과 같은 국외 행위자의 영향력 증대를 가져오는 세계화는 민주주의에 긍정적인가?

A 실증분석으로 볼 때 세계화는 민주주의에 긍정적으로 기능한다.

세부 쟁점과 핵심이론

sub 1 세계화와 민주주의 유지를 위한 국가정책 방안: 재분배 정책과 대외 행위자에 대한 규제를 위한 글로벌 거버넌스 필요

1. 세계화의 민주주의영향(환경변화 쟁점 1 참고)

(1) 긍정적 측면

① 신자유주의: 개방 체제가 민주주의를 강화함. 시장의 global 논리(더 넓은 시장이 중요) > 국가의 local 논리. (한 국가내에서 유권자들 간의 분배가 중요)

② 알렉산더 해밀턴: 자유무역을 통한 미국 민주주의 발전 주장

③ 로고스키: 무역개방이 선거제도에 영향. 무역개방은 수혜자와 피해자를 양산하고 이들은 선거제도 변화를 가져옴.

④ 바그와티: 무역개방 ⇨ 번영 창출 ⇨ 중산계급 창출 ⇨ 권위주의 종식.

(2) 부정적 측면

① 쉐보르스키: 세계화가 국민국가 정책 주권 침해. ex) 론스타의 외환은행 인수.

② 토마스 프리드만: 세계화가 국민국가를 제약함. 초국적행위자의 영향력증대하고 국가의 통제력은 약화됨.

③ 마틴과 슈만: 20대 80사회. 20%의 사람들이 부의 80%를 차지하는 사회.

(3) 실증연구: 아이헨그림과 르블랑의 연구. 세계화가 민주주의에 긍정적임. 다만 더 많은 무역관계는 독재체제 지속시킴. ⇨ 이에 대한 반론도 있어서 여전히 논쟁중.

(4) 세계화로 중국과 러시아는 성장 vs. 미국의 상대적 쇠퇴.

(5) 2022년 투자자 국가 소송제도. 론스타가 한국정부 상대로 2,800억 승소함. 먹튀라는 점에서 세계화의 부정적 사례.

적용 가능 사례

1. 중국의 변화를 위해서 세계화 정책 유지가 바람직한지 탈동조화가 바람직한지 논의

정치경제 쟁점 11 : 무역 결정 요인: 수요, 제도, 공급측면

주제의 문제의식

Q 한 국가가 자유무역을 선택할지 보호무역을 선택할지는 어떤 조건으로 결정되는가?

A 한 국가의 자유무역 혹은 보호무역이라는 무역정책은 사회적 부문(요소 부존도(factor endowment)나 조직화 가능성)과 제도적 측면(선거 제도와 거부권자의 수)와 국가적 요인(국가의 선호도와 자율성)에 의해서 결정된다.

세부 쟁점과 핵심이론

sub 1 무역에 대한 사회적 결정 요인의 설명력 논쟁

(1) 사회적 요인: 요소 부존도, 산업별 분파적 요인, 조직화 가능성 ⇨ 보호무역과 자유무역 요구 ⇨ 국가(실체는 정부)의 무역정책 결정

(2) 반박: 한 국가의 제도(선거구 크기와 거부권자 수)의 결정력과 정부의 결정력 무시.

sub 2 무역에 대한 국가적 요인의 설명력 논쟁

(1) 국가적 요인: 사회요구와 독립적으로 국가(정부)의 무역 정책 결정. 국가의 선호도+국가의 힘(state strength: 중앙집중화 정도, 정부 부처 간 협력 정도, 정책에 영향을 미칠 수 있는 사회와의 통로 수)

(2) 반박: 국가 내의 다양한 이익집단들의 요구와 분리된 정책 결정

1. 오틀리의 무역 정책결정[3]

1. 무역정책에 대한 사회적 접근

(1) 요소 부존도(노동과 자본)와 계급투쟁

① 풍부한 요소: 자유무역 지지 ⇨ 소득 증대.

풍부한 요소로 인해 생산단가가 낮음, 가격경쟁력이 있기에 수출을 하면 타국가의 상품보다 자유무역일 경우 판매에 유리. (자본이 풍부한 미국의 자본재 중심 산업인 컴퓨터산업과 노동이 풍부한 중국의 노동재 중심 산업인 셔츠 산업의 경우 가격경쟁력이 높음.

② 희소한 요소: 보호 무역지지 ⇨ 소득 유지.

희소한 요소로 인해 임금이나 이자를 높게 받음. 자유무역일 경우 타국에서 경쟁력 있는 제품이 들어오면 가격경쟁력으로 시장에서 도태됨. (미국의 셔츠 산업과 중국의 컴퓨터 산업의 경우는 자유무역이전에는 높은 수익을 보장 받음)

③ 요소 이동성이 높은 경우: 요소 이동성이란 노동과 자본이 한 산업에서 다른 산업으로 이동할 수 있는 쉬운 정도를 의미. 노동자는 다른 산업에서 취업이 가능. 자본은 자본 청산을 하여 다른 산업에서 투자가 가능.

---

3) Thomas Oatley, 『International Political Economy: 6th edition』 (New York, Routledge, 2019), 4장과 5장의 핵심내용 요약.

(2) sector income과 산업 간 투쟁

① 요소 이동성이 낮은 경우 수출산업과 수입대체산업으로 구분 가능. 이런 경우 자유무역은 특정 산업의 자본과 노동 모두의 피해를 가져옴. 자본이 청산도 안되고 노동도 타 산업으로 이동이 안 됨.

② 자본의 경우 자본 유형에 따라 청산 가능성이 다름. 노동의 요소 이동성은 geography of industry location으로 인해 낮음. 노동자들이 자기가 살고 있는 특정 지역을 벗어나기 어려움. 사회적 관계와 애착심 등이 작동.

(3) 조직화의 문제: 올슨의 집합행동 이론

① 올슨의 집단행동이론 설명: 조직 크기가 커지면 조직화 어려움. 집단행동이 발생.

② 집단행동문제: 공공재 저생산 문제. 무임승차의 문제. 조직의 크기가 커지면 공공재 생산이 어려움. 집합행동이 어려운 이유는 첫 번째는 '유인(incentive)'이 적다는 것이다. 공공재의 특징은 '비경합성'과 '배제불가능성'이다. 이때 배제가 안 된다면 비용을 부담하지 않고 공공재의 혜택을 보는 것이 좋다. 두 번째는 '처벌(punishment)'이 되지 않는다는 것이다.

③ 소비자의 자유무역은 조직화 안 됨. 생산자의 보호무역의 조직화를 함. 이익집단화가 중요. 이익집단의 선호에 따라 조직화 (factor vs. sector)

2. 무역정책의 제도적 측면(정치제도 작동원리 이해에 유용)

(1) 정치제도의 기능: 사회적 수요를 걸러주는 장치. 사회적 수요 ⇨ 어떤 제도 ⇨ 정책반영 정도가 결정. 제도는 수요자 측의 기대치에 반영됨. 논리: 보호주의 요구 집단+특정 제도 ⇨ (정부의) 보호주의 정책 선택.

(2) 중요한 제도 두 가지

① 선거제도: 선거구의 크기가 작을수록 보호주의 정책 가능. 작은 선거구는 당선에 필요한 표가 적음. 적은 크기의 보호주의 기업이나 산업이 정치인에 접근하기 용이함. 소선거구제의 보호주의화 가능성 > 전국선거구의 보호주의화 가능성.

② 거부권자(veto player): 거부집단의 수가 많으면 정책을 결정하고 수정하는 것이 어려움. 거부집단 의미는 정책 결정을 거부할 수 있는 집단(정책 결정을 뒤집을 수 있는 집단). 대통령제 국가에서 의회가 거부권자. 의원내각제에서 의회는 거부하지 않음. 다당제의 거부권자 수 > 양당제의 거부권자 수.

3. 무역정책의 공급자 측: 국가적 요인

(1) 사회 중심 정책의 문제점 3가지

① 낮은 결정성. 사회요구가 반드시 국가의 정책 결정으로 연결되지 않음.

② 국가 선호를 중립적으로 규정. 그러나 국가정책결정자나 정책집행자가 특정 목표나 국가이익에 대한 주관을 가질 수 있음. 실제 동아시아 국가들은 '성장'과 '발전'전략 위주로 국가 선호를 가지고 정책을 구성해왔음.

(2) 국가 주도적인 산업 정책(Industrial Policy)

1) 국가 개입 정책에서는 두 가지 전제가 중요

① 보호 정책이 국가 전체 '부의 창출(welfare)'에 도움. 기존 자유무역 이론(자유무역을 통한 국가 효용 증대주장)과 상치.

② 정부가 사회의 이익집단으로부터 독립됨. 국가의 자율성이 필요.

2) 유치산업 보호정책

① 특정 산업을 성장시키기 위해 일정한 보호주의를 사용하고 이후 개방질서를 받아들임. 이를 위한 국

가의 전략적 판단이 중요.

② 이때 규모의 경제(economy of scale)과 경험(기술) 경제(economy of experience)에서 후발주자가 불리.

③ 정부의 시장보호가 이를 가능하게 함. 규모의 경제는 초기 투자가 많아져야 이익을 실현할 수 있는 경우임. 비행기의 경우 초기 개발비는 동일한데 비행기 제작 대수가 많이 지면 개발비가 줄어듦. 또한, 만들다 보면 economy of experience도 구축하게 됨. 비행기 만드는 데 필요한 숙련기술자들이 있어야 함. 이 역시 관세로 보호하여 기술 축적할 시간을 벌어줄 수 있음.

④ 주창자들: 최초의 이론가는 1791년 유치산업이론을 제안한 미국의 알렉산더 해밀턴임. 그는 영국에 맞서 미국의 유치산업 보호를 주장함. 독일에서는 프리드리히 리스트를 들 수 있음. 19세기 산업화한 영국에 대응하기 위해 독일 산업 육성을 주장함.

3) 국가의 힘(State strength) 중요 ⇨ 국가의 자율성(autonomy)과 능력을 모두 설명.

① 국가의 힘을 결정하는 변수 3가지 (국가주도적 경제운영 설명의 핵심)

첫째, 정부의 중앙집중화의 정도. 중앙집중화 강할수록 국가는 자신이 원하는 것을 관철할 수 있음.

둘째, 정부 부처 간 협력 정도. 정부 부처 간의 협력이 잘 될수록 정책결정과 집행이 원활하게 될 수 있음. 또한, 체계적인 정책을 집행할 수 있음.

셋째, 정책에 영향을 미치는 사회와의 통로가 제한된 정도(number). 민간에서 정부에 압력을 행사할 수 있는 통로가 적을수록 민간이 정부에 압력을 덜 행사함.

4) 전략무역

① 전략무역은 과점 시장에 적용. 반면 유치산업보호정책은 완전경쟁시장에서 적용.

② 전략무역은 규모의 경제와 경험의 경제가 작동하는 공간에서 활용됨. 특히 과점시장에서는 초과이윤이 생김. 그리고 이 초과이윤을 두고 제로섬으로 경쟁을 함.

③ 전략무역에서의 전략: 이 산업에서는 first-mover advantage가 있음. 규모의 경제와 경험의 경제로 인해서 가능해짐. 즉 시장에 먼저 진입하여 규모와 숙련도를 만들면 후발주자는 경쟁이 안 됨.

④ 전략무역의 목표: 초과이윤으로 인해 국가 전체적인 소득을 높일 수 있음.

⑤ 대표적인 사례: 미국의 민간 항공기 시장 vs. 유럽의 에어버스사 경쟁 뛰어든 사례.

〈보조금이 없는 경우〉

		European firm	
		produce	not produce
American firm	produce	−5−5	100, 0
	not produce	0,100	0,0

〈보조금이 있는 경우〉

		European firm	
		produce	not produce
American firm	produce	−5,5	100,0
	not produce	0,110	0.0

위의 표처럼 유럽 정부가 에어버스에 10 정도의 보조금만 지급해도 에어버스사는 생산하는 것이 어떤 면에서도 유리하기 때문에 생산하게 됨.

5) 첨단기술 산업 사례: 반도체 산업과 항공기

① 미국 보잉사 vs. 에어버스사 전략무역이론– 민간 항공기 시장에서의 경쟁

② 반도체 시장에서의 전략무역: 1980년대 일본이 반도체 시장에서 미국 추월. 미국은 한국 반도체 시장을 선택하여 일본 반도체 시장을 몰락시킴.

(3) 국가 접근의 약점

① 세부적인 논리의 부족: 국가이익이 추상적으로 규정됨. 국가가 무조건 국가이익을 추구한다고 가정.

② 국내 이익집단으로부터 자유로운 국가 가정의 문제: 아주 강력한 자율성을 가진 국가도 모든 사회적 이익 위에 있을 수는 없음. 민주주의 국가에서 책임 추궁될 것이고 비민주주의에서는 시위나 저항이 일어날 수 있음.

③ 설명보다는 처방적 이론: 전략무역 이론은 설명하는 이론이라기보다는 처방책을 내놓는 이론임. 즉 '왜(why)'를 설명하기보다 '무엇을 해야 하는지'를 제시함.

적용 가능 사례

1. 수출 위주의 무역으로 성장을 이룬 한국의 사례: 국가주도적 무역 정책결정으로 유치산업보호론(자동차 산업과 중화학 공업)과 첨단기술 산업(1980년대 반도체 산업 육성)육성
2. 2004년 한 칠레 FTA의 경우 국내 농업인들의 반발로 FTA비준 지연: 민주화 이후 사회 측 요인이 중요해짐.
3. 한국의 민주화 이전과 민주화 이후 무역 정책 결정에서 사회 측면과 국가 측면 중요도 변화: 민주화 이전(국가 측면에 강함) ⇨ 민주화 이후(사회 측면 요구 반영이 중요+국가 측면도 여전히 강함)

정치경제 쟁점 12 : 요소이동성과 무역의 국내적 효과

주제의 문제의식

Q **한국에서 FTA와 같은 자유무역 정책을 수립할 때 피해그룹에 대한 보상은 요소별(factor)로 해야 하는가 산업별(sector)로 해야 하는가?**

A 한국은 요소 이동성이 낮기 때문에 무역정책의 피해가 특정 산업별로 나타나기 때문에 자유무역 정책 수립에 따른 피해 보상은 산업별로 해야 한다.

세부 쟁점과 핵심이론

sub 1 무역정책 수립 시 피해 예상과 보상정책 수립

(1) 요소 이동성이 높은 국가: 요소 부존도 높은 분야는 혜택 + 요소 부존도가 낮은 분야는 피해 ⇨ 계급별 혜택 여부가 결정 ⇨ 요소 부존도 낮은 분야가 피해를 봄. 이 분야를 보상해야 함.

(2) 요소 이동성이 낮은 국가: 요소 이동성이 낮은 것은 노동이 다른 산업의 노동으로 흡수되지 못한다는 것이고, 자본 청산이 안되어 다른 산업으로 흡수되지 못하는 것임. 이런 경우 경쟁력이 떨어지는 특정 산업이 피해를 보게 됨. 이 산업을 보상해야 함.

(3) 한국의 경우: 요소이동성이 낮음. 중소 조선 산업의 붕괴 ⇨ 조선 분야 노동자 실업 + 조선 분야 자본 청산 안됨.

1. 요소 이동성에 대한 경제학적 설명

표를 통한 비교 스톨퍼-사무엘슨 정리 vs. 리카도-바이너 모델

스톨퍼-사무엘슨 정리 (부존자원 중심모델)	헥셔 올린 모델(자본-노동이라는 요소 중심 설명)에 기초하여 풍부한 요소(자본이나 노동)가 자유무역을 주장함. 요소의 풍부함이 가격경쟁력을 높여 줌. 예) 노동 풍부 국가는 노동력이 저렴함. 노동 재화는 수출경쟁력이 있음.	전제조건: 요소 이동성이 높음. 요소 이동성이 높으면 노동자가 특정 산업에서 다른 산업으로 이동이 수월함.
리카도-바이너 모델(산업모델)	산업을 중심으로 하여 자유무역이 결정됨. 즉 자유무역으로 피해를 보는 산업과 자유무역으로 혜택을 보는 산업이 구분됨. 따라서 갈등은 산업 간에 벌어짐	전제조건: 요소 이동성이 낮음. 특정 산업의 자본과 노동은 그 산업에 특화됨. 따라서 다른 산업으로 이전이 어려움.

적용 가능 사례

1. 한국의 요소 이동성과 무역정책에서 거부집단 구성: 낮은 요소 이동성과 특정 산업의 반발 ⇨ 자본과 노동 간 투쟁으로 전환되지 않음.

정치경제 쟁점 13 : 동아시아 수출지향발전전략

주제의 문제의식

Q 한국과 같은 동아시아 발전국가 모델은 어떤 요인에 의해서 성장했는가?

A 동아시아 발전국가는 수출지향적 발전전략으로 성장했는데, 이에 대해 시장 주도적 해석과 정부 주도적 해석이 경쟁하고 있다.

세부 쟁점과 핵심이론

sub 1 동아시아 발전모델의 성장 요인 논쟁

1. 오틀리의 동아시아 모델 설명

(1) 동아시아 모델: 수출 지향적 발전전략선택

① 아시아의 4마리용: 한국, 대만, 싱가포르, 홍콩. 이들은 1인당 국민소득 증대, 제조업 발전과 수출증대로 경제성장의 성과를 보여줌.

② 이들 국가 성공의 원인 해석: 신자유주의 해석 (IMF와 World Bank에 의한 주도. 이 기구에 의한 시장 주도적인 전략 수립) vs. 국가주의적 해석 (국가 주도적인 산업화 정책이 핵심)

③ 신자유주의 해석 구체화: 동아시아 국가들의 국제시장을 강조하는 의지와 안정적인 거시경제적 환경을 만들어내는 이들 정부의 능력을 강조함. 정부가 중요한데 이들 정부가 시장규율을 지키려는 것이 중요했음. 초기에 이들 국가도 수입대체산업화전략을 선택했지만 이후 수출지향전략으로 수정함. 대만은 1958년 수정. 남한은 1960년대 초반에 수정. 1960년대에는 NICs의 두 번째 물결(인도네시아, 말레이시아, 태국)이 휩쓸게 됨.

④ 정부 주도적 해석 구체화: 동아시아발전모델(East Asia model of Development)에 따르면 경제발전은 명확히 구분되는 단계를 거침. 정부는 단계마다 특정한 산업을 육성함. 첫 번째 단계로 노동집약적 산업(섬유나 내구적 소비재)의 육성. 두 번째 단계로 중화학 공업(철강, 조선, 석유화학, 합성섬유 synthetic fiber)의 육성. 세 번째 단계로 기술집약적 산업, R&D 집약적 소비재 집약재, 산업기계류(반도체, 컴퓨터 등)를 육성함. 정부는 이전단계에서 다음 단계로 이전하기 위한 정책을 기획하고 조직을 기획함. 대한민국과 대만이 대표적인 사례. 이들 국가는 다음 4가지 목표를 추구함. 첫째, 목표가 된 산업에 대한 투자자금의 비용 감소(국유화된 은행을 통해 낮은 이자율로 장기 투자를 해줌). 둘째, 수출을 위한 유인 창출(낮은 이자율 제공). 셋째, 유치산업의 보호(컴퓨터, 자동차, 조선 등), 넷째, 기술의 획득과 적용력 증진(고등교육 장려와 R&D를 위한 과학 인프라구축.

2. 동아시아 발전 모델의 다양한 설명[4)]

국제정치경제적 시각	(1) 외부적 요인(미국의 원조와 상품 생산주기 요소)으로 주로 설명 (2) 한국과 대만도 특수한 역사성과 제도적 특성을 가짐 (3) 국제정치경제학은 동아시아의 개별 국가의 성장이 지역 간 생산 분업 체제 및 생산 네트워크 차원에서 이해되어야 함을 강조
신고전주의 시각: 국가 간섭 최소화	(1) 시장에 의한 동아시아 국가들의 발전. 국가실패가 중요하기 때문에 국가 간섭의 최소화 지향. 국가의 성장 동력은 효율적인 자원배분에 있음. (2) 하지만 한국과 대만은 최소국가론이 적용 안 됨
국가 중심적 시각: 전략적 산업정책	(1) 베버가 마르크스를 비판하면서 국가가 자율적인 행위자로 역할 수행한다고 주장 (2) 정치 영역의 자율성이 부각되고 국가 중심적 설명이 이를 계승 (3) 발전주의 모델의 핵심은 전략적 산업정책에 있음. 국가는 소비 목표보다 생산 목표 중시. 특정 전략산업에 다양한 인센티브를 제공하고 집중투자를 하여 국제 경쟁에 노출시킴. (4) 국가와 사회의 제도적 특징을 설명하지 못하므로 제도적 시각의 보충 필요
제도주의 시각	(1) 제도주의 주장: 국가・시장의 이분법적 논의 자체에 문제. 제도를 통한 분석 필요. 제도론적 관점에서 시장도 제도의 하나. 시장은 국가의 역사적 개입에 노출된 인위적인 제도임. (2) 국가와 시장의 다양한 네트워크 관계 분석. 지역 국가들 간의 특이성이나 이질성 설명. (3) 합리적 선택이론(제도는 효율성을 증진하고 거래비용을 줄이기 위한 대안) vs. 역사적 제도주의(제도는 정치 권력의 동화와 이해집단의 정치적 갈등 대상) (4) 국가는 이해갈등 조정자, 미래 비전 제시자로서 역할 수행이 중요하고 다양한 이해집단과의 연합・연대가 중요
문화주의 시각	(1) 유교가 경제 발전을 가져왔다고 주장 (2) 정실 자본주의적 요소에 대한 비판 (3) 문화론의 다른 관점으로 '사회적 자본론'과 '신뢰'를 통한 설명이 있음.
한국적 함의	(1) 한국의 정치경제발전의 역사적 과정: 국가건설과 시장건설 과정을 거쳐 시장이 형성되었고 시장의 영향력이 확대됨. 이 과정에서 국가주도적인 모델의 적실성이 떨어졌고 신자유주의에도 문제가 있는 것으로 드러남. (2) 국가의 역할은 '심판'으로서 역할과 '행위자'로서 역할 두 가지 모두에서 문제가 있음

적용 가능 사례

1. 한국의 경제발전 원인 논쟁: 시장 vs. 국가 vs. 문화 vs. 제도
2. 박정희 경제발전전략 성공 요인 논쟁: 대외적 요인(상품순환 주기가설 product life cycle model 이나 '초청에 의한 상승(월러스타인 개념)') vs. 대내적 요인(박정희 리더십)

4) 임혜란, "동아시아 발전모델" 『정치학 이해의 길잡이』 (파주: 법문사, 2007).

정치경제 쟁점 14 : 다국적 기업의 투자와 규제

주제의 문제의식

Q 세계화에서 가장 강력한 주체인 다국적 기업의 투자는 민주주의에 도움이 되는가?

A 다국적 기업의 투자는 고용 창출과 기술이전과 경제성장이라는 측면에서는 민주주의에 도움이 되지만, 투자유치국가의 부의 유출이나 유치국가 기업 퇴출과 국가의 공공선 달성이라는 정책 목표와 충돌할 수 있다.

세부 쟁점과 핵심이론

sub 1 다국적 기업의 직접투자(Foreign Direct Investment)의 민주주의에 대한 효과 논쟁.
(1) 긍정론: 고용 창출과 민주주의 토대 강화. 기술이전과 선진기술에 따른 사회 발전이 민주주의 강화. 전반적으로 경제발전을 통한 민주주의 토대 강화.
(2) 부정론: 국가의 정책 목표와 충돌(공공선 vs. 개별 기업이익), 부의 유출로 민주주의 토대 잠식. 유치국가 기업 퇴출로 민주주의 토대 잠식.

sub 2 다국적 기업의 투자 원인 논쟁.
(1) 경제적 요인: 자원 부존도, 시장의 크기, 생산요소의 효율성(낮은 임금과 낮은 지대)
(2) 기업 자체 요인: 기술 우위 등
(3) 투자 유치국가 요인: 투자 유치국가의 민주주의 여부(청중비용 존재시 국유화의 어려움 ⇨ 기업 입장에서는 안전한 투자처)와 양자협정 체결(다국적 기업의 모국 mother country의 외교적 보호가 중요)

sub 3 다국적 기업의 직접투자(Foreign Direct Investment)에 대한 규제 가능성 논쟁.
(1) 부정론: 다국적 기업은 자국 기업이 아니기에 규제가 어려움. 다른 국가로 투자처 이동함. 강대국의 다국적 기업의 경우 강대국 정부가 보호함. 21세기 새로운 '군주'로 평가받음. Race to the bottom.(바닥을 향한 경쟁)
(2) 긍정론: 다국적 기업에 대한 규제가 가능함. 자국의 경제적 다양성이 높아서 다국적 기업 의존도가 낮은 경우, 정부의 자율성이 높은 경우와 같이 국가는 여전히 통제능력 보유함. 선진국의 경우는 Climb to the Top(정상을 향한 등반: 선진국에 투자하기 위해 다국적 기업이 노력)

1. 다국적 기업 투자 영향

(1) 투자의 영향(국가성장. 분배구조. 민주주의) (환경변화 쟁점 1. 세계화 참고)

① 해외직접투자(다국적 기업)와 해외간접투자(포트폴리오 투자)가 중요함. 자유주의는 투자가 국가 간의 부를 증대한다고 보지만 현실주의는 다국적 기업의 투자가 투자 모국(mother country)의 경제기반을 약화한다고 봄. 특히 로버트 길핀은 초국적 기업이 국내 투자자본을 해외에 투자함으로써 국내고용을 감소시키고 경제발전 기회를 해외에 이전시키는 부정적 효과를 가져온다고 봄.

표를 통한 비교 다국적 기업 투자의 장단점[5)]

장점	① 자원제공: 다국적 기업은 중요한 자원을 유치 국가에 제공함. 저축이전효과. ② 기술과 조직운영 제공: 기술과 조직운영의 전문성이라는 무형자산을 제공함 ③ 마케팅 네트워크에 접근허용: 다국적 기업의 통합된 마케팅 네트워크를 활용 수출 기회를 확보.
단점	① 유치국가의 부의 감소: 다국적 기업이 이익 대부분을 본국으로 송금 ② 상표사용료나 라이센스 비용부담: 다국적 기업 자회사에서 투입재 구매 강요. ③ 유치국가 기업 퇴출: 타자 유치국가 기업이 도산. 다국적 기업이 생태계 장악. ④ 투자 유치국 정부의 정책 목표와 충돌 가능: 다국적 기업은 이윤추구 vs. 투자 유치국가는 분배적 정의추구.
결론	다국적 기업과 정부 간 협상이 필요

② 버논(R. Vernon)의 『Sovereignty at Bay』: 다국적 기업이 중요해지면서 국가들이 쇠약해지는 현상을 설명. 직접투자유치를 위한 약소국들의 취약성과 자율성 약화를 설명.

③ 버논의 제품수명주기가설: 도입-성숙-표준화-쇠퇴의 주기와 다국적 기업의 투자. 선진국에서 개도국으로 해외투자를 설명. 처음 도입 시기에는 투자개발자금이 소요되기에 선진국에서 이루어지지만, 표준화가 되면 인건비가 저렴한 개도국으로 해외직접 투자를 이전하게 됨.

④ 다국적 기업과 투자 유치국 간 관계: 바닥으로의 경쟁(race to the bottom: 다국적 기업을 유치하기 위한 개도국 간 경쟁) vs. 정상으로의 등정(climb to the top: 선진국의 경우 다국적 기업에 조건을 까다롭게 하여 투자를 받는 현상)

2. 다국적 기업 투자 요인

경제 요인 (투자유치국)	① 자원의 부존도	석유나 지하자원과 같은 자원보유 정도를 보고 투자함. ex) 미국의 중동투자
	② 시장의 크기	투자 유치국가(host country)의 시장규모를 보고 투자를 함. ex) 독일 자동차회사들의 미국투자
	③ 요소의 효율성	생산요소의 생산성을 보고 투자함. ex) 인건비가 싼 동남아시아국가들에 섬유공장투자
다국적 기업요인(OLI 모델)	① 소유적 우위	투자기업이 보유한 능력
	② 입지적 우위	투자기업이 보유한 유치국가에 대한 장점
	③ 현지화 우위	투자기업이 유치국가 현지 경영방식 학습능력
정치적 요인(투자유치국과 투자 모국)	① 투자 유치국가의 정권 유형과 투자 유치국가의 청중 비용	다국적 기업은 투자 유치국가에서 경제적 수익뿐 아니라 국유화의 위험도 있으므로 정권이 민주주의인지 여부(청중 비용의 청구 가능성 유무)를 고려함. 국유화 실시할 때 국내집단의 반발이 크면 정치적으로 국유화가 어려움. 따라서 민주주의국가에 대한 투자 유인이 높음.
	② 투자 유치국가와 투자	국유화나 다른 분쟁이 있으면 다국적 기업은 투자유치국가에

5) Thomas Oatley, 『International Political Economy: 6th edition』(New York, Routledge, 2019), pp. 175-179.

	기업 모국의 양자 협정 체결 여부	대해 자국의 보호해야 함.

3. 다국적 기업에 대한 규제가능성(협상력 차이).

(1) 경제 다양성

① 선진국: 경제력이 크고 다원화됨. 다국적 기업도 진출 시 다른 기업들과 경쟁.

② 개도국: 경제 규모가 작고 다원화 부족. 다국적 기업의 영향력이 커짐.

(2) 투자 모국과 투자유치국 공유 정도

① 선진국: 투자 모국(mother country)이면서 투자 유치국(host country). 다국적 기업 국유화했을 때 자국의 다국적 기업도 국유화로 보복당할 가능성 큼.

② 개도국: 투자유치국에만 속할 가능성 큼. 다국적 기업에 대한 국유화에 대해 보복당할 가능성 작음.

(3) 국가 경제에 대한 정부의 개입 정도

① 선진국: 대체로 정부 개입이 적음. 자유주의 성향이 강할수록 덜 개입(덜 국유화)

② 개도국: 대체로 정부 개입이 발전함, 국유화를 좀 더 많이 하는 경향.

* (1)-(3)번은 오틀리의 설명.

(4) 민주주의론 보완: 국가내 구성원들의 합의가 강하면, 정부의 규제가 용이함.

(5) 국가의 선호도와 자율성도 영향: 국가가 '공적 목적(public purpose)'을 강조하면 규제나 국유화가능. 사회로부터 자율성이 높은 경우에도 가능함.

적용 가능 사례

1. 대기업이 다국적 기업화되어 있는 현 상황에서 한국의 다국적 기업에 대한 규제 가능성과 한계 논쟁: 론 스타 사례(최근 직접투자는 주식 지분의 10%이상 보유시 직접투자로 규정)

정치경제 쟁점 15 : 한국의 공적 개발원조 정책

주제의 문제의식

Q 한국의 연성권력을 키우기 위한 공적개발원조 정책은 어떤 부분을 보완해야 하는가?

A 한국은 공적개발원조 액수를 늘리고, 헤드쿼터를 통해 중복 투자를 줄이는 정책 보완이 필요하다.

세부 쟁점과 핵심이론

sub 1 선진국의 공적개발원조와 개도국의 개발 간 관계
(1) 공적 개발원조 ⇨ 개도국 개발: 긍정론(자유주의) vs. 부정론(현실주의: 선진국 지배력 강화, 구성주의: 정체성의 충돌)
(2) 개도국 경제발전 (목표) ⇨ 공적 개발원조 방식 확대 vs. 차관과 무역구조 개선

sub 2 한국의 공적 개발원조 기능
(1) 긍정론: 연성권력의 강화. 한국은 OECD국가 중 유일하게 원조받던 국가에서 원조하는 국가로 전환한 사례.
(2) 신중론: 공적 개발원조의 액수가 부족. 중복 투자의 문제.

1. 공적개발원조의 정치

(1) 공적 개발원조

① 마샬플랜과 공적개발원조: ODA의 시작은 마샬플랜임. 마샬플랜은 1947년 6월 5일 국무장관 조지 마셜이 제안한 것임.

② 유럽경제협력위원회의 구성과 서유럽국가들 부흥지원: 1947년 7월 유럽 경제협력위원회(CEEC: Committee of European Economic Cooperation)에 참가한 16개국을 중심으로 한 유럽부흥계획이 승인됨. (후에 서독과 스페인이 가입하여 18개국으로 늘어남)

③ CEEC에서 OECD로 개편: CEEC이 4개년 부흥계획을 세움. 1952년까지 120억 달러 지원함. 이후 CEEC은 유럽 경제협력기구(Organization for European Economic Cooperation/OEEC)로 대체됨(서독 참가). 이후 OEEC이 OECD로 명칭이 변경됨.

④ 마샬플랜의 성공과 공적개발원조: 마샬플랜이 성공하고 나자 미국은 유럽부흥계획을 개도국에도 확대하고자 함. 공적개발원조가 등장하게 됨.

⑤ 개발원조그룹(DAG)이 개발원조위원회(DAC)로 전환: ODA의 중심이 OECD산하 개발원조위원회(DAC: Development Assistance Committee)로 전환됨.

⑥ 피어슨위원회보고서: 1970년 UN은 GNP 대비 ODA 0.7% 목표치를 제시한 피어슨 위원회보고서를 채택하였고 이 목표가 현재까지도 유지되고 있다. 이는 개도국이 연평균 6%의 경제성장을 유지하기 위해서 계산된 비율임.

⑦ 이론: 현실주의(국가이익관점)는 철저히 국가이익에 의해서 선진국이 원조한다고 봄. 자유주의(인도적 동기 관점)는 인도주의적 동기를 강조함. 다른 설명은 연성권력강화차원. 그리고 개도국 경제발전으로 장기적인 판매처를 형성함. 급진주의(자본가의 이익 동기)는 자본의 논리에 의해서 이루어진다고 봄. 구성주의는

정체성의 공유(칸트식 정체성 공유) 혹은 원조에 대한 규범확립으로 설명.

⑧ 구속성 원조와 비구속성 원조: 해외직접투자에서 문제가 되는 부분은 구속성 원조이다. 공적개발원조를 하는 국가가 자국 물품구매의 조건으로 원조를 제공하는 것이 구속성 원조이다. 구속성 원조는 원조를 받은 국가보다 원조하는 국가의 국가이익을 중시한다는 비판을 받는다.

⑨ 한국과 ODA 수혜: 한국은 1945년 이후 1999년까지 약 127억 달러의 원조를 받았으며 1995년 세계은행의 차관을 상환하고 수원대상국에서 졸업했다.

⑩ 한국 수혜국에서 공여 국가로 전환: 한국은 OECD 국가 중 첫 번째로 수혜국에서 공여 국가로 전환된 국가이다. 한국은 2009년 DAC에 가입하여 공여 국가가 되었다. 이런 점에서 공적개발원조자금(ODA)은 한국의 연성권력을 증대하기 위해 중요한 자원이다.

〈한국의 공적 개발 원조 담당 기관〉

유상원조	수출입은행
무상원조	KOICA

⑪ 개도국의 공적 원조 거부: 개도국들은 경제성장을 위해 외부지원이 필요하다. 그러나 일부 개도국은 선진국의 공적 원조를 거부한다. 이런 거부의 원인은 여러 가지가 있다. 첫째, 개도국이 식민 지배를 경험했기 때문이다. 인도는 독립 이후 공적개발원조를 거부하기도 했다. 둘째, 선진국의 지배와 종속을 거부하기 때문이다. 셋째, 개도국이 토착 자본을 육성하고 수입대체전략을 수립하기 위해서이다.

⑫ 양자원조와 다자원조: 개도국들은 선진국들의 지배와 영향력 확대를 거부하기 때문에 양자 원조보다는 다자원조를 선호한다. 다자원조는 여러 국가들 뿐 아니라 국제기구가 참여. 중립적인 성향이 강함.

⑬ 공적개발원조(official development aid)에서 공적개발협력(official development cooperation)으로 전환: 최근 원조(aid)가 공여국이 피공여국에 대해 일방적인 지원으로 비친다는 비판이 있다. 이는 피공여국이 도덕적으로 해이하다는 것으로 비판받을 수 있게 된다. 이런 이유로 원조(aid) 대신에 협력(cooperation)으로 명칭을 수정하자는 주장들이 제기되고 있다.

심화 학습

해외 원조 논쟁: 원조의 효과와 해결책 논쟁

1. 빈곤의 종말 vs. 죽은 원조: 지구촌 빈곤퇴치를 위한 지식인들의 논쟁[6]

[논쟁 정리] 공적 개발원조 증대 (제프리 삭스의 주장) vs. 무상원조 축소와 무역 규모 확대(담비사 모요의 주장)〉

(1) 원조 효과 부족: 2000년 MDG는 2015년까지 극빈 인구수를 절반으로 낮추는 데 소기의 성과가 있었음. but, 장기간 원조에도 불구하고 여전히 극빈 인구수는 7억 2700만 명이 넘는다. 세계인구의 10%에 해당.

(2) 원조 노력에도 불구하고 성과 미비한 이유와 해결책에 대한 고민.

(3) 두 가지 대표적 연구

1) 제프리 D. 삭스(Jeffrey D. Sachs)의 '빈곤의 종말(The End of Poverty)'(2005년): 빈곤의 원인 2

가지. 첫째, 역사적, 사회적, 정치적, 경제적 요인과 외부에 의해 주입, 형성된 복합적 결과물. 둘째, 지원된 원조의 불완전성. ⇨ 새로운 해결책으로 과감하고 새로운 형태의 원조 주장. (원조의 확대)

2) 담비사 모요(Dambisa Moyo)는 '죽은 원조(Dead Aid)' (2009년): 빈곤의 원인은 원조 자체에 있음. ⇨ 해결책으로 원조 자체를 단절할 것. (원조 단절)

(4) 제프리 삭스

1) 빈곤 상황

① 동남아시아에서 1981년 이래 극단적 빈곤 수치 감소. 아프리카에서는 증가.

② 에이즈 질병에 의한 노동생산성 약화와 교육 기회 박탈.

③ 빈부격차의 원인: 기술진보의 향유, 질병, 부패, 빈곤의 덫. 외부적인 요인(역사, 사회, 자연환경, 정치, 문화 등)만으로 빈곤을 규정하는 것은 아님. 1차적인 요인은 맞음. 따라서 빈곤은 극복 가능함.

④ 빈곤 원인 구체화:

첫째, 역사적 요인(1820년 경제력 차이가 발생, 기술진보 향유의 차이에 기인. 1820년 미국과 아프리카국가들의 국내총생산은 3배 차이에 불과했으나 현재는 20배의 격차를 만들게 됨. 식민지국들의 착취 영향인정. 영국은 산업혁명과 제국주의 착취인정⇨ 기술진보는 다른 국가들과 공유가 가능)

둘째, 역사, 체제적 관점(서유럽과 미국은 시장경제와 민주주의 채택. 2세계인 소련은 사회주의 체제를 받아들임. 제 3세계는 국제무역체제 불참과 외국기업배척과 자급자족을 강조하고, 정치적 비동맹을 강조하여 경제발전의 사다리를 걷어참) 미국과 서유럽(시장경제+민주주의), 소련과 제 2세계(중앙집권적 계획경제+권위주의), 제 3세계 (자급자족과 비동맹노선)

셋째, 질병(에이즈와 말라리아가 한 해 300만 명을 사망하게 함. 고아 문제, 평균수명 감소, 막대한 의료비 지출. ⇨ 경제발전을 위한 재원 마련이 어려움) 이 문제를 해결하기 위해 질병 퇴치 자금을 60억 달러에서 270억 달러로 증가할 것을 주장.

넷째, 부패한 통치구조. (빈곤 국가의 내재적 문제라기보다 서구가 초래한 식민정책의 폐해임)

⑤ 원인에 대한 대책: 이러한 요인들에 의해 빈곤 함정에 빠짐. 이들 국가는 자신의 힘으로 경제발전의 사다리를 오르지 못함. 따라서 외부지원이 필요.

2) 해결책

① 무상원조로 전환: 차관제공은 부채문제를 가져옴. 따라서 무상원조가 필요.

② 원조 액수 증대가 필요: 현재 문제는 원조 액수가 미미함. 선진국의 GNI 대비 0.7%까지 원조 확대가 필요. 이를 통해 이들 국가가 '경제발전의 사다리'를 한 계단 올라야 함.

③ 빈곤의 함정회피를 위해서는 원조(외부지원이 필요)⇨ 경제발전의 사다리에 올려줌. 내적인 저축이 부족하므로 투자가 안 되고, 투자가 안 되니 기업활동이 안되고, 이로 인해 고용 창출이 안 됨. 고용 창출이 안 되기 때문에 소득이 낮고 소비가 발생하지 않음. 이 문제를 해결하기 위해 외부자금의 원조로 투자를 살리고, 고용을 만들고, 소득을 통해 소비뿐 아니라 저축도 증대하게 하면 성장할 수 있음.

④ 임상 경제학(clinical economics: 문제원인을 판단하는 경제학)의 필요성을 강조. 빈곤한 가계에 원조가 도입되어 1인당 자본이 증대하고 이것이 경제를 성장하게 만듦.

(5) 담비사 모요 주장

1) 원조의 허구성

① 아프리카 빈곤자 수의 증대: 하루 1달러 미만으로 사는 사람이 사하라 이남에서는 350만 명이 넘음. 전세계 빈민의 50%에 달함. 전세계 극빈자는 감소하였으나 사하라 이남에서는 50% 증대함.

② 평균수명: 60세 미만인 유일한 대륙이 아프리카임. 아프리카 모든 지역에서 7명 중 1명이 5살 이전에 사망. 에이즈로 평균수명 50세 미만인 국가들도 있음.

③ 막대한 원조에도 불구하고 성과 부재

④ 원조의 원인: 2차대전 이후 원조가 시작된 상황에 집중. 1950–60년대 아프리카 상황이 현재 신흥경제발전국가들보다 나음. 1960년대 원조 시작 이후 상황이 악화함.

2) 원조 결과의 차별성

① 미국의 마샬플랜과 유럽 경제발전. 이 경험으로 아프리카 원조를 수행. 그러나 유럽은 원래 사회제도들이 발전되어 있던 국가임. 외부지원 때문에 빠르게 성장 가능함. 아프리카는 사회적인 제도를 구축해야 하는 상황.

② 유럽과 아프리카의 초기 상황 차이: 서유럽은 원조(GDP 2.5%)에만 의존하지 않았고 5년의 시한을 두고 원조 시행. 아프리카국가들 원조(GDP 15%) 아프리카에 대해서는 무한정 제공.

③ 신흥개도국에 대한 원조도 성공: 원조 규모가 작고, 원조 기간 짧음. 원조 의존도가 낮음.

④ 아프리카 보츠와나의 경제발전 사례: 원조보다는 시장경제정책, 통화와 재정 안정화, 무역 활성화 정책이 경제발전을 이룸.

⑤ 국제기구(IMF. World Bank)의 처방도 실패: 산업인프라 개발에 초점을 두고 원조를 진행함. 실패하자 1970년대 경제안정화정책기조로 변경. 경제안정화정책기조하에 농촌개발, 사회 인프라 재건, 보건의료 등을 지원했으나 1970년대 석유파동과 경제위기로 부채만 증가함. 1990년대 굿거버넌스(저발전 국가 내부의 거버넌스 체제 문제로 접근)도 전환했지만 실패함. 2000년대 들어서 고채무국들의 부채를 탕감하는 '주빌리 부채탕감 캠페인'의 성공으로 부채는 다소 탕감됨. 그러나 아프리카 지도자들의 도덕적 해이와 부패를 영속화함.

⑥ 원조 효과성을 높이기 위한 조건부 원조가 필요했음. but, 원조국은 구속성 원조를 제공하여 원조대상 국가의 목적달성에 실패하기도 함. 즉 원조부여국가와 원조대상 국가의 목적이 상이함.

3) 대안

① 무상원조의 문제점을 고치려면 차관제공이나 무역이 더 유용함.

② 무역 촉진, 자본 시장(채권발행) 활성화, 외국인 직접투자 확대, 송금 수수료 인하, 저축확대를 위한 지원과 기술협력.

ex) 모기장 사업사례. 직원 10명 고용해서 모기장 만드는 상인이 있는데 미국의 해외 원조(무상원조)로 모기장 제공할 경우 이 사업장은 망함. 이에 따라 고용도 사라짐. 다시 이들은 원조에 의존해야 함.

③ 따라서 원조 대신 생산을 통해서 교역하는 것이 중요함.

④ 채권 발행하면 상황 약속을 지켜야 함. 원조 의존증에서 나와야 함. 채권의 경우는 투자자를 안심하게도 만들 것.

④ 외국인 직접투자를 할 수 있게 투자여건 개선이 필요함. 카메룬의 사업 면허받는 기간 426일. 미국은 40일. 한국은 17일과 비교됨.

⑤ 정부의 부패 문제 해결도 중요. 원조로 인해 정부가 더욱 부패하게 됨. 원조가 저축과 투자를 감소시키는 한편 민간투자를 감소하는 '클라우딩 아웃' 현상을 가져옴. 원조가 공공지출로 안 가는 문제도 해결해야 함.

적용 가능 사례

1. 한국의 공적 개발원조 효과 증대방안

6) 문경연, "빈곤의 종말 vs. 죽은 원조: 지구촌 빈곤퇴치를 위한 지식인들의 논쟁", 한국국제정치학회, 『국제정치논총』(2020년 60집 4호)을 요약함.

P·A·R·T

III

민주주의

대의민주주의 두 가지 모형

모델 명	다수결민주주의	합의주의 민주주의
가정	단순 사회균열 ⇨ 다수결제도	복합적 사회균열 ⇨ 합의주의
제도 배열	다수결 선거제도 양당제 대통령제나 의원내각제 단방주의	비례주의 선거제도 다당제 의원내각제 연방주의

대의민주주의 보완 민주주의

명칭	대의	직접	결사체	참여	합의	심의
핵심가정과 제도	간접민주주의 자유주의 분업원리 의회 / 대통령	직접민주주의 국민투표, 국민소환	이익집단중심의 민주주의 거버넌스, 협의체 중요	시민사회, 시민단체 중심 민주주의. 인민의 참여 중시. 민주주의 공간확대	합의주의 사용. 특정균열을 정치권력에 반영. 집단 간 권력 공유.	심의절차를 거친 민주주의 심의투표, 공론조사등을 활용

1. 민주주의의 두 가지 입장

(1) 자유주의(사상) ⇨ 절차(법앞의 평등)적 민주주의 ⇨ 대의민주주의: 민주주의 적용영역을 최소로 규정. 최소강령적 민주주의(정치영역에만 민주주의원리 도입) ⇨ 공익의 최소적 규정, 공익을 사회구성원 간 의사결정과정으로 규정함. ⇨ 대의기구인 정당과 의회를 강화함.(비교정치영역)

(2) 공화주의, 사회주의(사상) ⇨ 실질(내용과 가치를 반영)적 민주주의 ⇨ 참여민주주의: 민주주의 적용영역을 최대로 규정. 최대강령적 민주주의(정치, 경제, 사회문화에 민주주의 원리 도입) ⇨ 공익의 확장. 공익을 선험적으로 규정한 입장과 공익을 심의를 통해 결정하는 입장이 공존 ⇨ 시민사회를 중심으로 민주주의 운영(공론조사 위원회, 시민의 사회적 경제, 작업장 민주주의, 시민의 매니페스토 운용, 시민의 낙천 · 낙선 운동, 참여연대 같은 시민단체 중심)

(3) 두 가지 입장 사이에 심의민주주의가 위치: 롤즈, 하버마스. 신로마공화주의의 필립 페팃.

2. 민주주의의 구성 논리

(1) 사상에서 민주주의 구성 ⇨ 민주주의 이론들 (민주주의의 원리와 대의민주주의와 보완민주주의) ⇨ 비교정치의 제도와 연결

(2) 민주주의의 두 가지 측면:

① 사상과 연결된 민주주의 이론 측면. 추상적이기 때문에 어려움.

② 제도와 연결된 민주주의 측면. 민주주의를 작동하게 만들기 위해서는 구체적인 제도 장치들이 필요함. 이 부분은 비교정치 사례들이 많기 때문에 구체화가 용이함.

3. 민주주의의 쟁점

(1) 민주주의의 vs. 비민주주의(제도 간 차이, 작동원리의 차이, 유용성)

(2) **민주주의 이론**: 절차적 민주주의 vs. 실질적 민주주의

(3) **대의민주주의에 대한 보완민주주의들**: 민주주의의 이론(사상과 결부)+민주주의의 제도

(4) **민주주의 공고화(한국은 공고화는 끝남) 주제**: 민주주의 질적 발전으로 전환. 민주주의 질적 발전(종속변수)을 위한 독립변수들로서 정치조건, 경제조건, 사회문화 조건.

4. 민주주의의 계보

(1) 고대 민주주의 vs. 인민주주의

(2) 보호민주주의(자유주의적 민주주의)와 발전민주주의(공리주의적 민주주의/루소와 밀)

(3) 현대: 신우파 민주주의(법치적 만주주의) vs. 신좌파 민주주의(참여민주주의)

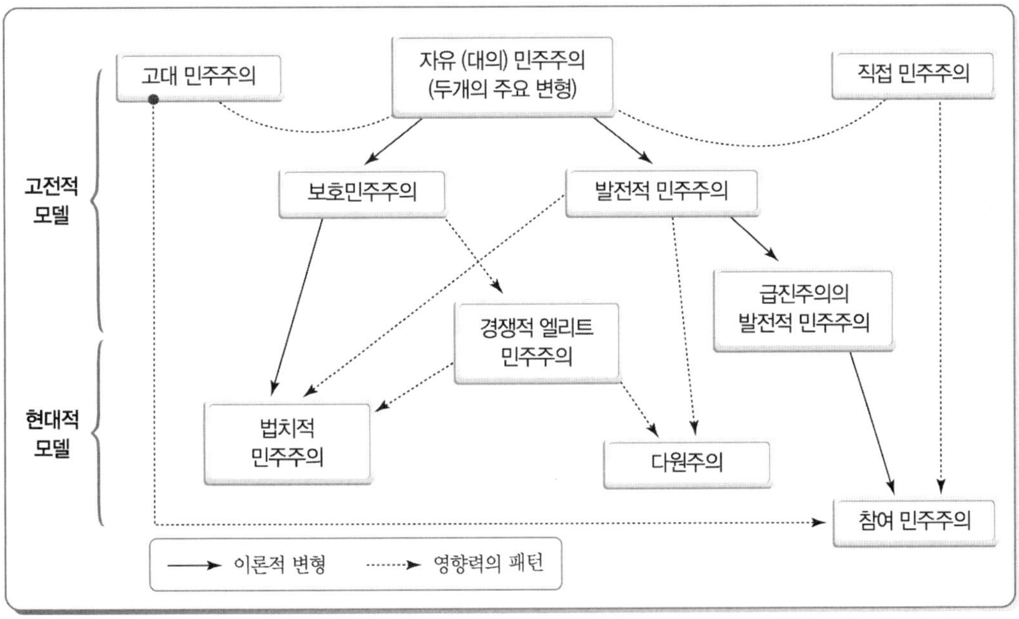

5. 각 민주주의의 핵심 제도들

(1) **대의민주주의**: 정당과 의회중심. 대의기관을 통한 간접민주주의운영. 영국에서 만들어짐.

(2) **직접민주주의**: 인민 자체가 대표를 거부하고 스스로 결정. 국민투표, 국민발안, 국민소환. 미국과 스위스가 대표적인 사례.

(3) **결사체민주주의**: 인민 중에서도 특정 이익을 유지 강화하려는 이들이 이익집단(interest group)을 구성함. 이들을 중심으로 민주주의 운영함. 이익집단 간 정치를 강조. 미국의 다원주의가 대표적인 사례.

(4) **참여민주주의**: 인민 중에서도 공적인 문제에 관심이 있는 시민(citizen)을 중심으로 시민사회 혹은 시민단체를 중심으로 운영함. 유럽국가들에서 공화주의를 강조하는 국가들.

(5) **합의제(consensus)민주주의**: 유럽의 사회균열이 다양한 국가들에서 의사결정에서 다수결주의보다 합의를 강조하는 민주주의 모델들. 레이파트가 분류한 모델로 초기에는 협의체(consociation)를 강조하는 협의

민주주의로 소개되었다가 1980년대 이후 합의제민주주의로 정립된 모델. 비례대표제를 중심으로 다당제에 기초하고 소수자 거부권을 부여하여, 다수의 지배보다 소수 보호를 강조하는 입장. 다수결주의에 대비되는 민주주의 유형.

(6) **심의(deliberative)민주주의**: 다수결주의의 의사결정과정을 수정보완하여 시민들과 대표들의 심의(심사숙소 주로 공론조사들을 이용함)를 활용하여 민주주의 의사결정과정을 보완함. 선호집약적 민주주의가 주로 다수 세력을 확보하는 것에 대해 다양한 전문가들의 의견을 듣고 의사결정을 하는 과정을 따로 만들어서 유권자들의 판단을 돕는 민주주의.

(7) **전자민주주의**: 전자통신혁명을 민주주의의 전영역에 도입할 수 있음. 전자민주주의는 SNS를 활용해 대의민주주의를 보완하거나 참여민주주의를 강화하는 데 사용할 수 있음. 그런데 전자민주주의가 뉴미디어(전통미디어가 아닌 SNS나 유튜브 등의 미디어)에 의해 최근 편향적 정보취득과 가짜 뉴스가 범람하면서 민주주의 발전보다 민중주의의 발전을 유도하는 것이 아닌지에 대한 우려가 있음. 이를 수정하기 위해 심의적 장치를 보완하자는 논의가 진행중.

합격생 tip 민주주의 Part

1. 민주주의 파트는 최소강령 vs. 최대강령/ 다수결주의 vs. 합의주의/ 대의민주주의 vs. 대안민주주의 등 여러 이론들을 비교하며 서술하는 경우가 많음. 따라서 비교하는 기준, 차이점, 각각의 특징들을 정확하게 암기하는 것이 중요.
2. 민주주의의 이행과 공고화에 대한 주요 개념들은 꼭 암기하기!
3. 대안적 민주주의는 각각을 설명(입증)하는 국내 사례를 준비하는 것을 추천
4. 처음 공부할 때에는 다양한 보완적 민주주의의 특징을 암기하는것에 집중할 필요가 있으나, 이후에는 민주주의를 논의하면서 민주주의를 작동시키는 제도인 비교정치부분까지 연결시켜가면서 공부하는 것을 추천. 예를 들어 처음에는 '거부권', 대연정 등 합의주의의 특성에 대하여 암기하고 이후에는 복합적 사회균열－합의주의－비례대표제－듀베르제 법칙에 의한 다당제 형성－다당제의 장점, 단점, －한국 사회에의 적용 등을 연결시켜서 공부한다면 넓은 개념인 민주주의를 구체적으로 공부하는데 도움이 된다고 생각함.
5. 대안적 민주주의로 글을 쓸 때에는 대의민주주의를 보완하는 역할로써의 민주주의를 서술하는 것이지, 완전 대체하는 민주주의라고 설명하면 안된다는 점을 기억하면서 공부할 때에도 대의민주주의의 단점을 대안민주주의와 연결시켜가며 공부하는 것을 추천함.

민주주의 사전 학습: 민주주의 의미[1)]

1. 시민의 권력 의지, 민주주의

감자 마름병으로 1845년부터 1852년 아일랜드 대기근: 125만 명 사망.

그러나 이 시기인 1847년 아일랜드의 4천 척 배가 영국으로 식량을 운반해갔다. 문제는 생산이 아니고 분배가 문제라는 것이다. 자원배분을 잘 못하여 사망자가 늘어난 것이다. ⇨ 시민이 스스로 자원배분에 대해 통제하는 것이 민주주의의 핵심이라는 점을 잘 보여준다. 즉 시민이 결정했다면 이들은 아사하지는 않았을 것이다. 여기서 시민의 '자기 지배의 중요성'이 부각된다.

2. 그리스의 민주주의에서 미국으로 연결

미국은 공화주의를 지향했지만 아이디어는 민주주의에 있다. 선출한 소수의 대표에게 권력위임과 더 많은 시민으로 국가정책결정을 늘렸다. 그러나 미국의 연방주의자들은 그리스의 민주주의는 피하고자 했다. 즉 '인민의 통치=가난한 자들의 통치'를 피하고자 했다. 다른 말로 하면 민중에 의해 정치체제가 휘둘리는 것을 피하고자 했다. 미국의 공화주의자들은 미국 내 지주층이었다는 점을 고려하면 이해가 되는 일이다. 미국의 국가 건설 이후 유럽에서 보통선거원의 확대를 위해 투쟁을 하면서 민주주의가 확대되어 왔다.

(**부연 1**: 미국의 대통령제를 가진 민주주의 실험은 이후 유럽정치에도 영향을 주었다. 유럽도 입헌주의에 기초하여 왕이 결정하던 체제에서 점차 내각을 중심으로 체제를 운영하는 방식으로 바뀌게 된다. 영국도 그렇고 군주주의가 강했던 독일에서도 비스마르크 이후 빌헬름 2세 시기 입헌주의가 되어 갔다. 이것은 미국 민주주의가 전 세계에 미친 영향이다.)

(**부연 2**: 미국의 연방주의자들은 공화주의자들로서 민주주의를 지지했지만 '마지 못한 민주주의자들'이었다. 최소한 인민의 지배를 방지하고자 했다. 이들은 수평적 권력 분립과 수직적 권력분립을 이용하여 다수의 민중이 통치를 독점적으로 할 수 없게 만들었다. 그런 점에서 미국식 공화주의(미국이라는 공화국에서 민중과 시민의 공존을 모색함)는 최소한의 민주주의이다.)

3. 기근과 민주주의

1983년부터 1985년까지 에티오피아 100만 명이 아사했다. 당시 대통령인 멩기스 하일레 마리암 대통령은 GNP의 46%를 군사비에 사용했다. 이웃 국가인 보츠와나의 경우는 아사자가 안 나왔다는 점과 구분할 수 있다. 1984년 기준 에티오피아의 1인당 식량생산량이 보츠와나보다 3배 정도 높았다. 그러나 보츠와나는 취약계층에게 식량배분을 하고 일자리 공급을 하였기에 기근이 안 생겼다.

4. 아마르티아 센의 연구 주제: 배분장치의 중요성

기근(famine)이 직접 사람들을 굶어죽게 하는 것이 아니다. 배분장치가 망가져서 아사자가 기근이 생기고 아사자가 나온다. 민주주의에는 시민이 선거를 통해 권력과 자원배분을 하겠다는 것이다.

5. 최저임금상승운동

최근 미국 최저임금을 15불로 올리는 운동을 진행 중이다. 미국의 최저임금은 7.25달러인데 연봉으로 계산 시 1만 5천 달러이다. 열악한 자원배분으로 인해 계층이동자체가 불가능해진 것이다.

---

1) 유규오, EBS 다큐프라임, 『민주주의』 (서울: 후마니타스, 2016).

6. 민주주의의 동력으로서 갈등

샤츠슈나이더의 주장처럼 사회의 갈등이 드러나야 한다. 갈등의 수는 줄이고 강도를 높이는 것이 중요하다. 그는 갈등을 민주주의의 엔진으로 보았다. 민주주의는 갈등을 해결하는 과정을 만드는 것이다.

샹탈 무페는 민주주의는 갈등을 내부적으로 표출하기 때문에 내전으로 이어지지 않는다고 한다. 사회를 구축하는 다른 한 가지 방식은 권위주의 질서를 만드는 것인데 이것은 갈등을 억압한다. 이런 억압은 추후에 터지기 마련이고 내전으로 연결된다. 갈등은 서로 합의할 수는 없지만, 갈등하는 상황자체를 인정하게 만든다. 이런 관용의 정신이 중요하다.

(**부연 3**: 샤츠슈나이더의 편향된 동원 명제. 정당은 사회적 갈등을 단순화한다. 갈등의 수는 줄이고 갈등의 강도는 높이는 것이다. 이것을 통해서 정당은 특정 갈등을 해결하는 중심 기제가 되는 것이다. 여기서 정당의 동원론 기능이 중요해진다. 이 명제는 현재도 타당하다.)

7. 갈등과 정당

정당은 갈등을 골라내는 장치이다. 아담 쉐보르스키는 정당이 갈등을 조직하여 사회적 갈등을 명확히 한다고 주장한다. 갈등은 외부적으로 세력을 분화시키지만 내부적으로는 결속을 다진다. 이때 갈등의 치환이 중요하다. 즉 어떤 이슈를 갈등으로 만드는 지가 중요하다. 예를 들어 2016년 미국선거에서 트럼프는 이민, 보호무역, 다문화를 가지고 백인 중하층의 지지를 끌어냈다. 미국에서 1980년 미국 대선에서 레이건 대통령은 그동안의 복지문제를 인종갈등문제로 치환하였고 흑인들이 복지남용을 하여 백인이 괴롭다는 것으로 선거 전략을 만들었다. 이것으로 공화당은 1980년대 미국남부에서 공화당을 지지하는 복음주의자들을 끌어모을 수 있었다. 이것을 Bible Belt라고 한다.

8. 부의 불평등

미국에서 명문대학 진학에 있어서 최상위계층의 진학률은 74%이다. 반면 최하위층은 3%이고 중하위층은 6%이다. 이것은 부모의 부가 자식의 교육수준에 영향을 미치는 것을 보여준다. 핵심은 계층이동을 불가능하게 한다는 점이다.

불평등의 지표: 2015년 기준 세계구호단체인 옥스팜(Oxfam)의 기준에 따르면 전세계 상위 1%가 나머지 99%의 보다 많은 부를 가지고 있다. 상위 62명의 재산이 하위 50%의 재산보다 많다.

불평등의 원인: 경제성장률과 자본수익률 간 격차 (by 토미 피케티의 주장). 세계경제 성장률은 1.5%정도에 머물 것임. 그러나 자본 수익률을 4－5%수준을 유지함. 노동자들의 임금증가와 자본증가 간의 차이를 보여주는 것이다.

미국의 도금 시대: 1870년대부터 1929년 대공황까지 기간. 상위 1%가 국가 전체 부의 40%를 가졌다.

20세기 중반 자본주의 황금기: 국가의 세금 부과를 통해 부의 불평등을 감소시킴. 이것이 경제 성장률을 높였다. 경제성장률이 자본수익을 추월하는 현상이 벌어졌다. 결론은 국가의 개입을 통한 경제성장의 지속이 필요하다. 그러나 노암 촘스키의 주장처럼 생산성이 높아질 때 최저임금이 높아졌던 관계가 1970년 이후 나타나지 않는다. 이것은 신자유주의의 영향 때문이다.

9. 민주주의가 자본주의에 대해 우선할 수 있는 방안

정부의 신뢰도가 높아야 한다. 즉 국가의 세금 부과를 통해 소득 재분배가 이루어져야 한다. 그리고 이런 재분배가 경제성장을 가져오는 선순환관계에 있어야 한다. 이런 국가의 신뢰회복을 위해서는 관료정부가 아니라 정당정부가 구성되어야 한다. 정당정부가 자본주의의 탐욕을 절제하게 해야 한다.

(**부연 4**: 미국에서는 1990년대 이미 정부의 신뢰에 대한 논쟁을 진행하였다. 정부의 신뢰가 낮다는 것이 결론이다. 정부의 낮은 신뢰는 정부의 정책결정에 대한 정당성을 약화시킨다. 낮은 정당성으로 인해 재분배 정책을 집행해 갈 수 없는 것이다. 게다가 미국 신자유주의 이론의 득세는 미국 정부의 민간 영역의 개입을 더욱 어렵게 만들었다. 이로써 미국은 OECD국가 중 가장 복지 수준이 낮은 국가를 유지하고 있는 것이다. 반면에 미국의 오바마 정부는 몇 가지 사회개혁정책을 수행했다. 이것은 미국내 진보진영의 지지를 받았기 때문에 가능했다. 한국의 경우도 부의 불평등문제, 갑질문제와 미투 운동과 같은 사회적 불평등문제를 해결하기 위해서는 정부의 신뢰가 중요하다. 그러나 한국의 경우는 정당정부 방향보다는 원내정당화에 기초하여 정당을 약화하는 방향으로 가고 있다. 이런 경우 제도적으로는 정당이 중간에 들어와서 정부와 의회를 조정하는 기능을 수행하지 못한다. 따라서 대통령제도를 고쳐서 정부 자체의 능력을 키우는 제도방안이 제시될 수 있거나 대통령의 리더십이라는 인치적인 요소를 강조하는 방안이 제시될 수 있다. 이런 방안들도 제도화 수준이 높다고 볼 수는 없다.)

10. 한국 헌법의 경제민주화 조항 119조 2항

과도한 불평등을 막기 위한 정부의 역할 규정이 있다. 이것을 활용할 필요가 있다. 제헌 헌법에는 노동자의 이익균점권이 있었다. 이것은 이익공유의 정신이자 민주주의와 공화주의의 가치다.

(**부연 5**: 1987년 체제 이후 정치경제는 이 부분을 강조할 수 밖에 없다. 저성장시대의 분배문제가 헌법적 가치의 핵심이 될 것이다.)

11. 미국의 주주자본주의에 대한 저항

주주자본주의는 주주와 CEO의 이익을 위해 소비자나 이해관계자를 배제한다. 미국에서 1965년 최고경영자의 평균연봉이 노동자소득보다 20배 많았는데 2016년 현재 296배가 많다. 이런 이익을 위해 고객에게는 더 많은 수수료를 물리고 직원들의 고용에 대해서 더 낮은 임금을 지불한다. 대표적으로 월마트의 경우 직원 연평균 임금이 1만 7천 달러이고 시간당 10달러 정도를 받는다.

이런 상황을 개선하고자 '기업내 민주주의 실험'이 있다. '직원지주제'이다. 미국에서는 직원지주제를 사용하는 기업에 혜택을 준다. 직원지주제란 직원이 주주가 되는 것이다. 자신의 기업이라고 생각하기 때문에 직원들이 훨씬 생산성을 높이게 된다. 혜택을 공유하며 기업운영의 결정에도 민주주의가 적용되는 것이다. 여기서 관건은 "기업이라는 조직에는 민주주의의 운영원리가 적용되어서는 안되는가?"이다. 민주주의는 기업까지 확장된 것이다. 이것은 실질적 민주주의의 한 형태이다.

(**부연 6**: 미국은 주주중심의 정치경제모델을 사용한다. 주주들이 기업의 정책결정을 주도한다. 따라서 단기적 이익에 민감하다. 미국 기업이 장기투자를 하기 어렵고 M&A에 몰두하게 만드는 이유이다. 그래서 직원들에게 주식을 넘겨줌으로써 의사결정구조에 참여하게 하는 것이다. 그런데 이런 조치는 직장내 민주주의에는 부합한다. 하지만 미국 기업이 이전을 할 경우에 생기는 지역주민들과의 관계에서 지역주민들의 생계문제를 도외시 할 수도 있다. 기업이 이전하면 지역 경제가 죽기 때문이다. 그런 점에서 '공유가치'를 기반으로 한 경제운영방안을 아니다. 그럼에도 불구하고 신자유주의가 강한 미국에서 직원주주제도는 의미있는 방안이다.)

12. 노동자의 자기결정권과 민주주의의 자기 지배가능성

여기서 더 나간 것이 독일 기업들이 하고 있는 '공동결정제도'로 임원과 직원이 회사운영을 공동으로 결정하는 것이다. 5명 이상의 직원을 둔 기업들은 직원평의회를 구성하도록 되어 있고 직원 수가 2,000명이 넘는 경우 노사가 같은 수로 참여는 감독이사회를 두도록 되어 있다. 즉 법으로 자본과 노동이 동등한 권리를 가지도록 규정하고 있다.

이것의 핵심은 노동자가 생산의 구성요소가 아니라 인간으로 대우받는 것이다. 가장 잘 아는 분야에서 노동자들은 자신들의 의견을 통해 기업운영을 결정한다.

(**부연 7**: 독일이 좀 더 직장내 민주주의 즉 작업장 민주주의가 발전한 것이다. 작업장 민주주의는 참여민주주의의 중요한 형태이다. 이런 방식으로 참여민주주의를 확대하기 위해서는 시민들의 합의와 타협이 중요하다. 그리고 이것은 한 사회의 지향점으로서 어떤 가치가 중요한지에 의해 결정된다.) ⇨ 미국의 작업장민주주의로서 직원지주제와 독일의 공동결정제도는 실질적 민주주의의 대표적인 사례.

제 1 장 민주주의의 의미와 역사

민주주의 쟁점 1 : 절차적 정의(최소강령) vs. 실질적 정의(최대강령)

주제의 문제의식

Q 민주주의를 제도로 보는 것이 현실적으로 더 타당한가 아니면 이념과 내용으로 보는 것이 더 타당한가?

A 현실적으로 민주주의를 개선하기 위해서는 민주주의는 절차와 제도로 이해하는 것이 유용하다.

세부 쟁점과 핵심이론

sub 1 민주주의의 최소강령적과 최대강령적 접근의 장단점 논의: 한국 민주주의 발전에 필요한 민주주의 유형 논쟁(2000년대 초반 민주주의 후퇴 논쟁) ⇨ 최소강령론자(공고화) vs. 최대강령론자(공고화 안됨) ⇨ '질적 발전'으로 개념 전환.

sub 2 자유주의에 기초한 민주주의관과 공화주의나 사회주의에 기초한 민주주의관은 구체적으로 작동방식에서 어떤 차이를 보이는지 논쟁: 대의민주주의 vs. 참여 민주주의 ⇨ 주체: 정당과 의회 vs. 시민과 인민의 직접 참여 ⇨ 민주주의 영역: 정치영역 vs. 정치 · 경제 · 사회영역

1. 민주주의의 두 가지 입장

(1) 절차적 민주주의 vs. 실질적 민주주의

① 절차적 민주주의(최소강령적 민주주의) vs. 실질적 민주주의(최대강령적 민주주의)

② 민주주의 시작: 제도로서 민주주의(Democracy: 정치체제를 의미)

③ 근대 민주주의로 진입: 자유주의와 결합된 민주주의 vs. 사회주의와 공화주의에 결합된 민주주의

④ 근대 이념 논쟁: 각각의 이데올로기들과 경쟁. 민주주의도 내용을 다루는 민주주의로 확대.

⑤ 민주주의 평가 척도이면서 공고화 측정 척도임.

⑥ 라이블리의 논의: 절차적 민주주의(선거민주주의와 정당민주주의로 한정) vs. 실질적 민주주의(직접민주주의) ⇨ 양극단의 중간적 형태 민주주의(책임성 추궁하는 민주주의)

표를 통한 비교 **실질적 민주주의와 절차적 민주주의의 내용 비교**

실질적 민주주의	절차적 민주주의
(1) 이론 토대: 급진주의, 사회주의, 직접민주주의에 토대	(1) 자유주의, 대의민주주의에 토대
(2) 지향점: 결과로서 민주주의 (3) 자기 지배로서 '가치' 강조	(2) 과정으로서 민주주의 (3) 다수의 지배 구현의 '제도'로서 민주주의
(4) 민주주의 원칙: for the people의 원칙	(4) by the people의 원칙
(5) 범위: 정치, 경제, 사회, 국가 간 민주주의로 확장	(5) 정치영역에서의 민주주의로 한정
(6) 자유와 평등 조합: 적극적 자유+실질적 평등 중심 ⇨ 민주주의 확장 (7) 다양한 영역에서 시민의 참여강조	(6) 소극적 자유 강조+절차적 평등 ⇨ 정치영역에서의 민주주의 (7) 대의제도에 대한 시민참여 강조
(8) 대표적 민주주의 모델: 참여민주주의 (9) 대표 이론: 루소식 사회계약론/ 마르크스이론	(8) 대중민주주의나 엘리트민주주의 (9) 다알의 다두정
(10) 장점: 민주주의의 내실화의 장점 (11) 단점: 보호자주의(독재자화)의 위험성	(10) 분석의 장점과 제도개선의 장점 (11) 협소한 민주주의의 문제점

2. 대의민주주의의 선택

(1) **공간과 시간**: 그리스의 5만 명의 시민들 중심 직접민주주의 vs. 근대 2천만 명 이상의 국가로 확대. 논의할 장소와 시간이 부족함.

(2) **분업의 원리**: 개인들에게는 자유를 부여함. 대표를 중심으로 정치를 운영함. 개인은 사적 자유를 대표는 공적 공간을 적극적으로 활용함. 공적 공간과 사적공간 분리.

(3) **전문성의 원리**: 관료제도를 통한 정부의 운영. 이를 체계적으로 통제하기 위해서는 전문가인 대표들이 필요함. ⇨ 이후 대표성, 응답성, 책임성 추궁이 중요해짐.

적용 가능 사례

1. 민주주의 여부와 민주주의 개선에 대한 측정가능성과 제도 수정 가능성 차원에서 한국 민주주의 평가

합격생 **tip**

- 「정치학강의 4」 Part3 "절차적 민주주의와 실질적 민주주의 간 비교" 참고.
- 최소강령적 민주주의는 제도적으로 평가할 수 있으므로 대의제도등에 대한 사례가 뒷받침된다면 민주주의 수준을 측정하는 데 도움이 된다고 생각함. 반면 최대강령적 민주주의는 시민참여, 사회 내부의 민주주의등 추상적으로 측정되는 개념이므로 어떤 기준들로 평가할 수 있을지 생각해 보는 것이 답안을 구체적으로, 설득력 있게 작성하는 데 도움이 될 것으로 생각함.
- 특히 우리나라의 민주주의를 묻는다면 어떤 근거로 절차적 민주주의가 실현되었다고 볼 것인지, 어떤 근거로 실질적 민주주의 측면에서 부족하다고 볼 것인지 등을 구체적으로 적어야 하므로 사례가 필요함.

민주주의 쟁점 2 : 링컨의 민주주의 3대 공식

주제의 문제의식

Q 링컨의 기준으로 볼 때 한국 민주주의의 부족은 어떤 요인에 기인하는가?

A 한국 민주주의는 국민주권의 원리(of the people)은 구현되어 있고, 국민(인민)을 위한 정치(for the people)는 주관적인 평가기준으로 인해 측정하기 어렵기 때문에, 국민(인민)에 의한 통치(by the people)를 보완할 필요가 있다.

세부 쟁점과 핵심이론

sub 1 For the people을 위한 구체적인 방안 논의: 책임추궁성, 응답성.

sub 2 Of the people을 위한 구체적인 방안 논의: 참여, 접근성.

1. 링컨 공식

링컨의 공식	of the people	인민의 지배(통치). 국가의 주권은 인민에게서 나옴. 주권재민(在民)의 원리.
	for the people	인민을 위한 지배(통치). 국가의 권력사용과 통치는 인민을 위한 것임. 위민(爲民)사상
	by the people	인민에 의한 지배(통치). 국가의 권력은 인민에 의해서 수행되어야 함. 직접 통치사상.

(1) 가치 간 조화와 충돌

① 가치 간 조화: 인민의 지배 ⇨ 인민에 의한 통치 보장 ⇨ 인민을 위한 통치 가능.

② 가치 간 충돌: 인민을 위한 지배(by 독재자) vs. 인민에 의한 통치(국민)

적용 가능 사례

1. 북한 정치체제 대입: Of the People (×) For the People (주장) By the People (×)
2. 남한 정치체제 대입: Of the People (○) For the People (주장) By the People (○)

민주주의 쟁점 3 : 고전적 민주주의의 현대적 의미

주제의 문제의식

Q 그리스 민주주의가 현대에 주는 의미는 무엇인가?

A 직접민주주의의 이상향을 제공하고, 풀뿌리 민주주의에 이론적 자원을 제공한다.

세부 쟁점과 핵심이론

sub 1 직접민주주의 vs. 대의민주주의 간 장단점 논쟁

(1) 직접민주주의: 민주주의의 원리 구현, 인민에 의한 통치구현. 단점은 정치적 부담이 크고, 전문적 사안에 대한 결정의 어려움.

(2) 대의민주주의: 간접민주주의를 통해 정치적 부담 축소, 전문가들에 의한 통치구현. 단점은 대표통제의 어려움.

합격생 tip

- 대의민주주의와 직접민주주의를 비교한다면

① 직접민주주의의 장점에도 불구하고 근대 국가에서 대의민주주의가 선택된 이유

② 대의민주주의의 장점에도 불구하고 다시 직접민주주의 논의가 나오는 이유

③ 그럼에도 대의민주주의가 아직 가장 유용한 이유의 순서대로 논리를 전개하는 것도 좋은 방법. (쟁점 14 참고)

민주주의 쟁점 4 : 방어적 민주주의의 현대적 의미

주제의 문제의식

Q 방어적 민주주의가 현대에 주는 의미는 무엇인가?

A 대의민주주의라는 자유주의에 근거한 민주주의 이론의 근거를 제시하고, 제도를 통해 개인의 자유를 보호하면서도 인민에 의한 통치를 관철 시킴.

세부 쟁점과 핵심이론

sub 1 방어적 민주주의 vs. 발전적 민주주의 간 장단점 논쟁

(1) 방어적 민주주의: 국가의 간섭 최소화. 근대 초기 민주주의.(소극적자유＋절차적평등)

(2) 발전적 민주주의: 인민의 자기 완성을 가능. 민주주의 확대 가능성.(적극적 자유＋실질적 평등)

표를 통한 비교 고전적 민주주의와 방어적 민주주의 비교

	고전적 민주주의	방어적 민주주의
의미	고대 그리스 아테네의 직접적 민주주의	자유주의에서 유래. 소극적 자유＋절차적 평등
정당화 원칙	시민은 자유롭게 지배하고 다시 지배받기 위해 정치적 평등을 누려야 함	통치자가 시민의 전체 이익과 일치하는 정책을 추구하도록 보장하기 위해 시민은 통치자와 시민 각자로부터의 보호를 필요로 함
핵심적 특징	(1) 입법·사법 업무에 시민이 직접 참여 (2) 시민의 민의가 최고 주권을 가짐 (3) 최고 주권의 범위는 모든 공공업무 포함 (4) 공직후보자 선출: 직접선거, 추첨, 윤번제 (5) 일반시민과 공직자를 가르는 특권상 구분 없음 (6) 전쟁 관련 직위를 제외하고 동일 공직에 동일인이 두 번 임명될 수 없음 (7) 모든 공직임기는 단기(短期)성 (8) 공공업무 봉사에 대한 보수 지급	(1) 주권은 궁극적으로 인민에게 있지만, 국가업무를 정당하게 수행할 수 있는 대표자에게 수여됨 (2) 제도적 기반: 정기적 선거, 비밀선거, 잠재적인 지도자 또는 정당, 파벌들 간의 경쟁, 다수결 (3) 국가권력은 비인격적·법적으로 확정되어야 하고 입법·사법·행정으로 분리되어야 함 (4) 자의적 취급으로부터 자유 보호 (5) 자유로운 발언·표현·집회·선거·신념과 연계되는 모든 정치적·시민적 권리나 자유의 형태로 제시되는 법 앞의 평등 보호를 위한 입헌주의 (6) 국가와 사민사회는 분리되어야 하고, 국가 행위의 범위는 폭력, 용인될 수 없는 사회행위, 원치 않는 정치적 간섭의 위협에서 벗어나 자신의 개인 생활을 추구할 수 있도록 해야 함 (7) 서로 경쟁하는 권력 중심과 이익집단들
일반 조건	(1) 소규모의 도시국가 (2) 시민의 '자유'시간을 창조한 노예경제 (3) 남자들을 공공업무에 종사할 수 있	(1) 정치적으로 자율적인 시민사회의 발달 (2) 생산수단의 사적 소유 (3) 경쟁적 시장경제 (4) 가부장적 가족

	도록 한 (여성의) 가사노동 (4) 상대적으로 소수인원에 대한 시민권 제약	(5) 민족국가의 영토 범위의 확대

적용 가능 사례

1. 정토통신혁명에 따른 전자민주주의발전과 조전적 민주주의 가능성(직접민주주의의 가능성)

합격생 tip

- 「정치학강의 4」 Part3 "민주주의의 이론들 비교와 발전" 참고.
- 방어적 민주주의, 발전적 민주주의를 새로운 민주주의라고 생각하고 별도로 암기하려고 한다기보다는, 구성요소를 암기하고 그것을 통해 설명하는 것을 추천. 예를 들어 방어적 민주주의를 설명해야 한다면 소극적 자유+절차적 평등이므로 소극적 자유의 존 로크의 소유권에 대한 설명이나 소극적 자유를 수호하기 위한 권력분립, 절차적 평등을 위한 대의제도, 입헌주의 등을 통해 설명할 수 있을 것임.

민주주의 쟁점 5 : 발전민주주의의 현대적 의미

주제의 문제의식

Q 발전적 민주주의가 현대에 주는 의미는 무엇인가?

A 인민의 '자기개발'을 가능하게 해주면서, 참여민주주의와 심의민주주의의 토대를 만들어 주었다.

세부 쟁점과 핵심이론

sub 1 발전민주주의의 참여민주주의와 심의민주주의와의 연관성

(1) 존 스튜어트 밀(J.S. Mill): 심의민주주의로 연결

(2) 루소: 인민 주권론을 통해 직접민주주의와 참여민주주의로 연결 ⇨ 최근에는 공화주의로 해석

민주주의 쟁점 6 : 엘리트주의의 현대적 의미(분석도구 쟁점 2 참고)

주제의 문제의식

Q 엘리트주의가 현대에 주는 의미는 무엇인가?

A 엘리트 통치가 불가피 하다면 엘리트 간 경쟁을 제도화할 필요가 있다.

세부 쟁점과 핵심이론

sub 1 엘리트 민주주의 vs. 직접민주주의(혹은 참여민주주의)

1. 발전주의 민주주의 모델

표를 통한 비교 발전적 민주주의 이론 간 비교

	급진모형(루소)	온건모형(존 스튜어트 밀)
의미	자유주의의 확대 (소극적 자유 → 적극적 자유: self-rule)+민주주의(실질적 평등)	
정당화 원칙	집단적 발전과정에서 어떤 사람도 타인의 주인이 될 수 없고 평등한 자유와 독립을 누릴 수 있기 위해 시민은 평등한 정치적·경제적 권리를 향유해야 함	정치생활 참여는 개인 이익의 보호뿐만 아니라 관련 지식을 갖춘 헌신적인 진취적 시민을 형성하는데도 필요. 정치참여는 개인능력의 '최고의 그리고 조화 있는' 확장에 필수적.
핵심적 특징	(1) 입법·행정기능의 분리 (2) 시민의 공공집회 직접참여가 입법부 구성 (3) 공공문제 해결에서 만장일치가 바람직하지만, 불가능한 경우에는 다수결 원칙의 투표 준비 (4) 행정부 직위는 '집행관' 또는 '행정관'의 수중에 있음 (5) 행정부의 공직자는 직접선거나 추첨에 의해 임명	(1) 보통 선거권을 구비한 대중주권(투표권 할당에는 비례제가 사용됨) (2) 대의 정부(지도자선출, 정기적 선거, 비밀선거 등) (3) 권력분립 및 국가권력에 대한 제약 보장 (4) 개인 권리, 특히 사상·감정·기호·토론·출판·결사 및 개인적인 '생활계획' 추구 자유와 관련된 모든 권리의 신장을 확보하기 위한 입헌적 견제 필요 (5) 대의기구와 공공관료제의 분명한 구분(전문적 행정가와 선량(選良)의 기능 분리) (6) 투표, 광범위한 지방정부 참여, 공공토론 및 배심원 업무 참여를 통한 시민참여
일반 조건	(1) 소규모의 비산업적인 공동체 (2) 시민 다수 사이에 재산 소유 확산. 시민권이 재산소유에 달린 독립생산자 사회. (3) 남자로 하여금 (비민주적) 작업과 정치에 종사할 수 있도록 해주는 여성의 가사봉사	(1) 최소의 국가개입과 더불어 독립적인 시민사회 (2) 경쟁적 시장경제 (3) '공동체적' 또는 협동조합식 소유형태에 관한 실험을 병행하는 생산수단의 사적 소유와 통제 (4) 여성의 정치적 해방(가족 내 전통적 분업은 유지) (5) 발달된 국제관계를 갖춘 민주국가체계

2. 존 스튜어트 밀의 민주주의

(1) **적극적 자유 강조**: 인민의 자기 개발 가능성을 위한 민주주의 제시. 인민의 자기 계발 가능성(인민의 발전을 위한 민주주의)을 강조. ⇨ 국가의 역할에 대한 수정이 필요. (방관자적 국가에서 사회적 폐단을 수정하기 위한 적극적 국가로) ⇨ 공리주의자인 토마스 힐 그린(T. H. Green)이 '적극적 자유' 개념을 구축함. ⇨ 이후 '적극적 국가'와 복지국가론으로 확장할 수 있는 토대를 제시함.

(2) **보통선거권과 여성대표권 인정**: 현실적인 민주주의자. 질적 공리주의를 토대로 함. 모든 이들의 효용(만족)을 높이기 위한 것임. ⇨ 다만 무조건적인 양적 확대인 양적 공리 증대가 아니라 질적 차원에서 공리를 증대함.

(3) **대의민주주의**: 민주주의는 어떤 방식으로 작동하는지가 중요. 행정관료체제가 작동하기 때문에 효율성과 전문성은 행정관료체계를 통해서 확보 가능. 다만 대의민주주의의 대표들을 통해 정부가 '전제권력'을 가지거나 '과대 성장 국가'가 되는 것을 막을 필요가 있음. ⇨ 민주주의에서 의회의 통제기능을 강조하는 입장.

3. 엘리트 주의(분석도구 쟁점 2 참고)

(1) 민주주의에서도 엘리트가 지배하는 것이 일반적 현상

(2) **막스 베버**: 근대 세계에서는 국가가 중요. 19세기 말 산업사회가 진행됨. 이런 사회에서는 효율성과 전문성을 중심으로 한 국가가 중요함. 그리고 국가운영에서는 관료제도가 중요함. 다만 의회가 관료제도를 견제함. ⇨ 민주주의는 통제를 할 수 있는 지도자를 선출하는 정도로 국한됨.

① 권력(국가) vs. 권리(인민)사이의 균형: 전문화된 국가의 능력 강화 vs. 인민의 자유와 권리 보장

② 숙련된 정부 vs. 인민주권 사이의 균형: 인민에게 주권이 있지만, 산업화를 잘 이끄는 정부필요

③ 권력 vs. 법 사이의 균형: 국가의 능력 vs. 국가 견제. 국가의 정통성이 필요한데 이것은 인민주권에 기초한 법치주의로 가능해짐.

④ 직접민주주의가 근대 국가에서는 불가능하지는 않지만 쉽지 않음. ⇨ 의회를 통해 근대국가와 민주주의를 연결하고자 함.

⑤ 의회제 정부+경쟁적 정당(정당들의 경쟁을 통한 의회 장악)+자본주의 경제 중시: 의회제는 통치에서의 개방성을 유지해주고(공공정책의 논의와 이해관계 대표), 협상의 공간을 제공하며, 웅변술이 뛰어난 엘리트를 시험하고 충원할 수 있게 해줌. 반면 의회보다는 정당이 중요함. 경당 간 경쟁이 핵심임. ⇨ 이런 입장은 대의제 민주주의만을 지지하게 만듬.

(3) 경쟁적 엘리트주의 민주주의

① 베버에서 슘페터와 다원주의로 이어짐.

② 슘페터는 현실주의적 민주주의를 모색: 현실의 민주주의가 어떻게 작동하는지를 설명함. 슘페터 모델에서도 규범이 작동함. 사회주의가 자본주의를 대체하는 것에 대한 반박이라는 규범이 작동.

③ 슘페터식 민주주의는 정치적 방법으로 규정: 개인들에게 표를 부여하고, 이를 이용한 정치적 결정에 도달하는 것이 민주주의. ⇨ 정당에 포진한 정치지도자들 간의 경쟁에 의한 통치.

④ 슘페터 민주주의에서 시민의 권리: 자신을 대신할 대표를 선출하고 권위를 부여하는 권리.

⑤ 슘페터 민주주의 운영 핵심: 경쟁을 통해 정부를 교체할 수 있는 것. 억압적 통치자로부터 개인을 보호. 나머지는 분업의 논리(시민은 사적인 영역에 관심을 가지고 자신의 생활을 하고, 정치인은 공적인 영역에 관심을 가지고 정책 결정을 해냄)

(4) 다원주의 모델이나 다운스의 공간경쟁 모델

① 다원주의 모델: 엘리트의 존재 인정하나 엘리트 간 경쟁이 존재함. 파워 엘리트의 사회 전영역에 대한 지배를 거부함.

② 공간경쟁모델: 유권자의 수요가 정당 간 경쟁을 통해 정책 결정에 도달함. 결정은 정당이 수행하고, 유권자는 자신이 가진 표를 통해 선거만으로 민주주의를 운영함.

적용 가능 사례

1. 한국에서 대의민주주의 vs. 참여민주주의 지지 논쟁 ⇨ 민주주의 주체와 민주주의에 따른 부담과 국가의 개입과 역할에 관한 논쟁

민주주의 쟁점 7 : 불확실성의 제도화 vs. 전환가능성의 의미

주제의 문제의식

Q 민주주의를 비민주주의와 제도적으로 구분할 수 있는 가장 중요한 특징은 무엇인가?

A 민주주의는 인민의 의사에 의해 통치자를 바꿀 수 있고, 이것은 선거제도를 통해 '불확실성의 제도화'로 나타나야 한다.

세부 쟁점과 핵심이론

sub 1 준민주주의와 선거권위주의를 민주주의와 구분하게 해주는 기준 논쟁

(1) 민주주의: 불확실성의 제도화가 보장 vs. 준민주주의와 선거권위주의: 불확실성의 제도화가 약함.

sub 2 자유주의에 기초한 민주주의관과 공화주의나 사회주의에 기초한 민주주의관은 구체적으로 작동방식에서 어떤 차이를 보이는지 논쟁

(1) 이론 간 차이: 대의민주주의 vs. 참여 민주주의 ⇨ 주체: 정당과 의회 vs. 시민과 인민의 직접 참여 ⇨ 민주주의 영역: 정치영역 vs. 정치·경제·사회영역

1. 민주주의와 비민주주의 구분기준

(1) 불확실성의 제도화(민주주의) vs. 확실성의 제도화(쉐보르스키의 기준)

① 의미: 집권자가 책임을 추궁당해서 다음 선거에서 패배할 가능성을 가지고 있는지 여부. 경쟁적 권위주의나 준민주주의(위임민주주의, 후원자 혹은 지도민주주의)등은 책임추궁이 어렵거나 선거는 있지만, 실질적으로 결과를 바꾸기 어려움.

② 적용이 어려운 사례도 있음: 민주주의에서도 패권적 정당이 존재할 때는 책임 추궁이 현실적으로 어려움. (1990년대 중반 이전까지 일본 자민당체제. 1990년대 중반 민주당에게 패배함.)

(2) 전환가능성 vs. 전환 불가능성(쉐보르스키의 기준)

① 의미: 정부를 바꿀 수 있는 가능성이 있는지 여부. 정부를 바꿀 수 있는 선거제도가 구비되어 있는지가 중요.

② 경쟁적 권위주의: 선거는 있음. 그러나 경쟁성이 보장되지 못해 전환가능성이 없음. (ex, 푸틴의 러시아에서 지방선거에 푸틴이 개입하여 제도를 변경함.)

(3) 한시적 정부 vs. 영구적 정부(후안 린즈 Juan Linz 의 기준)

① 정부의 집권 기간이 한시적인 특성을 가지는지 여부. (ex, 대한민국 1987년 이후 진보 정부와 보수 정부 간 정권교체 ⇨ 한시성을 가짐. vs. 북한 1948년 이후 70년 이상 김일성, 김정일, 김정은 체제로 이어짐.)

② 갈등의 유보: 정치적 갈등과 경쟁에서 승자와 패자가 나옴. 이것은 정치적 갈등이 해결된 것이 아니라 다음 선거까지 유보된 것임.

적용 가능 사례

1. 한국에서 정권교체와 탄핵 사례 ⇨ 정치적 책임추궁 가능성(민주주의)과 법적 책임 추궁가능성(자유주의와 공화주의: 지도자의 시민적 정체성 박탈)

합격생 tip

- 아담 쉐보르스키(A. Przeworski)의 민주주의 개념을 한 단어로 표현하는 방법 이외에도 ① 불확실성의 제도화는 불확실성(결과가 사전적으로 정해져 있지 않음)+제도화(반복되는 선거가 제도로써 보장됨)으로 표현할 수도 있으며, ② 전환가능성은 형식적으로 전환이 가능한 방법(선거제도)이 있어야 하며, 실질적으로 경쟁성(정치적 대안)이 존재해야 한다고 해석하는 등 세부적으로 부연 설명해주는 연습도 추천
- 「정치학강의 4」 Part3 "불확실성의 제도화와 다수결주의" 참고.
- 민주주의를 불확실성의 제도화라고 정의하면, 사전적으로 특정 가치가 우선시되지 않아야 하기 때문에 개인의 가치를 사회의 가치로 전환할 수 있는 제도가 필요하며, 가치의 대등성을 고려하면 이 제도는 다수결 제도가 활용되게 됨. 이때 다수결 제도의 장점, 단점을 설명하여 민주주의 발전을 위한 다수결 제도의 보완까지도 논의할 수 있음.

민주주의 쟁점 8 : 민주주의와 비민주주의 구분

주제의 문제의식

Q 어떤 특성이 민주주의와 비민주주를 구분하는가?

A 민주주의와 비민주주의를 구분하는 것은 민주주의의 내용보다는 민주주의의 제도적 특징이다.

세부 쟁점과 핵심이론

1. 민주주의와 비민주주의의 스펙트럼

권위주의	경쟁적 권위주의	잡종민주주의	민주주의
확실성의 제도화 선거, 복수정당부재 비제도적 권력이양우려(쿠데타) ex) 북한, 중국	확실성의 제도화 선거, 복수정당 제도화된 권위주의 ex) 러시아	불완전한 민주주의 비자유주의민주주의(소수보호 부재) 위임민주주의 ex)쿠데타전 태국	불확실성의 제도화 선거와 경쟁적정당 제도적 권력이양 ex) 한국

민주주의 쟁점 9 : 준민주주의와 경쟁적 권위주의의 구분

주제의 문제의식

Q 민주주의와 권위주의 사이에 두 제도로 구분되지 않는 제도들은 어떤 특징을 보이는가?

A 민주주의와 비민주주의 사이에 준민주주의나 경쟁적 권위주의로 불리는 제도들은 정확히 민주주의를 운영하지는 않지만, 인민들에게 선택권을 부여함으로써 정당성을 확보하고자 한다.

세부 쟁점과 핵심이론

sub 1 민주주의와 비민주주의민주주의의 구분 기준:
(1) 민주주의: of the people + by the people
(2) 비민주주의: of the People(X) (전통적 권위, 정당, 실질적 무력 통제가 대체) + by the people(X) (선거와 경쟁적 제도를 부분적으로 인정하거나(ex. 러시아)나 인정하지 않음(ex. 북한)
* for the people: 결과 중심의 주관적인 부분이라 평가하기 어려움.

sub 2 민주주의와 비민주주의 사이의 정치체제들을 선택하는 원인
(1) 준민주주의: 민주주의 제도를 사용하지만, 운용상 비민주적인 방식이 사용됨. 이런 운용방식을 선호함.
(2) 경쟁적 권위주의: 비민주주의를 제도적으로 정착시킴.

1. 민주주의와 비민주주의와 준민주주의등 구분

체제 구분	특징
민주주의	인민주권론(of the people)에 기초함. 인민에게 실질적 결정권이 부여됨.(대표선출과 정부구성의 권리) 정부책임추궁이 가능함.
준민주주의	민주주의의 선출제도 작동 + 지도자의 위임민주주의 운영(의회보다 더 많은 표를 통해 당선되었기에 국민의 권력 위임 주장. 행정부는 포고령주의에 기초해 의회권력 우회함.) 대표 사례: 위임민주주의로 1990년대 브라질과 차베스의 베네수엘라. 쿠테타 이전의 미얀마(군부가 비례선거의 일정 지분을 가짐)
준권위주의	기본적으로 전환가능성(실질적 대안) 부재(권위주의 체제) + 선거와 복수정당 존재 정치체제에 대한 불만확인과 선거를 통한 정당화 기능과 대외 선전용 대표 사례: 푸틴의 러시아
권위주의	인민주권론 부재 + 인민 통치론 부재(군부, 왕, 공산당이 통치) 쿠테타 이후 미얀마(선거 자체가 의미 없고 민간 정치인들 구속됨.)

적용 가능 사례

1. 민주주의국가에서 민중주의 강화: 정치 대표들이 무책임한 공약 제시 + 인민을 위한 통치를 강조 + 대의민주주의의 제도적 정치(의회와 정당) 우회. (예 트럼프주의, 필리핀 듀테르테 당선)
2. 비민주주의 국가들의 제도화 시도(선거와 복수 정당도입)와 정치적 의미

민주주의 쟁점 10 : 로버트 달의 다두정(Polyarchy)

주제의 문제의식

Q 로버트 달의 다두정 이론은 여전히 민주주의를 분석하는데 유용한가?

A 로버트 달의 다두정 이론은 민주주의가 제도적으로 중요하며, 구체적으로 민주주의를 위해 어떤 제도를 필요로 하는지를 설명할 수 있다는 점에서 민주주의 분석에 유용하다.

세부 쟁점과 핵심이론

sub 1 로버트 달이 민주주의 개념을 버리고 Polyarchy라는 개념을 사용한 이유와 개념의 유용성 논의.

(1) 배경: 민주주의(제도 + 관념)으로 인식됨. 관념은 개인들마다 주관적으로 판단 기준이 다름.

(2) 유용성 주장: 제도만으로 평가해야 객관적 평가가 가능. ⇨ 절차적 민주주의자(최소강령론자, 자유주의 관점에서의 민주주의자)들의 기본적인 접근법.

sub 2 민주주의(다두정)를 비민주주의와 구분하는 두 가지 특징과 이를 구현하기 위한 세부적인 가치와 제도적 방안들의 현실 정치체제에 대한 대입

1. 민주주의의 두 가지 입장

표를 통한 비교 로버트 달의 Polyarchy이론: 민주주의의 최소적 이해

중요 요소	(1) 'contestation' open to the 'participation'. '경쟁'과 '참여' 중요. (2) 두 개의 변수가 가장 중요함. 민주주의를 최소적으로 정의함.
정치 체제의 변화 유형	(1) 1번 경로: 경쟁성이 증대한 뒤 참여 증대 (2) 2번 경로: 폐쇄적 헤게모니에서 폴리아키로 직접 가는 방식 ⓔ 프랑스 혁명 (3) 3번 경로: 참여가 증대한 뒤 경쟁성 증대 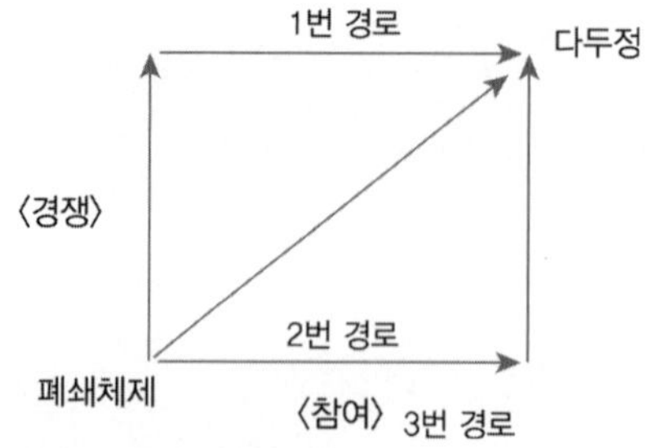
주장	(1) 민주주의를 바라보는 시각은 참여론적 시각과 경쟁론적 시각으로 구분될 수 있음. 참여론적 시각에서는 투표권 확장이 핵심. (2) 과거 남아공에서도 투표권이 확장되었듯이 투표권 문제는 해결됨. 현재는 오히려 경쟁론적 시각에서 1번 루트가 중요. 경쟁의 제도화 뒤 참정권 확대 필요. 제도 내 경쟁 중요.

	(3) 민주적 결정은 이해 차이로 인해 충돌적이므로 충돌 억제를 위한 제도장치 모색 중요
한국적 함의	(1) 달의 민주주의는 민주주의의 최소요건이므로 한국사회에 '경쟁'과 '참여' 둘 중 하나라도 결핍되어 있다면 현재 우리는 민주주의의 최소 정의조차 충족하지 못하고 있다는 의미

표를 통한 비교 **로버드 달의 민주주의 이론 내용(5가지 운영기준, 제도 암기)**

민주주의의 이점	① 전제정치 방지: 잔인하고 악덕한 독재자들에 의한 통치를 예방 ② 본질적 권리들: 비민주주의 체제와 달리 일련의 기본권들을 시민에게 보장 ③ 일반적 자유: 어떤 대안체제보다도 더 광범위하게 개인적 자유의 영역 보장 ④ 자기 결정: 사람들에게 자기 결정의 자유를 행사할 수 있게 하는 최대한의 기회 제공 ⑤ 도덕적 자율성: 도덕적 책임감을 행사할 수 있도록 하는 최대한의 기회 제공 ⑥ 인간계발: 다른 어떤 대안체제보다도 인간의 발달을 보다 완전하게 촉진(인간의 자실현을 가능하게 함) ⑦ 본질적인 개인적 이익들의 보호: 자신이 선택한 법 하에서 살아가도록 함으로써 국민 자신의 근본적 이익들을 보호 ⑧ 정치적 평등: 상대적으로 보다 높은 정도의 정치적 평등 보장 ⑨ 평화 추구: 현대 대의제 민주주의 국가들은 서로 전쟁을 하지 않음 ⑩ 번영: 민주적 국가들은 비민주적 국가들보다 더 번영하는 경향 ⑪ 달은 이상의 점들을 고려할 때 민주주의는 대부분의 우리들에게 다른 어떤 가능한 대안보다도 훨씬 더 나은 도박이 될 것이라고 주장
민주주의의 5가지 운영 기준	(1) 효과적 참여(effective participation): (협회에 의해) 정책결정이 채택되기 전 어떤 정책이 채택되어야 하는지를 다른 성원에게 알릴 수 있는 동등하고 효과적인 기회를 가져야 함 (2) 투표의 평등(voting equality): 최종적으로 정책 결정을 내려야 할 순간에 모든 성원들은 평등하고 효과적인 투표의 기회를 가져야만 하며, 모든 투표는 평등하게 간주되어야 함 (3) 계몽적 이해(enlightened understanding): 합당한 시간제약 내에서 각 성원은 정책대안들과 각각의 가능한 결과들을 이해할 수 있는 동등하고 효과적인 기회를 가져야만 함 (4) 의제의 통제(control of the agenda): 성원들은 어떻게 그리고 어떤 문제들이 의제에 상정되어야만 하는지를 자신들이 주도하여 결정할 수 있는 배타적 기회를 가져야만 함 (5) 성인들의 수용(inclusion of adults): 대부분의 영구적 성인 거주자들만이 앞의 네 가지 기준이 시사하는 완전한 시민의 권리를 향유해야만 함
필요한 정치제도	(1) 선출직 공무원(elected officials) (2) 자유롭고 공정하며 빈번한 선거(free and fair elections) (3) 표현의 자유(freedom of expressions) (4) 선택의 여지가 있는 정보(alternative information) (5) 결사의 자율성(associational autonomy) (6) 융합적 시민권(inclusive suffrage)

적용 가능 사례

1. 한국에서 절차적 민주주의를 보완하기 위한 '참여 증대'와 '경쟁성 증대' 필요성과 방안

민주주의 쟁점 11 : 민주주의 평가 기준과 필립 슈미터 기준

주제의 문제의식

Q 대의민주주의가 원칙적으로 작동하기 위해서는 어떤 기준을 충족하는 것이 필요한가?

A 대의민주주의가 원칙적으로 작동하기 위해서는 대표성, 응답성, 책임성이 필요하다.

세부 쟁점과 핵심이론

sub 1 민주주의 평가 기준: 대표성, 응답성, 책임성

(1) 대표성 기준: 유권자(가치 기준, 사회적 균열 social cleavage) ⇨ 대표(실제 대표가 되거나, 정책으로 반영되는 정도)

(2) 응답성 기준: 유권자 요구(특정 이슈나 특정 정책 요구) ⇨ 대표의 호응(정책반영정도)

(3) 책임성 기준: 대표(무응답, 무반응시) ⇨ 유권자(선거를 통한 처벌 가능성. 민주주의에서 전환가능성의 핵심) ⇨ 전망적 투표와 회고적 투표 중 회고적 투표가 중요. (업적과 실적에 대한 평가가 중요)

sub 2 필립 슈미터의 5가지 기준: 업그레이드 버전

(1) 경쟁이 기본 값: 민주주의의 핵심에는 엘리트(정당이나 정치 지도자) 간 경쟁필수

(2) 주체: 시민과 정부로 구분

(3) 민주주의 지향 가치로 구분: of the people 과 for the people로 구분.

1. 필립 슈미터의 기준

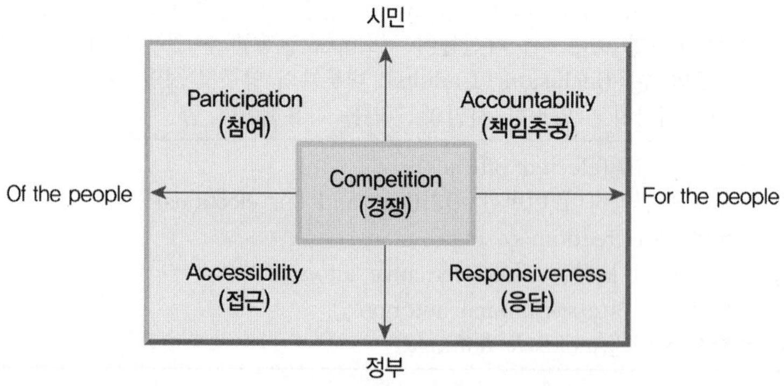

표를 통한 비교 **필립 슈미터(P. Schmitter): 민주주의의 가치와 평가 기준**

참여 (participation)	1970년대 헌팅턴은 민주주의가 참여의 폭발을 가져온다고 하여 문제시했지만 지금은 참여의 부재가 문제. 민주주의에서는 집단적 결정에 대한 평등한 참여가 필요. ⇨ 'Hyper Democracy': 68혁명 이후 1970년대 신좌파운동과 참여민주주의 이론과 운동 등장에 대해 헌팅턴은 거부함. 그러나 최근 대의민주주의 협소함에 대한 비판과 민주주의 확장 주장이 강력함.
접근성 (accessibility)	개인의 선호가 정부의 결정에 공식적 논의 대상이 되어야 함 ⇨ 인민이 정부에 대해 접근할 수 있는 가능성이 필요함. 정부에 대한 정보공개청구권과 같은 제도가 있어야 인민에 의한 통치가 실현됨.
책임성 (accountability)	개별 시민과의 정규적인 협의 과정 등을 통해 지배자가 책임져야 함 ⇨ 유권자가 정부에 대해 책임추궁을 할 수 있는 구체적 장치들이 필요함.
응답성 {responsiveness)	정부는 시민 요구에 대해 응답해야 함. 응답성이 낮을 때 시민에 의해 책임추궁이 가능해야 함. for the people의 위와 아래에서 작동함.
경쟁성 (competition)	정치적 대안은 복수가 되어야 함. 결사의 자유는 대안 조직을 가능하게 하는 것. ⇨ 정당경쟁이 중요함. 그러나 아직 정당이 구성되지 않은 사회적 가치도 정당을 통해 경쟁할 수 있어야 함. 기본적으로 언론의 자유가 확보되어야 하며 침묵하는 대안은 대안이 아님
한국적 함의	현재 민주주의에 어떤 문제가 있는지, 특히 한국 민주주의에서 무엇이 문제이며, 무엇을 고칠 것인지 보여주는 이론적 도구. ㉠ 한국의 낮은 투표율과 참여 부족, 정부 접근성 부족, 섣부른 공약과 국채 사업 폐기에서 볼 수 있는 정치적 책임 추궁 부족, 소통 부재로 문제되는 응답성 부족, 카르텔 정당에서 보이는 정치사회의 경쟁성 부족 등

적용 가능 사례

1. 한국 대의민주주의에 대한 대표성, 응답성, 책임성 차원에서의 평가와 보완민주주의들의 평가 비교
2. 한국 대의민주주의에 대한 필립 슈미터 평가 기준 대입과 보완민주주의들의 평가 기준 대입 비교

제 2 장 제도로서 민주주의

민주주의 쟁점 12 : 대의민주주의의 등장과 운영 원리와 장단점

주제의 문제의식

Q 민주주의를 대표를 통해 운영하는 간접적인 형태가 가지는 장점과 단점은 무엇인가?

A 민주주의를 간접적으로 운영하는 경우, 개인에게 부담을 덜어줄 수 있고 전문가를 통해서 행정부에 대한 통제력을 가질 수 있지만, 역선택 문제와 주인– 대리인 문제가 발생할 수 있다.

세부 쟁점과 핵심이론

sub 1 대의민주주의의 유용성 논쟁과 21세기 민주주의로서 보완과 수정 방안

sub 2 대의민주주의의 평가 기준과 대안 민주주의의 적용을 통한 비교: 결론은 보완적 민주주의

1. 대의민주주의 이론과 작동방식과 구체적인 모델

표를 통한 비교 대의민주주의 이론

의미	‘선호집약적 민주주의’와 ‘간접민주주의’로서 대의민주주의: 선거라는 수단을 통해 시민들의 집단적 의사 또는 공공선, 일반의사를 확인한다는 점에서 선호집약적이며 인민 혹은 시민의 집단적 의사를 시민들의 대표를 통해 실현하려는 간접민주주의임. ‘인민이 지배하나 대표를 통해 간접적으로 지배’하는 형태. ⇨ 문제 제기: 첫째, 선호집약성(다수의 전제주의로 전락 또는 정책 결정에서 타협과 협상 과정이란 정당성 약함) 대안(보완책)으로 심의민주주의. 둘째, 간접성(대의기구를 통한 민주주의). 대안(보완책)으로 직접민주주의(국민투표등을 활용), 참여 민주주의(시민참여와 위원회활용), 결사체 민주주의(이익집단을 통해 정부에 로비)
원리	(1) 자유주의 근거 대표를 통해서만 공동체 결정에 따른다(“대표 없이 과세 없다”)는 주장 하에 초기에는 세금납부자 선거체제부터 시작하여 세금을 내는 이에게만 선거권을 부여하고 유권자의 확대를 거부함. 보통선거권은 1차 대전 이후 노동자와 여성에게 확대됨. ⇨ 자유주의가 민주주의 구성: 보호적 민주주의. 영국과 프랑스에서의 사례.

	(2) 공화주의 근거 미국의 연방주의자들 특히 메디슨의 영향을 많이 받음. 메디슨은 파벌을 인정하되 파벌 간 경쟁을 통해 다수 지배를 막고자 연방 구성 주장. 특정 파벌, 특히 무산자의 지배를 방지하기 위한 제한장치를 헌법에 구성해 넣음. 견제 방식은 수평적 견제(의회 vs. 행정부)와 수직적 견제(국민 vs. 정부 / 연방 vs. 주정부). ⇨ 공화주의 민주주의: 미국 민주주의는 보호적 민주주의 형태와 크게 다르지 않음.
가정 및 작동방식	(1) 유권자와 대표 간 완전 정보 가정: 유권자의 선호와 대표의 정책을 서로 알아야 함 (2) 자유로운 시민 가정: 자유로운 선택이 가능하기 위한 조건 (3) 이익표출과 이익집약 가정: 개인이 아닌 집합적으로 이해가 표출되어야 함 (4) 대표의 표 극대화 가정 및 대표의 유권자 의사 반영 가정: 선출되기 위해 대표는 득표 극대화라는 합리적 선택을 하고 선출 이후에는 다음 선거를 위해 유권자의 의사 반영 (5) 정치적 완전경쟁시장 가정: 여러 대안이 있어야 선호에 따른 선택 가능 (6) 인민의 의사에 대한 대표의 완벽한 대리인 가정: 대표는 대리인으로 유권자의 의사를 정책에 반영해야 함 (7) 선거가 유권자의 선호와 대표의 선호를 완벽하게 매개한다고 가정(but, 투표의 패러독스와 순환적 다수(개별 집반의 선호가 전이성을 충족하지 못할 때 집단적 선택으로서 공공선 결정은 불가능), 애로우의 불가능성 정리(범위의 무제한성, 파레토 최적 또는 만장일치, 무관한 대안으로부터의 독립, 비독재성의 4가지 조건을 달성하는 사회적 결정은 불가능함)는 이를 이론적으로 비판. (cf. 피쪼르노 엘리트에 의해 만들어진 선호도도 비판함.) (8) 개인의 합리적 선택과 집단의 합리적 선택은 서로 동일하다고 가정
문제점	(1) 대표성 기준: 선호표출 문제, 투표의 엘리트적 속성, 투표의 선호 강도 반영 문제(모든 개인 간 동일한 선호강도 가정), 진실한 투표(원하는 대표를 선택하는 행위)와 전략적 투표(사표 방지를 위한 투표)의 구분 문제 (2) 반응성 기준: 대의기관의 문제점. 의회가 무대의회로 전락, 거수기화되는 문제, (행정부와 의회 간 또는 상하원 간) 위임의 문제와 책임 전가, 책임 추궁 장치와의 관계 (3) 책임성 기준: 전망적 투표와 회고적 투표로서 선거의 통제장치 역할 부족. 유권자와 대표 간 정보의 불일치. 재선에 대한 제약 예 대통령 단임제와 정치적 책임 추궁의 곤란 (4) 동태성의 부족: 대의민주주의의 보수화와 새로운 이슈 반영 어려움. (5) 대의제의 한계 ① 정치체제의 안정과 효율 중시로 정치의 동태성 경시 ② 다수결 방식의 한계: 힘의 논리인 다수결주의를 통한 관철 → 소수자와 다수자의 이해조정 · 수렴 부족. 공익과 공공선은 조금 더 우월한 사익과 사적인 이해관계를 반영할 가능성 큼. ③ 새로운 정치적 갈등 이슈들의 해결 어려움: 환경 · 낙태 · 시민 불복종 · 소수자 등 차이의 인정과 대표 필요. 삶의 존재조건 자체의 문제이자 삶의 궁극적 가치인 개인의 존엄성 확보 문제.
장점	(1) 효율성 기준: 결정 도달 비용과 독재자의 결정으로 인한 외부 위험 비용 간 고려 시 대의민주주의는 효율적 (2) 정당성 기준: 만장일치의 문제점으로 소수의 독재 가능성이 제기되나 평등한 권력의 분배 차원에서 다수결주의는 정당함 (3) 포용성(inclussiveness) 높음: 대다수의 유권자를 포함해 의사결정 함. (4) 기타 장점: 실천적이고 작동이 용이한 민주주의의 형태 제공, 평범한 시민들에게 결정 과정의 부담을 해소, 정치의 안정성 · 효율성 증대

제도적 모델	(1) 다수주의 모델: 영국방식. 인종・언어 등이 동질적인 사회에서 단순다수제를 통해 민주적 결정을 수행하는 모델. 승자와 패자가 명확하게 구분되고 승자가 지배하기 용이한 구조로 거대정당에 유리하게 선거제도가 작동. (2) 협의 민주주의(비례형 모형, Consensus 모형): 인종・언어・종교 등 복합적 균열 사회(예 스웨덴이나 스위스)에서 사용하는 모델. 여러 단위의 소수 집단을 대표하기 위해 대연합 정부, 상호거부권, Minority Veto(소수자에게 거부권 부여), 비례주의 원칙, 지역 등 부분의 자율성 인정 등의 제도 사용. 갈등을 해소하기보다는 상존시킨다는 점에서 갈등에 대한 숙명론적 인식 문제를 가지며 정책 표류(policy immobilism)가 우려됨. (3) 협의주의의 한국적 논의: 지역 문제에 대한 해법으로 논의된 적이 있으나 협의구조는 갈등을 풀기 어렵다는 전제에서 사회적 공존을 위해 마련된 제도적 장치임. 한국의 지역주의에 도입 시 지역 문제를 구조화하게 되는 문제와 거부권의 빈번한 사용으로 인해 정책 표류가 우려됨.
Schumpeter의 민주주의 (최소적 민주주의)	(1) 슘페터의 이론: 대의민주주의는 엘리트 대표로 운영될 수 있음. 엘리트 민주주의와 절차적 민주주의의 가장 대표적인 이론. (2) 슘페터의 민주주의 정의: 민주주의적 방법이란 정치적 결정에 도달하기 위하여 사람들이 국민의 지지표를 얻기 위한 경쟁에 의해 결정권을 획득하게끔 보장하는 제도적 장치 (3) 슘페터 모델의 특징 및 비판 ① Elite 통치 전제하에 국민의 선거권만 부여 (인민의 통치 → 인민에 의해 승인된 통치) ② 공공선 등은 존재하지 않음 ③ 민주적 방식의 결정이 반드시 인민을 위한 것일 수 있는가? (예 전체주의 파시즘) ④ 경쟁의 중요성은 이후 다원주의에도 영향 ⑤ 현실적이고 효율적인 방법 ⑥ 정치체계의 안정과 효율만을 중시하여 정치 동태성을 경시할 우려 있음 ⑦ Elite 민주주의는 일정 정도의 정치적 무관심 필요. 이보다 정치의 발전을 위해서는 시민의 적극적 참여 중요.

2. 대의민주주의 선택의 현실적 이유

(1) 시간과 공간의 제약

① 직접민주주의를 할 공동체 규모를 넘어섬.

(2) 전문성의 문제

① 전문가들에 의한 정치가 필요. 관료제에 대한 견제를 위해서는 전문가인 대표가 필요.(존 스튜어트 밀의 주장)

(3) 포괄성의 문제

① 민주주의내 구성원을 최대한 포섭함. 보통선거권이라는 투표권한을 통해 유권자를 최대한 포용함.

3. 뷰캐넌과 털록의 의사결정 비용

(1) 의사 결정에 두 가지 비용

① 거래비용: 의사결정을 하는 데 드는 비용. 유권자들의 선호를 파악하는 데 사용되는 비용. 선거이전에 정보 제공하고 선거를 통해 다수의사를 확인하는데 드는 비용.

② 순응비용: 의사결정에서 배제된 이들이 치루는 비용. 자신이 배제된 상황에서 다른 이들의 의사결정을 따라야 하는 비용.

(2) 정치체제별 비교

① 직접민주주의: 순응비용 낮음+거래 비용 높음. 모든 이들의 의사를 반영하지만, 의사결정을 하는 데까지 사용되는 비용이 높음.

② 대의민주주의: 순응비용이 다소 높음. (야당 지지자들의 경우)+거래비용이 낮음. 승자와 패자를 골라내지만 투표를 통해 결정하는 비용은 낮음.

③ 독재: 순응비용이 극단적으로 높음. (독재자를 제외하고 나머지 국민은 모두 순응해야 함)+거래비용 낮음. 독재자가 혼자 결정하기 때문에 결정의 효율성은 높음.

④ 의사결정비용 측면에서 대의민주주의가 유용함.

적용 가능 사례

1. 자유주의의 대의민주주의 이론 vs. 공화주의나 사회주의의 참여민주주의 이론: 한국에서 가장 보편적으로 인민의 의사를 반영하고, 책임추궁성을 추구할 수 있는 체제 모색

합격생 tip 쟁점 12~18

– 제2장 제도로서 민주주의 Part는 공통적으로 대의민주주의와 대안으로서의 민주주의를 다루는 Part. 대의민주주의의 특징, 장점, 단점을 명확하게 암기하고 답안에서 제시하고자 하는 대안 민주주의에 맞는 단점을 취사선택하여 서술하는 것을 추천. 대안으로 제시할 민주주의의 대표적 사례가 확보된다면 답안의 논리가 탄탄해질 수 있음.

민주주의 쟁점 13 : 다수결주의 vs. 합의주의(Concensus 또는 Consociational 모델)

주제의 문제의식

Q **한국의 사회균열인 이념, 지역주의, 세대, 젠더 정치는 협의주의의 의사결정방식을 필요로 하는가?**

A 한국의 사회균열은 분배정책을 통해서 문제를 해결할 수 있기에 사회적 가치를 정확히 반영하는 다수결주의가 더 필요하다.

세부 쟁점과 핵심이론

sub 1 한국의 사회균열과 의사결정방식 간 논쟁

(1) 다수결주의 vs. 합의주의 ⇨ 한국의 사회균열에는 합의주의, 협의주의가 잘 안 맞음.

sub 2 한국의 혼합형 선거제도 작동원리.

(1) 지역구선거는 다수결주의를 반영 vs. 정당선거는 비례주의를 반영. ⇨ 비례주의 확대 방안: 다수결주의 약화방안임. but, 서유럽과 같은 협의주의는 아님. 유권자의 정당선호를 직접반영하거나 소수정당의 의석 비례적으로 반영하기 위한 노력임. ex) 2020년 준연동형비례대표제 도입(소수정당 + 민주당의 지지로 도입됨 ⇨ 사회적 균열의 기계적 반영이나 소수자 거부권 주장 없음.)

sub 3 통일 한국의 연방주의 도입과 협의주의 논쟁

(1) 협의주의는 권력 분권화 차원에서 연방주의를 지지함. vs. 연방주의 = 협의주의는 아님. 예 미국도 연방국가지만 협의주의 국가가 아니라 다수결주의를 사용하는 국가임. ⇨ 협의주의 사용하지 않고도 한국은 연방주의 국가 구성 가능함.

1. 레이파트(A. Lijphart)의 두 가지 모델

(1) 다수결주의 vs. 합의주의

① 사회균열에 따른 운영원칙 선택: 복합적 사회균열과 타협 여지가 없는 경우 합의주의를 선택함. (ex, 인종, 종교, 언어가 사회균열을 이루는 경우. ex) 네덜란드, 스위스. 벨기에, 오스트리아

② 관계정리: 사회균열(Social Cleavage: 사회균열의 수와 유형) ⇨ 민주주의 결정방식(다수결주의 vs. 합의주의) ⇨ 제도 선택(선거제도 ⇨ 정당체계 ⇨ 정부형태)

③ 사회균열의 수가 다수고 타협의 여지가 적은 균열 보유 국가 ⇨ 합의주의 민주주의를 선택 ⇨ 제도들(비례대표제도를 확대 ⇨ 다당제 구축 ⇨ 내각제와만 조응)

④ 사회균열의 수가 단순하고 타협의 여지가 있는 균열 보유 국가 ⇨다수결주의 민주주의를 선택 ⇨ 제도들(단순다수제 ⇨ 양당제 ⇨ 대통령제와 내각제 모두 조응)

⑤ 합의주의의 특징: 대연합정부(소수 그룹도 정부의 내각에 직위 부여), 상호거부권(소수자 거부권을 부여함. 특히 헌법에 규정), 비례주의 원칙(소수의 지분만큼 의회 대표를 가짐), 부분의 자율성(권력의 분권화)

⇨ 문제점: 갈등의 상존과 정책 표류의 우려.

(2) 초기 협의주의에서 합의주의로 변화

① 레이파트는 초기 협의체를 중심으로 유럽의 다당제 국가들을 분석함.

② 1990년대 들어서 합의주의를 통해 다수결주의와 비교함.

표를 통한 비교 **레이파트의 비교틀**

	Majoritarina Democracy	Non-Majoritarina Democracy
Principle	Decision Making by "50 percent Plus one"	Decision Making by "50 percent Less one"
Ideal type of each democracy	1. Concentration of executive Power (행정부의 권력 집중) 2. Executive dominance (행정부의 의회에 대한 권력독점) 3. Unicameralism(단원제) 4. Two-party system(양당제) 5. One-dimensional Party system (socioeconomic Policy: 단일한 사회균열) 6. Plurality system of election (선거의 다수결주의) 7. Unitary and Centralized government (단방제와 중앙집중정부) 8. Unwritten constitutional and parliamentary sovereignty (불문헌법과 의회주권) 9. Exclusive representative democracy (배타적인 대의민주주의)	1. Exucutive power sharing (연립정부로 행정부 권력공유) 2. balanced executive-legislative relations(의회-행정부 간 권력분산) 3. Strong bicameralism(양원제) 4. Multiparty system(다당제) 5. Multi-dimensional party system (Socioeconomic issue + religion, language, ethnicity: 다원적 사회균열) 6. Proportioanl representation (비례대표주의) 7. Federalism and decentralization (연방주의와 분권화) 8. Written constitution and Minority Veto(성문헌법과 소수자거부권)

보완민주주의 1: 협의민주주의와 다수결주의 보완

의미	(1) 대의민주주의의 방식 중 하나로 다수결주의와 구분되는 비례주의를 사용하는 민주주의 (2) (합의가 어려운 언어·종교·인종 등) 복합 균열을 가진 국가에서 운영되는 정치체제
원칙과 운영	(1) 대연합정부: 집단들의 권력 분점을 통한 갈등 완화 (2) 상호 비토(veto): 소수파에게 비토권을 부여하고, 이를 통한 '공동 다수'의 형성. 소수파(핵심이익 보호) vs. 다수파(소수파의 거부권 남용 억제) (3) 비례주의: 관직 임명과 희소자원 배분의 비례주의 (4) 부분 자율성: 하위문화와 집단문화 등에 대한 배타적 자율권 보호 (5) 분권화와 연방주의: 권력 분산을 통해 소수의 자율성 확보
한계	(1) 협의 민주주의의 비효율성: 정책 결정의 시간과 비용 문제, 정치적 불안정(정책 표류)의 위험 (2) 지나친 엘리트주의: 각 하위부문의 지도자 간 타협을 통한 정치 운영 (3) 정치적 갈등에 대한 숙명론적 입장: 사회갈등 해결이 아닌 잠복 속에서 공존만을 모색
한국적	(1) 남북한 통일기에 남북 간 연방구조를 통한 공존의 틀 모색 가능. 소수파인 북한에 대하여

적실성	비례원칙과 비토권 부여와 함께 문화적 자율성을 인정하는 잠정적인 기간을 가질 수 있음. (2) 한국의 지역주의에 적용하기는 곤란

적용 가능 사례

1. 한국정치의 사회균열 증대와 협의주의 사용 필요성 논쟁

합격생 tip

– 레이파트의 논리 전개 순서가 중요. 매끄럽게 글쓰기가 잘 안되는 주제 중 하나이기 때문에 꼭 연습해 보길 추천. 사회균열에 대해 설명하는 것부터 출발하여, 다수결주의/협의주의를, 이를 통해 나타나는 제도들을 순서대로 설명해야 하며, 이때 선거제도에서 정당체계, 정부형태를 설명할 때에는 듀베르제 법칙을 언급하면서 설명하는 것이 논리적으로 글쓰는 데 도움이 될 것이라고 생각함. 특히 정당체계로 인해 나타나는 정부형태를 설명하려면 다당제와 대통령제의 조응성 등도 설명해야 하기 때문에 글이 지나치게 길어지거나 설문에서 묻는바가 아닌 사족을 많이 쓰게될 수 있음. 공부를 할 때에는 하나의 연결된 흐름으로 공부하고 암기한다고 하더라도 실제 글을 쓸 때에는 설문에서 어떤 부분에 집중하여 묻고 있는지를 생각하면서 글을 써야 한다고 생각함.

– 「정치학강의 4」 Part3 "사회균열 변화와 개헌방안" 참고.

민주주의 쟁점 14 : 직접민주주의와 민중주의의 우려

주제의 문제의식

Q 민주주의의 원형(proto type)으로서 직접민주주의가 가진 장점과 단점은 무엇인가?

A 직접민주주의는 인민의 의사를 정확히 반영하는 장점을 가지고 있지만, 국민투표에 따른 사회갈등 심화와 국민소환제에 따른 부작용과 국민 발안제에 의한 금권정치(plutocracy)가능성과 민중주의 발현이라는 단점을 가지고 있다.

세부 쟁점과 핵심이론

sub 1 민중주의와 직접민주주의 관계: 민중(가난하고 힘없는 인민)에 의한 통치라는 점에서 직접민주주의가 되지만, 권력자가 민중주의를 활용할 경우 민중은 동원되는 객체가 된다는 문제가 있다.

sub 2 직접민주주의와 대의민주주의 간 기능 평가 논쟁.

(1) 인민에 의한 통치: 직접민주주의에서 인민도 통치 가능. (정보의 충분성: 인민도 합리적 판단이 가능할 정도로 정보 충분함)

(2) 이익집단에 대한 취약성: 민중도 이익집단이나 선동가에 취약함. 그러나 항상 민중이 취약한 것은 아님. 논쟁중.

(3) 사회적 약자 위협: 직접민주주의가 사회적 약자를 위협함. 반면 대의민주주의보다 더 위협하는 것은 아님. 논쟁중.

(4) 호응성(응답성): 직접민주주의가 대의민주주의 보다 호응성은 떨어짐.

⇨ 유권자가 원하는 것을 정책으로 만드는 것이 호응성 혹은 응답성임. 직접민주주의가 못할 정도로 기능이 떨어지는 것은 아님. 그렇다고 대의민주주의를 압도하는 것도 아님. 따라서 필요한 경우에 한 정해서 직접민주주의를 활용할 수 있음.

1. 직접민주주의 관련 이론

● 보완민주주의 2: 직접민주주의

장점	(1) 순수한 민주주의의 유일한 형태, 자기 통제 (2) 시민의 정치적 육성과 교육효과, 인민의 의사 표시 (3) 자기지배(self-rule)를 통한 정당성 보장, 집단 의사결정에 대한 시민 개개인의 능동적 수용
단점	(1) 적정 규모 이상의 집단에서 실천적인 민주주의 형태 제공 불가 (2) 정치적 분업이 이루어지지 않기 때문에 시민의 정치적 결정부담 가중 (3) 정부 구성의 전문성 결여 우려, 시민의 잦은 정치 참여로 인한 정치적 불안정 야기 가능
발전	(1) 발전・확대 배경: 포퓰리즘 증대, 전자공간 확장 등 (2) 사례: 스위스의 경우 헌법 개정 및 주요 입법에 관한 시민들의 직접 결정과 함께 일반 입법과 정책 결정에 관한 정부 및 의회의 독자적 판단을 제도적으로 보장

제도	(1) 국민발안제, 국민투표제, 국민소환제
한계	(1) 정책 이슈의 복잡성과 투표의 단순화, 심사숙고와 토론의 부족 (2) 온갖 조직의 난립과 왜곡 가능성 ⓔ 미국: 주민발안 대행전문업체 등장 등 정치의 상업화가 문제 (3) 정치적 이익집단 동원의 위험성 (4) 직접민주주의 제도별 한계 ① 국민 발안: 기득권자나 강한 이해집단에 의한 법안 발의와 이를 위한 선동화 우려 ② 국민 투표: 누가 다수인가를 결정하는 방식으로 전락 가능 ③ 국민 소환: 일정 수 이상의 인민을 조직하여 이해를 관철시키는 포퓰리즘화 가능
쟁점	(1) 직접민주주의에 대한 충분한 정보를 대중이 보유하고 있는가? – Magleby: 시민들은 불충분한 정보로 서둘러 결정. 정보원은 TV 정도뿐. 정보 취득 의지도 취약. – Page & Shapiro: 시민들은 상당 수준의 심사숙고를 하는 합리적 인물. 투표 이슈에 대한 정보 부족으로 판단의 어려움을 겪지만 이념적 성향과 상반된 결정을 할 만큼 비합리적이지 않음. (2) 직접민주주의와 대의민주주의의 어느 편이 더 특정 집단에 취약한가? ⇨ 두 가지 민주주의 모두 특정 집단에 취약함. 따라서 직접민주주의를 사용못할 것은 아님. (3) 사회적 약자의 권리를 더 위협하는 것은 무엇인가? ⇨ 두 가지 모두 약자를 위협할 수 있음. 따라서 직접민주주의를 사용못할 것은 아님. (4) 호응적 거버넌스에 더 기여하는 것은 무엇인가? ⇨ 대의민주주의가 호응성이 더 높음. 그러나 이것 때문에 직접민주주의를 사용 못하지는 않음.
결론	(1) 직접민주주의는 특정 조건과 특정 상황에서 활용할 수 있음. 또한 직접민주주의의 단순성을 수정하기 위해 심의와 토론을 확대하여 직접민주주의 제도를 개선해야 함 (2) 시민들 간의 토의를 생략한 채 바로 투표를 조장하는 직접민주주의 제도를 변화시켜 시민들이 공론의 장에 적극 참여해 진지한 토의 후 신중하게 투표 결정을 하도록 하는 제도적 장치 마련 필요

2. 직접민주주의와 민중주의의 우려

(1) 민중주의의 의미

① 민중주의의 두 가지 측면:

첫째, 주체로서 대중. 인민의 지지를 필요로 함. 이때 민중은 감정적이고 비합리적이고 동원에 취약하다고 가정됨.

둘째, 동원과 선동. 정치인이 무책임하게 유권자를 동원하고 이후 공약 등에 대해 책임지지 않음.

② 민주주의 vs. 민중주의: 민주주의는 모든 인민을 반영. vs. 민중주의는 대중과 엘리트를 구분하고 대중만을 고려함. ⇨ 대중만을 동원하고 선동한다면 민주주의 책임 추궁성과 어울리지 않음.

(2) 민중주의의 증대

① 자본주의의 확대와 경제적 양극화 심화. 민중들의 불만 증대 현상.

② 정당정치의 퇴조와 제도장치의 약화. 제도가 문제 해결을 못함.

③ 시민들의 공화주의적 덕성 약화

④ 지도자의 동원과 선동정치

(3) 민중주의의 영향

① 민중주의가 민주주의 취약성 보완: 대중들의 요구 반영

② 민중주의가 진실에 접근하게 함: 소외된 이들의 삶이 반영

③ 직접민주주의 강화로 대의민주주의 보완

④ 민주주의를 취약하게 만듦: 대중과 엘리트의 구분

⑤ 특정 집단의 사익 극대화로 나감.

⑥ 극단주의를 사용하게 하고, 타협의 여지를 상실.

⑦ 민주주의의 심의를 거부.

⑧ 민주주의 제도를 약화시킴.

3. 정보통신혁명과 SNS 혹은 뉴미디어의 강화의 영향: 직접민주주의와 민중주의의 우려

(1) 정보통신혁명의 발전이 유권자에 대한 정보 노출 기회를 늘림.

① 미디어 3.0(신문과 라디오, TV 다음 미디어)

② 뉴미디어의 특성: 구술성. (문자보다는 말에 의존), 선택적 효과(알고리즘 이용)

③ 뉴미디어에 의한 편향적 정보에 노출되는 경우가 많음, 뉴미디어의 선동적이고 자극적 뉴스의 문제. 뉴미디어의 가짜 뉴스 문제

④ 뉴미디어에 의한 정치 양극화강화도 문제

(2) 유권자에 대한 영향

① rational voter(합리적 유권자)와 misinformed voter(잘못 알고 있는 유권자)와 uninformed voter(잘 모르는 유권)가 구분됨.

② 이 중에서 misinformed voter(잘못 알고 있는 유권자)와 uninformed voter(잘 모르는 유권)가 문제임. 이들이 뉴미디어에 의해서 편향성이 강해짐.

③ 유튜브처럼 선택적 편향성이 강해서 알고리즘이 정보를 편향적으로 전달하는 경우의 문제가 발생할 수 있음.

(3) 심의민주주의를 통해 문제해결방안을 모색함.

① 성찰성을 이용해 자신의 판단이 틀릴 수 있다는 점을 받아들이게 함.

② 심의(시도 깊은 논의)와 공론조사를 통해서 의사결정에서의 정보부재나 왜곡된 정보문제를 해결할 수 있음.

③ 공론조사의 사례: 신고리원전 공론조사, 대학입시관련 공론조사. 2024년 국민연금개혁 공론조사.

4. 직접민주주의의 확장: 5가지 유형분류[1)]

(1) 전통적인 직접민주주의 방안: 시민청원과 주민투표의 방식

(2) 채널형 직접민주주의 방안: 참여예산제, 정보공개방식

(3) 대의민주주의를 활용한 직접민주주의: 정당의 개방형경선제도에 시민참여하는 방안. 국회 디지털 입법청원에 참여해 국회를 활용하는 방안.

(4) 직접 행동: 2016년~2017년 촛불집회의 참여

(5) 공론장 활용: 공론화위원회나 공론조사에 참여하는 방안.

---

1) 장훈・한은수, “대의제 공고화론과 시민 민주주의: 한국 민주주의 이론과 현실의 불균형” 『현대정치연구』(2019년 봄)

(6) 5가지 분류는 전통적인 직접민주주의를 확대해서 참여민주주의(시민중심의 직접행동이나 매니페스토 운동)와 심의민주주의(공론조사)방안을 포함한 분류방식임. 직접민주주의 사례를 늘리는 장점이 있음.

5. 스위스 사례

(1) 국민투표, 헌법개정 국민발안제 있음. 다만 국민소환제는 없음.

적용 가능 사례

1. 한국에서 민중주의에 대한 비판과 민주주의와의 관계

민주주의 쟁점 15 : 참여 민주주의의 장단점

주제의 문제의식

Q 한국에서 참여민주주의는 대의민주주의를 대체하는가 보완하는가?

A 한국에서 참여민주주의는 대의민주주의를 보완한다.

세부 쟁점과 핵심이론

sub 1 한국에서 민주주의에 대한 최소적 입장과 최대적 입장 간 충돌과 참여민주주의의 위치: 최대적 입장의 참여민주주의.

sub 2 자유주의에 기초한 민주주의관과 공화주의나 사회주의에 기초한 민주주의관은 구체적으로 작동방식에서 어떤 차이를 보이는지 논쟁.
(1) 대의민주주의 vs. 참여 민주주의 ⇨ 주체: 정당과 의회 vs. 시민과 인민의 직접 참여
⇨ 민주주의 영역: 정치영역 vs. 정치·경제·사회영역

1. 참여민주주의 이론

보완민주주의 3: 참여민주주의

개념	(1) 참여: 사회의 보통 구성원이 의사결정 결과에 영향을 미치거나 영향을 미치고자 하는 행동 (2) 광의의 참여민주주의: 좌우를 포함해서 모든 참여적인 측면에서 대의민주주의를 거부하는 것 (3) 협의의 참여민주주의: 시민사회를 중심으로 하는 민주주의 의미
특징	(1) 시민 참여로 정치적 의사가 결정되고 집행 과정에도 다양한 계층의 참여 보장
분석차원 확장	(1) 사회경제적 차원: 기업 내 민주주의 옹호, 노동자의 참여가 중시되는 산업 민주주의 제시 등 (2) 정치적 차원: 기존 대의제 참여기제의 적극적 활용, 지식정보화시대 및 IT 기술 발전 활용 등 (3) 탈제도적 차원(국제적 수준과의 연계): 국가를 민주적으로 압박하고 통제하여 민주주의로 견인 (4) 민주적으로 건전하고 지속 가능한 참여가 유지되는 것이 중요
한계	(1) 전문적인 능력 확보 및 비전문적인 시민들의 조직화 어려움 (2) 참여자의 사익 추구 경향, 무임승차, 기회주의적 속성으로 인한 참여의 의미 퇴색 (3) 적정 수준을 넘은 과도한 참여로 인한 바람직한 의사결정 저해
대의 민주주의의 대안	(1) 대표성 약화 측면: 새로운 이해와 요구의 반영 가능 (2) 반응성 약화 측면: 생활 속 작은 단위의 민주주의를 통한 반응성 제고 (3) 책임성 약화 측면: 자기 책임성에 따른 민주주의의 책임성 증대

한국적 함의	(1) 지역주의의 잔존, 정치인의 비리 문제나 파벌 문제 등을 근거로 대의민주주의를 참여민주주의로 대체할 수는 없음. 민주주의의 질적 심화를 위한 보완적 기제와 제도들의 결부 노력 필요.

● 민주주의의 이념적 분류: 법치민주주의(신우파민주주의) vs. 참여민주주의(신좌파민주주의)

	법치민주주의	참여민주주의
정당화 원칙	(1) 다수결 원칙은 자의적 정부로부터 개인을 보호하는 것뿐만 아니라 자유를 보존하는 데에도 효과적이고 바람직한 방식임 (2) 정치적 삶이 개인의 자유와 창의력 문제가 되기 위해 다수결의 지배는 정의롭고 현명하게 기능해야 하고 이를 위해 반드시 법의 지배에 의하여 제한되어야 함	(1) 자기발전을 위한 평등권은 정치적 효율성을 기르고 집단적 문제에 대한 관심을 불러일으키며 통치 과정에서 지속적인 관심을 가질 수 있는 양식 있는 시민의 형성에 공헌하는 '참여사회'에서만 성취할 수 있는 것
핵심적 특징	(1) 입헌적 국가: 명확한 권력 분립을 포함하는 영미식 정치전통을 모델로 함 (2) 법의 지배 (3) 시민사회와 개인적 삶에 있어서 국가 간섭의 최소화 (4) 완전에 가까운 가능한 범위의 자유시장 사회	(1) 작업장과 지역공동체를 포함하는 사회의 핵심제도를 규제하는데 시민이 직접 참여 (2) 정당 관료가 당원들에게 직접적인 책임을 지게 함으로써 정당체계 재조직 (3) 대의제·의회제 구조 속에서 '참여정당' 기능 (4) 정치적 형태를 실험할 수 있는 가능성을 보장하기 위하여 공개적인 제도체계 유지
일반 조건	(1) 자유주의 원칙이 지도하는 효과적인 정치 지도력 (2) 과다한 관료 통제의 극소화 (3) 이익집단 (특히 노조) 역할 제한 (4) 모든 유형의 집단주의적 위협 극소화 (가능하면 불식)	(1) 물질적 자원의 재분배를 통해 많은 사회 집단의 빈약한 자원의 토대를 직접 개선 (2) 공적 및 사적 생활에서 무책임한 관료의 권력을 극소화(가능하면 제거) (3) 공개적인 정보체계(정보에 입각한 결정 보장) (4) 남성뿐만 아니라 여성이 참여하는 기회를 가질 수 있도록 어린이 보호 설비 재검토

2. 참여민주주의와 실질적 민주주의

(1) 민주주의 공고화 관련해 절차적 민주주의의 문제:

① 제도만 강조함. 선거제도등만 수정함. 민주주의가 보수적임. 민주주의 공간이 협애함.

② 인민의 수동적인 참여, 객체화되는 문제가 발생함.

③ 대표의 주인-대리인 문제발생과 책임추궁의 어려움. 정당 카르텔화되면 정당구성원 처벌이 어려움. 또한 대통령 단임제일 때도 처벌이 어려움.

(2) 실질적 민주주의와 민주주의의 확장 필요

① 실질적 차원에서 민주주의 이해하는 입장(민주주의의 내용과 가치를 다룸)

② 실질적 차원의 대표민주주의로 참여민주주의

③ 시민을 강조하는 민주주의

3. 참여민주주의와 제도

(1) **시민단체와 시민:** 시민의 조직화가 중요와 개인 시민의 공적의식강조
(2) 미국의 직원지주제
(3) 독일의 공동의사 결정제도
(4) 한국에서 참여 예산제도, 매니페스토 운동(공약이행 검증운동), 공론조사위원회활동.

적용 가능 사례

1. 한국에서 참여민주주의의 구체적 사례들

합격생 tip

- 「정치학강의 4」 Part3 “대의민주주의의 원리와 작동조건과 참여민주주의의 보완가능성” 참고
- 참여민주주의, 결사체 민주주의, 전자민주주의 등 대의민주주의의 보완적 민주주의에 대하여 글을 쓸 때는 현재 대의민주주의의 단점을 서술하면서 그 단점을 보완하는 민주주의로서 기능하는지를 생각해 보아야 하며, 마지막으로 그럼에도 불구하고 완전한 대체가 아닌 보완적 민주주의의 역할일 수밖에 없는 이유를 대안적 민주주의의 한계와 대의민주주의의 유용성을 통해 설명해 주어야 함. 공부할 때에도 대의민주주의를 기본 바탕으로 한 상태에서 대의민주주의의 한계와 연계하여 대안적 민주주의를 공부할 것을 추천

민주주의 쟁점 16 : 결사체 민주주의의 장단점

주제의 문제의식

Q 한국에서 결사체 민주주의는 대의민주주의를 대체하는가 혹은 보완하는가?

A 한국에서 결사체 민주주의는 대의민주주의를 보완한다.

세부 쟁점과 핵심이론

sub 1 한국에서 결사체 민주주의의 구체적 사례와 대의민주주의와의 관계

1. 결사체 민주주의이론

● 보완민주주의 4: 결사체 민주주의

결사체의 개념	(1) 코헨과 로저스(Cohen & Rogers): 개인과 가족을 국가와 선거 등 공식적인 제도에 연결시켜주는 다양한 영역에서의 비가족 조직 (2) 허스트(Hirst): 개인과 가족을 국가와 시장에 연결시켜 주는 모든 매개집단 (3) 베버: 개인적 선택으로 가입한 회원들에 대해 확정된 유효적 규제절차를 갖고 있는 조직
결사체의 구분	(1) 알몬드: 전문성과 조직화 정도에 따라 '결사적 이익집단(associational interest group)'과 '비결사적 이익집단(non-associational interest group)'으로 구분 (2) 매캔지(Mackenzie): '당파적 이익집단(사익 추구)' vs. '촉진적 이익집단(공익 추구)' (3) 해고피안(Hagopian): '범주적 이익집단(사익 추구)' vs. '촉진적 이익집단(공익 추구)'
유형화	(1) 결사체 민주주의는 다원주의, 사회적 자본론, 심의민주주의 등으로 다양하게 확대 가능 (2) 협의적 결사체민주주의: 결사체 자체를 강조하면서 결사체와 민주주의 사이의 관계를 규명 (3) 광의적 결사체민주주의: 다원주의적 시민결사체를 모두 포괄
결사체의 기능	(1) 정보제공: 정책결정자들에게 시민사회의 정보 정확하게 전달 → 정책 결정의 시기적 적실성, 효율성, 신뢰성 향상 → 기존 대의민주주의 정치과정 보완 (2) 대표성 평등: 권력 자원이 부족한 하층계급, 소수세력의 대표성을 결사체를 통해 강화 (3) 시민교육: 시민의식 함양을 통한 참여 확대 → 시민사회의 공적 기능의 지속적 진화 (4) 대안적 정부: 사회적 통치 기능 강화 → 과부하 정부에 의한 민주주의의 위기 해소
장점	대표 기능, 공공정책적 기능, 결사체의 사회화 기능
한계	결사체의 지대추구, 집단 이기주의의 해악, 불평등한 정치적 영향력 문제
쟁점	모든 결사체는 민주적인가, 국가의 역할, 다른 민주주의 혹은 이익대표 체계와의 연관성
평가	결사체민주주의 비판에 대한 결사체민주주의자들의 대응: 이상형 비판에 앞서 보다 현실적인 평가 필요, 기존 모델과의 상호보완성 강조, 결사체의 인위성(artifactuality)을 바탕으로 결사체의 속성 변화 가능
한국적 함의	(1) 한국 시민사회의 성장 과정: 방어적 시민사회(전두환 군부정권 시기) → 출현적 시민사회(유화국면) → 동원적 시민사회(1985년 2.12 총선 후) → 제도적 시민사회(민주화 이후) (2) 긍정적 관점: 특정 정책적 분야에서 시민적 이해와 관심을 조직하고 이를 정책적으로 실현

하려는 압력단체적 운동, 종합적(encompassing) 시민운동 civil association) 또는 포괄적 시민운동(catch－all civil association)
(3) 부정적 관점: 시민사회의 보수적 헤게모니 강화로 보수적 시민사회 대 진보적 시민사회의 대립

적용 가능 사례

1. 한국에서 결사체 민주주의의 구체적 사례들: 2000년 의약분업 사태. 의사와 약사의 조제권을 둔 갈등.
2. 2024년 정부의 의사 2000명 증원과 전공의들 사직 사태
3. 한국에서 이익집단의 편향성: 특정 집단만 조직화됨. 의약분업사태에서 환자들 피해가 큼.

민주주의 쟁점 17 : 심의민주주의의 장단점

주제의 문제의식

Q 한국에서 심의민주주의는 대의민주주의를 대체하는가 혹은 보완하는가?

A 한국에서 심의민주주의는 대의민주주의를 보완한다.

세부 쟁점과 핵심이론

sub 1 한국에서 심의민주주의의 구체적 사례와 대의민주주의와의 관계

1. 심의민주주의이론

보완민주주의 5: 심의민주주의

개념	(1) 심의(deliberation)의 개념: 단순한 토론(debate)이나 의견교환(discussion)과 달리, 개인적 이해관계와 의견들이 더 높은 차원으로 합의되어 통합에 이르는 것을 지향하는 의사소통. 심도 깊은 토의를 의미함. (2) 심의민주주의에서는 표의 단순한 결합이 아닌 토론을 통한 공적 결정에의 도달 과정을 중시
등장배경	(1) 선호 집약적 민주주의에 대한 대안, 선호의 변화와 재구성 (2) 하버마스(Habermas): 사적 영역과 공적 영역이 아닌 제3의 영역으로 생활세계를 규정하고 생활세계의 식민화를 방지하기 위한 담론과 의사소통 중시. 담론이란 성찰적 이성을 갖춘 사회적 개인들 사이의 합리적 토론을 통해 형성되는 것으로 정당성이 부여됨.
이론	(1) 존 스튜어트 밀: 토의를 위한 언론의 자율성, 인간 발전의 근간 (2) 하버마스: 성찰적 이성(사회학적 이성으로 틀릴 수 있음을 인정하고 수정해 가는 이성), 생활세계(행정영역과 시장이라는 사적 영역이 아닌 제 3의 영역인 시민사회가 존재함), 양면적 토의(시민과 의회가 두 곳에서 심의를 거침. 의견이 충돌하는 경우 의회가 최종적 결정을 함) (3) 롤즈: 공적 이성(사적인 이익이 아닌 공적 영역을 고려하는 이성), 정치적인 영역(포괄적 교의라는 사적인 선호나 종교 문제를 배제하고 공동체 관련된 부분을 논의할 수 있음), 중첩적 합의(공동체 구성원들이 심의를 거쳐 공공선을 결정할 수 있음. 정치적 자유를 실현할 수 있음) (4) 자유, 평등, 공공성이 보장될 때 심의가 가능해짐.
제도화	(1) 구체적 제도화 기제: 공론조사(특정 여론과 유사한 표본을 선정하고 이들의 대표를 골라서 특정 쟁점의 구체적인 찬반 양론을 알려주고 심의를 하게 함. 이 과정을 거쳐서 시민들의 의견을 물어봄. 신고리 원전의 경우는 신규 건설은 하지 않되 기존 원전건설은 재개하는 것으로 결정함. 2024년 국민연금개혁안은 좀 더 내고 연금을 더 받는 방안(1번안: 현소득 9%를 내고 40%를 받는 방안 < 13%를 내고 50%를 받는 방안을 선택함) 심의 투표(심의를 거친 후 투표하는 제도), 공론의 날 행사, 의회에서의 심의 등 (2) 현실적 역할: 정치적 역할(정치적 의사결정), 도덕적 역할(의사결정에서의 정당성확보), 인식론적 역할(전문적인 지식을 이해하게 하는 측면) (3) 한계: 엘리트적 속성(심의 자체가 정치에 관심이 있는 이들에게 개방됨. 다른 일반 국민들

	은 관심이 적음), 공간과 시간의 제약. 심의 공간의 기득권세력의 장악가능성(전문성을 가진 이들이 의사결정을 주도함), 의사결정에서 정당성을 확인함.(정부가 원하는 방향으로 의사결정에 필요한 전문가 인력을 편성할 수 있음) (4) 미래와 한국: 심의민주주의는 한계가 있음에도 유용한 대안. 단위차원을 낮추면 특히 유용(지방 자치제에서 유리함)
문제점	(1) 마이클 시워드의 비판 1: 심의민주주의는 심의과정이 가지는 정당성을 강조함. 이때 정당성은 과정만을 강조하며, 과정적인 정책결정과 동의를 무시하는 단점이 있음. 또한 참가자들의 선호가 동등하다고 가정함. (2) 마이클 시워드의 비판 2: 롤즈의 원초적입장이라는 은유에 지나치게 의존하는 것도 문제임. 가정상 원초적 입장을 인정하는 것 자체가 비심의적인 상황을 받아들이는 것임. (3) 마이클 시워드의 비판 3: 배타적 민주주의. 심의를 받아들이지 못하는 사람등을 거부함.
사례	(1) 시민배심원제: 울산시 북구 '음식물자원화시설건립'에 시민배심원제 도입 (2) 브라질 포르토 알레그로시 참여예산제: 시의 예산편성과 심의·집행·평가 등에 시민참여 보장. (3) 신고리원전공론화 위원회 (4) 대학입시 공론화위원회 (5) 제주 녹지병원 공론조사위원회 (6) 국민연금개혁 공론화위원회

적용 가능 사례

1. 한국에서 심의민주주의가 작동한 사례와 대의민주주의 보완가능성

민주주의 쟁점 18 : 전자민주주의의 장단점

주제의 문제의식

Q 한국에서 전자민주주의는 대의민주주의를 대체하는가 혹은 보완하는가?

A 한국에서 전자민주주의는 대의민주주의를 보완한다.

세부 쟁점과 핵심이론

sub 1 한국에서 전자민주주의의 구체적 사례와 대의민주주의와의 관계

1. 전자민주주의

● 보완민주주의 6: 전자민주주의

배경과 개념	(1) 정보통신기술 또는 컴퓨터를 매개로 한 의사소통을 활용하여 시·공간 및 기타 물리적 제약을 극복하고 민주주의를 실천하려는 시도들 (2) Becker: 민주적으로 촉진되고 빠른 양방향적·정치적 커뮤니케이션이 보장되는 체제 (3) Arterton: 정보기술은 민주주의를 개선시켜 줄 수 있으나 근본적으로 변혁시킬 수도, 이상적으로 달성할 수도 없음. 결정의 신속함이 아니라 결정에 있어 많은 숙고(deliberation)를 할 수 있는 토론 기회와 정보 제공이 핵심. 다양한 ICT 활용을 통한 전자민주주의 발전은 기술적 조건보다는 정치적 요소에 의해 결정. (4) 사이버 공간의 3가지 기능: 공간의 확대, 쌍방향성, 공론의 장
긍정적 입장	(1) 가상공간 하에서 양방향 커뮤니케이션 확대로 풀뿌리 민주주의 확대 (2) 대의민주주의의 난점 해결 ① 직접민주주의는 공중의 일시적·감정적 반응 통제 곤란 → 교육으로 개선 ② 대중의 정보전달 능력이 약해서 의견 집약에 필요한 기술 부족 → 정보화로 개선 (3) 평등화가설: 정보제공을 통해 기존의 불균등을 제거함으로써 민주화에 기여
부정적 입장	(1) 정상화가설: 정보자체가 권력자원이 되어 정보의 부익부 빈익빈이 기존 권력관계 강화 (2) 정보화와 사회적 감시: Bentham의 원형감옥(panopticon) 논쟁, 감시의 일상화 (3) 정보화와 정치의 연예화와 희화화, 댓글수준의 정치 (4) 정보과부하에 따른 시민들의 정치적 무력감과 방관자적 의식 강화
대안민주주의의 실현수단	(1) 직접민주주의 혹은 국민투표적 민주주의(Plebiscitary democracy): 직접민주주의의 실현수단으로서 인민에 의한 통치의 이상에 가까움. 시민은 사이버 공간을 이용한 거시적 결정을, 관료는 세부적·미시적 결정 및 집행을 담당. (2) 심의민주주의: 심의+인터넷 공간(공론의 장으로 기능), 인터넷은 시간·거리·장소의 문제 해결. 익명성이 심의참여자들의 심리적, 사회적 장벽을 제거. 비공식적 제도로는 유즈넷 그룹, 이메일리스트, 웹 포럼 등. 공식적 제도로는 온라인 공론조사, 사이버 배심원 제도 등.
전자민주화	(1) 전자적 수단에 의한 대의민주주의 보완. 평등화 가설로 정보화는 정치 저 참여자들의 권력을 증대시킴. 정부와 시민 간 커뮤니케이션 강화가 핵심. (2) 전자마을 회의, 전자정부 프로젝트를 통한 대의정부의 공적 업무를 보완.

현실화	(1) 행정과정: 전자정부 논의. G4C(수요자 중심의 행정전환), C2G(전자적 민의수렴과정). (2) 대의과정: 개별 정치인·정당 홈페이지, 정보를 지닌 유권자들의 공동체 또는 홈페이지. 하지만 ① 정치적 대표가 주도하는 공간과 시민이 주도하는 공간 간의 일방적 의사소통 문제, ② 정당정치의 후퇴 문제(정당이라는 제도보다 의원 개인의 수준으로 정치 약화) 존재 (3) 일반 시민: 사이버 공동체와 의사소통의 활성화 문제. 활성화가 참여를 증대시킨다는 주장과 개인의 원자화와 고립화를 심화시킨다는 주장 대립.
결론	(1) 정보화가 실질적 참여 구현에 긍정적 역할을 할 것인가의 여부는 사이버 공간이 공공영역으로서 기능할 수 있는가의 문제. 사이버 공간이 공공문제에 대한 합리적 대화와 토론의 장으로 기능할 때 심의민주주의 구현 가능. ICT 발전만으로는 불가능하고 권력자의 의지, 정부 투명성 수준, 사회 전반적인 시민사회 문화 성숙에 의해 가능.

2. 전자민주주의의 변화

(1) **인터넷기능에서 SNS기능으로 변화:** 좀 더 사적인 정보가 전달됨.

(2) 웹 1.0(홈페이지를 이용) 웹 2.0(블로크와 카페를 이용), 웹 3.0(SNS)

(3) **웹 3.0의 특징:** 전파성이 높음. 다른 이들과 공유성도 높음, 다만 선택적 노출이라는 편향성이 생김.

(4) **뉴미디어의 특징이기도 함:** 구술성(문자보다는 verbal에 의존함. 휘발성이 강하고 정서적 측면이 강함. 문자성이 가진 심의적 속성이 부족함), 쌍방향성(전달자로서 생산자와 소비자를 동시 역할수행), 선택적 노출 문제

(5) **영향:** 끼리끼리 효과(동질적인 집단끼리만 정보를 공유함. 상대적으로 나이든 세대에서 나타남. 사회적 자본에서 결속형 사회자본이 작동함. 자신들끼리만 친해짐) vs. 다름에의 인정(다원성을 받아들임. 상대적으로 젊은 세대에서 작동함. 사회적 자본에서 교량형 사회자본이 작동함. 다른 집단과도 정보를 나눔.) ⇨ 정당 양극화에서 끼리끼리 효과가 강해지면 인지적 양극화(합리적 관점에서 양극화를 받아들임)보다는 정서적 양극화가 강해짐.

적용 가능 사례

1. 전자민주주의와 유권자의 변화
2. 전자민주주의와 정당의 변화
3. 전자민주주의와 의회의 변화

제 3 장 민주주의의 확산과 공고화 의미

민주주의 쟁점 19 : 민주주의 이행과 공고화

주제의 문제의식

Q 민주주의가 공고화되었다는 것의 의미와 측정할 기준은 무엇인가?

A 민주주의가 공고화되었다는 것은 민주주의에서 권위주의로 역행할 가능성이 없어졌다는 것이고, 절차적 차원에서는 2번의 정권교체와 같은 유권자들의 행태를 통해서 측정할 수 있다.

세부 쟁점과 핵심이론

sub 1 민주주의의 이행(transition)과 공고화(consolidation)의 개념 구분:

(1) 민주주의 이행은 비민주주의에서 민주주의로의 전환으로 민주주의 생존 가능성이 문제가 되는 상황으로 의미함.

(2) 민주주의 공고화는 민주주의가 하나의 체제로 받아들여져 다른 정치체제를 선택할 가능성이 없는 것을 의미함.

sub 2 민주주의의 두 가지 접근법과 민주주의의 공고화 측정 기준의 문제:

(1) 절차적 민주주의: 민주주의에 대한 유권자들의 행태(behavior)분석

(2) 실질적 민주주의: 민주주의에 대한 유권자들의 태도(attitude)와 정치사회적 구조(structure of Political society)

sub 3 민주주의의 이행 특징과 공고화에 대한 영향 논쟁:

(1) 이행과정의 특징 ⇨ 민주주의 공고화에 영향

(2) 이행과정의 특징과 역학관계 ≠ 민주주의 공고화기 역학관계.

sub 4 민주주의 이행과 공고화 간 단절

(1) 민주주의 이행과 공고화 사이의 준민주주의: 위임민주주의와 후견민주주의

1. 민주주의의 두 가지 입장

(1) 절차적 민주주의 vs. 실질적 민주주의

(2) 절차적 민주주의(자유주의적 민주주의, 제도로서 민주주의, 최소강령적 민주주의)

① 유권자 행동방식으로 공고화 파악: 민주주의가 공고화되었다는 것은 유권자들의 '행동방식'으로 측정. 제도적인 안정성을 확보했을 때 공고화.

② 측정 방식: 두 차례의 정권교체(two turn-over test)가 대표적. ⇨ 유권자들이 정권교체를 두 번 선택하는 행동은 비제도적인 방식(혁명과 폭동)으로 불만을 해결하거나, 유권자들의 선택을 군부가 뒤집는 방법(쿠데타)으로 정치적 선택의 결과를 뒤집지 않는 것을 의미함.

③ 문제점: 민주주의 체제 내 구성원들의 만족도나 민주주의에 대한 태도를 다루지 못함.

(3) 실질적 민주주의(사회주의적 민주주의, 공화주의적 민주주의, 내용으로서 민주주의, 최대강령적 민주주의)

① 유권자의 태도나 정치사회적 구조 변동으로 공고화 파악: 민주주의가 공고화되었다는 것은 유권자들이 민주주의의 내용을 만족한다는 것을 의미. 유권자의 '행동'이 아니라, '태도'를 측정하거나 '정치사회적 구조 변화'를 측정함.

② 측정방식: 지니계수의 변화(ex, 4.0에서 3.2로 축소 시 불평등 완화)나 유권자들의 민주주의 만족도 조사를 활용.

③ 문제점: 민주주의의 태도는 주관적인 것이라 보편적 기준을 맞추기 어려움. 이는 구체적인 정책과 개선 방안을 찾기 어렵게 함. (ex, 소득 3 분위에 있는 계층이 느끼는 한국 민주주의에서 분배적 정의 vs. 소득 9분위에 있는 계층이 느끼는 한국 민주주의에서 분배적 정의의 문제)

(4) 대표적인 민주주의 공고화 기준

① 헌팅턴(Huntington): 두 차례에 걸친 정권교체. 한 번의 정권교체는 운일 수 있지만 두 번은 유권자들의 선택이 거부되지 않는 것임. 절차적 민주주의 기준.

> 민주화 관련 헌팅턴의 개념: 헌팅턴의 제3의 물결과 '파급효과(snowballing effect)'. 제3의 물결에서 한 국가의 민주화 성공은 다른 국가에도 영향. 필리핀의 민주화(1986)가 한국의 민주화(1987)에 영향을 준 것이 한 예. 구분되는 개념으로 '전시효과(demonstration effect)'가 있음. 다른 민주화된 국가들이 보여준 특징으로 인해 비민주주의 내에서 동요되는 현상.

② 군터와 풀레, 디아만도로스(Gunther, Puhle, Diamandouros): ① 경쟁세력 간 정권교체, ② 극단적 어려움 속에서도 체제를 지지하는 것, ③ 극소수 반란세력을 패배시키고 처벌할 수 있을 것, ④ 정당제도의 급격한 변화에도 민주주의를 유지할 것. 절차적 민주주의와 실질적 민주주의 기준을 보여줌,

③ 쉐보르스키(Przeworski): '우리 마을의 유일한 게임(the only game in town).' 민주주의 이외의 어떤 방식도 정치적 게임의 법칙으로 받아들이지 않고 패자 역시 이 게임 안에서 원하는 것을 얻으려 하는 것으로 민주주의가 '우리 마을의 유일한 게임(the only game in town)'이 될 것. ① 정당 간 정권교체의 실제적 가능성, ② 정권교체를 통한 중대 정책 변화의 가능성, ③ 군부에 대한 민간의 효과적인 통제, ④ 시민문화의 형성, ⑤ 민주적 정치엘리트 존재. 중도적 입장으로 절차와 실질적 민주주의 기준.

④ 린쯔(Linz): 다른 대안이 부재하고 어떤 집단도 선택된 결정자의 행동을 비토(veto) 가능하다고 주장하지 않을 것. 태도 차원에서 실질적 민주주의 기준 제시.

⑤ 콜리에와 레비트스키(Collier & Levitsky): ① 기본적 시민권이 보장될 것, ② 대표에 대한 민주적 책임성과 응답성을 확보할 것, ③ 군부에 대한 문민통제를 확보할 것, ④ 토크빌적 사회민주화로 극단적 사회 불평등이 없는 상태를 만들 것. 절차적 민주주의와 실질적 민주주의 기준제시.

⑥ 린쯔 와 스테판: 법의 지배, 국가, 정치사회, 시민사회. 시장의 부분체계 접근을 제시함. 민주주의의 영역이 넓다는 점에서 실질적 민주주의 지향.

2. 권위주의에서 민주주의로 전환

(1) 민주주의 이행 이론

표를 통한 비교 **권위주의 붕괴와 민주주의 이행관련 이론**

이론	① 전제 조건적 이론(theory of preconditions): 근대화 등의 조건이 민주주의 형성 ② 경제위기 이론: 성공의 위기(권위주의 정부가 기존의 역사적 임무를 완성하게 되면서 퇴장을 강요받는 것), 실패의 위기(권위주의 정부가 자신에게 부과된 근대화의 임무 달성에 실패할 경우에 민주화 시작) ③ 계급 프로젝트 이론: 부르주아 산물설, 프롤레타리아 산물설, 계급연합설) ④ 정통성 위기 이론: 권위주의의 정통성 붕괴와 아래로부터의 압력 ⑤ 위로부터의 민주화 이론: 권위주의 내부의 강경파와 온건파로의 분화 ⑥ 대안 이론: 전략적 선택이론과 협약에 의한 민주화
한국적 함의	(1) 한국 민주주의의 특징: 임혁백교수 이론. ① 엘리트 간 협약(권위주의 온건파+민주화 온건파)에 의한 민주화, ② 성공에 의한 민주화(경제 성공과 민주화) ⇨ 경제성장과 중산층 형성 ⇨ 자식 세대 교육수준 증대와 대학생 증대 ⇨ 학생에 의한 운동과 민주화. (운동에 의한 민주화, 최장집교수 이론) (2) 한국 민주주의의 문제점 ① 외삽된 민주주의(externally imposed democracy): 일거에 주어진 선거권 ⇨ 대중정당 부재 ② 반공·냉전·성장 이데올로기의 체제편견의 동원(Schattschneider) ⇨ 보수편향적, 지역주의에 기반한 협소한 정치지형 ③ 협약에 의한 민주화(pacted democracy) ⇨ 민주화의 이행에 있어 이행을 위한 오랜 준비와 에너지는 시민사회로부터 동원되었지만 실제로 체제의 전환이라는 결정적인 국면에서 주도적 역할을 한 것은 체제 안팎의 엘리트(권위주의 온건파인 노태우 후보측, 민주화 온건파인 김영삼 후보측과 김대중 후보측) ④ 강한 국가+약한 시민사회: 노동세력과 학생을 비롯한 시민사회의 배제 ⇨ 제한된 경쟁과 제한된 참여로 갈등 조정·통합 능력 저해 ⇨ 민중 진영의 NL (민족해방계열)과 PD (민중민주주의계열) 배제됨. ⇨ 대통령 직선제로만 민주주의 타협됨. 보수적 민주화로 귀결.
민주주의 공고화의 조건	(1) 국민적 통합(national unity), 시민사회의 활성화, 정치사회의 제도화, 군부의 문민통치, 헌정주의, 풍요의 경제와 경제사회의 제도화, 효과적인 국가 (2) 민주주의 공고화의 조건과 한국의 현실: 우리나라의 경우 국민적 통합 완화, 시민사회의 활성화는 이전 정부와 비교해 상대적 쇠퇴, 정치사회의 제도화에 있어서는 체계 수준 및 개별정당 수준 모두 약화, 군부의 문민통치와 관련 없음, 풍요의 경제와 경제사회의 제도화에 있어서는 양극화 심화 문제, 효과적인 국가에 있어서도 과거 천안함 사태 등 국가적 위기에 대한 대처능력의 문제가 존재한다는 점에서 한국의 현실은 문제가 있음.
경로 의존성	(1) 경로의존성 문제: 이행기와 공고화기의 전략 차이 (2) 쉐보르스키와 슈미터의 민주화로의 전환: 이행기가 공고화기에 영향을 미침. 혁명적 방식의 민

	주화는 조기 사망 문제를 가지며, 협약 방식의 민주화는 장기적 사망인 질식사의 문제를 가짐 (3) 헌팅턴의 개혁 정치의 어려움: 내재적 어려움(개혁파는 급진파와 보수파 사이에서 개혁을 수행해야 하는데 양쪽을 만족시키는 개혁이 어려움) 집합적 행동의 문제(개혁은 공공재의 문제로 무임승차자가 많음), 집행자의 딜레마(스스로가 개혁을 행하며 개혁의 대상이 되어야 함), 집행 과정에서의 딜레마(어떤 과정을 거쳐 개혁 정치를 수행할 것인지 문제), 제도 문제(5년 단임제는 개혁이 어려움), 분점 정부와 단임제 대통령제도(대통령의 개혁정치를 어렵게 함) ⇨ 개혁 정치의 어려움 (4) 정치개혁과 경제개혁 중 정치개혁의 우선되어야 함.
공고화에 관한 실증연구	(1) 민주주의의 개념과 측정의 문제. 절차적 민주주의의 접근이 측정 용이함. (2) 경제적 요인: 경제위기와 민주주의, 민주 정부의 경제적 수행능력의 영향이 크지 않음. (3) 정치적 변수: 정부 형태의 문제, 정당 제도화의 영향도 크지 않음.

표를 통한 비교 **민주주의 이행 이론 중 전략적 선택이론**

		체제 내 세력	
		강경파	온건파
반대세력	급진파	(1) 승자독식 무장봉기 승리: 민중혁명 무장봉기 실패: 재권위주의	(2) 개혁적 민주화(동구): 과거 지배 엘리트의 평화적 퇴장 보장, 정치지배구조의 해체, 경제와 사회체제의 개혁, sudden death 문제(조기 사망)
	온건파	(3) 회유·매수를 통한 권위주의의 현상유지. 부분적 양보를 통한 완화된 권위주의	(4) 타협적 민주화, 협약에 의한 민주화(한국): 갈등하는 엘리트들 간 이익보장 협약 체결, 민주화 추동세력 배제, slow death 문제(민주주의 불만에 따른 장기사망)

적용 가능 사례

1. 한국의 민주주의 공고화 평가
   (1) 절차적 민주주의 차원. 1987년 민주주의 이행과 2007년 민주주의 공고화(2번째 정권교체).
   (2) 실질적 민주주의 차원. 국민들의 태도와 정치사회구조의 변화로 측정. 개인과 계층마다 판단이 다름. 측정이 어려움. ex) 최장집 교수의 2002년 민주주의 퇴행 논쟁.
2. 최장집교수의 민주주의 퇴행 주장 (『민주화이후의 민주주의』의 주된 주장)
   (1) 구조적 차원: 국가 형성과 조숙한 민주주의(민주주의는 시기적으로 빠르게 도입: 보통선거권의 부여) + 권위주의적 산업화와 운동에 의한 민주화(자본의 성장과 의도하지 않은 학생운동에 의한 민주화) + 민주화 이행의 보수적 종결과 지역 정당 체제(좁은 민주주의와 보수적 양당체제) ⇨ 강한 국가 + 강해진 자본 + 보수적인 정당체계 형성.
   (2) 행위자 차원: 국가(민주화 이후 강력한 국가 + 무력한 정부)와 시장(민주화 이후 권위주의화된 시장) + 시민사회(보수 시민사회 vs. 진보 시민사회 간 대립 + 약화된 시민사회) ⇨ 부분체계 접근법을 사용하며 분석(국가, 정치사회, 시민사회, 시장)

(3) 해결책인 민주주의의 민주화 필요: 보수적 민주화와 갈등의 억압과 대안의 배제 문제. 갈등의 사유화에서 갈등의 사회화로 전환 필요. 유권자 편성 구조의 변화와 경직된 정당 체제문제. 신자유주의적 민주주의로의 쇠퇴문제. 슈퍼 재벌의 등장과 민주주의의 변형 문제. 제도 문제. 다른 수단에 의한 정치, 그리고 헌정주의(자유주의적 헌정주의에 의한 민주주의 거부). 민주주의도 능력 있는 정부를 필요로 함. 공화주의 해법 모색.

합격생 tip

민주주의의 이행 및 공고화를 다룰 때에는 정확한 개념이 중요. 특히 민주주의의 개념은 여러 가지 중 본인이 가장 잘 서술할 수 있는 개념을 선택하여 제시하고 우리나라의 경우가 절차적 / 실질적 민주주의 측면에서 이행되었는지, 공고화되었는지 등을 입증하는 사례를 준비해야 함. 통상 많은 수험생들은 민주주의의 이행을 설명하면서 헌팅턴이나 아담 쉐보르스키의 개념을 많이 인용하는 편임.
또한 헌법 개정 이슈 등 정치 개혁을 논의할 때 헌팅턴의 개혁 정치의 어려움을 도구로 사용하면 논리 전개가 쉬움.

민주주의 쟁점 20 : 민주주의의 질적 상승

주제의 문제의식

Q 민주주의 공고화 이후 민주주의를 발전시킬 기준은 무엇인가?

A 민주주의가 공고화되었어도 민주주의를 발전시킬 필요가 있다면 이를 위해 민주주의의 '질적 상승' 혹은 '질적 발전' 혹은 민주주의의 '안정화'나 '선진화'와 같은 기준을 제시할 수 있다.

세부 쟁점과 핵심이론

sub 1 민주주의 공고화 이후 민주주의를 발전시킬 수 있는 제도적 방안 논의

sub 2 민주주의 공고화 이후 민주주의를 발전시킬 수 있는 최대강령적 방안 논의

1. 민주주의 공고화 이후 민주주의 발전 기준: 개념의 변화

(1) 민주주의 공고화 ⇨ 민주주의 질적 상승. 질적 발전. (가설)

① 민주주의가 제도적으로 정착된 후 민주주의를 보완할 수 있는 방안이 필요: 책임성을 증대하는 방안과 응답성 혹은 호응성(responsiveness)증대 방안. 한국의 절차적 차원의 민주주의는 공고화가 됨. 따라서 다른 용어가 필요해서 만들어진 개념임.

② 제도적 민주주의와 실질적 민주주의의 중간방안: 책임성을 보완하여 선거 민주주의나 엘리트 민주주의보다 민주주의 확대.

(2) 민주주의의 공고화 ⇨ 민주주의의 안정화 (가설)

① 민주주의 공고화가 제도적으로 정착된 한국 민주주의에서 민주주의 발전을 위해서는 민주주의를 안정화하는 것이 필요함.

② 실질적 민주주의와 절차적 민주주의 간 공고화 기준에 대한 논쟁을 종결하고, 민주주의가 제도화된 상황에서 다음 단계의 발전 전략을 모색함.

(3) 민주주의의 공고화 ⇨ 민주주의의 선진화 (가설)

① 민주주의 공고화 다음으로는 민주주의를 선진화할 필요.

적용 가능 사례

1. 제도적 민주주의의 평가와 발전방안: 대표성 확보, 응답성 확보, 책임 추궁성 확보 ⇨ 대표성, 응답성, 책임추구성 차원의 제도적인 발전 방안. ⇨ 선거 제도를 통한 대표성확보와 책임추궁성증대를 통한 응답성 확보 방안.
2. 필립 슈미터의 5가지 평가 기준을 통한 민주주의 발전 방안: 경쟁성 확보, participation(of the People을 위한 한 시민), Accessibility(of the people 차원의 정부), Accountability(for the people 차원의 시민), Responsibility(for the people 차원의 정부) ⇨ 절차적 민주주의와 실질적 민주주의를 모두 포괄.

민주주의 쟁점 21 : 민주주의 위기론

주제의 문제의식

Q 서구 민주주의와 신생민주주의의 위기는 동일한 원인에 기초하는가?

A 서구 민주주의와 신생민주주의의 위기는 동일한 원인에 기초하지 않는다.

세부 쟁점과 핵심이론

sub 1 경제위기로 인해 미국과 같은 선진국에서의 민주주의와 필리핀과 같은 신생민주주의에 정치위기 발생에 대한 원인 비교와 취약성 비교

표를 통한 비교 민주주의 위기론 비교

설명 변수	선진국 민주주의	신생 민주주의
경제위기	경제위기 영향	경제위기 영향
중산층 분포	중산층 다수	중산층 부족(경제발전낮음)
문화	사회적 자본 존재 탈물질주의가치 존재	사회적 자본 부족 물질주의 가치 존재
제도정치	강력한 제도정치	취약한 제도정치
시민사회	시민사회와 공적가치 중시	약한 시민사회
선동가정치	선동가 정치 작동	선동가 정치 작동
	민주주의 취약성 낮음	민주주의 취약성 높음

적용 가능 사례

1. 한국 정치에서 시민단체는 낙천낙선운동(2000년)에서 공천운동(2004년)으로 기능확대할 수 있는가?: 자유주의와 공화주의 논쟁. 공화주의는 확대가능 주장.

민주주의 쟁점 22 : 부분체계 접근법

주제의 문제의식

Q 부분체계 접근법을 사용할 때 분석의 장점과 정책방안 모색의 장점은 무엇인가?

A 부분체계 접근법은 민주주의의 공고화에서 부분마다 과소공고화 혹은 과다 공고화를 평가하게 해주는 장점이 있고, 이는 정책 방안 모색에 직접 적용할 수 있다.

세부 쟁점과 핵심이론

sub 1 부분 체계 접근법을 통해 민주주의 공고화를 평가하는 것과 민주주의 접근법의 관계: 민주주의를 제도와 국가만으로 한정하지 않는 실질적 민주주의 접근법 사용.

sub 2 부분 체계 접근법을 통해 한국 민주주의를 평가하면 어떤 부분이 민주주의에서 취약한지 논쟁.

(1) 한국 민주주의 평가: 경제적 양극화로 인해 '시장'과 진성당원이 부족하고 제도화가 약한 '정당'이 취약하다.

1. 부분체계 접근법: 린쯔와 스테판(Linz & Stepan)의 이론

(1) 접근법의 목표: 주체와 제도에 요인을 맞춤으로써 부분 체제들 간 민주화 정도와 그들 간의 관계 등을 고려. 정책 처방을 통해 저발전된 영역을 드러내 주어 정책처방에 있어서도 효용성이 높음.

(2) 5가지 부분체계

① 정치사회부문: 상대적으로 자율적인 정치사회(공익을 위한 독자적인 판단)

② 국가기구: 분권화, 법의 지배, 법의 경계 명확화가 중요.

③ 시민사회부문: 자율성 강화 여부.

④ 제도화된 경제 사회: 다원주의 확보(시장 자율성, 개인 소유권 인정)

⑤ 효과적인 법의 지배: 입헌주의, 법치주의확보. 국가가 통합되어 있다는 전제.

적용 가능 사례

1. 미얀마에서 군부 쿠테타가 빈번한 원인에 대한 부분체계 접근 분석: 강권적 국가(군부에 의한 통치와 강력한 군부 ⇨ 군부에 대해 민간 통치가 안 됨) + 허약한 정치사회(아웅산 수치를 제외하면 무기력한 민간 정치인) + 취약한 시민사회 + 성장하지 못한 경제사회와 시장 (자본주의에 의한 자유주의 지지도 어려움) + 법에 의한 지배 부재(군부가 법치주의를 수시로 붕괴시킴)

민주주의 쟁점 23 : 민주주의 공고화를 위한 정부형태

주제의 문제의식

Q **후안 린쯔가 공격한 대로 대통령제도는 민주주의 유지에 있어 의원내각제보다 취약한가?**

A 다수의 정치제도 사례들을 대입해 보았을 때 대통령제도가 민주주의 유지에 더 취약하지 않다.

세부 쟁점과 핵심이론

sub 1 정부형태와 민주주의의 유지 가능성 논쟁: 대통령제나 의원내각제별 권위주의로 후퇴가능성 차이 적음.

sub 2 한국 민주주의 공고화 혹은 발전을 위한 정부형태 개편 논의.
(1) 원대통령제 개편안 vs. 의원내각제 개편안 vs. 이원집정부제 개편안 ⇨ 원대통령제에 대한 선호가 강함.
(2) 정부형태별 비교: 의회와의 협치 가능성을 통한 평가
(3) 정부형태별 비교: 책임추궁성, 대표성, 효율성과 안정성기준의 평가
(4) 정부형태별 비교: 다당제 가능성과 정부형태 조합 기준의 평가

sub 3 한국의 제왕적 대통령와 민주주의 공고화 가능성 논의.
(1) 한국 대통령제 특징: 제왕적 대통령제와 허약한 대통령제의 공존 ⇨ 모순적인 현상의 공존. 제도적인 권력분립과 함께 운용상의 문제가 공존해서 나타나는 현상.
(2) 제도적 특성 vs. 운영적 특성: separation of power(제도적 권력 분립)과 separation of purpose(운영상 권력 분립)

1. 대통령제의 작동 구분

(1) **제도적 특성 vs. 운영적 특성:** separation of power(제도적 권력 분립)과 separation of purpose(운영상 권력 분립) 콕스와 맥큐빈 이론.

(2) 제도가 분점이 되어도 권력 운영(리더십이 작동)되면 gridlock이 됨. 부분적으로 정책방안을 통과시킬 수 있음. 그러나 두 가지 모두 막히면 deadlock이 됨.

(3) **대통령 리더십은 separation of purpose이 중요:** 미국에 대한 사르토리 주장. 이념, 정당규율이 약하고 지방분권정치(pork-barrel)가 잘 작동함.

합격생 tip

제도적 특성 vs. 운영적 특성을 구분하여 준비. 우리나라의 민주주의의 문제점을 제시하고 해결방안을 모색할 때 정부형태를 개선해야 하는지 또는 정부를 구성하는 사람들의 행태, 리더십 등을 개선해야 하는지를 제시해야 함. 통상 이 부분은 비교정치와 제도문제로 나오는 경향이 있으며 그런 경우에는 운영적 특성을 빼도 제도적 특성만을 가지고 설명하는 것이 좋음. 특히 통상의 설문에서 리더십, 문화 등 제도정치 밖의 영역은 설문에서 묻지 않으면 쓰지 않는다는 것을 기억하기

민주주의 쟁점 24 : 민주주의 공고화를 위한 정당체계

주제의 문제의식

Q **정당체계 자체가 민주주의 유지에 있어서 더 취약한가?**

A 양당제나 다당제 자체가 민주주의 유지에 더 취약하지는 않지만, 대통령제도와 다당제가 결합한 정치체제가 민주주의 유지에서는 취약하다. 즉 대통령제와 분극화된 다당제가 결합하면 민주주의 생존성이 낮아진다.

세부 쟁점과 핵심이론

sub 1 대통령제와 다당제가 결합한 정치체제가 민주주의 취약성이 높은 원인: 대통령제에서는 의회가 거부권자가 되는데 다당제가 될수록 대통령 소속정당이 의회 과반수를 차지할 가능성이 낮음. ⇨ 정치체제의 효능성과 안정성이 약화됨. ⇨ 통치체제에 문제가 있다고 생각한 유권자들이 많을수록 정치체제 만족도 떨어짐.

sub 2 한국 정당의 분극화와 다당제 가능성에 따른 정부형태와의 조응성 논쟁.

(1) 한국 정당의 분극화: 정당 간 이념 분화(정당체계수준) ⇨ 대통령제에서 의회가 거부권자가 될 가능성 높음. ⇨ 한국의 초다수결주의 사용(국회 선진화법에 따라 중요 법안은 180석 이상 필요) ⇨ 대통령제 유지에 부담.

(2) 높은 다당제 가능성: 계파 정치로 인해 정당 응집성이 낮음. ⇨ 정당 연합(합당과는 다른 것임)으로 정당이 줄어들 수도 있지만, 정당 분당에 따라 다당제가 될 여지가 높음. 정당체계 수준의 안정성이 떨어짐. ⇨ 대통령제 유지에 부담.

1. 한국의 정당: 양당제

(1) 양당제와 다당제 구분: 유효정당수. 수학적으로 계산해야 하지만 교섭단체를 구성하면 유효정당으로 봄.

(2) 한국 양당제: 2004년 선거에서 이념중심의 양당제가 됨. 지역중심 다당제가 약화됨. 한국의 크게 세 가지 세력이 있음. 보수유권자와 정당(국민의 힘). 중도 진보의 유권자와 정당(김대중 계열 민주당. 노무현 계열의 민주당은 이념적임), 혁신지지 유권자와 정당(정의당)

합격생 tip

민주주의 공고화를 위한 방안을 정당체계 측면 / 개별정당 측면으로 나누어서 생각해 보는것도 추천. (비교정치 Part와 연계)

민주주의 쟁점 25 : 민주주의 공고화를 위한 선거제도

주제의 문제의식

Q 민주주의를 공고화하기 위해 어떤 선거제도가 바람직한가?

A 민주주의 공고화에서 대표성을 높이기 위한 선거제도와 책임추궁성을 높이는 선거제도가 필요하다. ⇨ 대표성을 높이는 것이 더 많은 인민에게 민주주의 체제에 대한 만족도를 높일 수 있고, 책임추궁성을 높일 수 있는 선거제도가 민주주의 정부에 대한 불만을 해결할 수 있어 정치체제 안정성을 높일 수 있다.

세부 쟁점과 핵심이론

sub 1 한국의 혼합형 선거제도에서 통치효율성을 높이기 위한 방안과 대표성을 높이기 위한 방안 논의:

(1) 지역구 다수제 의석 증대 ⇨ 다수 구성이 유리 ⇨ 통치 효율성 증대 가능
(2) 비례대표 의석 증대 ⇨ 소수의 의사 반영 ⇨ 대표성 증대 가능
(3) 대통령제의 다수대표제 유지 ⇨ 안정성과 통치가능성 유지

sub 2 민주주의 책임추궁성 증대를 위한 회고적 투표가능성 논의:

(1) 한국의 회고적 투표 어려움.
① 대통령 단임제: 대통령에 대한 재선 불가능과 회고적 투표 어려움.
② 대통령 임기 중 총선과 지방선거에서도 회고적 투표 안 됨: 정당에 대한 평가보다는 특정 이슈 평가가 더 빈번함.
③ 정당의 낮은 제도화 수준: 정당 처벌이 어려움. 정당이 이합집산이 잦음.
④ 대안 정당이나 대안 세력 부재: 회고적 투표에서 처벌하기 위해서는 다른 대안이 필요.
⑤ 유권자의 합리적 선택보다 정체성 투표가 강함: 대의민주주의를 자이로스코프적 대의가 차지함. 정체성을 확인하는 투표. 선거제도의 왜곡효과가 나타남.

(2) 전망적 투표가 나타나기도 함
① 신생정당이나 신진 정치인에게 투표함. 기존의 성과가 있어야 함.
② 저항 투표의 한 형태: 기존 정치인에 대한 거부가 새로운 정치인에 대한 지지로 이어짐.
③ 사례: 대통령선거에서 제3의 후보 등장. 1992년 14대 총선에서 정주영회장의 통일국민당이 31석 확보. 2016년 국민의 당과 안철수 대표에 대한 38석 확보.

sub 3 제인 맨스브릿지의 대의민주주의 투표 이론

(1) Promisory representation: 유권자의 대표선출 기준이 지난 선거의 약속을 얼마나 이행했는지에 달림. 예 매니페스토 운동과 공약이행율이 중요.
(2) Anticipatory representation: 대표가 지난 임기 동안 어떻게 정책을 만들었는지를 보

고(회고적 기준) 이것을 미래예상 기준으로 삼아 유권자가 대표를 선발함.

(3) Gyroscopic representation: 유권자가 자신과 유사한 정체성을 보고 선택을 함. 유권자와 대표 간의 이념적 유사성 등이 기준임.

(4) 한국에서 유권자의 대표 선택 기준: 한국은 이념과 지역에 따라 대표를 선정하는 것이 일반적임. Gyroscopic representation이 대표적인 선택기준.

민주주의 쟁점 26 : 민주주의 공고화를 위한 의회제도

주제의 문제의식

Q 한국에서 의회정치에 대한 만족도를 높이기 위한 제도방안은 무엇인가?

A 한국에서 의회정치가 제도화되기 위해서는 상임위원회 중심주의에 기초한 '전환의회'가 필요하다.

세부 쟁점과 핵심이론

sub 1 한국에서 대통령제와 양당제와 다당제를 오가는 정당체계 수준의 낮은 제도화와 강한 정당규율을 가진 개별 정당 간의 조합에서 전환의회를 만들 수 있는 방안 논의:
(1) 원내정당화 ⇨ 정당규율의 완화 ⇨ 대통령과 의회 간 타협 가능성 확보 ⇨ 의원의 자율성 증대 ⇨ 정당 보다 의원중심으로 상임위원회 중심주의 사용 ⇨ 전환의회 가능

1. 정치제도 정리: 민주주의 공고화와 정부형태와 정당체계와 의회 간 관계

(1) 신생 민주주의 국가에서 민주주의 유지 어려움

① 취약한 경제 조건과 부족한 중산층

② 정치문화 고착화안 됨,

③ 정치제도에 대한 불만

(2) 어떤 정부형태가 더 취약한지 논쟁

① 린쯔의 대통령제도의 5가지 제도적 약점과 민주주의 생존가능성 낮음 주장.

② 신생민주주의 국가에서 대통령제와 의원내각제 간 민주주의 생존률 검증.

③ 최종 결론: 대통령제와 내각제만으로는 생존율 차이 알기 어려움.

(3) 어떤 정당체계가 더 취약한지 논쟁

① 양당제와 다당제 간 논쟁: 정당체계 자체만으로는 민주주의 생존성에 차이 없음.

② 대통령제+다당제 조합 ⇨ 민주주의 생존성이 낮음.

(4) 어떤 선거제도가 더 취약한지 논쟁

① 단순다수제와 비례대표제 간 논쟁: 선거 제도만으로는 생존성에 차이없음.

② 선거제도는 사회균열과 관련: 레이파트 주장. 사회균열이 합의주의와 다수결주의를 선택함. 이것이 선거제도를 선택함. 사회균열에도 불구하고 다수결주의를 선택하면 민주주의에 대한 불만증대함. 민주주의 공고화 어려움.

(5) 어떤 의회가 더 필요한지 논쟁

① 전환의회: 입법가능한 의회 vs. 무대의회: 심의를 위한 의회

② 의회에 대한 만족화 필요: 의회 제도 자체의 제도화가 중요.

③ 정당체계와 개별 정당 규율과 연결됨,

2. 대의민주주의 대표에 대한 자율성 논쟁

(1) 자율성 논쟁

① 신탁모델: 유권자 ⇨ 대표 (신탁: 대표의 자율성을 믿고 맡김. 전국이익이 중요. 대표(지역구 의원의 경우도)는 반드시 유권자의 이익을 반영할 필요가 없음. 대표는 특수한 이익을 반영하는 것이 아니라 전국 유권자를 대변하는 것임. 대중정당이 등장하기 이전의 명망가들 중심의 '의회'민주주의에서 작동함)

② 위임 모델: 유권자 ⇨ 대표 (위임: 대표에게 정확히 달성해야 할 공익과 정책을 부여함. 지역이익이 중요. 대표는 부여받은 사회적 가치를 반영하고 정책을 만들어야 함. 자율성은 없음)

③ 유사 대리 모델: 유권자 ⇨ 정당 (유권자는 대표 선출 시 정당에 자신들의 이익반영을 위임함. 정당이익이 중요. 대중정당 모델에서 작동함. 인물인 대표가 아니라 정당이 대표 기능에서 핵심)

표를 통한 비교 **모델별 특성 간 비교**

모델명	대표성	응답성	책임성
신탁(trustee) 모델	전국 이익을 대표 (의원의 높은 자율성)	응답성 강제 안됨 (지역구 이익반영 안 해도 됨)	책임성 추궁 어려움. (의원의 높은 정책 자율성)
위임(delegate) 모델	특정지역이익 대표 (의원의 낮은 자율성)	응답성 강제 됨 (지역구 이익반영 필수)	책임 추궁가능. (위임사무에 대한 책임) 의원 개인에 대한 책임
유사대리(mandate 혹은 party)모델	계급정당 이익 대표 (정당이 자율성주체) '동원론 vs. 기능론'에 따라 자율성 차이	정당이 응답해야 함. 정당과 유권자 간 정체성 확인 계급 이익반영 필수	정당에 대한 책임추궁가능 제도적 책임추궁가능성

(2) resemblance 모델: microcosm을 강조, 사회 구성도에 맞춘 의석 배분 강조함.

적용 가능 사례

1. 한국 정보통신혁명에 따른 전자민주주의발전과 고전적 민주주의 가능성(직접민주주의의 가능성)

민주주의 쟁점 27 : 민주주의 공고화와 경제적 조건

주제의 문제의식

Q 민주주의가 발전하기 위한 경제적 조건은 무엇인가?

A 경제발전이 민주주의를 발전하게 만들기 쉽지만, 경제위기가 민주주의 체제 유지에는 큰 영향을 주지 않는다. ⇨ 경제위기는 민주주의의 체제 위기가 아니라 정권교체를 가져온다.

세부 쟁점과 핵심이론

sub 1 경제발전과 민주주의 공고화 사이 관계 논의: 경제발전(자본주의 발전)과 민주주의 강화여부.

sub 2 한국 민주주의 발전을 위한 정치경제모델 논의: 발전 국가와 신자유주의 사이에서 대안 모델 필요

1. 경제발전에 따른 민주주의 발전 가능성

(1) 자유주의 이론: 경제 발전(경제실적 강화, 자유무역을 통한 무역량 증대와 국가 전체 부의 증대) ⇨ 민주주의에 도움.

① 권위주의에서 민주주의 전환 논리가 아니라 민주화 이후 민주주의의 유지 발전 논리. 이미 민주주의가 만들어진 국가에서 경제적 실적이 민주주의라는 정치체제에 부담을 주는지에 대한 문제임.

② 경제발전으로 민주주의의 발전 강화: 경제실적 강화(⇧) ⇨ 민주주의 만족도 (⇧)

③ 민주주의를 확장적으로 이해하게 만듬: 절차에서 실질적 민주주의로 이동. 즉 경제적 조건이 민주주의 유지 발전에 도움이 됨.

④ 민주주의가 안정적으로 유지되는 기제들: 중산층의 증대, 교육수준의 증대, 관용의 문화가 증대하여 민주주의(공동체 구성원 간 사회 가치에 대한 타협 가능성 증대)에 도움이 됨.

(2) 자유주의 이론 입중: 절차적 차원으로 좁히면 경제발전이 민주주의에 직접적 효과를 측정하기 어려움.

① 경제발전을 측정할 지표를 선정하기 어려움: 국가 전체 GDP는 개인 간 차이가 제거됨. 1인당 GDP도 동일. 정부의 경제실적은 주관적임. 정부에 투표한 유권자와 야당에 투표한 반대자 간 만족도 차이가 큼.

② 경제발전이 민주주의를 강화한다고 주장하기 어려움. 경제발전이 된다고 민주주의 제도가 바뀐다는 보장이 없고, 경기침체가 된다고 체제전환이 되지는 않음. ex) 싱가포르, 중동국가.

(3) 실증분석의 결과: 경제와 민주주의 생존에 큰 영향은 없음.

(4) 반론: 경제 실적 저하가 민주주의 체제 붕괴나 약화를 가져옴.

① 대공황기 경제실적 저하: 바이마르 공화국은 히틀러의 전체주의로 전환사례. 일본의 경우도 1930년대 대공황으로 대정(다이쇼)민주주의라고 하는 입헌주의 실험이 포기되고, 군부를 중심으로 비민주주의 체제가 강화됨.

② 2008년 미국발 금융위기와 2010년 유럽 재정위기 이후: 미국에서 트럼피즘(포퓰리즘정치)나 유럽에서 극우 정당들의 강세는 민주주의 약화 신호.

③ 경제 위기와 양극화의 심화는 민주주의의 토대를 약화시킨다고 볼 수 있음. ⇨ 이를 버텨내기 위해서는 민주주의 제도에 대한 신뢰(정부가 문제를 해결해 줄 것이라는 믿음)과 사회적 자본으로서 신뢰가 필요함.

④ 전통적 민주주의 국가 vs. 신생민주주의 국가의 내구성(민주주의가 버텨내는 정도): 전통적 민주주의 국가가 버텨내는 정도가 상대적으로 높음. ⇨ 전통적 민주주의에서는 군부 쿠데타는 상상하기 어렵고, 시민 폭동에 의한 체제 붕괴도 상상하기 어려움. 다만 선동가들이 등장하고 사회적 갈등이 강화될 수 있음. ⇨ 신생민주주의 국가에서는 비제도적인 방식의 정권교체(쿠데타나 내전)와 체제전환(쿠데타나 반혁명)이 가능함.

2. 한국의 적실한 정치경제모델

(1) **발전국가**: 과도한 국가 개입은 민주화와 세계화 시대에 부합하기 어려움.

(2) **신자유주의 국가**: 시장강화에 국가 무력화는 한국의 강한 국가 전통에 맞지 않음.

(3) **국가의 개입을 통한 복지와 성장 정책 추구**: 국가가 부족한 민간 부문의 유효 수요를 만들고, 수출 위주의 경제(대기업)와 내수 경제(자영업)를 조정하는 역할을 수행해야 함.

표를 통한 비교 **경제발건과 민주주의 공고화의 관계**

낙관론	(1) 근대화이론: 경제발전 ⇨ 민주주의(중간경로: 도시화, 교육수준 증대, 소득 증대 등). 인과적 관계임. (2) 신근대화이론: 경제발전이 민주주의를 가져오는 것은 확실치 않으나, 경제가 발전한 경우 민주주의의 후퇴는 없음. 인과적 관계는 아니고, 경제발전이 민주주의 유지에 도움이 됨. ㉠ 쉐보르스키의 1인당 국민소득 $6,055 (아르헨티나의 민주화당시 1인당 국민소득)와 민주주의 역전 불가능
비관론	(1) 오도넬의 관료적 권위주의이론: 경제발전 ⇨ 권위주의(한국의 박정희 유신에 대한 논쟁의 이론적 근거 중 하나. but, 박정희 정부의 1972년 유신은 경제발전을 위한 선택은 아님. 개인 지배 유지가 목적이고, 그 명분으로 국가발전을 위해 본인이 필요함을 주장. 결과는 1970년대 경공업에서 중화학 공업으로 산업정책전환 성공함.) (2) 게센크론과 슈바이니츠: 민주주의의 길은 후발 국가들에게 열리지 않음. 급속한 산업화로 인해 필연적으로 권위주의 국가 형성. 국가가 자본 집중해야 하기 때문에 강제적 국가가 필수적임.
슘페터 무관론	(1) 자본주의와 민주주의의 연관성 부정 (2) 자본주의 발전은 민주주의에서만 이루어지는 것이 아니라 사회주의에서 국가 자본주의 형태로도 가능함. 민주주의만이 자본주의 발전에 필연적 연결은 아님.
린드블롬의 해석	(1) 자본주의의 우선성: 민주주의와 자본주의의 발생학적 의존성. 자본주의가 있는 경우에 민주주의 형성 가능. 모든 자본주의가 모두 민주주의는 아니나, 모든 민주주의는 모두 자본주의
계급구조와 민주주의발전	(1) 민주화는 어느 계급의 작품인지 논쟁: 부르주아 추동설 vs. 프롤레타리아 추동설 vs. 계급연합설 (2) 민주주의 유지와 발전에 주도 세력: 부르주아는 민주주의 확대 관심 없음. 노동자는 소득재분배에 관심이 있어 민주주의지지 가능. 중산층도 민주주의 확대에 관심이 있고 주로 시민세력화가 가능한 계층임.
	(1) 자본주의가 민주주의의 타협가능: 자본주의가 민주주의의 경제적 토대 제공, 유럽의

자본주의와 민주주의의 양립가능성	사회민주주의처럼 계급적 타협 가능 (2) 민주주의의 자본주의의 공격 가능성 우려: 자본주의 발전과 시장의 성장을 위해서는 민주주의가 문제. 효율적 배분을 방해하거나 계획합리성을 거부함. (신자유주의자, 권위주의지지 이론가들) (3) 자본주의의 민주주의 공격 가능성 우려: 세계화와 외부시장 행위자가 내부시장행위자와 함께 민주주의 공격 가능 주장 (민주주의자들, 정치적 자유주의자들) (4) 정부와 시장간 관계 설정이 중요: 어떤 관계를 설정하는가에 따라 양립 가능
아시아적 가치	(1) 아시아적 가치의 문화론적 설명: 근검, 성실, 교육열 등의 아시아적 가치 ⇨ 경제발전 (2) 베버의 청교도 윤리를 통한 문화론의 현대판: 베버는 기독교가 소명의식을 강조하면서 현세에서 부유해지는 것이 내세에 천국에 가는 길이라고 설명함으로써 세속화에 성공함. 이는 1800년대 초반 서구가 중국을 뛰어넘을 수 있는 길을 제시함. (3) 아시아적 가치 논쟁: 아시아는 아시아식 민주주의가 필요하며 온건한 권위주의가 더 요구된다는 입장 vs. 아시아적 가치의 문화적 설명이 잘못 되었다는 입장 (4) 문화론 설명의 장단점: 문화론은 같은 제도를 보유했을 때 다른 문화가 다른 정치적 결과를 만든다는 입장임. 하지만 한 사회 구성원이 실제로 그러한 문화를 보유했는지를 알기 어렵고, 제도효과와 비교했을 때 문화론적 설명이 더 타당한지 알기 어려운 단점이 있음.
한국적 함의	(1) 경제 실적은 민주주의에 중립적이거나 우호적일 가능성이 높음. 따라서 정부의 경제정책을 통해 경제실적이 중요함. (2) 한국의 대북 정책에 함의: 자본주의가 민주주의보다 대북정책에서 우선시 될 필요. 그러나 북한의 '모기장'이론(자본만 받아들이고 자본주의 사고는 거부함)으로 대응. 또한, 린드블롬 주장처럼 자본주의 없이는 민주주의 불가능. 북한과의 접근에 있어서도 경제교류부터 시작할 필요.

표를 통한 비교 **민주주의 공고화를 위한 한국의 바람직한 정치경제모델**

미국식 시장주의	(1) 신자유주의의 시장 강조 모델: 최소한의 국가 개입, 공급자(자본가) 중심모델, 주식시장 중심에서 주주자본주의 모델(주주의 결정권이 중요. 정책 결정이 단기 실적으로 끝날 가능성이 높음) (2) 미국적 맥락: 미국처럼 이익집단의 다원성이 전제되지 않을 경우 특정 이익집단의 정부 포획과 조직화되지 않는 인민들의 이익 미반영 문제. 로비 합법화하고 다양한 PAC(Political Action Committee)를 인정해야 함. ⇨ 부자들의 금권정치(plutocracy 우려) (3) 1997년 경제위기 이후 한국 모델로 고려: 한국적 맥락에 타당하지 않다고 봄. (4) 민주주의 발전과의 관계: 민주주의 발전에 있어 특정 집단의 대표성이 과도하게 올라가는 문제가 발생할 수 있음.
코포라티즘	(1) 사회적 코포라티즘 vs. 전체주의 국가의 국가 코포라티즘으로 구분 (2) 사회적 토포라티즘이 중요: 민주주의 유지와 발전을 위해 자본과 노동의 정상집단 형성하고 노-사-정의 triparty 정부를 구성하여 합의점 도출. 국가의 자본과 노동 갈등을 완화함. (3) 전제조건: 정상집단이 하부집단을 장악하고 합의를 강제할 수 있어야 함. 한국에서 어려운 이유임. 노조가 분산되어 있음. (4) 글로벌 경제의 무한경쟁 속에서 코포라티즘을 통한 합의 어려움: 세계 경제 조건의

	변화에 일 국가내 자본과 노동의 합의가 중요하지 않게 됨. 고용 약속을 지키기 어렵거나, 가격변동으로 임금을 유동적으로 만들어야 하나 노조가 이를 거부함. (5) 강력한 노조와 기업들의 가격경쟁력에 문제가 생김 (6) 민주주의 발전과의 관계: 민주주의 발전을 위해 1997년 도입했으나 조건이 맞지 않아 무산됨.
발전주의 국가 모델(경로의존성)	(1) 권위주의 시기 한국이 사용한 모델 (2) 국가의 지도력과 선도기관(Pilot agency)의 존재 ㉠ 일본의 통상성, 한국의 경제기획원 (3) 계획 합리성 하에 정부가 경제정책 주도: 유치산업 보호 등 중상주의 정책 추진, 소비부분 개입과 생산 부분 개입 병행 (4) 문제점: 시장의 국가에 대한 의존도 축소와 국가실패 문제. 1997년 동아시아 금융위기와 IMF조건부 차관 받음. 이는 발전주의 모델에서 '국가의 실패'로 규정. (5) 민주주의 발전과의 관계: 국가의 성장정책이나 분배정책에서 자율성이 필요한 부분이 있음. 그러나 민주주의 인민의 권리나 요구와 충돌할 것임.
유럽방식의 거시안정국가 또는 사회권익국가	(1) 케인즈 주의 모델: 국가 개입은 인정. 단, 개입 범위 차이. 유효수요 창출과 복지정책에 국가 필요함. (2) 사회권익국가 모델: 마샬의 기본권을 확대한 모델. 케인즈주의 모델 보다 더 복지를 확대. (3) 두 모델의 차이: 양자 모두에서 국가는 시장에 대한 룰을 규정하며 정치경제에서 독자적인 행위자로 행동. 단, 경제문제에만 국한할 것인지, 복지를 더 강화할 것인지에 대한 입장 차이가 있음. (4) 국가가 국내·국제시장 압력에서 복지정책을 어느 정도까지 수행할 수 있을지에 대한 문제. 기업의 가격경쟁력도 고려해야 함.
결사체모델(미시 코포라티즘)	(1) 결사체간 타협 강조 모델: 이익을 대표할 수 있는 결사체를 중심으로 결사체 간의 타협과 국가의 중재가 중요함. 정부가 타협을 만들어 주기도 하기 때문에 '미시 코포라티즘'으로 규정하기도 하고, '거버넌스 모델'로 규정하기도 함. (2) 대표적인 사례: 일본의 사적 당사자 간 합의구조 ㉠ 백화점 업계의 과잉경쟁에 대한 자율조정 ⇨ 단위가 미식적 단위임. (3) 조직화되지 않은 다수의 문제 간과 우려 ㉠ 소비자의 미조직화와 이익미반영.(by 올슨의 집합행동이론으로 설명 가능)
공동체주의 정치경제 모델(사회적 경제모델)	(1) 공화주의적 입장에서 정치경제에 접근하는 모델: 시민적 덕성과 연대의식 강조, 사회적 경제이론으로 보강. 폴라니의 '자선'의 경제 모델. 시장 모델과 국가 모델과 차이. (2) 시민적 덕성의 기능: 자발적 공동체에 대한 충성심은 사적 이해에 집중하지 않도록 만들기 때문에 자본주의의 파괴적 경쟁성을 완화할 수 있음 (3) 연대적 재화와 사회적 경제의 실체: 연대적 재화를 생산함으로써 사적 재화에 대한 집중문제 해소 ㉠ 사회적 기업 (4) 문제점: 경제적 이익이라는 물질적 조건에 정체성이라는 요소가 얼마나 순화작용을 할 것인가의 문제 존재. 자선 모델의 실패 사례가 공유지 비극론임.
결론	(1) 한국의 과거 역사적 경로 고려 필요 (2) 무조건적인 국가 개입 거부보다 국가 개입의 투명화와 예측가능화, 견제수단 확보가 필요 (3) 방향성은 발전주의 모델의 경로의존성 인정 + 케인즈주의적인 국가의 개입정책 필요 인정 + 다른 모델들의 부분적 차용도 현실적으로 고려할 수 있음 ㉠ 결사체민주주의

적용 가능 사례

1. 한국에서 민주주의 발전을 확장해서 이해할 경우 국가의 재분배정책 정당화 방안: 정치적 자유주의=민주주의, 혹은 공화주의 논리, 혹은 시장 실패론과 케인즈주의이론 필요.
2. 한국의 민주주의 발전을 위해 유용한 정치경제 모델 선정: 케인즈주의+공동체정치경제 모델+미시 코포라티즘 모델.

민주주의 쟁점 28 : 민주주의 공고화를 위한 정치문화

주제의 문제의식

Q 현대 민주주의가 발전하기 위해 필요한 정치 문화는 무엇이 있는가?

A 현대 민주주의가 발전하기 위해서는 '사회적 자본(Social capital)'과 '신뢰(trust)'가 필요하고, '탈물질적 가치'도 필요하다.

세부 쟁점과 핵심이론

sub 1 문화론과 제도론 간 설명력 논쟁
(1) 문화론자: 비교정치에서 정치적 결과 설명이 가능.
(2) 제도론자: 제도가 아닌 관념을 다루는 문화는 가변적임. 측정이 어렵기 때문에 다루기 어려움.
(3) 두 입장 간 차이가 있음.

sub 2 문화의 비교가능성 논쟁
(1) 문화론자: 비교정치에서 국가들마다 문화를 척도화해서 비교할 수 있다.
(2) 제도론자: 문화의 척도화는 다분히 주관적일 수 있다.
(3) 두 입장 간 차이가 있음. 그러나 잉글하트의 '탈물질주의 가치'나 퍼트남의 '사회적 자본론'은 비교연구를 수행함.

sub 3 현대 정치에서 중요한 문화자원 논쟁:
(1) 잉글하트: 탈물질적 가치 중요, 과거 물질적 가치와 다른 탈물질적 가치가 중요.
(2) 퍼트남과 후쿠야마: 사회적 자본이 중요. (퍼트남)과 사회적 자본으로 신뢰가 중요(후쿠야마)
(3) 관용의 중요성: 다문화사회, 다양한 사회적 갈등이 있는 사회에서 '서로 다른 생각과 가치를 가질 수 있다'는 관용을 가지는 것이 필요함.

1. 정치문화론

표를 통한 비교 정치문화의 의미와 대표적 이론들

개념	(1) 문화(culture)의 의미: 특정 사회가 생산해내고, 보존해 가는 인간의 예술·사상·관습·제도의 복합물. (2) 정치문화의 의미: 정치체제 구성원 개개인이 정치에 대해 나타내는 독특한 태도나 정향 (3) 알몬드(Gabriel Almond)의 정의: 정치문화론의 창시자인 알몬드의 정의. 모든 정치체계는 정치적 행동에 특별한 정치적인 정향이 내재되어 있으며 이러한 특별한 정치적 정향을 정치문화라고 명명. 사회심리학적 요소 포함.
	(1) 정치정향(political orientation): 정치체계의 구성원이 정치적 상징물에 대하여 갖고 있는 태도(attitude)와 행동(behavior). 3가지 측정 지표

시민문화론 (문화론의 최초 모델)	① 인지적 정향(cognitive orientation): 정치 상징물에 대한 이해와 인식 ② 감성적 정향(affective orientation): 정치적 대상에 대한 감정(feeling) ③ 평가적 정향(evaluative orientation): 공적 이익의 판단. 정의의 문제. (2) 정향 대상으로서 4개 차원: 정치체제(political system), 정책요구로서 투입(input), 정책 결과로서 산출(output), 능동적 참여자로서 자아(self) ⇨ 버바: ① 국민적 일체감(자신이 속한 국가나 정치체제에 얼마나 소속감을 갖는지), ② 동료 시민들과의 일체감(시민 상호 간 신뢰 및 관계의 수평성 여부), ③ 정부 정책, ④ 정책결정과정의 4가지 차원으로 수정 제안하기도 함. (3) 3가지 정치문화 유형: 향리형(아무것도 모르는 유형), 신민형(산출과 정치체제에 대해서 아는 유형), 참여형(4가지 대상을 모두 파악하는 유형) (4) 모범 모델로서 시민문화(Civic Culture): 현실에서 나타나는 혼합문화로서의 시민문화. 향리 · 신민 정치문화, 신민 · 참여 정치문화, 향리 · 참여 정치문화가 혼재되어 나타남. 의미는 지나치게 향리형이 많거나 시민형이 많지 않고, 참여형 문화를 가진 유권자가 많고 향리형과 신민형의 문화를 가진 유권자들이 적지만 부분적으로 분포되어 있는 정치체제가 바람직함. (5) 국가 간 비교 ① '민주주의 산업화 국가(Democratic Industrial)': 향리형 10% + 신민형 30% + 참여형 60%로 구성. ② '권위주의 산업화국가(Authoritarian Industrial)': 참여형 10% + 신민형 80% + 향리형 10%로 구성. ③ '권위주의 산업화중인 국가(Authoritarian Transitional)': 참여형 10% + 신민형 60% + 향리형 30%로 구성. ④ '민주주의 산업화중인 국가(Democratic Transitional)': 참여형 10% + 신민형 30% + 향리형 60%로 구성.
문화론에 대한 이론적 입장	(1) 접근법 1: 환원론(reductionism, 정치의식으로 정치문화 파악) vs. 전체론(holism, 총체적 관점에서 파악) (2) 접근법 2: 구조기능주의(독립변수로서의 정치문화) vs. 마르크시즘(종속변수로서의 정치문화) (3) 접근법 3: 엘리트 정치문화 vs. 대중(민중) 정치문화 (4) 접근법 4: 정치문화와 정치발전과의 가능성의 관계. 기능론(정치문화 → 민주주의) vs. 생성론(민주주의 → 정치문화)
현대의 중요한 문화자원	(1) 관용: 남과 다를 수 있다는 생각. 자신과 다른 신념 · 생각 · 정치적 태도에 대한 존중과 타협 선호. 다원주의의 핵심적 가치. 쉐보르스키의 정의는 'agree to disagree'. 다를 수 있다는 것에 대한 상호 인정. (2) 실용주의(pragmatism)와 유연성(flexibility): 지적인 개방성(절대적 진리에 집착하지 않는 자세)이 다원적 민주주의 형성. 항상 다른 상황에 적용할 수 있는 전략적 태도. 최근 한국에서 진보와 보수 간 갈등이 강화되면서 실용주의와 유연성 부족해짐. (3) 절차적 규범에 대한 합의: 민주적 절차에 대한 동의가 정책에 우선. 갈등의 제도화(갈등의 제도내적 해결에 대한 합의). 제도적 시간(Institutional Time, 제도 내에서 문제를 해결할 시간으로서 제도 지속에 대한 확신 구축 필요)이 필요함. ⇨ 한국은 1987년 대통령제 타협했고, 이제는 제도적 시간이 되어 정부형태 개편 논의가 가능함. (4) 탈물질주의 가치: 사회경제발전에 의해 문화변화. 미국 경제학자인 잉글하트(Ronald Inglehart)는 물질주의(경제적 요소: 물가, 인플레 억제, 사회질서 유지) vs. 탈물질주의(문화적 태도. 언론자유 보장, 국민여론 수렴). 두 가지 가설로 구성. 첫째 가설은 희소

	성가설(부족한 것에 대해 보다 더 큰 가치를 부여함)과 매슬로우의 인간 욕구설(욕구단계설)에 기초함. 둘째 가설은 사회화가설(성인이 되기 전 사회과정으로 문화와 가치체계 형성됨) ex) 1950년대와 1960년대 풍요성장기에 성장한 젊은 세대들이 탈물질주의에 관심. ⇨ 10년 주기로 전세계 주요 국가를 대상으로 비교 연구함. * 매슬로우의 욕구 단계설: 인간의 두 가지 성향. 첫째, 생존적 경향 survival tendency (음식과 물을 필요로 하는 '생리적 욕구'와 육체적 고통회피를 위한 '안전욕구'와 남과 가까이 하는 '소속과 애정 욕구'가 포함) + 실현적 경향 actualizing tendency (소질개발의 '자아실현적' 욕구와 정보를 추구하는 '인지이해적 욕구') (5) 사회적 자본: 푸트남의 개념. 사회내에 인적자본과 다른 자본이 존재함. 사회적 자본이 풍부할 경우 경제발전등이 수월함. 사회적 자본은 두 가지로 구성됨. 교량형자본(Bridging social capital)과 결속형자본(Bonding social capital). 개방적으로 개인들을 이어주는 자본인 교량형 자본이 중요함. (6) 믿음(trust): 사회적 자본(social capital)의 구성물. 정치적 경쟁 결과가 생사를 좌우하지 않을 것이라는 믿음. 거래비용의 감소효과. 인간 중심적 가치와 천부인권사상. 개인주의는 공익에 의해 균형이 유지되어야 함. (7) 시민성 혹은 시민의식(Civility): 상대방에 대한 존중과 예의가 없다면 의사소통과 민주주의는 불가능(by Habermas)
아시아 정치문화 특성	(1) 루시안 파이(L. Pye)의 이론 ① 집단에 대한 충성이 개인에 우선, ② Paternalism(온정주의)적 권력에 의존하는 후원 –수혜 관계, ③ 정치권력의 사유화, ④ 권위에 대한 침묵, ⑤ 제도적 규범에 대한 경시(제도와 행동의 분리)

표를 통한 비교 **사회적 자본이론 구분**

후쿠야마(Francis Fukuyama)	푸트남(Robert Putnam)
(1) 사회적 자본과 결사체 구성이 중요: 경제적으로 성공적인 국가들은 자발적 결사체를 촉진시킬 수 있는 종교적·문화적 기반과 함께 구성원들이 서로 협력하고 자발적으로 결사체를 조직할 수 있는 사회적 자본이 형성되어 있음	(1) 사회자본과 민주주의 영향: 사회적 자본의 영향은 경제발전에만 국한되지 않으며 민주주의 확립과 제도적 효율성 확보를 위해서는 사회적 자본 형성이 가장 중요한 요소
(2) 문화적 규범의 중요성: 원활한 민주주의와 자본주의 작동을 위해 특정한 문화적 규범 형성 필요. (3) 필요조건으로서 법과 제도: 민주주의와 경제발전을 위해 합리성뿐만 아니라 사회적 자본도 필요 ⇨ 합리성과 문화가 모두 필요함. (4) 법과 제도의 유사성과 정치경제적 결과의 상이성: 법적·제도적으로 유사하더라도 사회적 자본 수준에 따라 정치경제적 현실은 다양하게 표출됨	(2) 비서구지역(이탈리아)에 대한 사례연구 확장 (3) 사회적 자본과 참여민주주의 촉진: 사회적 자본과 결사체구성. 다만 교량형 사회자본과 결속형사회자본에 따라 차이가 남. (4) 사회적 자본의 기능: 집단행위의 딜레마를 해결해줌으로써 사회 구성원들이 배타적 이익을 추구하지 않고 서로 협력하여 사회전체의 이익실현에 기여

표를 통한 비교 **정치의식과 정치 사회화: 1960년대 정치발전론 시기 중요 주제**

정치의식	(1) 개념: 개인이 가지는 정치에 대한 인식과 사고방식. 정치 정향과 유사. 집단적으로 모이면 문화가 됨. (2) 중요성: 정치의 재생산(투표의 세대 이전) 및 정치적 세대 이전 문제(부모와 동일한 정당 지지)와 관련하여 필요. 어떻게 정치를 이해하고 어떤 정당에 지지를 보낼 것인가의 문제 결정.
정치 사회화	(1) 개념: 정치체계 혹은 그 하위 체계의 구성원들이 정치적 태도와 행동 양식을 습득하는 과정 (2) 미시적 이론: 개인의 사회적 의식이 개인적 경험에 기초. 보통 10세 이상이 되면서 만들어짐. 20대 전후로 만들어진 세대의 공유한 의식은 세대 효과(generation effect)를 만들어 냄. (3) 거시적 이론: 개인의 사회화가 구조적 수준(체제나 헤게모니)에 의해 결정. 이념 교육. (4) 정치 사회화의 기제: 가정, 학교, 직장, 정당, 정부, 미디어 ⇨ 최근 이슈: ① 전통적 사회화 수단인 가족이 미디어로 대체됨. ② 전통미디어(TV와 라디오)에서 뉴미디어(유튜브)로 대체됨.
정치적 무관심	(1) 정치적 무관심 문제: 정치사회화의 부족은 정치적 무관심 및 저참여 유도 (2) 라스웰의 정치적 무관심의 유형: ① 탈정치(정치에 대한 기대 하락), ② 무정치(정치에 대한 관심 부족), ③ 반정치적 태도(정치와 집단적인 것에 대한 혐오) ⇨ 1960년대 대의민주주의 기제인 선거 등의 참여 부족을 분석하기 위한 도구임. 현재 한국에서는 투표율 상승으로 인해 상대적으로 정치적 무관심보다는 관심 쪽에 주목함. (3) 정치적 무관심에 대한 입장 차이: 찬성(엘리트론 입장: 과잉 민주주의 우려. 헌팅턴의 입장으로 보수적 민주주의 입장) vs. 반대(민주주의 입장: 대의정치 붕괴)

적용 가능 사례

1. 한국에서 탈물질주의 가치관의 변화 양상: 한국의 탈물질적 가치가 나타나지만 빠르지는 않음. 녹색당 지지율이 0.5% 미만임.
2. 한국에서 사회적 자본론의 양상: 결속형 사회자본 vs. 교량형 사회자본. 세대별로 달리 나타남.
3. 한국에서 관용의 필요성: 다문화사회, 양성 대립, 이념 간 극화 현상에서 정치적 타협을 위해서는 관용의 필요성

민주주의 쟁점 29 : 민주주의 공고화를 위한 리더십

주제의 문제의식

Q 민주주의의 제도를 운영하는데 있어서 리더십은 중요한가?

A 동일한 제도를 사용한다면 리더십을 발휘하는 것이 정치적 결과를 변화시킬 수 있다.

세부 쟁점과 핵심이론

sub 1 리더십의 제도적 관점과의 관계 논쟁.
(1) 리더십 접근: 리더십이라는 추상적인 운영술이 제도 보다 중요
(2) 제도 접근: 제도를 통해 현상설명 필요. 리더십은 추상적인 것으로 분석 어려움.

sub 2 민주주의에 필요한 리더십논의.
(1) 호응성이 필요한 리더십
(2) 소통을 강조하는 리더십
(3) 역사적 비전 능력을 중시하는 리더십
⇨ 현재 한국 정치의 문제점을 지적하고 이후 해결방안으로서 리더십을 제공하면 됨. 보편적인 답이 있는 것이 아님.

1. 리더십 이론

(1) 지도자 개인의 특성이나 정치 운영술(art)을 가지고 설명

(2) 리더십의 일반화가 어려움: 개인적 특징이 대부분임. ⇨ 리더십 이론가들 이를 일반화하고자 함. ⇨ 몇몇 유명한 이론들이 있음.

(3) 제도정치의 주류 접근은 아니나. 혹시 리더십의 필요성 제기할 수 있음.

표를 통한 비교 리더십의 개념과 이론(일반화)

개념	(1) 윌리엄 웰시: 위계적 개념(엘리트) vs. 관계적 개념(리더십) (2) 로버트 터커: 권력 추구 및 행사인 동시에 무리를 돌보는 예술. (문제에 대한) 진단, 처방, 추종자의 지지 동원이 핵심. (3) 다른 개념과의 구분: '보스십 혹은 헤드십 vs. 리더십', '리더십 vs. 팔로우십(추종력)' ⇨ 분석에 유용함. (4) 정치가(statesman) vs. 정략가(politician) (by Richard von Weizsacker)
접근 방법	(1) 기능적 접근: (현재 문제가 된 원인) 상황진단, 상황에 대한 처방, 지지 동원력. ⇨ 분석에 유용함. (2) 리더의 개인적 조건: 역사적 비전 능력, 정치적 분별 능력, 경영적 집중 능력, 정서적 조절 능력, 도덕적 희생 능력. ⇨ 분석에 유용함. (3) 지도자에 대한 사상적 접근: 현자론(플라톤 · 공자) vs. 강자론(마키아벨리 · 홉스) vs. 민중론(마르크스)

유형	(1) 정치체제별 리더십: 민주적 리더십(국민의 자발적 동의와 지지에 기반) vs. 권위주의적 리더십(사인화된 권력을 통한 리더십 행사) vs. 전체주의적 리더십(이념과 정서에 기반) (2) 리더십 스타일: 자유방임적 리더십(자신의 영역 외에는 무간섭) vs. 변혁적 리더십(정치적 · 사회적 · 경제적 변화 추구) vs. 거래적 리더십(현상 유지에 관심이 있고 지도자와 추종자 간 거래 관계 지속) ⇨ 제임스 맥그리거 번스 (James burns)의 이론으로 리더십 분야에서 가장 유명한 개념.
함의	(1) 한국의 갈등과 소통적 리더십의 필요: 보수－진보 대립, 지역 간 갈등 및 양극화로 인한 갈등 해결을 위해 다양한 의견을 듣고 이를 다각적인 방식으로 접근하고 설득하는 정치 지도자의 의사소통 능력 중요. 특히 최근 한국 정치처럼 다양한 갈등이 사회적 균열로 나타날 경우 단순다수결주의의 폐해를 더 적나라하게 경험할 수 있으므로 대의민주주의의 다양한 요구를 수렴할 수 있는 협의주의 요소와 함께 비례대표 제도를 적극 활용해 볼 수 있을 것임.

적용 가능 사례

1. 한국 민주주의의 발전을 위해 현 시점에서 필요한 리더십의 유형과 기능 논의

민주주의 쟁점 30 : 민주주의 공고화를 위한 시민사회역할

주제의 문제의식

Q 민주주의 발전을 위해 시민사회가 수행해야 할 역할은 무엇인가?

A 추종자로서 시민사회는 정치제도에 대표성을 요구하고, 응답성을 요구하고, 책임을 추궁하기 위해 노력해야 한다.

세부 쟁점과 핵심이론

sub 1 시민사회의 역할
(1) 자유주의: 국가와 시장에 대한 통제 기능. 필립 슈미터의 시민사회 개념을 차용. 공익추구, 비찬탈성(권력 추구를 포기해야 함)
(2) 공화주의 시민사회: 신로마공화주의에 따르면 시민사회는 적극적 참여와 함께 공공선을 위한 심의를 필요로 함.
(3) 공동체주의 시민사회: 시민사회는 공적 덕성을 실현해야 함.
⇨ 시민사회이론을 활용해서 설명가능함.

sub 2 시민사회 vs. 시민단체 구분: 시민사회는 유동적인 조직임(촛불집회 참여자로서 시민사회) vs. 시민단체는 고정되고 제도화된 조직임. (ex, 참여연대)
cf. 시민운동은 시민사회와 유사함.
⇨ 분석 대상의 명확화가 핵심.

sub 3 시민사회의 민주주의 역할: of the people vs. for the people ⇨ 시민사회에 대한 필립 슈미터의 5가지 기준: 참여 기능과 책임추궁 기능.
⇨ 배운 이론 활용해서 논리 만들기

적용 가능 사례

1. 한국 정치에서 시민단체는 낙천낙선운동에서 공천운동으로 기능확대할 수 있는가?: 자유주의와 공화주의 논쟁. 공화주의는 확대가능주장.
2. 한국의 시민사회 vs. 시민사회 대립 명제의 의미: 진보와 보수 대립. 정치의 분극화를 가속화함. ⇨ 정당이 반응하는 것인지(기능론) 아니면 동원하는 것인지(동원론) 논쟁 ⇨ 동원론이 조금 더 설득력 있음. evidence) 한국의 정당 분극화와 정치인 분극화 정도 〉 유권자의 분극화 정도. 즉 정당이 더 극단적으로 나누어져 있어 유권자들을 이끌어 감.

민주주의 쟁점 31 : 민주주의 공고화를 위한 법치주의와의 관계

주제의 문제의식

Q 한국에서 '제왕적 사법부' 문제가 불거진 이유는 무엇인가?

A 3권 분립 상황에서 정부와 의회의 대립이 강화되면서 사법부 역할이 강화되고, 사법부에 대한 신뢰가 높기 때문에 사법부의 정치적 개입이 강화된 것이다.

세부 쟁점과 핵심이론

sub 1 자유주의(경제적 자유주의, 소유권적 자유주의)가 강화되면서 법치주의의 중요성이 부각되는 경우 민주주의와의 관계 논쟁:
(1) 민주주의를 보완
(2) 민주주의를 저해

sub 2 제왕적 사법부 문제에 대한 정치적 해결방안:
(1) 인민의 지지를 통한 정치기구의 신뢰 강화가 중요

1. 자유주의와 법치주의 강화(정치사상 18/ 정치사상 27 참고)

표를 통한 비교 민주주의 공고화를 위한 정치사상 조화 문제: 민주주의와 법치주의 간 관계

배경	(1) 사법부의 위상 증대와 정치영역의 개입, 정치적 판단의 증가 ㉔ 대통령탄핵심판, 수도이전에 대한 심판, 미디어법 심판 등. 한국뿐만 아니라 미국의 경우도 심각한 문제. (2) 한국적 논의: 세프터와 긴스버그의 '다른 수단(사법부 / 언론)에 의한 정치' ⇨ RIP 정치 (Revealation, Investigation, Prosecution)
사례	(1) 대통령 탄핵소추 기각 평결: 9명의 헌법재판소 재판관에게 현직 대통령의 직위 박탈 여부 결정 권한 부여 (2) 신행정수도건설을 위한 특별조치법 위헌평결(2004.10): 민주적 선거를 통해 집권한 민주정부의 최대 우선순위 부여 정책이자 대의민주주의 중심기구인 입법부의 다수가 절차적 하자 없이 내린 합법적 결정을 한 순간에 무효화. 헌법재판소가 정치의 중심적 행위자로 부상.
법치의 장단점	(1) 장점: 법치는 자유와 안정을 보호. 민주적 결정에 의한 소수자의 권리 침해 시 이를 보호. 자유를 강화시키고 자기 지배로서 민주주의 강화. 정의의 원칙을 통해서 사회 유지 담당. (2) 단점: 법의 보수화와 경직화. 법관이라는 소수 엘리트의 지배. 법의 사후적 속성으로 인한 새로운 문제 해결 곤란. 민주주의에 민중적 동력이 반영되지 않을 수 있음(정태적).
정치 우선주의	(1) 민주주의가 법치에 우선한다는 입장. 민주적 결정에 의해 법률 형성. (2) 법은 과거 법을 만든 세대가 현재 세대를 구속함. 미국의 헌법은 헌법의 아버지 세대의 가치와 의견에 따라 현재 미국 세대를 구속함. 현재 세대의 가치를 반영하고 이를 통해 공공선을 형성하는 것이 중요.

	(3) 장점: 변화 강조. 민중의 요구 반영. 타협과 협의 혹은 심의를 통해서 인간의 조건에 대한 변화뿐만 아니라 타협의 기술을 통한 인간 자체의 발전을 가져온다는 점에서도 의미. (4) 단점: 다수의 전제 우려. 위임민주주의로의 변질 가능성. 전체주의와 독재 합리화의 위험.
법치와 민주주의의 관계	(1) 최소한의 보호를 통해 다수의 지배로부터 소수자를 보호하는 마지막 방어수단으로서의 법치 (2) 자유 보호를 통해 민주주의의 전제조건인 자유와 평등을 보호할 수 있음 (3) 민주주의는 공공선을 재구성함으로써 무엇이 질서와 안정을 해치는가에 대한 새로운 합의를 할 수 있음. 이 경우 법치주의와 민주주의는 공존 모색 가능.
헌정주의와 민주주의의 관계	(1) 민주주의가 다수결을 통해서 헌정주의를 파괴하고 헌법의 가장 중요한 기본적 조항을 폐지할 수 있는가의 문제(불가능함) (2) 한국정치에서는 헌법 개정과 관련해 단임제도 변경과 현 대통령의 구속 여부를 다시 국민투표 등을 통해 무효화 할 수 있는가의 문제와 연계됨. 민주적 결정에 따른 법률을 통해 언론・출판 등의 자유를 유명무실화할 수 있는지도 중요 사안.

적용 가능 사례

1. 한국에서 제왕적 사법부 논쟁과 민주주의에 대한 인민들의 평가

P·A·R·T

Ⅳ

비교정치

정부형태 논쟁

- 대통령제: 현재 사용하는 제도. 변경비용이 작음. 리더십활용에 유리.
- 내각제도: 정당정치 발전이 전제. 변경비용이 큼. 정부의 안정성이 낮음.
- 준대통령제: 내각제에 강력한 대통령제 추가. 정부형태의 나쁜 점이 모두 나타날 수 있음.
- 학자들의지지 결론: 대통령제를 미국식 원대통령제로 수정

정당 논쟁

- 대중정당(책임정당): 진성당원이 확보될 경우 정당이 정부와 유권자 연결. 당위적으로 바람직함. 한국 현실에서 설득력이 약함.
- 원내정당: 원외정당세력으로부터 원내 세력(국회의원) 보호. 당원보다는 정당지지자 중심 운영이 현실적임. 제도화 수준이 약함.
- 논의 결론: 모델 간 논쟁은 여전히 남음. 그러나 현실정책은 원내정당 방향.

선거제도 논쟁

- 한국 선거제도: 혼합형 선거제도(다수결주의+비례대표제)
- 비례대표 의석수 증대 논의: 소수정당에 유리함. 정국안정에 실질적으로 영향을 주지 않음. 그러나 유권자가 의석수 증대를 거부함.
- 비례대표 선출방식 변화: 2020년 선거에서 준연동형비례대표제 사용했으나 위성정당 등장으로 효과 없음. 추후 논의 지속될 것임.

합격생 tip 비교정치 Part

1. 비교정치 부분은 정치학에서 빈출되는 부분. 꼼꼼하게 공부하면서도 문제의 요지를 파악해서 필요한 부분만을 논리적으로 서술하는 것이 중요.
   (Ex, 한국의 바람직한 정부형태를 제도적으로만 묻는다면 현재 우리나라에 더 적합한 형태를 원대통령제 vs. 내각제 (vs. 이원집정부제) 중에서 비교해야 하며, 대통령의 리더십/우리나라 문화, 사회자본 등을 변화시켜야 한다는 등의 주장은 지양)
2. 이 Part에서 나오는 다양한 논쟁들은 각각 50점 정도로 쓸 수 있게 준비.
3. 한국의 제도개선에 관하여 물어보는 문제들에 대비하기 위해 다양한 사례를 준비해야 하며, 사례의 중요성이 가장 큰 단원임.
   (Ex, 투표율, 득표율, 진성당원의 수 등)
4. 사례를 많이 준비하다 보면 답안이 지나치게 사례 분석적인 글쓰기가 될 수 있으므로 주의해야 하며, 이론적 글쓰기를 하기 위해 중간 중간 학자들의 주장을 인용할 수 있도록 암기도 필요함.

제 1 장 권력구조와 정부형태

정부형태 쟁점 1: 정부형태 비교

주제의 문제의식

Q 정부형태를 선택할 때 가장 중요한 기준은 무엇인가?

A 정부형태 중 어떤 정부형태를 선택할 것인지는 정부 간(주로 행정부와 입법부) 권력을 어떻게 구성할 것인지에 달려 있다. ⇨ 권력을 분립할 것인지(대통령제)와 권력을 융합할 것인지(내각제)로 구분한다.

세부 쟁점과 핵심이론

sub 1 일원적 정통성과 이원적 정통성의 차이점 논쟁

(1) 내각제의 일원적 정통성: 국민(people)은 1개의 표를 통해 정부를 구성(의회에 권력 부여) ⇨ 모든 권력은 의회에 집중 (권력 융합형 정부)

(2) 대통령제의 이원적 정통성: 국민(people)은 2개의 표를 통해 정부를 구성(한 개의 표는 대통령을 통해 행정부 구성＋다른 한 개의 표는 의회를 구성) ⇨ 권력은 행정부와 입법부(의회)로 분산됨 (권력 분산형 정부)

(3) 준대통령제 혹은 이원집정부: 대통령제의 이원적 정통성을 통해 구성하나 운영상 대통령소속 정당이 의회다수당이 되지 못하는 분점 정부의 상황에서 내각제처럼 운영됨.

sub 2 2권 분립론 vs. 3권 분립론

(1) 내각제의 이론적 근거: 2권 분립론 (권력은 입법부와 행정부로 구분) ⇨ 로크의 자유주의 이론에 근거 ⇨ 초기: 국민 주권에 기초하여 의회에 권력 부여 vs. 군주의 행정부 견제(사법부는 행정부운영과정에서 행정재판소에서 탄생) ⇨ 사법부는 상대적으로 부차적임. (국민주권론＝의회주권론)

(2) 대통령제의 이론적 근거: 3권 분립론 (권력은 입법부와 행정부와 사법부로 구분) ⇨ 몽테스키외의 자유주의 혹은 공화주의 이론에 근거함. ⇨ 국민은 '자유'를 지키기 위해서는 행정부와 입법부를 다른 세력으로 구성할 것임＋자유의 최종 보루로서 사법부가 존재함. ⇨ 사법부가 부차적이지 않고 독립된 권력기관임 ⇨ 행정부와 입법부 간 대립 시 대립 해소 역할. (미국의 경우: 연방대법원이 수행 vs. 한국은 헌법재판소가 수행)

(3) 준대통령제 혹은 이원집정부: 대통령제 구성의 이론적 근거와 동일. 다만 프랑스의 경우 의원내각제처럼 정부는 의회해산권을 가짐.

sub 3 정부와 집행부의 구분

(1) 구분: 정부(입법정부와 행정정부) vs. 집행부(행정정부)

(2) 용어 통일: 입법정부 = 입법부(또는 의회), 행정정부 = 행정부, 사법정부 = 사법부와 동일. 입법부, 행정부, 사법부로 용어 통일함.

(3) 협의의 정부 구분: 다만 정부를 집행부 혹은 행정부로 정의하는 경우도 있음. 이때는 '정부(행정부) = 집행부(행정부)'가 동일. ex) 한국에서 일반적으로 정부는 집행부를 주로 의미하나, 분석을 위해 구분 필요함.

(4) 정부형태 구분은 대통령제와 의원내각제임. 즉 정부형태는 행정부와 입법부 간 관계로 볼 때 (1) 번의 구분을 따름.

(5) 국가와 정부(집행부) 구분: 국가 원수와 집행부의 수장은 다름. 다만 대통령제 국가에서는 대통령이 집행부의 수장이면서 국가 원수 역할을 수행함. 내각제에서는 국가 원수(왕이나 대통령)과 수상(집행부) 구분됨.

sub 4 정부 구성방식 일반론

(1) 대통령제

① 몽테스키외의 '3권 분립론'에 기초(의회와 행정부를 국민이 선출 vs. 사법부는 독립)

② 정부 구성 과정: 이원적 정통성이론

가정(유권자는 자유를 위해 의사를 분리할 수 있음) ⇨ 2번의 선택권 부여됨 ⇨ 국민의 1인 2표 ⇨ 입법부와 행정부를 따로 선출함 ⇨ 두 가지 경우의 수(첫째, 유권자가 효율성 중시할 경우. 대통령 지지와 입법부 지지가 동일함. 둘째, 유권자가 자유 중시할 경우. 대통령 지지와 입법부 지지가 동일하지 않음) ⇨ 대통령과 각료구성원과 의회 구성원 구분됨. ⇨ 역사적으로 정당정치가 발전하면서 대통령제도와 정당이 연결됨.

(2) 내각제

① 로크의 2권 분립론에 기초함(의회와 행정부로 구분하고 의회에 권력 부여함)

② 정부 구성 과정: 일원적 정통성이론

가정(유권자는 의사는 분리되지 않음) ⇨ 국민의 1인 1표 ⇨ 유권자에게 정부 구성할 수 있는 선택권 1번 부여됨 ⇨ 1번의 투표권을 사용 '의회'를 구성함 ⇨ 의회에 정치적 권력과 정당성이 위임됨 ⇨ 권력을 받은 의회가 내각을 구성함 ⇨ 의회 구성원 = 내각구성원 ⇨ 다만 내각 구성은 다수당이나 정당 연합을 통해서 이루어짐 ⇨ 1920년대 이후 대중정당 발전과 함께 정당이 권력을 위임받음 (의회민주주의에서 정당민주주의로 전환)

sub 5 정부 구성의 구체적 방식 비교

(1) 집행부 선출방식 ⇨ 선출(election)에 초점

① 대통령제: 집행부의 수장인 대통령을 직접 국민이 선출. 국민은 직접적으로 집행부를 구성함.
② 내각제: 집행부의 수장인 수상(총리)를 의회에서 선출함. 국민은 의회를 선출하여 간접적으로 집행부를 구성함.
③ 준대통령제: 집행부의 수장인 대통령을 직접 국민이 선출. 국민은 직접 집행부를 구성함. but, 프랑스의 경우. 총리를 두어 내각을 총리가 통치함. 총리는 국회의 동의를 거침. ⇨ 분점정부가 되면 총리는 의회 다수당이 맡게 됨. 이 경우는 의원내각제와 유사(총리가 내각을 통해 집행부를 통치하고, 대통령은 외교권한을 행사하는 것으로 권력 축소됨) ⇨ 그러나 내각제는 아님. 내각제는 의회에 권력을 부여하고 의회가 총리를 통해 내각을 통치하지만, 준대통령제는 대통령에게 국민이 권력을 위임한 것임. 따라서 대통령은 여전히 개입할 수 있음. 최후에는 비상대권을 사용함.

(2) 정부 구성방식
① 대통령제: 2원적 정통성으로 구성 ⇨ 행정부와 입법부를 따로 국민이 구성 ⇨ 행정부는 대통령에게 개별적으로 권력 위임함 ⇨ 개별적으로 권력 위임받은 대통령은 개인적으로 집행부를 구성함. 각료 인선이 대통령 개인에게 위임됨. ⇨ 정치적 책임도 대통령 개인에게 돌아감. (기본적으로 인물 위주의 정치: 미국에서 대통령제 만든 조지 워싱턴의 개인 리더십에 의존하여 통치함. 나중에 정당정치가 발전하면서 대통령 개인과 대통령소속 정당이 통치에 책임을 지게 됨.) ⇨ 의회는 책임을 물을 수 없고, 오직 국민이 다음 선거에서 책임을 물어야 함.
② 내각제: 일원적 정통성으로 구성 ⇨ 국민은 의회(입법부)에만 권력 위임. 의회는 입법부이면서 행정부인 내각을 포괄함 ⇨ 의회: 입법부 기능을 수행 + 내각을 통해 행정부 기능도 수행. ⇨ 내각은 의회에 의해 구성됨. 따라서 내각은 의회 구성원들에 의해서 집합적으로 구성됨. ⇨ 집단책임제: 내각의 정책실패는 집단으로 책임을 짐. ⇨ 의회가 책임을 물을 수 있음.
③ 준대통령제: 대통령제와 동일함. 다만 국민이 대통령과 의회다수당을 따로 선택하는 분점 정부가 되었을 때 내각구성이 총리에게 돌아가게 됨. 이때 내각은 의회에 의해서 구성된 것이라 의회에 책임을 짐. 그러나 국민에게 선택받은 대통령에게도 내각에 개입할 수 있는 권한이 부여됨. 이점은 내각제도와 다름.

(3) 집행부 의사결정방식
① 대통령제: 의사결정은 대통령을 중심으로 이루어짐. 집행부는 대통령 '개인'에 의해 구성됨. 대통령 개인과 참모들인 각료에 의해서 의사결정이 이루어짐. 의사결정에 따른 책임도 대통령 개인에게 돌아감. ⇨ 국민이 선출한 의원은 내각을 이루지 못함. 권력분립이론에 따르면 대통령이 구성한 집행부와 국민이 선출한 입법부 구성원은 구분되어야 함.
② 내각제: 의사결정은 '조직'으로서 내각에 의해 이루어짐. 집행부는 의회에 의해서 구성되기 때문에 의회구성원들인 내각이 결정함. 집단적 의사결정으로 집단에 책임이 돌아감. ⇨ 내각 구성원은 의회 의원임. 또한, 의회는 내각을 구성할 권한을 가지고 있어 내각에 책임을 물을 수 있는 권한도 있음. ⇨ 국민으로부터 권력을 위

임받은 의회가 내각의 정책결정에 불만이 있는 경우 의회는 내각을 불심인 할 수 있음. 이때 내각은 자신들의 정책이 타당하다고 여길 경우 정책에 대한 국민의 신임 여부를 물을 수 있음. 이를 위해 내각은 의회를 해산함. ⇨ 내각불신임 vs. 의회 해산권 충돌 ⇨ 의회가 사라진 상황에서 국민은 총선을 거쳐서 내각이 수행한 정책에 대한 찬반에 대해 투표 실시 (이때 선거는 정책에 대한 신임투표적 국민투표인 플레비스트(Plebiscite)적인 특성을 가짐 ⇨ 국민이 기존 다수당 지지할 경우 내각은 유지되고, 정책은 이어짐. 그러나 국민이 정책을 거부하면 선거결과 다수당이 교체됨. 새로운 내각이 탄생함.

③ 준대통령제: 대통령제와 동일.

경우의 수 1) 단점정부의 의사결정: 대통령 ⇨ 총리 통제 ⇨ 내각 통할 ⇨ 실질적으로 대통령에 의해 의사결정)

경우의 수 2) 분점정부의 의사결정: 총리(다수당인 야당 대표) ⇨ 내각 구성 ⇨ 내각의 집단적 의사결정 ⇨ 대통령의 의사결정은 '거의' 배제됨. 그러나 개입의 여지가 있음. ⇨ 여기서 정책 실패시 책임 소재가 불분명해짐.

* 플레비스트(Plebiscite): 신임투표적 국민투표 vs. 레퍼랜덤(referendum): 헙법개정 등에서 의무적 국민투표

sub 6 책임 추궁가능성

(1) 대통령제: 내각 불신임 vs. 의회 해산권 부재. 오직 견제와 균형만 가능.

논리) 유권자가 대통령선출(집행부) + 유권자가 입법부 선출 ⇨ 유권자 만이 대통령과 입법부에 책임 추궁이 가능함. ⇨ 수직적 책임추궁성(수직적 견제)이 중요. 정치적 책임을 물어서 정치적 지위를 박탈하는 것은 '오직 유권자'만 가능. 수평적 책임추궁성(수평적 견제)은 가능함. 즉 권력기관 간에 견제는 가능함. '대통령의 의회 법안 유보권 ⇔ 의회의 행정부 제출 법률안 거부권'이 가능. 또한 행정부 예산에 대한 견제도 가능하지만, 의회(입법부)와 행정부는 각 정부에 대한 '생사여탈권'은 없음.

(2) 내각제: 내각 불신임권 + 의회해산권 존재

논리) 유권자가 의회만 선출 ⇨ 의회가 내각 구성 ⇨ 내각에 대한 의회의 책임추구가 가능 ⇨ 내각도 자신 보호 가능(국민에게 의견을 물어봄) ⇨ 내각 불신임과 의회해산권 ⇨ 정부가 존재하지 않음 ⇨ 국민에 의한 정부 재구성

(3) 준대통령제: 내각 불신임권과 의회해산권이 존재(내각제 요소) + 강력한 대통령제(대통령제요소)

① 단점시: 대통령제와 동일하게 운용.

② 분점시: 대통령이 의회 해산가능. 의회도 내각 불신임할 수 있음. 내각은 의회가 구성함. 그러나 대통령은 국민에 의해 선택되면서 강력한 권한을 보유함 ⇨ 내각제에서는 정책에 문제가 생길 경우 의회 임기중에 다시 투표가 가능한 것처럼 프랑스의 준대통령제도 의회해산이 가능함.

sub 7 정부별 임기중 정부수반에 대한 해임 사유 비교(책임추궁성의 구체화)

(1) 대통령제: 법적 책임만 가능.

① 이론적 근거: 이원적 정당성이론. 유권자가 대통령에게 정당성을 부여함. 유권자가 임명함. 의회가 임기 중 정부수반에 대해 정치적 책임을 이유로 해임이 불가능함. 다만 대통령의 특정 범죄에 대한 법적인 책임은 가능. 중대 범죄의 경우 탄핵만이 가능.

② 탄핵 방안: 한국에서 탄핵은 의회가 소추하고 헌법재판소가 판결함. 미국에서 탄핵은 하원의 과반수이상으로 소추하고 상원(하원이 검사, 상원이 배심원, 대법원장이 판사역할로 재판 진행하고 상원의 2/3인 100석 중 67석의 찬성으로 가결함) ⇨ 두 국가 모두 정치적 기능을 강조하지만, 미국이 상대적으로 정치적 판단에 무게를 더 둠.

(2) 의원내각제: 내각불신임 가능 + 법적으로 탄핵가능.

① 이론적 근거: 일원적 정당성. 의회의 다수당이 정부를 구성. 의회 다수당이 바뀌는 경우나 정당 연합이 붕괴한 경우에는 내각 불신임제도를 통해 정부수반을 교체할 수 있음. 의회는 정부의 임명권자로서 정부 수반을 해임할 수 있음. 내각 불신임제의 경우 집단적인 책임을 짐.

② 탄핵: 일반절차로 처벌이 어려운 고위공직자나 특수적 정치인을 파면하는 제도임. 영국은 1806년 이래로 탄핵절차를 사용하지 않음. 영국에서는 14세기부터 민중들의 항의에 기초하여 대신을 형사처벌하는 절차로 사용되었지만, 18세기 들어 너무 직접적으로 처벌하는 제도를 사용할 필요성이 없어지면서 사용하지 않음. 현재에 와서는 불신임제도를 사용하면 됨.

(3) 준대통령제: 내각불신임 + 대통령임기중 의회 다수당 교체가능 + 탄핵가능

① 의원내각제와 유사함. 프랑스의 의원내각제에 대한 선호와 함께 드골과 같은 강력한 대통령에 대한 요구가 합쳐져서 만들어진 정부형태임. 따라서 내각제의 책임추궁방식과 대통령제도의 책임추궁방식이 모두 존재함.

(4) 정치적 안정성과 집행부의 통치 안정성에 영향

① 대통령제: 정치적 안정성 높음. 임기 중 행정수반은 법적 책임만 지면되고, 수평적인 차원에서 정치적 책임에 의해 해임되지 않음. 따라서 임기고정성이 강하게 지켜지면서 임기 안정성이 높음. 유권자의 기대(expectation)에도 영향을 미침.

② 의원내각제: 정치적 안정성 낮음. 수상 혹은 총리는 정치적 책임도 지게 됨. 수평적 책임성이 임기 중에 작동할 수 있음. 내각 불신임과 의회해산이 임기 중 작동 가능. 임기고정성이 낮기 때문에 정치안정성에 문제가 생길 수 있음. 다만 정치적 정당성을 빨리 확인할 수 있는 장점이 있음. 레임덕 문제를 고민하지 않아도 됨.

③ 준대통령제: 정치적 안정성이 의원내각제보다는 높을 수 있음. 국민이 임기가 고정된 대통령을 선발함. 그러나 여소야대의 경우 의회를 중심으로 운영되기 때문에 안정성은 미국 대통령제 보다는 떨어짐.

sub 8 정부의 임기 고정성 여부

(1) 대통령제: 대통령과 정부의 임기고정. 유권자의 의지로 집행부와 입법부가 구성됨. 중간에 집행부와 입법부가 생사여탈권을 가지지 않음.

(2) 의원내각제: 임기가 유동적임. 기본적으로 총선의 임기는 고정. 그러나 내각의 정책에 대한 불만이 있을 경우 의회는 내각을 불심임하고 내각은 의회 해산을 통해 다시 정부를 구성할 수 있음. 따라서 내각불신임이 없는 경우 임기는 고정되지만, 내각 불신임과 의회해산으로 임기 전 선거가 가능함.

(3) 준대통령제: 대통령의 임기 고정. 대통령제와 동일함.

sub 9 분점정부 구성 가능성

(1) 개념 구분: 단점 정부(Unified Government) vs. 분점 정부(Divided Government)

① 단점 정부: 집행부 구성 정당과 입법부의 다수당이 동일한 정부.

② 분점 정부: 집행부의 정당(여당)과 입법부의 다수당(야당)이 다른 정부.

(2) 대통령제: 분점 정부 가능

① 유권자 효율성과 통치 가능성 선택: 대통령(집행부) 구성정당과 입법부 다수당 동일.

② 유권자 견제와 균형을 통한 자유 선택: 분점 정부 구성

③ 유권자 의지에 따른 분점 정부 구성 상황: 대통령은 리더십을 활용해서 의회로부터 지지를 확보해야 함. 미국의 경우는 정당 규율이 약함. 대통령이 야당 설득하기 유리함. 한국 대통령제와의 차이.

(2) 내각제: 분점 정부 불가능

① 인민주권론에 따르면 인민의 의사는 하나임: 의회를 통해 내각(집행부)을 구성하기에 의회다수당이 내각을 구성. 항상 단점임.

② 단독정부인지 연립정부인지가 관건: 단독정부(하나의 정당이 과반수 의석 확보하여 내각을 독립적으로 구성)하면 임기 중에는 내각 불신임이 어려움. 그러나 연립정부(하나의 정당이 과반수 확보에 실패하여 내각을 다른 정당과 연합하여 정부를 구성할 경우)는 임기 중 정당 간의 이견으로 내각 불신임이 가능함. 이때 정당 연합(일시적 협력)과 정당 합당(복수의 정당이 하나의 정당이 됨)은 다름.

(3) 준대통령제

① 단점과 분점이 모두 가능.

② 분점의 상황: 대통령은 외교(외치)만을 다룸. 내치는 총리(의회 과반수정당의 대표)가 담당함.

③ 분점상황을 해결하는 방법: 권력을 '외부적인 통치권력'과 '내부적인 통치권력'으로 구분함. 그리고 권력을 나눔. 미국의 대통령이 설득하는 리더십을 보이는 것과 달리 대통령이 권력에서 손을 뗌. ⇨ 이때 제도적인 문제가 발생함. 국민은 집행부 구성의 권력을 대통령에게 위임함. 그러나 의회가 총리를 통제하면서 대통령은 권력은 위임받았지만, 실질적으로 사용하지 못하게 됨. 형식적으로 대통령은 권력 위임에 대한 의무를 이행하지 않는 것이 됨. 대통령에 대한 책임은 여전히 남음. 반면 실질적으로는 의회가 집행 권력을 보유함으로써 현실적으로 집행부와 입법부는 원활한 관계가 됨.

sub 10 내각제에서 의회해산권의 정당화 논리

(1) 유권자 선택을 거부하는 논리: 유권자가 의회를 선택함. 그런데 내각이 의회를 해산함. 따라서 근거가 명확해야 함.

(2) 일원적 정당성 이론: 유권자만이 정부 구성의 의사를 표시할 수 있음. 의회가 내각(집행부)을 불신임하여 집행부가 없을 때 다시 내각(집행부)을 구성해야 함. 내각은 의회의 행동이 타당한지를 유권자에게 물어봄.

(3) 구체적인 근거

① 왕의 하원해산권: 하원 해산 권한의 역사적 유산 ⇨ 현재도 의회 해산은 수상이 요구하면 왕이 의회를 해산함.

② 인민 주권론과 일원적 정통성 이론: 인민의 의사는 둘로 나눌 수 없음. 유권자는 의회만 구성함. 의회가 해산되면 유권자의 의사를 다시 확인하는 것이 중요.

③ 의회제 정부: 의회 = 내각(집행부) + 하원 ⇨ 양자가 의견 충돌 시 결국 유권자에게 물어보아야 함.

④ 신임투표제: 내각(집행부)은 의회 신임에 기초함. 만약 특정 정책을 의회가 신뢰하지 않으면 내각의 수장인 수상은 신임 여부를 국민에게 의뢰함.

⑤ 임기 중 투표는 프레비시트식 국민투표: 의회 신임 여부의 국민투표 성격을 가짐.

(4) 정치적 안정성과 응답성 기준 평가: 정치적 안정성이 떨어짐. 반면 정치적 응답성을 높임.

sub 11 프랑스 대통령제 명칭: 준대통령제 vs. 이원 집정부제

(1) 준대통령제와 이원집정부제 논쟁

① 준대통령제: 대통령제가 기본이나, 분점인 경우 운영방식이 대통령제와 차이.

② 이원집정부제: 단점시 대통령제 + 분점시 의원내각제. 정부가 내치와 외치를 따로 한다고 하여 '분권형 대통령제'로 명명함.

③ 정부의 제도적 특성을 두고 논쟁함.

(2) 준대통령제: 대통령제를 기반으로 하나, 완벽하게 대통령제는 아님.

① 단점일 때 대통령제와 유사. 그러나, 대통령제는 아님: 대통령이 수상을 임명함. 여대야소일 경우에는 자기 당 사람으로 임명. 의회 동의나 비준이 가능함. 프랑스의 경우 동의를 얻게 되어 있음.

② 의회제 성격을 보유: 의회가 수상임명에 동의함. 대통령제의 경우 총리는 의회 동의를 필요로 하지 않음. 한국의 경우 대통령이 임명함.

③ 대통령제에서 책임형 총리와도 다름: 대통령(국가 원수) vs. 수상(내치) ⇨ 대통령이 수상을 통제함.

④ 통치 형태비교: 준대통령제 대통령 = 외치(직접) vs. 내치 (수상 통해) vs. 대통령제 대통령 = 외치(직접) vs. 내치 (직접)

⑤ 프랑스의 역사적 경험에 기초: 프랑스의 역사적 경험에서 유래함. 프랑스 4공화국의 문제점으로 내각제가 평균 임기 6개월에 불과할 정도로 불안정한 상황. 2차 대전 이후 인도차이나 독립, 알제리 독립을 거치면서 프랑스 국력 쇠퇴하자 드골을 통해서 새로운 정부를 구성하고자 함. 드골은 강력한 대통령제를 구성하면서

내각제적 요소를 흡수함. 비상대권을 통해서 필요한 경우 독재도 불사하는 정치 체제를 만들게 됨.

⑥ 분점인 경우: 내각제가 아님.

첫째, 내각제는 수상이 내치와 외치를 담당함. 그러나 준대통령제에서 대통령은 외치 담당함. 즉, 외치(대통령) vs. 수상 (내치)

둘째, 대통령의 개입 가능성(내각제 대통령과 차이. 실권이 없음. 독일의 대통령이 사례) ⇨ 개입의 근거는 이원적 정통성(국민의 투표를 통해 선출) ⇨ 따라서, 대통령의 정치적 개입은 여전히 가능. 또한, 대통령은 국가 긴급상황에서 비상대권(로마시대 독재권 dictatorship에서 유래)을 가짐.

셋째, 대통령은 임기가 고정되나 수상은 임기가 고정이 안됨. 의회의 다수당이 달라지는 경우가 발생할 수 있음. 여당이 정당연합을 통해 다수당이 될 수 있음.

sub 12 집행부의 수장(Head of government)과 국가 원수(Head of State)

(1) 대통령제: 집행부 수장인 대통령은 집행부 수장이면서 국가 원수 ⇨ 특정 집단이나 계층에 의해 선출되었으나, 국가를 대표하는 논리적 모순이 생김. ex) 진보유권자를 대표해 선출된 대통령이 국가 전체의 이익을 대표해야 함.

(2) 내각제: 집행부의 수장인 수상은 집행부 수장역할만 수행함. 국가원수 역할은 왕이나 대통령이 수행함. (영국의 경우는 왕, 독일의 경우는 대통령)

① 독일 대통령: 5년 임기로 재선이 가능. 국제법상 국가를 대표하고 국가 원수 기능을 수행함. 대통령 선거인단인 연방총회(Bundesversammlung)에서 선출됨. 연방총회는 독립적인 연방헌법기관이고, 오직 대통령 선출만을 위하여 소집되기에 선출이 완료된 후 해산됨. 구성원은 국민의 직접투표로 선출된 지역대표와 정당별 비례대표로 구성된 하원의원과 16개의 각 주에서 인구비례로 임명된 선거인단이 함께 참여하며 하원의원의 2배 정도 규모임)

② 입헌군주제에서 군주: 군주가 국가를 대표하며, 이 경우 왕위계승을 통해 직위 보유.

(3) 준대통령제: 대통령이 국가원수로 외교 권한을 가지고, 총리를 통해서 내치를 담당함. 분점인 경우 국가원수와 내각의 수반이 불일치함.

1. 정부형태 비교

(1) 대통령제 vs. 내각제 vs. 준대통령제(이원집정부제)로 구분

	대통령제	의원내각제	이원집정부제
구성 방식	(1) 이원적 정통성. 이중위임. (2) 행정부 수장, 의회 따로 선출 (3) 권력의 분산과 자유확보를 위한 체제구성원리	(1) 일원적 정통성. 단일위임. (2) 의회 선거만 실시 (3) 권력의 집중과 효율성을 위한 체제구성원리	(1) 대통령 제도와 내각제의 중간이 아닌 대통령제의 변형 (2) 행정부와 의회 따로 선출함 (3) 대통령제와 동일한 구성원리

권력 운영 방식	(1) 행정부와 의회의 권력분립 (2) 견제와 균형(check & balance) (3) 대통령은 국가 원수이자 행정부의 수장으로서 임기 보장 (4) 국가원수기능(전체 국익중심)과 행정부 수장(특정 정당의 이익중심) 기능의 충돌 (5) 몽테스키외의 3권 분립론 기반 (6) 미국이 원형(prototype) (7) 대통령 개인에게 권력을 부여(인치적 측면이 강함)	(1) 의회가 유일한 정통성 기구 (2) 국가원수와 행정부수반의 공존과 분리 (3) 국가원수(영국은 국왕, 독일은 대통령)는 따로 국가를 대표하고 총리가 실제 내치와 외교정책입안 (4) 의회를 중심으로 한 정치체제 (5) 로크의 2권 분립론에 기반 (6) 영국이 원형(prototype) (7) 의회에 집단적으로 권력을 부여(제도적 측면이 강함)	(1) 단점에서는 대통령제도 유사 (2) 분점에서는 의회다수당 지도자가 총리가 되어 대통령과 권력 분할 (3) 프랑스가 원형(prototype) (4) 프랑스의 역사적 운영 중 만들어진 제도 (5) 총리를 의회의 비준을 얻어야 함. 따라서 다수당의 당수가 총리가 됨. (6) 이런 경우 대통령은 외교문제를 다루고 총리는 내치를 다룸. (7) 인치적 측면(단점시)과 제도적 측면(분점시)
특징	(1) 장관의 의원직 겸직 불가(행정부와 의회 구성원리가 다름) (2) 정부의 의회해산 및 의회의 내각 불신임 불가(선택한 유권자만이 주임임. 탄핵이란 방법 외에 상대 제도를 바꿀 수 없음) (3) 의회·행정부 간 갈등 시 사법부가 결정(제도 간 교착이 기정사실이기 때문에 해법은 제 3자의 권력자인 사법부가 수행) (4) 헌법이 최고 권력(의회 입법도 헌법을 따라야 함) (5) 헌법을 정확히 해두어야 위헌법률 심사가 가능 (6) 양당제 하에서 안정적 작동. 다당제에서는 작동가능성(통치가능성)하락	(1) 의원과 각료 겸임(의회가 행정부구성. 유권자는 의사를 분할하지 않기 때문에 오직 의회만 구성함) (2) 불신임권과 의회해산권 존재(의회가 정부를 구성하기 때문에 의회는 정부에게 책임을 묻고 정부 역시 의회를 해산하여 유권자의 뜻을 다시 확인함) (3) 내각은 집단적 집합체(의회 구성원들이 이루는 내각. 대통령제의 내각은 대통령 개인에게 구성이 위임됨) (4) 행정부의 의회에 대한 책임과 의회의 불신임권(제도적으로 내부적으로 조정할 수 있음. 대통령제처럼 대통령과 의회가 분리되지 않음) (5) 양당제·다당제 모두 잘 호응 (6) 영국의 경우 불문헌법에서 의회의 결정이 중요	(1) 의회의 내각 불신임권(의회의 절대 다수를 통해 가결이 가능함) (2) 대통령이 강한 권한 보유. 의회를 해산하고 새로운 총선을 치를 수 있는 권한도 보유함. (3) 비상대권보유: 비상시 무제한적인 전권을 행사함. (4) 사례: 프랑스 동거정부, 독일 바이마르 공화국 등 (5) 대통령제로 운영되나 분점 상황에서는 내각제도처럼 운영됨. (6) 미국 대통령제도는 부통령을 국민이 선출하고 총리가 없음. 그러나 프랑스제도는 대통령이 총리를 임명하나 국회의 동의를 받아야 임명함. 한국은 총리 임명에 국회의 청문회를 거치며 동의가 있어야함.
장점	(1) 행정부의 안정(임기 보장에 따른 제도운영의 안정성높음) (2) 인지성(identifiability) 확보(유권자가 누구를 선택	(1) 정치과정에서의 유연성(의회와 내각 사이 정책 교착시 다시 선거를 통해서 정부구성. 장기 집권과 단기 집권 모두 가능)	(1) 분점상황에서 교착문제의 해결 (2) 내각제도의 불안정성 탈피(대통령제도와 유사하게 운영되기 때문에 선거가 규칙

	하는지를 알고 대통령을 선발함. 대통령과 유권자 간의 인적 관계가 강함. 유권자는 정당, 인물, 정책의 3가지 기준에서 대통령 선발함) (3) 책임성 향상(중임제일 경우 재선이 책임추궁장치로 기능)	(2) 연립정부를 위한 정당 간 타협 중시(다당제에서 정부 구성시 연립정부를 제도적으로 강제함) (3) 전문정치인의 양성 가능성(대통령제에 비해 벼락스타 등장 가능성이 낮음) (4) 의회 내 위원회나 예비 내각(shadow cabinet: 야당이 미리 내각 구성을 해두고 정권교체에 대비) 이용	적임. 내각제처럼 빈번한 의회해산과 내각 불신임을 경험하지 않음) (3) 내부정치의 책임을 대통령이 지지 않음(총리가 권한을 가지고 내치를 운영함)
단점	(1) 독점적 정통성 주장과 낮은 지지율 문제(다수제의 경우 다수를 구성한 세력만이 권력을 가짐. 단순다수제의 경우 상대적으로 1/2의 지지 없이도 권력 장악 가능) (2) 이원적 정통성과 분점정부(빈점한 분점정부와 정국 교착가능성) (3) 임기고정에 따른 경직성(조기 레임덕이 가능함) (4) 양면적 속성의 충돌: 국가 지도자로서 보편적 이익 추구 vs. 정당지도자로서 특수 이익 추구	(1) 연립정부 구성과 정치 불안정 초래 가능성(다당제의 경우 연립내각 구성시 책임 추궁이 어려움) (2) 정치적 불안정과 짧은 내각의 수명(프랑스 4공화국의 경우 20년간 총 40번 내각 교체됨) (3) 정당정치의 발전정도에 의존: 정당정치가 저발전된 경우 내각제도 자체의 제도적 안정성이 낮은 데 정당정치도 제도적 안정성이 낮아 문제가 됨)	(1) 헌법상 권한과 실제 권한 사이의 불일치 존재(대통령에게 부여된 권력이 총리에 의해서 수행되는 경우) (2) 분극화된 다당제 시 문제 (3) 합헌적 독재가능성(프랑스 드골 헌법은 위기 상황에서 구성된 헌법이라는 특징) (4) 대통령에 대한 지나친 의존 (5) 정책의 책임소재 불분명과 임기고정성 문제의 중첩(분점이 된 경우 의회와 대통령에게 정책 책임 묻기 어려움) (6) 의원내각제의 불안요소와 대통령제의 불안요소 간 결합이 될 수 있음.
비고	사르토리의 미국 대통령제도 운영 가능요인(설득정치 요인): ① 약한 정당기율 ② 약한 이데올로기적 대립 ③ 지방분권 정치. 따라서, 미국이 아니면 작동하기 어려운 제도임.	영국의 역사적 전통에 기초한 정치체제라는 특징. 정당정치가 발전해야 제도가 운영됨.	한국의 권력구조로는 유용한 선택은 아님. 분점이 빈번한 상황에서 제도가 의원내각제도처럼 운영됨.

적용 가능 사례

1. 정부형태의 구성원리 비교
2. 정부형태 구성원리에서 통치의 기능 비교 (안정성 혹은 집행부의 생존 가능성, 효율성 추구가능성)

합격생 tip

– 「정치학강의 4」 Part4 "신생국가에서 바람직한 정부 형태 논의: 대통령제와 의원내각제" 참고.

– 대통령제와 의원내각제를 비교할 때에도 키워드로만 암기하면 생각보다 많은 분량을 쓰기 힘듦. 구성방식인 이원적 정통성에서부터 설명하고 그로 인한 견제와 균형의 원리, 권력분립이라는 운영방식을 설명하고, 특징–장·단점 순으로 흐름을 가지고 공부하고 그 특징들을 하나씩 부연 설명하는 글쓰기가 답안작성을 더 편하게 만들어줌.

정부형태 쟁점 2 : 한국에 적합한 정부형태

주제의 문제의식

Q 한국에 1987년 민주화 시기 선택된 대통령제는 여전히 적합한 정부형태인가?

A 한국의 대통령제는 미국식 원대통령제(proto type)로 개헌할 필요가 있다.

세부 쟁점과 핵심이론

sub 1 민주주의 공고화와 관련 정부형태 논의: 후안 린쯔의 대통령제 공격

(1) 정부형태 논의 시작: 『The Failure of Presidential Democracy: Comparative Perspective』에서 후안 린쯔(J.Linz)가 대통령제도 공격. 라틴아메리카 국가들의 사례활용.

(2) 5가지 비판

① '승자독식구조(Winner-takes-all Game)' 문제: 승리한 후보가 모든 것을 다 가져감. 내각제는 득표율에 비례하여 내각 구성되거나 정당연합이 가능.

② '대통령의 임기보장' 문제: 체제의 경직성 문제. 조기 레임덕 가능. but, 내각제에서는 내각불신임이나 의회해산으로 정치적 해결가능.

③ 대통령과 의회의 '이원적 정통성[1](dual legitimacy)' 문제: 분점 정부 교착문제.

④ 오도넬(O'Donnell)이 지적한 "위임민주주의(delegative democracy)"의 경향: 대통령이 포고령 주의(의회 제정 법률이 아니라 정부가 발령하는 포고령에 기초하여 통치함)나 민중주의 사용.

⑤ 의회주의자가 아닌 외부인의 당선가능성이 높다는 문제: 트럼프 대통령의 사례.

(3) 이후 정부형태와 민주주의 공고화 간 관계 실증분석

① 린쯔와 발렌주엘라(Juan Linz and Arturo Valenzuela)의 『The Failure of Presidential Democracy: Comparative Perspective』: 신생민주주의 국가들 민주주의 공고화에 유리한 정부형태. 내각제 〉 대통령제도 주장. (근거: 1979년에서 1989년 사이 43개 국가)

② 레이파트(Lijphart)의 1991년 통계: 14개국 평가. '대통령제도 - 다수결주의'의 결합은 민주주의에 문제가 있음. 대통령제가 사회균열 반영에 적합하지 못함.

③ 메인워링(Mainwaring)의 연구: 민주주의의 공고화에서 대통령제와 다당제가 문제임. 정부형태만의 문제는 아님.

④ 파워와 가시오로스키(Power와 Gasiorowski)의 1997년 연구: 1930년부터 1995년까지 제3세계 국가들 56개 사례연구. 민주주의의 생존과 정치체제의 차이가 크지 않음.

⑤ 번하드와 노드스트롬과 리녹(Bernhard & Nordstrom & Reenock) 2001년 연구: 1919년에서 1995년 사이의 모든 민주주의 국가들에서 정치제도와 민주주의의 생존 또는 안정성 사이의 관계 통계 분석. 결론은 정치체제가 민주주의 생존에 직접

---

1) **이원적 정통성의 의미**: 유권자가 두 번의 각기 다른 선거를 통해서 행정부의 수장과 의회를 선택하는 것이다. 일원적 정통성을 가진 의원내각제는 유권자가 의회선거를 통해 대표를 선택하면 의회 다수당이 행정부를 구성하는 것이다.

영향을 주지 않음.

(4) 한국에 대한 함의

① 정부형태 자체의 민주주의 사망 영향 적음.

② 한국 민주주의 절차적 공고화 완성: 따라서 제도적 시간은 충분히 가짐. 정부형태 개편 논의할 수 있음.

③ 대통령제 유지한다면 다당제와 대통령제의 조합을 주의해야 함.

sub 2 한국의 바람직한 정부형태 논쟁

(1) 한국에 바람직한 정부 형태

① 대통령제: 견제와 균형원리, 안보문제나 경제문제에서 대통령의 개인적 리더십 활용 기대, 과거 대통령제 사용하던 경로의존성. 인지성(최고 지도자가 누가 될 것인지 알고 투표하는 것)이 높음. 한국의 인물 위주 정치에 부합.

② 의원내각제: 권력집중원리, 정당정치 발전을 기대할 수 있음, 사회적 균열의 증대와 타협의 정치로 가능. 장기집권 가능성과 효율적 통치. 다당제인 경우 정당연합을 통해 사회적 갈등을 줄일 수 있음.

③ 이원집정부제: 권력 공유의 원칙, 분점 정부 문제의 해결.

(2) 한국의 개헌 방향: 원대통령제(미국식 대통령제) + 대통령 임기는 4년 중임제 + 선거주기 일치(총선과 대선)여부 논쟁 ⇨ 한국의 내각제적 요소 제거.

(3) 한국 대선과 총선 선거제도 개편 방향

① 4년 중임제 방향: 대통령 4년 중임제 + 국회의원(임기 4년)과 동시선거

② 동시선거의 장점: 연미복 효과(coattail effect) ⇨ 여당에 유리. 안정적 정국운영과 선거비용감소

③ 중간선거의 경우: 대통령 임기 중에 의회 선거 ⇨ 대통령 견제. 그러나 다른 선거들이 많기에 중간선거로 기능함.

⑤ 정치과도화의 우려: 한국에서 지방선거가 있어서 중간선거 기능 있음. 반드시 중간선거를 위해서 대통령선거와 총선 불일치 필요는 없음. 중간선거가 너무 많으면 유권자 피로도 증대함. ex) 2020년 총선 후 4년 주기. 2021년 지방선거 후 4년 주기. 2021년 대선 후 4년 주기의 경우. 한국정치는 모든 선거가 중앙권력을 지향하기 때문에 더욱 유권자의 정치적 피로도 증대함.

(4) 부통령제도 vs. 총리 제도 유지

① 부통령제와 국무총리 간 차이: 부통령(유권자 선거 O) vs. 총리(유권자 선거 X) ⇨ 부통령제도 사용할 경우 대통령 유고시 부통령의 대표성 확보와 부통령을 두고 정당 간 연합이 가능함.

② 비교 정치 사례 수: 총리만 가진 국가의 수가 많음.

(5) 대통령 결선투표 제도 논의: 결선투표 사용하여 정당성확보 가능 + 정당연합 가능. 반면에 두 번 선거를 치르는 비용과 결선투표에서 첫 번째 치룬 선거 당선자의 역전문제 발생 우려.

sub 3 대통령제도의 평가

대통령제도의 문제점: 후안 린쯔의 문제제기	1. 승자독식구조	당선자는 모든 것을 가지고 차점자는 아무 것도 못가짐
	2. 대통령의 임기 고정	정치적 위기 발생 시 오랜 시간 지속됨
	3. 이원적 정통성	견제와 균형을 위해 분점이 상시화
	4. 위임민주주의	의회보다 더 많은 표를 받아 국민의 위임에 기반하여 통치. 민중주의적 운영가능성 높음.
	5. 의회주의자가 아닌 외부인의 당선가능성	내각제처럼 정치인 양성하는 것이 아니라 벼락 스타가 대통령이 됨. (ex, 미국 트럼프 대통령)
6공화국 헌법의 문제점: '87년 체제'의 문제점	1. 제도적 원칙 부재	협의민주주의와 다수결주의에 대한 합의 필요
	2. 급속한 개헌	8인 정치회의를 통한 개헌 사회적 가치에 대한 합의 필요
	3. 권력구조에 집중	대통령 단임에만 집중
	4. 사회-경제적 조건과 유리된 체제	사회-경제적 조건은 논의 안 됨.
한국 개헌 방향과 제도들	1. 협의주의와 다수결주의	사회 환경이 변화하여 협의주의 필요성 증대: 다문화주의, 사회균열의 확대.
	2. 개헌의 원칙적인 방향	1. 신중하고 사회적 합의필요 2. 사회적 가치와 제도 간의 조응성 필요 3. 사회균열의 필연성이 없고 의사결정의 결정성 선호로 다수결주의 필요
	3. 구체적인 방안들	1. 중임제 대통령제: 대통령에게 책임추궁과 재선의 유인제공(통치가능성 증대)
		2. 대통령결선투표제: 정당 간 연합가능성 증대과 통치의 정당성 증대
		3. 지방분권화: 지방으로 권력 분산.
		4. 연방주의: 통일 한국에서는 연방주의 고려 가능

sub 4 단점시와 분점시 모두 문제가 되는 한국 대통령제

1. 단점 정부시	제왕적 대통령제	의회 제도화(초선의원비율 높음)약함 의회 자체가 행정부 통제능력 약함(정보부족) 정당제도화 부족(정당의 행정부견제기능 약함) 내부적인 견제 장치도 부족함(국정농단사태) 단점인 상황에서 의회는 장외투쟁 등으로 대립함
2. 분점 정부시	교착과 파국	분점정부에서는 교착과 파국이 빈번함 파국(deadlock)상황에서 국회는 공전

1. 한국에 바람직한 정부형태

표를 통한 비교 한국의 대통령제의 문제점과 바람직한 정부형태 방안논의

문제점	(1) 단점 시 제왕적 대통령 문제, 분점 시 교착(deadlock) 상황 (2) 의회제적 요소에 따른 문제점: 총리제도와 장관에 대한 의원겸직 및 의회의 해임건의권 (3) 대통령제도의 제도적 결핍: 부통령제도 부재, 대통령 유고시 총리와 후순위권자의 정당성 부족, 단임제 문제, 정치적으로 불명확한 책임 소재 (4) 승자독식구조의 상대다수제 선출방식과 정당성 문제 (5) 대통령의 리더십 부족(제도보다는 개인적 측면이 강함)
고려사항	(1) 대통령제도의 본질적 문제점 vs. 운영상 문제점 (운영상 문제점일 가능성이 높음) (2) 제도간섭 문제: 원대통령제와 차이(5년 단임제, 총리제, 해임건의권, 의원·장관 겸직금지) (3) 제도 개선 방안들: 4년 중임, 결선투표(40%도 가능), 대선·총선의 동시선거실시와 연미복 효과, 총리제도 폐지, 부통령제도 실시, 의원·장관 겸직금지, 국회해임건의권 폐지 등
원대통령제로 개편	(1) 의원내각제적 요소 제거 및 원대통령제도 방안들 사용 (2) 결선투표제의 경우 최근에는 지지율이 40%를 넘어 적실성 낮아짐 (3) 대통령의 리더십 활용 예 멕시코 세디요 대통령의 사안별 정책연합안, 클린턴의 설득사례 (4) 문제점: 승자독식으로 인한 권력 경쟁성 문제 상존
의원내각제로 개헌	(1) 대통령제도의 승자독식구조 변화는 정당발전을 위해서도 필요 (2) 한국 정당체계의 복합 균열에 따른 다당제와 의원내각제도의 필요성 (3) 개인의 리더십보다는 제도적 운영능력향상 필요 (4) 문제점: 정당저발전으로 인한 정부 구성과 안정적 운영 가능성에 의문, 한국 정치문화가 타협적인 의원내각제와 부조화, 내각제도에 대한 짧은 역사
이원집정부제	(1) 동거정부 형태를 통해서 제도의 운영에 초점을 두는 방식 (2) 문제점: 대통령의 권한을 극단적으로 강화하고 분점 시 정치 교착가능성 높음
결론	(1) 대통령제도의 유지가 상대적으로 바람직함 (2) 근거: 역사적 유산(역사적 제도주의의 경로 의존성), 특수한 남북문제 상황, 제도개선에 대한 국민적 선호의 불분명을 고려할 때 제도 개선비용이 크기 때문

적용 가능 사례

1. 한국 대통령제의 단점 시기나 분점 시기의 문제점: 허약한 대통령 제도와 제왕적 대통령제의 공존
2. 다른 제도들과 연관하여 정부형태 개선 방안 논의

합격생 tip

- 후안 린쯔의 대통령제 비판 5가지는 꼭 암기해야하며, 각각의 비판들을 부연설명 할 수 있어야 함. 예를 들어 이원적 정통성으로 인한 분점정부의 문제점을 지적하려면 우리나라의 경우 분점정부 상황에서의 쟁점법안 가결율 등과 같은 사례가 확보되어 있고 서술할 수 있도록 준비해두길 추천함.
- 한국의 개헌 방향은 최근 이슈를 확인하며 보완. 새로운 개헌안이나 논의가 나온다면 사례로 준비해두는 것을 추천.

정부형태 쟁점 3 : 제도 간 조응성, 정치 효율성, 정치 안정성 차원 비교

주제의 문제의식

Q 정부 형태별로 대표성과 책임성과 효율성에서 차이가 나는가?

A 정부 형태별로 구성원리가 다르기 때문에 달성하는 가치는 다르다.

세부 쟁점과 핵심이론

sub 1 정부 형태별 대표성, 책임성, 효율성(기출문제는 안정성을 동일한 것으로 파악)의 비교

sub 2 정부 형태별 조응성, 효율성과 안정성의 차이

표를 통한 비교 민주주의 평가 기준과 정부형태

	대통령제	의원내각제	이원집정부제
대표성 (이익대표와 사회적 갈등반영 가능성)	· 대통령선거: 전국 선거 ⇨ 전국적 대표성. (미국) · 전국적인 이슈가 논의되고 다양한 이슈 배제 가능. · 위임민주주의의 문제도 있음. · 반론: 대통령이 전국대표 + 의회가 지역대표	· 의회 선거: 지역 선거 ⇨ 지역 대표성(영국) · 반론: 지역선거는 지역이익대표 + 비례선거에서 전국이익대표 가능	· 대통령제도와 유사
책임성 (시민과 의회에 의한 책임추궁가능성)	· 개인에 대한 책임추궁: 대통령 개인이 책임의 주체가 됨 · 정권교체를 통해 책임추궁가능(법적 문제는 탄핵)	· 제도적인 책임추궁: 의회(정당)를 통한 책임추궁가능성. · 임기 중 수시로 책임추궁가능성	· 단점시: 대통령 개인에게 책임추궁 · 분점시: 대통령과 의회를 통해 책임 추궁 · 대통령 – 의회 간 책임전가 가능
국정의 효율성과 안정성	· 효율성 = 정책 통과가능성으로 정의시. · 대통령제 효율성 낮음(의회거부권 가능). · 다만, 단점과 분점에 따라 달라짐 · 대통령제만으로 파악하기 어려움: 정당체계와의 조응성이 중요 · 개별정당 기율과도 관련	· 내각제 효율성 높음. · 장기집권시 효율성과 안정성이 높음. · 분극화된 다당제의 경우 효율성과 안정성 낮음	· 단점과 분점에서 효율성과 안정성 차이

표를 통한 비교 **정부형태와 정당체계 간 조응성**

평가 기준	조응성: 제도 간 교착가능성이 낮음. 제도 간 친화성의 의미. 정치효율성: 제도들에서 제안한 법률안의 집행가능성 정치안정성: 제도들이 작동하여 제도 간 낮은 충돌 가능성. cf. 안정성을 생존가능성으로 보면: 대통령 임기 고정으로 안정성 높음. 내각제 임기 유동성으로 안정성 낮음.
대통령제	양당제와 조응성 높음(정치안정성 높음. 효율성은 타변수들과 함께 고려해야 함) 다당제와 조응성 낮음(정치안정성 낮음. 효율성은 타변수들과 함께 고려해야 함)
의원내각제	양당제와 조응성 높음(정치안정성 높음. 효율성은 타변수들과 함께 고려해야 함) 다당제와 조응성 높음(정치안정성 높음. 효율성은 타변수들과 함께 고려해야 함)
이원집정부제	양당제와 조응성 높음(정치안정성 높음. 효율성은 타변수들과 함께 고려해야 함) 다당제와 조응성 높음(정치안정성 높음. 효율성은 타변수들과 함께 고려해야 함)

적용 가능 사례

1. 한국의 대통령제와 다당제 가능성이 높은 정당체계와 규율이 강한 정당과 초다수주의 의회제도의 제도적 조응성은 높은지 여부: 제도적 조응성 떨어짐.

정부형태 쟁점 4 : 정부형태와 의회관계(민주주의 쟁점 26 참고)

주제의 문제의식

Q 한국에서 단점일 때나 분점일 때 모두 행정부와 의회가 교착되는 원인은 무엇인가?

A 한국의 정당 차원에서는 강한 정당 규율과 정당 내 약한 응집성으로 분당 가능성이 높다는 점과 의회제도가 협의 전통이 강한 특징(한국 의회는 초기부터 협의와 타협에 의해서 의회를 운영함)과 국회 선진화법의 제도적 특징을 들 수 있다.

세부 쟁점과 핵심이론

sub 1 한국에서 대통령제와 의회제도 간 조응성을 높이기 위한 방안 논쟁:

(1) 대통령 리더십 활용방안: 제도적 정치보다는 인치에 초점. 한계가 명확함.
(2) 의회제도 개선: 의회를 상임위원회 중심주의로 강화하고 의원의 자율성을 높이고 의회제도화를 모색함. 의회 상임위원회와 소관 부처 간 협력 강화.
(3) 원내정당화: 정당규율을 낮추는 방안. 대통령의 개인화된 의원을 설득해가는 방안.
(4) 당정협의회 방안: 행정부와 여당 간 협의를 통해 국정을 운영해감.
(5) 여야 영수회담: 리더십 차원에서는 활용할 수 있지만, 제도 운용이나 제도화에 저해요인.

sub 2 Separation of power vs. Separation of purpose 논리

(1) Separation of power: 제도적 권력 분립
(2) Separation of purpose: 운영상 권력 분립. 미국은 운영상 권력분립이 강하지 않음. 이것은 약한 정당 기율을 가진 양당제 특성 때문임. 한국은 운영상 권력분립도 강함. ⇨ 분점 상황에서 gridlock(교착: 부분해결 가능성)과 deadlock(파국: 부분해결가능성 부재)를 구분하게 함.

sub 3 정부형태와 의회 유형 조합

(1) 대통령제: 전환의회(입법의회와 조응) ⇨ 3권 분립론에 기초할 때 입법부와 행정부를 분리시킴. 미국의 사례.
(2) 내각제: 무대의회(심의의회와 조응) ⇨ 내각이 주로 입법을 하기 때문에 의회는 토론의 공간이 됨. 영국의 사례.

적용 가능 사례

1. 한국의 대통령제와 의회 간 관계인 '집행부 vs. 입법부'가 아닌 '집행부 + 여당 vs. 야당'에서 협력 가능방안
2. '집행부 vs. 입법부'가 아닌 '집행부 + 여당 vs. 야당'에서 의회의 현실적인 정부 견제가능성

합격생 tip

- 「정치학강의 4」 Part4 “분점정부의 문제와 해결방안” 참고.
- 한국의 교착을 설명하는 데 있어서 정당 규율이 높다는 논리를 쓰려면 그것을 뒷받침할 수 있는 사례가 필요함. 예를 들어 특정 국회의원이 당론을 거부하고 소신껏 투표하였다가 비판을 받은 사례 등이 있을 수 있음. 이렇듯 책에 나와 있는 내용이어서 자연스럽게 이해하고 넘어가게 되는 내용이라고 하더라도 답안을 쓰면서 스스로 뒷받침할 수 있는 사례가 있는지 생각해봐야 함.

정부형태 쟁점 5 : 정부형태와 정당체계 관계

주제의 문제의식

Q 한국에서 정부형태와 정당체계는 어떤 조합이 바람직한가?

A 한국에서 대통령제도를 유지한다고 하면 양당제와의 조합이 바람직하다.

세부 쟁점과 핵심이론(민주주의 쟁점 24 참고)

sub 1 대통령제와 다당제 조합 가능성: 한국정당의 분당 가능성이나 제3의 정당 등장 가능성으로 다당제가 가능함.

sub 2 1987년부터 2004년 전까지 다당제 등장, 2004년부터 2016년까지 양당제 등장, 2016년부터 2020년까지 다당제 등장, 이후 다시 양당제. (유효정당 수 기준)

(1) 2016년 선거에서 다당제 등장한 원인: 1987년 선거에서 지역주의 정당체계에서 이념정당체계(2004년부터)로 전환했다가 2016년 분당(민주당 동교동계가 '국민의 당'으로 이적)하여 다당이 됨.

(2) 2020년 선거 다시 진보-보수의 이념 대립이 되자 양당제가 됨.

sub 3 스캇 메인웨어링의 주장: 대통령제와 다당제의 조합이 최악(1993년 논의)

(1) 행정부와 입법부 교착가능. 입법부의 다수당이 야당일 확률 높음. 분점정부 가능성 높음.

(2) 이념 극화 가능성 높음. 다당제가 원심적이 될 가능성이 큼. 정당 간 차별화.

(3) 당대당 연립구성의 어려움. 의원내각제와 달리 과반의석을 만들기 위한 정당연합의 강제가 필요하지 않음.

1. 대통령제와 다당제의 문제점: 분점 가능성

표를 통한 비교 분점정부의 원인과 영향 그리고 해결방안

분점정부의 의미와 유형	분점정부의 의미	대통령소속정당(여당)이 의회 과반수를 차지 못 한 상황
	분점정부의 종류	1. 대통령 소속정당이 의회의석 1/2이 안됨+야당 중 어느 정당도 1/2이 안됨(정당 간 협력중요) 2. 대통령소속정당이 의회의석 1/2이 안됨+야당 중 한 정당이 1/2이상(여당 견제가 심함)
분점정부의 원인	1. 대통령제도	이원적 정당성에 기초. 유권자가 대통령 견제를 위해 분점 선택가능

	2. 정당 요인 (정당체계)	양당제에서도 분점이 가능. 다당제는 분점가능성이 높음. 정당의 수(⇧) ⇨분점이 될 확률(⇧)
	3. 개별정당 (정당규율)	정당규율은 분점정부 가능성과 직접 관련 없음. 정당의 규율이 강한 경우 분점이 되면 합의점을 찾기 어려움.
	4. 선거제도	상대다수제도는 양당제로 귀결(지역주의 예외) 비례대표제는 다당제로 귀결(정당연합 강제효과 없음) 결선투표제는 다당제로 귀결(정당연합의 유인이 있음)
분점정부의 영향	분점정부의 영향 약함	gridlock(교착): 분점상황에서 교착의 해결이 가능함. 분점정부의 영향은 있지만, 해결이 가능. 분점이라고 해도 실제로 의회 법안 통과율 등에서 큰 차이가 없음. ⇨ 미국과 한국에서 의회 입법통과율로 측정함. 쟁점법안(정부와 여당이 강조하는 법안)의 경우에는 분점에서 통과율이 낮음(10%대). 반면 비쟁점법안의 경우는 90%정도로 높게 나옴. 대통령의 리더십으로 정국교착을 해결가능. '제도적인 권력분립(Separation of power: 헌법상 정해진 제도적인 견제와 균형)'상황에서 '운영상의 권력 분립(separation of purpose: 운영상의 견제와 균형으로 대통령 리더십이나 여야영수회담과 같은 운영방식)'을 해결함.
	분점정부의 영향 강함	deadlock(파국): 분점상황에서 교착문제를 해결할 수 없음. 행정부와 의회는 파국으로 감. '제도적인 권력분립(Separation of power)'과 '운영상의 권력 분립(separation of purpose)'이 동시에 작동
분점정부 해결방안	제도 변경방안: '제도적인 권력분립(Separation of power)' 해법	1. 대통령제도를 변경: 의원내각제나 이원집정부로 변경(근본적인 문제해결) 2. 대통령제도에서 부통령제도 도입: 선거 초기 정당연합의 유인제공 3. 선거제도: 단순다수제의 강화통한 양당제 유도 4. 개별정당 차원의 정당규율 약화: 원내정당화
	운영 방안: 운영상의 권력 분립(separation of purpose)의 해법	1. 대통령 리더십 활용: 설득의 리더십 (미국에서 가능한 조건: 이념 약함, 정당규율 약함, 지방분권정치) 2. 협력통치 방안: 스웨덴의 특별위원회 제도(민감 사안에 대해 전문가들 망라한 협의체)
한국의 분점정부해결 방안	제도변경방안	1. 대통령제 변경 안에 대한 지지가 약함. 2. 부통령제도 근본적인 방안은 못됨. 3. 단순다수제임에도 다당제 4. 지역과 이념으로 정당규율이 강하여 분점시 '식물'국회(안움직임), '동물'국회(폭력사용)가 됨.
	운영방안	1. 대통령 리더십 발휘필요. (그러나 조건이 미국과 다름) 2. 협력통치방안 모색가능

적용 가능 사례

1. 한국에서 다시 다당제가 나타날 가능성: 이념 분화+정당 분당으로 가능함 ⇨ 정당의 응집성이 관건임.
2. 양당제 한국에서 대통령과 의회 협력 어려운 원인: 국회선진화법이 180석의 협력 규정.

합격생 tip

- 「정치학강의 4」 Part4 "정부형태와 정당체계의 조응성" 참고.
- 정부형태와 정당체계의 조합을 서술하면서 어떤 것이 효율적인지를 평가하려면 효율성에 대해 정의해야 함. 정치효율성이란, 입법부 혹은 행정부가 만든 법안이나 정책이 관철될 수 있는 가능성을 의미. 따라서 다당제와 대통령제가 조응성이 낮고 효율성이 떨어진다는 것은 결국 법안이 타협되고 관철되는 데 시간이 많이 걸리거나 불가능하다는 것을 의미함.
- 분점정부로 인한 단점을 해결하기 위한 방안을 서술할 때에도 제도적인 해법(Separation of power)을 중심으로 논의하는 것을 추천.

정부형태 쟁점 6 : 단방주의와 연방주의 차이

주제의 문제의식

Q 한국은 언제 연방주의를 고려할 수 있는가?

A 한국은 통일 한국을 고려할 때 연방주의를 고려할 수 있다.

세부 쟁점과 핵심이론

sub 1 단방주의의 장단점과 연방주의의 장단점 논쟁: 한국에 적용가능성 논의

1. 연방주의 이론

(1) **연방구성요인:** 내적 안전+외적 안전+경제규모+중앙집권적 통치력 문제 ⇨ 미국의 사례는 외적인 안전 확보와 내적인 민중주의의 지배거부.

(2) **연합과 연방의 구분:** 연합(주권의 독자적 보유) vs. 연방 (주권을 합쳐서 하나의 국가가 됨)

(3) **연방구성방식의 차이:** 이중적 연방제(분리와 독립) vs. 협력적 연방제(분할과 연대)

(4) **연방제도의 장점:** 영토적 제약구조 해결, 분권화, 중앙권한 집중문제 해소, 시장 확대.

(5) **연방제도의 단점:** 느린 의사결정. 문제해결보다는 타협 모색. 복잡한 책임추궁 과정

2. 한국적 함의: 통일 한국에서의 연방주의

표를 통한 비교 통일시기 연방주의 원칙

단방주의	통일이전에는 단방주의(중앙집중화 아래서 지방자치제도 사용)
통일 시 연방주의	통일시기 연방주의 필요(권력공유체제로 연방정부와 주정부로 권한 배분) 중위연방제도 필요(재정자립도와 특정 주에 대한 집중화 방지)

(1) **목표:** 공동통치와 자치의 균형을 가능하게 함.

(2) **통일 한국에서 제기될 수 있는 문제들:** 경제적 계층화, 지역 갈등화, 이념 갈등의 강화.

(3) 북한의 구조적 소수화를 막기 위해서는 연방주의와 협의주의(부분 자율성과 권력 공유형태의 민주주의)사용이 가능.

(4) **중위 연방 제도의 필요성:** 남과 북이 아닌 여러 개로 구성된 연방제도가 가능함.

(5) 중위 연방제에서 각 주가 경제적 자립도를 확보하는 것이 문제임. 중앙정부에 대한 의존이 적어야 함.

3. 지방자치제도 관련 모델

(1) **정당정치 모델:** 지방자치제도도 대의민주주의를 중심으로 운영. 정당을 기반으로 한 모형.

(2) **비당파적 개인주의 모델:** 지방자치제도는 풀뿌리 민주주의의 기반으로 행정이 중심인 모형. 유권자는 행정서비스의 대상임. 정당의 개입을 금지함.

(3) **동원모델:** 참여민주주의를 강조하면서 정당을 중심으로 함. 또한 주민자치모델에서 직접참여민주주의를 강조하는 모델.

(4) 지방자치법에서 기초의회의원 정당 공천권을 금지한 것이 위헌임. 정당모델이 적용되게 됨.

(5) 지역(region): 비정치적 개념, 정체성을 강조함. 영남과 호남 지지나 애착심설명. 국제정치에서 지역주의(regionalism)는 유럽 통합등을 다룸.

(6) 지방(local)은 정치적 개념임. 힘의 관계를 반영함.

(7) 정당법 3조. 정당설립요건. 서울중앙당 규정, 전국 5개 이상 시도당을 두고(17조) 시도당에서 1,000명(18조)이 발기인임. 이 요건을 완화하면 지방정당을 구성할 수 있음. 즉 한 지역에서 1,000명의 발기인이 있으면 지방정당이 가능함. 지방에서 패권정당을 견제하는 역할을 하자는 주장.

제 2 장 의회 제도

의회 쟁점 1 : 의원정수와 대표성 문제

주제의 문제의식

Q 의원정수와 대표성은 어떤 관계인가?

A 의회는 주로 지역선거를 통해 의원을 선출하거나, 정당투표를 통해 비례의석을 선출하기 때문에 의석수를 증대하면, 그만큼 대표성을 늘리기 유용하다.

세부 쟁점과 핵심이론

sub 1 지역구/ 비례의석 증대와 대표성 확대 논의.

(1) 지역구 의석의 증대: 지역 대표성(유권자를 반영하는 정도)을 증대시킴.

(2) 비례의석의 증대: 현재는 여성 대표성 증대에 초점이 있지만, 직능이나 특정 가치를 반영할 수 있음.

sub 2 한국 의회의 대표성 문제 논의.

(1) Microcosm 논리: 의회는 유권자의 구성을 닮은 소우주(microcosm)여야 한다.

(2) 한국 의회의 대표성은 낮음: 전문직 남성과 연령은 주로 50대에서 60대를 반영함. 농민, 어민은 인구 전체의 15%인데 반영하는 의원이 없음.

sub 3 한국 의회의 의석 수 확대 논의

(1) 한국 의회 의석수가 적음: 세계 3위 (의석 1석 당 16만 4천 명을 대표)

(2) 의석 수 증대 논의: 대표성 증대 vs. 비효율성

(3) 비례의석 수 증대 논의: 전체 의석 360석에서 비례 120석, 지역 240석 정도가 학자들에게 가장 많은 지지를 받음 ⇨ 대표성을 증대하는 효과 vs. 정치안정성과 효율성에는 부정적임.

(4) 비례의석 수 증대 시 다당제 가능성: 유효 정당(현실적으로 교섭 단체 요건인 20석 구성 정당)을 구성하는 것이 쉽지 않음.

1. Microcosm 논리

(1) 사회와 대표의 유사성. 즉 사회의 균열이나 계층이 대표에게 그대로 반영되어야 함.

① 사회에 농민 300만명(유권자의 7%)이면 의회에서도 대표의 수는 7%정도로 21명 정도 되어야 함. 이것이 반영되면 대표성이 높은 것임.

② 대표성이 확보되면 응답성이 추구되어야 함. 즉 대표는 유권자가 요구하는 것을 반영해야 함.

③ 응답성이 확보되지 않으면, 즉 대표가 공약을 이행하지 않으면 책임을 추궁당하게 됨.

(2) 유권자가 대표에서 권력을 위임할 때 어느 정도 위임하는지가 중요함.

(3) **위임과 관련된 모델**: 정당과 의회와의 관계

① 신탁(trustee) 모델: 유권자가 대표에게 개인차원에서 표를 주면서 지역의 이익이 아니라 전국적 이익을 반영하도록 권력을 믿고 맡기는 모델. 이 모델에 따르면 권력 위임이 반드시 특정 지역이익반영이 아님.

② 대리(delegate) 모델: 유권자가 대표에게 개인차원에서 표를 주면서 자신의 지역구 이익을 반영하도록 권력을 부여하는 모델. 이 모델에 따르면 권력위임의 이유는 지역구의 이익 반영임. 신탁모델과 대리 보델은 정당 정치의 초기인 명망가 정당 모델(20세기 이전 모델)에서 적용됨.

③ 위임(mandate) 모델 또는 정당(party) 모델: 유권자가 대표를 선택할 때 대표 개인이 아니라 정당에 표를 던져서 권력을 위임하는 모델. 1920년 1차 대전 이후 보통선거권이 노동자와 여성들에게 부여된 뒤 대중정당이 만들어진 이후의 모델.

④ 유사 대표(resemblance) 모델: 대표는 자신이 대표하는 계급이나 계층의 이익을 반용해야 함. 소우주론에서 나옴.

⑤ 초기 신탁모델과 위임모델은 의회를 중심으로 하는 의회민주주의 모델임. 이 모델에서는 의회 의원은 나보다 뛰어난 사람이라고 생각함. 정당이 개입하기 전에 대표 자체에 대한 신뢰와 위임에 기초함. 정당모델은 대중정당이 발전하면서 정당 중심이 된 모델임. 이는 의회보다 정당이 정치에 중심이 된 모델임.

(4) **한국의 원내정당론**: 한국의 원내정당론은 정당의 규율을 약화시켜서 의원을 자유롭게 만들고 싶은 것임. 이것은 의회를 강화하고 의회의원들이 교차투표를 가능하게 하려는 모델임. 즉 정당을 약화시키고 의회를 강화하면서 대통령이 야당의원을 설득하기 좋게 만들고자 하는 모델임.

적용 가능 사례

1. 한국 의회의 신뢰도와 의석 수 증대 가능성

의회 쟁점 2 : 국회의원 선거제도

주제의 문제의식

Q 한국 의회발전을 위해서는 어떤 선거제도 개편이 필요한가?

A 한국 의회발전의 방향을 원내정당으로 설정하여 대통령과 원활한 의회 간 관계를 만든다면, 선거제도에서 정당의 규율을 낮추는 지역구에서는 공천제도 개편안과 비례선거에서는 개방형 명부제를 도입해 볼 수 있다.

세부 쟁점과 핵심이론

sub 1 선거제도의 크기와 의원의 자율성 관계.

(1) 논쟁점: 선거제도의 크기가 커지면 유권자로부터 자율성이 높아짐. 반대로 정당 공천이 중요해지면서 정당의 장악력이 높아짐.
ex) 한국 지방선거에서 1선거구 4인 선출지역. 의원의 자율성 높아짐.

sub 2 당선자 결정방식과 의원의 자율성 관계.

(1) 논쟁점: 당선자 결정방식에서 단순다수제는 정당과 '인물' 중심 투표를 하게 함. 반면 비례대표제는 폐쇄형 명부를 사용할 경우 '정당'중심 투표를 하게 함.

1. 선거제도의 정의[1)]

(1) 선거제도의 의미 구분

① 광의: 선거 집행과 관련된 일련의 제도들. 선거권, 피선거권, 선거구제, 선거운동, 투표제도(투표 방식 등), 개표제도, 대표제도 등.

② 협의: 선거에서 행사된 표를 정당과 후보자에 의해 획득되는 의석수로 전환하는 제도. 즉 유권자의 선호도를 국회의원 의석수로 전환하는 일련의 제도를 의미. 3가지로 구성됨. 대표제도(당선자 확정방식)＋선거구제(선출되는 대표자의 수)＋투표제도(유권자의 투표 방식)

2. 선거제도의 목표

(1) 대의민주주의＝선거제도는 대표 선출 방식

① 대표는 누구를 대표하는지의 문제: 지역 전체 유권자, 지역 다수 유권자, 정당, 특정 집단.

② 대표성의 문제: 국가 전체를 대표한다는 입장 vs. 지역의 유권자를 대표한다는 입장 vs. 정당을 대표한다는 입장 vs. 사회적 집단 대표 입장

(2) 모델 간 비교

① 신탁모델(trutee model): 독립적 대표자. 유권자와 별개로 독립된 판단 가능. 의회민주주의에서 가능. 대중 민주주의 이전에 가능한 모델.

② 대표위임 모델 혹은 대리 모델(delegate model): 유권자의 의사를 따라야 함. 유권자 다수의 의견을

---

1) 엄기홍, "제1장. 국회와 선거제도", 『한국 국회와 정치과정』 (서울: 오름, 2010)의 내용을 요약함.

전달할 것으로 기대. 배달자에 가까움. 이 모델도 대중민주주의 이전의 모델.

③ 정당위임모델(mandate model): 정당을 통한 국회 운영을 전제. 유권자는 정당에 지지를 보내고 정당이 대표를 선출함. 대표는 정당에 충성해야 함. 대중정당 모델에 기초.

④ 유사대표 모델(resemble model): 대표는 자신이 대표하는 이들의 입장과 경험과 고충을 반영해야 함. 국회는 사회계층의 '소우주(microcosm)'가 되어야 함.

3. 선거제도와 대표성

(1) 선거제도 중 당선자 결정방식에 따른 구분

① 다수대표제: 다수'표'를 획득한 후보자가 대표가 됨. 절대다수제와 상대다수제가 있음. 보통 소선거구제와 연결. 1994년 이전 일본은 다수대표제+중대선거구제 사용.

② 비례대표제: '득표율'에 근거하여 의석을 배분하는 제도. 표의 등가성을 강조, 득표율과 의석수를 가능하면 일치시키고자 함. 정당명부식 비례대표제와 무명부식 비례대표제.

③ 혼합대표제: 다수대표제+비례대표제. 1인 2표 병립제(독립형: 일본식 제도. 한국의 비례대표제방식)+1인 2표 연동제(비독립형: 독일식 방식. 한국의 2020년 선거제도 개편방안. 30석 준연동식. 2024년 22대 총선에서는 46석 전체를 준연동식으로 선출함.)

(2) 선거제도와 대표성 간 관계

① 신탁모델과 대표위임 모델 ⇨ 대표자는 유권자 의견에 기반하여 정책 결정. 다수대표제 선거제도가 이런 목표를 잘 구현함. 다수대표제에서는 지역구민 다수의 의견을 통해 대표가 선출됨. 지역 이익에 반하는 경우 다음 선거에서 책임을 질 수 밖에 없어, 응답성도 지역 유권자들의 의견을 따라야 함.

② 정당위임 모델과 유사 대표모델 ⇨ 비례대표제가 이 목적에 부합함. 정당명부식 비례대표제에서 후보자는 정당 정책 홍보.

③ 지역 이익과 정당 이익의 균형 목표 ⇨ 혼합 선거제가 유용.

(3) 대표성과 선거제도의 관계에서 유의점들

① 특정 선거제도가 반드시 특정 대표성을 구현하는 것은 아님. 다수대표제 ≠지역 대표성

② 특정 선거제도를 채택한다는 것이 반드시 의도한 대표성을 구현하는 것이 아님. 한국의 혼합선거제도가 반드시 의도한 대표성을 확보하는 것은 아님. 특히 선거제도와 대표성 간의 관계에는 역사적 맥락과 다른 제도적 여건들이 관련되어 있음.

적용 가능 사례

1. 한국 대의민주주의에서 유권자와 대표 간 관계
2. 한국 의회 제도 개편을 위한 선거제도 개선 방안

의회 쟁점 3 : 낮은 신뢰도의 원인과 극복방안

주제의 문제의식

Q 한국 의회와 의원에 대한 낮은 신뢰도의 원인은 무엇인가?

A 한국 의회와 의원에 대한 낮은 신뢰도는 제도화 부족에 따른 '동물' 국회와 '식물' 국회를 오가는 의회운영방식과 강한 정당 규율에 따른 정당대립에 기인한다.

세부 쟁점과 핵심이론

sub 1 의회의 낮은 신뢰도와 행정부 권력 강화와의 관계: 현실적인 입법을 하는 행정부에 의한 문제 해결방식 선호 ⇨ 행정국가화 강화 ⇨ 대의민주주의에 대한 불만 증대

sub 2 의회의 낮은 신뢰도와 사법부 권력 강화와의 관계: '다른 수단에 의한 통치'에서 사법부의 역할이 증대와 국민의 지지.

1. 한국 의회의 신뢰성 낮은 이유

(1) 전문성 부족. 의회 의원이 행정부의 관료들보다 전문성이 부복함. 현장경험과 자료가 부족함.

(2) 행정정부화의 영향. 행정부의 역량이 증대함. 1차 대전과 2차 대전의 경험으로 관료제도가 커짐. 대공황 이후 케인즈주의에 따라 경제 관료영향력이 커짐.

(3) 의회 제도화 수준이 낮음. 한국의 경우 초선의원 비율이 50%대임. 즉 의원이 전업직이 아닌 경우가 많음. 의회 구성원들이 새로 바뀌면서 개원 때마다 새로운 이들로 충원되고, 이들이 새로 행정부를 통제해야 함.

(4) 정당강화와 의회의 약화. 정당이 책임정당이 되거나 대중정당이 되면 의회기능은 약화되고 정치의 중심에 정당이 서게 됨.

(5) 이익집단 강화. 이익집단이 강화되면서 의원이 청원과 이익 중재기능이 약화됨.

의회 쟁점 4 : 국회의원 역할과 역할 간 모순

주제의 문제의식

Q 의원은 '지역구민 이익' 대변과 '국가'이익 대변 사이에서 왜 충돌하게 되는가?

A 의원에 대한 권한 위임의 문제 때문에 대립한다.

세부 쟁점과 핵심이론

sub 1 의원에 대한 권력 위임과 권한 간 관계 논의
(1) 논쟁점: 지역 이익 대표 vs. 헌법기관으로서 국가 이익 대표 간 충돌

sub 2 의원의 목적 간 충돌 논의.
(1) 논쟁점 재선 추구 vs. 정책이나 법안 구성. ⇨ 피오리나의 숨은 동기 이론(의원은 재선을 추구하기에 지역 이권 정책이나 청원 등에 관심을 가짐. 실질적인 이해관계 충돌하는 법 구성에 관심이 없음. 따라서 국회의원은 법안제출의 유인이 적고, 실제 법안 구성보다는 자구 수정하는 법안제출을 많이 함)

1. 의회의 실질입법 회피

(1) 의원의 경우 실질 입법을 하게 되면 이해충돌이 발생함. 이 경우 유권자 중에서 피해를 보는 이들은 입법자인 의원에게 책임을 물을 것임. 이로 인해 표를 날리기 싫은 의원은 실질입법을 안함.

(2) 의원이 자구 수정과 관련된 입법이나 청원기능을 강화하려고 함.

(3) 의원의 경우 능력이 있음. 하지만 재선 목적으로 능력 발휘를 안함.

(4) 피오리나의 숨은 동기이론. 의원은 능력이 있지만 실제 재선을 위해서는 실질입법을 자제함.

합격생 tip

피오리나(M.P.Fiorina)의 숨은 동기 이론: 의원의 역할 세 가지 제시
① lawmaking, ② pork barreling, ③ casework
이 중 재선에 도움이 되는 것은 Pork Barreling과 casework이므로 국회의원들은 이 두가지에 집중하게 되고, 결국 법안제출의 유인이 적다는 것.
– 논문 "THE RISE OF THE WASHINGTON ESTABLISHMENT" by Morris P. Fiorina 참고.

의회 쟁점 5 : 의회기능 일반화

주제의 문제의식

Q 한국 의회의 발전을 위해 의회정치는 어떤 부분들과 연결해서 보아야 하는가?

A 한국 의회의 발전을 위해서는 4가지 분석 틀이 필요하다. ⇨ 국민과의 관계, 정당과의 관계, 행정부와의 관계, 의회내 규율 정도(의회의 제도화)

세부 쟁점과 핵심이론

sub 1 의회 발전을 위한 분석틀: 국회 분석을 위해 다른 주체들과 관계.
⇨ 4가지 분석틀: 국민과의 관계, 정당과의 관계, 행정부와의 관계, 의회 내 규율 정도(의회의 제도화)

sub 2 의회정치에 변화를 가져온 환경변화(3가지 환경변화)와 정치적 변화
(1) 산업시대 ⇨ 탈산업시대: 계층분화와 사회이익의 다원화와 갈등의 다양화.
(2) 물질주의 ⇨ 탈물질주의: 물질적 관계가 아닌 가치와 문화가 중요해짐. 실제 환경, 인권 분야의 부상함. 이로 인해 가치를 둘러싼 갈등이 예상됨. 이는 복지와 같은 분배투쟁 보다 투쟁이 더 격화될 수 있음. 의회정치에는 부담이 될 것임.
(3) 절대 주권시대 ⇨ 세계화: 주권의 약화와 국가의 보호 통제 기능 약화로 인해 정치투쟁 양상이 복잡해질 것임. 대외행위자와 갈등 증대를 일국 차원의 대의민주주의를 통한 해결가능성 낮음.

sub 3 국회 보좌관 수의 축소와 국회 내 입법지원 기구 확대방안
(1) 국회 보좌관의 수가 다른 국가에 비해 많은 편: 의원 개인의 비서 역할이 됨.
(2) 안정성 문제: 의원의 사직이나 낙선 시 국회 보좌관 역할이 끝이 남.
(3) 상근직 방안으로 입법지원 기구 구성안: 이들 보좌 인력을 중립적이며 국회 입법이나 재정 기능을 위해 일 할 수 있는 기관으로 상근직으로 만들어주는 방안도 고려할 수 있음.

1. 의회 분석 틀을 통한 현상 분석[2)]

(1) 국회와 유권자 사이의 관계

① 역사: 사회 전체와의 관계에서 의회는 특권계층을 반영 ⇨ 대중의회로 발전 ⇨ 대중의 불신 ⇨ 유권자들 참여민주주의에 관심(시민단체에 관심)

② 사례: 영국, 미국, 프랑스의 경우도 특권계층반영 ⇨ 대중민주주의로 확대. 미국은 1865년 흑인 노예해방과 참정권 제한 철폐. 미국은 1960년대 인두세와 문맹 테스트를 선거의 조건에서 폐지 ⇨ 의회 불신 확대와 투표율 하락으로 이어짐 ⇨ 대안적 시각으로 참여 민주주의에 관심 증대.

2) 임성호, "국회의 역사적 변천", 『한국 국회와 정치과정』(서울: 오름, 2010)의 내용을 요약함.

* 과거 의회: 신분과 계층 단순 ⇨ 의회 의원들의 사회 이익 반영 가능성 높음. * 현대 의회: 사회 다원성 증대와 갈등 복잡해짐 ⇨ 의회 의원들의 사회 이익 반영 가능성 낮음.

(2) 정당과 국회 사이의 관계

① 역사: 의회의 정당 중심적 성향 강화 ⇨ 정당 중심성 약화 ⇨ 다시 정당중심성 회복세지만 과거 수준보다는 낮음.

② 사례: 의회 초기에는 정당이 없었음. 19세기 중반부터 영국과 미국에서 정당이 중요해짐. 이후 대중정당이 들어오면서 의회에서 정당의 기능이 중요해짐. 그러나 20세기 후반 정당 체계가 쇠퇴함. 탈산업사회로의 이행으로 탈정당체계로 이동. 혹은 재편성(realignment: 정당체계의 변동의미)가 아니라 해체(dealignment: 정당체계가 분열될 정도로 다당제화됨)되었다는 주장이 등장. 하지만 정당이 완전히 퇴장한 것은 아님. 선거전문가 정당, 유권자정당, 원내정당, 카르텔 정당 등 대중정당과 다른 방식으로 정당이 바뀜. ⇨ 이것은 이념중심 정당에서 실용성 중심 정당으로 이동한 것임.

(3) 의회와 행정부 사이의 관계

① 역사: 의회와 행정부가 핵심적 권력 기관으로서 위상을 두고 행정부와 벌이는 경쟁에서 상승－하강－재상승 곡선을 그려왔음.

② 사례: 19세기 영국과 미국의 의회 권력 > 행정부 권력.

③ 가능한 이유: 정책 현안 이슈가 단순함. 국가보다는 지방 위주의 경제가 운영됨. 강력한 행정부의 필요성이 높지 않음. 따라서 의회는 당위적 정통성이 높고 정치적 우월성을 가짐.

④ 변화: 20세기에는 상황 바뀜. 사회는 복잡해지고 적극적 국가의 필요성이 증대함. 기능 면에서도 의회의 기능은 행정부의 기능보다 약함. 행정부보다 문제 해결 처리 속도 느림. 의회의 효율성 약함. 일관성과 책임성도 행정부보다 약함. 지역 이익보다 국가이익을 강조해야 한다는 논리에서도 행정부에 밀림.

⑤ 제왕적 대통령제와의 관계: 미국의 '제왕적 대통령' 논의처럼 행정부의 권력 강화에 대한 의회의 견제 기능이 요구되고 있음. 그렇다고 의회가 행정부보다 우월하게 국정을 주도하기는 어려움.

(4) 국회 자체의 제도화 차원: 폴스비의 3가지 차원의 '의회 제도화' 중심

① 의원직의 전문직업화: 과거 유력자의 자원봉사에서 의원에 전문직화가 요구됨. 20세기 중반 이후 의원들의 재임 기간이 길어짐.

② 의회 내 업무분화: 사안의 수와 전문성이 증가하여 위원회별로 안건 나누어 심의하는 분화가 강화됨. 특히 상임위원회와 소위원회가 발전한 것이 대표적인 사례. 이에 대한 반론으로 본회의를 활용하자는 주장도 제기되지만 대체로 의회의 업무분화는 유지됨.

③ 내부 운영규칙의 증가와 복잡화: 의회 의원들을 규제하고 통제하는 제약적 규칙의 증가.

2. 한국에서 의회 분석

(1) 국회와 국민 간 관계

① 대중의회로 확장되었으나 최근 국민의 불신이 증대하면서 대안적 민주주의 관심 증대.

② 유권자의 수 증대. 2020년 선거부터 투표 연령 18세로 인하. 2009년 해외 거주 국민에게도 투표권 부여.

③ 국회의원의 출신 배경도 확대됨. 국회의 계층 확대＋여성의원 비율도 증대.

④ 2004년 1인 2표제의 비례대표제로 변경되면서 다양한 대표성 증대

⑤ 공청회의 활성화 추세. 국회와 국민과의 개방성 확대를 상징화함.

⑥ 반대 사례 1. 국회에 대한 불신은 여론조사에서 국회는 신뢰도에서 항상 모든 조직 중 최하위.

⑦ 반대 사례 2. 국회의원 선거 투표율의 하락. 2008년 17대 국회의원 선거 투표율 46%.

⑧ 반대 사례 3. 참여민주주의에 대한 기대 증대. 2016년~2017년 시민운동에 의한 탄핵. 서초동 촛불집회와 광화문 집회 대립.

(2) 국회와 정당 간 관계

① 약한 정당에서 정당 기능이 강해졌으나 최근 정당의 응집성 약화와 정당 대립 구도의 유동성 증대로 정당의 기능 약화.

② 역대 국회별 무소속 의원의 비율은 제헌 국회에서 43%, 2대 국회 60%, 3대 32%, 4대 12% 5대 21%로 증대. ⇨ 최근 13대 국회부터는 무소속의원 비율 하락. 이는 정당 강화를 의미함.

③ 한국에서 정당과 의회 관계: 1960년대 이후 공화당과 민주당의 대립이 정당정치의 강화를 보여줌. 이후 3김 정치에서 정당정치 강화됨. 2002년 노무현 대통령 당선부터 보스정치 사라짐. 정당 정치의 상대적 약화를 경험함. 17대 국회에서 지역구 의원 244명 136명이 한 번 이상 당적을 변경함. 101명은 두 번 이상 당적을 변경함. 당내 계파 갈등이 강화됨. 2016년 새누리당 친이계 vs. 친박계, 민주당은 동교동계 vs. 친노 그룹 대립. 민주노동당의 경우도 통합진보당과 정의당으로 분리.

(3) 의회와 행정부 간 관계

① 선진국 추세와 유사: 나름 목소리를 내는 국회에서 출발하였다가 권위주의 시절 통법부로 전락. 최근에는 행정부 견제를 일정 부분 담당하는 입법부로 발전.

② 한국의 역사: 1948년 제헌 헌법. 국회가 간접선거로 대통령 선출. 1960년 4.19혁명 이후 제 2공화국에서 국회 위상 증대했으나, 1961년 군사 쿠테타로 권력이 행정부로 이동함. 이후 1987년 민주화 이후 국정감사의 부활. 국회의원 선거에서 소선거구제 복귀로 개별의원의 위상과 독립성 증대. 3김 정치는 국회를 상호 경쟁의 무대로 만들어 국회의 위상을 강화한 측면이 있음.

③ 입법부 제출 법안의 수가 증대함.

④ 국회의 입법 기능(행정부에 위임)보다는 행정부의 감시, 감독 기능이 증대함.

(4) 국회의 제도화 수준

① 국회의원직의 전문직업화: 초기에는 국회의원이 명예직이었으나 이후 의원의 전문성이 증대함.

근거 1) 대표적인 사례로는 의원의 겸직 금지가 확대됨. 이는 의원의 전업화를 유도함.

근거 2) 2, 4, 6월 임시국회의 원칙적 개회.

근거 3) 상시 개원제 도입안 주장도 전문직업화의 한 가지 징표임.

근거 4) 보좌 인력의 확충도 증대함. 3대 국회는 1명 보좌관이 있었고 9대 국회까지 1명에서 3명이었음. 13대에서 5명으로 증대하고 18대까지 6명이었고 19대 8명에서 20대는 9명으로 늘어남.

근거 5) 국회사무처와 국회 도서관 소속 인원도 증대함.

근거 6) '예산정책처'와 '입법조사처'가 신설되어 국회의원의 기능을 보조함.

근거 7) 1988년부터 원내교섭단체는 정책연구위원을 임명할 수 있음. 교섭단체가 2개 일 때는 63인, 3개 이상일 때 67명까지 정책 연구위원을 둘 수 있음. 이들 인원 중에서 교섭단체별로 기본인원에 더해 의원 비율로 배정함.

② 업무분화의 심화.

근거 1) 상임위원회가 잘 보여줌. 상임위원회별로 업무가 분화함. 위원회의 개회(재적 1/3에서 1/4)나 의사, 의결 정족수(재적 1/3에서 1/5)도 축소함으로써 좀 더 상임위원회가 원활히 돌아가도록 하고 있음.

③ 운영규칙의 증가: 국회 운영규칙 중에서 규칙의 수, 적용 범위, 제약성은 커져 왔음.
근거 1) 발언의 시간에 대한 제한.
근거 2) 국회 의사 규칙 제정이나 국회의원 윤리강령이나 윤리 실천 규범의 모호성을 수정하려는 노력도 진행 중임.

3. 2012년 국회선진화법 채택

(1) 중요 법안의 경우 3/5의 찬성이 필요함. 정당간 합의주의를 강제하는 규정임. 분점정부가 될 때 이런 초다수결주의로 인해 쟁점법안(정부나 의회가 중요하게 여기는 법안)이 통과되기 어려움.
(2) 국회의장의 직권상정을 제한함. 특정한 요건이 충족되는 경우를 제외하고 국회의장의 직권상정을 제한함.
(3) 소수 정당의 필리버스터 제도. 무제한 토의를 통해 소수정당의 거부권을 강화함.

4. 분점정부의 문제

(1) 의회. 행정부의 견제라는 긍정적 기능과 정책표류(immobilism)는 부정적 측면임.
(2) joint decision problem: 의사결정에서 결정자의 수가 많아지면 의사결정의 어려움. 이해관계자가 여럿 있을 때 의사결정이 어려움. 만수르 올슨의 이론처럼 본회의에서 의사결정은 어렵고 상임위회에서 의사결정이 수월함.

적용 가능 사례

1. 한국의 정당과 의회 관계 논쟁
   (1) 책임정당론: 정당 중요성 〉 의회 중요성.
   (2) 원내정당론: 정당 중요성 〈 의회 중요성.
2. 제왕적 대통령과 의회 간 관계 논쟁
   (1) 의회의 대정부 통제력 강화와 심의기능 강화 주장. 무대의회론.
   (2) 의회의 대정부 통제력 강화와 입법기능 강화 주장. 전환의회론.
3. 의회의 제도화를 위한 방안으로 지원기구를 통한 조직화 방안

합격생 tip

한국에서의 의회를 분석할 때 의회의 제도화 수준을 분석하는 폴스비(Polsby)의 세 가지 차원은 암기 후 우리나라에 적용하는 사례를 준비.
책임정당론 vs. 원내정당론 관련해서는 제3장 정당정치와 연계하여 스스로 논리를 전개하기 편한 방향대로 준비해놓기.

의회 쟁점 6 : 국회의원의 사회경제적 배경

주제의 문제의식

Q 의원의 의정활동에 영향을 미치는 사회경제적 배경요인에는 무엇이 있는가?

A 연령, 성별, 학력, 직업 및 경력, 출신 지역, 종교가 중요한 사회경제적 배경이다.

세부 쟁점과 핵심이론

sub 1 의회의 대표성을 높이기 위해 반영해야 할 사회경제적 요인들 논의

(1) 연령: 세대 교체의 문제, 정치의 보수성 판단 기준. 현재 86세대(80년대 학번에 60년대생 의원들) 교체론

(2) 학력: 전문적 기술성과 개인의 능력 설명.

(3) 계층: 어떤 계층적인 요인이 개인에게 영향을 미침.

(4) 직업 및 경력 요인: 의원의 전문성에 영향을 끼침.

(5) 성별 요인: 성별 균형의 문제.

1. 한국 역대 국회의원의 사회경제적 배경[3)]

(1) 연령

① 한국의 역대 국회에서 40대와 50대가 전체 의원의 60% 이상을 차지함. 20대는 점차 적어짐. 70대도 적어짐. 이것은 연령별 대표성의 약화를 보여줌. (21대 총선 40대 미만 14명)

② 여성의 정치진출 나이가 남성에 비해서 늦음. 40대 이후에 국회 진출. 미국도 남성은 20대에 진출하는데 비해 여성은 40대에 진출함. (21대 총선 여성 58명)

(2) 학력

① 학력은 점차 고학력화됨. 대학 이상의 졸업자가 14대 국회부터는 99.5% 이상임. 18대 국회는 박사학위 이상이 25.1%로 높아짐. 이는 고학력화와 전문의회화를 보여줌.

② SKY 출신이 많아짐. 15대 국회에서는 60%를 기록함.

③ 특정 분야 집중: 전공으로는 법학, 경영, 정치외교학이 가장 많음. 최근 들어 환경, 사회복지, 생물학 등으로 분야가 넓어짐.

(3) 직업 및 경력

① 직업정치인이 증대하고 있음.

② 높은 초선의원 비율: 국회 초선의원 비율은 높게 나타남. 2대, 3대, 6대, 11대, 13대, 17대는 84.4%, 72.1%, 60.3%, 79.0%, 55.4%, 63.7%로 나타남. 전체적으로 50% 전후로 나타남. (21대 총선 156명)

③ 전체적으로 전문직 종사자가 증대함. 대표적으로 변호사와 교수 집단. 문제는 특정직업과 경력자가 과다 대표됨.

3) 최정원, "제2장. 국회의원의 사회경제적 배경", 『한국 국회와 정치과정』 (서울: 오름, 2010)의 내용을 요약함.

(4) 성별

① 제헌 국회부터 18대까지 전체 여성의원 비율은 4.3%임.

② 법 개정을 통한 의원 비율 증대: 2000년 정당법 개정. 여성비례대표직 30% 추천하는 여성 공천할당제 도입. 2004년 50% 이상으로 '교호 순번제' 도입.

③ 여성 의원 비율 증대: 18대 41명으로 13.7%. 20대 국회는 51명으로 17%임.

④ 한국적 특성: 자신의 노력으로 의원이 되는 경우가 대부분임. 미국은 총선에서 의원이 되는 경우가 45%임. 남편 사망 후 자리를 인계받는 경우가 41%임.

(5) 한국도 불비례적 대표성

① 비례대표도 직능 대표성 약함.

② 비례대표 중 직업 국회의원 수: 16대 국회 21명, 17대 국회 1명, 18대 국회 2명. ⇨ 비례대표가 신진 인물을 선출하는 수단이 됨.

③ 기타 직업군 의원 수: 16대 국회 13명, 17대 국회 22명, 18대 국회 23명으로 증대함. 이것은 당 내부 인사들이 의원직을 얻게 된 것임.

④ 그런데도 교육계나 농민 등 직업을 대표하는 정치인은 없음.

⑤ 장애인을 대표하는 비례 대표의원은 16대에서 0명, 17대 2명, 18대 5명이 됨.

⑥ 다문화 대표: 19대 국회에는 이자스민 의원이 있었음. 그러나 20대에는 없음.

(6) 모델을 통한 설명: 김종림과 페터슨의 연구

① 공직 경험과 다선 여부로 4가지 유형 분류

〈4가지 유형 분류 모델〉

① 아마추어 형: 공직 경험 없음+초선

② 단계별 성숙형: 공직 경험 있음+초선

③ 의회주의자형: 공직 경험 없음+재선 이상

④ 경력주의자형: 공직 경험 있음+재선 이상

② 국가별 비교.

사례 1) 1980년대 스위스: 경력 주의자 형 의원 비율 55%, 단계별 성취형이 37%

사례 2) 벨기에: 경력주의형 70%, 단계별 성취형 19%

사례 3) 한국은 16대 국회: 경력주의자형 24.2%, 단계별 성취형 18.3%

③ 한국적 의미: 유명인사가 국회의원이 되는 경우임. 한국은 초선의원 비중이 높고 평균 선수도 낮음(17대 국회는 1.64선, 18대 국회는 1.94선)

④ 미국 사례. 상임위원회 활동이 중요 ⇨ 재선에 영향을 미침.

⑤ 한국 사례: 한국은 상임위원회가 중요하지 않음. 상임위원회 교체. 2년 임기의 위원회 배정. 한국은 상임위원회 보다 정당이 재선에 영향을 미치기 때문임. 따라서 상임위원회가 바뀌어도 의원은 큰 문제가 없음. ex) 17대 국회 비선호 위원회인 법제사법위원회와 환경 노동위원회는 잔류위원이 16명 3명과 4명에 불과함.

의회 쟁점 6-1 : 의회 원구성

주제의 문제의식

Q 한국의 원구성은 어떤 특징을 가지고 있는가?

A 한국의회는 협의적인 특성을 가지고 있다.

세부 쟁점과 핵심이론

sub 1 한국의회의 특징[4)]

(1) 국회의장, 부의장, 상임위원장 및 상임위원의 임기는 2년.

(2) 협의적 특성: 13대 국회부터는 여당과 야당이 협의를 통해 상임위원장 자리 배정.

(3) 상임위원회 중심주의: 1963년 6대 국회부터. 이는 박정희 정부 시절 소규모 위원회를 중심으로 막후 정치를 하기 위해서임.

(4) 정부-여당 대 야당의 대결 구도: 의회가 정부와 일체감을 가짐.

(5) 당정협의회를 기초로 한 당정관계 강조: 정책형성과정에서 여당의 역할 강화 필요. 또한, 당정 간 의사소통을 위해서는 청와대 정무수석 역할 중요. 당 정책 위원회와 행정부 내 주요 각료 간의 협의체 역시 중요함.

(6) 정책적 통제의 취약함과 정치적 통제의 강력함: 여소야대의 경우 야당이 주도 정치적 이슈를 변형도 할 수 있음. 하지만 전문적인 정책과 관련해서는 상당한 취약성을 보임. ⇨ 의회가 행정부의 활동을 견제할 수 있게 하는 실질적인 변형 능력을 갖추는 것이 중요함.

〈정책형성과 의회의 독자성 정도〉

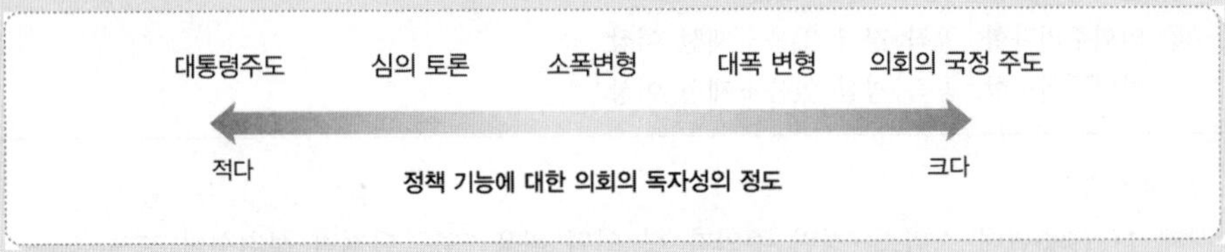

(7) 한국의 정치적 대표성 모델: 정당위임모델이 설득력 있음. 수탁자 모델이나 대리인 모델과 대비. ⇨ 정당 기율의 조정필요.

(8) 합의주의 요소 강함: 국회 내 다수결주의에 대한 거부감이 강함.

① 근거 1: 13대 국회에서 만들어짐. 상임위원장이 여야에 고루 배정됨.

② 근거 2: 국회선진화법을 통해 제도화됨. 국회선진화법은 다수제적 성격 강화측면(의안상정간주제와 안건신속처리제, 법사위 체계·자구 심사 본회의 자동부의 제도, 예산안 등 세입 예산안 부수법률안의 본회의 자동부의 제도.) 합의제적 성격 강화(입법과정에서 소수의 권한 강화로 직권상정 불가능. 위원회 안건 조정제도, 본회의 필리버스터 제도) ⇨ 평가도 양면적임. 효율성 측면에서 문제가 있음. 그런데 정치적 합의에서는 유용.

4) 강원택, "제2장. 국회", 『한국정치론』

1. 한국의 원구성: 원구성에 대한 이론

(1) 국회는 다수결형 보다 합의형 국회운영 선호 연구(손병권, 가상준 연구)

(2) 원구성의 일반적 특징

① 원구성에 영향을 미치는 기본적인 요인: 국회 내 정당별 의석분포

② 민주화 이후 새로운 정치환경: 여소야대 등 정당 구도의 변화와 정당 간 합의중시.

③ 원구성에서 연계 전략: 원구성 협상의제와 정치 현안을 연계시키는 전략을 구사하려는 유인을 갖게 됨. 원구성에서 소수자인 야당은 정치적인 현안을 연계하여 여당에 양보를 얻어냄. 여당도 야당에 양보함으로써 국회정상화를 시도와 국정의 안정적 운영.

④ 원구성의 지연에 대한 여론의 압력: 협상 과정에서 행위자들의 합의를 촉진 역할.

2. 원구성

(1) 합의 원칙을 만든 13대 국회

① 13대 국회(1988년) 국회 원구성 원칙을 수립에 영향.

② 1988년 선거 민주정의당 125석 확보. 국회 과반수 획득 실패. 평화민주당(김대중대표) 70석, 통일민주당(김영삼대표) 59석, 신민주공화당(김종필 대표) 35석. 최초 여소야대 구성. ⇨ 여당인 민정당은 야당들의 협조가 필요. 국회의장은 다수당에서 부의장은 야당에서 상임위원장은 의석에 비례해서 정당별 배분하는 규칙이 만들어짐.

(2) 의장단 선출

① 과반수 다수당 존재시: 국회의장은 다수당의 몫이 됨.

사례) 18대 국회는 한나라당이 다수였지만 야당의 등원 거부로 국회의장 확보에 실패함. 42일이 지난 후 국회의장에 한나라당 김형오 의원이 단독후보로 출마하여 공식선출됨.

② 과반수 다수당 부재시: 정당 간 힘겨루기에 들어감.

사례 1) 16대 국회에서는 DJP연합으로 국회의장에 민주당 소속 이만섭의원이 선출됨. 16대 국회 전반기에는 자민련을 부의장직과 상임위원장직을 배분받게 되는 데 이것은 교섭단체지위를 못 얻은 정당(17석 의석확보)에게 부의장직과 상임위원장직을 최초로 배분하는 경우가 됨.

사례 2) 16대 국회 후반기에는 DJP연대가 붕괴하고 국회의장의 자유투표를 통해 야당인 한나라당 박관용 의원이 국회의장에 당선됨.

(3) 상임위원장 선출

① 쟁점 1: 정당별 어떤 비율로 배분할 것인지.

② 쟁점 2: 어떤 상임위원장직을 어느 정당에 배분할 것인지.

③ 13대 국회: 정당 간 협상에 의한 상임위원장 배분 원칙과 선례를 구성함. 야당에게 상임위원장을 배분함.

④ 정당의 협상 능력 중요: 의석 비율과 함께 중요함.

(4) 상임위원장 배분에서의 특징

① 국회운영위원장, 국방위원장, 행정안보위원장, 정보위원장은 항상 여당이 차지함. ⇨ 국회운영위원회는 국회 운영에 커다란 영향을 미침. 안보와 정보와 국방문제를 다루는 정보위원회와 국방위원회도 중요하기에 여당이 챙김.

② 법제사법위원장은 여야 간 갈등이 강함: 야당이 주로 챙기려고 함. 국회 통과 법률안, 국회 규칙안의

체계, 형식, 자구 심사에 영향을 미칠 수 있기 때문.

3 교섭단체

(1) 교섭단체의 구성 및 목적

① 국회의원 20인으로 하나의 교섭단체를 이룸.

② 다른 교섭단체에 속하지 않는 20인 이상의 의원이 따로 교섭단체를 구성할 수 있음.

③ 교섭단체의 대표의원 ⇨ 원내대표. 각 교섭단체 대표의원은 국회운영위원회와 정보위원회의 위원이 됨.

④ 교섭단체 운영 목적: 국회에서 일정한 정당 또는 원내단체에 속하는 의원들의 의사를 사전에 통합, 조정하여 정파 간 '교섭의 창구' 역할을 하도록 함으로써 국회의 의사를 원활하게 하려는 데 있다.

(2) 교섭단체 기준에 대한 논쟁

① 국회의 의사소통에 있어서 효율성 인정.

② 논쟁 1: 교섭단체에 국고 보조금의 특권 부여. 경상보조금과 선거보조금은 교섭단체에 대해서는 50/100을 정당별로 균등하게 분할 지급. 5석 이상의 의석을 가진 정당에게는 5/100씩을, 의석이 없거나 5석 미만의 의석을 가진 정당 중 어느 조건을 충족하면 2/100을 지급함. 기타 특권으로 교섭단체에는 정책연구위원을 둘 수 있음, 원 구성에 참여할 수 있음. 위원장 배분, 상임위원회와 특별위원회 위원 선임, 소위원회 구성을 결정함.

③ 논쟁 2: 교섭단체 최소요건인 20석의 과도함. 소수 정당에게 불리함. 특히 국고 보조금과 관련하여 소수 정당에게 불리함.

(3) 다른 국가들의 사례

① 독일 30석 이상. 그러나 의원 비율상 5%로 한국의 6.7%보다 낮음.

② 브라질 10% 요구. 그러나 9개 주 이상에서 5% 이상이라는 신축적인 조건 가지고 있음.

③ 프랑스와 이탈리아: 20석임. 그러나 비율상 3.5%와 3.2%에 불과함.

④ 한국의 소수정당은 교섭단체 구성 비율 낮추자고 지속적으로 요구함. 대표성과 비례성 차원에서는 교섭단체 최저 기준을 낮출 수 있음.

의회 쟁점 7 : 법률안 심사과정과 그 특징

주제의 문제의식

Q 국회의 법률안 심사과정은 어떤 특성을 가지고 있는가?

A 대통령제와 내각제의 특징을 모두 가지고 있음.

세부 쟁점과 핵심이론

sub 1 한국 의회 모델 논쟁
(1) 쟁점 모델: 전환의회 vs. 무대의회

sub 2 한국의회 법안 처리 과정과 문제점

sub 3 정부발의 법안 처리 과정과 문제점

1. 국회 입법과정[5)]

(1) 의회운영방식 구분: 본회의 중심주의 vs. 삼임위원회 중심주의

(2) 실질적인 법안심의가 이루어지는 장소에 따른 구분

① 영국(본회의 중심: 의회 전원의 법안심사참여. 위원회 심사단계에서 법안 폐기나 핵심내용 임의 삭제가 불가능) vs.

② 미국(상임위원회 중심. 효율성과 전문성의 가치를 중시. 소관상임위원회가 법안 운명을 결정. 독자적인 법안 제안, 수정, 폐기 가능.)

③ 많은 국가가 위원회중심주의 선택: 한국도 동일.

④ 국회 입법과정 3단계: 국회의 법안 제출, 상임위원회 심사, 본회의 심사

2. 입법 의제의 상정: 법안 발의

(1) 법안 제안의 조건과 절차

① 권력 분립형 국가 (대통령제): 의회만 법안발의권

② 권력 융합형 국가 (내각제): 내각의 법안제출권 인정.

③ 한국은 권력 분립형 국가: 의회와 정부가 법안제출권. 국회 위원회 역시 소관사항 입안 가능.

④ 국회의원의 법안 발의: 발의자 포함 10인 이상 찬성. 비용추계서를 첨부화 함.(13대 국회에서 처음 의무화함)

⑤ 입법예고제와 공청회개최를 의무화하자는 주장: but, 국회의원 입법권 제약 조치라는 비판.

⑥ 정부 제출안: 입안 ⇨ 관계기관협의 ⇨ 입법 예고 ⇨ 규제심사 ⇨ 법제처 심사 ⇨ 차관회의 ⇨ 국무회의 ⇨ 대통령 서명. 이후 국회 제출. (보통 6개월에서 1년 소요)

⑦ 정부 제출 안의 문제점: 느린 속도. 빠른 입법사항에 대처하기 곤란. (대안: 정부가 성안한 법안을 여

---

5) 전진영, "제6장. 국회 입법과정", 『한국 국회와 정치과정』 (서울: 오름, 2010)의 내용을 요약함.

당 의원이 국회에 제출하는 방안)

⑧ 대리입법의 문제점: 절차회피용으로 비판받음. 하지만 이익 간 충돌이 강한 경우 국가 대신 국회가 처리함으로써 정부 부담 줄임.

⑨ 다단계 제출 절차의 장점: 갈등을 조절하고 입법예고제로 인해 여론 수렴하는 시간적 여유가 있음. 규제개혁위원회의 규제심사를 통해 법안의 영향력 평가와 법제처의 심사를 거침.

(2) 역대 국회의 법안 발의

① 최근 의원입법의 활성화. 과거부터 행정부가 입법주도권 장악해옴.

② 12대 국회 이후 14대 국회를 제외하고 정부제출 안이 추월, 15대 국회 이후 압도적으로 많아짐.

③ 단점: 졸속발의, 자구 수정법안이나 비현실적인 비용추계서를 첨부하는 법안 발의.

④ 졸속발의 원인: 첫째, 의원정수를 20인에서 10인으로 변경. 둘째, 시민단체의 의원평가에서 법안발의 건수를 중시.

⑤ 발의율은 의원 발의 법안이 높지만, 가결률은 정부가 높음: 그러나 정부발의 법안 가결률도 낮아지고 있음. (17대 국회 기준: 국회의 경우 21%, 정부의 경우 51%)

⑥ 20%대의 법안 가결률이 다른 국가와 비교 시 낮은 것은 아님. cf. 미국 하원의 경우 3.9%에 불과함. 영국의 경우 의원 안이 발의된 100건 중 단 3건만 의결됨.

3. 위원회 심사과정

(1) 위원회 심사의 중요성

① 위원회 심사의 중요성: 사실상 법안의 운명이 결정

〈국회 입법 과정도〉

* 법안의 발의 ⇨ 본회의 보고 ⇨ 상임위원회 회부(중간에 관련 위원회 회부 가능) ⇨ 상임위원회 상정 ⇨ 제안자 취지 설명 ⇨ 전문위원 검토보고 ⇨ 대체토론 ⇨ 중간과정(소위원회, 연석회의, 공청회, 청문회) ⇨ 축조심사 ⇨ 찬반 토론 ⇨ 의결 ⇨ (그 이전에 법제사법위원회의 체계, 자구 심사) 국회의장에게 심사결과 보고

② 위원회는 법안의 무덤이자 문지기 역할.

③ 위원회에서 의결한 법안이 본회의에서 부결되는 경우가 없음.

(2) 위원회 심사절차

① 위원회의 표결 시 만장일치가 일반적임. 쟁점법안의 경우 소속위원의 요청에 따라 기립 표결함.

(3) 위원회 심사과정의 특징과 평가

① 법안의 복수 회부제도: 여러 상임위원회에 소관 사항이 중첩되는 경우가 많아짐. 중간에 관련 위원회 회부제도 도입(13대 국회)

② 이처럼 복수 회부의 경우 법안 심사와 관련 책임성의 소재 불명확해지는 문제.

③ 미국에서 제도개혁: 공동 회부시 주관위원회를 지정함.

④ 심사단계에서 공청회개최가 중요. 의견수렴절차가 중요해짐. 공청회의 개최횟수 증가함.

(4) 법사위원회의 체계 자구 심사와 전원위원회 심사

① 본회의 상정 이전에 법제사법위원회의 체계와 자구 심사가 필요함. (1951년 2대 국회에서 도입)

② 최근 추세: 첫째, 법제사법위원회 자체 폐지주장(국회의원의 전문성 향상에 근거). 둘째, 법제사법위원회에 내용변경으로 인해 옥상옥 구조가 되어 위원회 폐지 주장(의도적인 계류 현상 발생) 이런 경우 의장이 본회의에 바로 상정하기 시작함(12대 국회).

③ 한국의 법제사법위원회의 예외성: 의회 내에 특정 상임위원회가 업무를 독점적으로 담당하는 경우는 한국이 유일함. 대부분은 의원이나 위원회의 요청이 있을 경우 법제 업무를 지원함.

④ 전원위원회: 2000년 전원위원회 제도가 재도입됨. 정부조직에 관한 법률안, 조세 또는 국민에게 부담을 주는 법률안 등 주요 의안이 본회의에 상정되기 이전이나 상정된 이후 재적의원 1/4이상의 요구가 있는 경우 전원위원회를 개회하도록 요구. 하지만 3일만 개회하는 등 실재는 부진한 상황.

⑤ 미국과 영국의 경우 전원위원회를 운용. 미국의 경우 조세 및 지출 관련 법안은 반드시 전원위원회 심사를 거침.

4. 본회의 심의과정

(1) 본회의 심의절차

① 절차: 의안상정 ⇨ 위원장의 심사보고 ⇨ 질의 및 토론 ⇨ 의결(재적의원 과반수의 출석과 출석의원 과반수의 찬성. 전자표결방식이나 대통령으로부터 환부된 법률안과 임명동의안의 경우 무기명 표결)

② 상임위원회에서 상정 후 본회의 상정까지 1일 필요.

③ 본회의에서 위원회 의결 심사보고 한 법안에 대한 수정안 제출이 가능. 단 30인 이상의 찬성이 필요.

④ 국회 본회의 심의과정의 특징:

첫째, 본회의 심의의 형식화. 본회의 안건 대부분은 찬반 토론이나 질의답변이 없이 의결됨. 제헌국회에서 17대 국회까지 본회의 표결에서 부결된 법안은 22건에 불과함.

둘째, 본회의에 제출되는 수정안이 증가하고 있음. 이것은 본회의 심의과정이 보다 활성화되고 있음을 보여줌. 다만 일반법안의 본회의 가결률에 비해 수정안의 본회의 가결률이 훨씬 낮음. (평균 55%).

셋째, 높은 가결률과 찬성률. 다만 쟁점법안에서 낮은 찬성률을 보임.

5. 본회의 심의과정

(1) 한국 국회의 입법 과정 특징

① 정부의 법안제출권 인정

② 상임위원회 중심의 입법과정 채택하지만, 상임위원회의 결정 무력화하는 입법절차 존재. (법제사법위원회가 무력화 가능)

③ 원내교섭단체 대표 간 협의가 국회 운영의 기본원리로 자리 잡음. 원내교섭단체 대표협상이 결렬될 경우 국회입법과정이 교착됨.

④ 국회입법과정의 제도화는 높음(공청회개최, 전원위원회 도입, 상임위원회의 전문가활용제도) but. 이런 제도들이 유명무실화함.

적용 가능 사례

1. 한국의회와 미국의회의 차이 비교

의회 쟁점 8 : 행정입법과 통제기능

주제의 문제의식

Q 한국 의회는 행정입법을 통제하는 기능이 강한가?

A 한국 의회의 행정입법을 통제하는 기능은 약하다.

세부 쟁점과 핵심이론

sub 1 한국 의회의 행정부 통제 능력 확대 논쟁

(1) 확대 필요: 대의민주주의에서 의회의 중요성. 관료제도에 대한 견제 필요성. 베버의 대의민주주의 이론(대의제도는 관료제의 효율성을 인정한다는 전제에서 관료제를 통제하는 역할이 중요).

(2) 확대 어려움: 의회제도화 수준이 낮고, 의회 의원의 전문성이 약함. 이런 상황에서 의회 권한강화할 경우 정치적 경쟁만 강해짐. ⇨ 한국 의회의 정치적 통제능력은 높으나 정책통제능력은 부족함.

(3) 평가: 행정부가 우선 만들고 의회는 이를 '변형'하는 능력이 필요함. 정책안에 대한 실질적이고 전문적인 심의가 필요. ⇨ 전문지원조직(이 부분이 더 강력한 제도화)과 의원의 전문성 강화 필요.

sub 2 의원은 당론으로부터 어느 정도 자율성 보유 논쟁:

(1) 수탁자 모델(trustee model) vs. 대리인 모델(Delegate amodel) vs. 정당위임모델(party model) ⇨ 한국은 정당위임모델이 강함: 한국은 정당기율이 강함. ⇨ 보스 정치 시절(3김 정치가 대표): 보스가 공천권 장악 + 지역주의 정당 ⇨ 현재도 중요: 유권자가 후보자 보다 정당을 더 고려함.

(2) 정당 기율 관련 두 가지 조건(강원택)

① 당론이 정할 부분을 몇 가지 원칙에 따라 한정함. ex) 당선거, 당헌 등과 관련 사안. 이외의 나머지는 당원들의 자율성에 맡김.

② 당의 민주성 확보 필요: 당 지도부의 일방적인 결정이 아니라, 의원 총회의 결의나 표결과정을 통해 결정.

합격생 tip

의회 쟁점 8~12, 20, 21은 의회의 통제기능에 대한 쟁점. 이러한 쟁점들은 독자적으로 설명해야하는 쟁점보다는 소위 '제왕적 대통령제'의 문제 개선방안 중 의회의 통제기능 강화 부분으로 서술될 수 있음. 특히 우리나라의 '제왕적 대통령제'로 볼 수 있는 사례와 이를 해결하기 위하여 제시할 수 있는 방안을 만든다고 생각하고 학습한다면 유용.

의회 쟁점 9 : 예산결산 심사과정

주제의 문제의식

Q 한국 의회의 예산결산 심사과정에서의 특징은 무엇인가?

A 한국 의회는 짧은 심의 기간을 거치며 국회정기회 기간과도 겹쳐서 졸속심의를 하는 경우가 많고, 정쟁이 빈번하다.

세부 쟁점과 핵심이론

sub 1 한국 의회의 예산 심의 특징
(1) 제한적 심의와 빈번한 정쟁
(2) 정부와 결탁 가능한 경우
(3) 짧은 시한과 졸속 처리

sub 2 한국 의회의 결산 특징
(1) 결산은 집행된 내용을 무효 또는 취소 불가.
(2) 책임 추궁은 가능하나 어려움: 실제 감사원 등에 감사청구 등 책임 추궁한 사례는 적음.

sub 3 의회의 행정부 예산 통제 관련 이론: 리스카넨 이론과 주인－대리인 모형

1. 국회의 예산 및 결산 과정[6)]

(1) 국회의 예산 심의 과정의 2축

① 국회의 정부의 재정정책에 대한 감시와 감독,

② 한정된 예산을 선호하는 정책에 투여하고자 하는 여당과 야당 간의 경쟁과 타협.

(2) 이론

① 니스카넨의 관료의 예산 극대화 행동. 관료는 철저하게 자신의 이익을 추구함. 관료 추구하는 이익은 예산과 직접 관련됨. 정부의 예산극대화를 견제하는 의회의 역할.

② 주인－대리인 이론: 주인인 의회가 예산을 설립하고 대리인인 관료에게 위임. 주인－대리인의 문제 발생의 두 가지 원인. 첫째, 정보의 비대칭성. 둘째, 주인의 이익과 대리인의 이익이 불일치함. ⇨ 해결책으로 인센티브 제공. 관료에게 공개채용이나 성과급제도 도입.

(3) 의회의 주인－대리인 문제 해결에서 장점과 단점

① 의회의 선호도가 높은 인물을 국무총리나 장관이 되게 하여 관료 통제함.

② 문제점 1: 제정과 관련된 장관과 총리 후보자의 입장을 예측하기 어려운 문제가 있음.

③ 문제점 2: 임기가 짧은 장관의 경우 더 예산 극대화를 추구할 수 있음.

---

6) 전혜원, "제7장. 국회의 예산 및 결산과정", 『한국 국회와 정치과정』(서울: 오름, 2010)의 내용을 요약함.

(4) 관료제와의 정보 비대칭성이 높음

① 의회도 자체적인 정보를 통해 관료 견제하고 예산 편성과 집행을 통제하기 어려움.

② 해결책으로 관료에게 의회에 대한 정보 제공의무를 부과. 혹은 한국의 경우 예산결산특별위원회를 상설화하여 의회의 전문성 확보 중요, 감사원에서 총체적인 정보를 제공함.

③ 보완: 관료는 상설적이고 영속적인 조직 vs. 의회는 임기를 가진 조직. 따라서 의회에 관료제도와 같은 영속적인 조직을 구성하여 국회의원의 임기와 관계없이 정보를 제공함. 의회의 관료제도를 통한 보완. 의회 입법지원 기구를 강화함.

2. 한국의 예산 심의 절차

* 재정의 순환: 정부의 예산안 편성 ⇨ 국회의 심의, 확정 ⇨ 집행 ⇨ 결산(정부의 회계결산, 국회의 결산승인) ⇨ 정부의 예산안 편성

(1) 정부의 예산 편성 절차 (국가재정법)

① 부처의 중기 사업계획서 제출(1월 31일), ② 기획재정부의 예산안편성지침의 작성 및 시달(4월 30일), ③ 각 부처의 예산 요구서 제출(6월 30일), ④ 기획재정부의 정부예산안 편성 및 국회제출(10월 2일).

(2) 국회의 예산안 심의 절차

* 정부의 예산안 제출(10월 2일까지) ⇨ 정부의 시정연설 ⇨ 소관상임위원회 예비심사(국회 예산정책처 재정 관련 의정활동 지원) ⇨ 예산결산특별위원회의 종합심사(전원위원회 심사) ⇨ 본회의 심의, 의결(12월 2일 전까지) ⇨ 정부 이송

3. 결산 절차

〈정부의 결산절차〉

* 중앙관서의 결산서 제출(2월 말) ⇨ 기획재정부 (이 과정에서 한국은행의 국고금 출납보고+감사원 결산의뢰가 동반됨) ⇨ 국회에 정부결산서 제출(5월 31일) 감사원도 결산감사보고서를 국회에 제출.

〈국회의 결산 심의〉

* 정부의 결산보고서 제출(5월31일) ⇨ 상임위원회 예비심사 ⇨ 국회예산정책처 재정관련 의정활동지원 ⇨ 예산결산특별위원회 종합심사 ⇨ 본히의 심의, 의결(정기국회 개회 이전까지) ⇨ 정부 이송

4. 최근 국회의 예산, 결산 심의과정

(1) 예산 심의 현황: 예산심의권행사와 정쟁

① 국회의 예산 심의권은 제한적임. 정부의 동의 없이 금액증가나 새비목 설치는 불가능함.

② 미국, 일본, 독일의 경우는 정부 동의 불필요.

③ 장점도 있음. 국회의원의 지나친 이익추구를 견제할 수 있음. 선심성 예산 낭비를 방지.

(2) 예산 심의의 실제

① 2005년 제외하고 국회의 예산안 수정비율은 1% 이하.

② 2004년과 2005년 제외하고 국회는 정부 제출 예산안축소.

③ 한편 정부의 동의를 거쳐 국회의원들이 자신들의 지역구나 관심 정책에 유리하게 예산 배정하는 경우가 늘어남. ex) 건설교통부 관련 예산 증액.

④ 정부는 당정협의를 거쳐 예산 배정을 증대하기 유리한 구조임.

⑤ 예산 심의에서 실질적인 문제점: 한국의 예산 심의 기간은 60일. 그러나 실제는 10월 국정감사로 11월에 시작함. 미국(240일), 영국(120일), 독일(120일), 프랑스(70일), 일본(60일)

(3) 예산결산특별위원회: 2000년 상설특별위원회가 됨.

① 문제점 1) 초선의원 비율이 높아 전문성 떨어짐.

② 문제점 2) 위원 임기가 1년에 불과하여 전문성 축적 어려움.

③ 문제점 3) 다른 상임위원회로부터 자유롭지 못함. 다른 상임위원회 활동으로 예결특위에 전념하기 어려움. 다른 국가들은 예산과 결산을 일반상임위원회로 운영. 미국은 임기 2년이고 재선 시 이 위원회에 계속 소속이 가능.

(4) 결산의 실제

① 결산은 집행된 내용을 무효 또는 취소할 수 없음.

② 책임을 추구할 수 있음. 그러나 실제 감사원 등에 감사청구 등 책임 추궁한 사례는 적음.

③ 따라서 결산 기능은 취약함.

④ 유럽연합사례: 유럽의회가 집행위원회를 정치적으로 감독하는데 결산 심사를 활용함.

(5) 예산 심의와 결산 심의의 개선 방향

① 제도적 개선 필요: 심의 시한, 행정부에 비해 약한 권한, 예산결산특별위원회의 독립성, 정보수집 기능의 강화.

② 국회의원의 동기 부여도 중요.

적용 가능 사례

1. 여당이 180석의 거대 여당일 경우, 의회의 행정부 예산과 결산 통제 가능성

의회 쟁점 10 : 국정감사, 국정조사와 대정부 질문의 역할

주제의 문제의식

Q 현실적으로 한국 의회가 국정감사. 국정조사와 대정부 질문을 통해 정부를 견제 혹은 통제할 수 있는가?

A 현실적으로 국정감사 등의 제도가 정부를 통제하는 기능이 약해도, 대의민주주의에서 유권자를 대신해 행정부를 견제하는 중요한 기능을 하고 있다.

세부 쟁점과 핵심이론

sub 1 국정감사와 국정조사와 대정부질문의 비교

(1) 국정감사: 국정 전반에 대해 감사. 한국 국회의 고유기능임. 1949년 처음 시도. ⇨ 정책감사보다는 정치 감사 성격이 강함. 즉 야당의 여당 비판과 공세 성격이 강함.

(2) 국정조사: 다른 국가들도 가진 제도. 특정 사안에 대해 부정기적으로 이루어짐. 국회의원 1/4 이상의 조사요구서 제출로 개시됨.

(3) 국무총리, 국무위원 출석요구 및 대정부 질문: 의원내각제국가에서 활성화된 제도. 제헌헌법에서부터 사용. 서면 질문제도가 1981년부터 도입.

기타 제도

(4) 탄핵소추권: 대통령과 행정부 고위공직자나 법관이 직무상 헌법이나 법률을 위배하여 중대한 비위를 범한 경우. 국회가 소추하면 헌법재판소가 심판.

(5) 국무위원 해임 건의: 내각제 요소. 1952년 부산정치파동에서 도입됨. 6건이 사용됨 (2016년 한 건만 거부됨).

의회 쟁점 11 : 대의민주주의의 기능

주제의 문제의식

Q **대의민주주의에서 의회는 어떤 기능을 수행하는가?**

A 대의민주주의에서 의회는 국민의 대표와 입법기능과 심의기능을 수행하는데, 의회 모델에 따라 강조되는 기능은 다르다.

세부 쟁점과 핵심이론

sub 1 모델별 의회 기능 논의

(1) 전환의회: 입법기능

(2) 무대의회: 심의기능

sub 2 일반적 의회의 기능

(1) 국민대표 기능: 인민의 대표를 통해 정책 형성함.

(2) 입법기능: 법 제정

(3) 청원접수 및 처리 기능: 전제군주에 대하여 국민의 이익을 보호 또는 회복

(4) 정통성 부여: 법안심의에 대해 정통성 부여

(5) 고위공직자 선출기능: 의원내각제에서의 내각을 구성. 한국의 경우는 국회가 헌법재판소 재판관 3인, 중앙선관위 위원 3인 선출권과 국무총리, 감사원장, 대법원장과 대법관, 헌법 재판소장에 대한 동의권이 있음.

(6) 국가 재정 심의 기능: 과세에 대한 동의권

(7) 정부통제기능: 국정감사나 국정조사

(8) 사회통합기능: 공개적인 자리에서 대화와 토론을 통해 국민에게 무엇이 중요하고 어떻게 해결할 것인지를 알려준다.

적용 가능 사례

1. 한국 의회의 신뢰성 저하와 의회제도화 방안

의회 쟁점 12 : 의회의 대외정책에 대한 권한

주제의 문제의식

Q 의회는 어떤 권한으로 행정부의 대외정책에 영향을 미칠 수 있는가?

A 의회는 입법적 조치와 비입법적 조치를 통해 행정부의 대외정책에 영향을 미칠 수 있다.

세부 쟁점과 핵심이론

sub 1 의회의 대외정책에 대한 권한

(1) 입법적 조치: 입법권과 예산결산 심의권. ⇨ 전쟁 선포, 병력파견에 관한 승인권, 조약 비준권, 예산결산 심의권, 입법권.

(2) 비입법적 조치: 국정조사, 상임위원회에서 질의 응답. 국회 대정부 질문, 청문회와 공청회. 전문적 기술성과 개인의 능력 설명.

⇨ 이 부분의 권한들은 상징적인 측면이 큰데 동의권은 중요한 통제수단이다.

의회 쟁점 13 : 단원제 의회와 양원제 의회

주제의 문제의식

Q **한국에서는 양원제 의회가 필요한가?**

A 한국 의회는 현 시점에서는 양원제 의회가 필요하지 않으나 장기적으로 통일을 고려하면 도입해 볼 수 있다.

세부 쟁점과 핵심이론

sub 1 제도 비교: 단원제 vs. 양원제 비교

(1) 비교 기준 제시: 의회가 구성 개수

(2) 민주주의 이론과 연결 가능

① 단원제와 다수결주의: 단원제(사회적 균열구조가 하나임 ⇨ 사회적 가치를 빨리 결정하는 것이 중요)

② 단원제는 상하원 없음.

③ 양원제와 합의제주의: 사회균열이 여럿일 때는 사회적 합의가 다수결보다 중요함. 이런 경우 상하원으로 구분하는 것이 좋음.

④ 양원제는 상하원으로 구분.

sub 2 연방제와 양원제 관계: 단방제와 연방국가에서 각기 다른 의회제 채택

(1) 단방제와 단원제 의회

(2) 연방제와 양원제 의회

(3) 레이파트 이론: 합의제와 다수제 민주주의로 구분.

① 논리: 사회균열의 개수와 타협 가능성 ⇨ 합의제 민주주의/ 다수제 민주주의 선택 ⇨ 구체적인 제도 선택으로 이어짐.

② 다수결주의(다수제): 신속한 결정 〉 비례성, 대표성

③ 합의주의(합의제): 비례성, 대표성 〉 신속한 결정.

④ 합의주의의 장점과 단점: 다양한 종교, 족(ethnie)집단, 언어집단으로 구성. but, 신속한 사회 가치 결정이 불가능함.

sub 3 한국에서 양원제 도입에 대한 찬반 의견

(1) 도입주장: 사회균열의 확대 논리 + 하원의 극단화 반대

① 다양한 사회 가치 균열의 증대 + 통일 한국에서 연방 국가 필요성

② 하원에 대한 상원의 견제로 극단화 방지

(2) 거부주장: 사회균열 심각하지 않음 + 한국 의회의 효율성 증대에는 단원제가 더 필요

① 다양한 사회 가치 균열은 증대하나 중첩된 측면이 강함.

② 한국 의회는 입법을 하지만 실제로는 무대 의회에 가까움.

1. 양원제 의회와 단원제 의회[7]: 의회가 하나이면 단원제 vs. 의회가 두 개이면 양원제

2. 양원제 형성 배경

(1) 존 스튜어트 밀의 논리: 단원제 의회는 각 사회계급의 이익이 공평하게 대표하기 어렵고 자칫 다수파의 횡포를 가져올 수 있다. 즉 양원제는 하원과 행정부 간 충돌을 억지할 수 있음. 또한, 하원의 수적 지배(다수의 지배)에 대해 상원의 '이성적 지배'를 통한 견제.

(2) 미국 양원제 도입 취지: 연방 국가로서 각 지방의 이익을 반영

(3) 프랑스 양원제 도입 취지: 공화국의 지방 공공단체의 대표 확보

(4) 최근 몇몇 국가들에서 양원제가 폐지된 이유: 하원의 약화를 가져옴. 사례. 덴마크, 뉴질랜드, 스웨덴.

3. 단원제 형성 배경

(1) 18세기 프랑스 단원제 차용: 서민원 만이 국민의 진정한 의사를 대변하는 의회임. '주권 불가분'의 원리를 가지고 단원제 채택함.

(2) 대체로 단원제 채택하는 이유: 동질적인 사회, 국토나 인구의 규모가 작음. 주변 정세로 인해 신속한 의사결정의 필요성.

4. 의회 구성의 추세.

(1) 원래 양원제 채택한 국가들이 많았으나 점차 줄어들고 있음. 1995년 양원제는 52개국(29.2%)이고 단원제는 126개국(70.8%).

(2) 신생국의 경우 대체로 단원제 채택함.

5. 국회의 구성: 단원제와 양원제

(1) 서유럽 신분제 의회 역사 ⇨ 양원제

① 상원은 수정원의 역할을 수행. 하원의 급진적 결정을 수정함.

② 상원의 존재가 의사결정의 효율성을 떨어드릴 수 있음. 거부권자가 될 수 있음.

(2) 양원제의 구분: 약한 비대칭적 양원제 vs. 강한 대칭적 양원제(상원의 기능이 강함)

① 상원의 선출방식과 관련하여 상원이 선거를 통하여 직접 선출되는 경우 하원과 마찬가지로 선거 정통성을 갖는다는 점에서 그 원한이 강한 대칭적 양원제의 특징을 보일 가능성이 높다.

② 상원의 지역 대표성과 관련하여 연방제를 채택하고 있고, 특정한 헌법 규정 등을 통하여 상원과 하원이 서로 다른 지역 대표성을 갖도록 규정하고 있으면 대칭적 양원제의 특징을 보일 가능성이 크다.

③ 의회 내 상, 하원의 다수 정당 일치 여부와 관련하여 양원제에서 상원과 하원의 다수당이 서로 다를 경우 대칭적 양원제의 특징을 보일 가능성이 크다.

④ 상원의 거부권 보유 여부와 관련하여 상원이 의회의 의사결정과 관련하여 강한 거부권을 보유하고 있으면 대칭적 양원제의 특징을 보일 가능성이 크다.

⑤ 상, 하원 간 왕복 심사제도를 규정하고 있을 경우, 그리고 상, 하원 간의 법안에 대한 의견 차이를 보일 경우 양원 합동회의를 소집하여 의사결정을 하도록 규정하고 있을 대칭적 양원제의 특징을 보일 가능성이 크다.

(3) 한국의 건국헌법기초위원회는 의원내각제안 제시 ⇨ 이승만 대통령에 의해 거부되고 대통령제 채택

---

7) 조진만, "제3장. 국회의 구조", 『한국 국회와 정치과정』 (서울: 오름, 2010)의 내용을 요약함.

함.

① 한국은 연방제가 아니고 상하원 구분 전통이 없음. ⇨ 양원제 도입의 유인이 적음.

② 제헌 국회 당시: 건국이란 상황에서 신속하게 안정이 필요 ⇨ 대통령제+단원제

③ 남북 통일 시 양원제 논의 필요함. ⇨ 상하원 선출방식, 지역 대표성, 실질적인 권한 부여 등이 논의될 것임.

의회 쟁점 14 : 전환의회와 무대의회

주제의 문제의식

Q 한국의 의회제도화를 위한 방안은 전환의회인가 무대의회인가?

A 한국 의회의 기능을 행정부에 대한 입법으로 설정할 경우 전환의회가 된다.

세부 쟁점과 핵심이론

sub 1 의회의 이론과 모델들
(1) 폴스비 이론: 전환의회와 무대 의회
(2) 와인바움 이론: 통합능력과 결정능력
(3) 미지 이론: 정책형성능력과 지지

1. 폴스비의 유형

(1) **전환의회**: 사회적 문제와 요구를 법률로 전환하기 위한 독자적인 능력을 발휘할 수 있고 발휘하고 있는 의회. 미국이 대표적임.

(2) **무대의회**: 정치세력들의 상호 작용과 토론을 위한 공식화된 무대와 환경을 제공하는 의회. 영국이 대표적임,

(3) **전환의회의 가능 조건**: 전환의회가 가능해지려면 원내 다수파 구성과 원내 정당 관리가 중요함. 즉 다수파 구성이 수월하고 원내세력에 대한 통제력이 떨어져야 함.

2. 와인바움(M. Weinbaum)의 의회 유형

(1) '통합능력'과 '결정능력'의 강약이라는 두 가지 변수를 가지고 설명함.

(2) 이것은 의회가 어느 정도 정부의 정책에 대항하여 그것을 지지하고 수정할 수 있는가의 관점에서 의회의 능력을 찾고자 함.

① 통합능력의 의미: 정치체제에 대한 국민적 충성심과 단합을 유도 강화하는 능력(체제 유지 능력)

② 결정능력의 의미: 법률안을 수정 또는 거부할 수 있는 입법 주도능력, 국정조사 등의 활동을 통해 행정부의 행위에 영향을 주거나 행정부의 예산, 권한위임, 인사문제 등에서 이를 변경시킬 수 있는 제반 능력

표를 통한 비교 와인바움의 모형 분류

<table>
<tr><th></th><th colspan="4">통합능력 강</th><th></th></tr>
<tr><td rowspan="3">결정능력 약</td><td>종속의회
영국, 일본, 인도</td><td colspan="2">동등의회
터키</td><td>경쟁우위 의회
미국 하원</td><td rowspan="3">결정능력 강</td></tr>
<tr><td colspan="2">복종의회
소련</td><td colspan="2">부정의회
바이마르독일</td></tr>
<tr><td colspan="4">통합능력 약</td></tr>
</table>

(1) 경쟁, 우위 의회(competitive –dominant): 통합능력과 정책결정 능력 수준이 높고 정부 제출 법률안의 내용과 입법 의도를 수정하는 능력이 높은 의회. 상임위원회가 기능적으로 특화됨.

(2) 동등의회(coordinate): 원내 다수파가 정당 간 연합에 의해 구성되며 행정부가 원내에 다수파를 형성하고 있는 의회. 입법주도권은 거의 행정부에 있지만, 의회는 법률안이 의회에 제출되기 전이나 회의 내에서의 심의 기간 중에도 법률안을 수정할 수 있다.

(3) 종속의회(subordinate): 원내 강한 결속력을 가진 다수파가 정부를 구성한 의회. 정부의 제안이 거의 수용되면 의회 내 다수파의 도움을 받아서 그들이 원하는 거의 모든 것을 얻을 수 있다.

(4) 부정의회(indeterminate): 통합능력은 약하나 결정능력은 강한 의회. 수상이 군주 혹은 투표로 선출된 대통령에 의해 임명되는 경우 행정부와의 협력 관계가 약화됨. 극단적인 다당체제가 될 경우 통합능력이 약화될 뿐 아니라 통제도 어려워져서 의회 활동이 지장을 받음.

(5) 복종의회(submissive): 통합능력과 정책결정 능력도 약한 의회. 행정부가 개입해서 나타날 수 있는 의회.

3. 미지(M. Mezey)의 의회 유형

(1) 의회 유형은 '정책형성능력'과 '지지'에 의해 결정된다.

① 정책형성능력: 의회가 행정부의 제안을 수정할 수 있거나 거부할 수 있는 정도. 대폭적인 수정이나 거부가 가능하면, 의회는 강한 정책형성 능력을 가짐. 정책 형성능력이 가장 큰 의회는 능동의회, 약체의회이고, 중간이 의회는 한계 의회와 반응 의회이고 능력이 없는 의회는 최소의회가 있다.

② 지지(support): 국민이 의회를 가치 있고 신뢰할 수 있는 정치 기관으로 인식하는 태도를 의미.

표를 통한 비교 미지의 의회 유형

		약한 지지를 받는 의회	강한 지지를 받는 의회
정책 형성능력	강	약체의회(vulnerable legislatures)	능동의회(active legislatures)
	중	한계의회(marginal legislatures)	반응의회(reactive legislatures)
	약		최소의회(minimal legislatures)

〈모델들에 대한 평가〉

첫째, 이런 연구들은 연구자의 주관이 개입할 여지가 있음.

둘째, 하나의 기본적인 분석 틀을 제공할 뿐임. 일반화에 성공한 것은 아님.

4. 정부형태 및 의회운영방식에 따른 의회 유형 분류

(1) 두 가지 변수를 사용할 수 있음

① 대통령제와 내각책임제

② 위원회 중심과 본회의 중심

(2) 이 두 가지 조합에 기초할 때 의회의 기능은 정도와 강도에 따라 4가지로 분류할 수 있음.

① 기초의회(basic): 독립적인 의사 결정력이나 입법주도력이 약하고 행정부에 영향을 받는 종속형 의회.

② 일반의회 (general): 의회에 대한 국민의 신뢰도 있는 의회. 법과 제도가 정비된 수준 정도. 현재 한국의회 수준

③ 독립의회 (independent): 행정부와의 관계에서 독립성을 다짐. 정부 제출 법안을 거부 또는 수정하는 의회.

④ 전문의회 (professional): 의회에서 자유로운 입법이 가능하고 전문입법 관료들의 보좌가 이루어진 의회.

의회 쟁점 15 : 본회의 중심주의와 상임위원회 중심주의

주제의 문제의식

Q 본회의 중심주의와 상임위원회 중심주의에서 한국은 어떤 의회에 해당하는가?

A 한국은 상임위원회 중심주의를 사용하지만, 정당의 입김이 강하다.

세부 쟁점과 핵심이론

sub 1 본회의 중심주의와 상임위원회 중심주의 간 평가
(1) 폴스비 이론: 전환의회와 무대 의회
(2) 와인바움 이론: 통합능력과 결정능력
(3) 미지 이론: 정책형성능력과 지지

sub 2 상임위원회와 본회의 선호
(1) 이익분배 이론: 상임위 〉 본회의 ⇨ 의원의 재선이 중요함.
① 숨은 동기 이론 보완: 선심성 사업, 민원활동 〉 입법.
② 선심성 사업은 상임위원회가 중요.
③ 입법은 자구 수정 정도로
(2) 정보확산이론: 상임위 〈 본회의.
① 상임위가 정보 제공 본회의와 의견 동일.
② 본회의 지지가 중요함.
(3) 정당 이익이론: 정당이 중요.
① 본회의 vs. 상임위원회 ⇨ 행정부＋여당 vs. 야당

1. 국회 운영 방식: 본회의와 상임위원회[8)]

(1) 본회의 중심 vs. 상임위원회 중심.
(2) 의회발전의 역사: 본회의 중심 ⇨ 상임위원회 발전
(3) 상임위원회 도입 근거: 조직의 규모 확대와 함께 전문성이 필요.
① 미국에서는 의회의 정책개발 능력과 행정부 견제기능이 중요해지면서 상임위원회 발전. ⇨ 특정분야별 법안작성과 의사결정의 효율성 증대를 위해 발전
(4) 쟁점: 본회의 선호 vs. 상임위원회 선호 일치 여부
① 만약 양자가 일치할 경우: 대표성＋효율성 모두 증진.

2. 관련 이론들

(1) 이익 분배이론: 본회의 선호 vs. 상임위원회 선호. 의원은 재선이 목적임. 상임위원회를 통한 선거구민에 대한 서비스 제공이 중요.

(2) 정보확산이론: 본회의의 선호와 상임위원회의 선호가 일치함. 상임위원회의 입법은 본회의의 지지 필

8) 조진만, ibid.

요로 함. 상임위원회의 의원들의 전문성을 통해 본회의가 필요로 하는 정보를 제공함으로써 본회의가 올바른 의사결정을 낼 수 있도록 보조함.

(3) **정당이익 이론**: 본회의나 상임위원회가 문제가 아니라 정당이 중요함. 정당 지도부가 상임위원회를 배정함.

3. 상임위원회 관련 사안

상임위원회가 법안을 제안할 권한 보유 여부, 법안 심의과정에서의 상임위원회의 역할, 소위원회의 존재 여부와 수, 정당 간 상임위원회 배정방식과 위원장 선임방식, 연공서열제의 채택 여부, 상임위원회 표결방식, 상임위원회 복수 가입 여부.

4. 역사

(1) **한국 제헌 국회**: 전원위원회 제도를 도입하여 본회의 중심. 6대 국회부터 상임위원회 중심주의를 채택하여 운영. 2000년부터 본회의를 활성화하는 방안으로 전원위원회 제도를 도입.

(2) **6대 국회에서 상임위원회 중심주의 채택 배경**: 박정희 정권의 정치적 고려. 막후 조정에 유리함.

5. 방향

(1) 한국에서는 상임위원회 중심으로 가는 것이 정부와 의회 간 관계에 유용

(2) 논리 보완. 다당제+대통령제+강한 정당기율 ⇨ 원내정당론의 입장. 또한, 행정부처와 전문적으로 의견조율에도 용이함. 2000년 21대 이후 현재 정당은 양당제임.

(3) 18대 국회는 16개의 상임위원회로 구성

6. 한국 상임위원회의 특징

(1) 상임위원회의 규모와 관련해서 정보위원회의 경우 국회법에 위원정수가 12명으로 규정되어 있지만 다른 상임위원회의 의원정수는 국회 규칙으로 정하도록 하고 있다.

(2) 상임위원회 가입과 관련하여 제헌 국회 당시 필요에 의해 두 개의 상임위원에 가입할 수 있다는 규정이 존재했지만 실제로 두 개의 상임위원회에 가입한 의원은 없었다. 현재도 복수의 상임위원회 가입이 허용됨.

(3) 상임위원회의 임기는 2년으로 제한되어 있다. 그러나 이것은 효율성과 전문성 차원에서 문제가 있다.

(4) 상임위원회에 소위원회를 둘 수 있다. 정부위원회를 제외한 상임위원회는 상설 소위원회를 두고 있음.

(5) 그러나 한국의 상임위원회는 정부 주도의 법안작성과 맞물려 기능 수행을 잘못한다는 비판이 있음. 또한, 정당 통제가 강하다는 문제도 있음. 법안 작성이나 정책 개발에서 기능적으로 약함. 영국처럼 본회의 중심으로 법안에 대한 토론, 심의, 수정도 약함. ⇨ 무대 의회도 전환의회도 못됨.

(7) 국회는 상임위원회를 중심으로 전문성을 강화할 필요가 있음.

합격생 tip

단원제 vs. 양원제/전환의회 vs. 무대의회/본회의 중심 vs. 상임위 중심을 비교할 때에도 의회의 기능(Ex, 입법 기능), 가치(Ex, 심의성), 기타 제도들(Ex, 대통령제)과의 조응성을 고려하며 우리나라에 적합하다고 생각하는 방안과 그 근거, 입증사례를 준비.

의회 쟁점 16 : 상임위원회의 기능강화 방안

주제의 문제의식

Q **한국 상임위원회의 기능을 강화할 수 있는 방안은 무엇인가?**

A 미국과 같은 고참제도가 필요하다.

세부 쟁점과 핵심이론

sub 1 한국 상임위원회의 특징과 강화방안 (의회제도 쟁점 15 참고)

의회 쟁점 17 : 의회 입법지원기구

주제의 문제의식

Q 한국에서 의회제도화를 위해 필요한 방안은 무엇인가?

A 의회를 지원하는 기구를 강화해야 한다.

세부 쟁점과 핵심이론

sub 1 의회의 지원기구 비교

1. 국회의 지원기구[9]

(1) 전세계적 추세: 행정부의 강화와 의회의 약화. 의회쇠퇴론 제기됨.

(2) 의회의 구조적 한계: 재선추구+전문성을 가지고 행정부 견제.

① 국회의원의 임기와 유한성 vs. 행정부와 관료제도의 영속성.

(3) 의회의 전문성 부족 문제 해결이 필요.

(4) 미국 의회: 1970년대 의회지원기구 확충. 베트남 전쟁과 워터게이트 사건으로 행정부에 대한 의회 불신이 강화됨. 닉슨 정부의 워터게이트사건으로 제왕적 대통령제 논의가 나온 상황.

(5) 한국 국회의 지원기구 현황: 국회사무처/ 국회도서관/ 국회예산정책처/ 국회입법조사처

2. 국회사무처

(1) 국회의원의 입법활동 지원, 국회의 각종 행정업무처리 기능 수행. 국회입법조사처와 국회예산정책처의 수립 전에는 국회사무처가 입법과 예결산 심의지원. 현재는 정보요청과 정보 제공, 법제 지원에 한정함. 국회의 회의 운영, 의사중계방송, 민원과 방문처리, 정보공개업무, 홈페이지관리, 의원외교활동 지원, 의정연수의 업무를 수행함.

3. 국회도서관

(1) 국회의 도서 및 입법자료에 관한 업무 처리. 국회입법조사처 설립 이전까지는 의원과 관계 직원에 입법 활동과 국정심의에 필요한 각종 정보를 수집, 정리, 분석하는 기능을 제공했음.

4. 국회예산정책처

(1) 국가의 예결산과 기금 및 재정 운용과 관련된 사항에 관하여 분석, 평가함으로써 국회의 의정활동을 지원하기 위한 목적으로 수립됨. 행정부의 견제를 목적으로 재정 분야 전문인력 충원하여 방대한 예산결산 관련 심의를 독자적이고 중립적이고 전문적으로 지원하는 역할을 수행함. 구체적으로는 예결산, 기금운영계획안, 기금결산에 대한 연구 및 분석, 예산 또는 기금 상의 조치가 수반되는 법률안 등에 대한 소요 비용의 추계, 국가 재정 운용 및 거시 경제동향 분석 및 전망, 국가의 주요 사업에 대한 분석, 평가, 중장기 재정소요 분석, 국회의 위원회 또는 의원이 요구하는 사항에 대한 조사 및 분석 등의 기능을 수행함. 2003년 정식 출범함.

---

9) 조진만, ibid.

5. 국회 입법조사처

(1) 입법 및 정책과 관련된 사항을 중립적, 전문적으로 조사하고 연구하여 그 결과를 다양한 방식으로 국회의 위원회와 의원에게 제공함으로써 국회의 입법 및 정책 개발 역량을 강화하기 위하여 설립된 국회의 독자적인 입법, 정책 조사 연구기관이다. 구체적으로는 국회의 위원회와 의원이 요구하는 사항에 대하여 조사, 분석하여 그 결과를 제공하는 조사 회답 업무, 다양한 입법 및 정책 현안을 조사 연구하여 제공함으로써 의원의 입법 및 정책개발 활동을 지원하는 업무, 입법 및 정책과 관련한 다양한 자료를 수집하여 적시에 위원회와 의원에게 제공하는 업무, 의원연구 단체에 대하여 연구 주제를 개발하는 업무, 전문가 및 자료원에 대한 정보 제공 등을 지원하는 업무, 세계적인 입법과 정책 동향을 수집하고 분석하여 제공하는 업무, 행정기관의 위법사항이나 법령, 제도 또는 행정상의 개선이 필요한 소관 위원회에 보고하는 업무를 수행함. 2007년 출범함.

의회 쟁점 18 : 의회 제도화(의회 쟁점 5 참고)

주제의 문제의식

Q 한국에서 의회제도화를 위해 필요한 것은 무엇인가?

A 의원의 전업의식, 업무 분화, 규범확립이 중요하다.

의회 쟁점 19 : 국회의장의 정치적 중립성

주제의 문제의식

Q 국회의장의 정치적 중립성은 왜 필요한가?

A 한국에서 정치적 중립성에 대한 논쟁은 있지만, 국회의장의 4년 중임을 위해서는 중립성이 필요하다.

세부 쟁점과 핵심이론

sub 1 국회의장의 정치적 중립성 논쟁

1. 국회의장의 법적 권한[10)]

표를 통한 비교 **국회의장의 역할과 기능**

역할 구분	구체적 역할 및 기능
사회자 역할	입법체계의 안정과 예측성 증진
중재자 역할	– 의회내의 갈등을 억제하고 응집력의 보존을 유지하기 위해 야기된 문제를 조정하고 갈등을 해소함. – 각 의원들에게 의견 개진의 기회를 보장하고 법안을 공정하게 해당위원회에 회부
대표자 역할	입법부의 대표로서 요식적, 상징적인 정치행위 수행
사무 감독자 역할	상임위원장, 원내총무 등과 협의를 통해 입법 방향 제시 및 위원회와 하위 입법 조직 통제

(1) 의사 정리권

① 국회의장은 의사 정리권을 가짐.

② 그러나 의석 배정, 국회운영 기본 일정, 사무총장 임면, 회기 전체 의사 일정의 일부를 변경할 때, 안건심사 기간, 발언 원칙, 5분 자유발언, 긴급현안질문 등에 관해서는 교섭 단체 대표의원과 협의를 해야 함. 또한, 도서관장 임면, 국회예산정책처장과 국회입법처장의 임면, 국회 소관 예산요구서 정부 제출시 심사. 회기 전체 의사 일정의 작성, 특별한 경우 소관상임위 판단. 국회 경호를 위한 국가 경찰 공무원의 파견 등의 문제에 있어서는 국회 운영위원회와 협의, 동의 또는 심사를 받아야 함.

③ 제한 사항으로 볼 때 국회의장이 질서 운영에 한계가 있음. 국회의장의 권한 확대가 필요하다는 의견이 있음.

④ 저자의 제안: 의장이 필요하다고 인정하는 경우 국회 운영과 관련된 중요 사항을 교섭단체 대표의원과 협의하여 조정할 수 있는 권한 부여 방안을 검토해 볼 필요가 있다.

---

10) 이현우, “제5장, 국회와 지도부”, 『한국 국회와 정치과정』 (서울: 오름, 2010)의 내용을 요약함.

(2) 질서 유지권

① 질서유지권에 대한 공정성 시비가 생김.

② 저자의 제안: 질서유지권과 관련하여 제지, 경고, 발언금지, 당일회의 퇴장 뿐 아니라 당일회의 표결권 박탈, 수당 삭담 등 제재수단을 다양화하는 방안을 모색할 수 있음.

(3) 윤리심사권

① 국회에서 윤리심사 대상이 있을 경우 동료의원들의 관대한 태도로 인해 제도가 실질적으로 큰 의미가 없음, 17대 국회까지 의원 윤리 심사 요구건 수 33건 중 가결 3건, 폐기 16건, 철회 1건, 임기 만료 폐기 13건이 있음. 본회의의 결의로 처벌받은 경우 없음.

② 저자의 제안: 윤리 심사권 강화를 위해 윤리특별위원회가 심사 기간 내에 심사를 종료하지 않는 경우에는 의장이 위반행위를 심사하여 해당 의원에게 위반 사실을 통고하는 방안과 윤리특별위원회 심사 시 외부인으로 구성되는 윤리심사자문위원회의 사전 심의를 필수절차로 규정하여 심사의 객관성과 공정성을 확보하는 방안을 검토해보아야 한다.

(4) 국회의장의 임기

① 2년 임기의 문제+임기 만료 후 소속정당으로 복귀하도록 되어 있어 중립성에 문제가 있음.

② 저자의 제안: 따라서 국회의원의 임기처럼 4년으로 연장+국회의장 권한 강화+국회의 연속성 도모 방안 논의

2. 국회의장의 정치적 중립성과 권한

(1) 제도: 국회의장의 중립성 보장+국회의장의 권한은 약화

(2) 현재 당적 보유 금지조항의 문제점 2가지

〈관련법: 국회법 20조 2항〉

의장이 ... 정당 추천 후보자로 추천을 받고자 하는 경우에는 의원임기 만료일 전 90일부터 당적을 가질 수 있다. (1절)

... 당적을 이탈한 의장이 그 임기를 만료한 때에는 당적을 이탈할 당시의 소속정당으로 복귀한다. (2절)

① 국회의원 선거를 앞두고 국회의장이 당적을 가질 수 있다면, 그리고 만일 국회의장이 퇴임 후 국회의원 선거에 출마할 의사를 가지고 있다면, 실질적으로 국회의장은 해당 정당의 공천을 받기 위해 선거 이전 상당히 오랜 기간 동안 그 정당의 이익을 배려한 직무수행을 할 가능성이 있다. 그런 점에서 정치적 중립성을 유지하기 어렵다. 특히 임기 만료 90일 전에 당적을 가지면 당적 회복한 상태의 의장에 대해 중립적인 역할을 기대하기 어렵다.

② 자동적인 당적 회복 규정은 전반기 국회의장의 경우 향후 2년의 국회의원 임기 동안 소속정당에서 정치 활동을 해야 한다는 점을 감안할 때 중립성을 위축시키는 조항이라고 할 수 있다. 이 보다는 임기 만료 후에 당적을 선택할 수 있다고만 명시하면 다른 정당 선택 기회나 무소속으로 남을 기회를 줄 있음.

3. 모델 제시

(1) 국회의장의 '역할(직무 성격)'과 '권한'이라는 기준으로 분석틀 제시

표를 통한 비교 국회의장의 권한 정도와 직무 성격

		직무성격	
		정파적	중립적
직무권한	강함	Ⅰ. 미국	Ⅱ. 영국
	약함	Ⅲ. 프랑스	Ⅳ. 한국

① 정파성 기준: 의장이 소속정당 중심으로 운영. 정당 중심적 의회 운용, 관리자 기능도 중요하지만 필요한 경우 소속정당의 입장을 따름. 소수 정당들에게는 정당 간 타협의 압력이 됨. 의회의 안정적 지지를 가져올 수 있음. 야당은 이를 비난하지 않음.

② 중립적 의장: 초당파적인 지지를 유지해야 하기에 매우 제한된 행위.

③ 그러나 일반화에 문제가 있음. 내각제/ 대통령제라는 권력 구조의 차이가 있음.

〈4가지 유형 분류〉

Ⅰ. 정당 대표자로서 국회의장: 권한 강하고 소속정당의 이익반영. 미국 하원의장의 경우.

Ⅱ. 의회 대표자로서 국회의장: 권한은 강하지만 자진의 소속 정당의 입장 대변에는 소극적임. 의회 의원들이 의장에게 권한을 배분한 것은 의회 운영을 위한 것임. 이때 의원들은 국회의장에 대한 존중이 필수적임. 또한, 국회가 중립적일 것이라는 믿음이 강해야 함. 영국의 역사적 전통에 기초한 것임.

Ⅲ. 정당 대변자로서 의장: 정당의 이익을 대변하는 당파성을 가지고 있지만 주어진 권한은 미미한 경우. 한국의 15대까지 국회가 여기에 해당. 대통령의 거수기 역할을 함.

Ⅳ. 의회 관리자로서 의장: 당파성도 적지만 권한도 미약함. 의회 내 중립성을 지키지만, 정치 영역에서 중요한 행위자는 못됨. 제도적 권력보다는 의장의 개인적 정치적 역량이 중요함.

(2) 국회의장의 정치적 중립성(당적 보유금지)에 대한 입장 차이

① 찬성론: 정치적 중립성이 의장 권한 확대의 전제조건. 중립적인 경우 4년까지 임기 연장 가능함.

② 신중론: 한국의 권력구조와 정당 기율 등이 외국과 다름. 따라서 의장의 정치적 중립성의 효과가 판단하기 어려움. 한국은 원내정당의 기율이 강한 대통령제 국가임. 미국+일본/영구의 혼용형태임.

③ 부정론: 당적이 없는 국회의장은 사회자에 불과하게 됨.

(3) 이 같은 주장을 바탕으로 할 때 심각한 문제 발생 조건: 의장 역할 중립성+권한 약함 ⇨ 국회의장이 국회 운영에 적극적인 관여를 위해서는 정치적 자원 확보가 중요.

(4) 저자 제안 사항: 전제조건으로서 국회의 중요 가치: 자율성 > 공정성. 이런 경우 국회의장의 관할 하에 의원들의 의정활동에 대한 최소한의 평가시스템을 도입하고 이를 바탕으로 국회의원들의 의정활동에 대한 경쟁을 유도하고 국회 운영의 활성화를 꾀할 수 있도록 모도 할 필요가 있음,

4. 국회의장의 역할에 대한 평가

(1) 국민여론조사. 국회에서 가장 중요한 역할 기관 조사 결과(중요도 순): 각 정당 지도부 > 운영위원회 > 법제사법위원회 > 국회의장 > 국회사무처.

(2) 의장의 실질적 권한의 거의 없음.

(3) 국회의장의 역할이 국회 운영에 중요하다면 권한에 대한 몇 가지 고려 요소.

① 임기 확대. 임기를 4년으로 늘리자는 주장이 많아짐. 중간 관리 제도를 두면 됨. 2년 임기로 1년 지나고 레임덕이 옴.

② 국회 내의 역할이나 업무 평가에 대한 내용이 반영되지 않음. 의원 평가기관으로 의장이 가장 적합함. 의정활동 지표를 개발하고 포상하는 제도를 도입해 볼 수 있음.

③ 국회의장의 직권 상정 권한을 확대할 필요가 있다. 타협이 중요하지만, 특정 시한을 두고 특정 방식(ex, 1/2이나 2/3 다수결)으로 결과를 산출해야 함. 다만 국회의장에 대한 신뢰가 필요함.

④ 윤리위원회에 대한 국회의장의 권한 강화가 필요. 국회의원 도덕성 시비 문제를 해결하는 것이 중요. 국회의장이 최종 결정권을 가짐으로써 국회의 권위를 세우는 것이 중요함.

(4) 국회에서 공정성의 개념에 대해 재고해야 함. 당파성을 인정하면서 권한을 줄이든지, 아니면 중립성을 제도적으로 확정하고 권한을 확대하여 국회의 전체 이익을 위해 일할 수 있는 조건을 만들어주는 것이 보다 타당함.

의회 쟁점 20 : 대통령제에서 의회와 대통령 간 관계

주제의 문제의식

Q 한국 대통령제에서 의회와 대통령은 어떤 관계가 바람직한가?

A 한국 대통령제에서 의회와 대통령 간에 협치가 필요하다.

세부 쟁점과 핵심이론

sub 1 정당기율이 강한 한국에서 대통령과 의회는 정파성을 가지는지 논쟁

sub 2 정파적 대통령제의 장점과 문제점

1. 국회와 대통령[11)]

(1) 의회와 대통령: 견제와 균형

〈의회와 대통령의 견제 수단〉

* 의회 ⇨ 대통령: 재적의원 2/3의 투표로 대통령의 거부권 무효화시킬 수 있음. 조약비준권. 행정부의 고위 공직자 인준권. 국무위원 해임건의권. 대통령탄핵소추권.(탄핵결정은 헌법재판소)
* 의회 ⇨ 의회: 상하원이 상호견제.
* 대통령 ⇨ 의회: 법률안 거부권. 국민투표 회부권,

① 견제제도의 장점: 권력 부패 가능성 약화.

② 견제제도의 단점: 효율성 저하.

③ 의회와 행정부의 관계 형성이 중요.

(2) 한국의 모형: 정파적 국회－대통령 관계.

① '대통령－여당 vs. 야당'의 대립구조. 여당은 대통령을 지지하고 야당은 반대를 위한 반대를 주장함. 즉 국회 vs. 대통령이 아니라 국회 내에서 여당 vs. 야당이 경쟁함.

② 결과: 한국 정부의 효율적인 업무수행능력 약화.

2. 분점정부의 등장과 정파적 국회－대통령 관계

(1) 분점정부의 의미: 대통령 소속정당이 국회 다수당이 못된 경우. (보완: 두 가지 경우, 의석 1/2을 한 개의 야당이 차지한 경우와 어느 정당도 의석 1/2을 차지하지 못한 경우)

(2) 분점정부의 원인: 이원적 정통성. 국민은 두 번의 투표와 선택으로 대통령과 의회 구성.

(3) 분점정부 연구의 2종류

① 미국 분점정부 등장원인 규명 연구.

② 분점정부의 입법 효율성 연구. 일반적인 추정과 달리 분점 정부의 입법 효율성이 아주 나쁘지는 않음.

---

11) 최준영, "제9장. 국회와 대통령", 『한국 국회와 정치과정』 (서울: 오름, 2010)의 내용을 요약함.

메이휴(Mayhew)의 연구. 미국의 경우에는 단점정부와 분점정부에서 중요 법안 산출의 측면에서 큰 차이가 없음. but. 메이휴 결론을 지지하는 연구와 반대하는 연구들이 나옴. ⇨ 결론이 아직 도출되지는 못함.

3. 한국의 분점정부

(1) 한국의 분점 정부 등장 원인 2가지

① 지역주의에 의한 다당제 구축. 2004년 이후 양당제로 변화함.

② 대통령선거와 국회의원 선거의 비동시적 선거와 후광효과의 부족. 슈가트의 연구는 대통령 선거와 국회의원 선거를 동시에 실시할 경우 단점정부가 될 확률이 높아짐.

(2) 한국은 14대 국회와 18대 국회를 제외하고 분점 정부의 지속. 20대 총선에서도 분점정부. 21대 총선에서는 단점 정부.

(3) **보완설명**: 한국에서 다당제 가능성이 높아지면, 분점정부가 등장할 가능성 커짐. 하지만 최근 한국 정당의 균열이 이념에 기초하고 지역은 '영남 vs. 호남'으로 구분되기 때문에 양당제적으로 운영되고 있음. 따라서 향후 분점정부 가능성은 작음. 2004년 선거 이후 2016년 선거까지 단점으로 나타남.

4. 한국에서 분점정부의 입법 효율성

(1) 분점정부에서도 중요 법안 통과, 탄핵소추발의 건수, 국무총리 및 국무위원에 대한 해임건의안 제출 건수, 국정조사 발의 건수에서 큰 차이가 나지 않음. (by 오승용 연구)

(2) 국회 공전 일수(회의 자체가 개회하지 못하는 날의 수)는 단점이나 분점이나 큰 차이가 없음. (by 정진민 연구) ⇨ 분점이나 단점이나 모두 정파 간 대립이 강함. 그 원인은 대통령+다수당인 여당이 입법권 주도 vs. 소수당인 야당이 비합법적인 방법을 동원하여 강경한 저항. '대통령+여당 vs. 야당'의 정파적 관계가 지배함.

(3) **분점에서도 차이**: gridlock(교착)과 deadlock(파국). 교착은 부분적으로는 법안이 통과됨. 파국은 부분적으로도 법안통과가 안됨. 메이휴는 미국에서 분점이나 단점일 때 법안통과비율이 다르지 않다고 봄. 하지만 쟁정법안과 비쟁점법안으로 구분하면 비쟁점법안은 90%정도 통과되지만 쟁점법안의 경우는 10%내외의 통과비율을 보임.

5. 인사청문회: 견제의 수단 또는 정파적 도구

(1) 2000년 2월 국회법 개정과 2000년 6월 인사청문회법 제정으로 국무총리와 대법관 등 고위공직자에 대한 국회 인사청문회 제도 도입.

(2) 대상

① 대법원장. 헌법재판소장, 국무총리, 감사원장 및 대법관과 국회에서 선출하는 헌법재판소 재판관 및 중앙선거관리 위원회 위원. 인사청문특별위원회.

② 대통령이 다른 법률에 의하여 국가정보원장, 국세청장, 검찰총장. 또는 경찰청장에 대한 인사청문을 요청하는 경우, 소관 상임위원회별로 인사청문회를 연다.

cf. 국회법개정으로 국무위원도 인사청문 대상.

(3) **제도 도입 취지**: 대통령 견제, 자의적 임명권 견제하고, 자격을 갖춘 인사들을 고위공직자로 임명하여 정부의 통치력 증대.

(4) **최준영, 조진만, 가상준, 손병권 연구**: 정파에 입각한 인사청문회운영,

① 내정자에 대해 여당 의원은 윤리적 부적절성에 대해 1%만 질문하고 야당 의원은 13%를 할애함. 즉

여당은 대통령에 의해 임명된 인사를 보호하고자 함. 관계식이 '대통령 vs. 국회'가 아닌 '대통령+여당 vs. 야당'으로 대립.

6. 국회 – 대통령 관계의 정파성

(1) 정파성 형성의 원인

① 한국 권력 구조의 특성: 내각제적 요소(대통령의 여당 총재직 겸임이 중요. 여당 의원들 장악하고 공천권 행사함.)

② 상호불신적 여야 관계 (세 가지 세부적 요인이 있음. 첫째, 한국 정치 게임의 룰 자체를 비합법적으로 전환시키려는 시도. 사례로 3당 합당이나 의원 빼오기 정책. 둘째, 한국에서 정권교체의 경험이 일천함. 셋째, 미래에 대한 고려가 적음)

③ 기율이 강한 정당의 존재. 의원의 자율성이 낮음. 당론이 중요하게 되면서 정당이 정치의 중심을 이룸.

(2) **미국의 사례:** 미국정치에서 민주당과 공화당만이 있는 것이 아니라 민주당 내에 주류인 진보파와 비주류인 보수파. 공화당 내의 주류인 보수파와 비주류인 진보파가 있어 당의 당론보다 이념적 선호에 따라 정책 결정함. (by, 본드와 프레이셔 연구) ⇨이런 경우 대통령은 초당적인 차원에서 합의를 도출할 수 있음. 공화당의 진보 대통령이 민주당 진보 의원을 설득할 수 있음.

(3) **한국의 사례:** 분점정부인 경우 대통령이 야당 의원을 개별적으로 설득하는 것이 의미가 별로 없음. 단점인 경우 야당은 거부를 위해 물리력을 사용함.

(4) **포퓰리즘과의 관계:** 대통령은 국회 설득이 어렵기 때문에 국민을 직접 상대하려고 함. 노무현 대통령의 사례.

(5) **정파적 국회와 대통령 관계에 대한 해결책:** 의원의 자율성 신장이 필요함. 이를 위해서는 정당 지도부가 장악한 공천권 제한이 필요. 탈물질주의 시대로 다원화 시대임. 따라서 정당에서 의원으로 자율성 전환이 필요.

의회 쟁점 21 : 의회와 행정부 간 관계

주제의 문제의식

Q **한국에서 의회의 행정부 견제 기능은 어떻게 규정되는가?**

A 한국에서 의회는 행정부 견제기능이 약하다.

세부 쟁점과 핵심이론

sub 1 의회의 행정부에 대한 기능별 유효성 비교

1. 국회와 행정부[12)]

(1) 국회의 행정부 감시기능이 중요.

(2) 국정감사와 국정조사뿐 아니라 본회의와 상임위원회의 심의를 통해서 행정부 감시가 수행됨. 민주화 이후 한국에서 국회의 행정부 감시 기능이 약하다는 평가가 있음. 이에 대해 분석함.

2. 의회 – 행정부 관계의 유형: 대통령제와 내각제의 차이

(1) 양자 비교

① 의원내각제의 경우: 내각·여당 vs. 야당. 내각 불신임장치를 통해 통제함.

② 대통령제의 경우: 이원적 정당성에 기초.

(2) 미국 의회의 경우: 1970년대 회계검사원, 의회예산국, 기술평가국의 기관이 신설되어 의회의 조사능력이 비약적으로 상승함.

① 입법지원기구를 구성하여 의회의 통제기능을 강화함.

② 한국도 이를 벤치마킹하고 있음.

(3) 영국의 경우: 여당 의원이 정부 각료를 겸하여 행정부를 통제함. 이에 대해 야당이 질의하는 방식으로 행정부를 견제함.

3 의회 – 행정부 관계 유형: 정당의 역할관점

(1) 행정부 vs. 의회 ⇨ 행정부와 이를 지지하는 여당 vs. 야당.

① 한국의 경우: 정당 기율이 강함. 행정부+여당 vs. 야당 대립.

② 세분화된 이론:

내각 vs. 여당의원의 당내양식 (intraparty model)

내각 vs. 야당의 여야대립양식(opposition model)

내각 vs. 의원의 비정당양식(non–party model)

여당 vs. 야당의 정당 양식(inter–party model)

③ 한국에서도 '행정부·여당 vs. 야당'의 대립과 '정부 vs. 의원'의 대립 등이 나타남.

④ 한국의 경우 정당 기율이 강하기 때문에 정당 양식이 잘 드러남.

---

12) 이현출, "제10장. 국회와 행정부", 『한국 국회와 정치과정』 (서울: 오름, 2010)의 내용을 요약함.

4. 의회의 행정부 통제수단

(1) 법률에 의한 행정: 법치주의의 원칙

① 국회의 입법권

② 국회와 정부 법률안 제출권: 대통령제 국가에서 이례적인 사안. 행정부의 우월성 보장. 대통령에게 법률안 거부권이 있고 법률안 제출권도 보장하는 것은 문제.

③ 행정부의 신속한 대응과 현실적인 정보처리 능력을 감안할 때 행정입법의 필요성은 큼.

(2) 위임입법의 통제

① 행정입법의 경우 법률에서 구체적 위임이 있는 경우로 한정하여 의회입법에 대한 예외를 구성하게 함.

② 미국 사례: 의회거부권(의회의 동의나 승인권을 유보하는 제도). but, 1983년 판결에 의해 무효화됨.

③ 영국의 사례: 의회에 의한 사후통제장치+위임입법의 의회제출 의무화.

(3) 한국의 위임입법 통제 경우: 행정입법에 대한 통제가 부족.

① 행정부가 제출해야 하는 행정입법의 내용이 구체적으로 명시되지 않은 경우가 빈번함.

② 행정부에 대한 관리 감독할 수 있는 실질적 수단이 미흡. 행정부가 구체적인 시한 및 조치내용을 보고하지 않는 경우가 많음. 검토 의견 후 실제 이행하지 않는 경우도 많음. ⇨ 상임위원회가 특정 행정입법에 대해 위반 사실을 통보해도 중앙행정기관의 장에게는 어떤 의무도 발생하지 않음.

③. 이것은 권력분립주의와의 조화 때문임. 너무 엄격한 경우 행정부에 부여한 행정입법권의 침해가 가능. 또한, 사법부의 위헌여부 심사권과 상충할 수 있음.

(3) 국정감사 · 조사

1) 국정감사제도: 정기적인 국정 전반에 대한 감사 기능. 한국에만 있는 제도임.

2) 국정감사제도 도입 원인:

① 감사원이 대통령 직속 기관으로 행정부에 소속됨. 이런 차원에서 의회의 사후 통제기능이 약화될 우려로 인해 국정감사제도 도입. 즉 감사원이 독립기관이거나 의회에 소속된 경우(미국의 사례) 감사원을 활용할 수 있지만, 한국은 그럴 수 없음.

② 행정부와 입법부 간 정보 비대칭성 완화

③ 감사원의 경우는 사후점검과 결과평가 위주로 진행. but, 국정감사는 정책입안이나 정책결정단계까지도 개입하는 정무형 감사임.

④ 재정 통제 측면에서 정부출자. 출연, 보조 기관과 기금에 대한 통제를 가능하게 함.

3) 국정감사 제도의 문제점:

① 감사대상기관이 많은데 비해 기간이 짧음. 졸속감사 우려,

② 준비로 인한 행정마비 현상 초래.

③ 불출석시 혹은 위증시 대응조치가 약함.

4) 국정조사 제도: 입법권한 행사를 위한 조치+특정 사안에 대해서만 가능+부정기적인 행사

5) 국정조사의 문제점:

① 국정조사의 미흡함과 결과 보고서 채택이 어려움,

② 정보의 접근성과 전문성의 부족 문제

③ 정파 간 대립으로 인한 정쟁화

(4) **대정부질문 제도:** 국회의원의 정부에 대한 질문이나 설명요구

(5) **국무위원 해임제도:** 국무위원 해임 건의권. 내각제적 요소임. 미국에는 없는 제도임.

(6) **기타:** 예산에 대한 심의, 확정권. 인사청문회 제도도 있음.

합격생 tip

의회-행정부 간 관계 유형은 문제에서 의회와 행정부 간의 관계에서의 문제점과 지향점을 물어본다면 활용하기에 유용한 도구.

의회 쟁점 22 : 정당(체계)과 의회 관계

주제의 문제의식

Q 한국에서 정당과 의회의 관계는 어떻게 규정되는가?

A 한국 정당은 규율이 강해서 정당이 의회를 통제한다.

1. 국회와 정당[13)]

(1) 문제의식

① 왜 정당이 필요한가

② 의회에서 정당은 어떻게 구성되는가

③ 정당과 의원은 의회 안팎에서 어떤 관계에 있는가

2. 정당의 변화

(1) 정당의 필요성

① 정당 신뢰도 낮음.

② 정당회의론 두 가지 입장: 첫째, 정당 자체를 거부하는 입장 vs. 둘째, 정당을 선택적으로 거부하는 입장.

(2) 회의론에 대한 반론

① 정당유형론(정당의 변화를 통한 진화. 간부정당에서 대중정당으로의 진화 등이 사례. 포괄정당화가 최근 추세).

② 정당의 기능연구. 키의 연구(유권자 속의 정당, 정당자체로서 정당, 정부 속의 정당을 각기 구분할 필요)

(3) 의회에서 교섭단체는 정당임. 정당은 그 정도로 중요함.

3. 국회의 구성과 정당

(1) 교섭단체의 구성과 권한

① 교섭단체의 역할: 법안의 실질적인 축조, 심의와 표결을 하는 위원회를 구성하고 배정하는 권한. 의회의 전반적인 일정 조정, 의회 내 사무실과 각종 시설을 배정하는 역할.

(2) 한국의 교섭단체

① 20인 이상(9대 국회/ 6대에서 8대 국회는 10명으로 규정 (3공화국에서는 10명)

② 16대 국회(2000년)에서 문제가 됨. 자유민주연합에 새천년민주당이 3명 의원 당적 변경. 의원 빌려주기를 시도함.

③ 한국에서도 교섭단체가 국회의제설정의 주도권을 가짐. 상임위원회 구성 뿐 아니라 본회의에서도 동일함.

(3) 논쟁점: 국회를 효율성 있게 운영하는 장점 vs. 교섭단체 구성 안 된 정당의 의원의 대표성이 떨어짐.

---

13) 박경미, “제8장. 국회와 정당”, 『한국 국회와 정치과정』 (서울: 오름, 2010)의 내용을 요약함.

4. 국회의 구성과 정당

(1) 원내정당과 원외정당

① 의회구성의 역사: 간부정당이 내생 정당(일반 당원 없이 의원중심 정당)화됨. 이후 19세기 말 외생정당이 등장. 보통선거권 확대와 함께 대중정당이 등장함.

② 정당 구분: 정당의 기원이 의회안이냐 밖이냐의 구분. ex. 자유당은 원내정당.

③ 정당 역할의 차이: 원내정당은 의회정치에서 입법이 중요. 원외정당은 당원과 유권자에 대한 지지호소.

(2) 의원의 자율성과 의원총회

① 당내민주주의 실현 노력. 대표적인 사례가 국민경선제.

ex) 1956년 민주당의 신익희와 장면이 경선제 시작. 1960년 민주당의 조병옥과 장면, 1971년 신한민주당의 김영삼과 김대중과 이철승 후보의 경선이 치뤄짐.(주로 야당이 시행)

② 민주화 이후 대체로 여당 야당이 모두 경선제 도입. 2002년 대선 이후 국민경선제 시행.

③ 당대표 선출에서도 변화: 당내 선거를 통한 대표선출방식으로 변화. ⇨ 의원의 자율성 확대.

④ 원내대표 선출 ⇨ 의원총회의 기능 제고. 자율성 증대함.

⑤ 여전히 문제가 되는 부분: 당론에 따른 의원들의 표결방식.(당론 우선 vs. 의원의 자율성 우선)

(3) 정당기율과 의회 내 표결

① 정당기율: 정당이 갖는 일종의 질서. 정당기율의 강화는 당원 간 질서가 수직적이 됨.

〈정당 기율 관련 요인〉

첫째, 권력구조의 특성. 의원내각제에서 정당기율이 강하게 나타남.

둘째, 정당유형. 대중정당에서 정당기율이 강하게 나타남.

② 당론이 없는 경우: 의원의 자율투표가 가능.

③ 정치적 쟁점 법안인 경우: 당론에 따라 투표함. ex) 이라크 파병 동의안과 한칠레 FTA의 경우 당론에 따라 투표. 반면 영화진흥법의 경우, 민주당도 당론이 없었음.

5. 국회의 구성과 정당

(1) 국회와 정당의 불가분성, 의원은 정당에 대체로 소속됨.

(2) 다른 조직이 정당 대체를 못함. NGO와 이익 집단.(보완: 대의민주주의의 핵심은 정당에 있음)

의회 쟁점 23 : 국회와 지역구 활동

주제의 문제의식

Q 의원에게 지역구 활동은 왜 중요한가?

A 의원에게 재선을 위해서는 지역구 활동이 중요하다.

1. 국회와 지역구[14)]

(1) 국회와 지역구 간의 관계 5가지

① 대표성의 확보

② 지역구 활동의 내용

③ 의원의 역할 유형(국가 대표 혹은 지역 대표)

④ 의원의 역할에 대한 자아 인식

⑤ 대표역할과 지역구민 평가

2. 국회-지역구 관계의 이론적 배경

(1) 대표성의 개념

① 수탁자-대리인 논쟁. 대표의 자율성 부여 여부.

② 피킨의 주장(from The Concept of Representation): 기술적 대표성(대표는 사회의 대표성과 유사해야 함) vs. 상징적 대표성(유권자들의 인식이 중요함) ⇨ 의원의 실제 활동에 무게를 둠.

(2) 지역구활동 관련 이론: 베논의 저서 『Home Style』

① 의원은 지역구민의 의사를 존중하게 됨.

② 선거 책임성 이론제시. 의원의 의석유지 동기가 지역구민의 지지를 고려함. 반응성이 중요하게 됨.

③ 3가지 요소를 강조.

첫째. 투자(대표의 지역구민을 위해 투자하는 것)

둘째, 보고(지역구민에게 알리는 작업).

셋째, 설명(지역구민에게 설명하는 것)

(3) 베논의 논의 이후: 대표자의 활동 측면에서 대표성 다룸. 즉 과거에는 유권자와 대표자 간 정책적 일치에 대한 의미에서 활동으로 범위 확대함.

ex) 도날드 시어링의 의원 역할 유형: 내각 열망형(장관과 총리를 원함), 의회충성형(의회의 규범과 제도 준수), 정책추진형(국가차원의 정책대안의 마련과 추진에 매진), 지역구 의원형(지역구 서비스에 전념). 이 중 총의원의 25%에 해당하는 지역구 의원형은 두 가지로 세분화됨. (복지추진형, 지역개발형) ⇨ 지역구민들의 요구 증대+역할유형 선택에 따른 인센티브가 존재함.

(4) 지역구 활동과 투표지지

① 선거에서 투표 지지에 의해 보상해줌. ⇨ 의원의 지역구 활동에 비중을 두게 함.

---

14) 윤종빈, "제11장. 국회와 지역구", 『한국 국회와 정치과정』(서울: 오름, 2010)의 내용을 요약함.

3. 지역구 활동과 국회-지역구 관계

(1) 낮은 국회 신뢰도와 의정활동

① 한국에서 국회-지역구 관계 연구 부족은 낮은 신뢰도 때문.

② 그럼에도 불구하고 대표자가 서비스 제공인지 정책 대표성 측면에서 대표와 유권자 간 일치성 연구가 있음.

③ 유권자들이 국회의원 제공 서비스에 대한 반응연구(지지 철회 연구)

(2) 지역구 활동의 구체적인 내용: 이 부분의 객관적 연구 노력이 있음.

(3) 지역구 선심성 사업: 포크 배럴에 대한 분석도 진행중.

(4) 의원 역할로써 지역구 활동의 중요성: 한국 의원들의 입법 활동에 대한 중요성 인식이 낮음. 한국은 지역구 개발이나 지역구민 민원 해결에 주안점을 둠.

(5) 국회의원의 대표역할 인식: 지역구 활동이 중요하다는 인식 증대함. 이것이 재선에 중요하기 때문.

4. 지역구 활동 영향요인과 유권자 평가

지역구 활동의 평가 요인으로 '선수'(초선 재선의 문제)와 '득표 차'를 고려함.

(1) 지역구 활동 영향요인: 선수와 득표 차

① 신진의원: 지역구 활동 > 전국 활동

② 3선의원: 지역구 활동 < 전국 활동

③ 득표차가 적은 의원일수록 지역구 활동에 초점을 둠,

(2) 지역구 활동 영향 요인: 지역주의

① 영호남 지역구 의원들이 수도권 의원들보다 지역구 활동 매진이 적음. (역풍에 대한 우려가 적고, 지리적으로 멀기 때문임. 수도권 의원은 국회의사당에서 지역구가 가까움.)

② 공천권으로 인해 정당의 지도부 눈치를 보게 됨.

(3) 지역구 활동과 유권자 만족도: 의원과 접촉 빈도가 높아지면 호감도도 높아짐.

(4) 지역구 활동과 현직효과

1) 현직의원이 재선에 유리함. 재선의원이 지역구 관리를 좀 더 잘함.

2) 현직의원이 유리한 요건

① 지역구에서의 인지도 확보에 유리

② 선심성 사업을 통해 업적 강조 가능

③ 지역구민의 긍정적인 지지확보 가능

④ 우편발송 등을 통해 홍보 용이

⑤ 지역언론 매체에 접근이 용이

⑥ 정치자금 모집이 수월

⑦ 제도적 지원받기 용이함

⑧ 광범위한 지식의 확보가 가능

(5) 지역구 활동과 선거지지

① 지역구 활동이 득표 지지로 연결됨.

ex) 15대 총선 초선의원들의 경우 16대 총선에서 득표율이 4.37% 증가함. 또한, 득표차가 낮은 경우가 다음 선거에서 득표율 증대함.

② 유권자들도 의원 선출 시 개인적 인품이나 경력과 능력을 중시함. 15대 총선에서 59% 이상, 17대 총선에서는 46.2% 이상임. 이것은 지역구 관리가 중요하다는 간접적인 증거임.

5. 결론

(1) 한국의 의원은 오로지 수탁자 역할만은 아님.

(2) 지역구 의원과 비례의원은 구분될 필요가 있음. 비례대표의원은 정당을 매개로 한 수탁자에 해당함.

의회 쟁점 24 : 시민사회와 이익집단과 의회와의 관계

주제의 문제의식

Q 의원은 시민사회와 이익집단과 어떤 관계가 필요한가?

A 기능론과 동원론의 관점이 필요하다.

1. 국회와 이익집단[15)]

(1) 1970년대 공익집단의 등장이 기존 이익집단 자유주의를 수정하게 함.

(2) 참여민주주의와 공화주의 혹은 사회민주주의가 강화됨.

(3) 이익집단의 역할: 서비스 제공 vs. 주창(advocacy)활동

(4) 민주화 이후 한국의 시민단체는 주창활동을 강화

〈한국 이익집단의 주창활동 3가지〉

첫째, 선거참여 활동으로 낙천낙선운동, 매니페스토 운동, 공명선거실천운동.
둘째, 정보공개 및 의정감시 활동으로 국정감사 모니터링.
셋째, 입법청원을 통한 의정참여 운동

2. 대의민주주의와 이익집단정치론

(1) 이론적 추이: 20세기 초 집단이론(구제도주의 연구를 거부). 1950년대 다원주의 이론이 발전. but, 정치적 영향력의 불평등성에 침묵함. 즉 특수이익집단의 과다 대표문제점을 제시함.

(2) 1970년대 공익집단의 등장으로 변화하게 됨. (보완: 참여민주주의이론의 확대)

3. 한국 공익집단의 의정참여활동

(1) 공익집단들의 선거참여 활동

① 공명선거와 정책선거 실천 운동. ex) 한국 메니페스토 실천본부의 활동.

② 낙천낙선운동. ex) 2000년 낙천, 낙선운동.

③ 후보선출, 정당연계와 창당의 시민단체의 정치세력화. ex) 2004년 총선.

(2) 공익집단들의 의정감시 및 평가활동

① 1996년 '나라정책연구회'의 '의정활동평가보고서'

② 주도 단체: 참여연대와 경실련과 바른시민사회회의

(3) 공익집단들의 입법참여활동

① 1998년 국민기초생활보장안. 2000년 부패방지법안. 2002년 상가임대차보호법안이 대표적인 입법청원이 받아들여진 사례.

② 2020년 준연동형 비례대표제 도입에도 참여

4. 한국 사익 집단의 의정참여 활동: 전경련이나 민주노총도 국회에 대한 주창활동을 함.

15) 조성대, "제12장. 국회와 이익집단", 『한국 국회와 정치과정』 (서울: 오름, 2010)의 내용을 요약함.

제 3 장 정당정치

정당정치 쟁점 1 : 정당의 국가별 기원

주제의 문제의식

Q 선진국과 개도국 간 정당이 발생한 원인은 어떻게 다른가?

A 선진국에서는 정당이 의회와 선거제도가 발전한 결과로 만들어진 데 비해(제도론), 개도국에서는 경제발전의 필요성이나 위기 극복의 필요성과 같은 상황 조건에서 정당이 만들어지거나(역사상황론), 시민들의 의식향상과 참여 욕구의 증대(발전이론)로 만들어졌다.

세부 쟁점과 핵심이론

sub 1 정당 기원에 대한 논쟁:

(1) 제도론: 선행제도가 정당제도를 구축함.

① 원내정당으로만 이루어진 의회나 선거제도가 선행한 뒤 정당이 발생함. ⇨ 사회적 균열이 정당을 통해 제도화. 제도들 간 조응성이 높음.

ex) 레이파트의 합의제 민주주의 또는 다수결 민주주의 ⇨ 선거제도가 정당체계 구축.

ex) 립셋 로칸의 결빙명제(freezing thesis) ⇨ 4개의 혁명을 지내면서 만들어진 사회적 균열들이 국가마다 다름 ⇨ 이러한 균열을 정당이 반영함. 기능론의 입장. 한 번 만들어지면 오랜 기간 유지된다고 하여 결빙명제라고 부름.

ex) 영국의 1832년, 1867년 영국의 선거법개정과 대중에게 투표권 부여 ⇨ 원외조직으로서 정당 구성.

(2) 역사상황론: 특정 상황이 발생(경제발전이나 위기극복) ⇨ 정당 필요.

① 정당성의 위기(기존 통치체제에 위기가 발생)나 참여의 위기(사회경제적 변화로 다양한 층의 참여 요구 발생)나 통합의 위기(신생국가의 독립으로 민족이 통합되는 상황)로 정당이 성립.

② 한국도 독립하면서 정치적 조직으로 정당탄생(예 이승만 정부시기 한민당조직)하거나, 경제발전을 위해 국민동원을 위한 정당발생(예 박정희정부의 공화당 창당)

(3) 근대화이론 발전이론: 국민의 의식 수준 강화와 참여 욕구 증대가 정당 등장 설명.

① 국민 의식향상이 참여욕구 증대 ⇨ 정치인이 국민동원을 위해 정당 설립. 상임위원회 중심주의: 1963년 6대 국회부터. 이는 박정희 정부 시절 소규모 위원회를 중

심으로 막후 정치를 하기 위해서 채택.

(4) 상황론의 공통점:

① 위의 이론들은 특정 상황에서 정당이 만들어짐.

② 정치지도자가 정당구축하는 동원론의 입장은 고려가 안됨.

(5) 당정협의회를 기초로 한 당정관계 강조: 정책형성과정에서 여당의 역할 강화 필요.

합격생 tip

정당에 관하여 답안을 서술할 때에는 정당 체계의 문제인지, 개별정당의 문제인지 구별하며 서술하면 체계적으로 분석하는 느낌을 줌. 따라서 각 이론이 정당 체계 수준의 이론인지 개별정당 수준의 이론인지 구별하며 암기. (쟁점 5와 쟁점 6)

정당정치 쟁점 2 : 정당의 기능

주제의 문제의식

Q 정당은 사회균열을 반영하는가 사회균열을 동원하는가?

A 정당은 사회균열을 반영하는 역할과 함께 특정 사회균열을 동원하여 사회갈등의 수를 줄이면서 구체화하여 타협점을 찾고자 한다.

세부 쟁점과 핵심이론

sub 1 정당의 의미와 다른 조직과의 비교

(1) 정당: 공직 진출 혹은 정권장악을 위한 집단 vs. 이익집단: 사적인 공동의 이익을 창출하기 위한 집단이나 공직에 나가거나 정권장악을 목적으로 한 집단은 아님 vs. 시민사회: 공익을 위한 집단으로 공직이나 정권장악을 목적으로 하지 않음.

(2) 정당의 정의

① 버크: 특정 이념에 동의하는 사람들이 권력획득을 통한 국민적 이익증진을 위해 조직한 단체

② 일반적 정의: 선거를 통한 공직 진출과 정권장악을 목표로 한 정치집단.

sub 2 정당의 목적상 분류

(1) 이데올로기에 근거한 정당

① 공동의 이데올로기를 실현하는 조직체. 소수가 지지하는 가치나 극단적인 이념을 추구하는 정당. 이 정당은 더 많은 의석확보를 위한 노력보다는 자신과 이념이 유사한 유권자들의 만족을 추구함.

② 대의제에서 자이로스코프적 대의에 해당하는 정당. ex) 한국에서 유권자들의 선거기능.

(2) 권력 획득을 위한 정당: 의석 극대화와 표 극대화 추구

① 대중정당에서 포괄정당으로 전환: 과거 대중정당 시기는 특정 정치적 이념이 권력극대화를 가능하게 함. 그러나 포괄정당이 되면서 다양한 이슈들을 통해 표를 극대화함.

(3) 정책형성을 위한 정당: 정책을 실현하는 것에 목표

① 정책 목적으로 합당이나 분당이 가능.

sub 3 정당 기능의 일반론

(1) 이익 표출(interest articulation): 이익의 명확화

(2) 이익 집약(interest aggregation): 개인적 이익의 사회적 집합. 조직화.

(3) 사회적 갈등의 조정과 통합: 사회균열 반영 및 극복, 사회통합.

(4) 정치사회화: 정치적 재생산, 정치적 세대 이전 문제(부모세대의 지지 정당이 자식 세대에게 이전)

(5) 정치참여 촉진 및 동원: 국민 참여 유도 ㉠ 선거참여 증대 노력
(6) 정치 엘리트 충원: 새로운 정치인 유입
(7) 정치체계 유지: 정당을 통한 국민의 정당성 확보와 혁명 배제
(8) 정치적 의제 설정: 한 사회의 가치와 방향을 정함

sub 4 기능론 vs. 동원론
(1) 기능론: 사회균열이 형성 ⇨ 정당의 반영(립셋 로칸의 결빙명제). 정당의 반응성을 강조함.
(2) 동원론: 정당 ⇨ 사회균열 형성(샤츠슈나이더의 동원). 정당은 사회균열 중 하나를 선택함. 이는 사회균열의 수를 줄이고 균열의 강도를 강화함.

적용 가능 사례

1. 한국에서 정당의 공당적 성격과 사당적 성격 비교

(1) 공당적 성격: 사회균열을 반영하고, 공동체 가치를 결정함.

(2) 사당적 성격: 특정 지역이나 특정 가치를 반영하며, 이것이 특정 지도자를 중심으로 동원됨. 지역정당과 3김 정치라고 하는 보스 정치(2002년 민주당 경선에서 노무현 후보 당선으로 종결됨)

2. 한국정당의 동원론과 기능론 입장 비교

(1) 한국 지역주의 투표 행태: 동원론. 1987년 민주화 시기 정당들의 득표 극대화 전략.

(2) 이념적 성향: 기능론과 동원론의 논쟁 가능. 한국 유권자의 진보적 성향과 보수적 성향이 있었으나 지역주의에 가려져 있었음. 2002년 대통령선거와 2004년 열린 우리당의 등장과 함께 정당정치로 반영됨. 유권자들을 강조하는 측면에서는 기능론이지만, 사회균열 중에서 2004년 노무현대통령이 탄핵위기에서 민주당을 탈당하고 열린우리당을 만들면서 지역주의 대신 이념이라는 균열을 적극적으로 동원한 측면을 강조하면 동원론으로 해석 가능함.

(3) 세대 정치, 환경정치: 기능론의 입장.

3. 한국 정당의 분극화(Polarization) 사례. 양당 간 이념 거리가 벌어짐.

(1) 동원론: 한국 정당의 이념 분화가 우선되면서 유권자 분극화가 이를 따름.

(2) 감정양극화(정서에 따라 양극화를 지지함) vs. 인지적 양극화(합리적 판단에서 이념을 지지함)으로 구분됨.

4. 한국 유권자의 정당 선택 원인: 맨스브릿지Jane Mansbridge 이론

(1) 약속에 기초한 대의제도(Promissory Representation): 유권자는 정당의 약속을 보고 투표함. 기존 선거에서 한 약속을 지켰는지를 보고 현재 선거에서 다시 투표 여부를 결정함. ⇨ 유권자 투표 기준: 정책Policy. 약속된 공약 이행정도.

(2) 예측에 기초한 대의제도(Anticipatory Representation): 합리적 선택을 하는 유권자는 이번 선거에서 과거 정당의 실적이 좋았는지를 회고하고, 이를 기준으로 미래를 예측함. 즉 2020년 선거에서 어떤 정당을

선택할 것인지는 2016년 선거이후 각 정당들이 사회변화에 대처했던 방식을 보고 이에 기초하여 투표를 함. ⇨ 유권자 투표 기준: retrospction. 공약을 파기해더라도 유연한 문제해결 능력.

(3) 자이로스코프적 대의(Gyroscopic Representation): 유권자는 합리적 선택보다 정체성 투표를 함. 정책이나 합리성이 중요한 것이 아니라 유권자는 정체성 확인작업을 함. ⇨ 유권자의 선택 기준은 정체성(identity). 한국에서 가장 많은 투표행태로 지역이나 이념성행 투표.

5. 한국의 원내정당 논쟁

(1) 대통령제 유지를 위해 정당 규율 약화: 원외정당(대중정당과 책임정당: 원외세력의 목소리를 반영함. 대표성을 기초로 한 모델)에서 원내정당(의회 내 의원의 자율성을 반영함. 응답성을 강조한 모델)

(2) 정당규율 약화 ⇔ 의원의 자율성 강화

(3) 미국 정당 모델에 기초: 미국 대통령제의 운영방식으로 한국 대통령 제도를 운영하고자 함. 한국 정치에서 유럽식의 강한 정당규율과 정부형태에서 의원내각제적 요소를 축소하고자 함.

6. 한국 선거제도 개혁과 정당정치 모델

(1) 비례대표제 의석수 증대: 대표성 강화

(2) 지역구 의석수 유지: 정치적 효율성 강화

(3) 개방형 명부제 도입: 정당의 권력 약화

(4) 정당공천제도의 민주화: 정당 권력 약화와 의원 자율성 증대

(5) 결선투표제 도입: 정당 간 타협 가능성 증대

정당정치 쟁점 3 : 키(V.O. Key)의 정당 역할 3가지

주제의 문제의식

Q 키의 모델을 적용했을 때 한국 정당이 개선할 부분은 무엇인가?

A 키의 모델을 적용하면, '유권자 속의 정당(Party in Electorate)'에서 대표성 증대와 복잡성을 증대할 필요가 있고, '조직으로서 정당(Party in Organization)'에서 적응성을 강화하고, '정부 속의 정당(Party in Government)'에서 정당보조금 기준을 완화할 필요가 있다.

세부 쟁점과 핵심이론

sub 1 정당의 3가지 측면과 문제점 분석과 개선방안 제시
(1) 유권자 속의 정당: 유권자와 정당 간 관계. 기능론과 동원론의 선택.
(2) 조직으로서 정당: 정당 자체의 제도화 정도가 중요.
(3) 정부 속의 정당: 정당과 국가와의 관계. 카르텔 정당이 대표적임.

1. 정당 개혁의 과제들: 키(V. O. Key)이론 분석[1)]

(1) 조직으로서의 정당

1) 한국 정당의 문제점

① 레이블(당명이 가지는 브랜드)의 연속성 상실: 명목적으로 정당명이 자주 바뀜. 이와 동시에 정책적 내용면에서 연속성 상실. 사례로 2017년 대선에서의 정당들은 모두 2013년 이후 개칭되거나 창당된 정당임. 정당은 정책의 연속성보다는 새로운 이미지를 강조함 ⇨ 부연: 선거전문가정당의 모습을 보임.

② 선거만을 위한 정당: 상설적인 조직 대신 선거만을 위한 정당으로 존재. 정당은 선거캠프와 비상대책위원회 형태로 존재함. 정당의 인적, 정책적 구성의 부유성(浮游性)을 야기함. 한국 정당에 대한 흥미로운 사실은 집권 시 정부조직을 구성하고 장악하는 역할이 정당이 아닌 선거캠프에 집중되어 있다는 점. 행정부를 충원하는 과정에서 정당보다 후보자의 가정교사들로 이루어짐.

③ 정당의 정체성 상실: '87년 체제'에서 정당들은 포괄정당의 모습(이념, 정강, 정책에 집중하지 않는 정당)을 보임. 이것은 선거 승리를 위해 정당보다는 선거전략에 집중했기 때문에 나타난 현상임. 그러나 2017년 대선에서 홍준표 후보는 포괄정당으로서의 전략 대신에 정당 정체성을 강조하면서 보수를 자처하였다는 점에서 예외적인 선거 모습을 보였다. ⇨ 부연: 2022년 대선에서는 정당 정체성이 더 강해질 것임.

2) 한국정당 개선 방안

① 지구당 부활 필요: 지구당이 폐지된 현행 정당법에서 지구당 부활이 필요함. 정당법이 개정되면서 2004년 지구당은 고비용, 저효율 정치의 주범이 되면서 폐지됨. 학계의 원내정당론과 대중정당론의 논쟁과 관계없이 지구당 활동이 금지됨. ⇨ 부연: 정당의 사회적 의견의 통로 기능이 막힘. 이것은 정당과 의원들이 오프라인 상에서의 유권자의 의견 수렴이 안 되고 SNS와 같은 통로를 이용하게 함. 그러나 신유목민적인 유권자들의 유동성이 높은 이익표출을 정당이 일관성 있게 들어줄 수가 없음. 즉 제도화가 안 되는 구조의 문제점. 정당이 미시적 정치에만 집중하게 하고 일관성 있는 정책제안 실패로 귀결될 수 있음.

1) 박원호, "정당과 선거", 『한국민주주의의 미래와 과제』 (서울: 한울, 2017)을 요약함.

② 정당의 당원조직 재정비와 정당 공천과정 제도화: 정당들은 각 선거마다 공천과정의 규칙이 정해져있지 않음. 이는 후보자들이 게임의 규칙을 규정하게 함. 중앙당과 지역 민의의 조화와 함께 당원과 일반유권자(여론조사)를 고려하는 공천규칙을 필요.

③ 원내외 정당 지도부와 관련 임기와 권한의 제도화: 정당지도부가 선거에만 매달리지 않고 상시적인 운영을 신경 써야 함.

(2) 정부로서의 정당

1) 한국정당의 문제점

정당이 선거에서 승리한 후 정부 운영의 책임을 지고 다음 선거에서 책임 여부를 평가받아야 함. 그런 점에서 책임정당제가 필요하나 한국에서는 책임정당제가 잘 작동하지 않음.

① 전문관료와의 경쟁에서 실패한 한국 정당: 한국의 관료는 개발독재와 과대성장과정을 거치면서 조직화와 전문성으로 무장함. 민주화 이후 한국의 정당은 관료적 전문성을 통제하고 제어하는 것이 중요했으나 이것에 실패함. 이는 민주주의에 의해 선출된 정당의 정무적인 고려를 관료조직이 공유하지 않으면서 문제가 됨. 관료와 정당 공유가 잘 안 되니 청와대 비서실에서 내각을 구성하였고, 이는 민주화이후 모든 대통령의 측근들의 비리로 구속되는 사태를 초래함.

② 정당의 의회와 행정부 간 가교역할 수행 실패: 의회와 행정부 사이의 긴장과 갈등을 생산적인 방향으로 해결해주는 역할이 책임정당제하에서의 정당에 맡겨져 있음. ⇨ 의회는 수평적 조직과 합의/다수결로 움직이기 때문에 근본적으로 비효율적임. 반면에 행정부는 효율적임. 상임위원회는 4년 선거에 의해 교체되고 주기적으로 상임위원회 의원들이 바뀜. 따라서 의원들은 비전문적일 수 밖에 없음. 행정부는 업무가 세분화되어 있고 최소한의 연속성이 보장되어 있어서 전문적임. 행정부는 전국적인 차원에서 이슈를 보지만 입법부는 지역구민의 이익에 영향을 받음. 이 긴장 사이에서 정당이 역할을 조정해주어야 함. 한국정당은 지난 30년 동안이 역할 조정 부분에서 실패했다. 2015년 행정입법 파동이 대표적인 사례임.[2)]

③ 양당제적 대결에서 한국정당의 정책개발과 경쟁 기능 약화: 해외정당들이 상당한 싱크탱크를 가진데 비해 한국정당은 이런 상황이 못 됨. 국내 정당법은 국고 보조금의 30%를 정책연구소 운영에 사용하도록 정하고 있지만, 현재 한국 정당들이 스스로 정책적 내용을 생산에 한계.

2) 개선 방안

① 의회 상임위원회와 행정부처 간의 입법교류 프로그램 운영 가능: 한국은 정부 입법과 의원입법이 분리되어 있지만, 정부 부처가 의원에게 청부입법을 할 수도 있고 의원이 행정부의 도움을 받을 수도 있음. 이런 관계에 학계나 시민사회의 참여를 유도하면 '입법 네트워크'를 구상하고 상시화하는 효과가 있을 것임.

② 정당의 정책연구소의 기능 강화: 이를 위해서는 정당지도부로부터 자율성을 확보하고 재정적 자립을 보장 필요. 현재 여론조사와 선거 전략 개발에 머무르고 있는 정책연구소들의 역할을 정책개발로 확장시킬 필요.

---

2) 2015년 행정입법 파동은 국회가 국회법 98조에 있는 "행정부의 대통령령이나 총리령이나 부령이 법률안에 부합하지 않는다고 판단될 때 소관 중앙행정기관의 장에게 그 내용을 통보할 수 있다."는 내용을 "그 내용을 통보할 수 있다."에서 "수정, 변경을 요청할 수 있다"로 바꾼 것에서 시작되었다. 의회가 통보만을 하면 정부가 이를 수정하지 않아도 강제할 방안이 없는 것이다. 그래서 실효성을 높이기 위해 수정, 변경으로 바꾼 것이다. 이것은 세월호 시행령이 세월호 특별법의 취지를 위반한 사안이 문제가 되어 변경을 시도한 것이다. 그러나 이 국회법 개정안을 박근혜 대통령이 거분권을 행사하였다. 개정안이 명확하지 않고 행정입법권을 침해할 가능성이 있으며 법원의 사법심사권을 침해하고 정부업무 수행에 차질을 줄 수 있다는 이유에서였다. 의회와 행정부의 다툼에서 정당이 해결책을 제시하지 못했다는 점에서 정당의 역할에 대해 비판이 따랐다.

(3) 유권자 속의 정당

1) 한국정당의 문제점

정당에 대한 애착심이나 정당일체감을 가지는 것이 중요. 그런데 한국정당에는 이런 정체성 공유가 약함.

① 높은 무당파층 비율: 2018년 5월 갤럽 조사 23%. 2017년 공론화위원회 조사 37.2%임. 이들은 전통적인 정치적 무관심이 아니라 정당에 대한 애착은 적지만 정책적 관심이 높은 새로운 유형의 무당파층임.

② 유권자들의 투표 이동성 높음: 지지하는 정당이 있는 유권자들도 어느 정당에도 안정적이고 구조화된 지지층을 보장해주지 않음. 대표적인 예로 2016년 안철수 대표의 '국민의 당'이 정당투표에서 2위를 한 것을 들 수 있음. 2016~2017년 탄핵과 촛불집회로 전통적인 보수 정당에 대한 지지가 25% 미만이라는 점도 사례. '87년 체제'의 지역주의에 기초한 양당제적 정당 지지가 다당제(과거 지역주의에 기초한 다당제가 아님)로 나갈 수 있게 변화.

③ 한국정당의 유권자 인식변화 필요: 한국정당은 유권자들을 정책이나 비전으로 견인할 대상이라기보다는 단기적 공천과정을 통해 지지를 이끌어야 하는 존재로 생각함. 정체성을 공유한 지지 유권자를 끌어들이는 서구정당과는 다른 모습.

2) 개선 방안

유권자들이 생각하는 정당을 구성하고 업데이트해야 함.

① 일상적인 스킨십을 강화: 지구당 부활과도 관련.

② 정당의 복잡성 증대 필요: 정당들이 전통적인 큰 의제 외에도 인권, 환경, 젠더 등의 개별적인 이슈들도 다루어야 함. 2017년 대선은 새로운 균열을 많이 드러낸 선거로 의미가 있음.

③ 정당법 개정을 통한 신규정당 등장 가능성 증대: 현행 정당법은 중앙당 중심의 전국적이고 공식화된 과정으로서 정당의 창당과 유지를 규정하고 있기 때문에 세부적인 이슈를 다룰 수 있는 정당 출현을 위해 정당법의 개정이 필요.

합격생 tip

- 쟁점3 부분은 한국 정당의 문제를 키(V.O.Key)의 이론으로 정리해놓은 부분이라 본인이 답안에 쓰려고 하는 내용을 정리해서 답안으로 연습해보는 것을 추천. 해당 내용들에 대해서는 사례를 준비.
- 「정치학강의 4」 Part4 "키의 이론을 통한 한국 정당정치 분석" 참고. 해당 연습문제는 각 부분별 사례가 설명되어 있어서 키의 이론이 암기된 이후에 사례를 참고하기 좋음.
- 키의 이론으로 한국정당을 분석한다면 각각의 수준에서 사례가 뒷받침된다면 입증에 유리함.

정당정치 쟁점 4 : 정당 모델의 역사적 변화

주제의 문제의식

Q 한국정당의 역사적 변화는 서구식 정당정치 변화와 유사한가?

A 한국정당은 신생국가 모델로 서구식 정당정치 변화와 유사한 측면도 있지만, 차이도 크다.

세부 쟁점과 핵심이론

sub 1 서구 정당 모델의 변화

(1) 간부정당(19, 20C 초): 명망가 중심정당. 의회민주주의 모델. 납세자체제(세금내는 상인층에게 투표권 부여)에서 원내세력만으로 이루어진 정당) ⇨ 유권자 투표 기준: 후보의 인격과 능력. 대표의 재량이 넓은 신탁모델.

(2) 대중정당(1920년대): 1920년대 대중민주주의 시대 등장과 함께 대중 중심의 원외세력으로 구성된 정당. 이념을 중심으로 유권자를 결집. 정책 간 차이를 중심으로 계급정당과 계급투표. 정당을 중심으로 정치운영. ⇨ 유권자의 투표 기준: 정당 이념. 정당의 재량이 넓은 정당 모델.

(3) 망라형 정당(Catch-All-Party. 포괄정당 혹은 인중정당으로도 불림): 1960년대 이후 대의민주주의 위기론 등장과 참여민주주의의 등장과 함께 구성된 모델. 정당 간 이념의 수렴화로 정당이 이념보다는 정책을 중심으로 경쟁. 정책 간 차이는 적음. ⇨ 유권자의 투표 기준: 특정 이슈와 정책. 대표의 재량이 넓지 않음. 키르키하이머의 개념.

(4) 선거전문가 정당: 1980년대 선거 이미지와 선거 전문가가 중요해짐. 여론조사 등이 핵심이 됨. ⇨ 유권자의 투표 기준: 이미지. 파네비앙코의 개념.

(5) 카르텔 정당(Cartel Party): 정당의 국가기관화(정당법을 통해 신생정당 진입저지). 카츠와 마이어의 개념.

sub 2 현 시점에서 한국 정당

(1) 간부정당: 정당 제도화되면서 무소속 국회의원 수 감소. 그러나 정당이 정치인 영입할 때 명망가들 중심으로 영입. 의원내각제처럼 정당정치를 통해 훈련된 정치인 양성이 아니라, 법조계나 학계의 유명인을 영입함. ⇨ 낮은 정당제도화와 의회 제도화로 귀결될 여지가 큼. 직업 정치인이 되는 유인이 적음. ex) 폴리페서 논쟁.

(2) 대중 정당: 진성당원(당비를 내는 당원, 정당마다 책임당원, 권리당원으로 지칭)의 부족으로 대중정당에 기초한 책임정당 구축은 어려움. 정당 지지 유권자로 폭을 넓혀도 투표 유동성(투표에서 지지 정당 변화 정도)을 감안하면 대중정당은 구현되지 못했고, 현재도 구현되기 어려움. 반면 정당 분극화가 진행되고 이념에 기초한 정당 간 경쟁이 강화되면서 서구의 대중정당 간 경쟁 모습이 조금씩 드러나기도 함.

(3) 포괄정당: 현재 정당들은 포괄정당의 모습을 보임. 정당이 이념적 경쟁을 하지만, 실제 이슈를 두고 경쟁함. 반면 이슈 간 차이가 크지 않은 경우가 많음. ⇨ 한국정치의 진보와 보수의 특징으로 북한 문제를 제외한 이슈들에서 이념적 무정형성을 보임. ⇨

사회갈등 증대에 정당들이 포괄정당으로 다양한 이슈를 흡수하는 '복잡성' 증대 전략으로 대응.

(4) 선거전문가 정당: 이미지 중심의 정치도 강화됨. 2006년 서울 시장선거에서 오세훈 후보의 '녹색정치' vs. 강금실 후보의 '보라색 정치'의 경우. 2012년 대선에서 박근혜 후보는 '박정희의 딸'로 이미지 선거. ⇨ 유권자보다는 선거전문가가 중요하게 됨. ⇨ 선거가 정책 선거보다는 네가티브 전략을 사용해서 이미지를 강화하는 선거로 감. ex) 2021년 대장동 사태와 프레임 구성.

(5) 카르텔 정당: 한국 양대 정당은 선거 관련 법에서 교섭단체에 우선적으로 국고 보조금의 50/100을 지급하기로 함. 이는 기성 양대정당에 유리하게 선거를 치루게 함.

(6) 서구가 역사적으로 모델이 진화해왔다고 한국도 동일하게 모델이 진화한 것은 아님. 책임정당론의 주장은 서구와는 역사적으로 다른 경로를 보이는 것임. 또한, 간부정당적 요인도 서구 기준으로는 퇴행적임. 반면 포괄정당, 선거전문가 정당, 카르텔 정당 요소는 공유함.

sub 3 유권자의 변화 ⇨ 정당 대응 여부

(1) 서구 정당정치: 유권자의 사회구조 변화에 정당이 변화함.

(2) 신생 국가의 정당 정치: 특정 시기의 필요와 지도자의 동원을 위해 정당이 변화함.

(3) 한국: 지역주의 정당에서 이념 정당으로 변화. ex) 충청 정당 사라지고, 영남과 호남에서 각각 지역 정당을 완화되게 상대정당 후보가 총선과 지방선거에서 당선됨.

〈한국의 정당 정치〉[3)]

1. 정당체계

(1) 1공화국 시기: 보수 양당체계의 성립

① 1954년 사사오입 개헌 ⇨ 민주당 출현

② 1958년 진보당 사건(조봉암 사형)으로 진보당 사라짐.

(2) 2공화국 시기: 4.19 혁명과 민주당의 일당우위 체제

(3) 3공화국 시기: 공화당을 창당 vs. 야당의 신민당 통합 ⇨ 양당제 유지

(4) 4공화국 시기: 유신 독재

(5) 5공화국 시기: 독재 정부에 의한 다당제 구성. 어용야당 구성.

① 1985년 선거에서 신한민주당이 관제 야당에 압승. 민정당(여당) vs. 신한민주당의 양당제.

② 1985년 선거는 '놀라운 선거(stuning election)'. 독재자는 국민에게 유화책으로 민주적 선거를 실시하지만 예상외의 결과를 가져와 독재를 붕괴시킬 수 있다는 신념을 만들게 되는 선거임.

(6) 민주화와 6공화국: 지역주의에 기초한 다당제.

① 소선거구제와 상대다수제 결합: 지역에 기초한 유권자 지지를 결집하여 다당제화. TK(대구경북의 노태우), PK (부산 경남의 김영삼), 호남(김대중), 충청(김종필) ⇨ 민주 반민주 대립에서 지역 대립으로 전환.

② 1992년 선거: 제 3당인 통일국민당(정부영회장 창당)이 31석을 차지함. 이후 제 3당이 등장(1997년

3) 강원택, "제3장. 정당", 『한국 정치론』 (서울: 박영사, 2017).

이인제, 2016년 국민의 당)하였으나 다음 선거까지 지속적으로 버티지는 못함. ⇨ 최장집: '즉응의 정치'로 규정함. 이것도 기능론 관점보다는 동원론 관점에서 이해. ⇨ 인물 중심 정치로 이해 가능.

③ 3김 정치 이후에도 즉응의 정치나 인물 위주 정치 지속: 제도적, 구조적 원인이 있음. 단임대통령제의 효과와 관련. 내각제가 집단적 통치라면 대통령제는 대통령 개인 1인을 중심으로 한 통치임.

④ 정당체제의 안정성: 정당의 생존력과 지속성 강화를 필요로 함. 수직적 조직화(조직으로서의 정당강화), 중앙권력 교체의 제도화(인물 위주의 정당 정치를 벗어남)과 의회정치의 주도권이 필요함. (박경미 2006년 연구)

⑤ 강원택 교수 주장: 원내정당화와 완전 개방형 경선제는 바람직하지 않음. 당 기율이나 이념적 정체성 약화로 정당 자체를 약화시킴. 정당체계 제도화에 부정적인 효과. 서구와 같이 완전한 대중정당은 현실적으로 가능해보이지 않지만, 조직으로서의 정당을 강화하는 것은 정당체계 제도화에서 매우 중요함.

적용 가능 사례

1. 국회 속의 정당: 원내정당화를 하여 국회의원 개개인의 판단에 따라 정책 결정하는 것이 유용한지 논쟁. ⇨ 한국 유권자들이 정당에 주로 표를 던진다면 정당의 당론과 정당의 통제력으로서 기율 강화가 필요함. ⇨ 의원의 자율성 증대 가치 vs. 정당의 정체성 유지 간 충돌

정당정치 쟁점 5 : 정당체계 수준의 제도화

주제의 문제의식

Q 정당체계 수준의 제도화는 어떤 기준을 통해서 보아야 하는가?

A 사르토리에 따르면 정당체계 제도화는 '정당의 수'와 정당의 '이념 간 거리'에 의해서 측정되며, 엑스타인에 따르면 정당체계 제도화는 '정당의 수'와 정당 간 '이념 간 거리' 외에도 '현저성(정당의 호응성과 독립적 협상능력)'에 의해 측정된다.

세부 쟁점과 핵심이론

sub 1 정당체계의 제도화

1. 제도화의 정의와 의미
   (1) 정의: 조직과 절차가 가치와 안정을 획득하는 과정. (탈콧 파슨즈의 정의)
   (2) 부연 설명: 기대의 안정화를 의미. 즉 유권자의 기대가 반영해서 조직과 절차가 작동하는 것을 의미함.
   (3) 체계 수준의 제도화: 개별 정당에 대한 기대가 아니라, 정치체제 차원에서의 기대를 반영함. 즉 정당의 수와 정당이 반영하는 이념 정도로 전체 유권자 차원에서 정당에 대한 기대를 측정하는 것임.
2. 체계 수준이론 1: 사르토리의 이론
   (1) 정당의 수: 패권적 정당체계, 양당제, 다당제로 크게 구분. ⇨ 누가 통치할 것인지를 예측하게 함. 미국과 영국의 경우 3개 이상의 정당이 경쟁하지만, 실질적으로 양당제로 운영됨.
   (2) 정당의 이념 간 거리: 이념 간 거리는 정당 간 타협 가능성을 예측하게 함. ⇨ 이념 간 거리가 멀어질수록 효율적인 통치나 협의가능성은 떨어짐.
   (3) 통치가능성과 안정성의 기준: 이념적 거리가 가까운 양당제가 이념 간 거리가 먼 다당제보다 제도화 수준이 높음.
3. 체계 수준 이론 2: 엑스타인의 정당체계 제도화
   (1) 정당의 수
      ① 양당제: 정책형성과 집행의 예측가능성이 높음.
      ② 다당제: 정책형성과 집행에 있어 의도적 협력 필요
   (2) 정당체계의 통합성
      ① 이념 간의 거리나 적대감의 크기를 의미
      ② 이념 간의 거리가 확대될수록 정책형성 가능성 낮음
   (3) 현저성(salience)
      ① 세부적으로 두 가지로 구성: 정당의 '호응성'과 '독립적 협상능력' 의미
      ② 정당들의 호응성이 높을수록 제도화수준 높음(정당체계수준의 문제해결에 대한 기대 수준 높음) ⇨ 현저성은 유권자들이 원하는 위치에서 원하는 정당이 있을 가능성이 높은 것임.

③ 독립적 협상 능력이 높을수록 제도화수준 높음. 정당이 문제해결 가능성이 높다는 것이고, 이는 정당이 유권자가 원하는 정책을 만들어줄 가능성이 높다는 것임.

1. 정당체계 이론 비교

듀베르제 (M. Duverger)	(1) 정당체계 도입 (2) 선거제도와 정당체계 관계 규정: ① 소선거구제 단순 다수대표제는 양당제, ② 중선거구제 다수대표제는 복수의 유연한 정당체계, ③ 비례대표제는 복수의 독립적·안정적 정당체계로 주로 나타남 (3) 한국적 함의: 선거제도 개편으로 정당체계 변화를 가져올 수 있음 ⇨ 정당체계의 인위적 개편을 위한 선거제도 논의
라팔롬바라와 웨이너 (Lapalombara & Weiner)	(1) 정당 간 경쟁 가능성: 경쟁체계 vs. 비경쟁체계 (2) 정권 교체 가능성: 패권정당체계 vs. 정권교체 체계 (3) 정당의 내부적 속성: 이념적 체계 vs. 실용적 체계 (4) 4가지 유형: ① 이념적 패권정당체계, ② 실용적 패권정당체계, ③ 이념적 교체정당체계, ④ 실용적 교체 정당체계 ⇨ 정당체계에서 수와 속성을 통한 비교 가능.
블론델 (Brondel)	(1) 유형화 기준: 정당의 수, 정당 간 상대적 힘, 이데올로기의 상이성과 공통성, 지지의 자발성과 인위성, 정당조직의 특성과 리더십 유형 (2) 6가지 유형: ① 무당체계, ② 일당체계 ③ 양당체계 ④ 2.5당 체계 ⑤ 일당 우위 다당체계, ⑥ 대등적 다당체계 ⇨ 과거 한국 정당의 2.5당 체계 분석에 유용 (3) 4가지 유형으로 재구분('정당의 수'와 '상대적인 힘' 기준): ① 양당제, ② 3당제, ③ 다당제이고 두 개의 주요 정당이 2/3 정도 득표, ④ 다당제이고 두 개의 주요 정당이 대략 50% 정도 득표 (4) 6가지 유형으로 재구분('이데올로기'와 '정당 간의 힘의 차이' 기준): ① 극단적인 양당제, ② 다른 극단으로 유권자 표가 상당히 균등하게 분포되어 있고 이데올로기 스펙트럼에서 각 정당은 대략 25% 정도 득표, ③ 2.5 당 체계로 중도정당 존재, ④ 2.5 당체계로 아주 작은 좌파정당 존재, ⑤ 다당제로 지배적인 좌파 정당과 분열된 우파정당, ⑥ 다당제로 지배적인 우파정당과 분열된 좌파정당 ⇨ 정당의 수와 이념과 힘의 차이를 통해 정당정치를 예측하게 함.
사르토리 (G. Sartori)	(1) 적실한 정당의 수+이념 간 거리: ① 경쟁적 정당체계(일당 우위, 양당체계, 온건 다당제, 분극적 다당제, 원자화 체계) ② 비경쟁적 정당체계(단일 정당체계, 패권적 정당체계) (2) 단순하지만 예측 가능성 높음: 한국정당은 2004년 선거를 통해 지역주의에 기초한 2.5 당체계에서 이념에 기초한 2.5당 체계로 변화(민주노동당이 10석 의석 차지함)
다운즈 (A. Downs)	(1) 공간적 경쟁모델: 이념적 스펙트럼 가정, 유권자의 효용극대화와 정당의 득표극대화, 정치경제학적 분석 도입. 표가 유권자와 정당을 매개함. (2) 개인의 합리적 선택이론이 사회적 선택으로 연결됨. (3) 문제점: 완전한 정보 부재로 중간매개자(지방정부, 이익집단) 해결 필요, 합리적 선택보다 이데올로기 역할 중요한 경우 설명이 안 됨, 경제발전과 이념 수렴으로 인해 양당제로 수렴 경향이 생기면 설명력이 약화됨. (4) 한국적 함의: 정당과 유권자 사이의 합리적 선택이 나타나는지, 경향의 이원화(양당제 구조)가 나타나는지 분석

립셋 & 로칸 (Lipset & Rokkan)	(1) 결빙명제: 역사적 사회균열이 정당체계 결정 (2) 기능론의 대표이론: 사회적 균열이 먼저고 정당이 이를 반영함. (3) 한국적 함의: 한국의 지역주의가 결빙이 될 만큼 사회적 갈등이 강하고 그것이 재생산되는지를 분석하기 위해 사용 가능. 1987년 결빙되었으나, 2004년 지역주의보다 이념이 중요해짐. ex) 2002년 대통령선거에서 노무현 후보는 지역 보스인 김대중 대통령에 공천받은 것이 아니라 국민경선제도 후보가 됨. (지역에서 유권자로 공천권 전환) ex) 2004년 선거에서 노무현 대통령 탄핵 소추한 민주당(지역 정당)에 불만이 생기자 386세대의 이념정치를 강조한 '열린우리당'이 152석을 받고 민주화 이후 처음 단점 정부를 구성.
레이파트 (A. Lijphart)	(1) 다수제 민주주의 vs. 합의제 민주주의 (2) 사회적 균열과 정당체계 간 관계: ① 사회균열의 종류: 종교, 혈족집단, 언어의 균열은 타협점이 없음. ② 사회균열의 수: 수가 많을수록 다당제화 가능성이 높음. ③ 사회균열(Cleavage line)의 교차 vs. 중복 여부: 균열 중복 시 사회적 갈등 강화, 교차(cross－cutting) 시 사회적 균열 증대로 협의주의 유용. 특히 유럽 소국에서 균열의 교차와 협의주의 설명. (3) 한국적 함의: 복합적 사회균열인 지역・이념・세대・문화 등이 교차・중첩되는지 분석. 하지만 이들 갈등은 타협점이 있어서 한국은 다수결주의를 사용.

적용 가능 사례

1. 한국정당체계의 제도화 수준 논쟁:
   (1) 사르토리 이론: 양당제＋이념 간 거리의 강화
   (2) 엑스타인 이론: 양당제＋이념 간 거리의 강화＋현저성(호응성과 독립협상능력; 호응성이 높지는 않지만, 국회선진화법으로 정당 간 협상이 제도적으로 강제되고 있음)

합격생 tip

－「정치학강의 4」 Part4 "정당의 제도화" 참고.

－ 제도화로 글을 쓸 때에는 제도화의 개념정의가 필요함. 파슨즈의 정의처럼 제도화를 조직과 절차가 가치와 안정을 획득하는 '기대의 안정화'라고 개념정의한다면 정당의 제도화, 의회의 제도화는 정당과 의회가 문제 해결의 규칙, 규범으로 인정받는 것이라고 설명할 수 있음. 이렇게 개념을 정의해 놓고 제도화를 평가하는 방법으로 엑스타인이나 사르토리 등의 이론을 통해 제도화 수준을 평가하는 것.

－ 현저성의 개념정의가 중요함. 특히 개별정당이 아닌 정당체계의 제도화를 측정하는 것이므로 개별정당 유무가 아닌 정당체계가 현저성이 있는지를 평가해야 함.

정당정치 쟁점 6 : 개별정당 제도화

주제의 문제의식

Q **개별 정당이 제도화되었는지를 측정할 수 있는 기준은 무엇인가?**

A 헌팅턴에 따르면, 복잡성, 자율성, 적응성, 응집성이 기준이고, 파네비앙코에 따르면 정당의 생성 경로와 정당생성에 있어서 외부세력의 지원 여부가 중요하다.

세부 쟁점과 핵심이론

sub 1 헌팅턴의 개별정당 제도화 모델

(1) 복잡성: 다양한 주제들 정당이 담을 수 있는 능력
(2) 자율성: 정당이 대통령과 외부세력으로부터 자유로운지의 능력
(3) 적응성: 사회적 변화와 요구에 대처할 수 있는 능력
(4) 응집성: 정당 구성원 간의 친밀도

sub 2 파네비앙코(Angelo Panebianco): 정당 창설방식에 따른 제도화

(1) 정당생성 방식
① 침투(penetration): 중앙에서 지방으로 정당 구성. 강력한 제도화. 중앙정치가 지방에도 자리를 잡는 것임.
② 확산 (diffusion): 지방에서 중앙으로. 약한 제도화.
(2) 외부세력의 지원 여부
① 외부세력에 의한 정당조직: 영국의 노동조합이 노동당 창설. 약한 제도화.
② 정당 스스로가 제도화: 강한 제도화를 보임
(3) 카리스마를 가진 제도화: 제도화에는 장애물이 됨.

1. 정당위기론(정당정치 쟁점 21)

배경	(1) 서구의 정당정치의 황금기와 정당정치의 퇴조(1970년대) (2) 정당 위기론의 입장: 반정당주의론 vs. 절당필수론 ① 반정당주의론: 대의민주주의에서 정당이 필수는 아님. ② 정당불가피론: 정당이 대의민주주의에서 최선은 아니지만, 다른 대안이 없음. ③ 정당필수론: 정당이 대의민주주의에서 필수임. (3) 민주주의 이해와도 관련 ① 정당 중심 대의민주주의 중요 ② 시민사회를 중심으로 한 참여민주주의가 중요. ③ 정당의 대안이 부재함.
근거	(1) 현대 사회의 가치관 및 이해의 다원화와 참여 채널의 다양화로 정당의 기능 약화 ⇨ 대의민주주의 대신 참여 민주주의나 결사체 민주주의로 대체하고자 함. (2) 시민의 정당일체감 약화와 투표유동성(electoral volatility) 문제: 정당의 안정적 지지 확보 곤란. 2018년 이후 유럽 선거에서 기성정당들 지지율 하락.

	(3) 정치무관심 증대와 선거참여 하락: 신생정당의 등장과 기존 정당들의 낮은 반응성 ex) 유럽에서 녹생당과 해적당의 선전.
반박	(1) 주장: 서구정당의 유연한 대응 결과 나타난 현상들일 뿐. (2) 근거: ① 정당일체감 및 동원 능력 약화가 위기는 아니며, 여전히 정당은 선거로 정부 권력획득 ② 과장된 투표 유동성 ③ 기존 정당의 대응력 간과. 기존 대중정당의 포괄정당 전략
한국의 경우	(1) 낮은 투표율과 진성당원 부족은 확실히 한국정당정치의 위기 현상임. (2) 정당정치의 위기 관련 주제: ① 미디어 발달 및 정치지도자와 유권자 간의 사적 관계 증대. ② 정당에 대한 국고보조 확대 및 국가기관화・카르텔화. ③ 이익집단의 역할 증대와 시민사회운동 확산. ④ 직접민주주의 확대. ⑤ 책임정당의 약화와 정당의 사당화에 대한 비판(보스정치에서 계파 정치로의 전환)

2. 한국 정당정치의 문제점

헌팅턴(Huntington)의 제도적 지표기준	(1) 적응성: 환경의 도전에 대한 대응력을 의미. 오래 살아남는 능력을 의함. ⇨ 한국정치의 문제점: 대부분의 정당이 단명으로 소멸 (2) 복합성: 정당의 수직적・기능적 조직 분화 정도 ⇨ 한국정치의 문제점 : 구조적 분화와 전문화가 거의 이뤄지지 않음. 최근 정당들이 다양한 의견 수렴하고자 함. (3) 자율성: 대통령과 정부같은 집단들의 영향으로부터의 자율의 정도 ⇨ 한국정치의 문제점: (과거 보스정당구조) 일인 중심 정당과 권위주의적 정권의 억압 (4) 응집성(정당 내): 기능상 구분, 갈등처리 과정 절차를 둘러싼 조직통합 정도 ⇨ 한국 정치의 문제점: 연고주의와 파벌주의
또 다른 정당정치의 문제점	(1) 유동성이 큰 정당구조: 잦은 이합집산과 당명변화로 인한 정통성 부재, 대중정당 경험 부족, 선거전문가 정당화로 인한 책임성 문제 (2) 과두제의 철칙(Michels): 당내 과두화, 위로부터의 정당, 후원-수혜자 관계 (3) 시민사회와의 괴리: ① 립셋 & 로칸의 균열이론-지역균열만 존재. ② 지구당 폐지로 풀뿌리 민주주의 훼손. ③ 국민 참여 경선제-관심도는 높아졌으나 진성당원 부족 (3) 이념과 지역주의에 기반을 둔 양당제(과거 다당제에서 양당제로 전환) (4) 당정 분리의 문제점 ① 행정수반이자 국가원수로서 대통령을 정당과 분리로 인한 정치적 대표성 문제: 대통령선거에서 정당보고 표 던진 유권자의 문제 ② 책임추궁 문제: 대통령의 정책실패에 대한 책임소재불분명.
(V. O. Key)의 세 부분 문제점	(1) 유권자와 정당: 사회적 요구의 반영과 적극적인 대안창출을 통한 사회동원의 능력. 예 지역주의, 이념의 문제 (2) 정당의 조직: 정당조직의 민주화와 정당의 통치능력과의 문제 예 원내정당화 논의, 국민경선제도와 정당의 결속력 약화 (3) 국가와 정당 간의 관계 예 카르텔정당화 문제, 국고보조금 운용과 관련 정책보조금 논의

적용 가능 사례

1. 헌팅턴을 통한 한국정당의 문제점 분석: 복잡성, 자율성, 적응성, 응집성
2. 파네비앙코를 통한 한국정당의 문제점 분석: 정당은 침투형이고 민주화 이후 정당들은 카리스마적 지도자에 의존해왔으나, 현재는 아님. 정의당의 경우는 외부조직에 의해 정당이 창당됨.

합격생 tip

○○의 제도화를 논의할 때 제도화는 조직과 절차가 가치와 안정을 획득하는 과정이며, 이는 그 조직이나 체계가 일정한 가치를 확보할 것이라는 기대의 안정화를 의미함. 즉 정당 체계의 제도화는 현재 정당의 수, 정당 간 적대감이나 현저성 등을 보았을 때 전체적인 정당체계가 제 역할을 하는 것을 의미. vs. 개별정당의 제도화는 개별정당이 정당의 역할을 할 것이라는 기대가 충족되며 안정화되는 것
Ex) 엑스타인(D. Eckstein)의 기준으로 보면 다당제+정당 간 적대감이 심하고+각 정당이 추구하는 이념이 극단적일 때 정당체계의 제도화 수준이 낮은 것으로 평가 가능
헌팅턴(S.P. Huntington)의 응집성 기준으로 보면 정당들 내부에서 계파 갈등이 심하다면 응집성이 낮아 개별 정당의 제도화 수준이 낮은 것으로 평가 가능

정당정치 쟁점 7 : 정당의 조직 이론

주제의 문제의식

Q **정당의 조직과 운영은 어떤 요인에 영향을 받는가?**

A 정당의 조직과 운영은 선거경쟁과 정당발생이라는 제도적 특징과 자원동원능력에 의해 영향을 받는다.

세부 쟁점과 핵심이론

sub 1 정당조직 이론

(1) 선거경쟁 접근법: 선거경쟁 ⇨ 타정당과의 경쟁 ⇨ 정당조직화.

① 수평적 배열: 직접 정당(개인이 정당의 구성단위) vs. 간접 정당(조합이나 특정 단체가 정당의 구성단위) ⇨ 간접정당의 조직화가 강함.

② 수직적 배열: 정당의 조직 유형화 4가지. 간부조직(명망가 정당), 지부조직(대중정당), 세포조직(공산당), 전투대 조직(파시스트 정당에서 민병대방식 운영)

③ 선거에서 어떻게 조직을 운영하고, 지지를 확보할 것인지를 다룸. 선거경쟁에서는 간접정당이 유리하고, 지부 조직을 운용하는 것이 유리함.

(2) 제도적 접근법; 파네비앙코 이론

① 정당의 발생적 특성(침투와 확산/ 외부조직 존재 여부/ 카리스마적 지도자 존재 여부) ⇨ 정당 조직화 정도에 영향

② 제도화수준(자율성 정도와 체계성: 권위의 배분 수준) ⇨ 정당조직화 6가지로 분류. 제도화의 방식이 중요함.

(3) 사회학적 접근법

① 선거 가용한 자금(카르텔정도)동원능력(카츠와 매이어의 카르텔 정당이론) ⇨ 정당 신규 진입 여부를 결정함.

적용 가능 사례

1. 한국정당의 조직과 운영에 대한 설명력 논쟁: 한국정당도 선거에서 승리하기 위해 조직을 운영하는 방식인 선거경쟁이론과 제도 구성의 특성을 반영하는 제도적 접근과 신규정당 진입을 저지하는 사회학적 접근이 모두 설명된다.

정당정치 쟁점 8 : 사르토리의 정당체계 이론

주제의 문제의식

Q 2004년 총선은 한국정당이 체계 수준의 변화를 했다고 볼 수 있는가?

A 2004년 총선은 한국정당이 지역주의를 반영하는 이념적으로 유사한 정당체계에서 진보정당이 의회정치에 진입한 체계 수준에서의 변화를 만든 선거이다.

세부 쟁점과 핵심이론

sub 1 정당체계 수준의 변화를 설명하는 기준: 정당의 수, 정당 간 이념적 거리

sub 2 정당체계의 재편 여부(realignment)와 중대 선거(critical election)

(1) 정당 편성(alignment): 정당체계 수준이 구축되는 현상. ex) 1954년 총선과 양당제 구축

(2) 정당 재편성(realignment): 정당체계 수준의 변화가 만들어진 현상. ex) 1987년 대선과 1988년 총선의 지역주의 다당체계

(3) 중대 선거: 기존 정당체계가 변화한 선거. 1987년 민주화 이후 2004년 선거는 중대 선거. 2016년 20대 총선은 양당제에서 다당제로 변화했지만 중대 선거는 아님. 정당 해체 혹은 분당에 의해서 만들어진 체계. 2020년 선거에서 양당으로 복귀함.

(4) 정당 해체(dealignment): 정당체계 수준에서 파편화된 다당제가 되는 현상.

1. 정당체계의 변화 설명하는 이론과 개념들

(1) 단기: 선거 이슈들으로 재편성됨. 중대선거(critical election)로 분석함. 2004년 총선의 경우 이념 중심의 양당제를 만들게 됨.

(2) 장기: secular alignment. 즉 유권자가 재편성됨. 유권자의 정치적 성향이 달라짐.

(3) deviation: 유권자의 일시적 이탈을 설명함. vs. 해체 또는 파편화(dealignment): 정당이 분극화된 다당제가 됨. 소수 정당들로 재편성됨. vs. realignment(체계 재편성): 정당체계의 변화로 다당제가 양당제 등으로 변화하는 것을 의미함.

정당정치 쟁점 9 : 다운즈(A. Downs)의 공간경쟁모델

주제의 문제의식

Q 한국 정당정치는 다운즈의 공간경쟁 모델을 통해서 설명이 되는가?

A 한국 정당정치는 과거 지역주의 정당체제 시절에는 대체로 보수적인 성격의 정당 간 대결로, 2004년 이후 정당체제는 진보와 보수의 대결로 설명이 가능하다.

세부 쟁점과 핵심이론

sub 1 개별적 유권자의 합리적 선택과 개별 정당의 합리적 선택에 따른 사회적 선택이론

sub 2 한국 정당체계: 보수 정당 ('민정당'부터 '국민의힘'까지) vs. 중도진보정당('신한민주당'에서 '민주당'까지) vs. 혁신계열 정당(민주노동당에서 정의당. 통합진보당은 정당해산됨)

정당정치 쟁점 10 : 립셋 로칸의 결빙명제

주제의 문제의식

Q 한국 지역주의는 여전히 결빙되어 있는가?

A 한국 지역주의는 2002년 대선과 2004년 총선을 계기로 결빙이 해체되어 가고 있다. ⇨ 정당의 동원 양식의 변화(지역주의 동원에서 이념 동원으로)

세부 쟁점과 핵심이론

sub 1 한국선거의 주된 정치적 결정 구조 변화:
1950년대 여촌야도 ⇨ 1960년대 이후 민주 vs. 반민주 ⇨ 1987년 이후 지역주의 ⇨ 2004년 이후 이념 + 지역주의

정당정치 쟁점 11 : 레이파트의 사회균열과 교차 여부

주제의 문제의식

Q 한국에서 사회균열은 합의주의를 사용해야 하는가?

A 한국의 이념, 지역주의, 세대, 젠더와 탈물질주의는 타협가능성이 있어 여전히 다수결주의를 사용해 문제를 해결해 갈 수 있다.

세부 쟁점과 핵심이론

sub 1 사회환경변화와 사회균열의 변화 ⇨ 다당제화 가능성 논의: 1950년대 한국: 농업사회 ⇨ 1960년대: 산업사회로 진입. 1970년대 중화학공업 중심으로 변화. 1980년대 반도체 산업 성장. ⇨ 2000년대: 탈산업화 논의.

정당정치 쟁점 12 : 사회균열과 기능론과 동원론

주제의 문제의식

Q 한국정치의 주된 정치적 갈등은 기능론에 기초하는가 동원론에 기초하는가?

A 한국정치의 주된 정치적 갈등은 동원론에 기초한다.

세부 쟁점과 핵심이론

sub 1 정당의 역할과 자율성 논쟁:

(1) 기능론: 유권자의 사회균열(사회내 정치적 갈등선을 의미) ⇨ 정당이 반영.(립셋 로칸의 명제) 정당은 사회 요구를 반영해야 함. 자율성보다는 대표성이 중요.

(2) 동원론: 정당이 사회균열의 편향적 동원 ⇨ 유권자의 사회균열형성.(샤츠슈나이더 명제) 정당은 사회균열 중 일부를 동원하여 갈등의 강도를 높임. 정당의 높은 자율성.

sub 2 한국의 사회균열과 기능론 논쟁

(1) 한국의 사회균열: 이념, 지역주의, 세대와 탈물질주의

(2) 기능론과 동원론 대입: 지역주의(동원론) ⇨ 이념(기능론 측면이 큼) + 세대(기능론 측면이 큼)

(3) 사회균열의 증대와 다당제 가능성: 양대 정당의 포괄정당화(다양한 이슈를 흡수함)에 따라 다당제 가능성은 적음.

정당정치 쟁점 13 : 강원택 교수님 정당론 주요내용[4)]

주제의 문제의식

Q 한국정치의 핵심적인 제도인 정당에 대한 체계적인 분석을 위해서는 무엇을 볼 것인가?

A 정당의 조직, 운영방식등을 분석해야 한국 정당을 체계적으로 이해할 수 있다.

세부 쟁점과 핵심이론

sub 1 정당은 왜 중요하며 어떤 부분이 연구가 부족한가?

1. 정당의 중요성

(1) 이론적 중요성

① 비교정치의 정치과정 연구에서 제도 정치의 중요성. 인적 정치가 아닌 제도 정치. ⇨ 제도화와 제도적 측정을 가능하게 함.

② 정치과정에서 매개 장치로서 핵심. 인민과 시민의 수요를 정부에 전달하는 벨트 역할을 함. 따라서 정치과정에 대한 불만이 있다면 이는 수요보다는 전달 벨트의 문제가 있음. ⇨ 시민과 독자적인 정당의 문제. 정치 사회론에 대한 불만(최장집)

③ 정당의 출현, 정당의 기능(제도화: 체제와 개별 정당), 정당 조직의 변화와 미래 등 논의가 많이 진행됨. ⇨ 그러나 이론적 발전이 다른 투표, 선거제도 보다는 늦음.

(2) 현실적 중요성

① 한국정치에서 정당에 대한 부정적 평가가 강력함.

② 원인(강원택)은 다음과 같음.

첫째, 정당에 대한 새로운 시도를 어렵게 하는 법적, 제도적 규제가 강함. 한국 정당은 만들기 어렵게 되어 있는 정당법을 가짐. ⇨ 새로운 가치관을 담을 수 있는 여건이 안됨.

ex) 지역 정당 창당 논의.

ex) 유럽의 해적당과 같은 새로운 가치관을 답은 정당의 논의 부재.

반론: 녹색당이 만들어졌지만, 지극히 낮은 지지율의 문제가 있음.

재반론: 유권자 선택 이전에 제도적 장벽이 강하기 때문에 유권자 인식에 영향을 줌. 유권자 입장에서 표를 주어도 사표가 될 가능성이 제도적으로 높다고 생각함. ⇨ 새로운 가치관이나 이익이 반영이 안 됨. 기독교 정당이 2016년 선거에서 두 정당으로 등장 3% 이상 득표함. 한국에서 종교정당의 등장 가능성은 신선한 주제임.

둘째, 정당에 대한 자료가 많지 않다는 점.

정당공천과정 등이 공개가 되어야 하지만, 자료가 부족하기 때문에 연구가 안 됨.

셋째, 미국 정치학의 영향. 미국에서 정당은 상수에 가까움.

공화당과 민주당이 변화가 없기 때문에 역동성이 부족함. 신생정당이 등장하기 어려움. 정당체계 변동이 없음.

---

4) 강원택, 『정당론』.

정당의 분권화가 강함(연방제도에 기인함)+사회주의 정당의 부재(미국적 예외주의) ⇨ 미시적인 유권자 투표 행태등이 연구가 많이 됨. 이는 행태주의 연구 기법 때문이기도 함.

2. 연구 부족

(1) 이론 발전 더딤.
(2) 한국 정당정치에 대한 구체적인 설명과 현실 대입이 부족함.

sub 2 정당은 어떤 기능을 수행하는가?

1. 정당과 다른 정치조직과 구분

(1) 정당: 권력 추구, 선거과정을 통한 당선자 확보, 공통의 가치(국가이익 증진, 정체성 확보) ⇨ 한국의 정당 사당화 논쟁. 세 번째 조건과 관련됨.

2. 키의 정당 분류와 유기적 논리

(1) 유권자속의 정당
(2) 조직으로서의 정당
(3) 정부속의 정당

3. 강원택 선생님의 이론확장: 5개의 수준과 6개의 기능.

(1) 정치공동체에 미치는 기능: 국가와 사회의 연계. 사회통합.
(2) 선거수준에서의 기능: 차별적 대안 제시
(3) 유권자속에서의 기능: 정치동원과 정치교육
(4) 조직으로서의 기능: 정치충원과 정치엘리트 육성
(5) 정부속에서의 기능: 정부의 조직과 통제

4. 한국정당의 기능

(1) 1962년 정당법의 중요성: 국가와 정당간의 연계가 강함.
(2) 정당과 시민관계 강화가 중요함.

5. 추가로 고려해볼 사안

(1) 뉴미디어 등 새로운 매체의 영향력 증대: 정당 대체 논의. 시민과 정당간 거리 축소가 필요.
(2) 시민사회와 이익집단에 의한 정당 대체 논의: 대의민주주의에 대한 보완 민주주의로서 참여민주주의(시민사회와 시민단체중심)와 결사체 민주주의(이익집단 중시).
(3) 대중정당과 원내정당의 정당 기능 문제. 정당의 규율을 어떻게 규정할 것인지의 문제.

sub 3 정당의 기원은 무엇으로 볼 수 있는가?

1. 선진국에서 정당의 기원

(1) 듀베르제: 의회가 중요. 의회 내에서 구성된 정당과 의회 밖에서 구성된 정당으로 구분. 두 번째로 선

거권의 확대가 중요함.

(2) 사르토리: 정당정부의 발전.

정당정부: 책임정부 ⇨ 반응정부 ⇨ 정당정부(선거권 확대로) ⇨ 대중정당으로 발전됨.

2. 개도국에서 역사상황적 관점

(1) 위기 이론: 라팔롬바라와 웨이너. 정당성, 통합, 참여의 위기가 정당 형성.

3. 한국 정당의 기원

(1) 위기이론의 타당성

(2) 명망가 정당으로서 한민당의 사례

sub 4 사회균열과 정당의 관계는 어떻게 되는가?

1. 사회균열과 정당관계: 립셋 로칸의 이론

(1) 두 가지 혁명: 국민혁명(중심과 주변의 균열, 교회와 세속의 균열)+산업혁명(도시와 농촌/노동과 자본) ⇨ 3가지 균열축 형성: 중앙−지방, 교회−국가, 토지와 상공업.

(2) 균열축의 진입장벽 4가지: 정당화의 장벽, 통합의 장벽, 대표성의 장벽, 다수결의 장벽.

(3) 결빙명제: 고착화됨.(1920년대에 고착화되어 1960년대까지 지속됨.)

2. 균열이론에 대한 비판

(1) 사르토리: 정당과 같은 정치 변수 무시함. 정당의 동원이 중요

(2) 크리시: 집단적 정체성+조직 형태 표출이 보완되어야 함.

(3) 메이어: 정치적 역할이 중요. 특히 지도자의 역할 중요.

(4) 바르톨리니와 메이너: 사회적 분열+집단일체감+조직적 행동과 같은 조직적 표현.

(5) 사츠슈나이더: 편향된 동원.

3. 한국의 사회균열과 정당

(1) 국가건설, (민족건설) 자본건설: 통일 vs. 단정 정부+자본과 노동의 균열 수립됨.

(2) 민주화 이후: 지도자의 동원이 중요. 지역주의+이념

4. 추가로 고려해 볼 사안

(1) 찰스 틸리: "국가가 전쟁을 만들고 전쟁이 국가를 만든다." 찰스 틸리의 명제. 한국도 국가건설, 민족건설을 강조함. 한국 전쟁과 관련해서 민족국가 구성에는 실패함. 남북이 분단됨. 1960년대 시장 건설하고 1987년 민주주의 건설의 역사를 거침.

sub 5 정당에서 이념은 어떤 기능을 수행하는가?

(1) 버크의 주장: 정당은 구성원 모두가 동의하는 특정한 원칙보유

(2) 이념의 정의: 정치적 비전과 가치. (보완: 가치관으로 정치지향성, 해석 방향, 운동방향을 제시하는 기능)

1. 폰 바이메의 정당계보

(1) 동일한 명칭하에 고려될 수 있는 정당계보 제시(미국과 캐나다에는 적용곤란)
(2) 역사적으로 유럽정치에 등장한 순서로 9개의 정당계보 분류.
① 자유주의, 급진주의 정당
② 보수 정당
③ 사회주의, 사회민주주의 정당
④ 기독 민주주의 정당
⑤ 공산주의 정당
⑥ 농민 정당
⑦ 지역, 민족 정당
⑧ 극우정당
⑨ 환경 정당

2. 정당의 특성

(1) **자유주의/ 급진주의 정당:** 지주에 대항한 부르주아의 결합체. 자유 강조. 급진주의는 자유주의의 한 분파임. (급진주의 사례. 차티스트 운동) 급진주의≠사회주의.

자유주의정당은 정치적 신조가 없고, 교회나 노조등 연계 조직도 없음.

(2) **보수주의 정당:** 자유주의의 반작용. 에드먼드 버크의 관습(prejudice)강조.

변화와 개혁중 변화가 더 나은 사회로 이끈다는 주장을 거부.

국가별 보수주의의 일반화가 어려움. (ex, 영국 보수주의, 미국 보수주의, 한국 보수주의)

(3) **사회주의 정당:** 의회 밖에서 정당 결성. 노조 운동으로부터 성장함. 노조와의 관계에서 유형 분류가 가능함.

사회주의 정당 vs. 공산주의. 사회주의 정당은 소비에트 모델과 레닌주의, 러시아의 10월 혁명을 거부하고 자유민주주의 체제내 의회주의에서 변화를 추구함.

미국예외주의: 사회주의 정당이 존재하지 않음.

서독 사민당의 1959년 고데스베르크 강령. 마르크스주의적 외피를 벗어던지고 실용주의로 전환함. ⇨ 자유, 정의, 연대의 기본 가치를 공유하는 공동체로 정의.

(4) 기독 민주당

독일의 기독민주연맹이 가장 성공적인 사례. 실질적으로 종교적 의미는 상실됨.

(5) 공산당

공동 소유가 중요. 엄격한 당 조직, 교조화된 이념적 교리를 특징으로 함.

(6) 농민당

산업화의 불만으로 농민중심으로 정당 발생.

(7) 지역, 민족 정당

지배적인 집단과 상이한 언어나 문화와 전통을 가짐.

1960년대 웨일스, 스코틀랜드, 벨기에서 민족주의 정당이 의회 의석 차지.

(8) 극우정당

네오파시즘을 강조. 인종주의적 속성을 강짐.

(9) 생태운동, 녹색당

탈물질주의를 주장. 1980년대 초반 독일에서 등장. 환경, 여성, 평화를 내세움. (보완: 신좌파적 이슈를 다룸) ⇨ 독일의 2.5당체계를 붕괴시킴.

3. 이념의 공간 모델

(1) 이념의 기능: 유권자의 선택단순화, 선택의 편의제공, 정책 차별화.

(2) 이념에 대한 유권자의 판단: 근접성(다운즈) vs. 방향성과 강도(라비노위츠와 맥도날드: 중도정당이 지지 받기 어렵다고 주장)

(3) 분석도구 두 가지: 1차원적 스펙트럼(진보－보수의 한 축)과 2차원 스펙트럼.

① 2차원 스펙트럼은 개인 vs. 국가 / 시장 vs. 국가 분석틀로도 사용가능.

② 미국 같은 경우 1차원 스펙트럼으로 분석 가능함.

③ 유럽의 다당제의 경우나 신좌파와 신우파는 2차원 스펙트럼으로 분석가능함.

4. 한국에서의 정당이념

(1) 민주화 이전

① 보수정당이 강화. 진보당 1958년 해산됨.

② 반공주의가 강화.

(2) 민주화 이후

① 지역주의에 기초한 정당에서 이념의 강화로 전환됨.

② 1990년 3당 합당: 지역주의의 단순화. PK, TK. 호남, 충청 ⇨ 비호남과 호남.

③ 2002년 대선과 2004년 총선에서 이념의 부상.

④ 권력 추구, 선거과정을 통한 당선자확보, 공통의 가치(국가이익 증진, 정체성확보) ⇨ 한국의 정당 사당화 논쟁. 세 번째 조건과 관련됨.

5. 추가로 고려할 사안

(1) 한국정치에서 이념의 강화와 정당 분극화: 정당간 이념적 거리가 강화됨. 정당 자체적인 차별성이 없어서 생기는 요인+뉴미디어와 전통미디어의 이념 분극화에 따른 유권자 지지도 형성과 정당 분극화 유도 측면.

(2) 지역주의 ⇨ 정체성과 유대감 측면 vs. 지역주의와 이념 ⇨ 합리적 선택 측면(다른 대안과 효용 비교의 기준)

(3) 녹색당과 같은 탈물질주의 반영 정당의 의석확보 가능성: 선거제도 개편이 중요함. 비례의석수 증대가 방안.

sub 6 정당체계는 어떻게 구분되는가?

(1) 정당 수에 따른 국가별 정치적 특성의 차이.

(2) 정당체계 정의: 정당들이 서로 공존하는 형태와 양식.

1. 정당체계의 구분

대표적인 기준은 정당의 수+정당간 이념 거리

(1) 수에 의한 분류

① 뒤베르제: 일당제, 양당제, 다당제로 분류. 경향의 이원성(생각은 두 개로 구분)이 작동함.

② 특이점은 일당제를 체제로 간주한 점(내부의 파벌간 경쟁이 다원성을 확보하게 함 ⇨ 용어모순이라는 점에서 공격받음+이외에도 여러 가지 비판을 받음).

③ 최초의 본격적인 연구로서 의미가 있음.

④ 정당 수만으로 분석하는 것에는 한계가 있음.

⑤ 레이의 파편화 지수가 이를 극복하기 위한 시도임. 의회내 정당의 수적구성을 이해하는 데 도움이 됨.

⑥ 유사한 것이 락소와 타케페라의 '유효정당 수'임. (보완 ⇨ 실제 계산하지는 않더라도 답안에 사용)

(2) 2.5당제

① 블론델의 이론. 양당제와 다당제 사이에 2.5당제 포함.

② 정당간 힘의 분포를 이해하게 함.

③ 독일사례에서 0.5당은 자유민주당을 의미. ⇨ 정당의 존재가 구심력으로 작동함. but, 정부형태와 관련됨. 미국의 경우였다면 0.5당이 중요하지 않았을 것임. 의원내각제에서 독립적으로 정부구성이 안되기 때문에 구심력을 가짐.

④ 지배적 정당(40% 이상 득표를 혼자서 하는 정당의 존재가 중요)의 존재여부가 다당제를 구분함.

(3) 경쟁 체제와 비경쟁체제

① 라팔롬바라와 웨이너는 경쟁체제와 비경쟁체제로 구분.

② 패권체제와 정권교체 체제의 기준 + 이념적 정당과 실용적 정당 기준.

(4) 사르토리의 정당분류

① 정당의 수, 정당이데올로기, 정당간의 상대적 힘을 중시함.

② 적실성 있는 정당 판단 기준제시

첫째, 연합잠재력 혹은 통치 잠재력. 정당의 수에 따른 분절도

둘째, 이념적 거리와 이념 강도. 온건 다원주의와 분극적 다원주의. ⇨ 온건 다당제와 분극적 다당제로 구분함.

(5) 사르토리 이후

① 사르토리 정당 분류가 지금도 많이 인용됨.

② 메이어: 선거경쟁과 정부구성을 연결함.

2. 한국의 정당체계

(1) 민주화 이전

① 유효정당 수는 의회수준에서 3.0이나 2.4로 나오지만 정당체계를 말할 정도로 이 시기 정당정치가 안정적이지는 않음.

② 2공화국에서는 일당우위 정당체제

③ 3공화국에서는 1967년 선거 이후 양당제

④ 유신체제에 대해 사르토리를 패권정당제 근처에 위치시킴.

⑤ 그러나 권위주의 시절 한국 정당을 사르토리로 분석하기는 쉽지 않음. 전두환 정부 시절: 관제 야당이 만들어짐.

(2) 민주화 이후

① 1988년 선거 이후 지역주의에 기초한 4당체제

② 1990년 3당 합당 ⇨ 양당제로 변화

③ 최근 들어 양당제적 속성이 잘 나타남.

④ 선거마다 제 3정당도 등장. 그러나 선거 이후 빠르게 사라짐.

⑤ 교량형 정당은 자유민주연합이 유일함.

⑥ 진보정당이 2004년 이후 지속되어 옴.

3. 추가로 고려할 수 있는 사안

(1) 한국 정당의 다당제와 양당제: 양당제가 근간임. 정당 연합의 붕괴나 계파정치에 따라 신당 창당이 되고 이후 정당연합이 재개됨. 이것은 한국 유권자의 투표 행태가 이념이 강화되면서 경향의 이원화에 따른 것인지가 중요함.

(2) 정당제도화 수준에서 정당체계 수준의 제도화가 약함.

(3) 엑스타인의 정당체계 제도화: 첫째, 정당의 수, 둘째, 정당 통합성, 셋째, 현저성(호응성과 독립적 협상 능력으로 구성됨)

sub 7 정당체계는 어떻게 조직화되는가?
(1) 정당이 어떻게 운영되고 조직화하는지의 모델화

1. 뒤베르제

(1) 의회내에서 정당이 생성된 경우(의원의 자율성이 높음) vs 의회 밖에서 생성된 경우(의원의 자율성이 낮음). ⇨ 명사 정당 vs. 대중정당.

(2) 뒤베르제의 정당 조직의 기본 요소: 코커스, 지구당, 세포, 전투대.

① 코커스: 명사형정당의 조직단위

② 지구당: 사회주의 정당을 기반으로 대중정당의 조직 단위. 좌파로부터의 전염.

③ 세포: 공산당의 조직. 충원한 이들의 질과 역량에 집중.

④ 전투대: 파시스트 정당. 극우정당에서 사병적 조직.

(3) 뒤베르제는 대중정당이 명사정당 보다 우월한 조직으로 봄. 당원의 선거 캠페인과 정치자금 마련에서 도움이 되기에 대중정당이 보다 경쟁력을 갖음.

* 파네비안코의 정당 기원과 제도화
1. 침투 (중앙에서 지방으로 조직화) vs. 확산 (지방에서 중앙으로)
2. 외부후원조직의 존재 유무 (영국 노동당은 노조로부터 후원)
3. 카리스마 가진 지도자 역할: 제도화에 부담이 됨.

2. 포괄정당

(1) 키르크하이머의 정당이론(1966년)
(2) 대중정당에서 포괄정당으로 변화.
(3) 계급정당의 약화와 유동적인 유권자.
(4) 탈이념화의 상황+노동 계급에 대한 의존도 완화.
(5) 대중정당의 변화 3단계.
① 1단계: 1차 대전 발발까지의 대중정당의 세력증대기.
② 2단계: 계급정치에 기반한 대중정당이 집권한 단계.
③ 3단계: 유권자를 포섭하는 단계. 즉 포괄정당단계.

(6) 특징 5가지
① 탈이념화 정당의 이념적 교의 약화.
② 당 지도자 역할 강화
③ 당원의 정치적 무게감 약화
④ 수호해야 할 계급 즉 노동계급에 대한 강조 탈피
⑤ 이익집단에 대한 의존성 강화

3. 우파로부터의 전염

(1) 좌파로부터의 전염에 대한 엡스타인의 비판(1967년).
(2) 정당의 약화와 TV 미디어의 중요성. 미디어 전문가 여론 전문가의 역할이 당원보다 중요해짐.

4. 선거 – 전문가 정당

(1) 파네비안코(1988년)의 대중정당에 대한 비판.
(2) 대중정당의 수호해야 할 계급(노동 계급)의 지지만으로 집권이 어렵게 됨. 폭넓은 계층의 지지가 필요함.
(3) 당원에서 유권자로 무게중심 이동.
(4) 커뮤니케이션 발달로 선거 전문가. 여론조사 전문가, 커뮤니케이션 전문가. 캠페인 전문가등의 역할이 중요.
(5) 정당 조직보다 TV나 이익집단이 정당과 유권자간 연계에서 중요.
(6) **뒤베르제의 대중정당 모델에 대한 비판:** 사회경제적 변화, 정치적 정체성, 결속력의 약화. 대중매체의 등장과 이를 활용한 미국 정당을 중심으로 대중 정당 비판.

대중정당	선거전문가 정당
당관료의 중요	전문가의 역할 중요
당원정당, 강한 수직적 조직상의 연계, 소속감 가진 유권자에게 호소	선거 정당, 소직적 연계 약함, 정치적 의견을 갖는 일반 유권자에게 호소
당내 지도자의 우월함, 집단적 리더십	공적 대표자들의 우월함, 개인화된 리더십
당원을 통한 모금, 이와 부수된 활동을 통한 자금	이익집단이나 공적 기금을 통한 모금

확보(당 협동조합이나 노조 등)	
이념의 강조, 당내 조직에서 신봉자의 역할 중요	이슈와 리더십 강조, 전문가와 조직 내 이익집단 대표의 역할이 중요

5. 카르텔 정당

(1) 캣츠와 메이어의 정당(1995년)이론.

(2) 정당의 4단계 진화과정.

① 명사형 정당 혹은 코커스적 형태

② 산업화 도시화와 함께한 대중정당

③ 포괄정당화

④ 정당의 카르텔화: 국가와 시민사회 간의 중재인 역할. 정당은 시민사회의 요구를 국가 관료제에 전달함+대중에게 국가 정책 변호 역할.

6. 현대적 명사 정당

(1) 현실에는 다양한 정당모델이 공존하고 있음. 특히 오늘날에도 명사정당의 특성이 강한 정당이 존재.

(2) 쿨(Koole, 1994년)은 네덜란드의 정당 특성으로 '현대적 명사 정당(modern cadre party)' 명명.

(3) 특성 5가지.

첫째, 의회정당의 전문적 정치지도자들이 우위를 차지하지만, 당내에서 높은 수준의 정치적 책임성을 가짐.

둘째, 당원들은 재정의 원천, 공직 후보자 충원의 수단, 당조직의 유지라는 데 있어 당 조직의 근간을 구성하지만, 지지자에 비해 당원의 비율은 낮음.

셋째, 폭넓은 유권자를 향한 강한 지향성을 가짐.

넷째, 수직적인 조직 유대를 가진 대중정당의 구조를 유지하지만, 당 이미지를 위한 목적 뿐만 아니라 일정한 수준의 당내 민주주의를 보장하기 위한 것.

다섯째, 공적 보조금과 당원의 당비와 기부금 양자 결합된 형태의 재정적 자원에 의존.

당원의 수가 적고, 당이 활동적인 당원을 위한 도구로 존재하기에 대중정당은 아님.

(4) 캐츠와 메이어의 입장도 반박. 정당은 국가와 사회의 교량보다는 결합자임. 국가가 정당을 흡수한 것이 아니고 정당은 사회의 요구를 전달하는 채념로 기능하면서 국가와 사회간 결합자 역할.

(5) 결론적으로 모든 정당이 대중정당의 형태로 가는 것은 아님.

7. 기업형 정당

(1) 홉킨과 아올루치(1999년)모델로 정당이 기업처럼 운영됨.

(2) 미디어 재벌인 실비오 베를루스코니가 창립한 이탈리아의 전진 이탈리아 당. 3번 집권에 성공함.

(3) 기업을 활용 선거운동을 수행. 선거운동도 마켓팅과 홍보전략을 활용함.

(4) 당수 개인에 의한 당 통제, 즉 베를루스코니의 집권을 위해 봉사하는 선거머신으로서 정당.

(5) 한국의 정주영회장이 설립한 통일국민당 사례.

(6) 문제는 이러한 정당이 정당의 보편적 모델이 되기 어렵다는 점.

8. 득표추구 정당, 정책 추구 정당. 공직 추구 정당.

(1) 왈리네츠(Wolinetz 2002)의 이론으로 3가지 정당 유형 제시.

첫째, 정책 추구정당. 정채추구에 우선순위. 대중통합정당이나 녹색당이 포함.
둘째, 득표 추구정당. 선거 승리를 강조함. 포괄정당이나 선거전문가 정당이 포함.
셋째, 공직추구정당. 연정을 통해서도 공직확보가능.
(2) 이러한 분류는 일종의 경향성으로 이해하는 것이 적절함.
(3) **월리네트 구분의 장점:** 캐츠와 메이어 식의 정당 조직의 역사적 이해를 거부함.

〈과두제의 철칙〉
미헬스 이론(1911년)
– 독일사민당 연구로 과두제가 일반적인 특징. 외부적으로는 민주적일지라도 내부적으로는 과두제의 특징을 가짐.
– 당 지도자들의 자원, 정보와 지식, 의사소통의 통제권, 조직상의 이점을 활용.

9. 한국에서의 정당 조직

(1) 한국민주당과 명사정당

① 한민당은 명사정당으로만 규정하기에는 문제가 있음. 대중정당의 영향인 '좌파로부터의 전염'에 영향받음.
② 쿨의 현대적 명사정당이나 별도의 조직형태로 구분가능.

(2) 민주공화당과 대중정당조직

① 김종필은 민주공화당을 사무국 중심의 대중정당으로 만들고자 함. 당운영의 실질적 권한은 사무국에 있었음.
② 민주공화당의 영향. 대중 정당의 수립 목표로 정당조직화 함.

(3) 지구당폐지와 원내정당화

① 1962년 정당법 제정이후 지구당이 2004년 폐지됨. 2002년 정치자금 불법 모금이 계기.
② 시도당의 당원협의회로 대체됨. 상설 사무실 설치와 유급인력 고용이 금지됨.
③ 3가지 문제점이 나타남.
첫째, 지구당 폐지로 풀뿌리 민주주의관점에서 정당이 유권자와 소통하기 어려움. 정당정치의 후퇴.
둘째, 현역국회의원이 있는 정당과 그렇지 못한 정당 간에 당원협의회 활동에서의 형평성 문제.
셋째, 당원협의회 조직은 중앙선관위의 감독대상이 아니라는 점이 문제. 음성적이고 탈법적인 정당운영이 가능함.
④ 지구당 폐지의 이론적 계기: 원내정당론
⑤ 한국에서 지구당 폐지와 관련된 심각한 문제: 정당 결정이 아니라 법률로 일괄적으로 강요하는 문제. 정당정치의 자율성과 경쟁성을 훼손하고 정당 발전을 위한 상상력 억제.

(4) 카르텔 정당

① 국고보조금에 대한 정당 의존도가 강함.
② 1980년 3차 정치자금법으로 정당 재정의 국가 의존도 높아짐.
③ 1965년 정치자금법의 경우. 중앙선관위를 통해 간접적으로 제공.
④ 게다가 권위주의 시절 정당은 국가로부터 변모되어 옴.

⑤ 서구의 카르텔 정당으로 볼 것인지 의문이 있음.

10. 추가로 고려할 사항

(1) 한국정당모델을 캣츠와 메이어식 역사적 분류법으로 구분 필요: 맥락이 다르기 때문에 유사점과 차이점으로 구분할 수 있음.

(2) 한국 정당의 현대적 명사형 정당 기능이 강함: 이 이론으로 분류가능함.

(3) 한국 정당의 카르텔 정당화의 의미와 신생정당 등장 억제 기능: 대표성 확보차원에서 국가의 규제기능 완화 필요 vs. 정치 안정성 차원에서 규제기능 유지 중요.

(4) 월리네츠의 정당 유형 분류법: 한국 정당의 분류

(5) 한국에서 기업형 정당의 재등장 가능성: 기업가는 정치인이 되지만 기업 전체가 뛰어들기는 어려움. 오너 리스크가 너무 큼.

sub 8 정당에서 공직 후보선출은 어떤 요인에 영향을 받으며, 예상되는 영향은 무엇인가?
(1) 정당과 다른 집단과의 차이: 공직 후보 선출. 대의민주주의의 중요 기능.
(2) 공직 후보 공천에 관한 연구는 부족함. ⇨ 후보 선출과정이 비밀스럽기 때문.

1. 공직 후보선출방식

① 공직후보에서 고려 요인

첫째, 법적 규정에 혹하는지 정당통제의 영역인지 여부

둘째, 후보자의 자격요건

셋째, 후보자 선정이 중앙에 집중되어 있는지 분산되어 있는지 여부.

넷째, 공직후보 선출권이 소수 인사에 의해 장악되었는지 일반 당원에게 분산되어 있는지.

다섯째, 투표 방식과 지명방식.

여섯째, 공천과정의 제도화 여부.

(1) 공직후보 선출의 개방성

① 샤츠슈나이더 "후보자 결정 정차의 특성이 그 정당의 특성을 결정한다. 후보자를 지명할 수 있는 사람이 그 정당의 주인이다. 따라서 공천 절차야말로 당내 권력 분포를 관찰할 수 있게 해주는 가장 좋은 지점 중 하나이다."

② 공천주체가 당의 영향력 중에서 중요.

[유형 분류법]

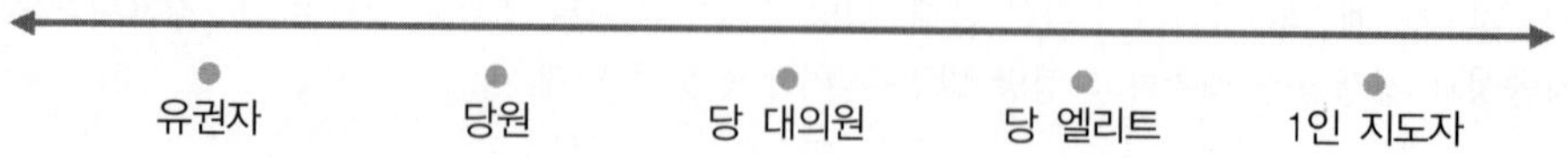

① 1인 지도자: 과거 3김 시대

② 당엘리트: 소규모의 계파나 중진과 원로들.

③ 당 대의원들: 대의원 대회, 중앙위원회, 당 집행위원회나 공천을 위한 특정 조직도 가능.

④ 당원: 개방적 주체로 진성당원중심.

⑤ 유권자: 프라이머리 제도의 경우.

단계로 종결되는 방안 vs. 복잡한 방안(혼합형 공천 주체 방식. 추천 주체가 다른 방식 ex. 벨기에의 경우. vs. 다단계 방식(단계를 여러 개 거치는 거치는 방식) vs. 가중 방식(복수의 공천주체에세 가중치를 부여하는 방식)

[당대표 선출방식에 적용가능]

(2) 프라이머리(primary)

① 1960년 민주당은 50개 주에서 16개 주만 프라이머리를 사용.

② 1968년 민주당 후보지명 전당대회 이후 중요해짐. 험프리 후보를 당 지도부가 선출했는데 1968년 대선에서 패배함. 맥거번과 프레이저 위원회가 프라이머리 제도로 변경함.

(cf. 한국의 2002년 민주당 대통령경선제도와 맥락상 유사함.)

* 폐쇄형 프라이머리: 유권자가 정당 등록을 먼저 해야 함. 등록한 정당에 대해서만 투표가 가능함. 뉴욕과 플로리다에서 사용됨.

* 부분적 폐쇄형 프라이머리: 당 소속이 아니거나 당에 등록하지 않은 유권자도 당 후보 선출과정에 참여가 허용될지를 각 정당이 매 선거 전에 결정할 수 있도록 주법이 규정된 경우. 상대당원은 배제되지만 일반 유권자도 공천에 참여할 수 있는지를 결정함.. 오클라호마, 코네티컷이 사용.

* 부분적 개방형 프라이머리: 유권자가 어떤 정당이든 선택할 수 있지만, 어느 정당을 선택할 것인지를 공개적으로 선언하거나 그들이 특정 정당의 투표지를 선택하면 그것을 그 정당에 대한 등록으로 간주함. 선거일에 공개적으로 정당변경을 허용함. 일리노이, 오하이오 등이 사용.

* 무당파 유권자에 제한된 개방형 프라이머리: 특정 정당에 소속되지 않은 유권자에 한해 원하는 정당의 프라이머리에 참여가 허용됨. 정당에 등록된 경우는 제외됨. 애리조나주 등.

* 개방형 프라이머리: 유권자는 정당 등록 필요없이 자신이 투표하고 싶은 정당의 투표지를 선택할 수 있음. 최대한의 유연성을 제공하는 유권자의 프라이버시를 지키게 하는 방식. 앨라바마. 미시건에서 사용.

* 상위 2인 프라이머리: 당소속과 무관하게 모든 후보자들을 한 투표지에 기재하고 정당과 관계 없이 가장 많은 표를 얻은 상위 2인이 총선에 후보자로 진출됨. 같은 정당이 경쟁하기도 함. 캘리포니아와 워싱턴주에서 사용.

* 기타 프라이머리: 정당과 관계없이 후보자를 기재하여 경쟁하고 50%이상 후보가 당선확정. 혹은 결선투표제 사용.

⇨ 이처럼 다양한 프라이머리 제도를 사용하는 것은 정당 개입의 한계를 규정하는 것임.

but, 유권자가 소속감 없이 참여한다는 문제가 있음.

즉 개방성의 확대라는 장점과 정당 약화, 현직의 유리함 강화, 아웃사이더의 등장 가능성이라는 부작용이 있음.

(3) 여론조사

① 최근 여론조사를 활용. 2002년 새천년민주당의 국민참여경선가 계기.

but, 여론조사를 후보 선정의 결정방식으로 사용하는 것은 문제가 있음.

첫째, 참여에 따른 책임도 중요하지만 여론조사는 책임이 없음.

둘째, 정당 정치의 약화 초래. 당원과 대의원에게 정당 참여 유인 부족.

셋째, 후보의 역량보다는 이미지에 영향. 포퓰리스트가 유리할 수 있음.

2. 공직 후보의 자격

(1) 미국은 주법에 규정함.(당규가 아님) 일반 유권자는 원하면 정당 후보자가 될 수 있음.

(2) 당원자격으로 한정도 가능함. 폐쇄성을 높일 수 있음.

ex) 벨기에 사회당의 후보자격 요건. ⇨ 당의 응집력을 높이고 의정활동도 일사분란하게 처리 가능함.

(3) 한국의 경우 국가가 후보자 자격요건을 규정함.

ex) 헌법에 대통령 후보자격 요건 40세. 공직선거법에는 18세 이상의 국민은 국회의원 피선거권부여.

(4) 정당의 자격조건이 까다로운 편은 아님.

3. 공직후보 선출의 분권화

(1) 공직후보선출이 중앙–지방 중 어디가 중요한지의 기준.

(2) 지역의 시도당/ 지구당이 하는 경우 vs. 중앙당이 하는 경우로 극화됨.

(3) 한국은 기능적 분권화: 공천심사위원회 혹은 공천관리 위원회. 당의 외부 인사로 구성됨. 공정성과 파벌갈등을 완화하고자 함. but, 당과 무관한 인사에 의한 결정도 문제고, 이들 선정을 당 지도부가 한다는 점에서 실효적이지 않음.

4. 공천 개방화, 분권화의 이유

(1) 공천에 대한 유권자 참여는 전반적인 추세임.

(2) 개방화의 이유

① 다원확보의 필요성.

② 사회적 위계구조의 쇠퇴.

③ 과소대표된 집단과 새로운 집단을 자기 당의 지지층으로 동원

④ 선출의 적법성과 정당성을 높이기 위한 필요.

(3) 정당 민주화의 추세로 볼 수 있음.

(4) 이로 인해 후보자 개인의 자율성은 증대하지만, 당의 기율 약화, 이념적 단합성의 약화, 후보들의 자금에 대한 의존도 증가. 정당 내부의 혼란. 당 통치력 약화, 대표성 문제, 일시적 당원 등장 등이 문제가 됨.

5. 한국 정당의 공직후보 선출

(1) 자유당이 1954년 3대 민의원 선거를 앞두고 처음 도입.

(2) 1997년 신한국당의 경선이 민주화이후 첫 당내경쟁. 그러나 지구당 대의원을 중심으로 했다는 점에서는 한계가 명확함.

(대통령 선거) 2002년 새천년민주당 경선이 획기적 계기. 7만 명 선거인당 구성. 20%를 당의 대의원+30%를 당원+50%를 일반 국민. 상향식 공천제도의 시작임.

(국회의원 선거) 공천 심위원회를 통해 결정. 개방성을 늘리기 위한 노력을 시도함.

(3) 지방선거의 정당공천논쟁. 정당공천 폐지 주장(특정 정당의 패권화+국회의원의 공천권 장악문제) vs. 정당 공천유지 주장(정당이 없으면 지방 선거 후보를 걸러낼 수 없음)

6. 추가로 고려할 사항

(1) 한국 정당의 민주화의 핵심: 원내정당화(개방성 확대) vs. 대중 정당화(당원과 대의원 중심의 정당정치)

(2) 정당 공천의 개방성 확대+정당 응집성 약화 방지를 위한 방안 모색이 과제임.

sub 9 정부형태별로 여당의 역할은 어떤 차이가 있는가?
(1) 키의 분류법으로는 정부속의 정당에서 중요
(2) 여당의 의미: 집권당

1. 의회제 국가와 정당 정부

(1) 의회제 내각제에서는 정당 정부(party government)가 중요.

(2) 정당의 제도화가 중요. 결속력과 당 기율이 중요.

(3) 집단책임의 원칙이 중요함. 공동책임을 짐.

(4) 책임정부(responsibility government)개념의 확립과 함께 발전함. 책임정당제가 중요.

(5) 책임정당제의 조건

첫째, 일반 유권자는 정당의 이념성향과 정책 노선의 차이 인정.

둘째, 정당과 정치엘리트는 이념정책 입장으로 조직화하고 선거경쟁에서 차별성 부각.

셋째, 정당의원들이 공동의 노력으로 정책 프로그램을 개발, 형성, 집행하게 함.

(6) 선거에서 평가 대상도 정당이 됨.

(7) 의회제 정부구성 방식 3가지

첫째, 단일정당정부. 영국이 대표적인 경우.

둘째, 연립정부가 일반적인. 선거이전과 이후 모두 가능함. 한국도 1997년 DJP 연대로 공동정부 구성한 사례.

셋째, 소수파 정부. 내각제의 35% 정도가 소수파 정부.

(8) 임기와 무관하게정부 교체가 가능함. 야당의 불신임 투표로 가능함.

(9) 독일과 스페인에서는 불신임투표를 하기 전 야당이 사전에 후임 총리를 선정하는 '건설적 불신임제'를 사용함.

(10) 집권당이나 연립정부에 대한 여론의 지지가 하락할 경우 내부적으로 총리교체를 통해 대응이 가능함. (cf. 한국 대통령제에서 초기 지지율 하락과 관련해서 의미 있음. 내각제였다면 총리 교체로 대응했을 것임)

(11) 의회제의 경우 선거가 정해진 기간마다 치르지 않을 수 있음.

(12) 예비내각제 운용하는 국가(영국, 호주)

(13) **한국 정치에서 보완할 수 있는 내용:** 정당강화를 원하면 정부형태를 내각제로 바꿀 수 있음. 즉 내각제 도입하면 정당이 강화됨.

2. 대통령제

(1) 미국 대통령제

① 미국대통령제에서는 정당 정부가 구성되지 않음.

② 미국 제도의 특징

첫째, 권력 분립 원리에 기초해서 운영됨.

둘째, 대통령은 정부구성에서 독자적인 권한을 행사함. 대통령 1인에게 정부구성과 통치에 대한 위임이 이루어짐.

셋째, 법안은 의회만이 발의할 수 있고, 예산안도 벌률로 간주하여 의회가 개입함. 미국정치의 양극화 심화. 정당 노선에 따른 투표가 증가함. 미국도 분점이 일반화되고 있음.

넷째, 조직으로서 정당은 매우 취약함. 전당대회에서 발표되는 정강에 당 소속 대통령이 구속되지 않음. 미국은 후보자 중심의 선거 유세가 이루어짐. 후원회를 통한 모금+매스미디어를 통한 선거운동을 중시 ⇨ 정당의 영향력 약화.

⑤ 미국 대통령제는 정당 정부가 아니며 대통령 소속 정당을 여당이라고 부르는 것도 적절하지 않음.

(2) 대통령제와 정당의 수

① 대통령제와 정당의 수가 중요한 논쟁. 다당제와 친화성이 약함.

② 1993년 메인웨어링의 논문이 논쟁 촉발함.

③ 3가지 문제점이 있다고 지적함.

첫째, 행정부와 입법부 간 교착으로 인한 정치제도의 미비는 의회제나 양당제 대통령제에 비해 다당제하의 대통령제에서 보다 발생할 가능성이 큼.

둘째, 단지 두 개의 정당이 있는 경우에는 이념적 극화가 발생할 가능성이 낮기 때문에 양당제가 대통령제에 보다 적합하다. 2.5당도 대통령제 적합함.

셋째, 대통령제와 다당제의 결합은 당대당 연합 구성의 어려움으로 인해 문제가 있다. 의원내각제처럼 내각 구성의 유인이 없기 때문임.

④ 이원적 정통성으로 인해 대통령과 의회가 충돌할 때 해소할 제도적 장치나 행위자가 없음.

⑤ 외부자가 대통령에 당선될 가능성도 높음.

⑥ 미국이 특별한 경우임. 양당제+이념적 분극화 약함. 참고로 사르토리의 미국 대통령제의 특징 3가지 주장: 이념기반이 약하고 정당의 기율이 약하고 이권정치(pork - barrel) 작동가능성이 높음.

⑦ 정당 기율도 중요함. 양당제에서도 정당기율이 강하면 대통령과 의회가 충돌할 수 있음.

⑧ 경험적 연구: 소수파 대통령이 53%(1946년에서 1996년까지 199개 사례). 유효 정당수가 많은 수록(3개에서 4개의 경우) 체제 붕괴할 확률이 높아짐. 4개 이상에서는 다시 낮아짐. (표 8-1)

⑨ 체이법의 메인웨어링 비판: 수가 문제가 아니라 정당 연립가능성이 중요함.

⑩ 메인웨어링의 분석도 최근 미국 정당의 분극화로 덜 중요해짐.

3. 이원정부제

(1) 정책결정과 집행의 권한을 가진 정부가 둘임. 대통령과 총리가 모두 통치를 담당.

(2) 대통령은 국민이 선출 vs. 총리는 의회 신임에 구속됨.

(3) 프랑스 4공화국 혼란 제거를 위해 1958년 드골이 헌법개정 함.

(4) 대통령의 정부가 적절함.

(5) 여당이 의회과반수 확보에 실패한 경우 동거 정부가 등장함.

(6) 2002년 개헌으로 대통령과 의회 임기를 5년으로 일치시킴. 동시선거로 변경 이후 동거정부가 나타나지 않음.

4. 한국의 여당

(1) 한국 대통령제 국가지만 미국과 통치과정은 다름. 내각제와 혼합된 형태.

(2) 집권당의원은 입법부(견제가 중요)일원이면서 대통령 소속 집권당의 일원.

(3) 집권당인 여당은 대통령의지를 반영하고자 함.

(4) 미국: 입법부 vs. 행정부 / 한국: 정부－여당 vs. 야당. cf. 영국처럼 정당이 중요함.

(5) 한국에서는 당정관계가 중요함.

① 당정협의회

3공화국에서 당정협의회를 구성함. 청와대 수준에서 정책협의회와 같은 실무수준까지 당정협의회구성됨. 정당을 통한 통치라는 점에서 제도화 수준을 높이는 것이기는 함.

여당과 정부 모두에게 도움이 됨.

② 당정분리와 당정협조

2002년 선거에서 주요 후보는 당정분리를 방침으로 세움.

노무현 대통령 당정분리 원칙 고수함. 결과는 부정적임. 집권당이 배제됨.

2003년 4월 이라크전 파병동의안 처리. 2005년 대연정 제안, 2006년 6월 사립학교법 재개정안에서 민주당과 열린 우리당 반발함.

의회제 속성을 가진 한국 정치체제 운영 특성상 여당의 역할은 중요한 의미가 있음. 특히 정치적 책임성에서 중요함.

5. 추가로 고려해볼 사항

(1) 미국 대통령제와 한국 대통령제에서 정당의 역할 비교도 가능: 정당정부의 모델이 부분적으로 섞여 있음.

(2) 단임제 대통령제에서 정당의 책임추궁성 기능의 중요함.

(3) 정당 분극화가 강해지는 상황에서 정당간 연합이 중요하다면 대통령의 리더십에서 중요한 요인: 설득력과 정치력이 중요함.

sub 10 정치에서 야당의 역할은 무엇인가?

(1) 집권세력에 대한 반대세력이자 대안 세력.

(2) 야당에 대한 학문적 관심이 낮음.

(3) 블론델: 야당은 정부, 통치, 권위에 기생함.

(4) 한국도 1997년 정권교체 이후 야당의 의미가 생김.

1. 정치적 반대와 다원주의

(1) 정치적 반대가 용인된 것은 민주주의 발전에 따른 최근의 현상.

(2) 정치적 다원주의 수용이 야당 존재의 합법화

(3) 정당에 대한 과거 인식: 전체의 이익을 해치는 것으로서의 부분.

(4) 이후 다원성에 대한 긍정적 인식으로 야당에 대한 존재가 수용됨.

(5) 합의는 차이나 이견을 조정해 가는 과정.

(6) 로버트 다알: 투표를 통해 정부의 결정에 참여할 수 있는 권리. 대표될 수 있는 권리. 의회와 선거에서 정부에 대한 반대를 호소할 수 있는 조직된 반대의 권리의 확립이라는 3가지 사건이 민주주의 발전에 기여.

(7) 영국 정치사 사례: 국왕과 국가에 충성하면서도 현재 정책을 담당하는 이들이나 그들의 정책 방향, 추진 방식에 대해 반대하는 것은 반체제적 저항은 아님.

ex) 영국 야당 '여왕 폐하의 충성스러운 야당'으로 호칭됨. 반대와 충성이 공존.

2. 야당과 정치체제

(1) 바커 6개의 정치적 반대

첫째, 국가의 기반이나 형태에 대한 총체적인 저항.

둘째, 억압적 기구라고 생각할 때 국가 권력에 대한 저항.

셋째, 국가를 지배하는 집단, 파벌, 왕조의 지배권에 대한 저항과 그 정통성의 부정. ex)전두환 정부에 대한 저항. 4.19혁명의 이승만 정부 부정.

넷째, 정통성에 문제를 제기하거나 국가 혹은 헌법의 기반을 위협하거나 거부함 없는 집권세력에 대한 충성스러운 반대.

다섯째, 헌법이 권력의 과도함을 감시하거나 교정하기 위한 견제와 균형의 체제로서의 반대.

여섯째, 시민이나 집단이 정부의 행동을 변화시키거나 가혹함을 완화하거나 독재를 방지하기 위한 방법으로서의 반대.

(2) 이중 4~6번은 체제순응적

(3) 다알의 이론: 서구 자유민주주의 국가의 야당을 비교하기 위한 5개의 기준.

첫째, 헌정구조와 선거제도. 연방인지 비례대표제를 사용하는지에 따라 야당의 역할이 달라짐.

둘째, 폭넓게 공유되는 문화적 조건: 정치제도에 대한 수용, 충성, 타인에 대한 신뢰, 타협과 화해의 문화, 문제 해결에 대한 태도가 실용적이고 현실적인지, 교조적이고 단정적인지의 여부 등이다.

셋째, 직업, 사회계층, 민족, 언어, 인종, 종교, 거주지. 지역 등의 하위 문화와 관련. 하위 문화가 다양한 경우 야당은 분산된 특성을 갖기 쉬움.

넷째, 정부에 대한 억울함, 불만의 기억. 이런 일이 발생했을 때 정부가 적절하게 대응하지 못하면 정치적 반대가 발생.

다섯째, 사회경제적 차이와 관련. 사회경제적 차이가 적을 때 야당의 반대 방식은 달라짐.

(4) 다알의 미시적인 6개의 조건

첫째, 야당 조직의 응집 혹은 집중 정도. 응집력이 강하면 야당의 힘 강화.

둘째, 정치적 경쟁의 정도. 양당제와 다수제의 경쟁은 강화.

셋째, 야당과 여당 간 격돌의 장소 혹은 상황. 연방제에서는 격돌 장소도 분산될 것임.

넷째, 야당의 독자성과 존재감. 영국의 양당제는 존재감이 강함.

다섯째, 반대의 목표. 내용이 공직인사, 정부의 구체적 정책, 정치체계의 구조, 사회경제적 구조의 변화 등이 있음.

여섯째, 반대의 전략으로 경쟁, 연립구성, 여론 형성 등의 전략이 동원될 수 있음.

[다알의 야당의 문제해결 방식 구분]

시스템 1: 양당제와 온건 다당제. 영국방식.

시스템 2: 분극적 다당제. ⇨ 사르토리가 말한 무책임한 야당, 원심적 경쟁, 양극화된 상호 적대적 야당의 존재가 특징.

[브론델의 이론: 다알의 미시적 조건 6번의 반대의 조건 2가지]

① 정책 목표로부터의 거리. 정당간 입장 차이로 거리가 멀면 여야 간 갈등은 강화됨.

② 야당 혹은 야당 집단의 힘. 선거에서 얻는 지지 정도와 당원의 규모에 따라 야당의 정치적 능력이 달라짐.

3. 한국의 야당

(1) 민주화이전 시기: 체제순응적인 경우와 체제부정적인 반대가 섞여 나타남.

(2) 민주화 이후: 정권교체를 통해 대안 세력으로 자리 잡음.

(3) 강원택 교수님 주장: 한국 야당을 설명하기 위한 6가지 조건

① 통치형태. 대통령제는 권력 분립을 근간으로 함. 야당은 의회 장악이 가능함. 이런 경우 대통령과 정책결정과정의 권한을 공유할 수 있음.

② 정당체계: 양당제일 때 야당의 영향력이 강함. 다당제에서는 이념적 거리가 중요함.

2002년 이후 한국 주요 정당간 이념적 거리는 상호협조를 불가능하게 할 정도로 멀지 않음.

③ 반대의 명분: 무엇을 반대하는지가 야당에게는 중요함.

최근 한국 정당은 이념보다는 정책을 중심으로 반대를 표출함. ex) 대미관계, 대북관계등

④ 당의 기율: 당 기율이 강한 경우 야당의 반대가 중요하고 응집력 과시가능.

다알의 분류: 높은 당내 결속도를 갖는 양당제(영국), 둘째, 상적으로 낮은 당내 결속도를 가진 양당제(미국), 상대적으로 높은 당내 결속도를 갖는 다당제(스웨덴, 노르웨이), 넷째, 낮은 당내 결속도를 갖는 다당제(이탈리아, 프랑스).

⑤ 의회정치의 특성: 적대적 민주주의로 운영 vs. 합의와 숙의 과정을 통해 반대를 해결하는지.

영국과 미국은 승자독식으로 원 구성함. vs. 한국은 여야간 합의가 중요.

⑥ 반대의 명분과 격돌의 장소: 설명에서는 빠짐

(4) 한국에의 적용

① 대통령제: 여소야대로 야당의 역할이 강화됨.

② 온건 다당제 특성: 한국의 유효정당 수는 2.1~3.5. 양당제에 가까우면 야당의 역할이 중요.

③ 야당이 제기하는 비판과 반대의 명분이 보다 보편적이고 일반적인 가치로 변모함.

④ 당내 조직과 관련: 정당의 기율이 강한 편임. 야당의 결집된 반대가 가능함.

⑤ 의회내 갈등 해소 방식: 제도적 수준에서 갈등 해소 방식이 제대로 자리잡지 못함.

국회선진화법 입법 이후 의회 파행관행 변화.

의회 관행 중 야당에게도 상임위원회 위원장 자리를 제공함.

결론: 한국의 야당은 비교적 영향력 있는 역할 수행함.

야당은 간접적이지만 통치행위에 일정한 역할을 수행함.

여기는 반대의 전략과 격돌 장소 설명도 있음: 의회 토론, 선거경쟁, 장외집회도 빈번해짐.

(5) 성숙한 정치로 가기 위한 제도적 방안

첫째, 토의의 절차.

둘째, 반대의 내용이 구체적이고 전문적인 정보와 지식에 기반해 있고 실질적인 대안 제시 능력필요.

문제: 야당이 정책 대안의 마련이나 변형의 역량을 제대로 갖추고 잇지 못하는 점이다.

(6) 우리 야당: 정책적 통제의 취약함과 정치적 통제의 강력함이라는 모순된 현상.

(7) 주목할 부분

첫째, 국회 내 법안 처리 방식. 의원안의 가결률이 낮아지고 있음. 미국도 의원안의 가결률은 3~5%. 이는 위원회의 호혜성이 작동하기 때문임.

둘째, 선거에서 패배한 야당이 과도한 역할과 영향력을 행사는 것은 통치제제의 안정, 정치적 책임성, 권력의 정당성이라는 관점에서 볼 때 바람직한 것으로 보기 어려움. 소수파의 권리는 다수결의 원리 내에서 보호되어야 함.

셋째, 야당의 책임성 확보가 중요. 정치적 교착에 대한 야당의 책임도 있음.

sub 11 정당에서 파벌은 유용한가?

(1) 파벌은 조직 내에서 존재하는 분파적 집단을 의미

(2) 과거는 정당과 파벌의 구분이 명확하지 않았음.

(3) 정당내 파벌은 일반적인 현상임.

1. 파벌의 구분

(1) 데이비드 흄이 처음으로 구분함. 개인적 파벌 vs. 실질적 파벌.

(2) 1950년 키의 연구: 일당 체제에서 정당 내부의 경쟁을 분석. 한 정당 내의 비공식적 정당체계로 가능함.

(3) 파벌에 대한 본격적 연구는 로즈(1964년): 파벌과 경향성을 구분함. 기율과 응집력을 가지면 경향성과 구분되는 파벌이 됨. 경향성은 안정적인 태도의 집합. 정치이념과 연관되어 있음.

(4) 정리하면 경향성은 임시적인 것이고 파벌은 지속적인 것임.

(5) 사르토리: 정당내부 구조를 조직적, 동기적, 이념적, 좌와 우의 4가지 차원으로 구분. 파벌은 동기적 차원임 다시 동기적 차원에서 당 내부구성을 원칙으로부터의 파벌(이념 집단과 의견 집단으로 세부적 구분)과 이익으로부터의 파벌(다시 권력형파벌과 전리품 파벌로 구분)로 구분함.

(6) 벨러와 벨로니 파벌 이론:

첫째, 파벌적 도당 혹은 경향성. (공식적인 조직은 존재하지 않음)

둘째, 개인적, 후견집단 파벌. (상도동계와 동교동계 등이 여기에 해당)

셋째, 제도화된 혹은 조직화된 파벌. 개인적 유대를 넘어서는 형태의 파벌임.

(7) 하인의 이론:

첫째, 집단 갈등의 차원

둘째, 조직적 견고함.

셋째, 갈등의 범위.

(8) 버체의 이론: 첫째, 유인구조와 동기. 둘째, 조직화 혹은 조직의 강도.

4가지 파벌 유형

① 후견주의: 개인적 관계 의존. 후원자－추종자 관계.

② 경향성: 원칙 + 조직화 약함.

③ 이익의 파벌: 이익을 추구하지만 조직이 강함.

④ 원칙의 파벌: 원칙을 추구하면서 조직이 강함. 1980년대 영국 노동당.

2. 파벌 발생의 원인

(1) 사회적 원인. 계급, 연령, 청년 활동 등. 문화적 요인이나 규범과 관련.

(2) 정치적 요인. 선거제도의 영향이 큼. 일본의 중대선거구제의 경우 복수공천으로 당내파벌을 양산함. 비례대표제도 파벌을 만들 수 있음.

(3) 구조적 요인. 정당의 이념적 느슨함 혹은 애매함이 파벌 형성에 긍정적으로 작용. 또한 정당이 합당하여 만들어진 일본 자민당이 여기에 해당. 지구당보다는 코커스형 정당에서 당내 파벌 형성이 촉진됨.

3. 파벌의 기능

(1) 파벌의 긍정적인 측면

첫째, 단원주의적 특성을 부여함. 정당내 경쟁으로 정당 경쟁을 대체함.

둘째, 정당의 대표성의 영역을 확장시킴.

셋째, 당내 경쟁 과정에서 정책, 이념, 당 리더십을 두고 파벌 간 경쟁속에서 대안을 선택할 수 있는 기회를 제공함.

(2) 보우첵의 3가지 분류

① 협력적 파벌주의: 당내 긍정적 영향. 구심적 유인을 제공함.

② 경쟁적 파벌주의: 당내 분열이 파벌간 경쟁으로 이어지는 경우. 영국 보수당의 경우 1993년 마스트리히트 조약 인준 투표에서 집권당이나 당내 반유럽 파벌 의원들의 반대표로 부결된 사례가 있음. ⇨ 하지만 적절하게 관리되면 정당의 역량, 정책형성, 당내민주주의를 개선하는 데 기여함.

③ 퇴행적 파벌주의: 매우 부정적인 결과를 초래함. 과도한 정당의 분절화, 사적인 유인. 파벌의 내재화를 가져옴.

4. 한국 정당에서 파벌

(1) 한국은 명사정당으로 개인적, 후견주의적 파벌임.

(2) 1955년 민주당은 신파와 구파로 나뉨. 2공화국에서는 더욱 갈등함.

(3) 3공화국에서는 김종필이 파벌 다툼의 중심에 섬.

(4) 1972년 신민당도 파벌 갈등이 강함. 나중에 상교동계 (통일 민주당)vs. 동교동계(평화민주당)로 분화.

(5) 1990년 3당 합당은 보우첵의 협력적 파벌주의에 해당.

(6) 민주화 이후 파벌 정치 사례: 2002년 대선 친노 vs. 반노., 2007년 친이계 vs. 친박계

2017년 친문 vs. 반문.

(7) 한국 정당의 파벌은 개인적, 후견주의적, 이해관계의 파벌이라는 속성에서 벗어나기 어려워 보임.

sub 12 새로운 정당모델은 어떤 것이 있는가?

– 정치의 선거=경제의 시장.
– 다운즈에 의해 설명. 『경제이론으로 본 민주주의』 출판.
– 서유럽에서 정당정치의 안정성. 정당정치의 동결 주장. by 립셋과 로칸.

but, 1970년대 녹색당이나 극우정당 등 새로운 정당이 출현하면서 정당정 변화에 대한 토론이 시작됨.

첫 번째 입장. 정당에 대한 지지 정렬이 약화되고 정당체계의 분절과 변동성이 증대되었다고 주장.

계급균열의 쇠퇴를 설명함. (달튼이 대표)

대표적인 저서 로즈와 맥칼리스터. Voters Begin to Choose.

유권자가 스스로 판단에 의해 지지정당을 선택하는 것이지 정당 일체감이나 충성심에 따른 투표는 아님.

두 번째 입장. 좌–우 구분은 여전히 정책경쟁의 중요한 패턴을 결정하는 단일 기준이며, 젠더이슈, 생태주의, 삶의 질 등 많은 새로운 이슈들도 좌–우의 영역속에 흡수되어 감. 즉 좌우의 균열은 근본적인 힘으로 작용함. 좌파 유권자 일부가 녹색당의 출현으로 지지를 옮겨갔다고 해도 그것을 전반적인 좌파 진영의 약화나 근본적인 변화를 초래한 것으로 볼 수 없다는 입장. ⇨ 블록간 변화가 없다는 입장.

ex) 독일 정당의 사례에서 녹색당이나 독일을 위한 대안은 극우와 극좌에 포진해서 전통적인 이념을 확대함.

ex) 스페인 2015년 선거에서 양당구조가 무너짐.

1. 조용한 혁명

(1) 삶의 질을 강조함. 탈물질주의가 득세함. 잉글하트의 이론. 세대에 주목함.

2. 조용한 반혁명

(1) 극우정당으로 국가와 권위를 강조하면서 탈물질주의의 신좌파에 대항함. 애국과 민족주의를 강조하고 권위를 강조하며 인종주의를 강조함.

(2) 그런데 이들은 과거와 달리 가치를 강조한다는 점에서 '조용한 반혁명'으로 분석함.

3. 좌파 자유지상주의 대 우파 권위주의

(1) 사회주의 관점에서 시장에 반대하고 연대의식을 강조한다는 점에서 좌파적이지만, 동시에 중앙집중화된 관료제를 거부하고 개인의 자율성, 참여, 그리고 분권화된 공동체의 자치를 강조한다는 점에서 자유지상주의적임.

(2) 커트쉘트(1988년)의 개념

(3) 전통적인 좌–우 축에서 사민당이 좌파–자유지상주의 축으로 이동하면서 노동계급은 이들 정당에 소외감을 가지고 정치적 지지를 철회함. 이들 노동자는 인종주의와 외국인 혐오를 주창한 극우정당에 대한 지지로 입장 선회함.

(4) 더치와 스트롬은 이를 자유지상주의 대 공동체주의의 대립이 더 적절한 표현이라고 주장.

4. 포퓰리즘

(1) 트럼프의 당선과 영국 브렉시트의 사례.

(2) 2019년 기준. 유럽연합 28개 국가 중 포퓰리스트 정당이 의회의석 확보한 곳은 23개. 5개 국이 예외

적임.

(3) **포퓰리즘 정당의 특징**: 약한 이데올로기. 첫째, 반엘리트주의적 속성. 둘째, 기존 정당체제에 대한 불신과 대의민주주의에 대한 비판에 기초함. 이로 인해 직접 민주주의를 선호함. 셋째, 분열의 정치와 배제의 정치. 아군과 적의 구분이 있고 배제와 증오의 대상이 있음. 넷째, 반자유주의적, 집단주의적 속성이 있음. 다섯째, 마음속 이상향에 대한 강조가 있음. 여섯째, 카리스마적 리더십을 가진 강한 지도자에 대한 선호가 있음.

5. 극우정당/ 포퓰리즘 정당 부상의 원인

① 경제구조의 변화와 세계화. 세계화의 피해계층 발생과 트럼프 지지.

② 문화적 요인으로 정체성과 전통적 규범에의 도전. 기존 정체성을 공격하고 탈물질주의가 부상함.

③ 정당정치의 변화와 정치적 불만. 정치에 대한 환멸 등. 서유럽의 경우 수렴의 정치, 합의의 정치로 인해 정치적 대안 부재가 문제가 되기도 함. 영국 정당에게 유럽연합 탈퇴 문제의 경우 새로운 갈등 구조임.

④ 비례 대표선거제. 소수 정당에게 유리함.

〈듀베르제 법칙〉
소선거구제 단순다수제는 양당제
비례대표제나 결선투표제는 다당제
원인: 첫째, 기계적 요인. 소수정당이 불리함(득표율이 의석률로 전환이 안됨). 둘째, 심리적 요인. 유권자의 사표방지 심리.

6. 한국의 경우

(1) 한국 정당정치의 속성은 매우 협소하고 단순.
(2) 제3당이 빈번하게 등장함.
(3) 상대다수제를 사용함에도 3당이 등장함.
(4) 비례성이 높은 선거제도 도입시 한국 정당체계도 새로운 정당 출현가능.
(5) 국회의원선거에서 비례성 확대+지역정당 설립 가능 조건 형성.

sub 13 정당에서 파벌은 유용한가?
(1) 정당 위기론 정당 쇠퇴론.
(2) 폴린 폴리시는 향후 35년 이내에서 사라질 수 있는 것 중 하나.

1. 정당의 위기

(1) 당원 감소

① 1950년대 보수당 280만 명이었음. 현재는 50만명 수준임. 유럽전체적으로 당원수 감소함. 27%(독일)~68%(영국)

② 1960년대 서유럽 정당 당원 수 유권자 전체의 15% 정도에서 2009년 4.7%로 줄어듦.

(2) 정치적 충섬싱의 약화

① 캠벨과 동료들. The American Voter에서 유권자의 정당 일체감 약화 주장.

② 정당은 정보습득의 지름길이자 참조집단의 역할. 유권자가 정파적 이탈을 함.

첫째 원인. 산업 사회의 균열구조가 다른 형태로 변모함.

둘째 원인. 선거나 정치, 후보자의 정보획득 비용이 크게 줄어듦. 특히 매스 미디어의 역할과 인터넷의 정보획득, 공유와 확산효과가 큼.

③ 달튼의 분류: 정파적 동원 vs. 인지적 동원. 분석틀로 유용함.

(3) 대안적 정치소통의 매체

① 인터넷이나 운동 혹은 단체가 중요해짐.

② 정보통신기술의 발달이 집단에서 개인으로 전환함. 정당은 계급과 같은 집단을 상대했지만 인터넷은 개인화된 유권자를 상대함.

③ 선거운동에서 정보통신기술의 발전으로 선거운동도 개인화됨.

2. 정당 위기의 의미

(1) 달더(Daalder 2002년)에서 정당 위기를 4개로 정리

① 정당에 대한 부정. 정당은 좋은 사회에 대한 위협. 조직으로서 정당이 개인의 자유 억압.

② 정당에 대한 선택적 거부, 특정 유형의 정당을 거부함. 뒤베르제는 대중정당이 좋은 정당이라고 봄, 한국은 지구당의 대중정당이 고비용의 정당이라고 보고 거부함.

③ 정당체계에 대한 선택적 거부. 정당체계를 좋고 나쁘고로 구분함. 뒤베르제가 경향의 이원성을 긍정적으로 평가한 것. but. 다당제에 대한 새로운 평가가 등장함. 레이파트의 연구에서 합의형 모델이 여기에 해당함.

④ 잉여적 존재로서의 정당. 여기서 다시 3가지로 분류됨.

(i) 정당의 집단 동원은 특정한 시기의 역사적이고 일시적인 산물임.

(ii) 차별화된 정책적 입장과 서로 다른 지지층을 대표했던 정당이 이제는 서로 비슷해져서 별 차이가 없는 것이 되어 버렸다는 입장.

(iii) 다른 정치적 행위자들이 한때 정당이 맡았던 역할을 대신 차지함으로써 정당이 별로 중요하지 않게 되었다는 입장. 네오코포라티즘에서는 국가와 전문화된 이익집단이 대체함. 신다원주의에서는 일시적인 활동그룹의 영향력이 중요, 직접민주주의에서는 국민투표 강조.

3. 정당은 정말 위기일까?

(1) 당원 수 급감을 반드시 정당위기로 볼 수 없다는 시각이 있음.

(2) 대중정당의 신화: 당원수 감소는 정당의 위기가 아님. 대중정당이 변형되어 감.

(3) 정당 쇠퇴에 대한 반론: 미국의 경우 당파성에 의한 투표결정에 미치는 영향이 큼.

(4) 다른 반박: 대표성의 기능은 약화(다른 제도들과 경쟁) vs. 정치적 제도적 기능은 도전 받지 않음. (정치지도자의 충원, 정부의 구성, 의회의 구성과 같은 기능)

(5) 키의 이론에서 정부 속에서의 정당 역할이 가장 중요한 것임.

(6) 야나이의 주장: 국가 영역에서 정당의 역할임. 이 부분이 정당을 다른 이익집단과 구분해줌.

(7) 로손의 주장: 참여적 연계, 선거적 연계, 후견적 연계, 지도적 연계로 구분. 이 4가지 기능을 종합적으로 담을 수 있는 것은 정당뿐임.

(8) 타르톨리니와 메이어: 통합의 기능은 정당이 중요함.
(9) 정치적 통합 기능약화됨. 이를 보완하기 위한 3가지 조건.
① 정당이 상대적으로 일관성 있는 내부적 위계질서가 필요,
② 정당의 자율성과 일관성 회복이 필요. 외부 전문가에 대한 의존도 감소필요.
③ 정당에 대한 대중적 신뢰의 약화와 관련. 투명성 결여 문제를 해결해야 함.

(10) 강원택 교수님 주장
① 정치적 통합과 제도적 통합의 기구로서 정당을 대체할 수 있는 것을 찾아보기 어려움.
② '정당의 위기는 사실은 정당이 싫다'에 대한 완고한 표현으로 보임.
③ 정당은 쇠퇴보다 적응해가고 있다고 할 수 있음.

4. 한국의 경우

(1) 키의 이론으로 분석
첫째, 유권자의 속의 정당: 과거 보다 약화됨.
둘째, 조직으로서의 정당: 기능약화. 여론조사가 강화되고 정당의 역할 축소.
셋째, 정부내의 정당 기능은 견고함.
결론: 한국 정당 역화를 지나치게 확대해석하는 것은 주의할 필요가 있음.

(2) 한국정당에 대한 불신이 높음
첫째, 정당이 제 역할을 못 하는 것에 대한 불만.
둘째, 정치적 경쟁성의 결여.
(3) 정당이 갖는 고유한 기능과 역할은 부정될 수 없음.
(4) 정당에 대한 로시터의 인용.
"No America without democracy, no democracy without politics, no politics without parties, no parties without compromise and moderation."

정당정치 쟁점 14 : 탈산업화와 정당정치 변화 양상

주제의 문제의식

Q 한국도 탈산업화로 정당체계가 변화하고 있는가?

A 한국도 탈산업화(과거 탈산업화 규정. 현재는 4차산업혁명에 의해 서비스업 중심 산업구조의 재편로 규정)를 경험하지만, 정당체계의 변화는 크지 않다.

세부 쟁점과 핵심이론

sub 1 탈산업화와 정당정치의 변화 논쟁

(1) 파편화 주장: 탈산업화 ⇨ 사회균열의 다양화 ⇨ 정당해체와 파편화(소수정당의 난립)

(2) 포괄정당화 주장: 탈산업화 ⇨ 사회균열의 다양화 ⇨ 포괄정당(거대 정당이 다양한 이슈 흡수)간 경쟁

1. 논의 배경: 산업사회에서 탈산업사회(포스트 포디즘, 유연생산구조)로 변화
2. 사회적 변화 3가지
   (1) 산업구조의 개편과 계급구조의 변화
   (2) 교육수준의 증대와 대중매체의 발달과 정보화에 따른 인식능력의 변화
   (3) 탈물질주의 가치관과 세속화 현상으로 인한 종교의 영향력 약화
3. 서구 정당들의 특성: 사회균열구조의 변화 + 정당체계의 재정렬(realignment)
   ⇨ 최근 선거에서 다당제화 증대함. 거대 정당 지지율 하락과 소수 정당들 지지강화
4. 한국은 포괄정당화로 거대 양당체제 유지

정당정치 쟁점 15 : 정당정치의 분극화

주제의 문제의식

Q 한국 정당정치는 분극화되고 있는가?

A 한국 정당정치는 분극화되고 있으며, 이로 인해 정당 간 경쟁은 더욱 치열해질 것이다. ⇨ 인지적 분극화(합리성에 기초한 분극화)보다는 감성적 분극화가 심화됨.

세부 쟁점과 핵심이론

sub 1 한국 정당의 분극화 원인과 분극화에 따른 정치적 영향 논쟁

1. 한국 정당정치의 분극화 원인

(1) 정부형태: 단임제 대통령제와 권력 집중

① 대통령제의 권력 집중적 특징: 정당 간 경쟁 심화. 대통령제는 내각제와 달리 all-or -nothing임. 경쟁에서 승리하기 쉬운 방식의 경쟁을 선택.

② 한국 대통령제의 5년 단임제 특성: 경쟁 심화. 정권교체에 따라 정치적 차별성 강화를 위해 이념 간 거리를 벌림.

(2) 정당모델: 포괄정당에서 대중정당적 성향

① 현대 한국정당의 포괄정당 특성: 정책 간 차이가 적음. 경쟁에서 승리하기 위해 대중정당처럼 이념을 강조함.

② 정당 간 경쟁전략의 변화: 지역에서 이념으로 변화. 한국은 1987년 이후 지역주의에 기초한 선거 동원 전략을 사용. 하지만 2002년 대선에서 노무현 후보의 당선과 2004년 총선에서 '열린우리당'이 이념 중심 전략 사용. 하지만 한국정당이 이념적 극단화는 강하지 않음. 따라서 정당 간 경쟁에서 선명성을 위해서 '감정적 분극화'가 강화.

(3) 정당의 선거전략: 인지적 분극화에서 감정적 분극화

① 대선에서 분극화를 선거전략으로 활용: 정당들은 대통령선거에서 선명성 경쟁을 함. 실제 포괄정당으로서 특정 이슈를 선점하기 어렵게 되면 '분극화'를 이용하여 선명성 경쟁. 최근 선거에서 정당 간 정책 차이가 드러나지 않는 경우 '촛불집회'와 '태극기 집회' 같은 담론을 사용하여 지지 확보.

② 정당의 선거전략으로서 '인지적 분극화' 보다는 '감정적 분극화'를 사용: 정당 간의 실제 이론적 간격이 넓게 벌어진 것은 아니므로 유권자들의 정체성을 이용하여 지지를 확보. 즉 정당의 '인지적 분극화'가 약하기 때문에 '감정적 분극화'를 이용. 네거티브 선거전략 활용. ⇨ 한국정당의 이념적 무정형성과 연관됨.

2. 정당 분극화와 미디어 분극화의 유권자 분극화에 대한 영향

정당들의 분극화에 비해 한국 유권자는 중도 성향이 강함. 하지만 미디어들이 가세하여 정당 분극화를 지원.

(1) 정당 분극화와 미디어 분극화의 유권자에 대한 부정적 영향

① 정당들이 유권자를 분극화하게 하는 두 가지 요인:

첫째, 선거경쟁에서 이념이 가장 잘 먹히는 쟁점이 됨.

둘째, 감정적인 동원.

② 미디어 특히 뉴미디어들의 분극화 추진 두 가지 이유:

첫째, 자신을 영향력 있는 정치적 행위자로 만들기 위한 전략.

둘째, 자신들의 경제적 이익을 확보하고 의제 선점 능력을 키우기 위한 전략.

③ 정당-미디어의 분극화는 유권자들을 합리적이기보다 감정적으로 동원. 다른 갈등을 도외시함. 감성적 동원으로 갈등 고조함.

④ 정당-미디어 분극화의 유권자에 대한 부수적인 긍정적 영향과 평가:

첫째, 유권자의 선택을 단순하게 함.

둘째, 부정적인 선거 전략으로 인해 부분적으로는 투표율 증대.

셋째, 정당과의 공동체감 공유.

3. '정당-미디어-유권자 분극화'의 정치체제에 대한 영향

(1) 정당 간 경쟁: 경쟁의 극단화

① 정단 간 경쟁성 강화: 부작용으로 제3지대 구성으로 나갈 수 있음. 사례로 2016년 '국민의 당' 등장.

② 정당체계 수준의 부작용:

첫째, 정당 간 타협 가능성을 대폭 낮춘다.

둘째, 감정적 분극화로 인해 상대 정당과 후보에 대한 적개심이 늘어나 정치적 사실관계 파악을 어렵게 한다.

셋째, 대의민주주의와 정당정치 전체에 대한 유권자들의 실망이 늘어난다.

(2) 정부형태에 대한 영향: 대통령 경쟁 격화와 정치 안정성 약화

① 분점정부의 가능성+국회선진화법과 초다수주의(다수결주의보다 기준을 높이는 다수결주의)로 인해 대통령제의 안정성 약화.

② 단임제 대통령제에서의 경쟁성은 더욱 강화. 통치가능성(governability)에는 부정적임.

(3) 정부와 의회 관계: 정당을 기반으로 한 경쟁 강화

① 정당의 분극화는 정부와 의회의 관계도 악화시킬 가능성이 큼: 현재 행정부와 의회의 관계는 '행정부 vs. 의회'이 아닌 '정부-여당 vs. 야당'의 관계임. 분극화는 이들의 대립을 강화할 것임.

② 의회 무력화 가능성 증대.

합격생 tip

정당정치의 분극화를 인지적 분극화 vs. 감성적 분극화로 나누어서 감성적 분극화라고 주장할 수 있는 사례를 준비.

정당정치의 분극화를 설명할 때에도 지문에서 의도하는 맥락을 파악한 후 답하는 것이 필요. 제도의 문제인지 vs. 미디어의 문제인지 vs. 둘 다 묻는 문제인지 파악

정당정치 쟁점 16 : 한국의 지역주의

주제의 문제의식

Q 한국에서 지역주의는 어떤 원인에 의해서 만들어졌는가?

A 한국에서 지역주의는 제도와 정치적 동원에 의해서 만들어졌기 때문에 완화 역시 같은 기제에 의해서 가능하다.

세부 쟁점과 핵심이론

sub 1 지역주의의 1968년설 vs. 1987년설 논쟁
(1) 1968년 박정희 정부의 선거 전략 vs. 1987년 민주화이행기 대통령 선거 전략

sub 2 지역주의의 정서적 접근 vs. 합리주의적 접근 논쟁
(1) 지역주의는 유권자의 정서적인 질병 vs. 이념 정당의 대체물로서 유권자의 합리적인 선택.

표를 통한 비교 한국의 지역주의 원인과 개선방안

지역주의의 발생원인	(1) 민주－반민주 대립구조 해체 → 새로운 균열의 필요: 1987년 한국은 단일민족(인종), 종교의 비정치화, 노동계급 약화(계급)로 지역 외의 다른 갈등요소 등장 못함. (2) 사회 · 경제적 불균형: 호남 vs. 비호남의 불균형적 개발 및 중앙을 향한 지방 간 경쟁구조 등에서 지역 간 서열의식 형성 → 지역주의 동원 기반 형성 (3) 민주화 전환기(1987 대선, 1988 총선)에 선택된 제도: 1인 1선거구제의 소선거구제＋상대다수제 합의(권위주의자와 민주화 인사) → 보스중심의 지역패권정당 등장.(YS의 대구경북지역(TK), 노태우의 부산경남지역(PK), DJ의 호남지역, JP의 충청지역)
최근의 지역주의의 특징	(1) 신지역주의: 원적지 중심의 지역주의에서 거주지 중심의 지역주의로 변화 양상. (2) 지역과 이념적 경향의 결합: 거주지 중심의 지역주의는 이념적 경향 가짐. 예 강남지역의 보수정당투표. but, 20대 총선에서 송파와 강남에서 민주당 3석 확보함. (3) 전국정당화 가능성 문제: 계급투표나 경제적 이슈의 경우 합리적인 이해가 지역의 관건이 됨을 의미. 향후 합리적 선택에 따른 전국 정당화 경향성 여부 논의. 예 20대 총선에서 새누리당 이정현 의원이 '순천곡성'지역에서 당선. 영남에서도 민주당 당선됨.
지역주의 완화를 위한 제도적 개혁방안	(1) 선거제도 측면: 비례대표 증대(권역별 비례대표제 등). 중선거구제(1선거구 2인 이상 선발) 효과에 대해서는 부정적. (2) 정당제도 측면: 경선제도 확대 (3) 정부구성 측면: 중앙정부 인사 · 재정 · 정책의 지역별 안배 강화 (4) 지방정당 허용 검토: 전국 차원의 조직화나 정책이슈와 무관하게 특정 지역의 주민의사 형성에 참여하는 것만을 목적으로 하는 정치적 결사체를 허용하도록 정당법 규정 개정. (5) 권력구조 분산: 대통령제도의 의원내각제로의 변화나 연방제도 등의 개선안. 권력의 공유제도를 이용 (6) 경제적 사회적 불균형해소. 국토균형발전을 통한 경제적 소외축소

적용 가능 사례

1. 지역주의 투표행태의 완화와 이념 투표의 강화

정당정치 쟁점 17 : 원내정당과 대중정당 논쟁

주제의 문제의식

Q **한국정당의 방향으로서 원내정당화는 바람직한가?**

A 원내정당화는 정당기율 약화와 의원의 자율성 강화라는 긍정적인 면이 있지만, 제도로서 정당을 약화시키는 단점도 있다.

세부 쟁점과 핵심이론

sub 1 원내정당화와 정부형태의 공존 가능성 논쟁 / 원내정당화와 정당제도화 가능성 논쟁

(1) 원내정당모델: 미국식 정당모델. 간부정당적 성격 혹은 선거전문가정당 성격. 지지자 〉 당원이 더 중요. ex) 경선에 유권자 참여

(2) 책임정당 혹은 대중정당모델: 유럽식 정당모델. 대중정당의 이념을 강조. 당원을 중심으로 한 정당

(3) 한국정치 현실로서 한국정당과 진성당원 문제: 기간 당원 혹은 진성당원(당비 내고 정당 활동하고 선거운동도 하는 사람)이 부족함. 2009년 기준 당원은 전국에 412만 3천 687명이고, 이 중 당비를 내는 진성당원은 전체의 7.9%인 32만 6천 733명임.

(4) 한국의 정당 지지자들은 있음: 보수성향의 유권자가 30%를 넘어섬. 진보성향의 유권자가 30%에서 축소됨. 그러나 여전히 중도성향의 유권자가 30% 넘게 있음.

1. 원내정당화 이론

개념	정당 구성원 중 국회의원을 중심으로 하는 정당으로 정당 지지자들(원외세력)로부터 일정하게 자유로운 정당
지향점	(1) 의회 기능 강화: '무대(Arena)의회'에서 '전환(transformative)의회'로 변화, 의회와 대통령의 대립 해소. (2) 의회의 이익 조정 기능 증대: 의원의 자율성과 정당의 자율성 확보. (3) 정당 반응성 증대: 대중정당보다 포괄적 정당에 가까운 정당구조, 정당의 외부이해 반영에 따른 대립 약화, 대중의 이념 약화로 이념에 기반한 대중정당은 곤란. 공약을 지키는 '책임성(accountability)'보다 여론에 반응하는 '반응성(responsiveness)'이 중요. (반론: 반응성은 책임성이 없이는 충분하지 않다(Jacobson))
반론 (책임정당론)	(1) 현실 인식 문제: 원내정당론은 한국 현실을 보스중심정치로 이해하고 있으나 현실은 이와 다르게 높은 초선의원 비율을 보이는 등 한국정당이 폐쇄적이지 않음. (2) 정당 개혁론 문제: 대중동원을 거부하면서 중산층 이상의 보수적 정치로 전락할 것, 사회적 약자와 기층민의 이해는 정당만이 반영할 수 있음. (3) 정당관 문제: 서구와 달리 한국정치는 이념 정당으로 변화되어 가고 있어 포괄정당 논의는 아직 이름. (4) 사회균열 이해 문제: 원내정당론은 이념적 수렴을 주장하나 한국의 이념이 수렴한다는 점은 근거가 약함.
재반론	(1) 책임정당론의 현실적 문제:

	① 2만 명의 진성당원으로는 책임정당을 만들기 어려움 ② 중산층은 이슈중심선거 경향 ③ 노동균열 반영은 특수이익 대표(지지기반 약함)
논의의 핵심	(1) 원내정당론: 의회정치 > 정당정치 (2) 책임정당론: 정당정치가 소외된 이해반영의 유일한 창구 (3) 정당의 제도화 방향이 바람직하나 대중정당으로 가자는 이념적 주장은 무리. 책임정당으로 가기 위해서는 정당 활성화와 정당의 비전 제시 그리고 지도자 선정이 핵심. (4) 의회 기능 약화는 원외세력 문제만이 아니고 원내세력 문제이기도 함. 그러나 의원 자질은 개인적 문제로만 보기 어렵고 정당에 의한 영향이 강함.
정당 개혁 방향	(1) 효율성 중심 → 효율성 + 공공성과 책임성 (2) 수평적 권력분산 (3) 정치 불신 해소: 대표성 증대, 정책 정당화 (4) 정당제도화

정당정치 쟁점 18 : 정당연합과 정당분당

주제의 문제의식

Q 한국에서는 정당이 연합을 하거나 분당하는 이유는 무엇인가?

A 한국에서 정당 응집성이 낮고 권력추구적 성격이 강하기 때문에 정당 간 연합하거나 분당을 하게 된다.

세부 쟁점과 핵심이론

sub 1 정당연합의 원인

(1) 대통령제와 다당제 가능한 정당체계에서는 정당연합이 중요

(2) 정당연합의 이론 2가지:

① 선거승리와 공직 획득를 위한 정당연합

② 정책공동추진을 위한 정당연합

(3) 정당 연합의 사례들: 1990년 3당합당(선거승리 공직획득 + 내각제개헌이라는 정책 공동추진), 1997년 DJP연합(공직 획득 + 정책공동 추진), 2002년 대선에서 노무현-정몽준 연대(선거승리연합), 2012년 민주당의 야권연대.

(4) 2016년의 사례는 정당분열을 보여줌. 국민의 당이 분당해서 나감.

(5) 준연동형 비례대표제와 위성정당창당을 위한 정당 분당 가능성 증대.

합격생 tip

2024년 총선 이전/이후의 분당, 합당 사례도 확인하는 것을 추천

정당정치 쟁점 19 : 유권자 정당

주제의 문제의식

Q 한국에서는 유권자 정당(신유목정당)은 바람직한가?

A 한국에서 유권자 정당은 바람직하지 않다.

세부 쟁점과 핵심이론

sub 1 유권자 정당(신유목정당)의 장단점 논쟁: 유권자의 수요에 따라 정당 구성. 변동이 빠름. 응답성을 높임. 그러나, 정당정치의 제도화는 약화됨.

정당정치 쟁점 20 : SNS와 정당정치의 변화 여부

주제의 문제의식

Q SNS활용에 따라 정당정치는 변화하고 있는가?

A SNS의 활용은 정당정치를 변화시키고 있다.

세부 쟁점과 핵심이론

sub 1 정보통신 혁명의 발달과 정당정치의 변화 가능성

(1) 2010년 선거. 2011년 서울시장 보궐선거 등에서 SNS의 중요성이 증대함.

(2) 디지털 네트워크의 4가지 특징: 권력구조 측면(국가와 권력의 중심성에서 탈중심성으로 변화)/ 시민성과 정체성 측면에서 합리주의에서 감성적 정치로의 변화/ 참여와 의사결정 측면에서 과거 '집단'위주의 정치에서 '개인'위주의 정치로 변화/ 이슈 측면에서 생활세계와 세부이슈 중심 정치로의 변화

(3) 시민들도 제도적인 참여보다 비제도적인 참여가 늘어남.

(4) 정당체계 차원에서 포괄정당화로 변화함.

(5) 개별정당 차원에서는 정당의 정체성이 약화, 이슈중심 정당으로 변화, 당원조직의 약화를 가져오고 있음.

(6) SNS가 민주주의에 대해 기여할 것인지 논쟁과 대의민주주의에 대해 기여할 것인지는 별개로 파악해야 함.

1. 아날로그 정당과 네트워크 유권자[5)]

(1) 문제의식: 정당 위기＝대의민주주의 위기

(2) 정당 위기 지수

① 동아시아 연구원의 신뢰도 조사: 정당은 10점 만점에 3.5로 대기업(5.7) 사법부(5.6), 정부기관(4.8)보다 낮음.

② 한국사회과학 데이터센타의 조사: 한국정당의 신뢰도 23.8%

③ 갤럽 조사: 유권자들 중 '지지 정당이 없다'의 비중이 높음. 20대는 44%이고 30대는 51%로 부동층이 높음.

(3) 매개 기관으로서 정당의 기능이 약함.

(4) 정부가 디지털네트워크로 '정부 ⇔ 유권자'가 되면 정당의 자리는 사라짐. 매개 장치가 불필요함.

(5) 뉴미디어(디지털 네트워크)시대 시민상 변화: 의무적 시민에서 관여적 시민으로. 행동방식도 변화함(투표하기, 세금내기, 군복무 하기 ⇨ 결사체 참여, 자원봉사, 자기 의견내기, 정치에 적극적 참여)

(6) 뉴미디어와 정당의 변화 방향

① 기존 정당활동 방식에 뉴미디어 활용: 일상의 정치에 해당. 선거 전략을 짜고 홍보하는 활동

② 크라우딩소싱(crowdsourcing)전략: 뉴미디어의 쌍방향성 속성을 활용하여 정당의 정책형성, 선거공약

---

5) 윤성이, "아날로그 정당과 네트워크 유권자"

선정과 홍보, 지지자 동원을 비롯한 정당 활동의 참여. 정책형성에 있어서 유권자의 의견 제시. 정당일체감의 확대.

③ 전복(jamming)시나리오: 유권자들이 자체적으로 정치적 메시지를 생산하고 전파하면서 여론을 주도함. 정당과 관계없이 유권자들이 제시하는 특정 이슈가 공론의 장을 장악함. 유권자가 소비자가 아닌 생산자가 됨.

(7) 제도 지체현상의 극복

정당정치와 네트워크 정치 간 상호 작용의 중요성. 나쁜 시나리오는 대의민주주의 중심세력과 네트워크의 세력이 정치과정을 주도하지 못하는 것임. 긴꼬리 법칙(longtail effect: 인터넷의 발달로 권력을 가지지 못했던 기층세력에 권력이 넘어가는 것을 의미함)

(8) 모델들

① 수직적 동화모형: 대의제도가 중심이 되어 네트워크를 끌어안고 가는 것. 대의제도가 주도적으로 네트워크정치를 끌고 감. 엘리트 중심의 대의민주주의가 안정적으로 유지됨. 네트워크를 통해서 대표자에 대한 책임성과 반응성이 증대하는 것임.

② 맞물림 모형: 기존 대의제도와 네트워크 정치가 상호 융합하는 양상임. 대표가 네트워크참여를 수용하면서 비제도적 네트워크의 참여가 활발하게 되는 것임. 이런 상황에서는 대의민주주의는 참여민주주의 혹은 강한 민주주의로 대체됨.

(9) 정당 강화론자들의 주장: 20세기 대중정당의 변화처럼 디지털네트워크의 기술확산은 근대적 간부정당의 모습으로 변화시킬 것임. 정당과 유권자의 의사소통이 활발해지고 전통미디어에 대한 정당의 의존도가 낮아질 것임. 이에 따라 정당이 의제설정, 프레임 형성, 전달 대상 설정에 독립적이고 자율적인 권한 행사 가능. 온라인 여론조사 등을 활용할 수 있음.

정당정치 쟁점 21 : 정당 민주화와 경선제도

주제의 문제의식

Q 한국정당의 민주화는 어떤 변화를 가져오는가?

A 경선제도와 정치자금의 투명화는 정당의 기율을 변화시킨다.

세부 쟁점과 핵심이론

sub 1 경선제도의 효과 논쟁
(1) 경선제도의 정당 운영에 대한 변화 논쟁: 응답성 증대 vs. 응집성 약화

1. 정당체계, 선거제도, 거버넌스[6)]

(1) 비례대표제 증대가능성 낮음.

(2) 2015년까지 비례대표제 증대 주장 논리

① 양당제 완화를 위한 진입장벽의 약화

② 권역별 비례대표제를 통해 지역 정당들 독과점 체제 개선

(3) 반론

① 진입장벽이 높다고 하지만 현재 3%가 높은 것인지를 알기 어렵다.

(4) 제도변동이론의 명제: 제도를 변경하려면 몇 가지 조건이 맞아야 함.

① 기성체제의 전면적 위기가 감지될 필요

② 위기 해소를 위해 새로운 제도가 그 방향진단 가능한지 여부

③ 새로운 제도에 대한 다양한 정치세력들의 이해관계 부합 여부와 제도권과 비제도권내 합의가능성

④ 전 과정을 이끌어갈 리더십과 유효한 정치적 개념의 존재 여부

(5) 비례대표제도 도입 가능성

① 기성체제의 전면적 위기가 감지: 위기감 존재한다고 단언 곤란. 1997년 외환위기와 2008년 미국금융위기와는 다름.

② 위기 해소를 위해 비례대표제가 명백한 대안: 다당제 구성을 통해서 지역정당체계 변화가 어려움. 또한, 비례대표제가 국회의 능력 강화나 정당의 문제해결 능력 강화로 이어지지는 않음.

③ 새로운 제도에 대한 제도권 내 합의: 여야 간 의견이 갈림. 소수정당은 찬성하지만, 거대정당은 거부함. 시민사회 측의 사회적 합의도 약함.

④ 전 과정을 이끌어갈 리더십과 유효한 정치적 개념의 존재 여부: 주제를 만들 수 있는 개념이 약함. 과거 '고비용 정치구조타파' '돈 먹는 지구당'의 개념은 2004년에 성공적임.

2. 정치개혁으로서 정당후원회 폐지[7)]

(1) 2004년 정치관계법 개정 ⇨ 3김 정치의 문제점 극복과 정당 민주화 목표

---

6) 장훈, "정당체계, 선거제도, 거버넌스"
7) 강원택, "정치개혁 되돌아보기: 정당후원회폐지의 정치적 결과"

(2) 당시 정치개혁의 모델: 원내정당론을 중심으로 함. 미국식 정당조직의 약화와 당원 중심에서 지지자(유권자)중심 정당을 지향함.

(3) 결과: 정당후원회 폐지, 중앙당 조직축소와 지구당 폐지

(4) 문제점: 정당체계 고려가 부족함. 새누리당과 새정치민주연합의 카르텔정당 강화+폐쇄성 강화

(5) 구체적인 제도개혁들

① 정당후원회 개혁: 2002년부터 정당후원금이 줄어들게 됨. 2004년 정치자금법개정으로 후원금 한도 축소함. 따라서 2006년 정당후원회를 폐지하기 전에 문제점 사실상 해소됨. 문제는 후원회를 금지함으로써 정당이 자금 모금을 어렵게 함. 거대정당은 국고 보조금이 있고 조직이 있기 때문에 문제가 덜함. 당원모집이 어렵고 정당설립요건(5개 이상 시도에 1명 이상의 당원 갖춰야 하고 수도에 중앙당을 두도록 함)이 까다롭기때문에 신생정당 수립이 어렵고 비용이 많이 들게 됨.

② 정당후원회의 폐지와 거대정당 중심의 국고보조금 제도 고착: 거대 정당은 후원회 폐지를 국고보조금으로 만회함. 국고 보조금이 2015년 1인당 981원으로 상승함. 국민 1인당 981원을 전체 곱하고 선거가 있는 해에는 두 배를 지급함. 유권자에 후원회가 필요 없게 됨. 2012년 선거 시 새누리당은 517억을 받았고 민주통합당은 431억을 받았다. 그러나 통합진보당은 74억을 받았고 진보정의당은 4억 9,900만 원을 받았다. 이처럼 거대 정당에게 국고보조금은 유리하게 배분된다. 거대정당의 경우 후원회가 전체 재정의 5%를 차지하지 않기 때문에 후원회 폐지의 영향이 적지만 소수 정당에게는 경향이 크다. 이로 인해 소수정당에 대한 진입장벽은 높아진 것임.

3. 오픈 프라이머리제도[8)]

(1) 2015년 김무성 대표는 오픈 프라이머리(미국에서 사용하는 경선제도. 지지 유권자가 아니어도 경선에 참여할 수 있는 제도)를 제안함. 상향식 공천제를 통한 당내 계파 간 갈등을 축소하고자 함.

(2) 상향식 공천제도는 항상 중요한 주제로 남음. 20대 총선은 친박의 친이계 공천학살, 더민주당의 친노 진영의 호남 배제로 문제가 됨. 김무성 대표 옥쇄사건이 가장 극명한 문제를 보여줌.

(3) 미국의 오픈프 라이머리제도와 유형들

① 미국에서 19세기 말 정당보스의 영향력 약화를 목표로 하여 시도됨.

② 연방의원 선거는 개방형 예비선거(정당지지 유권자 아닌 경우에도 경선에 참여)+폐쇄형 예비선거(정당지지 유권자만 경선에 참여)+다양한 예비선거 사용함.

(4) 제도별 구분

① 폐쇄형 예비선거(20개 주에서 사용됨)는 정당 당원만이 해당 정당의 예비선거에 참여함

② 개방형 예비선거는 모든 등록유권자와 무당파 유권자가 참여

③ 준폐쇄형 예비선거는 정당등록유권자와 무당파유권자만이 참여

④ 포괄형 예비선거는 하나의 투표용지에 모든 정당 후보의 이름이 소속 불문하고 인쇄되기 때문에 비정당형 예비선거로 유권자형 예비선거가 됨.

(5) 개방형 예비선거는 타정당지지자와 무당파지지가가 참여하여 중도적 후보선출 효과가 이론적으로 제시되지만, 경험적 검증은 없음.

---

8) 손병권, "오픈 프라이미머리와 정당, 당원 그리고 유권자"

(6) 오픈 프라이머리제도의 장점

① 민주주의와 개방성에 부합: 정당의 지도부 ⇨ 국민에게 공천권/ 정당의 조직력은 약화되지만 유권자와 당원과의 관계는 쌍방향적이 됨.

② 여당 의원은 지역유권자와 당원을 중심으로 의정활동 ⇨ 대통령으로부터 자유로워짐. 지역구 중심의 의정활동. 정당 지도부의 영향력 약화

③ 의원의 자율성 증대와 상임위원회 중심의 분권화된 의정활동이 가능 ⇨ 분권화된 상임위원회와 상시적인 상임위원회 활동 기대

④ 의회의 행정부 견제 기능 활성화와 지역의원 간의 협조가능성 높음 ⇨ 특정 이슈에서 다른 정당 간에도 같은 지역구 의원들이 협력할 수 있음.

⑤ 지역정당 내에서도 후보지명을 둘러싼 경쟁을 강화 ⇨ 일당지배 지역의 당내경쟁 강화

(7) 오픈 프라이머리제도의 단점

① 조직으로서 정당 약화와 정당의 정체성이 약화됨. 미국의 19세기 정치개혁은 정당 약화도 가져옴, 한국은 2004년 지구당폐지 이후 정당의 지역 기반이 약화된 상황에서 오픈 프라이머리는 정당조직을 약화시킬 것임.

② 당원 중심으로 운영될 경우 조직력 강한 후보가 유리함. 국민 참여가 부족할 경우 검증되지 않은 후보가 당선될 가능성이 높음.

③ 현역의원의 강점이 부각될 것으로 보임 ⇨ 정치신인이 현역을 의원을 이겨야 하는 어려움이 있음.

④ 선거부정에 대한 우려 ⇨ 동원된 당원과 입당원서 등을 위해 금품제공 등이 문제가 됨.

(8) 한국에서 실시될 경우의 문제점

① 현역의원에게 유리한 경선과정 진행이 우려. 이를 위해서 여론조사방식의 변화가 필요. 또한 예비등록기간을 늘려줄 필요가 있음.

② 조직화된 세력이나 극단적인 당원과 유권자가 참여하여 극단적인 후보지지 가능. 미국의 경우 2010년 중간선거에서 티파티(Tea party)지지 세력(공화당 우익세력)이 공화당 경선장악하면서 극단적으로 보수화된 후보들이 선발됨. 한국의 경우 일당지배 지역에서 극단적인 후보 등장 가능성이 높음.

(9) 오픈 프라이머리가 공천 권력의 이전, 유권자들의 참여와 기대 증대, 의정활동의 자율성 증대를 가져올 수 있고 정당 간의 갈등 완화도 기대 가능.

정당정치 쟁점 22 : 정당위기론

주제의 문제의식

Q **한국정당은 위기인가?**

A 한국정당에 대대 유권자들의 실망이 많지만, 위기까지는 아니다.

세부 쟁점과 핵심이론

sub 1 제도 비교: 정당정치의 쇠퇴 여부

(1) 문제의식: 과연 정당정치는 쇠퇴하고 있고 정당 중심의 민주주의는 위기에 처해있는가?

(2) 대의민주주의에 대한 실망과 회의의 증대. 정당정치에 대한 실망과 회의도 증대. 보완민주주의 논의와 정당 이외의 다른 제도적 장치에 대한 관심 증대. "정당은 진짜 문제인가?"와 "정당이외의 대안이 있는가?"의 질문 해결해야 한다.

(3) 정당위기론의 요인들: 가치관과 이해의 다원화/ 정당일체감의 약화/ 투표유동성/ 유권자의 무관심의 증대/ 신생정당의 등장

(4) 정당위기론의 반론: 정당은 여전히 선거참여를 통해서 정부권력획득/ 투표유동성의 범주는 과장됨/ 신생정당의 도전은 지나치게 신생정당의 논리를 담고 있고 기성정당의 능력과소평가

(5) 결론: 아직 정당은 중요(+)

1. 한국 정당에 대한 평가[9)]

(1) 분석틀: 키(V. O. Key)의 정당의 3가지 구성요소

① 유권자 속 정당: 유권자와 정당 간 괴리 확대. 부동층의 증대가 관건.

② 조직으로서 정당: 중앙당 조직이 크고 당원과 자원봉사자가 부족.

③ 정부 내의 정당: 대통령을 포함한 공직자들.

(2) 한국정치의 문제점

① 승자독식 구조와 정치구조. 단순다수제와 소선거구제로 제1당과 제2당에 유리.

② 국회의 합의제 운영방식 경험 부족.

③ 이념 갈등의 과잉과 지역갈등의 중복.

(3) 정당위기론의 논쟁

① 대중정당론의 진화과정으로 한국만의 문제는 아님(낙관론)

② 서구 대중정당모델이 맞지 않음. 새로운 한국식 모델의 필요성(비관론)

(4) 위기의 원인

① 대표의 실패. 정당일체감의 약화, 참여와 투표 부진, 당원감소, 정치불신이 문제.

---

9) 윤종빈, "기로에 선 한국정당: 위기와 기회"

② 전문가들이 한국정당을 설명할 이론제시가 부족함.

(5) 정당 위기 개혁방안

① 기득권을 내려놓는 방안과 정치신뢰 회복.

② 정당일체감의 증대. 3김 이후의 새로운 한국적 정당일체감 필요

③ SNS로 무장한 유권자의 반응성을 고려해야 함.

④ 저비용 고효율의 정당 체질 개선. 2004년 정치관계법의 개정으로 중앙당 상근직원 수를 제한하고 지구당 폐지하고 개인의 후원회 금지함. 그럼에도 불구하고 정치개혁이 필요함.

⑤ 당내조직기구와 의사결정과정의 투명화가 필요함. 당내 리더십 선출과 후보자 공천과정의 투명화가 필요.

(6) 한국정당의 위상: 간부정당, 대중정당, 포괄정당, 원내정당, 카르텔정당, 유권자정당 등의 하이브리드 모형이 적절할 듯.

2. 한국 정당모델의 방향성[10)]

(1) 새로운 정당모델의 기준과 고려사항

① 정치환경변화: 매스미디어와 시민사회의 발전과 정보화

② 기존 서구식 시각의 부적절함

③ 정당에 대한 통합적 이해의 필요성: 다른 제도들(의회, 대통령)과 연계됨.

(2) 한국정당 모델에 대한 기존 연구와 대안들

① 서구모델에서 비교 대상이 부족함. 신생민주주의 국가가 더 유용할 수 있음.

(3) 최근 한국정당 연구경향

① 포괄정당과 카르텔정당 ⇨ 선거전문가정당으로 관심전환. 동원대상이 당원에서 유권자전체로 변화함. 지구당 폐지로 정당조직과 운영은 정당보다는 후보자 중심으로 전환함. 정당의 통합능력고려가 중요.

② 카르텔체제 ⇨ 유목형 조직으로 전환. 신생정당진입이 용이해지고 개인 카리스마에 의존한 정당조직도 민주화됨. 정부와 정당의 관계도 ‘일방적 순응’에서 ‘순응, 타협, 저항’으로 다양하게 나타남.

(4) 한국정당 모델의 조건

① 정치의 국민의 의식변화 필요: 다양성과 관용정신의 필요

② 시민과 정당의 연계강화모델: 적극적 참여층의 유입 필요. 시민의 이해를 파악하기 위한 풀뿌리 조직이 될 필요. 지역별 외에도 분야별, 이슈별 조직이 있어 정당과 시민연계 필요.

③ 다양한 정당 모델의 경쟁을 위한 정치환경 조성: 사회환경 변화에 따라 정당의 역할도 조정될 필요가 있음. 2002년 국민경선제가 대표적인 사례

④ 정당정치의 제도적 일관성: 정당모델 간의 충돌가능성. 예를 들어 규범적으로 대중정당과 후보자 중심의 선거중심 모델 간의 모순

⑤ 다층적 접근의 필요성: 정당과 행정부 간 책임성의 확보필요. 중앙과 지방 간 수직적 관계가 아닌 유기적이고 협력적 관계구축.

---

10) 임성학, “한국적정당모델의 방향성”

제 4 장 선거제도

선거정치 쟁점 1 : 선거의 기능

주제의 문제의식

Q 민주주의 국가에서 선거는 어떤 기능을 수행하는가?

A 선거는 정치인과 유권자 간의 관계 속에서 '상향적 기능(시민의 정치인에 대한 책임추궁)'과 '하향적 기능(정치인의 국민에 대한 통제)'과 '쌍방향적 기능'(시민의 권위인정과 정치인의 시민에 대한 반응과 영향력 유지)을 수행한다.

세부 쟁점과 핵심이론

sub 1 선거 일반론: 선거와 투표의 구분

(1) 선거: 대표나 공직자를 선출하는 일련의 규칙 vs. 투표(선거에 나온 후보나 정당에 대해 유권자의 의사 표현 행동)

① 선거 연구: 제도 연구. 선거제도 변화와 유권자의 행동 변화와 정당의 행동 변화를 가져옴. 선거 연구는 3가지를 다룸. 첫째, 선거구의 크기. 둘째, 당선자 결정방식. 셋째, 기표 방식.

② 투표 연구: 유권자의 투표행태 연구. 크게 두 가지를 다룸. 첫째, 유권자의 투표율(Votion or not)과 둘째, 유권자의 투표 기준(Votion to whom) 연구.

(2) 기본 가정: 제도론(제도 변경 ⇨ 투표 행태 변경 + 정당들 경쟁 구도 변경)

(3) 선거의 핵심 가치: 공정성(절차적 공정성을 통해 유권자와 정당 중 특정 유권자와 정당에 우선권을 부여하지 않음) + 대표성(사회적 가치 대부분을 반영)

(4) 선거의 기본원칙

① 보통선거: 모든 인민에게 투표권을 부여함. 1920년대 1차 대전 참전에 대한 보상으로 이루어짐. 민주주의의 역사가 보통선거권확보의 역사임.

② 평등선거: 모든 인민의 의사는 동등하게 반영되어야 함. 1인 1표 원칙의 구현이 중요. ㉠ 한국 2015년 선거구당 인구 편차 1:3 크기가 위헌결정 되면서 1:2로 조정함. 2016년 20대 총선에서 조정됨. 지역구 표의 크기(한 선거구당 유권자 수가 많은 지역구 〈 유권자 수가 적은 지역구. ㉠ 20만 명이 한 명의 의원 배출 지역구 표의 크기 〈 10만 명이 한 명의 의원 배출 지역구 표의 크기)

③ 직접선거: 유권자 스스로가 대표를 선출함. 미국의 선거인단 제도는 예외.
④ 비밀선거: 자신이 누구에게 표를 던지는지가 공개되지 않아야 함.

(5) 참정권과 선거의 범위
① 선거연령의 문제: 2019년 선거법 개정. 선거연령 19세에서 18세로 하향. 2020년 선거에 적용됨.
② 민주주의를 위한 포괄적 시민권 부여: 로버트 달은 민주주의에서 Inclusive suffrage를 강조함. 정신적 능력이 부족한 장애인, 범죄자, 재외국민을 포함할 것인지 여부가 중요.
㉮ 한국은 2012년 선거부터 재외국민 투표권을 인정함. 19세 이상 재외국민(외국 영주권을 가진 해외동포와 주재원, 유학생을 비롯한 일시 해외체류자)에게 부여함.
㉮ 2014년 지방선거부터 3년 이상 거주한 외국인 노동자에 지방선거 투표권 부여.
③ 선출직의 범위: 어떤 공직을 선출직으로 할 것인지의 문제. 논쟁은 선출직 공무원 증대에 따른 '민주성과 대표성 증대 vs. 유권자의 정치적 피로도 상승'

sub 2 선거제도와 다른 제도들과의 관계
(1) 선거제도 ⇨ 정당관계: 대통령제의 결선투표제 사용 ⇨ 1위 2위 정당과 다른 정당 간 연합
(2) 선거제도 ⇨ 선거전략: 구속명부/ 정당명부식 선거제도 ⇨ 정당의 후보 공천전략변경
(3) 선거제도 ⇨ 유권자와 당선자 간 관계: 정당명부식 선거제도 ⇨ 유권자와 당선자 간 관계 소원해짐
(4) 선거제도 ⇨ 충원: 50% 여성할당제의 비례대표제 ⇨ 여성의원비율 증대

sub 3 선거의 역설적 본질[1)]
(1) 문제의식: 선거가 대의민주주의에서 인민의 의사를 결집하여 사회적 선택을 가능하게 할 수 있는지 여부.
(2) 투표의 역설
① 콩도르세가 발견한 것으로 선거에서 명백한 승자를 정하지 못하는 경우를 의미함. 개인의 선호는 전이적이나 사회적 선택은 비전이적이고 순환적인 상황을 가짐.
② 실제 사례:
A 그룹 33명 (대안 간 선호 X 〉 Y 〉 Z)
B 그룹 33명 (대안 간 선호 Y 〉 Z 〉 X)
C 그룹 33명 (대안 간 선호 Z 〉 X 〉 Y)
(i) 대안 X와 Y 간 경쟁: A 그룹과 C 그룹이 X를 더 선호함. X 지지 66 vs. Y 지지 33으로 X가 선택됨.
(ii) 대안 Y와 Z의 경쟁: A 그룹과 B그룹이 Y를 지지함. Y지지 66 vs. Z 지지 33으로 Y 가 선택됨.

---

1) 안순철, 『선거체제 비교』 (파주: 법문사, 2015), pp. 9-17.

(iii) 대안 Z와 X와의 경쟁: B. C그룹이 X 보다 Z를 지지함. Z 지지 66 vs. X 지지 33으로 Z가 선택됨.

⇨ 결론 두 개의 대안 간 경쟁에서 어떤 선택도 불가능함.

③ 투표 역설의 결론: 선거결과가 가변적일 수 있다는 점. 즉 결정성이 부족할 수 있음.

(3) 사회적 선택의 가변성: 투표 방식과 결과 차이

① 1위 대표제(First past the post): 한 표라도 더 많이 받은 후보가 당선됨.

② 결선투표제(runoff): 1차 투표에서 특정 기준을 못 채울 경우, 2차 투표를 실시하고, 이때 두 명의 후보로 압축하여 선출함.

③ 콩도르세 방식: 대안들을 1대 1로 비교하는 방안.

④ 보다 방법: 창안자 보다의 이름을 딴 방식으로 선호순위에 따라 점수를 부여하여 후보를 선택하는 방법. w, x, y, z의 선호가 있을 때 1순위에 3점, 2순위에 2점, 3순위에 1점 4순위에 0점을 주는 방식. 모든 투표자의 선호를 점수로 환산하여 합산하여 당선자를 결정하는 방식.

⑤ 벤담 방식: 공리주의자 벤담의 이론에 기초한 방식으로 투표자의 선호 효용성을 측정하는 방식. 실제로 x, y, z의 대안에 대해 투표를 할 때 유권자는 자신이 가장 선호하는 대안 x를 최대효용성을 대안 z를 최소효용성을 가진다. 그리고 유권자는 두 가지 방법 중에 하나를 선택할 수 있음. 첫 번째 방안은 x가 나오면 최대효용을 z가 나오면 최소효용을 부여받도록 하고 추첨을 하는 방안이다. 두 번째 방안은 중간값인 y의 중간효용을 택하는 것이다.

⑥ 내쉬 방식: 벤담식 방식이 효용성들을 더하는 것인데 비해 곱하기 방식을 적용한 방식임. 투표자들의 효용성을 모두 곱해서 가장 높은 점수를 받은 후보를 선택하는 방식.

⑦ 승인투표제: 투표자는 '승인'하는 대안 모두에 1표를 줄 수 있으며 이때 가장 많은 득표를 한 대안이 1위가 됨. 중도적 대안이 선택될 가능성이 큼.

⇨ 실제 시험에 나온 당선자 결정방식: 단순다수제, 결선투표제, 순차적 결선투표제. 보다 방식, 콩도르세 방식, 승자진출방식 다수결 투표(두 명의 후보 간 경쟁을 하고 여기서 이긴 후보가 다음 후보와 경쟁을 해가는 방식)

⑧ 결론: 특정 조건에서 사회적 선택은 어떤 결정방식을 택하는지에 달려있음.

sub 4 선거제도를 판단하는 기준[2)]

(1) 일률성(monotonicity): 한 대안에 유리한 투표 선호의 변화가 결과에도 유리해야 함. 즉 대안 a에 대한 두표수가 증대하면, 결과에도 반영되어야 함. 투표수 증감 ⇨ 당선 가능성 증감.

(2) 익명성(anonymity): 한표의 가치는 동일해야 한다는 원칙. 표의 가치가 같기 때문에 모든 구성원의 익명성이 보장됨.

(3) 중립성(neutrality): 선거제도가 어느 한 대안에도 유불리를 주지말아야 한다는 기준. 가중다수결은 중립성의 원칙을 깨는 것임.

2) 안순철, ibid. p. 22.

(4) 콩도르세 원칙: 한 대안이 1 대 1 대결에서 다른 모든 대안을 이기거나 비길 경우 이 대안이 사회적 선택이 디어야 한다는 기준.

1. 사회적 선택 이론의 사례[3)]

조건: 32명의 사회적 선택. / 후보는 a,b,c,d. / ( )안의 수치는 선호의 효용성/선호 강도 의미

투표자	투표수	제1선호	제2선호	제3선호	제4선호
1번－9번	9	a (1.0)	d (0.9)	b (0.8)	c (0.5)
10번－17번	8	b (1.0)	a (0.7)	c (0.6)	d (0.5)
18번－24번	7	c (1.0)	d (0.8)	b (0.6)	a (0.5)
25번－28번	4	c (1.0)	b (0.7)	a (0.6)	d (0.5)
29번－30번	2	d (1.0)	a (0.8)	b (0.7)	c (0.5)
31번－32번	2	d (1.0)	b (0.9)	c (0.6)	a (0.5)

* 콩도르세 승자: 이 경우는 1대 1로 대결시키면 콩도르세 승자가 없는 결과가 나옴.
* 1위 대표제: c가 당선됨. a, b, c, d가 9표, 8표, 11표, 4표를 얻음.
* 결선투표제: c와 a가 결선 라운드에 진출하여 a가 당선됨.
* 승인투표제: 32명이 2표를 행사하는 경우 a, b, c, d는 19표, 14표, 11표, 20표가 됨. d가 당선됨.
* 보다 방식: 1선호 3점, 2선호 2점, 3선호 1점 4선호 0점을 부여함. a, b, c, d의 점수는 51, 54, 43, 44점이 됨. b가 54점으로 1위가 됨.
* 벤담 방식: 선호 크기×유권자 수. d가 당선됨.

투표자	투표수	a 후보	b	c	d
1번－9번	9	9.0	5.4	4.5	8.1
10번－17번	8	5.6	8.0	4.8	4.0
18번－24번	7	3.5	4.2	7.0	5.6
25번－28번	4	2.4	2.8	4.0	2.0
29번－30번	2	1.6	1.4	1.0	2.0
31번－32번	2	1.0	1.8	1.2	2.0
계	32	23.1	23.6	22.5	23.7

* 내쉬 방식: 유권자의 효용성을 모두 곱해서 가장 높은 점수를 1로 정함. b가 당선됨.

3) 안순철, ibid. pp. 14-17.

투표자	투표수	a 후보	b	c	d
1번－9번	9	1	0.01	0.002	0.387
10번－17번	8	0.058	1	0.017	0.004
18번－24번	7	0.008	0.028	1	0.21
25번－28번	4	0.13	0.240	1	0.063
29번－30번	2	0.64	0.49	0.25	1
31번－32번	2	0.25	0.81	0.36	1
계	32	0.000009651	0.000026672	0.00000306	0.00002048

적용 가능 사례

1. 선거제도 변경과 투표율 상승 간 연결 가능성:
   ⇨ 비례대표제나 결선투표제가 투표율을 견인하는 경우가 생김.
2. 한국의 지역구별 인구 편차 조정과 절차적 평등성 증대:
   헌법재판소 1:4 판결 ⇨ 1:3 판결 ⇨ 1:2 판결. 선거구당 인구수 많은 지역구의 정치적 결정력 증대조치.
3. 한국에서 선거의 기능 중 개선이 필요한 부분:
   (1) 상향식 기능: 유권자의 책임추궁 가능성 증대 필요. 대통령 단임제의 변경과 정당제도화를 통한 정당에 대한 책임추궁성 증대.
   (2) 쌍방향적 기능: 선거가 대표의 호응성을 이끌어 내고, 유권자는 대표에게 권위를 부여해야 하나, 정치적 대표들의 불완전 경쟁시장으로 호응성이 낮아도 선거가 이를 교정 못함.
4. 당선자 결정방식 비교와 결선투표제도의 장단점
5. 한국 선거제도의 판단기준 적용: 일률성과 익명성은 보장됨. 국회선진화법에서 가중 다수결을 사용하여 중립성에는 위배됨. 반면 단순다수제로 인해 다자경쟁일 경우. 콩도르세 패자가 당선될 가능성이 높음. ⑩ 1987년 민주화 시기 대통령선거에서 노태우 후보는 결선투표 사용했을 경우 민주파 후보에게 패했을 것임.

합격생 tip

선거제도 Part를 공부할 때에는 해당 이론이나 주제가 투표를 할지 말지(Votiong or not), 즉 투표율 측면을 다루는 이론(다운즈의 합리모델 등)인지, 누구에게 투표할지(Votiong to whom?)를 다루는 이론인지(진실한 투표, 회고적 투표 등)를 구별하면서 공부해야 나중에 논점을 파악하기 좋음.

선거정치 쟁점 2 : 대의민주주의를 위한 선거 요건

주제의 문제의식

Q 선거는 대의민주주의 운영에 있어서 왜 중요한가?

A 절차적 민주주의의 기준에서 선거는 대의민주주의라는 간접민주주의가 대표 선출을 통해서 '인민에 의한 지배'라는 민주주의 원칙에 부합하게 만든다.

세부 쟁점과 핵심이론

sub 1 민주주의와 비민주주의 구분: '불확실성의 제도화'와 '전환가능성' ⇨ 선거경쟁을 통해서 구현됨.

(1) 선거 제도 존재가 중요한 것은 아님: 경쟁성(contestation)과 포괄성(participation)이 충족되어야 함.

(2) 선거제도를 통해 대의민주주의에서 유권자와 대표 간 대표성 확보, 호응성 확보, 책임성 확보가 가능.

(3) 구체적 정치 개혁 장치: 선거제도는 유권자 행태, 정당행태, 그리고 정당체계에 변화를 가능하게 함. 그런 점에서 가장 확실한 정치적 변화를 가져올 수 있음.

sub 2 대의민주주의를 위한 선거 요건

(1) 정기적 선거: 정기적 선거 ⇨ 제도화(기대안정화)

(2) 중요 직위 선출: 선거를 통해 대표를 통한 '인민의 지배'를 현실적으로 구현

(3) 복수 후보 보장: 선택의 자유 보장. 책임추궁성의 핵심

(4) 후보자 간 차이구분 가능: 정보 제공이 필요

(5) 공정한 집계: 선거결과의 정확한 집계 ⇨ 절차적 정당성의 핵심.

적용 가능 사례

1. 2020년 총선에서 준연동형 비례대표제 사용: 거대 정당의 위성정당화전략으로 소수 정당 의석확보 어렵게 됨.

선거정치 쟁점 3 : 선거구의 크기와 획정 방식

주제의 문제의식

Q 선거구의 크기는 유권자와 대표에게 어떤 영향을 주는가?

A 선구구의 크기가 작으면 유권자와 대표 간 거리는 좁아지나, 특정 이익집단에 의해 포획될 가능성이 크다.

세부 쟁점과 핵심이론

sub 1 선거구의 크기와 정치적 영향

(1) 선거구 크기 분류: 소선거구제(한 지역에서 1명 당선), 중선거구제(한 지역구에서 2-5인), 대선거구제(독일의 주별 비례선거제도), 전국구(한국의 비례선거제도)

(2) 선거구의 크기가 커지면 유권자의 표가 정확히 후보를 당선시켰는지를 알 수 없음. 게다가 후보가 많은 경우 어떤 후보를 지지할지 알기 어려움. 이는 대표의 인적인 요인을 축소하고 정당에 의한 선별 기능을 강화함.

(3) 선거구의 크기와 정치경제: 선거구 크기가 작을수록 작은 이익집단이나 산업별 보호주의 요구가 가능함. 선거구 크기가 커지면 계급투표 성향이 나타나게 됨. ⇨ 한국은 의회 300석 중에서 253석이 지역구이고, 47석이 비례의석임.

sub 2 선거구 획정 원칙

(1) 1인 1표 1가치 기준: 유권자 수와 대표 수 간 차등성을 줄여야 함.

(2) 인접성 기준: 선거구의 모양이 연속성이 있어야 함. 게리맨더링의 위험이 있음.

(3) 밀집성 기준: 선거구의 거리가 합리적이어야 함. 이는 지역 정체성을 반영할 필요.

(4) 지역행정 경계반영: 행정구역을 벗어나지 않는 선거구 획정

(5) 선거구 법정주의: 객관적인 법에 의해 획정 필요.

적용 가능 사례

1. 한국에서 중선거구제도 사용의 장단점 논쟁: 소선거구제와 같이 과도한 비용 + 대표성 증대 어려움 + 과거 권위주의 시기 여당의 1/2 의석 반영 + 전세계적으로 중선거구제도 폐지 중임.
2. 한국에서 비례의석수 증대를 위한 지역의석수 조정문제: 지역의석수 조정은 선거구 획정 문제를 야기함. 행정 경계를 맞추기 어려운 문제가 발생함. ex) 강원도 고성, 속초, 인제 등 6개 시군으로 구성된 메가 선거구를 구성함. 서울 면적의 8배임.

선거정치 쟁점 4 : 선거제도와 정당정치

주제의 문제의식

Q **선거제도는 정당체계와 개별 정당의 행동에 영향을 미치는가?**

A 듀베르제에 따르면 선거제도의 변화를 정당체계 수준에 변화를 가져오고, 이는 개별 정당의 행태에도 영향을 미친다.

세부 쟁점과 핵심이론

sub 1 선거제도와 정당체계: 듀베르제 법칙(선거정치 쟁점 17에서 구체화)
(1) 단순다수제: 양당제
(2) 비례대표제: 다당제. 비례성 반영하여 다당제.
(3) 결선투표제: 다당제, 1차 투표 부결 시 정당연합이 가능함. 정당연합의 유인으로 다당제. 한국은 총선에서는 효과 없을 것이나 대통령선거에 사용 시 효과 있을 것임.

sub 2 선거제도와 개별 정당
(1) 단순다수제: 인물 중심 선거를 가능하게 함. 정당의 규율을 약화시킴.
(2) 비례대표제: 정당을 중심으로 당선됨. 정당의 규율을 강화시킴.
① 구속형 명부제: 정당이 당선자를 결정함. 정당 규율이 강화됨.
② 개방형 명부제: 유권자가 비례의원을 선택함. 정당 규율이 약화됨.
(3) 결선투표제: 정당이 2차 투표 시 지지 유권자를 규합하여 정당연합이나 정책연대를 한 정당에 표를 몰아주어야 함. 정당의 힘을 강화시킴.

적용 가능 사례

1. 책임정당화를 추구하는 입장과 원내정당화를 추구하는 입장에서 각각 지지하는 선거제도:
⇨ 책임정당화 추구(정당기율 강화하는 선거제도) vs. 원내정당화 추구(정당기율 약화하는 선거제도도)

합격생 tip

선거제도가 정당체계와 개별정당에 미치는 영향에서 더 나아가 정부형태와의 조응성까지도 연결하여 글쓰기를 해보는 것을 추천. (Ex, ① 비례대표제 확대를 주장 – ② 양당제에서 다당제로 변화를 예측(듀베르제법칙) – ③ 대통령제와 조응성 낮음의 논리로 답안을 끝내는 경우가 있음)

선거정치 쟁점 5 : 선거제도와 선거전략

주제의 문제의식

Q 선거제도를 바꾸면 정당들의 선거전략은 달라지는가?

A 선거제도를 바꾸면 정당들은 유권자를 끌어들이는 전략을 바꾸기 때문에 선거전략이 달라진다.

세부 쟁점과 핵심이론

sub 1 선거제도와 선거전략 변화

(1) 상대다수제: 정당은 후보자의 인물과 이미지 중심으로 후보자 당선 전략과 당 지지율 강화전략을 동시에 사용함.

(2) 비례대표제: 정당 자체의 정책과 이미지를 통해 지지율을 높여야 함.

(3) 결선투표제: 1차 투표에서 유권자의 '진실한 투표'를 확보해야 함. 이것이 정당 간 협상을 가능하게 함. 1차 투표와 2차 투표 사이 정당은 정당 간 협상력이 강해야 함. ⇨ 정당은 극단적 후보를 떨어뜨리거나 좌우 대결 시 상대 이념 후보나 정당을 떨어뜨리기 위해 이념을 명확히 하는 선거 전략을 구사함.

적용 가능 사례

1. 한국 선거제도와 정당체계 체계 수준
   (1) 단순다수제 253석: 양당제를 강화함.
   (2) 비례대표제 47석: 진보당과 같은 소수 정당이 의회정치에 진입함. 2004년 선거 1인 2표제도의 개편으로 민주노동당 지지율이 2%대에서 13%로 상승함. 1표를 더 행사하기 때문에 진실한 투표가 가능함.
2. 한국 선거제도개편과 개별 정당 수준 변화
   (1) 미국식 원내정당화를 위한 공천제도의 도입+국고 보조금을 활용한 선거자금 ⇨ 정당의 의원에 대한 장악력을 약화시킴.

선거정치 쟁점 6 : 선거제도와 유권자와 당선자 간 관계

주제의 문제의식

Q 특정 선거제도는 유권자와 당선자 간 거리를 벌릴 수 있는가?

A 특정 선거제도는 유권자와 대표 간 거리를 벌린다.

세부 쟁점과 핵심이론

sub 1 선거제도와 유권자와 당선자 간 관계

(1) 유권자가 당선자의 거리에 영향: 구속형 명부제에서 개방형 명부제로 변경 ⇨ 유권자와 당선자 간 거리 좁아짐. 단순다수제도 거리를 좁힘. (선거구 크기에도 영향받음)

(2) 당선자와의 거리는 대표성과 호응성과 책임성 모두에 영향을 줌.

적용 가능 사례

1. 선거제도 개편과 유권자와 당선자 간 거리 축소를 통한 대표의 신뢰성 확보

선거정치 쟁점 7 : 여성할당제와 여성의원 비율의 관계

주제의 문제의식

Q 특정 선거제도의 개혁은 정치적 충원에 영향을 미치는가?

A 특정 선거제도 개혁은 정치적 충원에 영향을 미친다.

세부 쟁점과 핵심이론

sub 1 여성할당제와 여성의원 비율 증대

(1) 여성교호 순번제 도입과 여성의원 비율 증대(환경변화 쟁점 4 참고)

(2) 비례의석수 증대 선거제도 개편은 여성의원 비율을 더욱 증대할 것임.

(3) 지역구 선거에서 프랑스제도 지방선거제도 개편(남녀 2인 1조로 입후보)가 르완다(여성 쿼터제 사용)선거제도 개편 사례.

(4) 논쟁: 과연 의도적으로 특정 사회적 가치를 반영하게 하는 선거제도 개혁은 좋은 선거제도 개편인가? ⇨ 익명성 붕괴 vs. 형평(실질적 평등 가치 구현)

선거정치 쟁점 8 : 대표의 자율성 모델

주제의 문제의식

Q **어떤 모델에 기초할 때 대표는 유권자에 대해 자율성을 가질 수 있는가?**

A 신탁모델에 따를 때 대표는 유권자에 대해 자율성을 가질 수 있다.

세부 쟁점과 핵심이론

sub 1 모델 별 선출된 대표의 자율성

(1) 신탁(trustee)모형: 유권자가 신뢰에 기반하여 대표에 자율성 부여 → 대표의 자율성. 의원은 전국을 대표하기에 선출해준 지역민의 이익을 반드시 반영할 필요는 없음.

(2) 대리(delegate)모형: 위임된 유권자의 의사를 따름 → 대표의 자율성 부재. 의원은 지역민들이 위임한 사안을 반드시 따라야 함. 책임 추궁이 가능함.

(3) 위임(Party)모형: 유권자가 정당에 위임 → 정당이 자율성을 가짐. 대중정당 모델에 기초하여 의원이 아니라 정당이 권한을 위임받음.

(4) 유사(resemblance)대표 모델: 유권자의 사회적 구성 → 의원이 동일하게 구성. Microcosm 논리에 기초함. 대표는 유권자의 의사를 반영해야 함.

적용 가능 사례

1. 의원과 정당에 대한 유권자 위임 간 관계에 대한 사회적 합의 중요:
   (1) 한국 정당을 대중정당이나 책임정당으로 볼 것인지 원내정당으로 볼 것인지에 따라 의원의 자율성이 차이가 남.
   * 대중정당/ 책임정당 ⇨ 정당이 위임의 주체 ⇨ 정당이 책임주체 ⇨ 제도적 책임
   * 원내정당 ⇨ 의원이 위임의 주체 ⇨ 의원이 책임 주체 ⇨ 인적 책임
2. 한국 지역구 의원은 유권자에 대해 어느 정도 자율성을 가질 수 있는지 논쟁
   * 신탁모델: 의원의 높은 자율성. 의회민주주의 모델. ⇨ 원내정당이론
   * 대리모델: 의원은 구속받음.

선거정치 쟁점 9 : 투표(참여)결정 요인

주제의 문제의식

Q 투표 여부를 결정하는 요인에는 무엇이 중요한가?

A 투표 여부는 합리적 선택, 사회경제적 요인, 제도적 요인, 문화적 요인에 의해서 결정된다.

세부 쟁점과 핵심이론

sub 1 정치참여(투표 포함)를 결정하는 요인
(1) 합리적 선택이론: 참여를 통한 이익과 비용 계산
(2) 사회경제적 요인: 유권자 주변 환경이 참여를 결정
(3) 제도적 요인: 제도선택이 참여를 결정
(4) 문화적 요인: 문화가 참여를 추동함

1. 정치참여(투표를 포함)관련 이론

투표참여 여부	(1) 정치적 동원이론: 외부압력에 의해 동원된 참여. 자발적 선택을 배제함. (2) 자발적 선택 ① 합리적 선택이론: 합리성에 기초해 비용·편익 계산으로 투표 여부 결정 ② 사회경제적 요인에 의한 설명: 소득·직업·교육요소 등 지위가 높을수록 투표율 높음. 정치에 대한 효능감 중요(한국에서는 검증 안 됨) ③ 제도요인: 비례대표제와 같은 제도선택이 투표에 영향을 미침. 진실한 투표가 가능. ④ 문화요인: 사회적 자본의 확대는 투표 진작함.
투표결정 요인들 (투표율)	(1) 합리적 선택이론: 개인적 효능 증대와 비용축소나 지지 후보나 지지 정당이 당선될 확률 증대는 투표율 증대로 이어짐. (2) 사회경제적 요인: 교육 수준은 투표율 증대시킴. 자원동원이론에 따르면 자원이 많을수록 투표율 증대함. 반면 사회가 복잡화되고 거대화되며 아노미 증가현상이 있을 때 투표율 떨어짐. (3) 제도적 요인: 지지 정당이 있을 경우 투표율 증대함. 정당이 선거전략을 어떤 것을 짜는지에 따라서도 투표율 상승. 선거제도 변경도 투표율 증대시킴. (4) 문화적 요인: 가치관 변화(물질주의에서 탈물질주의로 이동)도 투표율 상승으로 이어짐.
투표선택 기준	(1) 정당일체감: 충성심 확인(선택이 아님). 유럽의 경우 사회집단(종교·계급·인종 등)에 대한 충성. 어린 시절 학습에 의한 반응. (2) 합리적 선택 이론: 어느 정당이 더 커다란 효용을 제공하는가로 결정 (3) 합리적 선택 기준: ① 공간이론(이념적 근접성 기준), ② 경제투표(당시 경제상황 고려), ③ 회고적 투표(지난 정부의 업적 반영), ④ 전망적 투표(미래의 정책과 기대 반영)
함의	(4) 정당체계 결정에 있어서 선거제도도 중요하나, 사회의 갈등구조 및 그 사회의 역사적·정치적 요인이 어떻게 형성되어 있는지가 보다 중요

선거정치 쟁점 10 : 투표 관련 이론들

주제의 문제의식

Q 한국에서 유권자 투표에 중요한 기준은 어떤 것들이 있는가?

A 한국 정당정치는 과거 지역주의 정당체제 시절에는 대체로 보수적인 성격의 정당 간 대결로, 2004년 이후 정당체제는 진보와 보수의 대결로 설명이 가능하다.

세부 쟁점과 핵심이론

sub 1 투표 여부를 결정하는 모델과 투표 방향에 관한 모델의 비교

(1) 투표율을 결정하는 요인 간 비교: 사회적 요인, 합리적 요인, 정치사회적 요인, 정당일체감 요인, 선거 이슈 요인, 인지심리학 요인, 선거제도 요인

(2) 투표 방향을 결정하는 요인: 어떤 정당이나 어떤 후보를 결정할 것인지 여부.

sub 2 사회적 요인 중 투표율에 영향을 미치는 요인 비교

1. 투표참여의 인구사회학적 특성[4)]

(1) 연령요인

① 연령요인: 연령↑→ 투표율↑

② 쟁점: 계속 투표율이 올라가는지 vs. 노년기에 다시 감소하는지. 60대 이후 다소 감소함.

③ 20대 초반의 투표율이 20대 후반의 투표율보다 높게 나옴. 이것은 군복무와 부재자 투표로 인한 현상임.

④ 연령별 차이의 원인:

첫째, 생의 주기효과. 나이가 들면서 소득, 교육이 향상됨 ⇨ 정치적 효능감, 관심, 신뢰, 시민적 의무감 등이 증가함.

둘째, 세대 효과. 한 세대가 경험한 특수한 사회적 경험에 의해 차이.

(2) 성별

① 남성투표율 > 여성투표율 (남성투표율이 여성보다 1－3% 높음): 다만 20대 초반 남성과 60대 이상 남성들의 여성보다 조금 높음.

(3) 도시화

① 농촌 투표율 > 도시 투표율(거주인의 연령 차이와 중복됨.)

② 한국에서 소득 수준, 교육 수준, 직업과 같은 요인들은 영향이 크게 나타나지 않음.

(4) 지역

① 영호남의 투표율이 다른 지역보다 높음. 지역 정당에 대한 유대감이 큼.

---

4) 이갑윤, “투표 참여”, 『한국인의 투표행태』 (서울: 휴마니타스, 2011).

2. 투표 정향과 태도

(1) 일반적 정치적 관심과 효능감

① 투표율에 유의한 영향이 없음.

(2) 투표에 관한 정치적 관심과 효능감

① 영향을 많이 미침.

② 특히 투표 의무감이 중요함.

③ 자신의 한 표가 정치와 선거결과에 영향을 미친다고 보는 '투표 효능감'도 실제 유의미한 통계로 나옴.

(3) 당파적 태도

① 정당일체감이나 정당 호감도에서 지지정당이 있는 이들의 정치참여가 높게 나타남.

(4) 합리적 계산

① 라이커와 오드슉 이론

첫째, 조작 작업을 함. '개인이 투표참여로 얻을 이익=정당 간 정책 차이/ 개인이 선거에 미칠 수 있는 확률=선거경쟁도'

둘째, 미국에서 정단 간의 정책차이↑⇨ 투표율 ↑(이익 증대기대)

셋째, 정당 간의 득표율의 차이 ↓ ⇨ 투표율↑(자신의 표의 역할 기대)

② 하지만 한국에서는 합리적 선택이 표면으로 드러나지는 않음.(여론조사상)

③ 그러나 선거결과의 집합자료 분석에 따르면 유권자수와 후보자 간 경쟁도를 보여주는 1, 2위 득표자의 득표율 차이는 유의미한 변수로 판명됨.

④ 이것만으로 한국 유권자가 합리적 판단을 한다고 보기 어렵다. 실제 후보자 간 득표율차이가 10% 감소해도 투표율은 1.7%밖에 감소하지 않는다. 유권자 수가 1만 명 감소해도 투표율은 0.5%밖에 감소하지 않는다.

(5) 정치동원

① 전통적인 정치동원으로서 돈과 조직에 의한 선거운동의 효과 적음

② TV 토론과 선거기간 중 선거에 대한 대화는 투표율에 영향

③ 가장 중요한 설명요인은 선거에 대한 관심. 하지만 이것은 너무 단순한 설명임.

3. 투표 참여정향과 태도의 결정요인

(1) 투표 의무감에 영향 미치는 요인: 연령, 교육수준, 성별, 출신지역, 도시화

(2) 정당지지: 연령, 출신지역, 소득수준, 도시화

(3) 선거관심도: 연령, 출신지역, 교육수준

4. 투표율의 하락과 선거결과의 대표성

(1) 1987년 이후 2008년까지 대통령선거의 투표율은 26.2%, 국회의원선거는 29.7% 하락함.

(2) 전세계적 투표율하락: 5−15%

(3) 투표율하락의 원인:

첫째, 정당과 선거에 대한 불만과 불신의 증가

둘째, 전후 세대의 낮은 투표참여

셋째, 돈과 조직에 의한 선거운동
넷째, 세대효과. 1960년대 이후 출생자들 투표율 하락

세부 쟁점과 핵심이론

sub 3 투표 행태결정 요인 간 비교: 총론적 접근

1. 선거와 투표 비교[5)]

(1) 투표(voting)의 개념: 사적 모임이나 선거에서 한 개인이나 집단에 의해 이루어진 선택. 범위 좁혀서 공직자 선출하는 선거에서의 선택행위.

(2) 선거의 중요성: 선거 없이 민주주의 없음,

(3) 선거에 대한 시각

1) 긍정적 시각

① 선거가 대의민주주의 유지장치.

② 유권자와 정부를 연결하는 제도장치. 공직자 통제 기능과 정당성 부여 기능

③ 유권자가 합리적 행위자로 후보나 정책에 대해 많은 정보가 있음.

2) 부정적 시각

① 선거의 상징성만 있음.

② 민주주의 유지에 대한 이벤트

③ 유권자는 선거, 정당, 각종 정책에 대해 잘 알지 못함.

3) 두 가지 입장 모두 타당

① 투표행위는 정치적 행위임.

② 투표행위는 정치적 갈등의 표현이자 결과임.

③ 투표행위는 집합적 성격.

(4) 다른 선택행위와 투표의 공통점과 차이점

① 여러 대안에 대한 비교 vs. 개인적 만족감 제공

② 투표는 사회적 결과를 초래함.

2. 경쟁하는 이론들

(1) 투표행태 연구의 효시: 컬럼비아 학파

① 라자스펠드와 동료들의 1940년 미국 대통령 선거에서 대중매체나 선거운동이 유권자의 선호도 형성에 미치는 영향 연구. 『국민의 선택』 발표.

② 사회학적 접근법: 사회 집단과 사회 네트워크가 유권자 선호 구성

③ 사회균열의 개념과 적용으로 나감.

④ 한계: 뉴욕주의 한 마을 만을 대상으로 함.

(2) 정당일체감: 미시간학파

① 미국 전체 유권자를 대상으로 한 여론조사 프로젝트 '연방선거연구'를 기반으로 연구. 『미국 유권자

---

5) 전용주, "투표행태, 어떻게 이해할 것인가", 『투표행태의 이해』

(The American Voter)』발표.

② 여론조사를 토대로 한 연구. 사회심리학적 접근법.

③ 유권자의 세 가지 태도 포함

첫째, 정당에 대한 귀속감.

둘째, 쟁점에 대한 태도.

셋째, 후보자에 대한 태도.

④ 세 가지가 연결 ⇨ 정당일체감(party Identification): 유권자 개인이 하나의 정당에 대해 느끼는 애착심을 의미.

⑤ 투표의 선택 기준이 됨. 이는 판단에 있어서 '인지 지도역할' 혹은 '지름길' 역할.

⑥ 정치사회화과정 ⇨ 정당일체감 형성. but, 정당일체감은 감정으로 잘 변화하지 않음.

⑦ 사회학적 이론과 사회심리학적 이론의 공통점: 개인이 속한 집단에 대한 이해가 중요. 유권자의 가정으로 객관성과 합리성이 부족함. 후보자 합리적으로 평가할 '정보나 능력'이 없음. 즉 유권자는 매우 수동적 존재.

(3) 유권자는 바보가 아니다: 합리적 선택이론

① 키(V. O. Key)의 비판을 중심으로 한 모델. 투표선택에서 쟁점(Issue)의 중요성 강조함. 투표행태를 전망적 투표(선거에 출마한 정당이나 후보자의 집권 이후 미래에 대한 평가를 토대로 투표)와 회고적 투표(현 정부나 현직자의 과거 실적에 대한 평가를 토대로 투표)로 구분. ⇨ 유권자는 회고적 투표를 하는 경향이 있음.

② 유권자의 정서 ⇨ 유권자의 '평가'로 전환.

③ 가장 중요한 의미: 집단 ⇨ 개인으로.

④ 경제학의 방법론에 도움을 받음. 다운스의『경제이론으로 본 민주주의』(1957)에 영향받음.

⑤ 유권자의 3가지 가정.

첫째, 정당의 이념, 공약, 쟁점, 후보자에 대한 합리적 수준의 정보를 지님.

둘째, 효용성을 극대화하고자 하는 행위자.

셋째, 유권자는 쟁점에 대해 자신과 가장 가까운 견해를 가진 정당과 후보자를 지지.

⑥ 이론적 공헌: 개인의 선택과 쟁점의 부각. 수리모델과 공간이론을 통해 이론 발전을 견인하면서 투표행위의 주류.

(4) 생각의 구조를 밝히다: 인지 심리학 이론

① 현대 심리학은 인지심리학의 발전을 통해 인간의 뇌에서 일어나는 사고과정과 구조를 밝히는 데 성과. 합리적선택이론이 말하듯이 충분한 정보와 선택에 따른 비용과 혜택 계산하지 않음.

② 인지 지도나 인지 지름길을 강조.

③ 두 가지 연구

첫째, 스키마, 정보의 메모리 프로세싱, 휴리스틱(heuristics: 합리적 판단이 어려울 때 사용하는 간편 추론법)를 통해 유권자의 정치적 태도와 신념의 형성과 투표선택과정을 설명.

둘째, 커뮤니케이션 이론을 동원 개인의 인식 과정에 미치는 외부의 영향력을 분석, 대중매체의 의제설정 역할에 주목.

(5) 제도도 중요하다: 신제도주의

① 환경적 요소로서 제도.

② 제도 ⇨ 인간의 개별적 행동을 제약과 집합적 행동을 형성.

③ 선거제도가 유권자의 투표 행동에 영향

세부 쟁점과 핵심이론

sub 4 한국에서 투표에 영향을 미치는 사회적 요인들 비교[6)]
(1) 서구: 계급, 종교의 영향을 줌 vs. 한국: 지역과 연령(세대)가 영향

1. 지역

한국 집단투표에서 가장 두드러진 현상은 지역투표. 1971년 '박정희 vs. 김대중'이 대표적임

(1) 지역투표의 원인

① 민주화 초기의 설명: 지역격차론(불균등한 사회경제발전)과 지역감정론(지역정서가 차이) ⇨ 설득력이 높지 않음. 소외지역으로는 충청과 강원도 있음. 또한, 자기 지역민을 타 지역민보다 더 선호한다는 사실 발견이 안 됨.

② 민주화 이후 설명: 정치적 경쟁과 동원의 결과로 설명. 지역 정당 보스들의 동원.

③ 그간 연구 결과

첫째, 지역투표는 지역 발전을 위한 지역민의 기대, 특정 지역민에 대한 호감도, 김영삼-김대중과 같은 정치지도자에 대한 평가 등이 작용한 결과임

둘째, 변수의 설명력: 지역민의 호감도(심리문화적 요인) > 지도자 평가 > 지역발전(사회경제적 요인)

④ 재미있는 것은 영호남인들만 지역민에 대한 호감에 의해 투표하는 것이 아니라 서울, 경기, 충청지역민들도 영남, 호남의 호감에 따라 평가를 내림.

⑤ 그런 점에서 지역감정론의 설득력이 높음.

(2) 지역투표의 결정 요인

① 호남요인: 지역 차별과 지역 소외의식이 강함

② 영남요인: 거주지 변수가 중요함. 출신지와 거주지 일치하는 이들이 지역투표 성향이 강함.

③ 연령도 중요한 요인: 나이든 유권자 > 나이 어린 유권자

(3) 지역투표의 변화

① 지역균열 강도의 변화 여부가 중요

② 이념투표 등장 이후 지역주의 완화 모습은 별로 없음.

③ 출신 지역별로 이념적 차이가 있지만, 그 이념적 차이가 지역투표의 원인은 아님.

④ 지역투표를 조사한 연구에 따르면 대통령선거에는 1987년 이후 15년간 10%정도 감소함.

⑤ 반면 총선에서는 2004년 탄핵 열풍에서 잠시 누그러졌지만 이후 지속적으로 나타남.

⑥ 이념이 중요하게 되었을 경우 지역주의의 투표 경향: 주요 정당들 간 정책 차이가 크다고 생각하는 사람들(이념 기준투표)에서 지역주의 투표 경향이 적게 나타남. 따라서 지역주의 동원이 어려움.

⑦ 이념대립↑ → 지역변수의 영향력 ↓

⑧ 이념과 지역 요인의 중첩성 여부: 영남은 충청인과 같이 보수적 성향이 높음. 호남은 서울, 경기 지역과 같이 진보성향이 높음. but, 이념적 차이가 지역투표를 가져오는 것은 아님.

---

6) 이갑윤, "사회학적 투표요인", 『한국인의 투표행태』(서울: 휴마니타스, 2011).

⑨ 이념적 차이 ⇨ 지역 투표 (x), 지역투표 ⇨ 이념차이(o). 유권자가 지역정당 지지하고 지역정당의 이념적 차이를 받아들임.

⑩ 정당 간의 이념적 차이는 2002년 대선부터 나타나기 시작함. 이후 점차 강해짐.

2. 연령효과

① 젊은 세대 ⇨ 민주당 지지

② 나이든 세대 ⇨ 국민의 힘(새누리당)지지

③ 원인: 세대효과. ㉠ 노무현 정부 시절 386세대. 그러나 통계적으로 특별한 효과를 가지지는 못함.

세부 쟁점과 핵심이론

sub 5 사회경제적 요인은 구체적으로 투표행태에 미치는 영향과 한국의 적용[7)]
(1) 한국적 요인: 지역주의, 세대, 젠더

1. 서론

① 직업, 소득, 학력, 종교, 인종 ⇨ 유권자의 투표행태

② 컬럼비아 학파구성. 근대적 분석의 효시.

③ 방법론: 설문 조사에서 패널조사 방식 도입(유권자의 태도 변화를 파악)

④ 등장 배경: 미국에서 라디오의 등장과 전체주의의 등장 가능성 우려. 대중의 태도 연구로 관심.

⑤ 반전의 연구 결과: 선거운동이 대중의 투표행태에 영향을 못 줌.

⑥ 정치심리학적 접근의 비판: 투표에서 사회 선호가 그대로 개인의 선호로 나타나지 않음. 개인이 중요함.

⑦ 그럼에도 불구하고 3가지 이유에서 투표행태 분석에서 유용하게 사용됨.

첫째 이유. 사회계층적 특성은 유권자의 투표 결정에 많은 영향을 주고 있으며, 투표행태 분석의 기초를 제공한다.

둘째 이유. 투표 선호도는 매우 안정적이고, 이런 현상은 사회적 환경에 의해 강화된다는 사회학적 관점의 발견이 사회심리학적 연구의 기본 전제가 되었다.

셋째 이유. 사회학적 관점은 사회적 균열과 정당체계, 사회적 균형과 투표 행태를 연결해 투표행태를 연구하는 정치사회학적 관점으로 발전하는 기초제공.

2. 사회학적 접근법의 주요 이론적 내용과 방법론

(1) 투표행태에서 사회적 특성의 중요성과 정치사회화

① 사회 집단에 대한 일체감이 투표에 영향을 미침.

② 사회 집단이 유권자의 신념, 가치체계, 태도 형성에 영향 by 정치사회화

③ 유권자는 사회공동체 속에서 서로 다른 하위 사회 집단에 소속됨.

④ 논리: 정치적 선택의 사회적 전달현상.

---

7) 임성학, "유권자의 사회경제적 배경과 투표 행태", 『투표행태의 이해』

(2) 3가지 과정

① 차별화: 다른 집단과 차이를 구분하여 자신이 속한 집단의 정체성인지

② 전달: 특정 가치가 자식 세대에 전달됨. 사회구조의 지속성을 높여줌.

③ 접촉: 자신이 속한 집단과 접촉을 늘리면서 이들 집단의 가치와 태도가 강화됨.

④ 대표적인 사례: 부모에서 자식으로 정치적 태도 물려받음.

⑤ 정치사회화의 기구 중요: 가족, 학교, 정부, 동료집단, 이익집단, 대중 매체.(최근 정보통신 혁명으로 인터넷 중요)

⑥ 동원의 중요성: 정치제도나 기관이 사회적 균열을 동원하여 정치적 지지를 유도함. 정당이 대표적임. 유사한 사회적 가치체계를 가진 이들에게 정치적 지지를 호소함.

(3) 선거커뮤니케이션: 2단계 정보 흐름 이론과 최근 연구

① 2단계 정보흐름 이론: 탄환이론(대중 매체가 즉각적이고 직접적으로 영향을 미침)에 반해서 커뮤니케이션의 2단계 유통 현상을 설명.『국민의 선택』에서 설명함.

② 대중 매체의 유권자 설득은 중요하지 않고 가족, 친구, 직장 동료 등 비공식적 '여론 주도층'을 따름.

③ 주장 논리: 대중매체 ⇨ 여론 주도층 ⇨ 청중집단(일반 유권자) vs. 탄환 이론 (대중매체 ⇨ 청중집단(일반 유권자)

④ 따라서 선거운동이 직접 유권자에 영향을 미치지 못함.

⑤ 이들의 또 다른 주장: 유권자의 선택적 접촉행태. 정보를 선택적으로 받아들임.

⑥ 정치 커뮤니케이션의 효과를 거부함. but, 최근 정치심리학은 대중매체의 투표결정에 영향력강하다고 주장.

(4) 사회학적 접근법의 연구 방법론

① 패널 조사방법: 같은 사람을 여러 번 조사. 반복성을 통해 규칙확보. 반면, 설문 조사는 일회성(사실관계에 대한 추측으로 끝날 경우가 많음)

② 시기 구분: time 1. 투표 이전과 time 2. 투표시점으로 구분. 이 두 시간 사이에 유권자가 지지 정당과 후보를 바꾸는 경우.

③ 선거운동이나 전략 ⇨ 유권자의 선택에 영향.

④ 유권자 선택 변화 여부를 판단할 수 있음. (패널 조사를 통해 time 1. time 2. 그리고 그 사이의 과정을 알아볼 수 있음.)

3. 한국에서의 사회학적 접근법의 적용

① 한국에서 지역주의와 세대가 중요한 요인이 됨.

② 지역주의는 한국의 사회균열을 다루기에 세대(generation)와 성(gender)만을 다룸.

(1) 세대에 따른 투표행태

① 연령효과(age effect): 연령이 늘수록 보수화.

② 16대 대선의 사례. 노무현 후보는 젊은 층의 지지. vs. 이회창 후보는 노년층의 지지.

③ 세대효과(generation effect): 동일연령대가 유사한 정치적 태도나 가치를 가짐. 20대 무렵에 경험한 사건이 유사한 성향을 만듦.

④ 2007년 선거 사례. 386세대가 486세대로 전환. but, 2002년 대선 이후 점차 보수화됨. 2006년 광역단체장 선거에서 386의 절반(47.5%)가 한나라당 후보 지지. 2007년 선거에서 44.9%가 이명박, 20.1%가 박근

혜 후보를 지지. ⇨ 세대효과 보다는 연령효과가 나타남.

⑤ 보완: 2020년 선거. 586으로 전환. 50대가 진보와 보수 지지 대립의 장이 됨. 50대가 가장 이념에 영향을 받음.

(2) 성에 따른 투표행태

① 평균적으로 남성 투표율 > 여성투표율. but, 변화가 있음.

② 2012년 선거는 성정치에 변화.

첫째 사례. 박근혜 후보의 당선.

둘째 사례. 여성투표율 76.4% > 남성투표율 74.8%

셋째 사례. 젊은 여성들의 투표율 증대. 20대 전반의 투표율 변화(17대 대선 46.2% ⇨ 18대 대선 은 70.1%) 20대 후반의 투표율 변화(17대 대선 46.0% ⇨ 18대 대선 69.2%)

4. 평가

(1) 사회화과정의 중요성

① 사회학적 접근법에서 사회화과정이 중요함.

② 특히 청소년기에 형성된 가치와 정향이 사회생활에서 반복, 지속되어 나타남.

(2) 이 접근법의 단점

① 방법론의 문제로 패널조사 방식으로 밝혀낸 사실이 일정한 개연성을 가진 일반적 가설로 그칠 수 있다. ⇨ 보완: 추세나 경향성은 될 수 있을지 모르지만 정확히 어떤 요인에 의해 어떤 경로로 영향을 주는지 설명이 안된다.

② 매우 한정된 지역에 실시되어 전체 선거의 유권자 행태를 일반화하기 어렵다.

③ 사회적 특성이 정치적 선호를 결정한다고 주장 함으로써 투표행위를 개인의 다양한 사회경제적 및 인구학적 속성의 함수로 설정하는데 그치고 있다. 따라서 개인의 사회적 특성이 사회 집단이나 범주를 형성해 나가는 구체적인 과정과 관계가 외면되어 있다.

④ 한국 자체의 특성으로 한국은 사회적 집단의 발전 정도가 낮음. 다원주의화가 부족함.

세부 쟁점과 핵심이론

sub 6 사회균열이 투표행태에 미치는 영향과 한국의 적용[8]
(1) 한국적 요인: 지역주의, 세대, 젠더

1. 서론

① 한국에서 지역주의의 약화. 새로운 균열로 세대가 등장함. 예 영남의 젊은 세대의 경우 통합당 지지율이 떨어짐.

② 컬럼비아 학파의 이론적 공헌: 소속집단의 중요성을 부각

③ 컬럼비아 학파의 단점

첫째, 국가 간 투표행태에 영향을 주는 집단이 다름. 그러나 국가 간 차이 설명이 안 됨.

둘째, 같은 나라라도 시기마다 주요한 사회 집단은 변화함. 한국의 경우 지역주의에서 세대와 이념으로

8) 전용주 · 이동윤, “사회균열과 투표행태: 정치사회학적 관점”, 『투표행태의 이해』

변화.

이것을 설명하려면 콜럼비아 학파의 미시적 접근이 아닌 거시적 접근이 필요함. (사회집단에서 사회의 역사와 사회구조적 요인) ⇨ 비교사회학적 접근이 필요해짐.

2. 정치사회학적 관점의 주요 이론적 내용

① 립셋과 로칸의 저서『정당체제와 유권자 편성: 비교국가관점』(1967년)이 대표작.

② 사회구조와 정당체계와 유권자 간의 관계.

③ 정치적 과정 ⇨ 정당체제의 형성과 변화에 영향

(1) 사회균열과 정당체제

① 사회균열(social cleavage: 사회경제적 특성에 의해 구분되는 각 집단의 구성원들이 소속집단에 대한 정체성을 가지면서 집단 간 차별화되는 현상을 의미. 간략히는 상이한 정치적 선호를 의미) 래(Douglas W. Rae)와 테일러(Michael Taylor)의 정의는 “공동체 구성원들을 중요한 정치적 차이를 지닌 집단들로 분리하는 기준.”임.

② 정당편성(party alignment): 특정 유권자집단과 특정 정당 간의 연대관계 형성. 예를 들어 노동자와 자본가가 노동당과 보수당으로 연결되는 것.

〈대표 연구: 립셋과 로칸의 연구 내용〉

① 16세기 국가형성기+18세기 산업혁명 ⇨ 1차 산업인 농업과 2차 산업인 공업 간 분할 형성. ⇨ 산업화를 주도하는 중앙의 정치 엘리트들과 도시 지역의 경제엘리트 간 정치적 제휴형성 vs. 농업 이익 보호를 위한 정당 발생 ⇨ 노동자 계급은 좌파정당으로 자본가 계급은 우파 정당과 연대.

② 여기서 동결 명제가 제시됨. 위에서 만들어진 균열 축이 1960년대까지 지속됨.

③ 정치 엘리트와 정당의 역할: 다양한 균열 중에서 선택됨, 정치 엘리트와 정당의 선거 전략과 조직적 동원 노력이 중요. 사회균열 중 특정 사회균열을 선택하여 지지를 동원함. ⇨ 보완: 기능론입장이지만 다양한 쟁점들을 모두 반영하지 못하기 때문에 부분적인 동원이 이루어짐.

④ 진입 문턱이 중요. 새로운 정치 요구가 정치체제에 반영되기 위해서 중요:

첫째, 정당화 문턱(그 운동이 사회에서 정당한 요구로 받아들여지는 것과 관련)

둘째, 통합 문턱 (새로운 운동의 지지자들이 의회와 같은 대의기구 구성원인 대표를 선택할 권리를 거부당하는지, 혹은 지지자들이 반대자들과 마찬가지로 동등한 정치적 시민권을 부여받고 있는지 여부)

셋째, 대표 문턱(새로운 운동이 대의기구에 대표될 수 있기 위해서는 기존의 규모가 큰 다른 운동에 합류해야 하는지, 아니면 독자적으로도 가능한지 여부)

넷째, 다수권력(정치체제에 다수를 견제할 수 있는 제도적 장치가 있는지 아니면 선거에서 승리한 정당이나 연합권력이 국가체제에 중대한 구조적 변화를 만들 힘을 가지고 있는지 여부)

(2) 사회균열의 변화: 동결된 정당체제의 약화와 그 원인

① 경제적 풍요와 노동자 계급의 경제적 지위의 안정화

② 농업 부분이 쇠퇴하고 서비스 산업이 발전했으며, 계층적 · 사회적 · 지역적 이동성이 증대함, 화이트칼러가 늘면서 계급이 분화됨.

③ 교육기회의 증가로 인해 많은 사람들이 화이트 칼러가 됨.

④ 전후 세속화 과정이 가속화되고 교회에 참여하는 유권자들이 감소하면서 전통적인 ‘종교균열’의 중요

성이 약화

⑤ 전통적 사회균열에서 계급 균열의 약화 ⇨ 좌파정당과 노동자 간 유대관계 약화. by 노동계급의 분화(육체노동자와 비육체 노동자 분리, 공공부분과 민간 부분의 분리가 원인)

⑥ 새로운 균열이 등장.

첫째, 탈물질적 가치(환경, 성 평등, 반전, 인권의 가치) 중시. ⇨ 녹색당과 해적당이 등장.

둘째, 이러한 사회균열의 증대 ⇨ 중첩과 교차가 나타남. 이것은 정당의 수와 관련됨.

(3) 정당체제와 유권자 연대관계의 변화: 이탈, 해체, 정당 재편성

유권자의 정당에 대한 선택이 변화할 때 사회균열 때문인지 여부가 중요.

정치사회학적 관점에 의해 몇 가지 개념 발전

① 이탈(deviation): 어떤 사건이나 쟁점이 일시적으로 유권자 판단에 영향을 미쳐, 오랫동안 지지해오던 정당이 아닌 다른 정당을 지지하는 경우. 가까운 미래에는 원래 지지정당으로 돌아감.

② 해체(dealignment): 새로운 이슈를 정당이 해결하지 못할 경우 유권자와 기존 정당 간의 유대가 약화됨. 지지 정당을 바꾸는 '부동투표자(floating voter, swing voter)'가 증가함. 더 나가 무당파층이나 무관심층도 증대함. 이때 나타나는 현상을 '해체'라고 부름.

③ 재편성(realignment): 기존 사회균열이 새로운 사회균열로 대체 ⇨ 정당체계 재편되는 현상.

ex) 계급 균열+인종 균열: 자본가 노당자 정당+흑인과 백인 ⇨ 흑인자본가 정당 vs. 백인 자본가 정당 vs. 흑인 노동자 정당 vs. 백인 노동자 정당

④ 중대선거(critical election): 정당 간 연대가 변화한 선거. (보완: 한국에서 2004년 지역주의보다 이념으로 변화. 다당제에서 양당제로 변화)

⑤ 장기 재편성(secular realignment): 대공황과 같은 국가적 위기발생 ⇨ 정부 지지층 빠져나감. 새 집권당이 만들어짐. 이 정당에 대한 유권자들의 지지로 장기간에 걸쳐 지지가 유지됨.

미국의 사례 1. 뉴딜 연합. 루스벨트로 보수적인 남부 중산층. 북부의 백인과 흑인 자유주의를 끌어들임. 도시 노동자와 농촌 농민들을 자신의 편으로 끌어들임.

미국의 사례 2. 1960년대 민주당. 인종 문제에 대해 민주당이 지지 입장으로 돌아섬. 백인들은 공화당으로 전환되고 흑인은 민주당 지지함.

3. 한국에서 정치사회학적 접근의 적용

(1) 도시와 농촌 균열 혹은 권위주의와 민주주의 균열

① 산업화로 인해 여촌 야도현상 발생.

② 1960년대 이후 민주주의지지 vs. 권위주의 지지

(2) 지역균열

① 1957년 대선(노태우: 대구 경북), 김영삼(경남), 김대중(호남), 김종필(충청)으로 경쟁. 그런 점에서 1987년 선거는 중대선거.

② 1988년 13대 국회의원 선거. 민주정의당 대국 경북(49.9%), 평화민주당 호남(69.1%), 통일민주당 부산 경남(45.7%), 공화당 충남(46.5%)

③ 3당 합당: 지역주의를 전환시킴. 호남 vs. 영남이 됨.

(3) 세대균열과 이념 균열

① 2002년 선거: 2002년 대선에서 지역주의 약화 조짐. 보완하자면, 김대중 현대통령이 대선 후보 경선제

도를 사용하면서 전국경선을 실시함. 이때 세대와 이념에 기초하여 노무현후보자가 후반 돌풍을 일으키면서 대선후보가 됨. 이 사건을 계기로 정당의 보스 정치가 사라짐. 그리고 영남 지역 출신의 노무현후보가 대통령후보가 되면서 지역주의도 완화됨. 20대, 30대의 노무현 후보 지지 성향. 또한 쟁점도 먹힘. '낡은 정치 청산', 미군 장갑차 사건에 대한 촛불 집회. 정리하면 2002년 선거 (정당 재편성의 단초가 됨): 지역 ⇨ 지역+세대.

② 2004년 선거: 지역과 세대 균열이 동시에 나타남. 대통령 탄핵으로 촉발됨. 386정치의 태동.

③ 2016년 선거: 지역주의 여전히 나타남. 반면 지역주의 완화 현상도 보임. ㉴ 대구 경북에서 10%득표함. 보완하자면, 이 지역이 산업화의 중심지임. 공장지대이고 그러다 보니 음식점과 같은 서비스도 따라 발전하게 됨. 이것은 호남 지역민의 이주를 가져옴. 따라서 항상 선거에는 영남에서 호남 지지표가 일정하게 있음. 반면 영남에는 그런 현상이 적음. 낙후된 호남 상황으로 인해 직장을 위해 이주할 경우의 수가 적다. 결혼해서 이주한 특별한 경우만 있기 때문에 호남 내 영남정당 지지가 별로 안 나온다. 새누리당 호남지역에서 2명이 당선됨. 더불어민주당은 영남에서 8명 배출함. 민주당은 영남에서 6석을 얻음. 호남에서 통합당 1석도 못 얻었음. 이것은 지역주의의 강화인지 민주당이나 문재인 정부에 대한 지지인지 알기 어렵다. 하지만 지역주의가 완화되고 있는 것만은 아니라는 점도 보여줌.

④ 세대균열과 이념 균열의 중첩: 연령효과가 나타나는 것임. 2020년 선거에서는 50대도 민주당 지지가 더 높게 나옴.

⑤ 한국의 이념 변수의 특수성: 북한 변수의 존재.

⑥ 한 가지 특이점: 이념 균열=세대 균열=(일부) 지역균열이 중첩되어 나타남. 호남 유권자들은 연령과 상관없이 진보적 정당을 지지한 경향. 영남이 한국의 주류이자 보수를 이루기 때문에 영남의 성장에 비해 홀대받은 호남의 경우 정치적 성향이 상대적으로 진보적인 정당을 지지할 가능성이 높음. 그리고 그 동안 이 역할을 김대중 대통령의 민주당 계열에서 해왔음. 그러다가 2004년 열린우리당이 만들어지면서 지역과 무관하게 이념의 정치를 수행하게 되었고 나중에 열린우리당이 해체되면서 민주당으로 들어가게 됨.

(4) 계층 균열

한국의 계급 배반 투표: 고소득 전문직종이 진보정당지지. but, 최근 계층균열 가능성도 보임.

① 이용마의 연구: 상층, 신중산층, 구중산층, 하층분류(기준 직업, 소득, 학력). 여기서 상층은 보수, 신중상층은 진보를 지지함. 구중산층과 하층은 일관된 투표 성향이 없음.

② 장승진의 연구: 객관적 지표(소득수준, 직업)로 정의된 계층요인은 영향이 적음. 주관적인 계층의식은 투표 선택에 반영됨,

(5) 소결론

① 2002년 이후 점진적인 장기재편성의 과정을 거침.

② 세대균열과 이념 균열 중첩

③ 젊은 세대는 지역으로 투표하지 않음.

4. 결론

(1) 정치사회학적 관점 주요 내용

첫째, 특정사회의 구조변화는 사회균열을 형성한다.

둘째, 사회균열축을 따라서 형성된 대립하는 집단들은 상이한 정치적 선호를 갖게 되고 그 요구를 표출한다.

셋째, 이 경쟁하는 집단들은 특정정당과 유대관계를 형성한다.

넷째, 한 사회의 변화와 발전으로 기존 사회균열은 새로운 사회균열로 대체될 수 있다.

다섯째, 어느 사회에나 다양한 사회경제적 기준에 의해 분류되는 사회균열이 존재할 수 있다.

여섯째, 한 사회에서 유권자 선택에 영향을 미치는 지배적 사회균열은 하나일 수도 있고, 여러개가 동시에 존재할 수도 있다.

(2) 이론에 대한 비판

첫째, 정당의 역할을 수동적으로 보고 있다. 기능론만이 존재한다.

둘째, 유권자를 매우 수동적으로 파악하고 있다.

논란이 될 부분: 이 관점의 예측력 부분. 설명력은 있지만, 예측력은 떨어짐.

세부 쟁점과 핵심이론

sub 7 사회학적 요인 중 한국에서 지역적 정당투표는 어떤 요인에 의해 결정되는지 논의[9)]
(1) 경제적 요인 vs. 정치적 요인 vs. 합리적 선택 요인

1. 지역적 정당투표 원인에 대한 이론적 접근

(1) 개념 구분

① 지역적 정당투표의 의미. 지역이란 지리적 구분을 넘어 지역민 간 정치적 차이를 갖는 집단으로서 구분하여 지역 정당을 지지하는 유권자의 투표성향을 의미.

② 지역주의: 지역 정당에 대한 투표를 나타내는 정치적 행위와 지역을 하나의 사회적 갈등구조로 인식하는 현상을 의미

(2) 이론들

① 지역발전격차론: (인과관계) 지역경제격차 ⇨ 지역주의 발생. 영남과 호남 경제발전전략의 차이와 발전에 있어서 격차로 설명하는 이론. 하지만 수도권과 지방 간 지역주의가 나타나지는 않는다는 점에서 설명력의 한계가 있음.

② 지역민간 편견론. 문화적 시각: (인과관계) 문화적 차이(편견) ⇨ 지역주의 발생. 지역 간 호감이나 편견의 표출로 설명. 호남지역에 대한 반감으로 설명하는 방식. 그러나 왜 특정하게 호남에 대해 영남이 편견을 가지는 지나 호남에 대한 충청 간의 갈등을 설명하지 못함.

③ 지역주의 동원론: (인과관계) 정치인들의 동원과 선거 전략 ⇨ 지역주의 발생. 1987년과 1988년 민주화 정초선거에서 선거전략이 지역주의를 발생시킴. 지역정당 투표에 대해 '동원론'은 시기적으로 논쟁이 있음. 1960년대와 1971년 대통령선거에서 박정희 vs. 김대중 후보 간의 대결을 잡는 입장과 1987년으로 잡은 입장이 차이가 있음. 그러나 경제적 격차가 없었다면 과연 지역 정당투표가 있었을지 는 의문이 있음.

④ 계급론과 구조주의 설명: (인과관계) 자본주의 발전 ⇨ 지역주의의 물질적 토대구축. 지역주의는 자본주의 발전과정의 생성물로 보는 입장. 하지만 왜 자본주의 발전이 특정 지역 간 차이로 귀결되었는지를 설명하기 어려움.

⑤ 합리적 선택이론: (인과관계) 합리적 선택으로서 비용편익분석 ⇨ 지역정당 투표. 한국에서는 지역을

9) 이갑윤・박경미, "지역 발전과 지역적 정당투표", 『한국의 정치균열 구조: 지역, 계층, 세대 및 이념』 (서울: 오름, 2014).

계급의 대체물로 인식. 하지만 지역정당을 지지하는 유권자들이 과연 한국의 지역정당에 대한 투표가 실제로 이익을 가져다준다고 계산한 것인지가 확실하지 않음. '묻지마 투표'가 나타나기도 함.

⑥ 지역주의와 타 변수 간의 관계: 지역주의+세대+이념 ⇨ 정당투표. 변수 간의 관계를 설명하려는 최근 경향이 나타남.

(3) 최근 연구결과

① 지역주의가 영남 vs. 호남으로만 나타나는 것이 아니라 도시와 지방, 도시와 도시 등 다양하게 나타남.

② 출신지나 원적지 지역주의보다 거주지 지역주의가 강하게 나타남. 특히 거주지의 교육, 의료, 문화시설과 같은 사회기반 시설에 대한 관심이 높게 나타남.

③ 지역발전이 정치와 정부에 의해 결정된다는 신념도 강함.

④ 지역발전에 대한 태도가 출신지보다는 거주지에 의해서 결정될 여지가 높음. 이는 거주지의 물질적, 경제적 이익이 유권자에게 영향을 많이 준다는 것임. 이는 지역정당 투표가 물질적이고 경제적 이익을 확보하려는 유권자의 선택일 가능성이 높다는 것임.

⑤ 지역발전에 대한 선호도가 높을수록 지역정당에 대한 지지가 높게 나타난다. 이는 지역정당이 지역발전에 영향이 클 것이라고 믿기 때문이다.

⑥ 지역발전이 투표 결정에 미치는 영향력은 민주화 이후에 증가한 경향이 있다.

2. 결론

① 한국인의 지역적 정당투표는 물질적 경제적 이익을 가져다주기 때문임. 이것은 합리적 선택이론의 설득력이 있다는 것임.

② 영호남의 균열 뿐 아니라 수도권과 지방 간 갈등이 더 크다고 인식하고 있음. 도시와 농촌 간의 잠재적인 지역갈등도 중요한 이슈로 등장할 가능성이 있음.

세부 쟁점과 핵심이론

sub 8 사회학적 요인 중 한국에서 사회자본과 지역주의 간 관계 논의[10)]
(1) 교량형 사회자본과 지역주의 강화 vs. 결속형 사회자본과 지역주의 강화 ⇨ 세대별로 차이남

1. 문제의식: 사회자본의 증대가 지역주의와의 관계를 파악.

① 지역주의 원인들(정치경제적 원인, 정치적 동원, 유권자의 합리적 선택)+사회자본 ⇨ 지역주의 형성

2. 이론적 토대

(1) 사회자본의 의미: 다양한 사회자본의 정의가 있음.

① 부르디외: 제도화되고 지속된 관계망을 소유하는 것에서 발생하는 현실적 잠재적 자원. 역사구조적측면을 강조함.

② 콜만: 사회구조적 특성과 함께 개인들의 행동을 유방하는 다양한 형태의 실재들. 합리적 선택이론의

10) 이현우 · 이지호 · 한영빈, "사회자본 특성이 지역주의에 미치는 영향", 『한국의 정치균열 구조: 지역, 계층, 세대 및 이념』 (서울: 오름, 2014).

맥락에서 강조함.

③ 푸트남: 사회의 효율성을 증가할 수 있는 사회조직의 특성들. 제도주의 측면에서 강조함.

(2) 사회자본 개념의 공통점

① 구조와 개인들이 연결된 네트워크 속성을 강조함. 개인들의 참여나 제도에 대한 신뢰 혹은 확립된 생활양식에 대한 헌신을 통해 집합행동의 이익을 누리는 것을 의미. 즉 개인이 사회연결망 혹은 네트워크의 구성원이 됨으로써 이익과 혜택을 얻을 수 있게 만드는 투자자원.

(3) 푸트남의 이론

① 이론의 의미와 주장: 정치학에서 사회자본의 관심을 처음 끌어들임. 이탈리아 사례 연구로 남부와 북부의 비교를 통해 북부의 상호호혜적인 규범과 시민참여 네트워크의 사회자본이 정치발전을 유도했다고 설명함.

② 이론에 대한 비판: 첫째, 사회자본을 수평적 관계에서만 형성할 수 있다고 보았다. 수직적이고 위계적인 측면 역시 호혜성과 협력을 가능하게 할 수 있다는 점을 간과하고 있다. 둘째, 사회자본에는 다양성이 있어 부정적인 영향도 충분히 가능하다. 즉 사회자본이 배타성을 증대시킬 수도 있다. 셋째, 부정적 사회자본으로 인해 민주주의와 지역 발전이 지체될 수도 있다. 이탈리아 남부 사례는 사회자본의 악영향을 보여준다.

③ 이론의 수정과 보완: 2000년에 낸 저서 Bowling Alone에서 사회자본을 결속형(bonding)자본과 교량형(bridging)자본으로 구분. 교량형 사회자본은 사회자본이 개방적이라서 민주주의에 기여하지만, 결속형은 폐쇄적 속성으로 인해 민주주의에 부정적으로 기여한다. 결속형의 대표적인 사례가 미국의 KKK단을 들 수 있음.

3. 논리적 주장

(1) 전체 논리

결속형 사회자본 ⇨ 특수한 상호호혜성과 연대의식강화

교량형 사회자본 ⇨ 외부적 자산과 정보공유와 정보 확산을 유도

따라서, 결속형 사회자본의 확대 ⇨ 편협한 지역주의의 강화

(2) 조작작업과 실제 측정

사회자본(독립변수): 자발적 결사체 가입수준으로 측정

결속형 사회자본의 사례: 동창회, 향우회, 종친회, 계

교량형 사회자본의 사례: 자선단체, 노동조합, 직업과 관련된 협회, 동호회

(3) 연구의 결론

① 사회자본과 정치관심과 신뢰도

결속형결사체(사회자본)의 증대 ⇨ 정치관심과 지지정당비율증대(정치적 신뢰의 척도)

교량형결사체(사회자본)의 증대 ⇨ 정치관심과 지지정당비율증대(정치적 신뢰의 척도)

〈양자의 차이〉

결속형결사체는 가입개수의 증대 ⇨ 정치관심과 지지정당비율증대로 이어짐.
교량형결사체는 결사체 가입여부 ⇨ 정치관심과 지지정당비율증대로 이어짐.

〈해석〉

교량형 결사체는 가입만으로 사회구성원 간의 상호신뢰와 호혜가 중요하고 정치관심이 증대함.
결속형 결사체는 혈연과 지연 등으로 연결되기 때문에 정치적 관심이 자발적이라고 보다 강요에 의한 측면이 강함.

② 사회자본과 정치참여

논리: 사회자본의 증대 ⇨ 정치참여 증대. 즉 교량형결사체와 결속형결사체 모두에 가입한 이들의 투표율이 차이.

입증: 결속형의 경우 결사체 무가입자 투표참여율 74.1%이나 복수가입자의 경우 90.2%가 나옴. 교량형의 경우도 무가입자의 투표참여율 75.2%이나 복수가입자 89.4%로 차이가 남. 또한, 교량형과 결속형 모두에서 행동접촉(정치인 접촉, 서명, 시위와 집회 참가)도 증대한 것으로 나타남.

표를 통한 비교 **결사체 가입과 정치참여(%)**

		투표 참여	행동참여		
			정치인 접촉	서명	시위, 집회
결속형	무가입	74.1	9.1	26.5	6.5
	단수가입	76.2	15.1	34.2	7.8
	복수가입	90.2	22.8	31.7	10.6
	전체	76.6	12.6	29.8	7.4
교량형	무가입	75.2	9.1	22.7	4.2
	단수가입	78.1	18.6	47.5	14.1
	복수가입	89.4	34.8	54.5	24.2
	전체	76.6	12.6	29.8	7.4

〈해석〉 결속형, 교량형 결사체 모두 사회자본으로서 정치참여에 영향을 준다.

③ 결속형 결사체와 지역주의

논리: 결속형결사체의 가입수준 증대 ⇨ 지역주의 성향증가

입증 1: 결속형결사체의 가입수준 증대 ⇨ 호남에서 김대중 대통령과 노무현 대통령 평가 우호적. 반대로 영남에서는 김영삼, 이명박 대통령 평가 우호적. 다만 경남의 경우가 가장 강하게 나타남.

입증 2: 결속형결사체의 가입수준 증대 ⇨ 출신지와 타지역에 대한 선호도 차이 증대.

〈해석〉 결속형 결사체의 증대는 지역주의를 강화시킨다.

④ 교량형 결사체와 지역주의

논리: 교량형 결사체의 가입수준의 증대 ⇨ 다양한 결사체 가입의 증대+교차집단화 ⇨ 지역주의 성향약

화

입증 1: 교량형 결사체의 가입수준의 증대 ⇨ 타지역에 대한 거리감이 축소됨.

〈해석〉 교량형결사체의 증대는 지역주의를 완화시킨다.

⑤ 교량형과 결속형을 동시에 가입한 경우에는 결속형에 좀 더 영향을 받는 것으로 나타남.

4. 지역민 호감도와 정당지지[11)]

(1) 문제의식: 지역감정과 정당지지 간의 관계를 통해서 지역주의를 설명하고자 함. 심리문화론에 토대를 두고 지역주의를 접근.

(2) 지역주의 접근법

① 사회경제적 격차론: 사회경제적 불균등발전에 따른 지역주의

② 정치적 동원론: 합리적 선택이론의 토대에서 '민주 vs. 반민주'의 대립 후의 새로운 동원기제로서 지역주의

③ 심리문화론적 감정론: 신라와 백제의 대립, 훈요십조에서 차령 이남 인재등용 금지, 조선에서의 인재등용의 차별.

(3) 가설과 검증[12)]

① 지역민 호감도(자기 지역민에 대한 호감도가 타지역민에 대한 호감도보다 높음)는 정당지지에 영향을 미칠 것이다: 실제 영남, 호남 지역민에 대한 호감도가 높을수록 지역 정치인의 필요성과 지역정당에 대한 지지가 나타남.

② 지역민 호감도가 정당지지에 미치는 영향력은 영남과 호남지역 뿐 아니라 그 이외의 지역에서도 나타날 것이다: 서울, 경기, 충청 출신 지역민들도 호남, 영남 출신 지역민들처럼 지역민 호감도로부터 많은 영향을 받는 것으로 나타난다. 다만 서울, 경기, 충청지역 출신 지역민들은 지역민 호감도 보다는 연령이나 이념성향의 영향이 더 크게 나타난다는 차이는 있다.

③ 지역민 호감도가 정당지지에 미치는 영향력은 정당 간의 정책차이를 인식하는 정도에 따라 다르게 나타날 것이다.: 이 가설은 실제 검증을 해보면 의미 있게 나타나지는 않는다. 즉 정책차이를 인식한다고 해서 지역민 호감도가 다르게 나타나지는 않는다.

(4) 해석

① 지역주의에 대한 감정은 자신의 출신 지역보다는 지역민에 대한 호감에 의해 결정된다는 것이다. 이것은 출신 지역에 따른 정체성이 중요한 것이 아니라 자신이 영남지역민을 좋아하는지와 호남지역민을 좋아하는지와 같은 개인적인 호오(好惡)에 의해 결정된다는 것이다. 즉 립셋과 로칸의 결빙명제가 상정하는 것처럼 (고정된 출신)지역민 간 갈등과 대립은 아니라는 것이다.

② 지역 호감도에 따르면 모든 지역에 주민들은 단지 자기 지역의 지역민을 더 좋아하는 것으로 나타난다. 이것은 영남과 호남 간의 상호 지역민들에게 다른 감정을 가지는 것으로 나타나지는 않는다는 점을 보여준다. 이 주장이 맞으면 지역정당에 대한 선호의 차이는 단지 자신의 지역민들을 상대지역민 보다 더 좋아하기 때문에 나타나는 것이다.

③ 서울, 경기, 충청지역의 지역민들도 영남과 호남 지역민을 좋아하는 정도에 따라 정당지지를 결정한

11) 이갑윤 · 박정석, "지역민 호감도가 정당지지에 미치는 영향", 『한국의 정치균열 구조: 지역, 계층, 세대 및 이념』 (서울: 오름, 2014).

12) 서강대학교 현대정치연구소의 2010년 면접조사 자료를 통해 검증.

다. 즉 이 지역의 유권자들도 지역감정이라는 것에 영향을 받는 것이다. 보완하자면 다음과 같다. 이렇게 되면 지역정당의 보스가 없다고 해도 지역주의는 계속 유지될 수 있다. 문화적 일체감이나 선호도에 따라 지역주의가 나타나기 때문이다. 만약 지역주의를 완화하고자 한다면 문화적인 선호도를 대체할 수 있는 이익이나 이념의 변수가 작동하여야 한다.

④ 지역정치인의 필요성에 대한 인식도 증대하고 있는 것으로 나타난다. 이 점은 지역민 선호라는 문화적요인 외에도 지역발전이라는 측면에 대한 전략적 선택이 강조되고 있다는 것을 의미한다.

⑤ 유권자가 느끼는 정당별 정책 선호도의 차이는 적게 나타나고 있다. 이것은 정책차이를 구분하게 하는 이념의 차이가 유권자들에게 적게 작동한다는 것이다. 보완하면 다음과 같다. 정책 차이를 유권자가 적제 느끼는 것과 실제 정당 간 이념차이가 적기 때문에 정책차이가 적게 느껴질 수도 있다.

세부 쟁점과 핵심이론

sub 9 사회학적 요인 중 한국에서 재산과 계급인식의 투표와의 관계 논의[13)]

(1) 한국에서 계급투표 부족의 원인 논의: 지역정당이 계급정당을 대체함 vs. 유권자의 계급인식 부족. ⇨ 소득보다 자산에서 계급투표 성향이 나타남.

1. 문제의식

① 최근 한국정치에서 계급정치 나타남: 계급정치가 부재하다고 하지만 최근 계급정치의 모습이 나타나고 있다. 2010년부터 2012년까지의 서강대 현대정치연구소의 3년간 사회갈등조사연구에서는 빈부갈등과 노사갈등이 3년 연속 1위와 2위로 나타나고 있다. 따라서 소득과 직업 뿐 아니라 재산이라는 요인이 유권자의 태도에 미치는 영향을 분석하고자 한다.

2. 기존 이론들

(1) 고전적인 설명: 소득이 낮은 집단 ⇨ 좌파정당 지지, 소득이 높은 집단 ⇨ 우파정당 지지. 하지만, 실제 투표결과들은 단순한 계급구조로만 투표를 하지는 않게 나타난다는 문제가 있음.

(2) 콜롬비아학파: 역사적 경험, 계급 내의 연결망과 사회조직 ⇨ 계급투표를 구성. 이는 단순한 소득이 문제가 아니라 집단적 경험이나 사회적 연결망을 강조함.

(3) 미시간학파: 계급과 직업의 사회구조적 변수+정치적 태도와 정당일체감 ⇨ 계급투표구성

3. 한국에서 계급투표가 잘 나타나지 않는 현상과 설명

① 계급정당 부재설: 계급정당 대신 지역정당이 존재함.

② 계급 인식 대신 탈산업사회의 사회변동과 계급정치의 소멸로 설명: 전통적 가치인 계급정치를 뛰어넘어버린 탈산업사회의 환경으로 설명.

③ 대중들의 계급 인식의 저발전: 예를 들면 노동자도 민주노동당과 같은 정당에 투표하지 않음.

4. 한국 측정: 2011년도 서강대 현대정치연구소의 조사

① 성별 정치관심도: 남성 > 여성. 그러나 남성이 사회적 신뢰는 더 낮게 나옴.

---

13) 이갑윤 · 이지호 · 김세걸, "재산이 계급의식과 투표에 미치는 영향", 『한국의 정치균열 구조: 지역, 계층, 세대 및 이념』 (서울: 오름, 2014).

② 나이: 나이는 높을수록 정치관심이 높고 사회적 신뢰도 높게 나옴.

③ 교육수준: 교육수준이 높을수록 정치관심은 높아지나 정치적 효능감은 떨어짐.

④ 소득 수준: 소득수준에서는 유의미한 결과가 없음 ⇨ 계급 정치의 영향이 안 나타남.

⑤ 직업:

구중간계급(정치적 효능감 차원) > 육체노동자.

구중간계급(사회적 신뢰 차원) < 육체노동자.

신중간계급 (정치관심도와 수혜의식 차원) > 육체노동자.

종합적으로 보면, 계급정치의 영향이 나타남.

⑥ 재산: 정치적 영향이 적지만 의미 있게 나옴. 재산이 많을수록 2007년 선거에서 이명박 후보를 지지하고 보수적인 한나라당을 지지하게 함.

⑦ 거주지: 충청도 거주자 (수혜의식, 정치적 관심도 차원) > 수도권 거주자. 호남거주자 수혜의식과 사회적 신뢰 높게 나옴.

5. **결론**: 재산(자산)이 소득과 직업보다 계급의식형성에 결정적인 요인이 됨.

세부 쟁점과 핵심이론

sub 10 한국에서 정당지지와 특정정당의 이념적 성향의 투표와의 관계 논의[14)]

(1) 정당지지와 이념 지지의 투표율에 대한 영향: 정당지지와 이념지지가 높을수록 투표율은 상승

(2) 정당지지와 이념 지지의 투표 방향에 대한 영향: 특정 정당이나 특정 이념을 지지하는 경우 유권자의 투표방향(누구에게 투표할 것인지가 정해짐)

1. 정당지지와 투표

(1) 정당지지가 투표 행태에 영향을 미침.

① 한국에서도 민주화 이후 선거에서 정당 지지 성향이 가장 크고 일관된 변수로 나옴.

② 일관된 정당지지 현상: 한나라당에 대한 2002년부터 2008년까지의 연구는 정당지지가 안정적으로 나오고 있음.

③ 정당불신이 높은 상황과 안정적인 정당지지 간 관계: 정당 불신이 높은 상태에서 안정적인 정당지지가 나오는 것은 특이함. 이것은 구분해서 보아야 함. 정당전체에 대한 지지는 낮음. 그러나 (정당을 지지하기로 한 이들의) 특정 정당에 대한 지지는 높게 나타남.

(2) 정당지지 요인

① 연령과 출신 지역에 영향을 받는 것으로 나타남. 영남 출신은 새누리당으로 호남 출신은 민주당으로.

② 2016년 총선에서는 안철수 대표의 '국민의 당'이 '민주당'의 지지를 빼앗아감. 호남 출신 의원영입으로 호남의석을 가져감.

---

14) 이갑윤, "당파적투표", 『한국인의 투표행태』 (서울: 유마니타스, 2011).

2. 이념 성향과 투표

(1) 새로운 현상으로서 이념성향

① 1997년 미약하게 나타났고 2002년 노무현후보와 노사모를 중심으로 본격적으로 등장함.

② 2004년 탄핵과 관련한 총선에서 강하게 나타났으나 2007년 대선과 2008년 총선에서는 유의미한 영향을 미치지 못함. 2004년 총선에서는 열린우리당과 민주노동당이 등장함.

③ 이념 성향이 정당 지지만큼 큰 영향력은 없음. 그러나 정부업적, 후보자와 이슈에 대한 태도, 경제평가 등에는 영향을 미치는 것으로 보임. 반면 지역주의보다 이념적 성향이 강해지는 측면이 있음.

세부 쟁점과 핵심이론

sub 11 한국에서 정당일체감과 투표와의 관계 논의[15)]
(1) 정당일체감 상승과 투표율 상승 간 관계
(2) 정당일체감과 투표 방향의 관계

1. 서론

> 갑: 이번 대통령선거에서 누구한테 투표했니?
> 을: 홍길동후보
> 갑: 그래? 공약이 마음에 들었어?
> 을: 솔직히 공약같은 것은 잘 살펴보지 않았어, 그렇지만 홍길동 후보는 내가 오래전부터 지지해왔던 A 정당의 후보잖아. A 정당의 후보라면 당연히 모든 면에서 뛰어난 후보 아니겠어? 그래서 주저 없이 홍길동 부호를 찍었지.

위의 사례는 정당일체감을 보여줌.

정당일체감은 미시간 대학교의 학자들이『미국 유권자(The American Voter)』에서 제시. 특정 정당에 대한 애착심으로 정의

2. 정당일체감: 사회심리학적 미시간 모델

① 의미: 정당일체감은 심리적 태도임. (합리적이고 인지적으로 계산되어 형성되는 것은 아님) 다만 정서적 유대감임.

② 형성방식: 정치사회화과정. 공화당 지지 부모 ⇨ 공화당 지지 자식. 아이 유년기가 중요함. 유년기의 정치사회화가 됨.

③ 니에미(Richard Niemi)와 제닝스(Kent Jennings)의 연구: 1965년 고등학교 학생들과 부모 사이에 높은 정당일체감을 보임. 이후 1973년과 1982년 아이가 성인이 되어서도 이런 성향이 유지됨. 즉 청소년기 형성된 정서가 성인까지 유지됨.

④ 성인의 정당일체감 유지 설명: 성인이 된 뒤에 정당에 대한 반복적 투표를 통해 정당 충성심과 일체감을 강화.

---

15) 최준영·한정택, "정당일체감과 투표행태",『투표행태의 이해』(서울: 유마니타스, 2011)

⑤ 정당일체감의 기능: 인식의 선별 기제(perceptual screen)역할 담당, 정치적 이슈를 단순화하여 걸러줌. 선거에서 출마자 평가 기준, 정치적 쟁점과 이슈 인식 기준, 경제 상황에서 정부 평가 기준이 됨. 심지어는 강한 정당일체감을 지닌 유권자의 경우 자신의 정당에 불리한 것은 아무리 사실이라도 외면하거나 부인하는 행동을 보이는 경우도 있음.

⑥ 미시간 학파의 투표결정 요인

사회적 준거집단/가족 ⇨ 정당일체감 ⇨ 선거 이슈에 대한 태도/후보에 대한 태도 ⇨ 투표

정당일체감은 장기적으로 만들어짐.

(단기적 요인) 선거이슈나 후보 이슈 ⇨ 정당일체감(영향 X)

따라서 정당일체감은 추동되지 않는 추동자(unmoved mover)임.

선거 이슈에 대한 대표와 후보에 대한 태도는 투표를 추동하지만, 정당일체감이 이 요소들에 의해 추동되지는 않음.

⑦ 정당일체감 측정방법:

미시간 학파는 7점으로 점수 기록. 강한 민주당 일체감(1점) 약한 민주당 일체감(2점) 민주당에 가까운 무당파(3점) 순수무당파(4점) 공화당에 가까운 무당파(5점) 약한 공화당 일체감(6점) 강한 공화당 일체감(7점)

실제 설문 조사를 통해 유권자의 정당일체감 측정

⑧ 무당파에 대한 입장: 민주적 시민이 되기 어려움. 민주적 정치체제 안정적 유지에 걸림돌이 될 수 있음.

3. 정당일체감을 둘러싼 논쟁: 수정주의자들의 비판

1960년대 미국 사회변동(베트남 반전운동, 반문화운동, 신좌파운동, 흑인인권 운동)으로 전통적인 정치적 제도와 가치에 대한 도전이 생김.

정당일체감에 대한 미시간 모델에 비판이 생김.

(1) 추동되지 않는 추동자

1) 첫 번째 비판: 나이(Norman H. Nie)와 그 동료들.

① 『변화하는 미국 유권자』를 통해 비판.

② 미국 유권자의 변동. 1964년 이전까지는 유권자의 모습은 유지. 그 이후부터 변화함.

③ 5가지 측면에서 유권자의 변화.

첫째, 안정적이고 강한 정당일체감을 지닌 유권자의 수가 감소했다.

둘째, 투표 결정에서 정당일체감이 지니고 있는 영향력이 감소했다.

셋째, 이슈나 후보 등 정치현상에 대한 평가에서도 정당일체감의 영향력은 축소되었다.

넷째, 정당을 호의적인 감정을 가지고 바라보는 유권자의 수가 줄어들었다.

다섯째, 정당일체감이 정치사회화를 통해 세대에서 세대로 전이되는 현상도 과거에 비해 많이 약화되었다.

2) 두 번째 비판: 페이지와 존스의 연구

① 정당일체감, 공약, 후보의 개인적 특성 사이의 상호작용.

② 미시간 모델의 인과성이 틀렸다고 주장.

③ 정당일체감이 후보의 개인적 특성에 대한 평가에 영향을 못 미치는 반면, 개인적 특성은 정당일체감에 영향.

④ 정당일체감 ⇨ 후보 개인적 특성 평가(X). 후보 개인적 특성 ⇨ 정당일체감(O)

⑤ 정당일체감 ⇨ 후보 공약(X). 후보 공약 ⇨ 정당일체감(O)

3) 세 번째 비판: 마커스와 컨버스 논문(페이지와 존스 반박)

① 페이지와 존스가 사용한 데이터를 사용함. but, 결과가 반대로 나옴.

② 정당일체감이 공약이나 후보에 대한 평가를 매개로 간접적으로 투표 결정에 영향을 미치는 것과 동시에 직접적인 영향을 미치는 것이 검증됨.

③ 그렇다면 왜 동일한 데이터를 사용해 통계적 검증했는데 상반된 결과가 나온 이유는 통계분석의 구성이나 가정이 연구자에 따라 일정 부분 차이가 나기 때문.

4) 네 번째 비판: 피오리나

① 합리적 · 인지적 개념으로 해석 정당일체감을 정당의 공약과 국정운영 등에 대한 유권자의 회고적 평가의 총합으로 개념 정의.

② 집권당의 정책이 얼마나 성과를 내었는지, 그리고 그 성과가 나에게 얼마나 도움이 되는지를 회고적으로 살펴보고 이에 입각해 정당일체감을 새로 정립함. 만약 실망스러운 경우 무당파가 되거나 다른 정당에 대한 일체감을 만들 수 있음.

5) 미시간 모델의 타당성 강조하는 후속연구

① 루이스 벡과 동료들의 2000년 선거와 2004년 선거 분석: 『미국 유권자』와 동일한 방식으로 선거를 분석했고, 오랜 시간이 지났지만 『미국 유권자』와 유사한 결과가 나옴.

② 바텔스의 연구: 1970년대 정당일체감의 쇠퇴 시기. but, 1990년대 정당일체감의 재강화.

6) 결론: 추동되지 않는 추동자로서 정당일체감의 논쟁은 아직 끝나지 않음.

(2) 무당파 논쟁: 수정주의의 비판

미시간 학파입장에서 무당파: 정치에 대한 지식수준 낮고, 관심이 없으며, 정치참여하지 않는 존재.

수정주의의 비판의 요지: 무당파가 모두 동일한 이들은 아니다.

1) 첫 번째 주장: 키스(Bruce Keith)와 동료들 『무당파 유권자에 대한 미신』

① 무당파를 두 그룹으로 구분. 순수무당파 vs. 정당 편향적 무당파(partisan leaners)

② 순수무당파(미시간 모델이 상정하는 무당파)와 정당편향적 무당파 (스스로는 무당파로 생각하지만 실제로는 밖에 드러나지 않는 민주당 지지자 공화당 지지자)

2) 두 번째 주장: 달튼(Russell Dalton)

① 인지적 동원(자신의 인지능력으로 독립된 선택가능)이 가능함. vs. 정파적 동원과 차이.

인지적 동원	정파적 동원	
	무당파	정당일체감 보유자
높음	인지적 무당파(apartisan)	인지적 정파(cognitive partisan)
낮음	비정치적 무당파(apolitical)	습관적 정파(ritual partisan)

② 비정치적 무당파: 미국유권자의 무당파

③ 인지적 무당파: 높은 수준의 인지능력. 스스로 정치를 이해. 향후 정당정치 활동을 적극적으로 할 가능성이 적음.

④ 습관적 정파: 막연한 충성심과 심리적 애착. 정당이 결정하지 않은 주제에 대해서는 판단하기 어려움.

⑤ 인지적 정파: 정당일체감과 높은 인지 수준. 정당이 결정하지 않은 주제에 대해서도 판단이 가능.

⑥ 결론: 인지적 무당파와 인지적 정파의 수가 늘어나는 추세임. 유권자들의 인지 수준의 증대를 의미함.

4. 한국에서의 정당일체감

① 이 주제 연구가 초보적 단계.

② 강원택 연구: 3당 합당 이후 각 정당의 지지층이나 정책적-이념적 특성은 큰 변화 없이 유지되고 있음.

③ 박원호 연구: 잦은 당명 교체에도 불구하고 정당일체감을 가짐.

④ 민주화 이후 한국 유권자 중에서 무당파층 감소하고 정당 지지자가 증가하고 있음.

⑤ 2010년대 들어 정당일체감 연구가 증대함.

(1) 4가지 주제로 정리 가능

① 한국 유권자들의 정당일체감은 미시간 모델에서 말하는 것처럼 심리적·정서적 태도인가 아니면 피오리나가 주장하는 합리적·인지적 태도인가?: 한국 유권자는 대체로 심리적 정서적 태도에 가까움. 특히, 지역주의와 연관됨.

(i) 이현출 연구: 지역균열구조에 기초한 집합적 정체성의 측면에서 한국 정당일체감 이해 필요.

(ii) 황아란 연구: 지역연고 정당에 대한 호감과 타지역정당에 대한 거부감이 정당일체감형성

(iii) 장승진 연구: 인지적 요인은 영향 적고, 정당호감도는 강한 영향을 미침.

② 한국에서 정당일체감은 안정적인가?: 미시간 모델은 안정성 주장.

(i) 박원호와 신화용 연구: 세월호에도 불구하고 정당 호감도에 영향이 없음. 이 연구 결과의 의미(첫째, 정당일체감은 단기적 사건에 영향을 받지 않고 유지되는 경향이 있음. 둘째, 정당 지지자의 이탈은 정당일체감과 상관없이 '단기적 사건에 민감하게 반응하는 정당'에 대한 호감도에 기인함)

③ 한국에서 정당일체감은 유권자의 투표결정에 어떠한 영향을 미치는가?: 정당일체감이 유권자의 투표결정에 매우 큰 영향을 미침. 특히 대통령선거에서 잘 드러남.

(i) 송진미와 박원호 연구: 정당일체감이 선거 이슈와 같은 단기적 요인에 영향을 미침.

(ii) 최준영, 김지윤, 노정호 연구: 달튼의 분석 틀을 이용하여 한국에서 서로 다른 투표행태가 나타남을 검증함.

④ 한국이 무당파는 어떤 모습을 보이는가?: 두 가지 연구가 있음.

(i) 정진민·김정아 연구: 인지적 무당파가 비정치적 무당파와 달리 정당의 이념적, 정책적 입장과 같은 인지적 요인에 의존해 투표하고 있음을 발견함. (함의: 첫째, 미시간 모델의 무당파개념을 그대로 슬 필요가 없음. 둘째, 한국에서 무당파의 존재를 비판적인 관점에서만 바라볼 필요가 없음)

(ii) 장승진 연구: 한국에서 정당 지지자, 정당편향적 무당파, 순수무당파의 차이 주목. 정당편향적 무당파와 순수무당파가 다른 성향을 보임. 또한, 정당 지지자와 정당편향적 무당파도 서로 다른 성격을 보임. 정당편향적 무당파는 특정정당에 대한 호감도가 그리 높지 않거나 높다고 해도 다른 정당에 대한 호감도와 큰 차이가 없는 존재임. 특정 정당에 호감을 가진 이와 차이를 보여줌.

5. 결론

① 정당일체감이 어떻게 생겼는지 연구 필요. 그러나, 지역주의가 어떻게 생겼는지 연구가 부족.

② 정치사회화가 한국 정당일체감 형성에 미치는 영향 규명 필요

③ 정당일체감과 정당 호감도의 정확한 구분이 필요

세부 쟁점과 핵심이론

sub 12 합리적 투표는 사회학적 투표와 어떻게 다르고, 어떤 기준으로 투표하는지 논의[16)]
(1) 합리적 투표 vs. 사회적 투표
(2) 합리적 투표의 기준: 경제투표와 대통령직무 평가

1. 합리적 투표의 의미

① 광의로는 합리적 선택이론에서 강조하는 이념 투표를 포함.
② 협의로는 개인의 경제적, 물질적 손익 계산에 의한 투표만을 의미.

2. 합리적 투표 vs. 사회학적 투표 혹은 당파적 투표의 차이

① 장기적인 연대 관계(사회학적 요인이나 당파적 요인) vs. 합리적 투표(단기적 업적)
② 사회적 요인과 당파적 요인 ⇨ 합리적 투표 ⇨ 후보자나 이슈선정

3. 경제투표

① 키(Key)의 책임 모델이 합리적 투표의 기원. 보상과 처벌로서 투표를 활용주장.
② 경제성과 ↑ → 여당지지 ↑
③ 투표 기준: 투표자의 경제적 이익의 극대화.
④ 경제 투표의 두 가지 기준: 객관적 지표 vs. 주관적 경제평가
⑤ 주관적 경제평가:
첫째. 회고적 경제투표: 투표까지의 경제상황 평가 vs. 전망적 회고 투표: 선거 후 경제지표예측
둘째, 개인경제(pocketbook voting) vs. 국가경제상황평가(sociotropic voting)
⑥ 일반적 경향: 회고적 투표 > 전망적 투표. 그리고 개인적 경제사정 평가는 유의미하지 않음.

⑦ 한국의 1987년 선거와 1992년 선거: 경제사정 평가 우선시하는 유권자는 여당지지 하지만, 정치사회적 문제를 우선시하는 유권자는 야당후보 지지.

⑧ 2007년 대통령선거는 전망적 경제 평가가 작동함. ㉾ 2007년 대선에서 CEO대통령과 이명박후보. 이 선거에서 특이점은 미래 경제 전망이 좋으면 여당 지지하는데 미래 전망이 좋을 것으로 본 사람들이 이명박후보와 야당을 지지함.

⑨ 한국인들이 경제문제에 대해 투표를 하지 않는 것이 아님: 단임 대통령이기 때문에 현대통령과 차기 대통령 간의 차이가 적고, 경제정책에서 새누리당과 민주당 사이에 차이가 적었기 때문임. 또한, 경제적 업적이 정당보다는 개인에 영향을 받기 때문.

⑩ 개인 경제를 중시하는 것이 투표에 유의미하게 영향을 미치지는 못함.

⑪ 경제투표의 결론: 한국에서 경제투표가 합리적 투표의 증거라고 보기는 어렵다. 경제 평가가 객관적이기 어렵기 때문이다. 즉 경제는 4－5% 성장을 지속했기 때문에 실제 성과가 나쁘다고만 말할 수 없음.

4. 대통령 직무평가

① 합리적 선택의 두 번째 기준은 대통령직무평가.
② 대통령 직무수행만족도 ↑ → 여당지지 ↑

---

16) 이갑윤, “합리적 투표”, 『한국인의 투표행태』 (서울: 휴마니타스, 2011).

③ 대통령 직무평가는 대선과 총선에서 영향을 미침. 특히 국회의원 선거에서 영향을 많이 미침. 이것은 총선을 중간평가로 보기 때문임.

④ 다만 대선에서는 2002년부터 영향을 미침. 1997년 이전까지는 영향을 못 미친 것은 현대통령과 차기 대통령사이에 정책적 연속성이 없기 때문.

⑤ 대통령의 직무평가는 집권 이후 단계적으로 하락하기 때문에 선거에서 활용되지 못함.

세부 쟁점과 핵심이론

sub 13 합리적 선택이론에서 전망적 투표와 회고적 투표의 기준 비교[17)]

(1) 합리적 선택이론에서 합리성 가정: 합리적 유권자, 도구적 합리성, 유권자의 이익 기반 투표, 불완전정보.

(2) 정당선택기준에서 예감: 업적에 근거한 예감(회고적 투표) vs. 공약에 근거한 예감(전망적 투표) vs. 양자가 유기적으로 관계(회고적 – 전망적 투표)

1. 서론

합리적 선택이론의 3가지 시각 설명: 회고적 투표이론, 전망적 투표이론, 회고적 – 전망적 투표이론.

2. 합리적 선택이론과 투표행위: 이론과 적용

(1) 합리적 선택이론의 4가지 전제

① 합리적 유권자. 합리성은 주어진 정보 내에서 단위당 투입자원을 최소화해 자신이 추구하는 목표를 획득하고자 추구하는 행위를 의미. 유권자의 투표행위가 합리적이라는 의미는 유권자가 자신의 이익에 부합하는 방향으로 투표하는 것을 의미.

② 도구적 합리성. 유권자는 자신의 정치적 선호도를 결정하고, 이 선호도를 실현할 수 있도록 행동한다. 투표행위는 정치적 목적 달성을 위한 도구. but, 유권자는 자신이 투표행위를 통해 원하는 것을 달성할 수 있는지 확신할 수 없으며, 대안에 대한 완전한 정보도 없다. 단지 유권자는 활용할 수 있는 정보 내에서 투표라는 도구를 통해 자신이 원하는 바를 성취할 수 있으리라는 예감에 근거해 행위를 수행할 뿐이다.

③ 유권자의 정치적 이익에 기초한 투표. 유권자가 '자신의 정치적 이익'에 기반을 두고 투표한다는 것이다. 유권자는 다른 누구의 이익이 아니라 자신의 이익에 초점을 두고 투표한다. 이때 이익은 정치적 목적에 관련된 이익으로 한정됨. 사회학적 접근이나 사회심리학적 접근법에서 언급하는 것처럼 유권자의 투표행위가 타인(부모가 동료집단)에 의한 것이 아니라 유권자 자신의 정치적 이익에 기반을 두고 이루어짐.

④ 불완전한 정보. 유권자는 후보자를 선택하는 데 후보자에 대해 완벽한 정보를 지니고 있지 못하며, 원하지도 않는다. '합리적으로 무지한(rationally ignorant)' 유권자는 정당을 선택할 때도 최소한의 필요한 정보만을 원한다. 이때 유권자의 선택은 선호 정당(정당일체감)이란 색안경을 통해 해석되는 것이 아니라, 주어진 정보를 자신의 정치적 이익의 관점에서 객관적으로 해석한다.

(2) 합리적 선택이론의 기본 이론

① 합리적 선택이론의 공식

---

17) 엄기홍, "합리적 선택이론과 투표행태", 『투표행태의 이해』

$EU(A) = Pr_A(x)u(x) + Pr_A(y)u(y) + Pr_A(z)u(z)$	(공식 1)

여기서 EU는 기대효용을 의미하며, A는 유권자의 투표행위, x, y, z는 정책적 결과, u는 정책적 결과에 대한 효용을 의미하고 Pr_A는 확률을 의미한다. 따라서 위의 식은 x, y, z 정책에 대한 기대효용값들이다. 행위자 A는 x, y, z의 정책이 가져올 각각의 기대효용을 계산하고 기대효용이 가장 크게 나오는 행위를 한다.

〈가상 사례〉

① 김철수 유권자는 사회복지 정책강화를 선호.

② 선호순위: 사회복지 정책강화(x) > 사회복지 현상유지(y) > 사회복지정책약화(z)

③ 경쟁 정당 3개: 민주당, 공화당, 녹색당.

EU(민주당) = Pr 민주당 선택(사회복지 강화) u(사회복지 강화) + Pr 민주당 선택(사회복지 현상유지) u(사회복지 현상유지) + Pr 민주당 선택(사회복지 약화) u(사회복지 약화)

이런 기대효용을 민주당, 공화당, 녹색당에 모두 대입.

만약, EU(민주당) > EU(공화당) > EU(녹색당)으로 나오면 민주당을 선택

② 정당선택의 기준: 예감

이때 다른 정당보다 나을 것이라는 점은 '예감'을 통해서 인식함.

그런데 이때 다른 정당보다 특정 정당이 더 나을 것이라는 '예감'이 어디에 근거하는지에 대해 다양한 시각이 있음.

첫째, 유권자의 예감이 '업적'과 '경력'에 근거 ⇨ 회고적 투표

둘째, 정당정책이나 후보자의 '공약'에 근거 ⇨ 전망적 투표

셋째, 양자가 유기적으로 관계 ⇨ 회고적－전망적 투표

(3) 합리적 선택이론에 대한 3가지 시각

1) 회고적 투표

① 현직 대통령 또는 현직 국회의원이 재직 시절 수행했던 업적이나 발생했던 사건에 대한 평가를 기반으로 이루어지는 투표.

② 키(V. O. Key)가 이론 체계화

③ 유권자의 후보자 선택은 현직자에 대한 회고적 평가에 근거해 현직자를 심판하는 합리적 선택. 현직자의 업적에 근거하여 자신의 이익 실현해줄 수 있는 기대효용값으로 계산하여, 현직자를 재신임.

④ 현직자의 기대효용값 ⇧ ⇨ 현직자 재신임 ⇧. 반대의 경우에는 도전자에게 투표.

⑤ 공식

$U(I)t = u(x)t + u(y)t + u(z)t$	(공식 2)

여기서 I는 Incumbent(현직자)를 의미. t는 평가 시점이 현재를 의미. 예감함수 Pr I는 이미 발생한 정책 결과를 의미하기 때문에 값은 1이다.

공식 2는 회고적 투표에 대한 세 가지 측면을 반영.

첫째, 회고적 투표자는 정책적 산물에만 관심을 가질 뿐 이를 달성하기 위한 정책이 무엇인지에는 관심을 기울이지 않는다.

둘째, 이러한 투표자는 현직자의 정책 업적 만을 평가할 뿐 도전자에게는 관심을 기울이지 않는다.

셋째, 이들은 이미 수행된 것을 평가할 뿐 후보자가 제시하는 정책적 공약에는 관심을 기울이지 않는다.

2) 전망적 투표

① 전망적 투표란 과거의 정책 이행결과에 기반을 두고 선거 시 제시되는 정책적 공약을 평가하고, 유권자의 정책적 입장과 유사한 정책적 입장을 제시하는 정당에 투표하는 것.

② 다운즈가 전망적 투표를 다음과 같이 정리함.

〈다운즈의 전망적 투표〉

① 유권자는 현 정부하에서 받고 있는 효용(utility)과 다른 정당이 집권했을 때 받을 것으로 믿는 기대효용을 비교해서 현재 정당과의 효용차이(party differential)를 계산한다. 이후 정당과의 효용 차이 값에 따라 정당을 순서대로 나열한다.

② 양당정치하에서 유권자는 자신이 선호하는 정당에 투표한다. 정당이 세 개 이상 존재하는 다당제에서는 다른 유권자의 선호도를 고려해 자신의 투표행위를 결정한다. 방식은 다음과 같다.

ⓐ 유권자가 선호하는 정당이 이길 가능성이 클 경우, 해당 정당에 투표한다.

ⓑ 유권자가 선호하는 정당이 이길 가능성이 거의 없을 경우, 유권자가 가장 선호하지 않는 정당이 이기는 경우를 막기 위해 이길 가능성이 큰 다른 정당에 투표한다.

ⓒ 그렇지만 유권자가 자신이 선호하는 정당이 (가까운) 미래에 승리할 가능성이 있거나 해당 정당에 대한 지지 표명을 원한 경우, 선호 정당에 투표한다.

③ 유권자가 정당에 대한 우선순위를 정할 수 없을 경우, 다음과 같은 행위를 할 수 있다.

ⓐ 각 정당이 제시하는 공약이 다를지라도 최소 두 개 정당이 우선순위에서 동률일 경우 유권자는 기권한다.

ⓑ 각 정당이 유사한 정당정책을 제시할 경우, 여당의 현재 정책업적과 야당의 과거 정책 업적을 비교해 현재가 과거보다 나을 경우 여당을 지지하고, 과거가 나을 경우 야당을 지지하고, 현재와 과거의 여당 업적이 유사할 경우 기권한다.

③ 전망적 투표와 회고적 투표 비교: 회고적 투표(현직자만 대상으로 과거 업적 평가) vs. 전망적 투표(집권 여당과 야당 모두 대상)

④ 전망적 투표 이론 구체화

여당의 기대효용(EU(I)t+1)과 야당의 기대효용(EU(O)t+1)을 비교한다.

* o의 의미: opposition party

* t+1의 의미: t(현재 시점)보다 다음 시점

〈전망적 투표의 공식〉

$$EU\ t+1 = EU(I)\ t+1 - EU(O)\ t+1 \qquad \text{(공식 3)}$$
$$= [PrI(x)u(x) + PrI(y)u(y) + PrI(z)u(z) - PrO(x)u(x) + PrO(y)u(y) + PrO(z)u(z)]$$

이 공식은 여당이 재집권했을 때의 기대효용과 야당이 집권했을 때의 기대효용을 계산하는 것이다.

이것은 집권 중인 여당을 평가할 때는 여당의 정책이 지속될 때 받을 기대효용 값은 현 정부하에서 받는 효용으로 대체될 수 있다. 즉 미래 기대치가 현재 효용으로 전환되는 것이다. 야당의 경우도 야당이 지난 선거에서 승리했다면 받았을 기대효용을 현재 기대효용으로 대체할 수 있다. 이것은 다음과 같이 변형될 수 있다.

EUt+1=U(I)t -EU(O)t	(공식 4)

앞에서 공식 2의 회고적 투표와 공식 4의 전망적 투표를 비교하면 차이가 명확해진다.

첫째, 평가 대상: 회고적 투표자 (현직자) vs. 전망적 투표자(여당과 야당)

둘째, 평가 기준: 회고적 투표자 (이미 발생한 정책 결과) vs. 전망적 투표자 (이행된 정책결과를 기준으로 제시된 정책 공약에 대한 기대효용 차이를 계산)

셋째, 평가 시점: 회고적 투표(과거) vs. 전망적 투표(미래 시점)

⑤ 다운스의 두 번째 투표 결정과정: 진성 투표(자신의 선호도에 따라 투표) vs. 전략 투표(승리 가능성에 따라 후보와 정당을 바꾸는 투표) 구분의 중요한 기준.

다운즈 논의에서 '②-ⓑ'는 전략적 투표자. '②-ⓒ'는 진성 투표자. ③의 경우는 투표 참여 여부를 결정.

〈합리적 선택이론의 시각으로서 회고적 투표와 전망적 투표의 공통점과 차이점〉

① 공통점: 유권자가 자신의 정치적 목적 실현할 수 있는 최선의 후보를 선택해 투표함.
차이점: 최선의 후보 선택의 기준 차이. 회고적 투표는 현직자의 정책 수행결과 vs. 전망적 투표는 정책공약. ⇨ 회고적 투표는 결과 vs. 전망적 투표는 공약.

② 전망적 투표는 정책공약을 평가하기 위해 과거 정책결과도 활용. vs. 회고적 투표는 현직자가 이행한 정책 결과만을 기준으로 하여 현직자에 대한 보상 제공과 처벌 제공.

③ 회고적 투표자는 현직자인 '후보자' 평가 vs. 전망적 투표자는 '정당' 평가. 회고적 투표자는 현직자만의 정책수행 결과에 초점. 전망적 투표자는 어느 정당이 자신의 정책적 입장과 유사한지 비교. 이로 인해 이슈투표 논의가 가능해짐.

3) 회고적-전망적 투표

① 피오리나는 두 가지 시각을 종합함.

② 유권자의 정당 정책에 대한 기대효용 계산방식: 정당일체감으로 정당효용 계산. 두 가지 계산 (과거에 대한 평가+정당의 공약)

③ 이때 정당일체감=과거 정당의 업적 평가에 대한 요약치.

④ 피오리나의 정당일체감≠사회심리학의 정당일체감.

⑤ 가장 큰 차이는 정책평가 결과도 정당일체감의 수준에 영향을 미침. 정당에 대한 연대감 보다는 정책에 대한 회고적 평가의 총합. 즉 감정적이기 보다는 인지적임.

⑥ 평가 기준: only 현직자의 업적(X), 현직자의 '정당'이 과거에 행한 업적을 총체적으로 평가.

⑦ 정당 정책에 대한 평가가 완전히 객관적이기 보다 주관적임. (다운스와 차이가 남) ⇨ 선호 정당과 비선호 정당의 정책공약이 유사할 경우 유권자는 선호 정당에 더 긍정적인 평가내릴 수 있음.

〈전망적 투표와도 차이〉

① 전망적 투표자는 미래 행위 예측을 위해 정당의 과거 업적을 이용. vs. 과거의 업적평가가 현재 정당일체감에 영향을 미치며, 정당일체감이 정당정책을 판단하는 기준이 됨.

② 전망적 투표는 제시된 정당정책을 정당 간에 비교하기 위해 정당의 과거 업적을 평가. 회고적-전망적 투표자는 '현 정부의 업적 평가'를 보상하거나 처벌하기 위해 과거 업적을 평가.

③ 전망적 투표자는 제시된 정책에 관심. 회고적 -전망적 투표자는 정책 보다는 '결과'에 관심.

(4) 합리적 선택이론의 적실성

① 합리적 투표자가 관심을 가질 정책 이슈논의.

② 애브램슨(Paul R. Abramson)의 주장: 경제문제와 외교문제를 중심으로 투표.

③ 경제문제와 외교문제 선택의 이유.

첫째, 이 이슈들은 친숙하고 명확하기 때문에 일반 유권자가 이해하기 쉽다.

둘째, 규범적으로 바람직한 목적에 대해 합의를 쉽게 도출할 수 있다. 경제번영과 평화는 누구나 지지하는 주제.

셋째, 정책적 목적을 달성하기 위한 방안에 대한 의견은 다양하게 제시될 수 있으며, 이러한 정책적 방안들은 유권자가 이해하기 어려운 내용이다.

④ 유권자가 합리적 투표를 하기 위해서 필요한 3가지 조건

첫째 조건, 유권자는 현직자가 수행한 업적을 인지(3시각 모두 공유)

둘째 조건, 여당의 업적평가와 야당의 추정된 업적평가 비교(다운스와 피오리나의 경우)

셋째 조건, 정당일체감에 따라 평가의 차별성이 나타나야 함(피오리나)

〈미국 사례 연구〉

(i) 경제문제: 1980년 대통령선거에서 집권 정부의 경제적 업적에 대해 긍정적 평가를 내린 응답자 130명 중 88%가 집권당 대통령 후보에게 투표. 반면 부정적 평가를 내린 응당자 451명 중 응답자의 23%만이 집권당에 투표 (실제 회고적 투표 경향을 보임)

(ii) 외교문제: 2004년 부시 대통령의 외교에 대한 조사. 대통령의 테러와의 전쟁 처리를 찬성하는 응답자 438명 중 81%가 2004년 재출마한 부시에게 투표함. 반대하는 응답자 372명 중에서는 10%만이 부시에게 투표함. 이라크 전쟁에 대한 응답에서도 동일한 결과가 나옴.

이 사례들은 3가지 근거 중 첫 번째 근거는 충족함, 현직자가 수행한 업적을 인지함. 두 번째 조건인 여당의 업적과 야당의 추정된 업적 간의 비교가 이루어져야 함. 세 번째 조건인 정당일체감에 따른 평가의 차별성이 나타나야 함.

이 조사에서는 응답자 중 60% 이상이 경제문제, 테러리즘, 휴전과 관련된 정책에 대해 누가 잘할 것이냐는 질문에 민주, 공화당 중 하나만 선택. 양자가 비슷하다고 평가한 응답자는 40%임. 또한, 이 조사에서는 특정 정당을 선호한 응답자 중 민주당 대통령 후보인 존 케리에게 투표한 비중이 나타난다. 공화당이 문제를 잘 해결할 것이라고 대답한 응답자 중 8%만이 케리에게 투표했고, 양자가 비슷할 것이라고 답안 응답자 중 41%가 케리에게 투표했다.

이 조사의 의미: 유권자가 투표할 때 정당을 선택한 후 정당 간의 과거 업적을 비교한 후, 이에 근거해 미래지향적인 정당 정책을 평가함. 즉 두 번째 조건인 정당 간 비교가 나타나고 있음.

3. 한국에서 합리적 선택이론 적용 사례

① 17대선(2007년 노무현 정부시기 선거)에서 한국 경제가 좋아졌다고 답변한 응답자 42명 중 62%가 정동영 후보에 투표. 반면 부정적으로 답한 응답자 중 여당 후보지지자는 13%에 불과함.

② 한국 경제 평가에서 부정적일수록 야당후보에 투표. 17대 대선에서 경제 나빠졌다고 응답한 584명 중 67%가 이명박 후보(당시 야당)에게 투표. ⇨ 유권자들은 집권 정부의 대통령 후보 평가할 때 회고적 투표 경향.

③ 피오리나의 정당일체감도 정책평가에 영향: 17대 대선의 경우 선호 정당이 대통합민주신당인 경우,

국가경제가 좋아졌다고 답변한 응답자는 159명 24명인 15%, 선호정당이 없는 경우는 3%로 감소, 여당인 한나라당이 선호정당인 경우 1%로 감소. ⇨ 정당선호도가 정책 평가에 영향을 미침.

④ 정당선호도와 국가 경제에 대한 부정적 평가 연동됨. 17대 대선의 경우. 국가 경제 나빠졌다고 답한 비중(대통합민주신당 지지자 33%, 선호정당이 없는 경우 54%, 한나라당 지지자 73%) ⇨ 합리적 투표를 증명, 과거 업적 투표를 증명, 정당일체감의 중요성 증명.

〈다른 연구들〉

(i) 박경산 연구: 14대 대선에서 한국 유권자 전망적 투표, 경제성장이라는 회고적 투표의 지표는 지지후보 결정에 영향을 미치지 못함. 물가안정이라는 전망적 투표의 지표는 지지후보 결정에 영향.

(ii) 황아란 연구: 15대 대선(1997년 선거)에서 한국 유권자는 회고적 평가로 국가 경제위기의 책임을 추궁. 이를 기준으로 위기에 빠진 국가 경제를 누가 더 잘 해결할 수 있는지를 판단해 투표.

(iii) 조기숙 연구: 14대 총선과 14대 대선에서 지역주의투표 성향을 합리적 선택의 한 범주인 회고적 투표로 간주. 지역 차별 정책으로 인한 결과에 대한 유권자의 반응으로 파악.

(iv) 이현우 연구: 15대 대선은 회고적 투표성향과 전망적 투표성향이 공존. 김영삼 정부에 대한 회고적 평가와 경제위기를 더 잘 극복할 수 있는 후보에 대한 전망적 평가가 공존.

(v) 이갑윤 연구: 정당일체감이 정책을 평가하게 함. 이것이 후보선택에 영향을 줌.

(vi) 박원호 연구: 정당선호도에 따라 이슈 영향력이 차별적임을 보임. 선호하는 정당이 유권자가 중요하다고 생각한 이슈를 선점하면 이슈의 영향력은 크지 않다. 그러나 선호하는 정당이 중요하다고 생각하는 이슈를 선점하지 못할 경우에 이슈의 독자적인 영향력이 발휘되기 시작함. 이에 따라 18대 대선에서 박근혜 후보는 보수진영의 이슈인 경제성장이슈를 지키면서도 진보진영이 독점하고 있던 복지이슈를 상당 부분 잠식한 선거였으며, 이 결과 박근혜 후보가 당선됨.

⇨ 합리적 선택이론의 설명력이 높음.

세부 쟁점과 핵심이론

sub 14 유권자들은 어떤 조건에서 정당이라는 기준보다 후보자의 특성이나 이슈에 따라 투표하게 되는지 논의[18)]

(1) 정당 기준 (장기적 기준) vs. 후보자의 인물이나 이미지 혹은 특정 이슈 기준(단기적 기준)

(2) 정당 지지층보다 무당파층에서 후보자특성, 이슈특성을 정당 기준 보다 더 중시함.

1. 투표의 기준: 정당인지 후보자 혹은 이슈인지.

(1) 단기적으로 후보자 요인과 이슈 요인 ⇨ 정당과 후보자 투표 결정

(2) 정당만이 투표의 결정 요인은 아님.

(3) 후보자와 이슈의 중요성 부각원인: 유권자의 교육수준 증대와 정당별 이념 차이 축소. 유권자가 정당을 대신해서 스스로 대표를 선택함.

(4) 민주화 이전: '민주 vs. 반민주' 기준이 중요함. ⇨ 후보자나 이슈 중요성 적음.

(5) 민주화 이후 유권자 선택 기준: 후보자, 이슈 > 정당

18) 이갑윤, "후보자 투표와 이슈 투표", 『한국인의 투표행태』 (서울: 휴마니타스, 2011).

(6) 보완 설명: 민주화 이후 유권자들이 다원화되면서 선거에서 이슈가 세분화됨. 과거 이념과 같은 거대 담론에서 위생문제와 교육문제 같은 세부적인 주제들로 전환이 됨.

2. 후보자투표

(1) 후보자의 자질, 인격, 경력 등을 변수로 하여 설명한 연구시도가 적음.

(2) 데이터 분석에 따르면 현직자효과를 제외하고 후보자의 성, 연령, 학력, 직업이 의미심장한 변수가 못 됨.

(3) '현직 효과'가 최근 들어 나타남.

(4) 현직 효과의 원인

① 자질 효과: 현직에 있었던 것이 비현직 보다는 자질이 높다는 의미.

② 봉사 효과: 권력과 지위를 이용해 지역개발과 민원 해결.

③ 지명도 효과: 계속 출마해서 생기는 인지도 상승.

(5) 한국 사례

① 2008년도 국회의원 선거에서 한나라당 현직후보가 비현직 후보보다 평균 9.5% 득표.

② 대통령선거에서 후보자 효과가 크게 나타남. 미디어의 정보 제공의 차이. 정당의 후보자에 대한 영향력이 국회의 원후보자에 대한 것보다 더 큼.

③ 대통령선거에서 후보자 평가에 영향력이 큰 변수는 당파적 태도와 이념. 이중에서도 당파적 태도가 이념보다 중요.

3. 이슈 투표

(1) 중요한 이슈는 정부 업적과 경제 사정 평가인데 이것은 합리적 선택에서 설명됨.

(2) 다른 이슈는 별로 영향을 못 미침.

4. 사례들

(1) 대선 사례

① 1992년 대선에서는 3당 합당이 영향을 못 미침.

② 1997년 IMF 경제 위기 책임이 이슈가 됨.

③ 2002년 대북지원문제가 이슈가 됨. 그러나 수도 이전은 투표 결정에 영향을 주지는 못함.

④ 2007년 선거 대북지원과 기업규제는 투표 결정에 영향을 못 미침.

(2) 총선

① 1996년 정치개혁은 영향(O), 지역발전은 영향(X)

② 2000년 낙천낙선운동은 영향(X)

③ 2004년 탄핵의 영향(O). 이 사건은 영향이 큼. 열린 우리당이 152석으로 과반수 넘음. 게다가 초선의원들이 대거 등장(70%정도)하여 386세대 정치가 시작됨.

④ 2008년 한나라당 내부 공천갈등이 영향(O)

세부 쟁점과 핵심이론

sub 15 유권자들이 주로 수행하는 이슈투표는 무엇인지 논쟁[19]
(1) 합리적 선택 (이슈 투표) vs. 정체성에 따른 선택(정당투표/ 자이로스코픽 대의)
(2) 경제투표: 전망적 투표 vs. 회고적 투표
(3) 경제이슈의 기준: 개인 경제 vs. 사회적 경제

1. 이슈투표의 기준

① 가장 이상적인 시민은 후보가 제시한 정책 공약을 중심으로 투표를 함,
② 국민의 정책 선호를 드러내는 방법: 자신의 선호를 잘 반영한 공약을 제시하는 후보에게 투표.
③ 이슈 투표: 공약에 입각해서 하는 투표

2. 이슈투표: 이론과 쟁점

(1) 이슈투표는 어떤 조건하에서 이루어지는가
① 합리적 선택이론: 선거는 유권자들의 집합적 선택의 결과이기 때문에 개별 유권자가 투표를 통해서 얻을 수 있는 이윤은 0에 가깝다. 즉 투표의 유인이 없음. ⇨ 합리적 무지상태로 남아있을 가능성이 큼. (유권자가 의도적으로 정책공약을 분석할 필요를 못 느낌)
② 하지만 유권자는 정책공약을 보고 투표를 함.
③ 이슈 투표를 하는 두 가지 이유가 제시됨.
첫째, 후보들이 정책 공약 간 차이가 명확할 때 이슈 투표를 함. 즉, 유권자는 정책공약을 구분할 수 있음. 그러나 후보들이 정책 간 차이를 만들지 못함. 이것은 키(V.O. Key)의 이론적 주장.
구체적으로는 키의 '메아리방 효과'. 후보들이 정책 간 차이를 만들어서 제시하면 유권자가 판단.
㉮ 1968년 선거에서 베트남 전쟁에 대한 정책 이슈의 유권자 투표결정 분석. 정책 간 차이가 크지 않게 나옴. ⇨ 유권자의 이슈투표 약함.
㉮ 1964년 선거에서 민주당과 공화당 간 이념 차이가 선명해짐. ⇨ 유권자의 이슈투표 강함.
둘째, 어떤 성격의 정책이슈가 선거의 주된 쟁점이 되는지에 달림.
카마인스(Edward Carmeines)와 스팀슨(James Stimson)의 이론.
이 이론의 핵심 주장은 '쉬운 이슈와 어려운 이슈. ⇨ 선거가 쉬운 이슈일수록 이슈투표를 수행'한다는 것임.
쉬운 이슈는 기술적이기보다는 상징적인 이슈이며 정책의 수단보다는 목적에 초점을 두고, 오랫동안 정치적 논쟁의 중심에 있던 이슈.
반면에 어려운 이슈는 기술적이고, 정책적 수단에 초점을 둔 이슈. 어려운 이슈를 알기 위해서는 정보수집과 분석에 비용이 많이 들기 때문에 그 이슈를 중심으로 투표를 하려고 하지 않음.
㉮ 흑인에 대한 인종차별철폐 문제가 쉬운 이슈.

(2) 이슈투표는 어떤 과정을 통해 이루어지는가
1) 공간투표이론: 다운스의 이론. 근접이론(유권자의 입장=후보의 정책 입장 간 거리)으로 불림.
① 특정 이슈에 대한 입장은 매우 찬성에서 매우 반대에 이르기까지 그 강도를 고려해 연속선에 배치

19) 최준영, "선거이슈와 투표행태", 『투표행태의 이해』

가능.

② 각 유권자는 특정 이슈 차원에서 자신이 가장 선호하는 지점이 어디인지를 알 수 있다.

③ 선거에 출마한 후보 각각의 정책적 입장도 똑같은 이슈 차원의 한 지점에 놓인다.

④ 유권자는 이슈 차원에서 자신의 선호와 가장 가까운 위치에 놓인 후보에게 투표한다.

⑤ 이론에 대한 평가: 이 이론은 매우 간결하고 통찰력있는 모형으로 구체화 되었다는 점에서 정치학자들의 지지를 받음. but, 현실성이 희박하다는 약점이 있음. 유권자는 자신뿐 아니라 후보가 어떤 위치에 있는지를 알아야 함. 이러한 비판을 제기한 것이 방향성 투표이론.

2) 방향성 투표이론

① 유권자는 합리적 존재가 아니라 감정에 더 충실한 존재로 가정.

② 따라서 유권자는 정책 이슈를 세밀하게 살피는 것이 아니라 단순화를 통해 이분법적으로 후보와 정책을 살펴봄. 예를 들어 종부세에 대한 입장에서 후보자가 찬성인지 반대인지를 따져보는 것임.

③ 유권자는 자신의 입장을 따져보고, 후보자가 어떤 입장인지를 따져봄. ⇨ 자신의 입장과 같은편에 선 후보를 선택함. 이때 자신의 입장과 가장 선명하고 강력하게 동일한 입장의 후보를 선택함.

⑤ 만약 종부세 입장에서 반대를 지지하는 유권자는 후보 중에서 두 사람이 종부세를 반대한다면 더 강력하게 반대하는 후보를 선택함.

⑥ 이론 평가: 하지만 이 이론은 문제점이 있음. 이 논리가 맞으면 극단적인 선호를 보이는 후보가 당선되어야 하지만 실제 정치에서는 극단적인 선호를 보이는 후보가 당선되는 것이 아님. ⇨ '용인지역(region of acceptability)이론'으로 조정. 유권자는 선명한 입장의 후보를 선호하지만, 그 정도가 지나쳐서 용인 범위를 넘어설 경우 지지를 철회함. 그러나 용인지역이 도대체 어디인지에 대해 정확한 답은 제시하지 못해 이 수정 모델은 비판만 받게 됨.

3) 공간투표 이론과 방향성투표이론의 혼합모형

① 아비버센(Torbern Iversen)은 방향성투표이론과 공간투표이론을 결합하여 혼합모델을 제시함. ② 그는 우선 방향성투표이론이 공간투표이론보다는 타당하다고 보았음. 그리고 용인지역을 수정함. 모든 유권자는 개별적인 용인지역을 지니고 있으며 자신이 설정해놓은 용인지역을 벗어난 후보에 대해 지지를 철회함. (방향성투표이론에서 용인지역은 모든 유권자들에게 동일하게 존재함) 이로써 방향성이 우선적으로 검토되지만, 용인지역을 넘어서는 극단적인 후보를 골라내기 위해서 공간이론을 도입함.

(3) 대표적 이슈투표: 경제투표

가장 중요한 이슈 투표는 경제투표.

1) 전망적 투표와 회고적 투표

① 쟁점: 미래 경제상황을 고려 vs. 과거 성과를 고려.

② 전망적 투표는 고려할 변수가 너무 많음.

③ 회고적 투표는 정보가 많이 필요하지 않음. 하지만 회고적 투표에도 문제가 있음. 만약 경제실적이 부진한 경우 야당에 표를 주어야 하는데, 검증도 안 된 야당에 표를 주는 것이 타당하지 않음.

④ 현재 추세: 현직자에 대해서는 회고적 투표+도전자에 대해서는 전망적 투표

2) 돈지갑 투표와 사회경제적 투표

① 쟁점: 개인적 경제상황으로 투표 vs. 국가 전체경제 상황반영 투표(낙관적 전망과 비관적 전망 여부)

② 돈지갑 투표가 되려면 정부정책이 개인경제 상황에 직접적인 연관이 필요. 그러나 경제에는 다양한 변수가 있어서 이것이 직접적이기 어려움.

3. 한국에서의 이슈투표연구

① 한국에서는 이슈투표 연구가 많지 않음.

② 하지만, 최근 연구에서는 이념의 중요성이 대두되면서 대북안보 관련 이슈가 투표에 영향을 미치는 것으로 드러남.

③ 2012년 대선에서 박근혜 후보의 복지 이슈화와 문재인 후보의 대응 부족. ⇨ 중도층의 지지를 끌어들여서 선거에서 승리함. 복지 이슈가 투표 결과에 영향을 미침.

④ 한국에서의 설득력: 방향성투표 > 공간투표.

⑤ 최근 연구들

(i) 박경산연구: 14대 대선(김영삼 후보 당선) 지역주의 속에서도 경제투표가 부분적으로 나타남. 한국은 전망적 투표가 높게 나타남. (원인 ① 단임제 대통령제로 현직 대통령에 대해 평가가 어려움. ② 한국 정당정치의 제도화 수준이 낮아 책임을 물을 수 있는 정당이 불분명함.)

(ii) 이현우연구: IMF 때인 15대 대선(김대중 후보 당선)에서 경제투표 영향력이 높아짐.

(iii) 강원택연구: 2007년 선거(17대 대선)에서는 노무현 정부에 대한 회고적 투표가 나타남.

(iv) 종합: 한국 경제투표의 특성.

ⓘ 강력한 지역주의의 영향력 안에서도 한국 유권자는 경제투표를 수행.

ⓘⓘ 17대 대선에서는 회고적 투표를 했지만 대체로 대선에서 전망적 투표를 수행.

ⓘⓘⓘ 한국 유권자는 돈지갑투표보다는 국가경제상황 전개에 따라 투표.

4. 결론

① 향후 이념과 이슈 투표의 중요성은 더욱 커질 전망.

세부 쟁점과 핵심이론

sub 16 투표에는 심리적인 인지구조의 중요성과 대중매체가 인지구조를 구성할 수 있는지 논쟁[20]

(1) 심리적인지의 중요성 vs. 합리적 선택

(2) 사회적 심리(사회구성원들의 집단적 심리) vs. 인지심리(정보처리과정에 집중)

(3) 대중매체의 정치적 영향력(의제설정이론): 프레임 효과 vs. 프라임 효과

1. 인지 심리학의 의미

(1) 정치학에서 인지심리학적접근법은 '무엇을' 선택하는지 보다 '왜' 그리고 '어떻게' 정치적 요인을 선택해서 정치적 판단에 이르는지를 설명하고자 하는 연구방법.

(2) 인지심리와 사회심리의 구분

① 사회심리학적 접근: 유권자의 소속집단이나 정당일체감 같은 심리적 요인이 개인의 정치행태에 미치는 영향을 보여줌.

② 인지심리학적 접근: 사회적 요인 ⇨ 정보처리과정 / 정치적 신념체계 형성 ⇨ 인간의 기억구조 속 인지 ⇨ 정치적 태도로 표출.

---

20) 이소영, "인지구조와 대중매체, 그리고 투표행태: 인지 심리학적 관점", 『투표행태의 이해』

(3) 1960년대 소개 후 1980년대 정치학에 응용함.

① 응용 이유 1: 20세기 후반의 인지 혁명의 영향. 정치학에도 도입.

② 응용 이유 2: 1980년대 합리적 선택접근법의 부상과 이에 대한 반발. 방법론상 실험방법을 사용해 인간의 인지구조를 밝혀줌.

〈전체적인 논리〉
유권자의 정치적 도식 혹은 신념체계 ⇨ 투표행태 결정

2. 인지 심리학적 접근법의 주요 이론적 논의

(1) 후보자 및 정책 평가에서 정보의 처리과정

1) 정치적 신념체계

① 신념체계의 의미: 정치적 판단을 제한하는 보편적이고 바람직한 틀. 진보적인 틀 ⇨ 진보적인 정책과 후보를 선택.

② 개념화: 정치적 현상을 추상적 개념과 연관시키는 것. 개념화가 어려워서 잘하지 못하면 유권자의 선택은 후보자의 카리스마나 지역연고 등에 의해 이루어짐. 자신이 속한 '집단'에 의해 판단함.

③ 컨버스(Converse)의 논문: 1960년대 미국 유권자 중 11%만이 이념적 스펙트럼에 의거해 정치적 판단을 내림. 42%는 자신이 속한 '집단성'에 의거해 판단, 나머지 47%는 정치적 쟁점에 개념이 없거나 정치적 판단의 근거가 없는 것으로 나타남. 여기서 이념에 의해서 판단하는 사람을 이슈 대중(issue public)이라고 함.

2) 정치적 기억의 구조: 스키마 이론

① 스키마 의미: 사람이 인지할 때 사물과 사건을 재조직화하여 인지하며, 선택적인 인지와 수용함. 이러한 인지구조가 스키마. 과거 경험에서 도출된 지식이 모여있는 개인의 기억구조를 의미. 자신의 기억에서 새로운 정보를 선별적으로 수용.

② 유권자들의 스키마가 공유: 사회화과정에서 만들어진 개인의 경험 저장공간이기 때문에 유사한 경험을 한 사람들 사이에는 공감하는 스키마가 있음.

㉮ 남북한 관계 ⇨ 반공인식이라는 스키마 작동

③ 컨버스이론과 차이: 일반대중도 스키마에 따라 판단함.

④ 이후 스테레오 타입으로 발전. (㉮ 호남정치인)

⑤ 비판: 스키마가 무엇이며 어떻게 만들어졌는지 설명이 안됨. 또한, 한 가지 기억이 다른 기억과 연관되어 영향을 미친다는 네트워크 모형이 등장하면서 스키마에 대한 관심 약화.

3) 정보의 메모리 프로세싱과 온라인 프로세싱

① 기억을 가져다 쓰는 방식에 초점을 두는 접근.

② 잘러(John Zaller)에 따르면 유권자의 정치적 쟁점에 대한 태도에 일관성 부족. 이것은 엘리트의 정치적 담론에 의해서 만들어지기 때문임. 즉 이런 담론에 영향을 받아서 정책결정을 하는 사람과 그렇지 않은 사람사이에는 정보를 저장하는 프로세싱이 다름.

③ 정보의 온라인프로세싱: 후보의 세밀한 정책으로 저장하지 않고 후보의 전반적인 이미지로 정보를 저장하는 현상. 감정의 통합체로서 후보를 평가함. (보완: 후보의 이미지가 중요해짐.)

(2) 제한된 정보와 인지능력하에서의 후보자 결정

1) 투표행위에서 정치적 정보의 영향

① 대중의 정치적쟁점화 능력부족에 대한 컨버스 이론의 증명 노력

② 대표적인 연구로 잘러의 연구:

첫째, 정치적 지식이 많은 유권자가 상충하는 정보가 들어왔을 때 이를 걸러내는 경향이 있음.

둘째, 정치적 정보가 적은 유권자는 정치적 결정이 자주 바뀜, 상충하는 정보를 걸러내지 못하기 때문임.

③ 이런 연구는 대의민주주의 메커니즘에 문제 제기: 정치적 관심이 떨어지는 사람들은 투표를 적게 함. 이들의 저대표와 사회적 상층의 과다대표문제가 제기될 수 있음.

⇨ 정치적 정보의 불평등으로 인한 정치적 문제의 심각성 제기.

2) 휴리스틱스를 이용한 정치적 추리와 선택

① 정치적 정보가 부족한 유권자도 정치적 판단과 태도에 차이가 크지 않음.

② 정보의 지름길이 해결해줌. 이것을 휴리스틱스(Heuristics)라고 함.

③ 휴리스틱스의 의미: 과거의 경험과 추론을 통해 스스로 문제를 발견하고 해결한다는 의미. 유권자가 후보자에 대해 특정한 정보가 없지만, 현재 지식이나 느낌만으로 후보자나 정치적 대상에 대해 적절한 추론과 판단을 하는 과정.

④ 그럭저럭 추론하기를 통해 유권자가 선택함. '실용적인 인지적 구두쇠'로 묘사됨. 정보를 확보하는 데 너무 많이 투자하지 않음.

⑤ 이론의 장점은 정보가 부족한 유권자도 판단을 내릴 수 있음.

⑥ 비판

첫째, 정치적 지식의 많고 적음에 따라 정치적 판단에 차이가 실제로 나타나는데 이것을 무시함.

둘째, 실험실내에서 행해지는 실험방법에만 의존함. 실제 유권자를 대상으로 증명하지 않음.

셋째, 정보가 많은 유권자가 오히려 휴리스틱스를 사용하여 판단하는 경우가 많음.

(3) 정치적 태도의 형성과 변화: 요인과 과정

1) 태도 형성과 변화의 인지적 요소와 감정적 요소

① 인지적 요인 ⇨ 인간의 정치적태도를 형성하고 변화시킴.

② 실제 사례로 부정적 정보와 메시지: 대통령 후보 결정에 중요하게 작동. ⇨ 네가티브 선거 전략 사용의 이유.

③ 실제 사례로 프로젝션효과: 자신이 지지하는 후보자를 과대평가하는 경향

④ 실제 사례로 반대가치의 양립: 여러 모순되는 가치들을 지지하거나 정책을 선호하는 경향

⑤ 실제 사례로 정치적 쟁점의 강도와 친근함: 켐페인의 메시지가 강한 것이 중요.

⑥ 감정적 요인 ⇨ 인간의 정치적태도를 형성하고 변화시킴. 최근에는 감정적 요인도 다름.

2) 태도의 형성과 변화과정

① 잘러 이론: 유권자가 정보 받아들이는 단계

첫째, 정보에 노출되고 정보를 '인식'하는 단계

둘째, 인식된 정보를 자신의 인지구조 속에 '수용'하는 단계

② 정치적 태도가 바뀔 확률=정보에 노출되어 인식할 확률×정보를 수용할 확률

③ 이렇게 정치적 태도를 변화시킬 수 있음.

④ 주로 대중대체가 원천이 됨.

(4) 정치적 선호도 형성에서 대중매체의 영향

1) 캠페인 효과

① 대중매체를 이용한 캠페인이 후보자와 정당에 대한 정보를 제공.

② 셀모어(Barbara Salmore)와 샐모어(Stephen Salmore) 주장: 정당 역할 약화 ⇨ 대중매체가 투표 결정 요인. 정보 제공자 역할.

③ 후보자의 텔레비전 토론이 중요해짐. 유권자의 기억 속에 전체 이미지로 저장되어 투표에 영향을 미침. by 온라인프로세싱이론.

④ 대중매체의 효과 설명이론＝의제설정(agenda setting) 효과: 대중매체가 설정한 의제를 대중도 중요하게 생각.

⑤ 의제설정이론의 두 가지: 첫째, 프레이밍 효과(framing effect). 둘째, 프라이밍 효과(priming effect)

2) 대중 매체의 프레이밍 효과

① 대중매체가 특정 의제를 선택하거나 강조 혹은 배제하는 효과. 긍정프레임을 짤 것인지 부정 프레임을 짤 것인지가 중요.

3) 대중매체의 프라이밍 효과

① 쟁점을 선별해 보도함으로써 사람들이 대상을 판단하는 기준을 변하게 만드는 효과.

㉎ 2007년 대선에서 경제문제만 부각

4) 대중매체에 대한 선택적 노출과 대중매체 효과

① 최근 대중매체가 일방적으로 대중의 정치적 태도와 선호에 영향을 미치는 것이 아니라, 개인의 정치적 선호 자체가 그 개인의 매체 선택에 영향을 미치기 때문에 대중매체의 효과가 과거와는 다르게 나타난다는 점에 주목함. ⇨ 뉴미디어의 효과(㉎ 인터넷 뉴스와 소셜미디어의 확장)

② 한국정치의 양극화 ⇨ 소셜미디어의 양극화와 연결 ⇨ 유권자의 선택적 노출이 심화됨. ⇨ '끼리끼리 문화'가 만들어짐. 배타적인 문화가 구성됨.

③ 다른 주장의 연구들: 매체 선택하기 때문에 정치적 태도의 극단화가 이루어짐.

3. 한국에서의 인지심리학적 접근법 적용

① 한국에서는 다소 생소함.

② 최근 연구들

(i) 황근 연구: 14대 대선에서 유권자는 후보자의 개인적 속성을 중요한 스키마로 파악. 대중매체도 유권자의 스키마를 활성화하는 역할을 수행함.

(ii) 이준용 연구: 정치적 지식이 많은 사람도 정책보다는 이미지에 의존해 정치적 판단을 내림. 특히 정책을 구분하기 어려운 사람에게는 후보자의 이미지가 후보자의 능력과 성품에 중요한 정보제공.

(iii) 반현 연구: 뉴스매체가 강조한 후보자의 속성이 언론에서 강조하지 않은 속성에 비해 유권자의 후보자인지에 더 중요하게 영향.

(iv) 김관규, 구태교, 이준용 연구: 텔레비전 토론은 정치적 관심도가 낮은 유권자에게 정보를 제공, 후보자의 인지도가 낮은 경우에 효과가 큼.

(v) 탁진영 연구: 정치 광고가 유권자의 후보자에 대한 감성적 이미지와 투표의향에 영향을 줌.

(vi) 서현진, 김민성, 이소영의 연구: 진보 유권자와 보수 유권자가 사용하는 소셜미디어가 다름.

(vii) 한규섭 연구: 한국의 트위터 팔로윙 행태가 미국보다도 더 정치적 성향에 따라 나뉨.

4. 결론

① 접근법의 한계: 자극이 어떻게 개인의 태도나 인식으로 형성되는지에 대해서는 설명하지 않지만, 사회적, 정치적 맥락에서 소외됨.

세부 쟁점과 핵심이론

sub 17 제도는 유권자의 투표행태에 영향을 미치는지 논의[21)]
(1) 선거제도변화와 유권자의 투표행태 변화 간 관계

1. 선거제도의 중요성

① 선호투표를 하지 못하고 전략투표를 하는 유권자에게는 선거제도 구성이 중요함. 단순다수제 대신에 비례대표제도를 사용하면 투표를 유인할 수 있음.

② 한국정치에서 선거제도의 중요성: 1987년 대선에서 결선투표제 사용했다면 김영삼, 김대중 후보는 2차 투표에서 한 쪽으로 표를 몰아주었을 것임. 대선결과가 달라졌을 것임.

③ 제도가 유권자 투표행태에 중요하게 영향을 미침.

④ 의회선거를 대상으로 분석할 것임.

신제도주의 요약: 제도 ⇨ 개인행동 규정(안정적이고 규칙적인 행동을 강제함)

2. 신제도주의와 유권자의 투표행태

① 구제도주의: 1차 대전 이후 연구방식으로 공식적인 구조와 법체계연구. 정치체제의 형성과 도덕과 규범적 문제를 동시에 다룸. but, 경험적 분석을 소홀히 함. 제도가 개인이나 집단에 미치는 영향에 대한 관심이 부족함.

② 이후 행태주의 등장: 원자화된 개인과 선험적으로 주어진 선호 극대화 개인을 가정.

③ 신제도주의: 행태주의의 문제점 비판하면서 등장. 제도적 맥락속에서 개인의 선호, 전략, 행태, 상호작용의 유형이 달라짐. 제도는 개인에게는 구조적요인임.

④ 듀베르제 법칙: 제도와 유권자의 투표행태에 관한 선도적인 연구. 주장 "소선거구 단순다수제를 택한 국가는 양당제가, 비례대표제를 채택한 국가에서는 다당제가 형성될 가능성인 높다."

⑤ 진성투표 혹은 진실한 투표(sincere voting: 지지정당투표)와 전략적 투표(strategic voting: 당선가능성 높은 정당 투표)에도 설명.

3. 선거제도와 유권자의 투표행태

(1) 선거제도의 유형과 특징

① 비례적 선거제도 vs. 다수결 선거제도 vs. 1인 2표 혼합형 선거제도(병립형 선거제도 vs. 연동형 선거제도)

② 이외에도 단기비이양식 선거제도: 중선거구에서 유권자는 후보에 대한 선호를 명시하지 않은 채 자신

---

21) 조진만, "선거제도와 투표행태: 신제도주의적 관점", 『투표행태의 이해』

이 행사할 수 있는 제한된 표만큼 후보자를 선택하는 선거제도. 유권자가 복수투표권을 가짐.

(2) 다수결 선거제도와 유권자의 투표행태

1) 소선거구 단순다수제와 투표행태

① 이 선거에서 나타난 유권자의 민심은 과연 무엇인지 질문할 수 있다.

② 당선자가 선거 정당성을 가질 수 있는지가 문제임. (예를 들어 지역 전체 유권자의 20% 지지로 당선된 경우, 80%가 이 당선자를 거부하는 경우)

③ 소선거구제의 투표 행태. 첫째 설명. 듀베르제의 장치적 효과 기계적 효과. 이는 투표구조, 선거구의 크기, 의석배분 방식에 따라 거대정당에 유리함. 둘째 설명. 심리적 효과. 유권자는 장치적 효과를 알고 또한 학습경험으로 인해 당선 여부를 계산하게 됨. 소선거구 다수제에서는 사표방지 심리가 작동함.

2) 결선투표제와 투표행태

① 한 선거구에서 1명 선출, 다만 절대기준 충족 못 하면 2차 투표를 진행함.

② 유권자에게 두 번의 투표기회를 제공. 첫 번째 투표에서는 진실한 투표를 할 가능성 높음. 2차 투표에서 협상력이나 참여 자격을 높이기 위한 선택.

3) 선호투표제와 투표행태

① 소선거구에서 채택하여 사용. 다만 유권자가 후보자의 순위를 메길 수 있음. 이후 과반수 득표자가 나올 때까지 가장 적은 표를 얻은 후보자부터 유권자의 선호에 따라 표를 상위 득표자에게 이양한다는 특징.

② 문제점: 1선호에 의해서 결정되는 것이 아니라 강요된 제 2선호, 제 3선호에 의해서 결정된다. 즉 전략적 투표에 의해서 당선자가 결정됨. 이 부분은 문제임. 유권자들의 진실한 선호가 반영 안됨.

4) 블록투표제와 투표행태

① 선거구에서 선출되는 의원수 만큼 유권자가 표를 던질 수 있는 선거제도로 최종 다수 득표자 순으로 당선자가 결정.

② 이 제도는 당선자 간 득표율의 차이가 큼. 자칫하면 당선자 한 명의 당선 표 보다 다른 후보들의 당선 표 합이 적을 수 있음. 간혹 정당별로는 보수가 진보보다 더 표를 얻고도 당선 의석이 적을 수 있음.

(3) 비례적 선거제도와 유권자 투표행태

1) 정당명부식 비례대표제와 투표행태

① 유권자가 정당이 제시한 명부에 투표. 당선기수(하나의 의석을 차지하기 위해 필요한 득표수)를 산출해 의석을 배분함.

② 이 제도에는 봉쇄조항(의석을 받기 위한 최소 기준)있음.

③ 두 가지 특징.

첫째, 권력별로 분리된 선거구를 대상으로 의석 배분이 진행됨. 이때 당선기수를 채우고 남은 정당의 잔여 표 처리문제가 남음. 대체로 취합하여 2차 의석 배분을 진행함.

둘째, 폐쇄명부식과 개방명부식이 있음. 개방명부식의 경우 유권자가 얼마나 후보자에 대한 선호투표를 하는지가 중요. 서구 민주주의 국가들은 정당에 일괄적으로 투표하여 정당이 결정권을 가지게 함. 이는 의원내각제도의 전통에 기인함.

2) 단기이양식 비례대표제와 투표행태

① 3~5명 선출하는 중선거구에서 유권자가 후보자의 선호순위를 표기. 드룹 공식으로 당선기수를 산출해 이를 초과한 후보자부터 우선 당선.

③ 후보자에게 투표하기 때문에 정당명부식 비례대표제보다는 인물투표의 영향력이 상대적으로 강하게

나타남. 다수 후보자가 당선기수를 초과하기 전까지 유권자의 표가 지속적으로 이전되는 특성이 있어서 사표가 될 확률이 낮다. 따라서 전략적 투표를 할 가능성이 낮다.

④ 이는 다수결선거제도의 선호투표제와 유사.

⑤ 선호투표제와의 차이가 큼:

첫째, 선호투표제의 경우 특정 후보자가 절대 다수의 지지를 얻을 때까지 유권자의 표가 이양되지만, 단기이양식 비례대표제는 당선기수를 초과할 때까지만 유권자의 표가 이양된다.

둘째, 선호투표제는 한 선거구에서 한 명을 선출하는 소선거구제를 기본으로 하지만, 단기이양식비례대표제는 하나의 선거구에서 3~5명의 의원을 선출하는 중선거제를 기본으로 한다.

(4) 혼합형선거제도와 유권자 투표행태

① 소선거구제에서는 전략투표

② 비례선거에서는 진실투표를 할 가능성이 높음.

③ 1인 2표 병립제: 일본 방식

ex) 만약 300석 의회(지역 200석, 비례 100석)에서 10%당선, 지역구에서 2명 당선. 지역구의원 2명+비례의석(100×10%=10석) 10석으로 총 12석 보유.

④ 1인 2표 연동제: 독일방식

ex) 동일 사례에서 전체의석수 300석×10%로 30석 확보. 그러나 지역에서 2석 얻었기 때문에 비례는 28석 보유. 총 30석(지역 2석+비례 28석)

⑤ 이 제도에서는 초과의석이 생길 수 있음(정당득표율보다 지역에서 당선인 수가 많은 경우)

⑥ 혼합형 선거에서 분할투표(split ticket voting)와 일관투표(straight ticket voting)가 나타남. 지역투표와 정당투표가 일치하면 일관투표이고 분리되면 분할투표임. 특히 군소정당 지지 유권자들은 지역구에서 당선확률이 떨어지기 때문에 분할투표를 통해 지역은 전략투표를 할 확률이 높다.

4. 한국의 선거제도와 유권자 투표행태 연구

① 최근 연구들

(i) 윤찬주 연구: 한국 선거 연구의 효시. 여촌야도, 촌고저도(농촌 투표율이 도시보다 높게 나옴)

2004년 17 총선이후 1인 2표가 도입되면서 본격적인 연구 진행.

(ii) 박찬욱 연구: 분할투표로 민주노동당이 혜택을 봄.

(iii) 김왕식 연구와 장훈 연구: 1인 2표 병립제인데 정당체계의 변화가 적음.

(iv) 조진만과 최준영 연구: 군소정당 지지자들은 분할투표할 때 이념적 거리를 고려하여 분할 투표함.

(v) 강원택 연구: 광역단체장과 지방단체장 선거에서 서로 다른 후보자에 투표하는 유권자들의 특성은 선거의 중요성에 대한 이들 유권자의 인식에 기초함.

5. 결론

① 인위적인 선거제도의 선택은 자칫 국민 의사의 왜곡문제가 발생할 수 있음.

선거정치 쟁점 11 : 투표율

주제의 문제의식

Q 한국의 투표율 상승은 어떤 요인에 의해서 설명가능한가?

A 한국의 투표율 상승은 사전선거제도의 도입이라는 제도적 요인과 준연동형비례선거제도와 같은 선거제도요인과 함께 양당제적인 경쟁과 투표인증샷이나 개념 투표 같은 문화현상에 의해서 설명이 가능하다.

세부 쟁점과 핵심이론

sub 1 한국투표율 하락과 상승

(1) 2008년 총선 투표율: 46.1% 사상최저

(2) 투표율 하락: 정치적 무관심, 선거제도에서 네거티브 선거제도, 정당 지지율하락이 주된 원인임.

(3) 투표율 상승: 정치적 결쟁강화는 합리적 선택에서 유권자 관심 증대. 제도론차원에서 사전선거제도나 비례대표제 변화 효과, 문화효과(투표인증샷 문화). 사회경제적 요인도 부분 작동함.

1. 투표 참여와 기권의 관계: 투표참여와 기권에 대한 이론과 논의[22)]

(1) 누가, 왜 투표하는가

① 사회경제적 지위(교육, 소득, 직업등) ⇨ 투표

② 합리적선택이론 설명: R=PB－C

③ 수정모델: R=PB－C+D

(2) 어떤 환경이 투표율을 높이는가

① 사회학적 접근: 사회경제적, 정치적 환경이 투표율결정. 예 경제위기가 투표율 증대

② 법적 제도적 접근: 제도선택이 투표율에 영향. 의무투표제도는 투표율 높임. 예 듀베르제 법칙. 투표용지의 구조, 투표등록 절차, 참정권의 범위.

③ 정당일체감 접근: 정당일체감이 투표율 증대

2. 한국에서의 투표 참여와 기권 연구

(1) 사회적 환경과 유권자의 사회경제적 지위

① 도저촌고설명: 도시화로 인해 투표율 하락 여부. 동원투표가 줄어듦.

② 최근 연구

(i) 박찬욱 연구: 도시화가 투표율 증대

(ii) 이남영 연구: 도시화가 투표율과 관계 없음.

② 사회학적 연구: 연령 만 투표율에 유의미하게 작동. 연령 높아지면 투표율 증대. 소득과 교육수준의

---

22) 조성대, "투표참여와 기권", 『투표행태의 이해』

차이는 크지 않음.

(2) 정치효능감과 정당일체감

① 정치효능감은 투표율에 영향을 미침. 유권자 속의 정당 역할과 기능에서 파생됨.

② 정당일체감이 있는 사람이 그렇지 않은 사람(지지정당 없는 사람)보다 19.1% 투표율이 높다.

(3) 정치적 효용과 정당체제

① 정당체계의 경쟁력이 중요함.

② 스윙투표(swing voting): 정당 지지를 변경하는 투표. 스윙투표 적어야 정당체계 효용이 높은 것임.

③ 여야 성향이 있는 유권자가 효용이 높아 투표참여도가 높았음.

④ 최근 연구

(i) 조기숙 연구: 낙천낙선운동이 시민정치참여의식을 고양시켜 투표참여에 긍정적 영향을 줌.

(ii) 이준한 연구: 17대 총선에서 탄핵쟁점이 유권자에 투표참여를 증대시킴.

표를 통한 비교 대선과 관련된 중요 사안들

대선의 결과	중요 수치
19대 대선 투표율	77.2%
19대 대선 대통령 득표율	41.1% 당선. 2012년 선거 문재인 후보 득표율 48%
2007년 대선(5자 구도)과 유사	이명박 후보가 48.67% > 정동영 후보는 26.14% > 이회창 후보가 15,07% > 창조한국당 문국현 후보가 5,82% > 민주노동당 권영길 후보가 3.01%
민주화이후(다자대결)	2012년만 양자 대결.
제3의 후보와 득표율	1987년: 노태우후보(36.6%) vs. 김영삼 후보(득표율: 28.03%) vs. 김대중 후보(27.04%) vs. 김종필 후보(8.06%)의 4자 경쟁. 1992년: 3위 정주영 후보(16.31%) vs. 4위 박찬종 후보(6.37%) 1997년 선거: 3위 이인제 후보(19.20%) vs. 4위 국민승리 21의 권영길 후보(1.13%) 2002년 선거: 3위 권영길 후보 (3.89%) 2007년 선거: 3위 이회창 후보 (15,07%) vs. 4위 문국현 후보(5,82%)
민주화이후 과반수득표	2012년 선거: 박근혜 전대통령이 51.55%(양자 대결로 인해 과반수 이상 득표)
향후 대선 예상	2018년 지방선거도 다당제 구조. 대선도 다당제 경쟁가능

선거정치 쟁점 12 : 회고적 투표와 전망적 투표

주제의 문제의식

Q 한국에서 회고적 투표는 작동하는가?

A 한국에서 회고적 투표는 작동하지 않는다.

세부 쟁점과 핵심이론

sub 1 회고적 투표와 전망적 투표
(1) 회고적 투표: 대표나 정당에 성과에 대한 투표
(2) 전망적 투표: 신생정당이나 정치인에 대한 기대를 반영한 투표

1. 회고적 투표 분석23)

(1) 회고적 투표의 의미

① 의미

첫째, 정부의 정책 결과를 판단. 여당의 국정운영에 대한 심판으로서 그 자체가 목적.

둘째, 다운스의 모델에 따르면 기대효용의 비교. 투표의 미래값에 대한 비교. 전망적 투표를 위한 수단의 의미.

② 피오리나(M.P. Fiorina)의 정리: 회고적 투표는 유권자들이 구체적인 정책 대신 국정운영의 결과에 대한 회고적 평가를 통해 미래에 대한 기대를 형성하는 것. 양자를 통합함. 즉 전임대통령의 업적을 회고 하고 새로운 후보에 대한 기대치를 전망할 수 있음.

(2) 회고적 투표의 논리

① 현직자 혹은 집권 여당의 국정운영에 대한 평가. 경제운영이 중요. 합리적 투표로 경제투표.

② 경제 상황의 악화는 야당지지. vs. 경제 상황의 개선은 여당지지.

③ 경우의 수: 회고/전망+개인 경제(가계)/전국경제⇨ 4가지 경우의 수.

(3) 경제투표로서 회고적 투표가 어려운 경우의 수

첫째, 현직자가 재선에 도전하지 않을 경우.

둘째, 여당에 책임 묻기 어려운 상황. 정치제도적 맥락이 분점정부나 연립정부같은 경우.

셋째, 국가 경제가 세계화되어 있는 경우.

(4) 경제투표의 문제점

① 경제 여건인식의 주관성. 즉 개인마다 경제를 보는 기준이 다름.

② 유권자의 당파적 속성에 의해 왜곡. 당파성이 '인식의 장막'으로 작용. 즉 정체성이 합리적 평가를 막음.

(5) 최근 회고적 투표의 성향

① 국정운영(군사, 외교 분야)로 확장.

② 자연재해 이후 정부의 대처에 대한 평가.

---

23) 장승진, "한국선거에서의 회고적 투표: 이론과 현실", 「미래정치연구」 7(1)을 요약함.

(6) 한국정치에서 회고적 투표의 현실 1: 대선 사례 검증

① 17대 대선은 회고적 투표 성향이 강함. 정동영 후보에 대한 낮은 지지는 노무현 대통령과 열린 우리당에 대한 지지 철회의 결과.

② 18대 대선 회고적 투표 안 나타남. 이명박 대통령에 대한 회고적 투표보다는 박근혜 후보에 대한 전망적 평가가 강함.

③ 단임제 대통령제로 인해 회고적 선거가 영향이 적음.

④ 한국 선거가 경제투표를 기반으로 하지 않음.

(7) 한국정치에서 회고적 투표의 현실 2: 총선 사례 검증

① 국회의원 선거는 회고적 투표가 나타날 가능성이 높음. 하지만 결과가 동일하지는 않음.

② 19대 총선은 회고적 평가 보다는 전망적 평가. 19대 총선의 경우 정당에 대한 정서, 당파적 투표를 한 것임.

③ 20대 총선에서 정권심판론이 먹힘.

(8) 한국정치에서 회고적 투표의 현실 3: 지방선거와 재보궐선거 사례

① 가장 잘 나타나는 것은 지방선거와 국회의원 재보궐선거임.

② 선거의 결과에 대한 부담이 적음.

(9) 회고적 평가에 대한 심리적 기제

① 회고적 투표를 잘 못 하게 하는 감정, 인지 오류작동. 이는 심리학이 설명 가능.

첫째 경우의 수: 국정운영의 책임을 누구에게 물을 것인지의 문제.

즉 책임의 명확성의 문제. 동기화된 사고가 작동, 국정운영에 대한 책임에도 적용됨.

집권여당지지 유권자의 경우 국정운영의 성과는 대통령과 여당에 국정운영의 실패는 야당에게 돌리는 현상이 나타남. ㉮ 한국의 19대와 20대 총선에서 야당심판론이 제기됨.

둘째 경우의 수: 자연 재해와 같은 통제불가능한 상황도 여당소속 의원에 대한 지지 감소를 가져옴.

셋째 경우의 수: 유권자가 근시안적인 경우. 평가 전체 임기가 아닌 특정상황과 시기에 국한됨.

② 이런 한계가 회고적 투표의 중요성 부정은 아님.

2. 정부신뢰와 회고적 투표 간의 관계[24)]

(1) 정부신뢰와 회고적 평가의 관계

① 정부신뢰의 당파성. (정부신뢰＝여당지지＝당파성작동＝정치적 양극화를 이룸)

② 여당지지자 vs. 여당반대자들 거부 ⇨ 정치양극화를 구축

③ 정부신뢰는 회고적 평가에 영향을 줌.

④ 보완: 당파성 ⇨ 정부에 대한 합리적 평가인 회고적 평가에 영향.

(2) 정부신뢰의 의미: 대통령에 대한 지지, 대통령 리더십, 국정운영에 대한 평가

① 정책시행결과에 대한 만족도

(3) 정부신뢰 ⇨ 투표참여 증진

① 경험적으로는 검증이 잘 안됨.

---

24) 길정아, "정부 신뢰, 회고적 투표, 그리고 당파적 편향: 2014년과 2018년 지방선거를 중심으로", 「한국정당학회보」, 18(3), 2019, 요약.

② 이 명제에 대해서는 논쟁이 있음.

(4) 이때 정부의 의미: 정부=행정부+정당(정당정부)

① 정부신뢰는 여당인 정당신뢰와 연결

(5) 정부신뢰의 기능: 정부신뢰 ⇨ 투표 참여(X), 투표 선택(O). 즉 투표율을 높이지는 못해도 어느 정당을 지지할 것인지 판단 기준이 됨.

(6) 회고적 투표의미: 정부의 정책에 대한 보상(여당지지)+처벌(야당지지)

(7) 지방선거의 기능: 한국에서는 지방선거가 중간선거 기능

① 총선도 중간선거로서 기능. 정부와 여당 평가 기능이 있음.

② 하지만 총선은 총선 나름의 논리로 가는 측면이 있음. 즉 정부 평가가 아니라 정당에 대한 새로운 지지나 정책 이슈를 지지하는 것으로 갈 수 있음.

③ 따라서 중간선거로서 회고적 투표가 가장 잘 나타나는 것은 지방선거(중앙권력에 대한 평가)나 재보궐 선거임. 이는 큰 정치 권력이나 이슈에 변동 없이 대통령과 여당에 대한 지지를 확인할 수 있어서 임.

(8) 정부신뢰의 기능: 정부신뢰 ⇨ 회고적 투표 ⇨ 책임성과 반응성 증대시킴

(9) 2014년 지방선거, 2018년 지방선거 검증 결과: 정부신뢰가 높을수록 당파적 투표 즉 정부와 여당 지지가 높게 나타남.

선거정치 쟁점 13 : 당선자 결정방식

주제의 문제의식

Q 당선자 결정방식은 왜 중요한가?

A 당선자 결정방식 중 어떤 것을 선택하는지에 따라 당선자가 달라질 수 있기 때문이다.

세부 쟁점과 핵심이론

sub 1 당선자 결정방식의 중요성

(1) 대표적인 당선자 결정방식 (선거 정치 쟁점 1 참고)

① 단순다수제(simple plurality voting): 가장 많은 득표를 한 후보자가 승리하는 방식

② 결선투표제(plurality runoff): 가장 많은 득표를 한 두 명의 후보자가 결선투표에 진출하여 결선투표에서 최다득표를 한 후보자가 승리하는 방식

③ 순차적 결선투표방식(sequential runoff): 투표자 각자의 선호에 따라 투표하고 가장 적게 득표한 후보자부터 순차적으로 탈락시키는 방식

④ 보다 카운트(Borda Count): 투표자의 후보자에 대한 선호순서에 따라 점수를 부여하고 총합점수가 가장 큰 후보자가 승리하는 방식. * 단 여기서 투표자는 1순위 후보자에게 5점, 2순위 4점, 3순위 3점, 4순위 2점, 5순위 1점의 점수를 부여한다.

⑤ 콩도르세 방식(Condorcet Procedure): 각각의 후보자를 나머지 모든 후보들과 1대1로 표결하여 최종 승자를 결정하는 방식

〈전제 조건〉

(i) 마을 구성원: 전체 550명의 투표자. 후보자에 대한 선호집단.

(ii) 후보자 5명

(iii) 유권자의 합리성, 선호의 일관성, 진실한 투표.

집단	A	B	C	D	E	F
해당집단에서 같은 선호구조를 가진 투표자수	180	120	100	90	40	20
1 순위 선호	철수	경철	외수	석희	제동	제동
2 순위 선호	석희	제동	경철	외수	경철	외수
3 순위 선호	제동	석희	제동	제동	석희	석희
4 순위 선호	외수	외수	석희	경철	외수	경철
5 순위 선호	경철	철수	철수	철수	철수	철수

〈당선자〉

① 단순다수제(simple plurality voting): 철수 당선

② 결선투표제(plurality runoff): 경철당선

③ 순차적 결선투표방식(sequential runoff): 외수당선

④ 보다 카운트(Borda Count): 석희당선
⑤ 콩도르세 방식(Condorcet Procedure): 제동당선

〈의미〉
당선자 결정방식(제도)에 따라 사회적 선택(유권자 의사) 구성

sub 2 88개 자유민주주의 국가의 선거제도 분류

1. 다수결주의(majoritarian)
   (1) 절대 다수제(Majority)
      ① 대안투표제 (Alternative Voting: 1개 국가 사용): 1번 선호로 당선된 후보를 먼저 찾음. 없으면 가장 낮은 선호 후보를 제거하면서 이 후보를 지지한 표의 2번 선호에 표를 부여함. 다시 계산하는 과정을 반복함.
      ② 결선투표제 (Runoff: 3개 국가 사용)
   (2) 상대다수제(Plurality)
      ① 1위 대표제(FPTP: first past the post: 19개 국가 사용). 단순다수제.
      ② 보다 방식(Borda: 1개 국가): 선호투표제
      ③ 블록투표제(Block Votes: 2개 국가): 유권자가 정해진 의석(모리셔스는 20개의 3석 선거구)만큼 표를 행사함. 이때 유권자는 3표를 모두 한 후보에게 몰아줄 수 있음.
      ④ 제한투표제(Limited Votes: 0개 국가): 의석수 보다 한 표를 적게 행사하게 함.
      ⑤ 단기비이양식투표(SNTV: Single Non-Transferable Votes: 1개 국가): 한 후보가 받은 표를 이양해주지 않는 방식.
2. 혼합형 선거제도(mixed)
   ① 독립식(11개 국가)
   ② 비독립식(연동형. 4개 국가)
3. 비례주의 (PR: Propotional system)
   ① 단기이양식투표(SNTV: Single Transferable Votes: 2개 국가) 한 후보가 받은 표를 다른 후보에게 이양해 주는 방식.
   ② 정당명부식(List PR: 44개 국가). 정당이 명부를 작성하여 정당 투표함.
   * 비례 대표제: 지역구 당선자수에 비례해 의석수 산정 ⇨ 지역구 정당득표율에 비례해 의석수 산정 ⇨ 1인 2표로 비례대표제 따로 산정(독립형 방식) ⇨ 준연동형 비례대표제 도입
   (3) 전체 비례대표제 개선 방향: 소수 정당에 유리한 방향으로 개선함.

선거정치 쟁점 14 : 혼합선거제도 비교

주제의 문제의식

Q **한국이 연동형 비례대표제도를 사용하면 독립형 비례대표제도보다 비례성이 증대하는가?**

A 한국이 독일과 같은 연동형 비례대표제도를 선택하면 현재 사용하고 있는 독립형 비례대표제도보다 정당이 받은 득표율과 정당 의석율의 격차를 줄일 수 있기 때문에 비례성이 증대한다.

세부 쟁점과 핵심이론

sub 1 다수제와 비례대표제 사용 간 차이

(1) 단순다수제: 거대 정당에 유리. 거대 정당의 과다 대표와 소수정당의 과소 대표문제.

(2) 혼합선거에서 비례대표제 확대: 소수정당이 득표율대로 의석율이 만들어짐. 과다 대표와 과소 대표 문제 해결 가능.

표를 통한 비교 비례선거(독일)와 다수제(영국) 결과: 1983년 두 나라 선거[25)]

	득표율(%)	의석율(%)	차이(%)
영국			
보수당	42.4	61.1	+18.7
노동당	27.6	32.2	+4.6
SDP/자유동맹	25.4	3.5	−21.9
독일			
기독교민주당	38.2	38.4	+0.2
사회민주당	38.2	38.8	+0.6
자유민주당	7.0	6.8	−0.2

자료: Electoral returns

sub 2 독립형 혼합선거제도와 연동형 혼합선거제도 비교

(1) 독일방식

① 지역구는 단순다수제사용+비례선거는 16개 주를 단위로 하는 정당명부선거

② 지역구 299석+비례 선거 299석. (비례의석수 50%) ⇨ 원래 의석수: 598석.

③ 연동식 비례선거: (정당득표율×전체의석수)−지역구 당선의석수=비례의석수 배분

④ 초과의석: 정당득표율보다 높은 지역구 당선의석수가 발생한 정당 등장.

25) 이 사례는 비례성이 얼마나 중요한가를 보여줌. 제도의 선택에 따라 어느 정당은 과다의석을 가지고 어느 정당은 과소의석을 가지게 됨. 이 경우 유권자의 의사가 아닌 제도에 의해 선발되는 문제가 있음.

⑤ 추가조정의석수: 추가 의석 발생시 다른 정당들도 그에 따라 의석수 조정함. 2021년 총선에서 전체 735석이 됨. 137석이 초과의석. 초과의석이 발생한 정당의 표를 기준으로 정당의 총의석수를 다시 산정하여 비례성을 조정함.

⑥ 저지 규정: 전국 5% 또는 지역구 3석을 넘을 때 비례의석 배분 받음.

⑦ 단독 집권이 어렵고 연립정부를 구성함: 제 3당으로 인해 정당 간 구심력이 발생함. 정당연합을 위해 이념의 거리가 넓어지지 않음.

(2) 일본 방식: 독립식 비례선거

① 1994년 선거체제: 중의원 475명으로 구성. 295명은 1석 선거구 1위 대표제(단순다수제) + 180석(비례의석)으로 비례의석 비율(38% 정도)

② 권역별 비례선거: 11개 비례선거구(선거구당 8명에서 29명으로 구성)

③ 폐쇄형(독립식) 비례선거: 정당득표율 × 비례의석수 = 비례의석수 배부

④ 최소조항: 선거구 유효투표의 1/6이상 득표

⑤ 석패율제: 낙선후보 득표수 / 당선후보 득표 수 × 100. 1석 선거구와 비례 명부 동시 입후보가 가능. 지역에서 패했으나 석패한 비율에 따라 비례에서 당선되는 '부활당선자' 발생.

(3) 한국 2020년 준연동형 비례대표제

① 지역구: 253석 + 비례선거: 47석

② 비례선거: 30석은 준연동형 비례의석 + 17석은 독립식 비례의석 (정당 득표율 × 비례의석수 = 비례의석수 배부)

③ 준연동형 비례 의석: [(정당 득표율 × 전국의석수) − 지역당선의석수] × 1/2 = 정당의 석수

(if A 정당이 10% 득표시 + 지역구에서 20석 당선) (0.1 × 300) = 30석 배분되나 20석 당선을 뺌. 10석이 남음(연동형 비례대표제였으면 받을 의석) ⇨ 10석 × 1/2 = 5석 배분(준연동형: 1/2캡을 씌움)

선거정치 쟁점 15 : 한국 대통령 선거제도의 문제점

주제의 문제의식

Q 한국 대통령선거제도는 어떤 점이 문제가 되는가?

A 한국 대통령선거제도는 단순다수제를 사용하기 때문에 소수 지지를 받고 당선될 수 있는 문제가 있다.

세부 쟁점과 핵심이론

sub 1 한국 대통령선거제도의 문제점

(1) 한국 대통령제 단순다수제의 문제점
① 대통령제의 권력 집중적 특징으로 정당 원심적 분리됨. 다당제적 경쟁구조가 됨.
② 제3의 후보와 상대다수제의 약점: 제 3의 후보 등장 시 당선자는 40%를 넘기기 쉽지 않음.
(2) 결선투표제 논의 진행

sub 2 한국 대통령선거제도의 결선투표제 도입 장단점 논쟁:

(1) 장점: 대통령선거의 소수 지지 당선을 막음. 콩도르세 승자를 골라냄. 2차 투표를 통해 과반수 이상 지지로 당선을 유도하여 정당성 제공. 극단적 후보를 패배시킴. 정당 간 연대를 가능하게 함.
(2) 단점: 50%의 가까운 득표로 당선될 때 2차 투표로 인해 투표비용증대. 1차 투표와 2차 투표 간 결과 변동 시 1차 투표가 진실한 투표라면 1차의 진실한 투표 결과가 2차 투표로 인해 왜곡됨.

선거정치 쟁점 16 : 한국 국회의원 선거의 문제점

주제의 문제의식

Q 한국 국회의원 선거제도의 문제점은 무엇인가?

A 한국 국회의원 선거에서는 혼합형 선거제도에서 비례의석수와 준연동형 비례제도가 문제다.

세부 쟁점과 핵심이론

sub 1 대통령제도와 비례의석제도의 충돌

(1) 한국은 대통령제(단순다수제)와 지역구 단순다수제사용: 양당제에 집중한 선거제도임 + 소수정당의 의석수 증대하는 비례의석제도를 도입함.

(2) 비례 대표제: 지역구 당선자 수에 비례해 의석수 산정 ⇨ 지역구 정당득표율에 비례해 의석수 산정 ⇨ 1인 2표로 비례대표제 따로 산정(독립형 방식) ⇨ 준연동형 비례대표제 도입

(3) 전체 비례대표제 개선 방향: 소수 정당에 유리한 방향으로 개선함.

선거정치 쟁점 17 : 듀베르제 법칙

주제의 문제의식

Q 선거제도 개편을 통해 인위적으로 정당체계 개편이 가능한가?

A 선거제도 개편으로 정당체계 개편이 가능하다.

세부 쟁점과 핵심이론

sub 1 듀베르제 법칙(선거제도가 정당체계 결정)

(1) 3가지 주장
① 단순다수제: 양당제 유도
② 비례대표제: 다당제 유도
③ 결선투표제: 다당제 유도

(2) 작동원리
① 기계적 효과: 정당의 진입 여부에 미치는 효과. 정당이 자신이 받을 득표율이 의석으로 전환될 확률을 계산하여 선거에 뛰어들지를 결정. 단순다수제인 1위 당선제의 경우 1위나 2위의 거대 정당이 아닌 정당은 의석으로 전환될 확률이 낮음. 이로 인해 선거경쟁에서 포기함. 반면에 비례대표제는 받은 득표율대로 의석으로 전환됨. 결선투표제는 1차 투표에서 받은 득표율이 2차 투표에서 정당 간 연합을 구성할 수 있는 협상력이 됨.
② 심리적 효과: 유권자의 사표 방지 심리 작동 여부. 유권자도 자신이 던지는 표가 의석으로 전환될 것인지를 고려해서 전략적 투표(의석전환 가능한 정당에 표를 던지는 투표)와 진실한 투표(sincere voting: 선호하는 정당이나 후보에게 표를 던지는 투표)를 결정함. 단순다수제는 전략적 투표를 하고, 비례대표제는 사표가 안 나오기 때문에 진실한 투표를 하게 됨. 결선투표제는 1차 투표가 부결될 가능성이 높을수록 정당의 2차 투표에서 협상력이 높아지기 때문에 1차 투표에서 진실한 투표를 하게 됨.

(3) 한국에 주는 함의
① 비례성을 강화하려는 선거제도 개혁: 비례의석수를 증대 + 연동형으로 변화
② 정당연합을 강화하려는 선거제도 개혁: 결선투표제 활용
③ 통치가능성을 강화하려는 선거제도 개혁: 단순다수제 위주의 선거제도 유지나 강화

합격생 tip

- 「정치학강의 4」 Part4 “듀베르제 법칙과 연동형 비례대표제 논쟁” 참고.
- 기계적 효과의 정의를 암기해두어야 하며, 이론에 대한 암기가 되었다면 기계적 효과를 입증할만한 사례들이 필요함. 소수정당이 지역구 선거에는 참여하지 않고 비례대표선거에만 참여하는 현상들이 사례가 될 수 있음.

선거정치 쟁점 18 : 선거제도 개편과 그 효과

주제의 문제의식

Q 한국에서는 사전투표제도는 어떤 효과를 가져왔는가?

A 한국에서 사전투표 제도는 경쟁성을 강화하여 본투표를 유도하여 투표율을 증대시키는 효과가 있다.

세부 쟁점과 핵심이론

sub 1 사전투표제도

(1) 개인적 합리적 선택 결과: 시간 조정과 투표 비용 감소에 따른 투표 유인 증대

(2) 집합적 차원: 사전 투표율의 상승과 본 투표율 견인

sub 2 인터넷 투표 도입

(1) 장점: 투표에 따르는 비용 감소와 투표유인 증대 ⇨ 집합적으로 투표율 증대

(3) 단점:

① 비밀선거원칙 위배(인증과 투표 보관 시 어떤 후보에 투표했는지가 남음)

② 보통선거권의 문제(디지털 문맹의 문제로 접근 가능성에서 차이가 있음)

③ 해킹에 의한 결과 변화 가능성

④ 중앙정치의 개입 가능성: 지방선거에 도입 강요 시 문제. 또한, 국가기구의 중립성 문제가 제기될 수 있음. 특히 재검표 요구시.

sub 3 준연동형 비례제

(1) 장점: 연동형까지는 아니지만, 비례성 증대함. 소수정당에 의석수 유리함.

(2) 단점: 위성정당 창당 시 소수정당에게 배분될 의석수가 사라짐. 소수정당의 과도한 경쟁으로 사표가 많아짐. 2020년 총선에서 35개 이상의 정당이 선거 등록함.

sub 4 권역별 비례대표제

(1) 장점: 지역주의를 완화. 권역에서 한 정당이 후보자 수 제한하면 지역 패권 정당이 아닌 정당도 의석을 가짐.

(2) 단점: 지역주의 완화 효과가 그리 크지 않음. 한 권역에서 1석 정동 의석확보로 지역주의 완화 기대가 어려움. 또한, 6개 정도로 권역 나누려면 의석수 비례의석수 늘려야 함.

sub 5 석패율제

(1) 장점: 아깝게 패배한 지역구 출마 후보를 부활시킴.

(2) 단점: 유력정치인 보호로 평등선거 위배 소지가 큼

제 5 장 이익집단과 시민사회

이익집단 쟁점 1 : 이익집단과 시민사회 관계

주제의 문제의식

Q 이익집단과 시민사회는 구분하는 것이 유용한가?

A 이익집단은 사적 이익을 추구하는 단체로 시민사회는 공적 이익을 추구하는 단체로 규정하는 것이 유용하다. (분석상 이점과 보완민주주의 활용상 이점: 결사체 민주주의 vs. 참여 민주주의)

세부 쟁점과 핵심이론

sub 1 범주적 이익집단 (이익집단) vs. 촉진적 이익집단(시민사회)

(1) 시민사회 vs. 시민단체 구분: 시민사회는 시민운동처럼 유동적인 모임. 참여연대와 경실련은 시민조직임.

sub 2 공익 vs. 사익 구분 어려움 ⇨ 노조의 경우, 노동자 전체의 공익이지만, 국가차원에서 보면 사적인 집단의 이익임.

이익집단 쟁점 2 : 이익집단 등장이론

주제의 문제의식

Q 사회적으로 이익을 공유하면 이익집단이 구성되는가?

A 이익을 공유한다고 이익집단이 구성되지는 않는다. 이익공유는 필요조건이지만 충분조건은 아니다.

세부 쟁점과 핵심이론

sub 1 이익집단의 자연발생적 등장(벤틀리) vs. 이익집단구성 리더십 필요(샐리스버리)

이익집단 쟁점 3 : 만수르 올슨의 집단행동이론

주제의 문제의식

Q 이익집단을 구성하게 하는 요인은 무엇인가?

A 조직의 크기에 따라 조직이 추구하는 이익을 구성하려는 '유인(incentive)'과 '강제 혹은 처벌(punishment)'이 중요하다.

세부 쟁점과 핵심이론

sub 1 만수르 올슨 논리
(1) 조직의 규모가 커진 집단의 이익 구성은 어려움. 공공재 창출 어려움.
(2) 조직의 규모가 작은 집단의 이익 구성은 수월함. 사용재 창출 용이함.
(3) 유인과 처벌에 의한 합리적 선택의 결과
(4) 경제학적 설명으로 인해 공적 덕성과 같은 시민의식은 고려되기 어려움.

1. 올슨 이론

(1) 기존 이익집단 이론

사회내 이익존재 ⇨ 이익집단 구성(자연스러운 현상임)

(2) 올슨 주장

① 사회내 이익존재 ⇨ 이익집단 구성(x)

② 조직의 크기에 따라 달라짐.

③ 논리

첫 번째 경우,

조직의 크기가 커짐 ⇨ 조직화(조직이 추구하는 가치 달성)가 어려움.

조직의 크기가 큰 경우 조직이 추구하는 가치는 공공재임. 공공재는 비배제적 속성이 있음. 합리적 행위자는 비용을 부담하지 않고 혜택을 보고자 함. 즉 무임승차(free-riding)함.

만약 모든 구성원이 무임승차를 할 경우 조직에서 추구하는 가치는 안 만들어짐.

사례 1) 국가에서 안보(국민, 영토, 주권을 지키려는 군사적 준비)를 위한 징병제도. 안보는 공공재임. 그런데 징병제도는 의무임. 이를 회피하려는 노력.

사례 2) 국가서비스와 이를 위한 세금 납부. 탈세자들이 발생함.

두 번째 경우,

조직의 크기가 작아짐 ⇨ 조직화(조직이 추구하는 가치 달성)가 용이함.

조직이 작은 경우 추구하는 가치는 사용재임. 사용재는 배제적 속성이 있음. 무임승차가 곤란함.

사례 1) 유명한 사교 클럽. 회원권이 비싸고 이를 자식들이 상속함. 소속회원 간의 교류라는 혜택이 배제적임.

(3) 설명 도구

첫째, 인센티브. (공공재는 유인이 특별하지 않음. 사용재는 유인이 큼)

둘째, 처벌가능성. (공공재는 구성원의 수가 많아서 "나 하나쯤이야"의 논리대로 무임승차함. 사용재는 구성원의 수가 적어서 무임승차가 발각될 가능성이 높아 처벌됨.)

⇨ 결론: 공공재 과소생산 귀결.

(4) 공공재에 대한 무임승차 해결방안

첫째, 시장에 소유권이전. 공공재가 사용재가 됨. 소유자가 관리함.

둘째, 국가에 의한 관리. 공공재를 국가가 관리해서 처벌함.

셋째, 자율규제(시민사회에 의한 방안). 시민사회가 시장과 국가를 대체하는 것임. 이는 정치사상적으로는 공화주의의 아이디어를 차용하는 것임. 공적인 덕성을 다하는 정치가 되는 것임. 현대적 관점에서 시민적 덕성을 키우는 것.

(5) 사용될 수 있는 분야

① 이익집단과 공공재: 국가의 필요성

② 자유무역과 보호무역: 자유무역주장 집단은 조직화가 안됨.(조직 사이즈가 큼) vs. 보호무역 주장 집단은 조직화가 됨. (조직 사이즈가 작음. 농민단체, 특정산업이나 기업)

③ 환경 협력: 국제환경협력의 경우도 조직 사이즈가 큼. 이들의 이해관계 차이가 큼.

이익집단 쟁점 4 : 이익집단의 순기능과 역기능

주제의 문제의식

Q 이익집단은 사회에 대해 어떤 기능을 수행하는가?

A 이익집단은 선호가 강한 인민들이 중심이 되어 구성하기 때문에 특수한 이익을 사회에 구체적으로 반영하는 장점이 있는가 하면, 사회갈등이 강화된다고 하는 단점도 있다.

세부 쟁점과 핵심이론

sub 1 이익집단의 순기능 vs. 역기능

(1) 순기능: 특수한 이익반영, 거버넌스로서 정부와 정당의 감시와 견제, 중복회원제 따른 교차 압력

(2) 역기능: 사회갈등의 강화. 이익집단 힘의 우열 경쟁. 관료에 대한 포획 현상. 비세력화된 집단의 소외, 정치적 무책임성, 철의 삼각(행정부, 의회 상임위원회, 이익집단 간 공모)

(3) 결론: 이익집단을 거부할 수 없음. 이익집단 간 경쟁이 중요함. ⇨ 미국식 다원주의 모델의 핵심.

이익집단 쟁점 5 : 이익집단과 결사체 민주주의의 대의민주주의 대체가능성

주제의 문제의식

Q 이익집단을 중심으로 한 결사체 민주주의는 대의민주주의를 대체할 수 있는가?

A 인민 중에서 특정 선호를 가진 이들에 의한 결사체 민주주의는 대의민주주의를 보완할 수 있지 대체하기는 어렵다.

세부 쟁점과 핵심이론

sub 1 포괄적 발전 패러다임 (스티글리츠의 이론)

(1) 참여와 협력을 통한 정치변화 주장: 참여 ⇨ 의식변화 ⇨ 정치개혁을 위한 참여 증대

(2) 시민사회와 이익집단을 포함해서 분석함.

(3) 과도한 직접민주주의 요구를 가져올 수 있음. 포퓰리즘화의 문제와 시민사회의 지대추구화와 집단 이기주의 문제가 있을 수 있음.

이익집단 쟁점 6 : 다원주의와 코포라티즘(정치경제 쟁점 2 참고)

주제의 문제의식

Q 한국에서 이익대표체계로서 다원주의와 코포라티즘은 활용가능성이 있는가?

A 한국에서 코포라티즘은 활용가능성이 낮지만, 다원주의는 사용할 수 있다.

세부 쟁점과 핵심이론

sub 1 한국에서 이익집단 정치

(1) 한국의 사회 다원화와 이익집단의 확대

(2) 이익집단 간 조정의 필요성 증대

(3) 다원주의 해결방안: 집단화되지 못한 조직의 미반영 문제 있으나 이익집단이 구성된 경우 이를 인정해야 함.

(4) 거버넌스 혹은 미시적 코포라티즘 해결 방안: 기업과 정부 간 이익조정도 가능함.

(5) 코포라티즘 해결방안: 노사정위원회와 같은 방안은 기대하기 어려움.

시민사회 쟁점 7 : 하버마스의 시민사회이론

주제의 문제의식

Q 하버마스의 시민사회이론이 가지는 특성은 무엇인가?

A 하버마스의 시민사회는 행정영역이나 시장이 아닌 제3의 독자적인 영역이 있다는 점에 특징이 있다.

세부 쟁점과 핵심이론

sub 1 부르주아만의 제3의 영역

(1) 시민사회의 행위자 접근이 아닌 영역 접근: 제3의 영역을 유지하는 것이 중요.

(2) 부르주아의 문화공동체가 정치적 담론 공동체로 중요.

(3) 시민사회를 중심으로 한 심의민주주의: 시민영역에서 담론 구성이 중요.

시민사회 쟁점 8 : 필립 슈미터의 시민사회이론

주제의 문제의식

Q 자유주의자인 필립 슈미터의 시민사회이론이 가지는 특성은 무엇인가?

A 필립 슈미터 이론은 '비찬탈성'이라는 특성을 가지기 때문에 자유주의적 관점에서 시민사회가 권력을 추구하지 않게 하면서 중립성을 지키게 한다.

세부 쟁점과 핵심이론

sub 1 필립 슈미터의 시민사회 3가지 특징

(1) 특징: 집단능력, 비찬탈성(권력추구하지 않음: 국가와 차이), 시민성(공익 추구: 시장과 차이)

(2) 자유주의 시민사회의 낙천낙선 운동은 지지, 공천 운동 거부의 이론적 근거: 비찬탈성 조건 충족이 필요.

(3) 마르크스주의 시민사회와 대비: 그람시적 시민사회의 정치적 기능 강조와 대비됨.

(4) 공화주의의 시민사회와 대비: 공화주의에서 공공선 창출과도 대비됨.

sub 2 시민사회 이론 간 비교

(1) 헤겔: 시민사회와 정치사회 구분. 상업적 시민과 공적 덕성을 가진 시민을 모두 포함.

(2) 토크빌(자유주의적 시민사회): 상업적 시민을 제거하고 공적 덕성을 갖춘 시민으로 규정. 비국가적 자율 공간 의미.

(3) 마르크스주의 초기: 자본지배 이데올로기로서의 시민사회. 정치적 자유보다 경제적 자유 수호.

(4) 그람시: 전체 사회에서 경제와 정치를 제거한 잔여 부분으로서 사회의 '재생산'에 결정적인 기능을 하는 영역. 헤게모니의 지배로서 시민사회 이해.

(5) 하버마스: 국가와 시민사회(하버마스는 시민사회를 사적영역으로 이해)를 매개하는 공공영역(public sphere) 개념화. 공론의 장을 구축함으로써 행정 권력과 시장 권력에 대하여 제3의 영역으로서 공공성의 영역 유지.

(6) 필립 슈미터의 시민사회의 3가지 특성: 집단능력, 비찬탈성(non-usurpation), 시민성(civility)

(7) 로버트 퍼트남: 사회적 자본(social capital) 축적 매개체로서 시민사회 강조

(8) 비이글과 버터필드: 시민사회의 발전경로 - 방어적(defensive) 시민사회 → 출현적(emergent) 시민사회 → 동원적(mobilized) 시민사회 → 제도적(institutional) 시민사회

시민사회 쟁점 9 : 4분 모델과 시민사회

주제의 문제의식

Q **사회구성체를 4분하는 모델이 가지는 장점은 무엇인가?**

A 국가와 정치사회(정당과 정치인들의 사회) 그리고 시민사회와 시장을 구분하는 4분 모델은 사회의 행위자를 모두 살펴본다는 점에서 분석적 장점이 있다.

세부 쟁점과 핵심이론

sub 1 4분 모델과 부분체계 접근

(1) 4분 모델은 린쯔와 스테판의 부분체계 접근과 동일한 행위자 분석: 부분 체계 분석에서는 법의 지배라는 조건이 하나 더 있음.

(2) 정치경제 분석과 정당 분석을 동시에 할 수 있음: 시장과 국가와 시민사회의 정치경제와 정당을 도입하여 정치경제의 이익대표를 설명할 수 있음.

시민사회 쟁점 10 : 정치사회화

주제의 문제의식

Q 한국에서 정당지지는 세대 이전이 되는가?

A 한국에서 대체로 세대 간 정치적 지지성향이 다르기 때문에 세대 이전은 어렵다.
(1) 세대 간 차이
산업화 세대: 보수 성향 vs. 민주화 세대: 진보성향 vs. 밀레니엄 세대: 진보와 보수 성향

시민사회 쟁점 11 : 정치 무관심

주제의 문제의식

Q 한국에서 정치무관심이 문제인가 아니면 과도한 정치관심이 문제인가?

A 한국에서는 정치무관심과 과도한 정치관심이 각각 나타나고 있다.

1. 시민의 정치의식과 정치사회화와 무관심 문제

시민사회와 정치의식	1. 시민사회는 시민의 참여를 전제로 함. 2. 시민참여는 시민의식 형성을 전제로 함. 3. 시민참여에서 시민의 정치의식과 정치사회화(정치인식의 사회적 학습)가 중요
정치의식의 의미	1. 개념: 개인이 가지는 정치에 대한 인식과 사고방식. 정치정향과 유사. 2. 중요성: 정치의 재생산 및 정치적 세대 이전 문제와 관련하여 필요. 어떻게 정치를 이해하고 어떤 정당에 지지를 보낼 것인가의 문제 결정.
정치 사회화의 의미	1. 개념: 정치체계 혹은 그 하위 체계의 구성원들이 정치적 태도와 행동양식을 습득하는 과정 2. 미시적 이론: 개인의 사회적 의식이 개인적 경험에 기초 3. 거시적 이론: 개인의 사회화가 구조적 수준(체제나 헤게모니)에 의해 결정 4. 정치 사회화의 기제: 가정, 학교, 직장, 정당, 정부, 미디어
정치적 무관심의 의미와 유형	1. 정치적 무관심 문제: 정치사회화의 부족은 정치적 무관심 및 저참여 유도 2. 라스웰의 정치적 무관심의 유형 ① 탈정치: 정치에 대한 기대 하락 ② 무정치: 정치에 대한 관심 부족 ③ 반정치적 태도: 정치와 집단적인 것에 대한 혐오 3. 정치적 무관심에 대한 입장 차이 찬성(엘리트론 입장: 과잉민주주의 우려) vs. 반대(민주주의 입장: 대의정치 붕괴)

적용 가능 사례

1. 전통적 정치사회화(가족과 학교 중심 사회화) vs. 뉴미디어와 정치사회화의 특성비교
2. 투표율 증대와 정치사회화의 관계

시민사회 쟁점 12 : 신사회운동과 제도정치 진입

주제의 문제의식

Q 환경운동이 녹색당으로 전환하는 것은 정치적으로 어떤 의미를 가지는가?

A 정당정치의 경쟁에 뛰어들었다는 점에서 신사회운동으로서 환경정치를 하는 것과는 책임성 차원에서 차이가 있다.

1. 구사회운동과 신사회운동 비교

	구사회운동(전통적 사회운동)	신사회운동(새로운 사회운동)
사회적 위치	제도정치에 포섭	제도정치에 저항
운동 쟁점	경제적, 계급적 불평등 완화 지단적, 물질적 이익, 복지	환경, 여성, 인권,평화, 소수자 대안적, 공동체 삶
운동 주체	노동자 계급	신중간계급, 전문직, 자유직
운동 이념	성장주의, 물질주의	탈물질주의, 탈권위주의, 풀뿌리민주주의
운동 조직	수직적, 위계적 조직	수평적 네트워크 조직
운동 방식	관례적 행동	비관례적, 급진적 행동

2. 신사회운동의 의미와 동기

신사회운동의 특징	1. 요구 내용의 변화: 전통적 이슈(경제적 분배, 재분배 해결 이슈) ⇨ 새로운 이슈(여성, 환경, 인권, 위생, 다문화) 2. 요구 방식의 새로움: (정당과 같이 위계적인) 제도적 방식의 요구 ⇨ (네트워크적이고 수평적인) 사회운동 형태의 요구
신사회운동 동기에 대한 이론	1. 기능주의적 설명: 기존 정당과 정치에 대한 좌절감, 실패에 대한 시민의 요구와 준엄한 심판 2. 자원동원이론적 설명: 인적 · 물적 자원동원능력 확보가 기존 불만 해소 조직화 가능 3. 개별적 · 합리적 · 동기론적 설명(Sell－interest Model): 참여자들의 이해관계(물질적 가치＋비물질적 효용 포함)를 통해 설명 4. 정치적 기회구조 이론: 국가와 기존 정당 태도에 따라 등장 여부 결정. 양당제와 다수결주의, 소선거구제는 신사회 운동 등장을 곤란하게 하며, 특히 국가와 기성정당이 새로운 요구를 무시할 경우 저항적으로 등장.
신사회운동의 문제점	1. 재정적 자립도 불충분: 국가나 기업에 의존함으로써 예속 우려 ㉮ 사외 이사제도에서 환경운동가 기업감시 불충분 2. 시민 없는 시민운동: 개별시민운동가 중심의 조직 3. 이슈화에 있어 국가나 매스컴에 의존
제도권 진입여부 결정과정	1. 출범(take－off) 단계: 제도적 기반 ×, 특별한 조직 ×, 역할 구분 ×, 근본주의적 담론 구조를 가짐. 2. 성장 단계: 조직화 단계로 온라인 · 오프라인 동시적으로 조직화가능

	3. 제도화 단계에서의 딜레마 (1) 정치적 영향력 증대를 위한 조직 확대 vs. 유연한 구조 유지 (2) 권력을 향한 정당정치로 진입 vs. 공공성을 향유하기 위한 신사회운동 유지
한국적 함의	1. 새로운 사회적 요구와 유권자들의 경향: 다른 정치적 균열보다 강하지 않으며, 국가와 기성정당이 새로운 요구도 다루기 때문에 신생정당보다는 기성정당을 선택하려 함 2. 높은 신생정당 진입장벽: 비례대표 의석을 한 석이라도 얻으려면 3% 이상 득표해야 하지만, 진보정당 지지율에 비추어 볼 때 3% 득표는 기대하기 어려움 3. 대안: 사회운동·교육 등을 통한 제도권에 대한 압력 및 영향력 행사

시민사회 쟁점 13 : 참여민주주의의 대의민주주의 대체 가능성

주제의 문제의식

Q 시민사회를 중심으로 하는 참여민주주의는 대의민주주의를 대체할 수 있는가?

A 시민사회를 중심으로 하는 참여민주주의는 대의민주주의를 보완한다.

세부 쟁점과 핵심이론

sub 1 시민사회의 특성

(1) 시민사회는 유동적인 조직임: 촛불집회에서의 시민사회

(2) 시민단체는 조직이고 제도임. 따라서 시민단체를 중심으로 정치에 대한 통제기능은 중요함.

(3) 시민단체가 공익추구하지만, 책임성은 약함. 따라서 정당을 중심으로 하는 대의민주주의를 대체하기는 어려움.

시민사회 쟁점 14 : 한국의 '운동에 의한 정치'

주제의 문제의식

Q 한국 민주주의의 특징인 '운동에 의한 정치'는 시민사회의 어떤 특성에 기초하는가?

A 한국 시민사회는 민주주의와 자본주의 사이의 축을 중심으로 움직이는 특성을 보인다. 즉 일반적으로는 자본주의를 지지하나, 민주주의의 위기 상황에서는 민주주의의 선호가 강해진다.

세부 쟁점과 핵심이론

sub 1 운동에 의한 정치와 제도화 가능성

(1) 운동에 의한 정치를 제도화할 수 있는지 논쟁: 운동의 에너지를 활용하자는 주장 vs. 운동은 저항의 정치이기 때문에 위급상황에서만 활용된다는 주장.

(2) 대의민주주의: 정책 구성의 정치 vs. 운동의 정치: 반대의 정치 ⇨ 운동의 정치를 제도화하기 어려움.

여론 쟁점 15 : 여론조사 방식

주제의 문제의식

Q **공직후보 선출에 있어서 여론조사 방식은 후보 지지를 확인하는데 있어서 문제가 있는가?**

A 공직후보선출에 있어서 여론조사 방식은 당원과 지지자 중심 방법 선택이라는 점과 일반전화와 핸드폰 방식이라는 점에서 후보 지지방식 확인에 있어서 문제가 있다.

세부 쟁점과 핵심이론

sub 1 여론조사 방식의 문제점

(1) 누구를 대상으로 하는지 문제: 정당의 당원 여론조사 vs. 유권자 여론조사 ⇨ 정당의 정체성 확인의 문제. 역선택 문제(무능력한 후보를 상대정당 지지자들이 여론조사에서는 선호함)

(2) 어떤 방식으로 여론조사: 심층 면접 방식 vs. ARS식 전화여론조사 방식 ⇨ 유권자의 정확한 선호 확인에서 차이가 남.

(3) 어떤 기기 중심인지: 일반전화 vs. 핸드폰 ⇨ 나이든 세대를 반영하는지 상대적으로 젊은 세대를 반영하는지 차이가 남.

여론 쟁점 16 : 전통미디어와 뉴미디어

주제의 문제의식

Q 뉴미디어의 발전은 민주주의에 어떤 영향을 미치는가?

A 뉴미디어의 발전은 숙의성의 부족에도 불구하고, 전통미디어가 가진 폐쇄성을 극복하여 민주주의에 새로운 정보를 제공할 수 있는 가능성이 있다.

세부 쟁점과 핵심이론

sub 1 유튜브의 발전과 정치적 영향

(1) 유튜브 활용 세대 정치에 영향: 젊은 세대들의 정치 참여방식에 변화가능.

(2) 유튜브 활용이 정치 패턴에 영향: 대안 정보를 걸러보지 않는 경향. 유사한 콘텐츠를 제공함으로서 정치성향을 고착화할 위험성이 높음.

(3) 유튜브 활용과 가짜뉴스의 문제: 전통적 미디어와 달리 걸러주는 장치가 부족함.

1. 여론의 개념과 정치적 영향력

개념	성인들의 정치문제와 관련된 선호도. 의견은 주관적 가치를 포함하므로 논쟁적일 수 있음. 특정 이슈에 대한 다수 시민들의 의견의 합 또는 토론 방향을 의미. '특정성'이 중요.
전제조건	특정한 issue는 논쟁적이고 균열적이며, 의견은 유동성이 있어야 함.
관련논점	(1) 사안에 대한 태도 · 의견이 어디서부터 생겨나는가: 최근 대중매체와 개인들의 관심 동시 고려 (2) 여론은 어떻게 조직되는가: 대중 의사의 일관성 논의 속에서 여론의 조직 가능성 탐구
여론형성 모델	(1) 사회참고집단 모델: 외부집단에 의한 사회적 압력과 영향력으로 여론 형성 (2) 일관성모델: 개인들 자체적으로 감정과 신념의 일관성을 가지려는 경향 (3) 균형이론: 심리적인 요소로 긍정적 태도는 다른 이슈에도 긍정적 태도로 이어짐
여론과 정치영향력	(1) 합리적 행위자 모델: 유권자들이 이슈투표를 통해 후보자 선출. 정치에 유권자가 직접 영향. (2) 정당 모델: 유권자들이 정당을 매개로 후보자를 통제. 정당이 정치인과 정책에 영향을 미침. 유권자는 정당이 선거 승리를 노린다는 점을 이용해 정당을 보고 후보 선택. (3) 이익집단 모델: 대중이 이익집단을 매개로 정당과 대표에 영향력 행사. (4) 대표자 모델: 정치인 자체를 설명하는 견해. 정치적 대표가 유권자의 대행자 역할 수행.

2. 미디어의 특징 및 기능

특징	정치적 행위전개공간으로 기능, 다양화와 전문화. 미디어의 고유한 정치적 이해관계와 이의 표출(예 진보미디어 vs. 보수미디어). 전달에서 형성과 동원의 기능이 증대.
기능	(1) 미디어의 순기능(D. A. Garber): ① 공론형성에 필요한 정보의 제공, ② 의제 설정 기능, 공론의 장 제공(정보의 상호교환), ③ 해석 기능, 논점의 제공, ④ 과거의 투영과 미래의 예측, 국민의 동원과 사회 행동에의 유도, ⑤ 사회 내 특권세력에 대한 비판 및 견제의 기능 (2) 미디어의 역기능: ① 일방통행식 정보전달, 시민은 정보수용자로 전락, ② 상업화 · 센세이셔널리즘 부각과 정치의 희화화. 상업적 의제로서의 정치문제만 부각, ③ 계급화, 언론재벌 형성, 정보 왜곡. 기득권의 정당화작업에 몰두. 속죄양의 확대와 비판세력에 대한 공세.

3. 정치권력과 매스미디어

정치이미지	(1) 마키아벨리: 정치의 안정화를 위해서는 효과적인 이미지 창출전략 필요 (2) 미디어의 힘과 영향력은 본질적으로 이미지 생산과 확대에 있음. (3) 이미지 마케팅이 중요해지면서 등장한 소비문화의 패러다임이 정치에도 영향력 행사 (4) 이미지 중심의 스펙터클한 정치가 중요해지면서 정치광고와 홍보가 중요하게 됨.
정치광고와 정치홍보	(1) 권력획득에 있어서 중요한 유권자와의 커뮤니케이션 자원으로 미디어가 주목받음 (2) 맥내어: 비용을 내고 매스미디어 공간을 확보했는지 아니면 무료로 획득했는지에 따라 정치광고와 정치 홍보 구분 (3) 방송규제 문제: 정치광고, 특히 TV의 규제 여부가 관건 ① 미국 사례: 자유 시장 방송모델에 입각해 TV에 정치광고 구매행위를 규제하지 않음. 미디어 컨설턴트나 스핀닥터로 불리는 선거이미지 전략 전문가 그룹 형성. ② 유럽 사례: 엄격하게 규제하고 정당과 후보자에게 동등하게 시간 할당. TV 토론은 정치적 홍보방식으로 활성화. ③ 한국 사례: 1980년대까지 신문에만 정치적 광고 허용. 1992년 대선에서 TV 광고 시작. 대선에서는 60초 TV 광고를 30회까지 허용. 2004년부터는 총선에도 허용. TV 토론회는 14대 대선부터 허용.

4. 정치참여와 매스미디어

부정적 견해	(1) 정치학적 관점: 미디어는 비판적 시민의식 저하와 마비를 가져옴(프랑크푸르트 학파) (2) 경제학적 비판: 미디어가 거대한 자본주의적 문화산업의 중요한 톱니바퀴 역할로 기능하면서 자본주의 사회의 유지와 재생산에 기여하는 상부구조
긍정적 견해	(1) 하버마스의 공론권 개념: 공론의 장 예 카페, 신문 등이 제공한 회합과 토론의 매개물 (2) 토플러 & 나이스빗: 매스미디어와 정보통신기술의 결합이 정보의 양방향 확산 및 시민적 확산을 야기하고 이에 따라 지방분권형 정치, 반직접민주주의와 참여민주주의를 증진시킴.

5. 매스미디어의 정치적 효과

전통적 시각	(1) 미디어의 심리조작 메커니즘을 통해 대중 통제. 미디어의 효과가 있는지 여부로 논쟁. (2) 1960년대 들어오면서 정보수용자가 어떤 필요로 미디어를 이용하게 되는가를 설명함.
시각의 전환	(1) 침묵의 나선이론: 반대자들이 점차 자신의 의견을 표출하지 않게 되면서 침묵하는 견해가 나선형으로 상승하는 결과 초래 (2) 1970년대 미디어의 중요한 이론은 의제설정이론으로 정치적 사안의 상대적 중요도는 매스미디어의 정보에 의한다는 것임. (3) 액자효과(framing) 이론: 정보를 어떤 방식으로 처리하는가에 따라 영향력이 달라짐 (4) 점화효과(priming) 이론: 미디어가 제공하는 특정 정보로 자극을 받아 기억들이 다시 촉발됨.

저자 약력

■ 신희섭

- 국제정치학 박사
- 고려대학교 대학원 졸업
- 고려대학교 평화연구소 선임연구원 역임
- 단국대학교 초빙교수
- (전)한국지정학연구원 원장
- 베리타스법학원 강사
- 한국국제정치학회 회원
- 한국정치학회 회원
- 한화증권 기업강의 외 다수강의

저서 : 『정치학 강의 1: 이론편』, 『정치학 강의 2: 주제별 기출문제편』, 『정치학 강의 3: 쟁점과 한국정치』, 『정치학 강의 4: 연습문제편』, 『객관식 국제정치학 I』 외 10여 권

■ 김상범(도움을 준 합격자)

- 서울시립대학교 행정학과 졸업
- 2023년도 5급공채 합격(행시 67회)

플래그십 정치학 [제2판]

2022년 1월 20일 초 판 발행
2024년 8월 20일 제2판 2쇄 발행

저 자 신 희 섭
발행인 배 효 선
발행처 도서출판 法 文 社

주 소 10881 경기도 파주시 회동길 37－29
등 록 1957년 12월 12일 / 제2－76호 (윤)
전 화 (031)955－6500~6
FAX (031)955－6525
E－mail (영업) bms@bobmunsa.co.kr
(편집) edit66@bobmunsa.co.kr
홈페이지 http://www.bobmunsa.co.kr
조 판 법 문 사 전 산 실

정가 30,000원 ISBN 978-89-18-91520-3